Schriftenreihe
Recht der Internationalen Wirtschaft
Band 35

Joint Ventures
im
internationalen Wirtschaftsverkehr

Praktiken und Vertragstechniken internationaler Gemeinschaftsunternehmen

Herausgegeben von

Klaus Langefeld-Wirth

Rechtsanwalt und vereidigter Buchprüfer in Köln

Mit Beiträgen von
Hans-Joachim Culemann, Prof. Dr. Bülent Davran, Dr. Cahit Davran,
Dr. Siegfried Elsing, Dr. Paul Gotzen, Hans-Ulrich Klassen, Pieter de Koster,
Dr. Klaus-Jürgen Kuss, Klaus Langefeld-Wirth, Dr. Joachim Lieser M.C.L.,
Dr. Stefan Messmann, Reg.-Dir. Dr. Hans-Jürgen Moecke, Monika Müller,
Dr. Matthias Scheer, Manfred von Schiller, Manfred Strauch,
Dr. Hannelore Troike Strambaci, Athanasias Tsimikalis, Erna Vandeplas,
Cornelis Venemans, Gero Walter,

Verlag Recht und Wirtschaft GmbH
Heidelberg

CIP-Titelaufnahme der Deutschen Bibliothek

Joint Ventures im internationalen Wirtschaftsverkehr:

Praktiken und Vertragstechniken internationaler Gemeinschaftsunternehmen / hrsg. von Klaus Langefeld-Wirth. Mit Beitr. von Hans-Joachim Culemann ... − Heidelberg: Verl. Recht u. Wirtschaft, 1990.

(Schriftenreihe Recht der Internationalen Wirtschaft; Bd. 35)
ISBN 3-8005-1048-0

NE: Langefeld-Wirth, Klaus [Hrsg.]; Culemann, Hans-Joachim
[Mitverf.]; GT

ISBN 3-8005-1048-0

© 1990 Verlag Recht und Wirtschaft GmbH, Heidelberg

Satz: Filmsatz Unger & Sommer GmbH, 6940 Weinheim

Druck: Wilhelm & Adam, Werbe- und Verlagsdruck GmbH, 6056 Heusenstamm b. Offenbach

Buchbinderische Verarbeitung: Großbuchbinderei Josef Spinner GmbH,
7583 Ottersweiher (Baden)

∞ Gedruckt auf säurefreiem, alterungsbeständigen Papier

Umschlaggestaltung: Atelier Warminski, 6470 Büdingen 8

Printed in Germany

Vorwort

Die jährlich erscheinenden Statistiken der Deutschen Bundesbank weisen eine ständige Zunahme internationaler Kapitalinvestitionen der deutschen Industrie im Ausland aus. Mit diesen Auslandsinvestitionen reagiert die deutsche Industrie auf verschiedene wirtschaftliche Entwicklungen:

— den zunehmenden Zwang, auf Auslandsmärkten durch eigene Firmen marktnah präsent zu sein,

— Standortvorteile des Auslands,

— Handelsrestriktionen,

— die in einzelnen Branchen begrenzten Wachstumsmöglichkeiten des heimischen Marktes,

— die Schaffung des europäischen Binnenmarktes 1992 und der daraus folgenden Neuordnung der europäischen Unternehmensstrukturen.

Innerhalb der verschiedenen Möglichkeiten, Auslandsinvestitionen durchzuführen, stellt das Gemeinschaftsunternehmen (nachstehend „Joint Venture") die komplexeste Form einer Niederlassung im Ausland dar: Durch Kooperation mit einem ausländischen Partnerunternehmen und Gründung einer gemeinsamen Tochter können wirtschaftliche Konzepte realisiert werden, die jedes Partnerunternehmen allein nicht hätte durchführen können oder wollen.

So befruchtend die Zusammenarbeit mit anderen Unternehmen im Ausland auch sein kann, so vielfältig sind die Gefahren eines Fehlschlags der geplanten Partnerschaft. Schließlich soll eine Kooperation etabliert werden zwischen Unternehmen, die nicht nur oft unterschiedliche Sprachen sprechen, sondern meist auch von unterschiedlichen Geschäftsusancen und Strukturen — darunter insbesondere auch unterschiedlichen Rechtstraditionen — ihrer Heimatländer geprägt sind.

Joint Ventures sind keine synallagmatischen Austauschverträge mit klaren Leistungs- und Gegenleistungsverhältnissen und daraus fließenden klaren Interessengegensätzen. Sie sind vielmehr Kooperationsmodelle für die Unternehmenszusammenarbeit; sie sind daher in juristische Form gegossene Unternehmensstrategien, die verschiedenste Ebenen berühren und die daher auf die unterschiedlichsten Zielkonflikte und Risiken hin untersucht werden müssen. Nicht nur haben die Vertragspartner ihre konkrete Rechtsbeziehung zueinander zu gestalten, die — wie der vorliegende Beitrag zeigen wird — bereits außerordentlich komplex ist, sondern müssen auch vielfältige Drittbeziehungen regeln. Dabei ist der Beziehung zum Gaststaat, in dem die Investition angesiedelt wird, besondere Aufmerksamkeit zu widmen.

Auch muß die gewählte Struktur in eine schier unübersehbare Anzahl rechtlicher Bestimmungen und Rahmenbedingungen nationaler und internationaler Art eingepaßt werden, die ihrerseits höchst komplexe Fragestellungen aufwerfen und obendrein rascher Fortentwicklung unterliegen wie die von einem Joint Venture tangierten Gesellschafts- und Konzernrechte, Kartell- und Wettbewerbsrechte, Investitionsgesetzgebungen des Gastlandes, Gesetzgebungen zum Schutz gewerblichen Eigentums und industrieller Rechte, Völkerrecht und bilaterale staatliche Abkommen, Devisenrecht, Arbeitsrecht, Insolvenz- und Konkursrecht, Recht der Schiedsgerichtsbarkeit und der Vollstreckbarkeit von Titeln etc.

Dabei hat es der Bearbeiter nie nur mit *einem* Rechtssystem zu tun, sondern sieht sich fast immer verschiedenen ausländischen Rechten gegenüber, die nebeneinander teils ergänzend, vielfach aber mit einander widersprechenden Antworten Anwendung und Beachtung begehren.

Schnell sind Fragestellungen sowohl bei der Errichtung als auch während der Laufzeit eines Joint Venture erreicht, die sich juristisch nicht mehr ohne erhebliche Rechtsunsicherheit bearbeiten lassen. Auch wird man viele Risiken identifizieren können, die sich einer juristischen Begrenzung überhaupt entziehen, aber in der Vertragsgestaltung als Datum bedacht werden müssen. Die Praxis der Vertragsgestaltung muß mit diesen Rechtsunsicherheiten leben und pragmatische Lösungen suchen, die auf Einschätzung und Begrenzung eines solchen unvermeidlichen juristischen Risikos abzielen.

Trotz ihrer großen wirtschaftlichen Bedeutung sind die Joint Ventures mit allen ihren Problemlagen und Konfliktpotentialen im juristischen Schrifttum bei weitem noch nicht hinreichend durchleuchtet. Ausgehend von einer Analyse der Interessenlagen und der den Joint Ventures zugrundeliegenden Unternehmensstrategien möchte der vorliegende Beitrag in die juristischen Strukturen der Joint Ventures mit all ihren Unsicherheiten und ihrem Zwang zum Pragmatismus einführen. Ziel der Darstellung soll es sein, dem juristischen Praktiker das notwendige Verständnis für die durch die Joint Ventures realisierten Konzeptionen der Unternehmenskooperation in ihren vielfältigen Spannungsfeldern der Partner untereinander und gegenüber Dritten (Gaststaat, Financiers etc.) zu vermitteln und die daraus folgenden juristischen Problemlagen und Lösungsansätze zu erläutern, so wie sie die Praxis erlebt und entwickelt; theoretische Betrachtungen und eine wissenschaftliche Vertiefung sind demgegenüber nicht Ziel der Bearbeitung. Angesichts der Vielzahl und der Komplexität der berührten Gebiete mußte sich die vorliegende Darstellung in vielen Punkten darauf beschränken, Probleme lediglich „anzureißen".

Dabei liegt der Schwerpunkt auf den bisher nicht ausreichend untersuchten handels- und gesellschaftsrechtlichen Aspekten, wohingegen sich der Verfasser in denjenigen Bereichen, in denen bereits vielfältige Veröffentlichungen vorliegen (so insbesondere zu Fragen des Wettbewerbs- und Kartellrechts, des Steuerrechts und der Schiedsgerichtsbarkeit) auf rudimentäre Hinweise beschränkt.

Die Darstellung gliedert sich in zwei Bücher: Im ersten Buch werden die Interessenlagen und Vertragsstrukturen der internationalen Vertragspraxis des grenzüberschreitenden Joint Venture allgemein dargelegt. Das zweite Buch erläutert die Rechtsformen unternehmerischer Betätigung in einzelnen Ländern und Erfahrungen deutscher Investoren mit Joint Ventures in diesen Ländern.

Die Bearbeitung des Werkes war im Wesentlichen im Dezember 1989 abgeschlossen. Danach erfolgte Gesetzesänderungen wurden — insbesondere im zweiten Buch — bis Mitte März 1990 noch eingearbeitet und berücksichtigt.

Köln, im März 1990

Klaus Langefeld-Wirth

Gesamt-Inhaltsverzeichnis

1. Buch
Praxis der internationalen Joint Ventures

2. Buch
Länderspezifische Besonderheiten

1. Buch

Praxis der internationalen Joint Ventures

Interessenlagen – Vertragsusancen – Rechtsprobleme

von

Klaus Langefeld-Wirth

Rechtsanwalt und vereidigter Buchprüfer in Köln

Inhaltsverzeichnis

Teil I:

Einleitung

1. Direktinvestitionen im Ausland

1.1 Gliederung der Auslandsaktivitäten

Grenzüberschreitende Wirtschaftsaktivitäten vollziehen sich in einer großen Vielzahl von Erscheinungsformen, die vom bloßen Export über die Technologie- und Lizenzvergabe, über Formen vertragsfreier und vertragsgebundener Zusammenarbeit bis hin zu den unselbständigen Betriebsstätten, Gemeinschaftsunternehmen und 100%igen Töchtern reicht.

Obwohl fließende Übergänge und Kombinationen der verschiedenen Gestaltungsformen existieren, lassen sich drei Gruppen von grundsätzlich unterschiedlichen Funktionsstrukturen bilden:

Schaubild 1: Formen von Auslandsaktivitäten

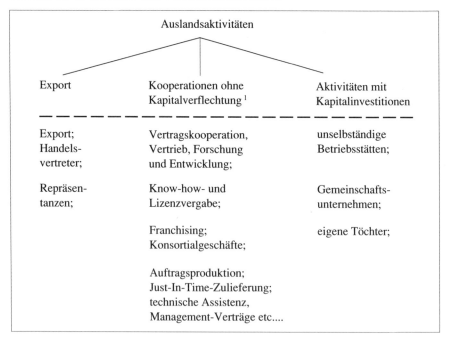

---

1 Hierzu siehe: *Benisch, Werner,* Kooperationsfibel, 4. Aufl. Berg. Gladbach 1973; *Pollak, Christian:* Neue Formen internationaler Unternehmenszusammenarbeit ohne Kapitalbeteiligung, IFO-Studien zur Entwicklungsforschung, München 1982; *ders.* in: *Oman,*

Die Beteiligung deutscher Unternehmen aus ausländischen Unternehmen, seien es eigene Töchter, unselbständige Betriebsstätten oder Gemeinschaftsunternehmen, werden in der Terminologie des Außenwirtschaftsgesetzes und der Statistik der Deutschen Bundesbank als „Direktinvestitionen" bezeichnet.

1.2 Statistische Erfassung der Direktinvestitionen

Die Direktinvestitionen deutscher Unternehmen im Ausland werden in der Bundesrepublik jährlich durch zwei unterschiedliche Statistiken erfaßt:

a) die Transferstatistik des Bundeswirtschaftsministeriums[2] erfaßt die jährlich ins Ausland fließenden Investitionsmittel (Strömungsgröße)

b) die Bundesbankstatistik[3] erfaßt demgegenüber die Bestände des Auslandsvermögens aufgrund einer Auswertung der Bilanzwerte deutscher Unternehmensbilanzen (Bestandsgröße)

Beide Statistiken sind methodisch völlig unterschiedlich und daher miteinander nicht vergleichbar[4]. Im Unterschied zur Bundesbankstatistik bleiben in der Erfassungsmethodik des Bundeswirtschaftsministeriums Mittelzuflüsse in die deutschen Auslandsinvestitionen, die nicht mit einem Kapitalabfluß aus der Bundesrepublik verbunden sind, wie z. B.: Kapitalaufnahmen im Ausland, Kapitalzuflüsse aus anderen Auslandsinvestitionen und Wertsteigerungen der Auslandsinvestitionen (Gewinnthesaurierung oder durch Wechselkursveränderungen) unberücksichtigt. Die Bundesbankstatistik ergibt daher einen zutreffenderen Einblick in die langfristige Entwicklung des Auslandsvermögens, während die Strömungsgrößen für kurzfristige Trendanalysen geeigneter sind.

Charles, New Forms of International Investment in Developing Countries − the National Perspective, OECD Paris 1984, S. 232 ff. („Non-equity forms of german industrial cooperation"); *Oman, Charles,* OECD Centre Studies, New Forms of International Investment, Paris 1984, S. 15–17; *Gramlich, Ludwig,* Rechtsgestalt, Regelungstypen und Rechtsschutz bei grenzüberschreitenden Investitionen, Baden-Baden 1984, S. 353–360.

2 Zuletzt: Runderlaß Außenwirtschaft Nr. 9/89 vom 3. 4. 1989.

3 Zuletzt: Monatsberichte der Deutschen Bundesbank, 41. Jg., Nr. 4 vom April 1989, S. 23 ff. sowie Statistische Beihefte zu den Monatsberichten Reihe 3 (Zahlungsbilanzstatistik) Nr. 4.

4 *Beyfuß, Jörg,* Direktinvestitionen im Ausland: Exportkonkurrenz oder Marktsicherung, Beiträge zur Wirtschafts- und Sozialpolitik Nr. 155, Köln 1987, S. 8; IFO Forschungsberichte No 65, German Firms' Strategies towards industrial cooperation with developing countries, *Pollak C./Riedel J.,* München, Köln, London 1984, S. 2.

1.3 Definition der Direktinvestitionen gemäß Bundesbank

Die Bundesbank definiert[5] Direktinvestitionen als

- Gründung und Erwerb von Unternehmen, Zweigniederlassungen oder Betriebsstätten
- Erwerb von Beteiligungen an Unternehmen, sofern die Beteiligung mindestens 25% beträgt
- Zufluß von Anlagemitteln und Zuschüssen in diese Investitionen
- Gewährung von Darlehen an solche Investitionen

Diese Definition soll die Kapitalanlagen im Ausland mit unmittelbarem Einfluß auf die Geschäftstüchtigkeit erfassen. Dabei ist die Unterstellung, ein solcher Einfluß liege immer bei Beteiligungen von mindestens 25%, jedoch nicht mehr bei Beteiligungen unter 25% vor, eine zwar für statistische Zwecke vertretbare Unterstellung, ansonsten aber sicher nicht zutreffend.

1.4 Entwicklung der Direktinvestitionen

Seit dem zweiten Weltkrieg sind die deutschen Direktinvestitionen ständig und kontinuierlich angewachsen:

Schaubild 2: Entwicklung deutscher Direktinvestitionen seit 1966

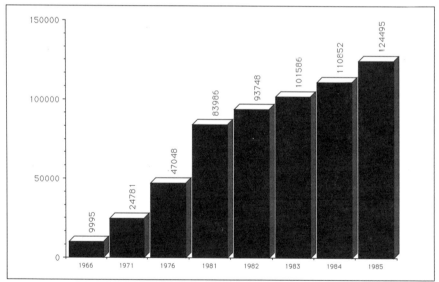

Quelle: Institut der Deutschen Wirtschaft (Hrsg.), Zahlen zur wirtschaftlichen Entwicklung der Bundesrepublik Deutschland 1986, Köln 1986, Tabelle 73

---

5 Deutsche Bundesbank, Monatsberichte 30. Jg. (1978), Nr. 20, S. 31.

Ende 1987 erreichten die Gesamtdirektinvestitionen (incl. der durch ausländische Zwischenholdings vermittelten mittelbaren Direktinvestitionen) einen Bestand von über 152 Milliarden DM[6]. Sie überstiegen die ausländischen Direktinvestitionen im Inland um etwa 50 Milliarden DM. Für das Jahr 1988[7] zeichnet sich eine weitere Steigerung auf hohem Niveau ab.

Diese Entwicklung zeigt eine ständig zunehmende Kapitalverflechtung der Bundesrepublik mit dem Ausland. Die Salden der Direktinvestitionen im Ausland, vermindert um die Direktinvestitionen des Auslands in der Bundesrepublik, zeigen, daß die Bundesrepublik seit etwa 1980 vom Netto-Direktinvestitions*empfänger* zum Netto-Direktinvestitions*geber*land geworden ist[8].

Schaubild 3: Entwicklung deutscher Direktinvestitionen im Ausland und ausländischen Vermögens im Inland 1976-1985

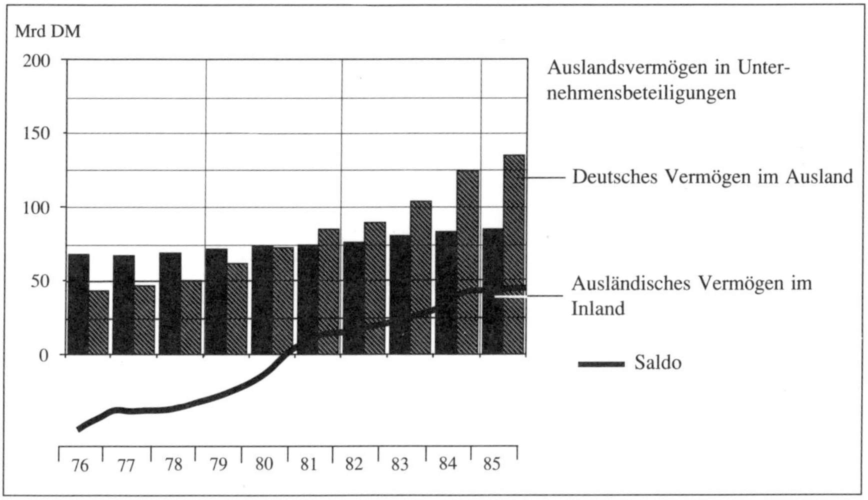

Quelle: Monatsberichte der Deutschen Bundesbank, 39. Jg Nr. 3 1987 S. 22

1.5 Sektorale und regionale Aufgliederung der Auslandsinvestitionen

Das nachfolgende Schaubild 4 zeigt die regionale und sektorale Aufteilung der deutschen Direktinvestitionen im Ausland Ende 1987.

---

6 Monatsberichte der Deutschen Bundesbank, 41. Jg. Nr. 4, April 1989, S. 28.
7 Monatsberichte, a. a. O., S. 32.
8 Statistisch prognostischer Bericht 1987/88, Statistisches Landesamt Baden-Württemberg, Stuttgart 1989, S. 40.

**Schaubild 4: Regionale und Sektorale Aufteilung deutscher Direktinvestitio-
nen im Ausland**

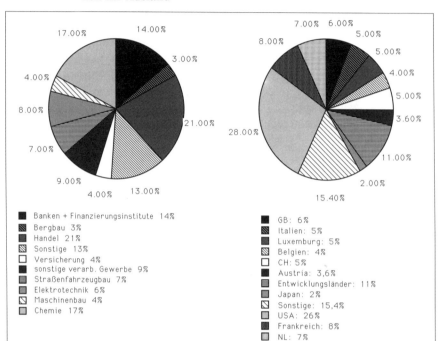

Banken + Finanzierungsinstitute 14%
Bergbau 3%
Handel 21%
Sonstige 13%
Versicherung 4%
sonstige verarb. Gewerbe 9%
Straßenfahrzeugbau 7%
Elektrotechnik 6%
Maschinenbau 4%
Chemie 17%

GB: 6%
Italien: 5%
Luxemburg: 5%
Belgien: 4%
CH: 5%
Austria: 3,6%
Entwicklungsländer: 11%
Japan: 2%
Sonstige: 15,4%
USA: 26%
Frankreich: 8%
NL: 7%

Dabei ist auffällig, daß die Hauptinvestitionsländer gleichzeitig auch die
Hauptexportmärkte sind. Dieses statistische Ergebnis weist auf einen direkten Zusammenhang zwischen Direktinvestitionen und Exportaktivitäten hin.

Der Zusammenhang zwischen Exportaktivitäten und Direktinvestitionen
läßt sich wie folgt erklären[9]:

– Bei zunehmendem Markterfolg steigt der Bedarf an Sekundär- bzw.
  Folgeinvestitionen für Kundendienst, Wartungs- und Reparaturfazili-
  täten

– Zunehmende Marktdurchdringung macht Produktions- oder Teilpro-
  duktionsverlagerungen (z. B. Endmontage) im Exportmarkt möglich
  und sinnvoll wie z. B. aus Gründen der Marktnähe, der Überwindung
  von Handelsrestriktionen oder der Absicherung gegenüber Wechselkursschwankungen

– Banken, Versicherungen und andere Serviceunternehmen zur Versorgung der deutschen Direktinvestitionen ziehen nach.

---

9 Statistisch prognostischer Bericht 1987/88, a. a. O., S. 52–56; *Beyfuß,* a. a. O., S. 11.

Schaubild 5: Bilanz der unmittelbaren und mittelbaren Unternehmens-beteiligungen nach Ländern und Wirtschaftszweigen Ende 1987

Mrd DM			
	Unmittelbare und über abhängige Holdinggesellschaften bestehende mittelbare		
Land/Wirtschaftszweig	deutsche Direktinvestitionen im Ausland	ausländische Direktinvestitionen im Inland	Saldo
Aufgliederbare Gesamtsumme nach Ländergruppen und Ländern	152,0	102,6	+ 49,4
EG-Länder	61,6	35,5	+ 26,1
darunter:			
Belgien	6,4	1,4	+ 5,0
Frankreich	12,8	6,6	+ 6,2
Großbritannien	8,6	9,6	− 1,0
Italien	7,1	1,8	+ 5,3
Luxemburg	7,1	0,7	+ 6,4
Niederlande	10,0	13,9	− 3,9
Übrige industrialisierte westliche Länder	70,2	63,7	+ 6,5
darunter:			
Japan	3,3	6,4	− 3,1
Kanada	3,8	0,9	+ 2,9
Österreich	5,7	1,5	+ 4,2
Schweden	0,8	2,6	− 1,8
Schweiz	8,1	15,8	− 7,7
Vereinigte Staaten von Amerika	43,1	35,0	+ 8,1
Entwicklungsländer	17,7	2,0	+ 15,7
OPEC-Länder	2,4	0,7	+ 1,7
Staatshandelsländer	0,1	0,7	− 0,6
nach Wirtschaftszweigen der Investitionsobjekte			
Bergbau	4,8	0,2	+ 4,6
Verarbeitendes Gewerbe	69,1	59,0	+ 10,1
darunter:			
Chemische Industrie	26,4	10,8	+ 15,6
Mineralölverarbeitung	0,1	7,2	− 7,1
Eisen- und Stahlerzeugung	1,6	1,1	+ 0,5
Maschinenbau	5,8	4,4	+ 1,4
Herstellung von Büromaschinen, Datenverarbeitungsgeräten und -einrichtungen	0,7	5,6	− 4,9
Straßenfahrzeugbau	10,9	5,5	+ 5,4

Schaubild 5 (Fortsetzung)

Mrd DM			
	Unmittelbare und über abhän-gige Holdinggesellschaften be-stehende mittelbare		
	deutsche Direktin-vestitionen	ausländische Direktin-vestitionen	
Land/Wirtschaftszweig	im Ausland	im Inland	Saldo
Elektrotechnik	11,9	7,1	+ 4,8
Ernährungsgewerbe	1,2	3,5	− 2,3
Handel	32,0	19,3	+ 12,7
Kreditinstitute	10,7	8,9	+ 1,8
Finanzierungsinstitutionen	10,0	0,2	+ 9,8
Versicherungsunternehmen	6,0	2,1	+ 3,9
Beteiligungsgesellschaften und sonstige Vermögensverwaltung	8,7	6,8	+ 1,9
Sonstige Dienstleistungen	7,2	4,2	+ 3,0
Sonstige Unternehmen	3,5	1,9	+ 1,6

Quelle: Monatsberichte der Deutschen Bundesbank, April 1989, S. 28.

1.6 Gründe für Direktinvestitionen im Ausland

Befragungen deutscher Unternehmen[10] haben das aus den Statistiken be-reits ablesbare Ergebnis bestätigt, daß deutsche Direktinvestitionen vor-nehmlich im direkten Zusammenhang mit deutschen Exportaktivitäten stehen.

Auslandsinvestitionen verfolgen in der Regel folgende Strategien[11]:

---

10 Z. B.: *Kayser/Kitterer/Neujocks/Schwarting/Ullrich,* Investitionen im Ausland, DIHT-Veröffentlichung, Bonn 1981; Leitfaden für Auslandsinvestitionen, Ministerium für Wirtschaft, Mittelstand und Technologie Baden-Württemberg, Stuttgart 1985; IFO For-schungsberichte Nr. 65, German Firms' Strategies towards Industrial Cooperation with Developing Countries, München, Köln, London 1984.

11 Monatsberichte der Deutschen Bundesbank, 41. Jg., Nr. 4, S. 23 ff.; Statistisch progno-stischer Bericht 1987/88, Statistisches Landesamt Baden-Württemberg, Stuttgart 1989, S. 36–37; *Kayser/Kitterer/Neujocks/Schwarting/Ullrich,* a. a. O., S. 55–64, S. 23 ff.; Leitfaden für Auslandsinvestitionen, a. a. O., S. 9; *Endres, D.* Direktinvestitionen in Ent-wicklungsländern, München 1986, S. 34–38; *Oman, Charles,* New Forms of Internatio-nal Investment, OECD Development Studies, Paris 1984, S. 71–89; *Kolvenbach, W.,* Ge-neral factors influencing an European businessman deciding to invest abroad, Internatio-nal Business Lawyer, 1989, S. 315–319; *Balleis, Siegfried,* Die Bedeutung politischer Risi-ken für ausländische Direktinvestitionen, Nürnberg 1984, S. 21–22, S. 30–36; *Jüttner, Heinrich,* Förderung und Schutz deutscher Direktinvestitionen in Entwicklungsländern,

Absatzmarktorientierte Gründe:

— Sicherung von Auslandsmärkten, besserer Marktzugang
— größere Marktnähe
— Begrenzung der Beeinträchtigung von Wechselkursschwankungen
— Eliminierung von Transportkosten
— Kostenvorteile durch lokale Endmontage oder Teilfertigung

Überwindung von Handelshemmnissen:

— Überwindung tarifärer oder nicht-tarifärer Handelshemmnisse
— Reaktion auf „local content"-Praktiken[12] einzelner Länder
— Reaktion auf Bevorzugung lokaler Anbieter oder von Anbietern mit lokalem Engagement

Beschaffungsmarktorientierte Motive:

— Aufbau einer eigenen Zulieferindustrie an kostengünstigen Auslandsstandorten
— Sicherung des Zugangs zu Rohstoffquellen

Wachstumschancen ausländischer Märkte:

— Inländische Märkte haben nicht mehr das gleiche Wachstumspotential wie Auslandsmärkte
— Hohe Liquidität deutscher Unternehmen und Dollar-Schwäche begünstigen Investitionen in wachstumsträchtige Auslandsmärkte

Schaffung des Zugangs zu Technologien des Auslands:

— Unternehmensaufkauf Know-how-trächtiger Unternehmen

Sonstige Motive:

— Standortdiversifizierung im Rahmen globaler Strategien
— Steuervorteile
— Lohngefälle
— Subventionen

Die Unternehmerbefragungen[13] haben ergeben, daß marktorientierte Motive mit Abstand an erster Stelle stehen, wohingegen die Ausnutzung von Steuer- und Lohnkostengefällen zwecks Belieferung des Mutterhauses oder allgemein des Weltmarktes (also losgelöst vom Zielmarkt im Lande oder

---

Baden-Baden 1975, S. 88 ff.; Arbeitskreis *Karenberg/Meissner* der Schmalenbach-Gesellschaft: „Der Aufbau von Unternehmen in Entwicklungsländern", Bundesstelle für Außenhandelsinformationen, Köln 1974, S. 11 ff. sowie „Auslandsaktivitäten deutscher Unternehmen", BfAI, 1983, S. 13 ff.

12 *Bernd, Günter*, Local-Content — eine Herausforderung für das internationale Marketing, ZFP Heft 4, November 1985, S. 263 ff.

13 *Kayser/Kitterer/Naujocks/Schwarting/Ullrich*, a. a. O., S. 56; *Beyfuß*, a. a. O., S. 29.

der betroffenen Region selbst) in den Befragungen deutlich nachrangig beurteilt wurden[14].

Insbesondere läßt sich das oft vertretene Argument, Auslandsinvestitionen substituierten Exporte, nicht erhärten[15]. Die Entwicklung der Exporte und der Direktinvestitionen in einem unserer wichtigsten Exportmärkte, nämlich der USA, belegt eindrucksvoll das Gegenteil, nämlich, daß Exporte und Auslandsinvestitionen auffallende Parallelität aufweisen, wie Schaubild 6 zeigt.

Schaubild 6

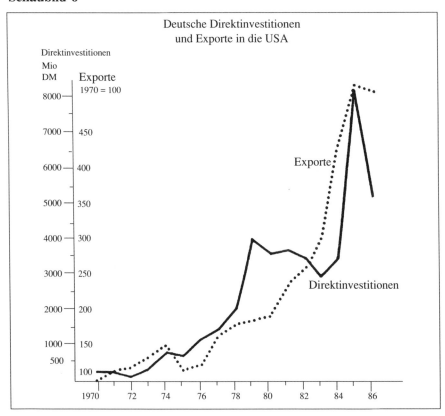

Quelle: BMWi, Die Auslandsinvestitionen, Tagesnachrichten Nr. 9050 vom 9. 4. 1986

---

14 IFO-Forschungsbericht Nr. 65, a. a. O., S. 20; *Beyfuß,* a. a. O., S. 30; Leitfaden Auslandsinvestitionen, a. a. O., S. 9.
15 Statistisch prognostischer Bericht 1987/88 des Statistischen Landesamtes Baden-Württemberg, a. a. O., S. 52–56; *Beyfuß,* a. a. O., S. 20.

Auslandsinvestitionen mögen bei einzelnen Produkten zwar exportverdrängend wirken, in der volkswirtschaftlichen Gesamtbetrachtung ist dies jedoch nicht der Fall. Die Exportverdrängung auf der einen Seite wird durch Schaffung neuer Nachfrage auf der anderen Seite kompensiert oder sogar überkompensiert[16]:

— Auslandsinvestitionen sichern Exportmärkte gegen Verlust z. B. infolge Wechselkursschwankungen

— zunehmende Marktnähe steigert die Nachfrage

— Auslandsinvestitionen bewirken Zulieferungen an Halbfertigfabrikaten, Zulieferteilen, Ersatzteilen und sonstigen Dienstleistungen aus der Bundesrepublik

— Auslandsinvestitionen ziehen den Aufbau von Service- und Vermarktungsnetzen nach sich, über die deutsche Produkte vermarktet werden

— es entsteht ein Werbeeffekt für deutsche Produkte

— Auslandsinvestitionen werden mit deutscher Technologie und deutschen Maschinen und Anlagen ausgestattet, woraus sich für die deutsche Wirtschaft wiederum Geschäftchancen ergeben

1.7 Die Vermögensstruktur deutscher Direktinvestitionen

Die Aufgliederung der deutschen Direktinvestitionen im Ausland nach ihrer Vermögensstruktur[17] zeigt, daß von den statistisch erfaßten Direktinvestitionen etwa 1/3 in Unternehmen geflossen sind, die nicht im Alleinbesitz des Investors standen, mithin Gemeinschaftsunternehmen waren.

Tatsächlich dürfte der Anteil der Gemeinschaftsunternehmen noch erheblich höher sein, da die Statistik nur Unternehmensbeteiligungen mit mindestens 25% Kapitalanteil erfaßt und obendrein aus Datenschutzgründen weitere Limitationen enthält. Es kommt aber häufig vor, daß mit einer Unternehmensbeteiligung von weniger als 25% ein unternehmerischer Zweck und unternehmerische Einflußnahme verbunden ist.

---

16 Statistisch prognostischer Bericht 1987/88 des Statistischen Landesamtes Baden-Württemberg, a. a. O., S. 38; *Groß, Martin,* Ausländische Direktinvestitionen als Exportmotor – das Beispiel der ASEAN-Länder, Die Weltwirtschaft 1986, Heft 1, S. 156–172; *Beyfuß,* a. a. O., S. 22.

17 Letztmalig: Monatsberichte der Deutschen Bundesbank, 37. Jg. (1985), Nr. 3, März 1985, S. 33.

Schaubild 7

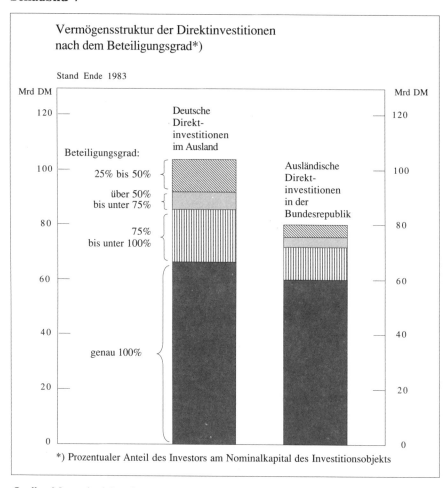

Vermögensstruktur der Direktinvestitionen
nach dem Beteiligungsgrad*)

Stand Ende 1983

*) Prozentualer Anteil des Investors am Nominalkapital des Investitionsobjekts

Quelle: Monatsberichte der Deutschen Bundesbank, 37. Jg. Nr. 3 S. 33

Die Vermögensstruktur der Direktinvestitionen im Ausland zeigt, daß primär 100%ig kontrollierte Auslandsinvestitionen bevorzugt werden. Verständlicherweise wird die Industrie nicht ohne Grund von vollständiger Kontrolle eines Auslandsengagements absehen, insbesondere, wenn dies mit wertvoller Technologie ausgestattet wird. Auf der anderen Seite gibt es in vielen Fällen so bedeutsame Gründe, von einer vollständigen Kontrolle eines Auslandsunternehmens abzusehen, daß dieser Anteil mindestens 1/3 der Gesamtinvestitionen im Ausland ausmacht.

2. Das Gemeinschaftsunternehmen als Gestaltungsform internationaler Wirtschaftsaktivitäten

2.1 Definition des internationalen Gemeinschaftsunternehmens

Der vorliegende Beitrag befaßt sich mit den Gemeinschaftsunternehmen der grenzüberschreitenden industriellen Kooperation. Zur Abgrenzung gegenüber anderen Formen der Kooperation und anderen Formen von Direktinvestitionen, die mit ganz anderen Interessenlagen und Vertragsstrukturen verbunden sind, soll diese Gestaltungsform durch folgende Merkmale definiert werden[18]:

Eigene Definition:

a) Es ist ein *Unternehmen*: Betriebswirtschaftlich[19] ist unter Unternehmen (in der betriebswirtschaftlichen Literatur synonym: Unternehmung) ein im marktwirtschaftlichen Umfeld arbeitender Betrieb zu verstehen[20]. Betriebe werden als planvoll organisierte Wirtschaftseinheiten verstanden, in denen eine Kombination von Produktionsfaktoren mit dem Ziel erfolgt, Sachgüter oder Dienstleistungen zu erstellen und abzusetzen (Fremdbedarfsdeckung)[21]. Demgegenüber ist ein allgemeiner Rechtsbegriff „Unternehmen" bisher nicht entwickelt worden[22]. Konzernrechtliche und kartellrechtliche Definitionen sind nur in ihrer

---

18 Die hier vorgeschlagene Definition entspricht in etwa der Definition von *Kuiper, Willem G.,* (East-West) Joint Ventures; a special phenomenon in international tax law? International Bureau for Fiscal Documentation, Amsterdam 1988, S. 15. Zu anderen Definitionen siehe *Kuiper,* a.a.O., S. 12–16, z.B. den Definitionen von *Friedman, Kalmanoff, Bloemann, Van Hilton, Willems, Lamers* und anderen; siehe auch: *Gramlich, Ludwig:* Rechtsgewalt, Regelungstypen und Rechtsschutz bei grenzüberschreitenden Investitionen, Baden-Baden 1984, S. 361; *Endres, D.* Direktinvestitionen in Entwicklungsländern, München 1986, S. 229; *Kalmanoff, Friedman,* Joint International Business Ventures, New York und London 1961, S. 5 und 259; *Macharzina, Klaus,* Gemeinschaftsunternehmen in internationaler wettbewerbsrechtlicher und betriebswirtschaftlicher Hinsicht, in: *Pausenberger* (Hrsg.), Internationales Management 1981, S. 152; *Zündorf,* Quotenkonsolidierung versus Equitymethode, Stuttgart 1987, S. 8; *Weber, Rolf,* Joint Venture, Basler ökonomische Studien, Bd. 35, Grüsch 1989, S. 32 ff.
19 *Grochla, Erwin,* Betrieb, Betriebswirtschaft und Unternehmung, in: Handwörterbuch der Betriebswirtschaft, Bd. I/1, 4. Aufl., Stuttgart 1974, Sp. 541–557; *Wöhe, Günter,* Einführung in die Allgemeine Betriebswirtschaftslehre, 16. Aufl., München 1986, S. 12–14.
20 Auf die einzelnen begrifflichen Unterscheidungen, die von *Wöhe, Kosiol, Lohmann* und *Lehmann* hierzu weiter vorgeschlagen werden, kann hier nicht eingegangen werden.
21 *Wöhe,* a.a.O.
22 *Schmidt, Karsten,* Handelsrecht, 3. Aufl., Köln 1987, § 4 I, S. 58; *Glanegger/Niedner/Renkl/Ruß,* HGB, Heidelberg 1987, § 22 Rdnr. 2; *Biedenkopf/Koppensteiner,* Kölner Kommentar, § 15 Rdnr. 17, S. 117.

Typologie verwendbar, aber nicht darüber hinaus[23]. In der juristischen Literatur wird das „Unternehmen" beschrieben als eine rechtlich und organisatorisch selbständige und dauerhaft auf die Erbringung und den Absatz vielfältiger Leistungen (Gegensatz: bloße Einzelauftragsabwicklung z. B. durch ein Konsortium) gerichtete Wirtschaftseinheit mit eigener Willensbildung in Gremien oder Organen, die am Rechtsverkehr selbst teilnimmt[24]. Gefordert ist nur die rechtliche und organisatorische, nicht aber notwendigerweise auch die wirtschaftliche Selbständigkeit bzw. Unabhängigkeit des Gemeinschaftsunternehmens.

b) Dieses Unternehmen wird gebildet durch einen *Zusammenschluß* zwei oder mehrerer voneinander rechtlich und wirtschaftlich unabhängiger Teilhaber, die durch den *Zusammenschluß* ihre Unabhängigkeit nicht aufgeben.

c) Diese Teilhaber sind *an der Leitung* und Steuerung des Unternehmens *beteiligt* und wirken in nicht völlig unerheblichem Maße auf die Entscheidungsbildung dort ein; gemeint sind Einflußnahmen, die über die normale Stimmrechtsausübung eines Gesellschafters oder Aktionärs deutlich hinausgehen, so daß von einer echten Mitwirkung im Management gesprochen werden kann.

d) Mindestens zwei der Teilhaber sind in *verschiedenen Ländern* angesiedelt.

Das so definierte Gemeinschaftsunternehmen grenzt sich ab:

— durch die Zusammenarbeit mit anderen Partnern gegenüber 100%igen Auslandstöchtern oder unselbständigen Betriebsstätten

— durch das Erfordernis eines rechtlich selbständigen Unternehmens gegenüber anderen Kooperationsformen ohne Schaffung eines solchen, insbes. gegenüber bloßen Konsortialgeschäften zur Einzelauftragsdurchführung

— durch das Erfordernis der rechtlichen und wirtschaftlichen Unabhängigkeit der Partner gegenüber konzern-internen Gestaltungsformen, bei denen sich der typische Interessengegensatz unabhängiger wirtschaftlicher Interessenkreise nicht einstellt oder einstellen muß

---

23 *Schmidt, Karsten,* a. a. O. (Fn. 22), S. 58. Im Regelungszusammenhang des Aktiengesetzes (§ 15 ff.) ist die Definition zum Zwecke der Erfassung von Herrschaftsverhältnissen so auszudehnen, daß der Unterordnungs- und der Gleichordnungskonzern angemessen erfaßt werden können; vgl. hierzu: *Geßler-Hefermehl,* Aktiengesellschaft, Bd. 1, 1973, Art. 15, I 2, S. 181 ff.; zum Unternehmensbegriff im Kartellrecht siehe: *Börner, Bodo,* Gemeinschaftsunternehmen im Wettbewerbsrecht von EWGV und EGKSV, in: *Huber/Börner,* Gemeinschaftsunternehmen im deutschen und europäischen Wettbewerbsrecht, Köln, Berlin, Bonn, München 1978, S. 186.
24 *Schmidt, Karsten,* a. a. O. (F. 22), aufbauend auf einer Definition von *Raisch.*

– durch das Merkmal der Aufrechterhaltung der rechtlichen Selbständigkeit von gemeinsamer Tochter und den beteiligten Partnern voneinander gegenüber Fusionstatbeständen

– durch das Erfordernis unterschiedlicher Nationalitäten der Partner gegenüber rein nationalen Zusammenschlüssen

– durch das Erfordernis nicht unwesentlicher Mitwirkung der Teilhaber an der Leitung und Entscheidungsbildung des Unternehmens gegenüber Beteiligungen ohne unternehmerische Mitwirkung (,,Portfolio-Investitionen'')

Abweichungen gegenüber anderen Definitionen

Begriffsdefinitionen lassen sich nicht trennen von ihrer teleologischen Zweckfunktion. Der vorliegende Beitrag betrachtet das Gemeinschaftsunternehmen aus der Sicht des Gemeinschaftsunternehmens selbst und widmet sich den Fragestellungen der Vertragsgestaltung dieses Zusammenschlusses. Das Gemeinschaftsunternehmen ist daher im weiten Sinne als jede Form des Zusammenschlusses mehrerer unabhängiger Partner in einem Unternehmen definiert worden. Definitionen, die aus der Sicht des Konzernrechts, des Kartellrechts oder der Konzernrechnungslegung abgeleitet werden, müssen demgegenüber aus der Sicht des herrschenden Mutterunternehmens auf den beherrschenden Einfluß oder auf die wettbewerbsbeschränkenden Rückwirkungsmöglichkeiten abstellen und kommen daher zu anderen Abgrenzungskriterien.

Abweichungen gegenüber kartellrechtlichen Definitionen

Die vorstehende Definition weicht daher ab von der Definition des ,,Gemeinschaftsunternehmens'' in § 23 Abs. 2 Satz 3 GWB, wonach ein Gemeinschaftsunternehmen vorliegt, wenn zwei oder mehr Unternehmen Anteile von 25% oder mehr an einem anderen Unternehmen in Kooperationsabsicht[25] erwerben. Je nach dem angestrebten Kooperationszweck wird in der kartellrechtlichen Literatur zwischen kooperativen und konzentrativen Gemeinschaftsunternehmen und zwischen solchen mit Voll- oder Teilfunktionen unterschieden[26]. Die begriffliche Definition des § 23 Abs. 2 Satz 3 des GWB ist zum Zwecke der Zurechnung von Marktanteilen und Umsatzgrößen zu den einzelnen Müttern je nach ihrem Beherrschungsverhältnis geschaffen worden und geht daher primär von der Idee der Beherrschung aus, ebenso die Rechtsfigur der Mehrmütterbeherrschung (§ 23 Abs. 1, 2. HS). Dieser limitierte gesetzliche Zweck der Definition macht die Ver-

---

25 Zum subjektiven Tatbestandsmerkmal: Frankfurter Kommentar zum GWB, Loseblattsammlung, Köln, 2. Aufl., § 23 Rdnrn. 54 und 55.

26 *Wiedemann, G.,* Gemeinschaftsunternehmen im deutschen Kartellrecht, Heidelberg 1981, S. 50 und 139ff.; Frankfurter Kommentar, a.a.O., § 23 Rdnr. 56.

wendung der Definition außerhalb des Kartellrechts unzweckmäßig[27]. Gleiches gilt für die Einbeziehung der Gemeinschaftsunternehmen in Art. 3 Abs. 2 der EG-Verordnung über die Kontrolle von Unternehmenszusammenschlüssen[28].

Ferner wird der kartellrechtlich bedeutsamen Frage, ob die Kooperationspartner „Unternehmen" sein müssen[29], nicht nachgegangen: Für die Zwecke dieser Darstellung wird lediglich gefordert, daß die Beteiligten — ob Privatpersonen oder Unternehmen — in unternehmerischer Weise an Führung und Gestaltung des Gemeinschaftsunternehmens in nicht unerheblichem Umfang mitwirken.

Durch die Erfassung der Mitwirkung von Privatpersonen unterscheidet sich die hier vorgeschlagene Definition unter anderem auch von der Definition der EG-Kommission, die — aus kartellrechtlicher Sicht — die Mitwirkung von Unternehmen als Partner verlangt[30].

Für die handelsrechtliche Betrachtung eines solchen Zusammenschlusses darf aber die Mitwirkung von Privatpersonen — z.B. wenn eine Beteiligung aus steuerrechtlichen Gründen im Privatvermögen und nicht im Betriebsvermögen gehalten wird — nicht ausgeschlossen werden[31].

Im Gegensatz zur Auffassung der EG-Kommission[32] wird hier nicht darauf abgestellt, ob die Teilhaber des Gemeinschaftsunternehmens eine „gemeine Leitung und Kontrolle" über das Gemeinschaftsunternehmen ausüben. Gemeinsame Leitung und Kontrolle soll nach Ansicht der EG-Kommission vorliegen, wenn — je nach Gestaltung des Einzelfalles — die Mütter bei ihren Entscheidungen über das Gemeinschaftsunternehmen „aufeinander angewiesen" sind[33]. Ausgehend von der Perspektive der Beherrschung mag dieser kartellrechtliche Ansatz richtig sein[34]: aus gesellschaftsrechtlicher Sicht muß sich die Vertragsgestaltung aber oft mit Fällen von Gemeinschaftsunternehmen befassen, in denen die Teilhaber

---

27 *Macharzina, Klaus,* Gemeinschaftsunternehmen in internationaler wettbewerbsrechtlicher und betriebswirtschaftlicher Sicht, in: *Pausenberger* (Hrsg.), Internationales Management, 1981, S. 152.

28 Amtsblatt der EG L 395 v. 30. 12. 1989.

29 Frankfurter Kommentar, a.a.O., § 23 Rdnr. 27.

30 1983 Report on Competition Policy, Section 6 Point 53; ebenso der Entwurf IV/197/90 DE der Kommission vom 27. 3. 1990 einer Bekanntmachung zur Definition von Kooperations- und Konzentrationstatbeständen.

31 *Herzfeld, Edgar,* Joint Ventures, London 1983, S. 7.

32 Siehe Fn. 30; ferner: *Schröter, Helmut,* in: Gemeinschaftsunternehmen im deutschen und englischen Kartellrecht, Ergebnisse internationaler Diskussion des FIW, Köln, Berlin, Bonn, München 1987 (FIW-Schriftenreihe H 122), S. 68 und 69.

33 *Schröter,* a.a.O., S. 69; ebenso der Entwurf IV/197/90 DE der Kommission zur Definition von Konzentrations- und Kooperationstatbeständen vom 27. 3. 1990.

34 Kritisch zum Begriff der gemeinsamen Kontrolle: *Wissel, Holger,* in: Gemeinschaftsunternehmen im deutschen und europäischen Kartellrecht, a.a.O. (siehe Fn. 31), S. 88.

keine gemeinsame Leitung im vorgenannten Sinne ausüben, weil sie nicht aufeinander angewiesen sind, wohl aber unternehmerisch an der Leitung mitwirken.

Abweichungen gegenüber konzernrechtlichen Definitionen

Da der vorliegende Beitrag gleichermaßen die Zusammenschlüsse in einem Gemeinschaftsunternehmen erfassen will, in denen sich herrschende (Mehrheitspartner) anderen (Minderheits-)partnern gegenübersehen, wie auch solche Fälle, in denen mehrere Partner gleichberechtigt zusammenwirken (z. B. 2 Aktionäre mit je 33 1/3 %), wird hier begrifflich nicht danach differenziert, ob das Gemeinschaftsunternehmen *wirtschaftlich* abhängig ist und woraus diese Abhängigkeit herrührt (Mehrheitsbeteiligung, Stimmpoolungen, Liefer- und Leistungsbeziehungen, finanzielle Abhängigkeiten oder lediglich faktische Beherrschung). Begrifflich ist daher hier nur auf eine Beteiligung an der Leitung des Gemeinschaftsunternehmens abgestellt worden, vorausgesetzt, daß diese nicht unerheblich ist. Gemeinschaftsunternehmen können daher nach der hier vorgeschlagenen Definition gleichzeitig auch konzernzugehörig bzw. verbundene Unternehmen i. S. d. Art. 15 ff. AktG sein oder auch nicht.

Die Höhe der Beteiligung ist ebenfalls aus handelsrechtlicher Sicht nicht maßgeblich. Gemeinschaftsunternehmen können Beteiligungsverhältnisse von 50 % : 50 %, 75 % : 25 %, 33,3 % : 33,3 % : 33,3 % oder jede andere denkbare Aufteilung aufweisen.

Abweichungen gegenüber der Begriffswelt der Rechnungslegung

Auch die Begriffswelt des HGB, die unter dem Gesichtspunkt der Konsolidierung des Konzernjahresabschlusses nach dem Grad der Abhängigkeit zwischen Konzernunternehmen, gleichberechtigt geleiteten Gemeinschaftsunternehmen, assoziierten Unternehmen und Beteiligungen unterscheidet und hierfür bestimmte Vermutungsregeln aufstellt, ist für die Zwecke dieser Darstellung im Hinblick auf ihre Orientierung am Kriterium der Abhängigkeit ebenfalls nicht maßgeblich. Insbesondere erfaßt § 310 HGB nur einen Spezialfall der Gemeinschaftsunternehmen, nämlich das gleichberechtigt durch die Mütter geleitete Gemeinschaftsunternehmen, weil bei diesen fragwürdig war, ob sie in den Konsolidierungskreis einzubeziehen sind oder nicht.

Rechtsform

Der Begriff des Gemeinschaftsunternehmens legt die Rechtsform des Unternehmens bzw. des Zusammenschlusses noch nicht fest [35].

---

35 *Endres, D.,* a. a. O., S. 229; *Zündorf, H.* Quotenkonsolidierung versus Equitymethode, Stuttgart 1987, S. 7.

Derartige Zusammenschlüsse werden meist als Kapitalgesellschaften gegründet[36]. Im Rahmen der nachstehenden Ausführungen wird daher grundsätzlich davon ausgegangen, daß eine Kapitalgesellschaft als Unternehmensträger gegründet wird. Auf andere Gestaltungsmöglichkeiten (etwa durch Personenhandelsgesellschaften oder andere Rechtsformen) wird nur vereinzelt verwiesen.

Es kommt ferner nicht darauf an, ob ein Gemeinschaftsunternehmen durch Neugründung oder durch Beitritt eines weiteren Partners (durch Aktienausgabe im Rahmen einer Kapitalerhöhung oder durch derivaten Zukauf) entsteht.

Die Gründe für die Bevorzugung von Kapitalgesellschaften als rechtlich selbständige Träger von Projektunternehmen sind mehrschichtiger Natur:

— haftungsrechtliche Gründe: Wunsch auf Beschränkung des Risikos auf das gezeichnete Kapital. Oft wird dieser Wunsch allerdings trotz Wahl der Rechtsform Kapitalgesellschaft nicht erreicht, etwa weil Finanzierungsinstitute ihre Finanzierung von Gesellschaftergarantien („Patronatserklärungen"[37]) abhängig machen oder weil ein Haftungsdurchgriff aufgrund Konzernrechts stattfindet;

— organisatorische: Bei langfristig angelegten Zusammenschlüssen und vielfältigen Rechtsbeziehungen zu Dritten ist eine juristische Person als von den Partnern getrennter Rechtsträger wünschenswert. In vielen Fällen wird nur die Kapitalgesellschaft die erforderliche oder gewünschte Unabhängigkeit des Managements gegenüber den Partnern garantieren;

— finanzielle: Kapitalgesellschaften haben selbständigen Zugang zum Kapitalmarkt;

— eventuell auch steuerrechtliche, wenn eine steuerbegünstigte Gewinnthesaurierung und Dividendenausschüttung beim Gemeinschaftsunternehmen möglich ist.

Bedeutsam sind ferner bilanzielle Gesichtspunkte, insbes. für die Frage der Höhe der Kapitalbeteiligung: Je nach dem Grad der Abhängigkeit unter-

---

36 *Herzfeld, Edgar,* Joint Ventures, London 1983, S. 3 und 8; *Endres, D.* a.a.O., S. 229.
37 Siehe zu Patronatserklärungen: Stellungnahme des HFA 2/76: „Zur aktienrechtlichen Vermerk- und Berichtspflicht bei Patronatserklärungen gegenüber den Kreditgebern eines Dritten, Die Wirtschaftsprüfung, 1976, Heft 19, S. 528–535; *Dilger, E.,* Patronatserklärungen im englischen Recht, RIW 1989, S. 573; *Möser, D.* Patronatserklärungen und Kreditwürdigkeit, DB 1979, S. 1469–1473; *Gerth, A.* Patronatserklärungen im französischen Recht, RIW 1982, S. 477–481; *Bordt, Karl,* Die Bedeutung der Patronatserklärungen für die Rechnungslegung, Die Wirtschaftsprüfung, 1976, S. 285–287; *OLG Stuttgart,* Urteil v. 21.2.85, WM 1985, S. 455; *Schneider, Uwe,* Patronatserklärungen gegenüber der Allgemeinheit, ZIP 10/89, S. 619; *Bellis/Coipel/Le Brun/Poullet/Van Wymeersch,* Les lettres de patronage, Fondation pour l'Etude du droit et des usages du commerce international, Paris 1984.

scheidet das deutsche HGB zwischen konsolidierungspflichtigen Unternehmen (§ 290 Abs. 2 HGB: z. B. Mehrheitsbeteiligungen), gemeinsam geleiteten Unternehmen mit Wahlrecht für volle Konsolidierung oder Equity-Methode (§ 310), assoziierten Unternehmen (Unternehmen, auf die maßgeblicher Einfluß ausgeübt wird; Vermutung bei mindestens 20% Kapitalbeteiligung, § 311 HGB; Equity-Methode) und bloßen Finanzanlagen (keine Konsolidierung). Wenn das Projektunternehmen nicht in den Konsolidierungskreis eingestellt werden muß oder wenn nach der „Equity"-Methode (siehe § 312 HGB) bilanziert wird, erscheint die Fremdfinanzierung des Gemeinschaftsunternehmens nicht in der Konzernbilanz (financing „off balance")[38]. Kapitalgesellschaften sind sicher „Unternehmen" i. S. d. HGB; ob andere Zusammenschlüsse als „Unternehmen" gewertet werden können, richtet sich nach dem jeweils gültigen Landesrecht, insbes. dem Recht der dort gültigen Rechnungslegung[39].

Denkbar sind auch Mischformen von Kapital- und Personengesellschaften wie z. B. schweizer Aktiengesellschaft als Komplementärin deutscher Kommanditgesellschaft[40] oder amerikanische Kapitalgesellschaft mit deutscher stiller Beteiligung. In diesen Fällen wird die Haftungsbegrenzung mit steuerlichen Gestaltungen kombiniert.

Die Internationalität des Gemeinschaftsunternehmens

Zwar ist der durch ein Gemeinschaftsunternehmen geschaffene Kooperationsverbund international in dem Sinne, daß eine grenzüberschreitende Unternehmenszusammenarbeit entsteht, die dabei als Unternehmensträger eingesetzten Kapitalgesellschaften sind ihrerseits jedoch dem Recht eines einzelnen bestimmten Staates unterworfen. Die durch EG-Verordnung Nr. 2137/85[41] geschaffene Europäische Wirtschaftliche Interessengemeinschaft, auf die gem. Art. 2 das innerstaatliche Recht des Registerlandes ergänzend anwendbar ist, ist in der Bundesrepublik keine juristische Person, sondern es gilt subsidiär das Recht der offenen Handelsgesellschaft (§ 1 AusführungsG). Infolge vollen Haftungsdurchgriffs[42] und mangels Gewinnerzielungsabsicht[43] wird die EWiV für Produktionsunternehmen und

---

38 *Zündorf, H.,* Quotenkonsolidierung versus Equitymethode, Stuttgart 1987, S. 203.

39 *Zündorf, H.,* a. a. O., S. 7.

40 Siehe z. B. *OLG Saarbrücken,* DB 1989, S. 1076; *OFD Düsseldorf,* RIW 1989, S. 754.

41 Amtsblatt der EG Nr. L 199/1 vom 31. 7. 1985; Gesetz zur Ausführung der EG-Verordnung: Bundesgesetzblatt 1988, Teil I, S. 514 vom 14. 4. 1988; steuerrechtlich: BMF-Schreiben vom 15. 11. 1988 IV C5-S. 1316–67/88, Der Betrieb 1989, S. 35; *Müller-Guggenberger, Christian,* EWiV – die neue europäische Gesellschaftsform, NJW 1989, S. 1449–1458; *Krabbe, Helmut,* Steuerliche Behandlung der EWiV aus deutscher Sicht, DB 1985, S. 2285–2287; *Scriba, Michael,* Die EWiV, Heidelberg; *Meyer-Landrut, A.,* Die EWiV, Stuttgart 1988; *Ganske, Joachim,* Die EWiV, Beilage Nr. 20/85 zu DB Heft 35 vom 30. 8. 1985.

42 Art. 24 EG-VO.

43 Art. 3 Abs. 1, 2. HS EG-VO.

Unternehmen mit Gewinnabsicht kein geeigneter Rechtsträger für ein Gemeinschaftsunternehmen sein können. Sie wird aber sicherlich ihren Platz einnehmen zur Gestaltung von Hilfsfunktionen wie z. B. *Einkaufskooperationen* etc.[44].

Die europäischen Bemühungen zur Harmonisierung des Gesellschaftsrechts[45] sehen zwar auch die Schaffung einer europäischen Aktiengesellschaft vor[46]; ihrer praktischen Verwirklichung stehen aber noch vielfältige Hindernisse entgegen[47].

2.2 Der Begriff „Joint Venture"

Im Rahmen dieser Darstellung wird der Begriff *„Joint Venture"* synonym gebraucht für das oben definierte Gemeinschaftsunternehmen. Die Verwendung des Begriffs *„Joint Venture"* ist demgegenüber nicht einheitlich:

Während die internationale Geschäftswelt die wirtschaftliche Zusammenarbeit mehrerer Unternehmen in einer gemeinsamen Tochter („filiale commune") meint[48], bezeichnet das Joint Venture im amerikanischen Rechtskreis *auch* eine bestimmte Rechtsform, nämlich eine einfache Form der Partnership, die sich von der generellen Form der Partnership (auch general partnership genannt) nur durch die „narrowness of purpose", die Begrenztheit seines Zwecks, unterscheidet[49]. Auch in den USA wird daneben mit dem Begriff Joint Venture auch das Gemeinschaftsunternehmen im zuvor beschriebenen Sinne bezeichnet[50].

Basierend auf dieser amerikanischen Rechtsform werden mit Joint Ventures auch Arbeitsgemeinschaften und sonstige Zusammenschlüsse ohne

---

44 Siehe hierzu die Ausführungen von *Strauch, M.* und *Walter G.* im Buch 2 S. 493 ff.

45 Zum Stand des EG-Rechts zur Harmonisierung des Gesellschafts- und Berufsrechts siehe: IDW-Bericht 1988, S. 48 ff. (Stand 30. 11. 1987).

46 Siehe Verordnungsvorschlag KOM (1989) 268 endg.-SYN 219 vom 25. 8. 1989; EG Amtsblatt Nr. C 263, S. 41 ff.; *Kolvenbach*, Statut für die Europäische Aktiengesellschaft (1989), DB 1989, S. 1957 ff.

47 Warth & Klein GmbH, Wirtschaftsprüfung im gemeinsamen Markt, Stuttgart 1989, S. 53 ff.

48 *Oman, Charles,* OECD Development Centre Studies, Paris 1984, S. 14; *Endres, D.,* Direktinvestitionen in Entwicklungsländern, München 1986, S. 229; *Zündorf, H.,* Quotenkonsolidierung versus Equitymethode, Stuttgart 1987, S. 6.

49 *Liebermann,* in: West's Legal Forms, St. Paul Minn., 1981, Bd. 2 § 26.1; *Myers, James,* International Construction Joint Ventures, in: Joint Ventures in the Construction Industry, International Bar Association, Papers presented at 7th Conference on IBA-Section on Business Law, Singapore 1985, IBA London 1987, S. 11 ff.; *Butler/Mielert/Rosendahl,* Investitionen und Unternehmensrecht in den USA, München 1983, S. 29; *Elsing, S.,* US-amerikanisches Handels- und Wirtschaftsrecht, Heidelberg 1985, S. 151, 228; *Spires, Jeremiah,* Doing Business in the USA, New York, Loseblattsammlung, Bd. 1 § 7.05.

50 *Butler/Mielert/Rosendahl,* a. a. O., S. 29.

eigene Rechtspersönlichkeit und mit ganz limitiertem Zweck bezeichnet. Insbesondere im Bereich der Bau- und Anlagenbranche nehmen die Konsortialgeschäfte diesen Begriff für sich in Anspruch[51]. In Saudi Arabien und den Vereinigten Arabischen Emiraten[52] findet sich der Begriff auch für die Stille Beteiligung.

Naheliegenderweise hat dementsprechend auch das amerikanische Kartellrecht im Interesse extensiver Auslegung Joint Ventures als jedwede Form der Unternehmenszusammenarbeit definiert[53], also inklusive der Arbeitsgemeinschaften zur Auftragsabwicklung.

Oft wird zur Unterscheidung zwischen *Contractual* oder *Non-Equity Joint Ventures* und *Equity* oder *Corporate Joint Ventures* differenziert, um die Unternehmenszusammenschlüsse mit oder ohne Kapitalverflechtung zu bezeichnen[54].

Im geschäftlichen Kontakt kann es — insbesondere in den USA, Saudi Arabien und angrenzenden Staaten des arabischen Golfes — daher empfehlenswert sein, den Begriff Joint Ventures zu hinterfragen, wenn sich die Bedeutung nicht eindeutig aus dem Sachzusammenhang ergibt[55].

2.3 Motive für die Wahl des Gemeinschaftsunternehmens als Gestaltungsform

Die Motive und Ursachen für das Entstehen von *Gemeinschaftsunternehmen* sind vielfältiger Natur[56]:

---

51 *Myers, James,* International Construction Joint Ventures, a.a.O., S. 11 ff.; *Perolini, Kurt,* The Joint Venture in Civil Law, in: Joint Ventures in the Construction Industry, International Bar Association, London 1987, S. 70–80.

52 *Karam, Nicola H.,* Business Laws of Saudi Arabia, Loseblattsammlung, London, Volume 1, Stichwort „Companies Law", Art. 40; Taxes and Investment in the Middle East, International Bureau of Fiscal Documentation, Amsterdam, Loseblattsammlung, Saudi Arabien, Ziffer 1.2.9; sowie VAE, Ziffer 1.2.7.

53 *Griffin, Joseph P., Calabrese, Michael R.,* US Antitrust Policies on Transnational Joint Ventures, International Business Lawyer, Juli/August 1989, S. 319 ff.

54 *Gruson-Meister,* in: *v. Boehmer* (Hrsg.), Deutsche Unternehmen auf dem amerikanischen Markt, Stuttgart 1988, S. 19; *Herzfeld, Edgar,* Joint Ventures, London 1983, S. 8; UNIDO Manual on the Establishment of International Joint Venture Agreements, New York 1971, S. 3; *Hirsch, C./Horn, N.,* Vertragsrecht der internationalen Konsortialkredite, Berlin, New York 1985, S. 224.

55 Siehe Fußnote 50.

56 Z.B.: *Kuiper, Wilhelm G.,* (East West) Joint Ventures: a special phenomenon in international tax law, International Bureau of Fiscal Documentation, Amsterdam 1988, S. 19–25; *Walmsley, John,* International Handbook of International Joint Ventures, London 1982, S. 1–9; *Goldberg, Susan,* Hands across the Ocean, Managing Joint Ventures with a spotlight on China and Japan, Boston Massachusetts 1988, mit vielen Beispielen konkret realisierter Joint Ventures; *Herzfeld, Edgar,* a.a.O., S. 14 ff.

Vier unterschiedliche Strategieansätze können mit der Wahl der Gestaltungsform Gemeinschaftsunternehmen (GU) verfolgt werden:

- das GU als Kooperationsmodell
- das GU als Ausweichmodell
- das GU als Finanzierungsmodell
- das GU als Instrument der Partnereinbindung

Diese Einteilung soll natürlich nicht ausschließen, daß die vorgenannten Strategieansätze miteinander kombiniert auftreten.

2.3.1 Das Gemeinschaftsunternehmen als Kooperationsmodell

Die Weltwirtschaft befindet sich in einem unaufhaltsamen Strukturwandel, der durch ungeheuren technischen Fortschritt und zunehmende Globalisierung der Märkte gekennzeichnet ist[57]. Diese Entwicklungen stellen die Unternehmen vor neue Herausforderungen in allen Unternehmensbereichen: *Technologie, Marketing, Management* und *Finanzierung*, die sie allein nicht mehr bewältigen können. Unternehmenskooperation ist der einzige Ausweg, sich diesen Herausforderungen zu stellen[58].

Entwicklungsgeschwindigkeit der Technologie

Die Geschwindigkeit technologischer Neuentwicklungen macht es den Unternehmen unmöglich, auf allen Gebieten gleichzeitig mit der Entwicklung Schritt zu halten; sie müssen sich daher auf ihre Kernbereiche konzentrieren[59] und müssen sich den Zugang zu für sie wichtigen Weiterentwicklungen auf anderen Gebieten durch Unternehmenskooperation schaffen (Beispiel: Kooperation zwischen Anlagenbau und Steuerungselektronikbranche).

Kostenexplosion

Rapide steigende Kosten der Forschung und Entwicklung bei gleichzeitig verkürzten Entwicklungszeiten stellen die Unternehmen vor Probleme, die sie allein nicht mehr bewältigen können. Die Entwicklungskosten z. B. in der Flugzeugindustrie und der Chipherstellung belaufen sich auf Milliardenbeträge, die nur noch von Unternehmensgruppen aufgebracht werden können, wie z. B. das Airbus-Konsortium oder die Joint Ventures der amerikanischen Industrie *(„US Memories Inc.")* und der europäischen Indu-

---

57 *Bea, Franz Xaver,* Diversifikation durch Kooperation, Der Betrieb, 1988, S. 2521 ff.
58 *Bea, Franz Xaver,* a. a. O.
59 *Zappel, Lande,* Industrien im Umbruch, FAZ-Beilage vom 23. 5. 1989, S. B 31.

strie *(,,Jessi")* zur Aufholung des japanischen Vorsprungs in der Chip-Herstellung[60].

Verbund durch Informationstechnologie

Die Informationstechnologie ermöglicht mit atemberaubender Geschwindigkeit die Übermittlung von Informationen und Daten und schafft damit ungeahnte Möglichkeiten von Verbundsystemen in allen Bereichen der Produktion und Vermarktung; diese Verbundsysteme wiederum ermöglichen die Reduktion der Fertigungstiefe und die Verlagerung von Teilfertigungen auf Vor- und Zulieferanten, wie z.B. in der Automobilindustrie deutlich zu beobachten ist *(,,Just-in-time"*-Logistik[61]).

Globalisierung im Marketing

Die Märkte des Welthandels wachsen zunehmend zusammen: Renommiermarken wie z.B. Markenartikel der Automobilindustrie, der Kosmetikbranche, Schallplatten, Computer, Textilien etc. werden weltweit angeboten und vertrieben. Die Globalisierung der Nachfrage und die weltweite Konkurrenzsituation erfordern zunehmend die Unternehmenskooperation mit lokalen Partnern in den jeweiligen Einzelmärkten, um möglichst gute Marktnähe in jedem Einzelmarkt zu erreichen.

Handelshemmnisse

Wechselkursschwankungen, unterschiedliche Standortbedingungen und die nach wie vor weltweit bestehenden Handelshemmnisse tarifärer und nicht-tarifärer Art (z.B. ,,local content"-Politiken[62]) erzwingen internationalisierte Unternehmensstrukturen, die häufig nur durch Kooperation mit Partnern aus einzelnen Zielmärkten gelöst werden können, die als Insider über Marktkenntnisse, Marketingkanäle, Beziehungen zur Business Community und Erfahrung im Umgang mit lokalen Behörden und Regierungen verfügen.

Unternehmenskooperationen zur Bewältigung dieser Herausforderungen können in einer großen Vielzahl von Gestaltungsformen etabliert werden:

---

60 *Lütge, Gunhild,* Der letzte Versuch, Die Zeit vom 26.5.1989, S. 25; *Büschgen, K. H.,* Spätstart der Pioniere, Die Zeit vom 27./30.6.1989, S. 25.
61 *Fendel, Gunter/Reese, Joachim, ,,Just-in-Time"*-Logistik in der Automobil-Industrie, Zeitschrift für Betriebswirtschaft (ZfB), 58. Jg. 1989, Heft 1, S. 55–59; *Nagel B./ Riess B./Theis G.,* Der faktische *Just-in-Time*-Konzern – Unternehmensübergreifende Rationalisierungskonzepte und Konzernrecht am Beispiel der Automobilindustrie, Der Betrieb, 1989, S. 1505–1511; *Nagel, B.,* Der Lieferant *On Line* – Unternehmensrechtliche Probleme der *Just-in-Time*-Produktion am Beispiel der Automobilindustrie, Der Betrieb, 1988, S. 2291–2294; *Salvisberg, Hugo,* Just-in-Time Produktion und die Lieferanten, Management Zeitschrift – Industrielle Organisation, 58. Jg. 1989, Heft 3, S. 74–76.
62 *Günter, Bernd,* Local Content – eine Herausforderung für das Marketing, ZfB, Heft 4, November 1985, S. 263 ff.

Sie reichen von der vertragsfreien Kooperation über lose Zusammenarbeitsformen, Lizenz- und Know-how-Verträge, Franchise und Distributorship-Beziehungen, langfristig angelegte Liefer- und Abnahmebeziehungen (Auftragsproduktion) bis hin zum echten Gemeinschaftsunternehmen.

Schaubild 8

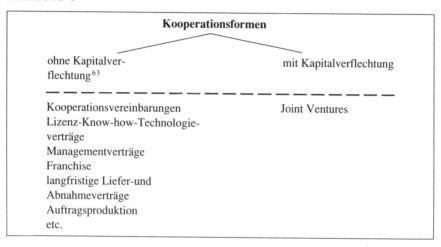

Das Gemeinschaftsunternehmen stellt sich in dieser Einteilung als eine der intensivsten Formen der Unternehmenszusammenarbeit dar, da über die Kooperation hinaus und über die gegenseitige Leistungserbringung eine Kapitalbindung aneinander eine intensive Zusammenarbeit im Management und in der Regel Know how-Transfer entsteht.

Gegenüber Kooperationsmodellen ohne Kapitalverflechtung bietet sich das Gemeinschaftsunternehmen mit Einsatz einer Kapitalgesellschaft unter folgenden Voraussetzungen an:

— Eine beträchtliche Investition muß getätigt werden, die von einem Partner allein nicht getragen werden kann und die dementsprechend auch nicht im Alleineigentum eines Partners allein stehen soll.

— Erhebliche und vielfältige Drittbeziehungen (Kunden, Lieferanten, Personal, Regierungen) werden geschaffen; ein eigener Rechtsträger ist dann organisatorisch und rechtlich besser.

---

63 Siehe hierzu: *Benisch, Werner,* Kooperationsfibel, 4. Aufl., Berg. Gladbach 1973; *Schill,* Verbundgeschäft, Projektfinanzierung und Kooperation als Finanzierungsinstrumente im Maschinen- und Anlagenbau, Frankfurt 1988, S. 67 ff.; *Martinet, Frédéric,* Les contracts de cooperation internationale, ICC-Publikation, Paris, undatiert; IFO Forschungsbericht Nr. 65, a. a. O. (siehe Fn. 4), S. 75 ff.

- Eine organisatorisch selbständige Aktionseinheit soll aus den Partnerunternehmen ausgegliedert werden.

- Die Haftung der Mütter aus der Kooperation soll auf die eingesetzten Eigenmittel des Gemeinschaftsunternehmens begrenzt werden[64].

- Eine Finanzierung des Gemeinschaftsunternehmens durch eigene Kreditaufnahme am Kapitalmarkt ist gewollt.

- Je nachdem, ob dieses Gemeinschaftsunternehmen aus dem Konsolidierungskreis ausscheidet oder nach der Equity-Methode konsolidiert werden kann, entsteht eine Finanzstruktur „off balance" für die Mütter.

- Eventuell Steuervorteile (Dividendenausschüttung oder Gewinnthesaurierung beim Gemeinschaftsunternehmen kann sinnvoller sein als z. B. der Erhalt von Royalties, Lizenzgebühren oder Managementvergütungen).

- Die Ergebnisse der technischen Entwicklungen und der vom Gemeinschaftsunternehmen geschaffenen Schutzrechte steht im Eigentum des Gemeinschaftsunternehmens und damit im mittelbaren Miteigentum aller Partner; dies kann angenehmer sein als bloße vertragliche Ansprüche auf Partizipation an Entwicklungen, die bei einem Kooperations-Partner erfolgen.

- Eine im Gemeinschaftsunternehmen ausgegliederte Aktivität kann leichter veräußert werden, und zwar durch Verkauf des ganzen Unternehmens.

Betrachtet man nun die typischen Fallgestaltungen, in denen Gemeinschaftsunternehmen als Kooperationsmodelle eingesetzt werden, so ergeben sich folgende typischen Konstellationen[65]:

1. Gemeinschaftsunternehmen ermöglichen die Schaffung und Nutzung von *Synergieeffekten*: Kombination der Finanz- und Marktmacht (Einkaufskooperationen, Marketinggesellschaften), größenabhängige Vorteile gemeinsamen Wirtschaftens (large scale-Effekte), Produktpalettenergänzung etc.

2. Die Beteiligung ausländischer Partner an einer Auslandstochter wird oft als wünschenswert empfunden, um über die *Nutzung der Vertriebskanäle* und der Marktkenntnisse einheimischer Partner eine größere *Marktnähe* zu erreichen. Auch die nachstehend (Ziffer 2.3.3) noch erläuterten Strategien zur Überwindung von Handelshemmnissen können als Kooperationsmodell begriffen werden.

---

64 Oft wird sich diese Hoffnung allerdings nicht realisieren, z. B. weil Fremdfinanciers — insbes. bei der sog. „Projektfinanzierung" — Garantien oder sog. Patronatserklärungen der Gesellschafter verlangen oder aus sonstigen konzern- oder haftungsrechtlichen Gründen.

65 *Kuin, Pieter,* in: Entreprises Conjointes internationales dans les pays en développement, Rapport de la Commission des Investissements Internationales, International Chamber of Commerce, 1968; *Friedman, Wolfgang/Kalmanoff, George,* Joint International Business Ventures, New York, London 1961, S. 261 ff.; *Franke, Lawrence G.,* International Joint Ventures in Developing Countries: Mystique and Reality, Law and Policy in International Business, Vol. 6 No. 2, 1974, S. 315–336.

3. Das Gemeinschaftsunternehmen soll *Zugang* zu *Partner-Know-how* ermöglichen; gemeinsame Töchter für Forschung und Entwicklung.

4. Sicherung des *Rohstoffbezugs*: Bei großen Rohstoffprojekten bevorzugen die die Ressourcen kontrollierenden Staaten — sofern sie nicht allein zum Abbau der Ressourcen willens oder in der Lage sind — heute aus verschiedenen Gründen (Mitkontrolle, Know-how-Zugang, Garantiefunktion der ausländischen Kapitalinvestition für Engagement) in der Regel die Gemeinschaftsunternehmen[66] gegenüber der Konzessionsvergabe. Joint Ventures sind dann meistens unter Beteiligung des Staates selbst oder von Staatsunternehmen gegründet und bringen im Hinblick auf diese staatliche Beteiligung besondere Interessenlagen und Risiken mit sich. Als besonderer Anreiz werden in diesen Fällen den Joint Venture-Partnern Bezugsrechte auf die geförderten Rohstoffe gewährt.

2.3.2 Das Gemeinschaftsunternehmen als Ausweichmodell

Die statistische Bedeutung der 100%ig kontrollierten Investitionen (etwa 2/3 aller Auslandsinvestitionen) sowie Umfragen unter Unternehmen haben ergeben[67], daß grundsätzlich 100%ig kontrollierte Töchter bevorzugt werden, insbes. wenn sie mit dem Transfer wertvollen Know-hows verbunden sind. In den Fällen, in denen die Errichtung einer 100%igen Tochter an bestimmten Nebenbedingungen scheitert, kann die geplante Investition aber möglicherweise als Gemeinschaftsunternehmen realisiert werden:

1. In manchen Ländern, insbesondere in vielen Entwicklungsländern, erzwingt das *Investitionsrecht (gesetzliche Bestimmungen oder faktische Handhabung)* die Aufnahme lokaler Partner: Manche Länder genehmigen keine 100%igen Auslandstöchter (so z. B. Art. 24 des Andenpaktes und am gesamten arabischen Golf: Saudi Arabien, Vereinigte Arabische Emirate, Oman, Qatar, Kuwait, Bahrain) oder lassen diese für bestimmte Branchen nicht zu (häufig Handel, Baubranche, Contracting).

2. In vielen Ländern sind die Marktverhältnisse (z. B. *Japan*[68]) so gefestigt oder sind die Rahmenbedingungen für Ausländer so schwierig (Erhalt von Einreisevisa, Behördendschungel ...), daß die Aufnahme lokaler Partner zwar nicht rechtlich, aber doch faktisch zur *Integration* eines Unternehmens in das Gastland erforderlich ist. Solche Partner hätten dann spe-

---

66 *Schanze, E.,* in: *Schanze/Fritsche/Kirchner/v. Schlabrendorff/Stockmayr/Hauser/Bartels/Mahoney,* Rohstofferschließungsvorhaben in Entwicklungsländern, Teil 2, Probleme der Vertragsgestaltung, Frankfurt 1981, S. 40.

67 *Kayser/Kitterer/Naujocks/Schwartring/Ullrich,* Investieren im Ausland, DIHT, S. 11, 28; IFO Forschungsbericht Nr. 65, a. a. O. (Fn. 4), S. 47.

68 *Draguhn, Thomas,* Gemeinschaftsgründung steht im Vordergrund, FAZ-Beilage vom 23. 5. 1989, S. B 36.

ziell die Aufgabe, Behördenkontakte aufzubauen („Behördenengineering"), öffentliche Aufträge zu beschaffen, bei Streitigkeiten mit Regierungen, Gewerkschaften etc., bei der Landbeschaffung, bei der Forderungseintreibung, bei Arbeitsrechtsstreitigkeiten etc. behilflich zu sein.

3. Handelshemmnisse werden in der gegenwärtigen Weltmarktsituation nicht ab-, sondern eher noch aufgebaut. Solche Handelshemmnisse bestehen bei weitem nicht nur aus Zollschranken. Wesentlich bedeutsamer haben sich erwiesen die sog. nicht-tarifären Handelshemmnisse wie z. B. technische Normen, administrative Hemmnisse wie Wartefristen bei Zollabfertigung, etc. Gerade im Bereich der öffentlichen Auftragsvergabe sind diese Mechanismen besonders effizient und besonders verbreitet (z. B.: Local Content-Auflagen). Dies gilt auch nach wie vor für den EG-Innenbereich[69] und auch für die Bundesrepublik Deutschland[70].

Allgemein ist festzustellen, daß der weltweite *Protektionismus* nicht abnimmt, sondern zunehmend aufgebaut wird[71]. Das Scheitern der GATT-Ministerkonferenz im Dezember 1986 in Montreal über die Neuverhandlung der GATT-Schutzklausel (Art. XIX)[72], nach der jeder Staat berechtigt ist, einen Industriezweig gegen unvorhergesehene, stark steigende Einfuhren zu schützen, die zu beobachtenden drohenden oder ausgetragenen Handelskriege zwischen den USA, Japan und Europa und die sog. „freiwilligen" Selbstbeschränkungsabkommen sind offensichtlicher Beweis dieser These.

Im Hinblick auf solche Beschränkungen[73] macht es oft Sinn, Produktions- oder Marketingtöchter im Zielmarkt zu errichten, um dann vom Inlandsstandort als lokaler Anbieter unter diejenigen Regelungen zu fallen, durch die lokale Anbieter gegenüber Auslandsfirmen (Importen) bevorzugt werden.

Die Überwindung bzw. Vorbeugung vor befürchteten Handelsnachteilen sind offensichtlich wesentlicher Antrieb für die stark angestiegenen japani-

---

69 Weißbuch der Kommission der EG an den Europäischen Rat, Vollendung des Binnenmarktes, Luxemburg 1985; EG Kommission, Vollendung des Binnenmarktes: Ein Raum ohne Binnengrenzen; Bericht über den Stand der Aktivitäten gem. Art. 8 b des EWG-Vertrages, vom 17. 11. 1989, S. 14–16; *Nerb, Gernot* u. a., The Completion of the Internal Market, Λ survey of European Industry's Perception of the likely effects, Research on the cost of Non-Europe, Basic Findings, Vol. 3, Luxemburg; *Cecchini, Paolo,* Europa 1992, Der Vorteil des Binnenmarktes, Baden-Baden 1988.

70 *Witteler, Doris,* Tarifäre und nicht-tarifäre Handelshemmnisse in der Bundesrepublik Deutschland, Ausmaß und Ursachen, Die Weltwirtschaft 1986, Heft 1, S. 136–155.

71 IMF, World Economic Outlook, April 1988, Washington 1988, „Trade Developments and Issues", S. 91; BfAI, „Recht – Zoll – Verfahren", März 1989, S. 75.

72 BfAI, „Recht – Zoll – Verfahren", März 1989, S. 75–76.

73 Über Handelshemmnisse in verschiedenen Ländern informiert regelmäßig die Zeitschrift „Recht – Zoll – Verfahren" der Bundesstelle für Außenhandelsinformationen (BfAI), Köln.

schen Investitionen in den USA und japanischer und amerikanischer Investitionen im EG-Raum[74].

Gleichermaßen werden deutsche Direktinvestitionen im amerikanischen Markt von der Sorge um protektionistische Tendenzen in den USA beflügelt[75].

Oft ist es dabei zur *Überwindung von Handelshemmnissen* ferner nötig oder sinnvoll, solche vorgelagerten Töchter als Joint Venture zu betreiben, nämlich immer dann, wenn man befürchten muß, daß die 100%igen Töchter von Auslandsmüttern doch gegenüber einheimischen Produzenten genauso diskriminiert werden wie die Importe vom ausländischen Mutterhaus selbst.

Diese Überlegungen sind offensichtlich auch maßgeblich für die Investitionswelle ausländischer Unternehmen, insbes. aus den USA, in die EG. Nach einer Studie des New Yorker Conference Board zeigt sich innerhalb der stark ansteigenden amerikanischen Investitionen in der EG ein deutlicher Trend zum Gemeinschaftsunternehmen, der damit begründet wird, daß die amerikanischen Investoren doch Nachteile 100%iger Auslandstöchter im Europa des Jahres 1993 befürchten[76].

4. Die Wahl eines Gemeinschaftsunternehmens statt einer 100%igen Tochter kann auch durch größenabhängige Nebenbedingungen bedingt sein:

Mit zunehmendem Markterfolg sieht sich ein Unternehmen gedrängt, die Präsenz im Markt zu erhöhen. Vom Export geht man dann über zu Handelsvertretungen, zum Aufbau eigener Vermarktungstöchter mit eigenem Kundendienst (i.d.R. 100%ige Töchter), dann folgen oft die Lizenz- oder Franchisevergaben und schließlich die eigenen Produktionstöchter. Nun wird man oft feststellen, daß der Markt noch nicht groß genug ist, um eine eigene Produktionstochter zu rechtfertigen, wohingegen die Produktionsverlagerung aus verschiedenen Gründen (z.B. Wechselkurse, Standortvorteile, Handelshemmnisse) erwünscht ist. Lohnt sich eine eigene Produktionstochter noch nicht, so liegt nichts näher, als ein Produktionsgemeinschaftsunternehmen zumindest vorübergehend zu betreiben, bis sich eine eigene Produktionstochter lohnt. Aus diesen Überlegungen kommt der oft beobachtete typische Verlauf[77] zustande, den die nachstehende Abbildung 9 zeigt:

---

74 BfAI, „Recht – Zoll – Verfahren", Juni 1989, S. 38 und 39, sowie März 1989, S. 20; *Heitger, Bernhard, Stehn, Jürgen,* Japanische Direktinvestitionen in der EG – ein trojanisches Pferd für 1993?, Die Weltwirtschaft, 1989, Heft 1, S. 124–136, insbes. S. 129.
75 Monatsberichte der Deutschen Bundesbank, April 1989, S. 23.
76 BfAI, „Recht – Zoll – Verfahren", Juni 1989, S. 38 und 39.
77 Leitfaden für Auslandsinvestitionen, Ministerium für Wirtschaft, Mittelstand und Technologie Baden-Württemberg, Stuttgart 1985, S. 17; *Wiesenhuber, N./Töpfer, A.,* Handbuch Strategisches Management, 2. Aufl., Landsberg 1986, S. 423; IFO Forschungsbericht Nr. 65, a.a.O. (Fn. 4), S. 44.

Schaubild 9

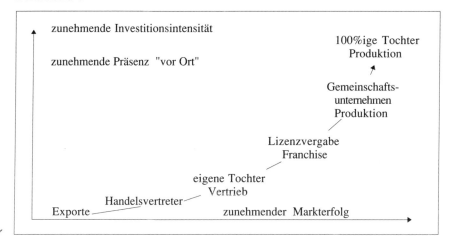

5. Nebenbedingungen, die von der 100%igen Tochter absehen lassen und die Wahl der Gemeinschaftsunternehmen begünstigen, sind sonstige allgemeine Risikoeinschätzungen wie insbes. die Beurteilung des politischen Länderrisikos eines Standortlandes[78].

Gerade in Entwicklungsländern wird man oft das Investitionsrisiko als sehr hoch einschätzen, wobei primär gar nicht einmal an das klassische Enteignungsrisiko, sondern z. B. an das Risiko der Devisenilliquidität des Gastlandes zu denken wäre, welche die dortigen Investitionen in allen Bereichen trifft (Beschaffung von Vormaterialien aus dem Ausland, Beschaffung von Maschinen aus dem Ausland, Bezahlung ausländischen Personals, Rückzahlung von Auslandskrediten, Dividendentransfer und schließlich auch die Repatriierung des Kapitals selbst).

6. Eine weitere bedeutsame Nebenbedingung, die zum Gemeinschaftsunternehmen zwingt, besteht in einem Mangel an ausreichenden Finanzierungsmitteln. Der Einsatz der Joint Ventures als Finanzierungsmodell ist unter dem nachstehenden Punkt 2.3.4 gesondert erläutert.

7. Denkbar ist ferner, daß ein Gemeinschaftsunternehmen dann etabliert wird, wenn eine Firmenübernahme (Merger & Acquisition) zur Produktkomplettierung nicht möglich ist. Scheitert ein Zukauf eines Know how-tragenden Unternehmens, so besteht aber vielleicht noch die Möglichkeit, mit dem in Frage kommenden Unternehmen zumindest eine Kooperation in einer gemeinsamen Tochter aufzubauen. Dies kann insbesondere dann sinnvoll sein, wenn ein Unternehmen nicht an den vollständigen Ak-

---

78 *Balleis, Siegfried,* Die Bedeutung politischer Risiken für ausländische Direktinvestitionen, Nürnberg 1984, S. 202.

tivitäten eines potentiellen Übernahmekandidaten interessiert ist, sondern nur an Teilbereichen, die dann in das Gemeinschaftsunternehmen ausgegliedert werden könnten.

2.3.3 Das Gemeinschaftsunternehmen zur Partnereinbindung

Gemeinschaftsunternehmen lassen sich auch dazu benutzen, dauerhafte Beziehungen zu Partnerunternehmen zu etablieren:

Sicherung der Kontrolle über Technologien

Statt eine Lizenz zu vergeben, kann es Sinn machen, sich kapitalmäßig am lizenznehmenden Unternehmen aktiv zu beteiligen. Lizenznehmer sind oft gerne bereit, Kapitalbeteiligungen ihrer Lizenzgeber zu akzeptieren, weil von diesen Beteiligungen nicht nur eine Erleichterung der Finanzierung ausgeht, sondern oft auch eine Sicherung des Know-how-Zugangs (z. B. bzgl. Innovationen) erwartet wird. Für die Lizenzgeber bestehen die Vorteile darin, daß sie durch die Mitwirkung im lizenznehmenden Gemeinschaftsunternehmen eine je nach Einzelfall unterschiedlich stark ausgeprägte Kontrolle über ihre Technologie behalten und das strategische Verhalten ihrer Lizenznehmer mit beeinflussen können. Außerdem erhalten die Lizenzgeber Einsicht in Kalkulationsverfahren, Forschungs- und Entwicklungstätigkeiten etc. ihrer Lizenznehmer. Ein Vorteil besteht des weiteren in der Absicherung von Zuliefermöglichkeiten.

In diesem Zusammenhang wäre auch eine gewisse Einflußnahme auf das Konkurrenzverhalten zu erwähnen: Gemeinschaftsunternehmen bewirken oft eine gewisse Rücksichtnahme aller Beteiligten (insbes. auch der Mütter untereinander) mit Konsequenzen für das Wettbewerbsverhalten.

Sicherung von Liefer- und Zulieferbeziehungen

Die Beteiligung an Auslandsindustrien kann auch den Sinn verfolgen, Lieferbeziehungen in beiden Richtungen (Abnahme- und Zulieferbeziehungen) zu verfestigen. Bei Kapitalverflechtung reduziert sich damit auch das Problem der Verrechnungspreise, insbes. wenn Halbfertigfabrikate oder Produkte ohne Marktpreis geliefert oder abgenommen werden.

Die bereits oben erwähnte Strategie des Einsatzes von Gemeinschaftsunternehmen zur Absicherung des Zugangs zu Rohstoffquellen kann auch als ein Sonderfall dieser Strategie begriffen werden.

Marktabstimmung

Natürlich können Gemeinschaftsunternehmen auch die Funktion haben, das Wettbewerbsverhalten der Mütter untereinander zu beeinflussen. Ob dieses Ziel rechtmäßigerweise verfolgt werden darf, ist dabei eine ganz andere Frage, die hier nicht im Detail erläutert wird.

Technische Garantiefunktion

Wie bereits erwähnt, gibt es im Auslandsgeschäft of Situationen, in denen Technologiegeber sich an ihren Lizenznehmern beteiligen. Gleiches gilt für den Verkauf komplexer Anlagen. Oft ist nur die Beteiligung der einzige Weg, eine Technologie oder Anlage überhaupt an einen Abnehmer zu verkaufen. Aus der Sicht der Lizenznehmer oder Anlagenkäufer, die auf Kapitalbeteiligung der Lieferanten bestehen, hat die Mitwirkung der Technologiegeber oder Anlagenlieferanten den Sinn, neben einer Finanzierungserleichterung als Garantie für die verkaufte Technologie zu wirken, quasi als eine andere Art des Rückbehalts eines Teils des Kaufpreises. Das Kapitalengagement soll die Technologiegeber dazu zwingen, eine wirklich marktfähige Technologie inklusive Innovationen zu übertragen und an der Lösung von technischen und absatzmarktorientierten Problemen mitzuwirken.

Technologiegeber, die sich auf diese Art zum Kapitalengagement genötigt sehen, werden ihrerseits bemüht sein, die Kapitalbeteiligung als Acquisitionsnebenkosten des Technologieverkaufs zu betrachten und im Angebotspreis mit „unterzubringen". Die erhoffte Garantiefunktion tritt dann nicht ein. Außerdem wird von den Käufern oft übersehen, daß das Anlagenbauer-Know-how oft vom Betreiber-Know-how völlig verschieden ist.

2.3.4 Gemeinschaftsunternehmen als Finanzierungsmodelle

Joint Ventures lassen sich auch als reine Finanzierungsmodelle einsetzen. Gerade bei Großprojekten, z.B. Infrastruktureinrichtungen (Meerwasserentsalzungsanlagen, Kraftwerke, Erdölexploration und -förderung etc.) ist oft zu beobachten, daß die öffentliche Hand des Gastlandes die Lieferanten solcher Anlagen dazu zwingt, die Finanzierung solcher Projekte selbst aufzustellen[79]. Diese wiederum werden dann oft Gemeinschaftsunternehmen gründen, die als Projektträger und Finanzierungsschaltstelle dienen („Project Financing").

Zu diesen Finanzierungsmodellen gehören auch die sog. BOT-Modelle[80] („Build-Operate-Transfer"), bei denen Joint Ventures bestimmte Großprojekte errichten, finanzieren und für eine bestimmte Zeit betreiben und nach Ablauf dieser Zeit, in der die Finanzierung getilgt sein sollte, zu bestimmten Preisen oder unentgeltlich an das Gastland übertragen. Die sich an solchen Modellen beteiligenden *Partner*, seien es Anlagenverkäufer, Bauunternehmen oder Financiers, drängen natürlich darauf, vom Gastland bestimmte Garantien für den Rückerhalt ihres Kapitaleinsatzes und der Finanzierung (z.B. über Preisformeln für die Leistungsabgabe der An-

---

79 *Schill, J.,* Verbundgeschäft, Projektfinanzierung und Kooperation als Finanzierungsinstrumente im Maschinen- und Anlagenexport, Frankfurt 1988, S. 37 ff. (39).
80 *Schill,* a.a.O., S. 52 ff.

lagen) zu erhalten, zumal die Abgabepreise obendrein meist politisch von den Gastländern determiniert oder beeinflußt werden oder werden sollen.

Natürlich sind solche Finanzierungsformen nicht nur seitens der öffentlichen Hand, sondern durchaus auch seitens Privatunternehmen denkbar. Es wurde bereits erwähnt, daß auch Lizenznehmer in der Kapitalbeteiligung ihrer Lizenzgeber eine Finanzierungserleichterung zu erlangen suchen können.

Der bereits erwähnte *„Off-Balance"*-Effekt kann ebenfalls wesentliche Motivation für solche Finanzierungsformen sein[81].

2.3.5 Zusammenfassung

Das nachstehende Schaubild zeigt eine Zusammenfassung der verschiedenen Motive für Joint Venture-Gründungen.

Schaubild 10

Motive für Gründung von Joint Ventures

a) echter Kooperationswunsch zur gemeinsamen Bewältigung von Aufgaben oder Problemen, Synergieeffekte, Stärkung der Marktmacht etc.: GU für Forschung und Entwicklung, für Einkaufskooperationen, gemeinsame Distributions-Kundendienst-Töchter etc.

b) Risikostreuung und Aufteilung der Finanzierungslast bei besonders großen oder besonders riskanten Unternehmen

c) Reduzierung des Wettbewerbs unter den Müttern

d) Steigerung der Marktnähe oder Eröffnung des Marktzugangs über Beziehungen, Einfluß oder Kenntnisse lokaler Partner

e) Überwindung von Handelsschranken

f) Überwindung von Präferenzen lokaler Anbieter bei Auftragsvergabe der öffentlichen Hand

g) durch Investitionsbedingungen erzwungen

h) Sicherung von Zuliefermöglichkeiten

i) zwecks Integration ins Gastland

j) Rohstoffsicherung

k) Finanzierungsmodell („Project Financing")

l) erzwungen durch Technologie- oder Anlagenkäufer (Garantiefunktion)

---

81 *Schill,* a. a. O., S. 41.

2.4 Vergleich (Vor- und Nachteile) der internationalen Joint Ventures mit anderen Gestaltungsformen [82]

Oft werden Unternehmen vor der Wahl stehen, ob sie ihre strategischen Ziele am besten durch eine Lizenzvergabe, eine Vertragskooperation, ein Joint Venture oder eine hundertprozentige Tochter (als Neugründung oder als Zukauf) oder in einer anderen Vertragsform realisieren können.

Die nachstehenden Tabellen listen stichwortartig die bei den wichtigsten Handlungsalternativen typischerweise eintretenden Charakteristika auf. Natürlich haben solche Auflistungen große Schwächen:

— Die Bewertung der einzelnen Charakteristika als positiv oder negativ ist nicht allgemeingültig, sondern eine Funktion der jeweiligen strategischen Vorgaben (z. B. ob langfristige und hohe Bindungswirkung eines Zusammenschlusses positiv oder negativ ist, hängt primär von der Unternehmensplanung ab).

— Im Einzelfall lassen sich Vor- und Nachteile durch geeignete Vertragsgestaltung in der gewollten Richtung verändern und gestalten und dadurch in ihrer Bewertung und Tragweite mildern oder steigern.

— Die Bewertung hängt auch von den konkreten Partnern ab und dem Vertrauen oder Mißtrauen, das ihnen entgegengebracht werden kann; der Auswahl geeigneter Vertragspartner kommt daher höchste Priorität zu [83].

Trotz dieser Schwächen soll annäherungsweise — quasi als Checkliste — ein Vergleich einzelner Gestaltungsformen gewagt werden:

---

82 Vergleiche hierzu allgemein: *Kuiper, Willem G.,* (East West) Joint Ventures: a special phenomenon in international tax law? International Bureau of Fiscal Documentation, Amsterdam 1988, S. 19 ff.; *Goldenberg, Susan,* Hands across the Ocean: Managing Joint Ventures with a spotlight on China and Japan, Boston Massachusetts 1988, S. 1 ff.; Report of the Commission on International Investments: Joint Ventures in Developping Countries, ICC-Publikation Nr. 256, Dezember 1968; Arbeitskreis Karenberg-Meissner der Schmalenbach-Gesellschaft: Der Aufbau von Unternehmen in Entwicklungsländern, BfAI, 1974, S. 122; Leitfaden Auslandsinvestitionen, a.a.O., S. 20; *Herzfeld, Edgar,* a.a.O., S. 23 ff.

83 Leitfaden für Auslandsinvestitionen, a.a.O.

Schaubild 11

Vergleich Joint Venture – Lizenzvergabe	
Lizenzvergabe	**Beteiligung am Joint Venture**
keine Kapitalbindung	Kapitalbindung
nur limitierte Partizipation am wirtschaftlichen Erfolg durch Lizenzgebühr	Gewinnchancen (Dividenden); Verlustrisiken
Haftung nur für übertragenes Know-how (evtl. begrenzbar)	erhöhtes Haftungsrisiko in bezug auf allgemeines Unternehmensrisiko und Produktionsrisiken (evtl. begrenzbar)
geringe Personalbindung	hoher Betreuungsaufwand, Managementverantwortung
keine Kontrolle über Lizenznehmer	Ausübung von Mitkontrolle durch Mitwirkung in Organen
geringe oder keine Einsicht in Unternehmensstrategie des Lizenznehmers	Einsichtsrechte in Kalkulation und Unternehmensstrategie des Gemeinschaftsunternehmens
gewisse Bindung i. d. R. zeitlich limitiert	erhöhte Bindung beidseitig durch Kapitalverflechtung: dauerhafte Beziehung
Interessengegensätze	Interessengegensätze aus Lizenzvergabe durch Verflechtung reduziert (z. B. bzgl. Auswirkung von Verrechnungspreisen bei Zulieferungen) bzw. überlagert von Interessen aus Beteiligung
mäßiges Vertrauen	deutlich erhöhter Zwang zu vertrauensvoller Zusammenarbeit
Lizenznehmer ist weitgehend auf sich gestellt	Managementassistenz, finanzielle Unterstützung, Lizenznehmer fühlt sich sicherer
möglicherweise Konkurrenz	Lizenznehmer ist stärker zur Rücksichtnahme auf Lizenzgeber verpflichtet
evtl. Probleme bei Transfer von Gebühren bei devisenschwachen Ländern	erleichtert evtl. Transferierbarkeit von wirtschaftlichen Ergebnissen
evtl. hohe Besteuerung von Lizenzgebühren	evtl. Steuervorteile durch Gewinnthesaurierung und steuerbegünstigte Dividendenausschüttung
einfache Kündigung	Beendigung erschwert
	politische Risiken erhöht durch Investition

Schaubild 12

Vergleich Joint Ventures – Vertragskooperation	
Joint Venture	**Vertragskooperation**
erhöhter Zwang zu Zusammenarbeit, Vertrauen und Rücksichtnahme	Partner bleiben unabhängig
Kapitalbeteiligung garantiert Ernsthaftigkeit und Motivation der Partnermitwirkung	finanzielles Risiko oft limitierter
Ausgliederung der Kooperation, eigenständiges Unternehmen mit gewisser Personal- und Entscheidungsautonomie	keine Schaffung eigener Organisation
eigener Zugang zum Kapitalmarkt (evtl. „off balance")	Finanzierung nur durch Mütter
Haftungsbegrenzung auf Eigenkapital des GU	unbeschränkte Haftung der Mütter
GU überlebt evtl. Konkurs der Mütter	Kooperation automatisch bei Konkurs einer Mutter beendet
bei größeren Investitionen ist eigener Rechtsträger oft besser	bei geringen oder keinen Investitionen oft besser
eigener Rechtsträger ist besser bei vielfältigen Drittbeziehungen	bei geringen Drittbeziehungen ist nur interne Kooperation möglich
aufwendige Gestaltung: eigene Abschlüsse, eigene Organe, eigene Wirtschaftsprüfung, eigene Steuererklärungen	lediglich Vertragsbeziehung
Erfindungen und Schutzrechte stehen im Eigentum des GU; Mitgesellschafter haben mittelbar durch Kapitalanteile unentziehbare Eigentumsposition	lediglich vertragliche Ansprüche
erschwerte Beendigung	Kündigung
evtl. Steuervorteile durch Gewinnthesaurierung und begünstigte Ausschüttung	Steuertransparenz

Schaubild 13

Vergleich Joint Ventures — 100%ige Töchter	
Joint Venture	**100%ige Tochter**
Synergieeffekte	Alleingang
Zugang zum Partner-Know-how	
anteilige Finanzierung	alleinige Finanzierung
erleichterte Integration ins Gastland	oft quasi „Ausländer"-Status
Bevorzugung bei Auftragsvergabe	evtl. (nicht notwendigerweise) „Ausländerstatus"
bessere Kontakte zu Behörden, bessere Kontakte zur lokalen Industrie und Wirtschaft, größere Marktnähe, Hilfestellung bei Personalsuche durch lokale Partner	größere Distanz
Zielkonflikte mit Mitgesellschafter Reibungsverluste	„Herr im Haus"
Abstimmungszwang	alleinige Weisungsgewalt
Mitgesellschafter haben Zugang zu Know-how, Kalkulation, Unternehmensstrategien	alleinige Kontrolle
evtl. festere Lieferbeziehungen zu Partnern	keine Anbindung an Partner
Risiko der Vertragsuntreue der Mitgesellschafter oder durch dessen Personal	alleinige Weisungsgewalt
Hilfestellung bei Personalauswahl aus Gastland durch lokalen Partner, Risiko der Vetternwirtschaft	Schwierigkeiten der Bereitstellung von Managern schnelleres Auswechseln der Manager in alleiniger Entscheidung
eingeschränkte Kontrolle	uneingeschränkter Zugriff auf alle Unternehmensbereiche
Probleme bei Verrechnungspreisen	keine Interessengegensätze bei Verrechnungspreisen
evtl. Finanzierung „off balance"	Konsolidierungszwang im Konzern
Teilung der Renditechancen Teilung der Verlustrisiken	alleinige Rendite, alleinige Verlusttragung
Reduzierung politischer Risiken	oft quasi „Ausländer"-Status
in manchen Ländern und Branchen einzig zulässige Form der Kapitalinvestition	in manchen Ländern und Branchen nicht zulässig
evtl. Einbindung von Wettbewerbern	
Joint Ventures ermöglichen Projekte, die im Alleingang nicht realisierbar wären	

3. Das Interesse der Gaststaaten an Gemeinschaftsunternehmen

Im Rahmen seiner Souveränität ist jeder Gaststaat berechtigt, die Bedingungen festzulegen, unter denen er Auslandsinvestitionen zulassen will, soweit nicht Völkerrecht[84], zwischenstaatliche Vereinbarungen bilateraler Art (Investitionsschutzabkommen, Doppelbesteuerungsabkommen)[85] oder multinationaler Art (z. B. der europäische EWG-Vertrag, der südamerikanische Andenpakt oder der westafrikanische U. D. E. A. C.-Vertrag)[86] oder die Souveränität anderer Staaten (Problem der extraterritorialen Wirkung nationaler Regelungen)[87] diesen Handlungsspielraum einschränken.

Eine weltweit oder in weiten Teilen der Welt geltende Kodifizierung der Rahmenbedingungen von Auslandsinvestitionen (etwa nach dem Vorbild des GATT) existiert zur Zeit weder im Hinblick auf die betroffenen Staaten noch im Hinblick auf die investierenden transnationalen Unternehmen. Die Bemühungen zur Erarbeitung sog. Verhaltenskodizes der OECD, der Vereinten Nationen und der Internationalen Handelskammer[88] mögen sich im Einzelfall bei Verhandlungen mit Gaststaaten als Argumentationshilfe eignen[89] und auch sonst faktisch nicht völlig ohne Einfluß sein; rechtlich sind sie jedoch unverbindlich geblieben[90]. Das gilt auch für die sog. ICSID-Konvention (Convention on the Settlement of Investment Disputes between States und Nationals of other States), die zwar einen Schiedsgerichtsrahmen unter den Auspizien der Weltbank bereitstellt, die-

---

85 Über den Stand der Abkommen der Bundesrepublik Deutschland über Investitionsschutz, Doppelbesteuerung, Vollstreckungsabkommen sowie zur Schiedsgerichtsbarkeit informiert regelmäßig die Publikation *Stand der Handelsabkommen* der Bundesanstalt für Außenhandelsinformationen, Köln.

86 Siehe hierzu z. B. *Gramlich*, a. a. O., S. 223.

87 Siehe hierzu z. B.: *Lange, D./Born, G.*, The Extraterritorial Application of National Laws, ICC-Publikation 442, Deventer 1987; *Hecke, van G.*, Multinational Enterprise between Hammer and Anvil, Forum Internationale, No. 4, 1984, S. 11 ff.

88 OECD Declaration on International Investment and Multinational Enterprise vom 21. Juni 1976, abgedruckt bei *Ebenroth, C. T.*, Code of Conduct — Ansätze zur vertraglichen Gestaltung internationaler Investitionen, 1987, S. 631 ff.; United Nations Economic and Social Council: Draft Code of Conduct on Transnational Corporations, siehe *Ebenroth*, a. a. O., S. 583 ff.; International Labour Organisation: Tripartite Declaration of Principles Concerning Multinational Enterprises and Social Policy, abgedruckt in *Ebenroth*, a. a. O., S. 533 ff.; United Nations Conference on Restrictive Business Practices: The set of multilaterally agreed equitable principles and rules for the control of Restrictive Business Practices, abgedruckt bei *Ebenroth*, a. a. O., S. 545; United Nations Conference on Trade and Development: Draft International Code on the transfer of technology, abgedruckt bei *Ebenroth*, a. a. O., S. 601; Internationale Handelskammer, ICC Guidelines for International Investment, ICC-Publikation Nr. 272, Internationale Handelskammer, Paris 1974; Literatur: siehe *Ebenroth, C. T.*, Code of Conduct, Konstanz 1987; *Großfeld, B.*, Internatioonales Unternehmensrecht, Heidelberg 1986, § 29.

89 *Ebenroth, C. T.*, Code of Conduct, Konstanz 1987, S. 80, Ziffer 3.2.2.

90 *Hecke, van G.*, a. a. O. (siehe Fn. 87), S. 5; *Schwebel, S. M.*, The Legal Effects of Resolutions and Codes of Conduct of the United Nations, Forum Internationale, No. 7, 1985.

sen aber nur optional ausgestaltet hat mit der Wirkung, daß der von dieser Konvention ausgehende Schutz nur eintritt, wenn der betreffende Gaststaat sich freiwillig der Zuständigkeit dieser Schiedsgerichtsbarkeit unterwirft[91].

Inwieweit von der jüngst in Kraft getretenen MIGA-Konvention[92], die ein internationales Versicherungssystem zum Schutz von Auslandsinvestitionen schafft, eine indirekte Wirkung auf Gaststaaten ausgeht (z.B. dadurch, daß die MIGA die Versicherbarkeit von Länderrisiken ablehnt, wenn nicht bestimmte Standards eingehalten werden), bleibt abzuwarten. Das bereits seit einiger Zeit von der Weltbanktochter International Finance Corporation eingerichtete GRIP-System (Guaranteed Recovery of Investment Principle[93]) ist bisher nicht zu nennenswerter internationaler Bedeutung aufgestiegen.

Viele Länder — bei weitem nicht nur Entwicklungsländer — fördern die Industrieansiedlung und insbes. die Errichtung von Joint Ventures durch besondere Anreize[94] wie Subventionen, Steuererleichterungen, Zurverfügungstellung von Industriezonen mit entsprechenden Infrastruktureinrichtungen, Marktschutz gegenüber ausländischer Konkurrenz durch tarifäre und nicht-tarifäre Handelshemmnisse[95] (besonders effizient bei der Vergabe öffentlicher Aufträge) etc. Die Interessen der Gaststaaten[96] richten sich auf wirtschaftspolitische Förderung der heimischen Industrie, Stärkung von Einnahmequellen des eigenen Fiskus, Schaffung von Arbeitsplätzen, Erleichterung der Devisenbilanz, Diversifizierung der Industrie

---

91 Übereinkommen vom 28.3.1965 (BGBl. 1969 II S. 369), dem beigetreten sind: Ägypten, Afghanistan, Bangladesh, Belgien, Benin, Botswana, Burundi, China (Taiwan), Dänemark, Ecuador (BGBl. 1986 II S. 703), Elfenbeinküste, El Salvador (BGBl. 1986 II S. 702), Fidji, Finnland, Frankreich, Gabun, Gambia, Ghana, Grenada, Griechenland, Japan, Jordanien, Jugoslawien, Kamerun, Kenia, Komoren, Kongo, Korea, Kuwait, Lesotho, Liberia, Luxemburg, Madagaskar, Malawi, Malaysia, Mali, Marokko, Mauretanien, Mauritius, Nepal, Neuseeland, Niederlande, Niger, Nigeria, Norwegen, Obervolta (heute Burkina Faso), Österreich, Pakistan, Papua-Neuguinea, Philippinen, Portugal (BGBl. 1986 II S. 703), Ruanda, Rumänien, Sambia, Samoa, Saudi Arabien, Schweden, Schweiz, Senegal, Seychellen, Sierra Leone, Singapur, Somalia, Sri Lanka, St. Lucia (BGBl. 1986 II S. 703), Sudan, Swaziland, Togo, Trinidad und Tobago, Tschad, Tunesien, Uganda, Vereinigtes Königreich Groß-Britannien und Nordirland, Vereinigte Staaten von Amerika, Zaire, Zentralafrikanische Republik, Zypern.
92 Multilateral Investment Guarantee Agency, Text des Abkommens in Int.1.Leg.Mat. 1985, S. 688; siehe auch unten Buch 1, Teil IV 16.
93 Siehe unten Buch 1, Teil IV 16.
94 Zu den verschiedenen Gestaltungsformen siehe z.B. United Nations Conference on Trade and Development (UNCTAD), Trade and Development Report 1987, Genf 1987, S. 101 ff.; *Gramlich, Ludwig,* Rechtsgestalt, Regelungstypen und Rechtsschutz bei grenzüberschreitenden Investitionen, Baden-Baden 1984, S. 428 ff.
95 Die bereits erwähnte GATT-Schutzklausel, siehe oben Fn. 72, erlaubt Einschränkungen des Welthandels in einer Weise, die zunehmenden Protektionismus ermöglicht.
96 *Endres, Dieter,* Direktinvestitionen in Entwicklungsländern, Besteuerung und Gestaltung der Auslandstätigkeit, München 1986, S. 22.

und insbesondere auf technologischen Anschluß an die Entwicklung der Weltwirtschaft. Insbesondere dem Zugang zu neuen Technologien kommt langfristig überragende Bedeutung zu[97], so daß Regierungen in der Gestaltung wirtschaftspolitischer Rahmenbedingungen für Auslandsaktivitäten in ihrem Lande hierauf besonders abheben[98].

Natürlich berühren Direktinvestitionen Gastländer in vielfältiger Hinsicht und mit großem wirtschaftlichen Gewicht. Mit ihnen verbinden sich auf der einen Seite zwar große Hoffnungen, auf der anderen Seite aber berechtigterweise auch diverse Sorgen und Gefahren[99]:

- die Sorge um ausländische Kontrolle der heimischen Industrie
- die Sorge, daß der Technologietransfer letztlich doch unvollkommen bleibt und hierdurch technische Abhängigkeiten nicht abgebaut, sondern vielleicht noch erhöht werden
- die Sorge um Ausbeutung heimischer Ressourcen und Übervorteilung hierbei
- die Sorge um Monopolisierung heimischer Märkte
- die Sorge um Beschränkung der Wettbewerbsfähigkeit auf dem internationalen Markt durch wettbewerbsbeschränkende Technologietransferverträge
- die Sorge um unkontrollierten Kapital- und Devisenabfluß
- sonstige negative Entwicklungseffekte auf Kultur, Natur, Sozialwesen etc.

Diesen Sorgen bemühen sich viele Länder, durch bestimmte gesetzliche Vorgaben[100] zu begegnen, wie z. B.:

- dem gesetzlichen Zwang, heimische Unternehmen an Industrieansiedlungen zu beteiligen, mithin dem Zwang zur Gründung von Joint Ventures
- der Genehmigungspflicht für die Projektrealisierung und auch für einzelne Verträge, insbes. Technologieverträge (Zweck: Kontrolle der Angemessenheit der Vertragskonstellationen, der Angemessenheit der Lizenzgebühren ...)

---

97 Vereinte Nationen, Trade and Development Report, New York 1987, Government Policies on Innovation and Technology, S. 101 ff.

98 Siehe den in Fn. 94 erwähnten UN-Report, S. 101 ff.

99 *Halbach, A. J./Osterkamp, R./Riedel, J.,* Die Investitionspolitik der Entwicklungsländer und deren Auswirkungen auf das Investitionsverhalten deutscher Unternehmen, München 1982; *Pollak, C., Riedel, J.,* Industriekooperation mit Schwellenländern – Bedeutung, Hindernisse, Förderung, München 1984; *Endres, D.,* a. a. O., S. 23.

100 Siehe z. B. *Gramlich,* a. a. O., S. 380 ff.

- durch spezielle Technologiegesetze[101], mit denen bestimmte Ziele verfolgt werden wie z. B.:

  a) Verbot von Wettbewerbsbeschränkungen der Joint Ventures auf dem internationalen Markt

  b) Erzwingung vollständigen Know-how-Zuflusses (incl. bzgl. technischer Innovationen)

  c) Erzwingung technischer Garantien in Verbindung mit der Know-how-Vergabe

  d) Beschränkung von Lizenz- und sonstigen Gebühren

- Exportauflagen zur Sicherung ausreichenden Devisenzuflusses

- Devisenbeschränkungen zur Verhinderung unkontrollierten Devisenabflusses[102]

- Zwang zur Ausbildung und Beschäftigung heimischen Personals, teilweise Zwang zur Übergabe der Geschäftsführung an heimische Staatsbürger nach gewisser Zeit

- wettbewerbs- und kartellrechtliche Vorschriften zur Verhinderung der Monopolisierung heimischer Märkte.

Dabei stehen die Gastländer vor der schwierigen Aufgabe, das richtige Maß zwischen Liberalität und Beschränkungen zu finden; unangemessene Rahmenbedingungen schrecken ausländische Investoren ab und verhindern gerade den gewollten Zugang zu Auslandstechnologien. Der Zugang zum internationalen Stand der Technik läßt sich durch gesetzliche Bestimmungen nicht erzwingen, sondern nur durch günstige Rahmenbedingungen fördern.

Leider haben viele Länder − insbes. Entwicklungsländer − das richtige Maß nicht gefunden. Insbesondere ist verkannt worden, daß gerade ein angemessener Schutz gewerblicher Schutzrechte und technischer Entwicklungen notwendig ist, um ein hinreichendes Investitionsklima zu schaffen. Die leider weitverbreitete Aushöhlung gewerblicher Schutzrechte im Ausland[103] kann nur kurzfristig bestimmte Erfolge bescheren − langfristig

---

101 Siehe insbes.: UNCTAD Report, a. a. O., S. 107; *Ebenroth,* Code of Conduct, a. a. O., Rdnr. 435 ff., S. 260.

102 Siehe hierzu die Zusammenstellung: International Monetary Fund: Annual Report 1986, Exchange Arrangements & Exchange Restrictions.

103 The Erosion of Industrial Property Rights, Report on the Symposium Paris, 3. Okt. 1979, ICC-Publikation Nr. 358, Paris 1980, mit vielen praktischen Beispielen aus Jugoslawien, Griechenland, Saudi Arabien, Indien, Pakistan, Argentinien, Brasilien, Mexiko, Bolivien, Venezuela, Türkei, Nigeria etc.; *Ullrich, Hanns,* Immaterielle Auslandsinvestitionen, gewerbliches Eigentum und internationaler Kapitalanlageschutz, RIW 1987, Heft 3, S. 179 ff.; *Krieger, Albrecht,* Aktuelle Entwicklungen auf dem Gebiet des internationalen Schutzes des geistigen Eigentums, DB 1989, Heft 17, S. 865.

führen derartige Praktiken zu einem negativen Investitionsklima, welches den Technologietransfer hindert und zur Abkopplung vom internationalen Stand der technischen Entwicklung führen muß.

Das auf dem Gebiet der gewerblichen Schutzrechte bestehende internationale Konventionsrecht hat sich als zu lückenhaft erwiesen, um eine international befriedigende Regelung darzustellen[104]. Die Industriestaaten fordern daher einhellig im Rahmen des GATT den verbesserten Schutz geistigen Eigentums[105].

Auch ein *Code of Conduct* über Technologietransfer konnte auf internationaler Ebene bisher nicht verabschiedet werden[106].

---

104 *Ullrich, Hanns,* a.a.O.
105 *Krieger,* a.a.O., S. 866; *Piper, N.,* Der Dieb im Kopf, *Die Zeit,* Nr. 20, 12.5.1989, S. 41.
106 *Ebenroth,* Code of Conduct, a.a.O., S. 601; *Fikentscher,* The Draft International Code of Conduct on the Transfer of Technology, 1980; *Osterrieth, C.,* Die Neuordnung des Rechts des internationalen Technologietransfers, Konstanz (Konstanzer Dissertationen Nr. 106, 1986).

Teil II

Vorüberlegungen zur Vertragsgestaltung: Analyse der wirtschaftlichen Interessen und der Rahmenbedingungen; Entwicklung eines Konzepts

1. Vorbemerkung: Wie entsteht ein Joint Venture?

Am Anfang eines Joint Ventures steht immer die Entwicklung einer Unternehmensidee, die von einem Promoter aufgestellt und verfolgt wird. Dieser Promoter wird seine Idee zunächst in einem Unternehmenskonzept formulieren und dieses Konzept entweder selbst oder durch Dritte auf seine Durchführbarkeit hin untersuchen. Meist wird eine ausführliche *Feasibility Study*[107] erarbeitet oder in Auftrag gegeben, die der Promoter für eigene Zwecke, aber auch für Zwecke seiner Verhandlungen mit Partnern, Banken und eventuell Regierungen braucht.

Die Untersuchung hat sich auf alle wesentlichen Chancen und Risiken der Investition zu beziehen. Entweder im Rahmen der Feasibility Study oder parallel dazu werden oft umfangreiche Planrechnungen durchgeführt, durch die Finanzbedarf und Rentabilität des Projekts unter bestimmten Planannahmen untersucht werden (Cash-flow-Simulationen, Prognose-Rechnungen, Planbilanzen etc.).

Aufgrund solcher Untersuchungen oder parallel dazu werden geeignete Partner – Mitgesellschafter – gesucht, die sich für ein solches Projekt interessieren und die von ihrer Art, Größe und Unternehmenszielsetzung zum Projekt und zum Promoter passen und von denen eine harmonische Zusammenarbeit und wertvolle Mitarbeit bzw. Unterstützung im Projekt erwartet werden kann.

Die Auswahl geeigneter Partner ist eine der Hauptschwierigkeiten beim Aufbau eines Joint Venture[108].

Mit ausgewählten Interessenten beginnt dann eine Phase der gegenseitigen Überprüfungen (passen wir zusammen?), der Diskussion und Überarbei-

---

107 Manual for the Preparation of Industrial Feasibility Studies, United Nations Industrial Development Organization, New York 78, UN-Publication E. 78. II. B. 5; Leitfaden Auslandsinvestition, Ministerium für Wirtschaft, Mittelstand und Technologie Baden-Württemberg, Stuttgart 1985, S. 32–77.
108 *Merkli, Balz,* Joint Venture: Die Partnersuche ist nicht einfach, IO Management Zeitschrift Nr. 57 (1988), S. 166–168.

tung des Konzepts sowie der Überprüfung der gegenseitigen Interessenlagen.

Aufgrund einer gründlichen Abklärung der allseitigen Interessenlagen (und der daraus fließenden Konfliktpotentiale) gilt es, ein Konzept der Zusammenarbeit zu entwickeln, welches die verschiedenen Rollen der einzelnen Partner, ihre Gewinn- und Verlustrisiken, ihre Beiträge zur Unternehmensrealisierung usw. definiert.

Dieses Unternehmenskonzept wird dann in geeigneten Verträgen festgehalten. Die Unternehmensrealisierung steht aber noch unter dem Vorbehalt, daß auch die Finanzierung aufgestellt wird und — soweit erforderlich — notwendige Genehmigungen von Genehmigungsbehörden oder eventuell gewünschte Investitionsförderungen von Regierungen zugesagt werden. Im Einzelfall ist zu entscheiden, ob bereits ein endgültiger Kooperationsvertrag mit gewissen aufschiebenden Bedingungen geschlossen wird, oder — wenn noch keine endgültige Einigung unter den Partnern erzielt ist — ein vorläufiger Vertrag (Letter of Intent [109]), der lediglich das bis dahin erzielte Verhandlungsergebnis festhält.

Sodann ist mit den Financiers über deren Bereitschaft sowie die Bedingungen der Fremdfinanzierung zu verhandeln. Die Projektfinanzierung setzt in der Regel eine intensive Diskussion mit den Financiers voraus, die ihrerseits eine Überprüfung des Unternehmenskonzepts und der Vertragswerke vornehmen und ihre Interessenlagen denen der eigentlichen Projektpartner gegenüberstellen.

Sodann ist das Projekt mit Genehmigungsbehörden oder Regierungen zu diskutieren, um die gewünschten Genehmigungen oder Investitionshilfen (z. B. Grundstücke in Industriezonen, Fördermittel, Steuererleichterungen usw.) zu erhalten. Diese Phase der Diskussion mit Behörden oder Regierungen bekommt dort eine besondere Dimension, wo Regierungen z. B. Schürfrechte oder Konzessionen vergeben oder sonstige wesentliche Parameter der geplanten Investitionen kontrollieren. Bei manchen Projekten im Infrastrukturbereich kommt es zu umfangreichen Verträgen mit den Regierungen der Gaststaaten, die dann über ihre Rolle als Ordnungsmacht hinaus zu Vertragspartnern des zu gründenden Joint Venture oder dessen Gesellschaftern werden.

Das Schaubild Nr. 14 zeigt einen typischen Aufbau der Joint-Venture-Gründung bis zum Vertragsschluß bzw. bis zur Gesellschaftsgründung der das Joint Venture begründenden Kapitalgesellschaft.

---

109 *Lutter, Marcus,* Der Letter of Intent, 2. Aufl., Köln, Berlin, Bonn, München 1983, insbes. S. 149, 150.

Schaubild 14

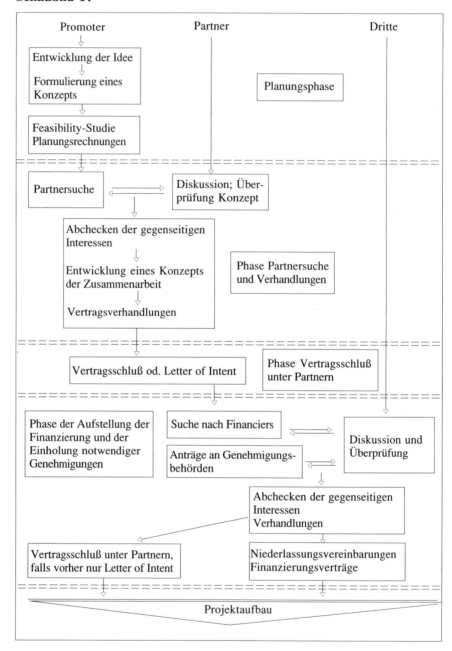

Natürlich können die einzelnen Phasen je nach Projekt im Einzelfall einander überschneiden oder auch in anderer Reihenfolge durchgeführt werden.

Nach Gründung der Kapitalgesellschaft erfolgt dann der eigentliche Projektaufbau, der mit der Installierung eines Aufbau-Managements beginnt. Dieses wird dann alle wirtschaftlichen und technischen Schritte einleiten, um das Projekt zu realisieren. Dazu gehören dann auch die Verhandlung und der Abschluß sonstiger Verträge mit unabhängigen Dritten wie Bauunternehmen, Ingenieuren, Lieferanten etc.

An einem Joint Venture wirken daher verschiedene Gruppen von Interessenten mit bzw. wirken auf diese ein (siehe Schaubild Nr. 15):

a) die *Gesellschafter*, bei denen einige neben ihrer Beteiligung bzw. Finanzierung und neben ihrem Einfluß auf die Geschäftsleitung in vielfältige Leistungsbeziehungen zum Joint Venture treten;

b) die *Fremdfinanciers*, die die Finanzierung sicherstellen;

c) der *Gaststaat* als allgemeine Ordnungsmacht oder auch als Vertragspartner;

d) *unabhängige Vertragspartner* in vielerlei Hinsicht.

Schaubild 15

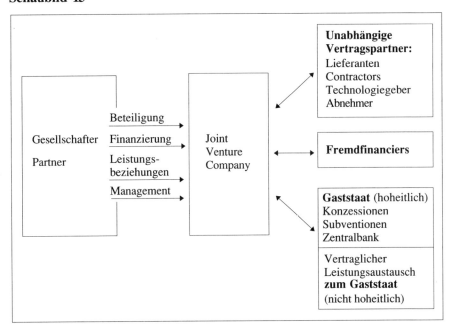

Der Jurist, der ein solches Joint Venture zu bearbeiten hat, sollte spätestens in der Phase der Überprüfung der gegenseitigen Interessen mit den potentiellen Partnern seine Arbeit aufnehmen und bereits in dieser Phase darauf hinwirken, daß die Verhandlungsführer alle diejenigen Fragen mit abklären und diskutieren, die für das spätere Vertragswerk von Bedeutung sind.

Sodann gilt es, die analysierten Interessenlagen in juristisch tragfähige Konzepte zu verwandeln und aus den diskutierten Konzepten geeignete Verträge zu entwickeln.

Die juristische Bearbeitung eines Joint Venture vollzieht sich daher parallel zu dem vorstehend dargestellten Ablaufschema in drei Schritten:

— Analyse der Interessenlagen
a) der Partner untereinander,
b) der Fremdfinanciers,
c) der Gaststaaten (Investitions-Rahmenbedingungen, vertragliche Sondervereinbarungen),

— Mitwirkung bei der Formulierung eines juristisch tragfähigen Konzepts,

— Vertragsgestaltung.

Entsprechend diesen drei Schritten werden nachstehend die Analyse der Interessenlagen, die Entwicklung eines Konzepts und in den nachfolgenden Teilen die eigentliche vertragliche Bearbeitung erläutert.

2. Juristische Grundsatzentscheidungen zur Erarbeitung eines Unternehmenskonzepts

Joint Ventures sind in die Form eines Gemeinschaftsunternehmens gegossene Unternehmensstrategien. Die Vertragsgestaltung muß dabei hautnah den ökonomischen Interessen folgen. Juristen, Kaufleute und Techniker sind daher zu einer intensiven Zusammenarbeit gezwungen.

Nachstehend sind einige zentrale Fragen aufgeführt, die bei jedem Joint Venture geregelt werden müssen[110]. Die Liste kann natürlich nicht als abschließend betrachtet werden.

2.1 Rechtsform und Sitz des Projektträgerunternehmens

Da in aller Regel die Partner eines Joint Venture
— eine Beschränkung ihrer Haftung und
— eine Limitierung ihres finanziellen Einsatzes

---

110 Company Formation, International Guide, ICC-Publikation Nr. 263, Paris 1970.

bei ihrer Beteiligung an einem Joint Venture wünschen, werden als Rechtsform normalerweise Kapitalgesellschaften mit Haftungsbeschränkung gegründet, und nur in besonders geeigneten Fällen werden Gesellschaftsformen mit unbeschränkter Haftung gewählt (dies gilt natürlich nicht für
Konsortien zur Durchführung einzelner Aufträge, die nicht Gegenstand
dieses Beitrages sind). Welche konkrete Rechtsform innerhalb der Kapitalgesellschaften ausgewählt wird (AG, GmbH, KGaA etc.) ist eine Detailfra-
ge, die in jedem Einzelfall gesondert durch spezialisierte Rechts- und
Steuerberater zu entscheiden ist.

Dabei ist die Frage, ob eine Haftungsbegrenzung auf das eingezahlte Kapital wirklich eintritt, in jedem Einzelfall umfassend unter den Gesichtspunkten des Gesellschafts- und Konzernrechts, des Investitionsrechts, des
Produkthaftungsrechts (im Hinblick auf Technologievergabe und Zulieferungen), des Arbeits- und Steuerrechts zu prüfen:

Die Haftungsbegrenzung kann z.B. durch Landesrecht durchlöchert werden: In Saudi-Arabien z.B. verlangte der Staat eine Zeitlang eine Haftungserklärung der Gesellschafter[111] einer Kapitalgesellschaft, im Falle
der Illiquidität der Firma für alle arbeitsrechtlichen Ansprüche des Personals aufzukommen, und zwar unabhängig von der bzw. zusätzlich zu der
Kapitaleinzahlung. Ferner wird bei der freiwilligen Liquidation einer saudischen Kapitalgesellschaft seitens des saudischen Handelsministeriums
eine unbeschränkte und gesamtschuldnerische Haftungserklärung der Gesellschafter für alle bei der *freiwilligen* Liquidation unbefriedigt bleiben-
den Schulden der Gesellschaft verlangt.

In den USA wäre z.B. gesondert zu prüfen, inwieweit sich aus der Technologievergabe bzw. aus der Zulieferung von Halb- und Fertigfabrikaten Pro-
dukthaftungstatbestände ergeben können.

Da die Europäische Wirtschaftliche Interessenvereinigung (EWIVG)[112]
keine Haftungsbeschränkung gewährt und auch nicht gewinnorientiert sein
darf, wird sie sich im Regelfall nicht als Gestaltungsform anbieten. Sie
wäre aber z.B. denkbar bei der Einkaufskooperation ohne eigenes Gewinn-
interesse des Joint Venture.

Gleichzeitig ist die Frage zu entscheiden, welchen Sitz die gewählte Kapitalgesellschaft haben soll. Insbesondere bei marktorientierten Joint Ventures
wird man in der Regel einen Sitz im Zielmarkt wählen.

Von der Frage des Sitzes eines Joint Venture (Ort der tatsächlichen Geschäftsführung) ist die Frage nach dem Gründungsstatut zu unterscheiden:
Manche Länder (insbesondere England und die USA) folgen bei der Beur-

---

111 Middle East Executive Reports, Vol. 12 No. 9, September 1989, S. 9 und 19ff.; Vol. 12
No. 10, October 1989, S. 16.
112 Siehe oben Seite 33 sowie Fn. 41–43.

teilung der Rechtsfähigkeit einer Kapitalgesellschaft der Gründungstheorie[113] und erlauben damit das Auseinanderfallen von Gründungsstatut und Gesellschaftssitz: Eine in Delaware registrierte Gesellschaft kann nach amerikanischem Recht ihren Sitz ohne juristische Probleme in Pittsburgh (Pennsylvania) haben. Wählt man eine solche Konstellation, so ist unbedingt darauf zu achten, daß der Sitz der Kapitalgesellschaft dann *nicht* in einem Staat gewählt wird, der statt der Gründungstheorie der Sitztheorie folgt wie z. B. die Bundesrepublik Deutschland: Die Durchgriffshaftung wäre automatische Konsequenz dieser Entscheidung[114].

Denkbar sind auch grenzüberschreitende Gestaltungsformen, die der deutschen GmbH & Co. KG entsprechen: z. B. schweizer Aktiengesellschaft als Komplementärin einer deutschen Kommanditgesellschaft[115]. Solche Konstellationen können steuerrechtlich interessant sein.

2.2 Kapitalmehrheit oder -minderheit; Parität

Bei der Gestaltung eines Joint-Venture-Konzeptes ist die wichtige Grundsatzfrage zu entscheiden, wie die Kapitalanteile in der neu gegründeten Gesellschaft verteilt werden. Damit ist gleichzeitig die Frage gestellt, welcher Gesellschafter oder welche Gruppe von Gesellschaftern eine kontrollierende Mehrheit im Unternehmen erhalten soll. Die aus dem partnerschaftlichen Gedanken heraus auf den ersten Blick ideal erscheinende Konstellation, daß zwei Partner (oder zwei Gruppen von Aktionären mit gleich gelagerten Interessen) gleich große Kapitalanteile erhalten sollen (50:50), birgt die Gefahr unüberbrückbarer Patt-Situationen und ist daher in der Praxis schwierig und eher in der Minderzahl[116]. Weitaus häufiger sind Joint-

---

113 Zu den Theorien siehe: *Ebenroth, C./Eyles, U.,* Die innereuropäische Verlegung des Gesellschaftssitzes als Ausfluß der Niederlassungsfreiheit, DB 1989, S. 363 ff. und S. 413 ff.; *Großfeld, B.,* Internationales Unternehmensrecht, Heidelberg 1986, S. 21 ff.; *Kaligin, T.,* Das internationale Gesellschaftsrecht der Bundesrepublik Deutschland, DB 1985, S. , 1449 ff.; *Koch, U.,* Die Entwicklung des Gesellschaftsrechts in den Jahren 1987/88, NJW 1989, S. 2662 ff. (2667 ff.); *Panthen, Thomas,* Der „Sitz"-Begriff im internationalen Gesellschaftsrecht, Frankfurt, Bonn, New York, Paris 1988 (Europäische Hochschulschriften, Reihe 2, Rechtswissenschaft, Bd. 659), Mainz, Univ. 1987; *Sandrock, O.,* Sitztheorie, Überlagerungstheorie und der EWG-Vertrag, RIW 1989, S. 505 ff.; *Sandrock, O./ Austmann, A.,* Das internationale Gesellschaftsrecht nach der Daily-Mail-Entscheidung des Europäischen Gerichtshofs: Quo Vadis?, RIW 1989, S. 249 ff.; *Wessel, S./Ziegenhain, H.-J.,* Sitz- und Gründungstheorie im internationalen Gesellschaftsrecht, GmbHR 11/1988, S. 423 ff.

114 *Falkenhausen, J. Frhr. von,* RIW 1987, Heft 11, S. 818 ff.

115 Siehe z. B.: *OLG Saarbrücken,* DB 1989, S. 1076, 1077; *Kieser, M.,* Die Typenvermischung über die Grenze, Konstanz 1988.

116 Kartellrechtlich angemeldete Zusammenschlüsse hingegen werden oft gern als paritätische Gemeinschaftsunternehmen gegründet: Die bewußte Wahl der Patt-Situation entspricht in diesen Fällen der gewollten gegenseitigen Abhängigkeit der Mütter. Aus kar-

Venture-Konstellationen, in denen einer der Partner die überwiegende Mehrheit innehat. In der Praxis zeigt sich, daß Unternehmen meist eine der beiden folgenden Alternativen anstreben:

a) die absolute Mehrheit (allein oder zusammen mit befreundeten Unternehmen). In diesem Fall möchten die Unternehmer das „Ruder in der Hand" behalten. Dieser Ansatz setzt sich dann konsequenterweise in dem Wunsch fort, auch das Management zu bestimmen oder zu majorisieren. Die Kehrseite dieses Ansatzes ist, daß der Majoritätspartner einen entsprechend großen Anteil an Finanzierungslast, Risiko und Betreuungsaufwand zu tragen hat;

b) deutliche Kapitalminderheit (z. B. 25,1% oder 33,1% oder darunter). Dieser Ansatz zeigt deutlich die Unternehmensstrategie, Finanzrisiko und Betreuungsaufwand gering zu halten, wofür entsprechend geringe Einflußmöglichkeiten in Kauf genommen werden. In dieser Kategorie findet man auch Fälle, in denen Anlagenlieferanten (mehr oder weniger auf Druck der Besteller) geringe Kapitalanteile am Joint Venture übernehmen, die sie aber intern sofort abschreiben.

Bei der Festsetzung der Prozentsätze wird abgestellt auf:

— gesellschaftsrechtliche Sperrminoritäten,

— steuerliche Aspekte gemäß Doppelbesteuerungsabkommen bzw. deutschem Außensteuerrecht,

— bilanzielle Aspekte wie oben bereits erläutert [117].

Die unter a) genannten deutlichen Mehrheitsbeteiligungen scheinen umso mehr angestrebt zu werden, je wertvoller und schützenswerter das vom Mehrheitspartner eingebracht Know-how ist, welches diese Art von Partnern auch in ihrem Joint Venture unter Kontrolle behalten möchten. Auch findet man diesen Ansatz typischerweise dann, wenn eine enge Konzerneinbindung des Joint Venture in den Konzern eines Partners gewollt ist und sich dieser Partner nicht in Verrechnungspreise oder bestimmte Policy-Fragen wie z. B. Marketing-Strategie, Wettbewerbsverhalten etc. hineinreden lassen möchte.

Ist eine Mehrheitsposition zwar gewollt, aber nicht erreichbar, so trifft man nicht selten auch auf die Überlegung, die Rolle des „Zünglein an der Waage" einem dritten, als neutral eingestuften Investor zuzuweisen, von dem man im Falle divergierender Interessen eine ausgleichende bzw. vermittelnde Position erwartet und der keine der beiden anderen Parteien un-

---

tellrechtlicher Sicht mag es daher erscheinen, daß die paritätischen Gemeinschaftsunternehmen in der Überzahl sind (z. B. Monopolkommission 1977, S. 171). Diese Beobachtung beruht aber auf einer eingeschränkten Auswahl der Joint Ventures.
117 Siehe oben Seite 32.

gebührlich benachteiligt. Nicht selten wird Banken eine solche Rolle zugedacht. Es entstehen dann Konstellationen wie z. B.

— 45% Partner A
— 10% Bank X
— 45% Partner B.

Welche der Kapitalstrukturen erreichbar ist, hängt aber nicht nur vom Verhandlungsergebnis der Partner ab, sondern auch von lokalen Rechtsvorschriften und von der Genehmigungspraxis der zuständigen Behörden. In vielen Ländern, insbesondere in Entwicklungsländern, ist die Firmengründung nicht frei, sondern bedarf staatlicher Genehmigung. Aus diesen Rechtsvorschriften oder aus der Genehmigungspraxis der Behörden kann sich der Zwang zu einer Minderheitenposition ergeben.

In einem solchen Fall wird häufig versucht, den durch die Minderheitsposition erzwungenen, aber nicht gewollten Nachteil durch diverse juristische Kunstgriffe zu überspielen wie z. B. durch Schaffung von Mehr-Stimmrechtsaktien, Stimmrechtsbindungen, Managementverträgen, Delegation von Verantwortungen auf andere Gremien etc.

In verschiedenen Ländern bestehen höchst unterschiedliche gesellschaftsrechtliche Möglichkeiten, wirtschaftliche Beteiligung und Stimmrechte unterschiedlich gewichtet zu verteilen [118], z. B.:

— unterschiedliche Aktienkategorien mit Sonderrechten (z. B. dem Sonderrecht auf Bestellung von Verwaltungsratsmitgliedern) — z. B. Türkei,

— die Gewährung einer Stimme pro Aktie unabhängig vom Nennwert der Aktien (z. B. Schweiz): Bei unterschiedlichen Aktiennennwerten ergibt sich dann ein unproportionales Stimmrecht,

— die Limitierung des Stimmrechts eines jeden Aktionärs auf z. B. maximal 10 oder 20% der Stimmen, auch wenn der Aktionär wesentlich höher beteiligt ist,

— die Ausgabe von Aktien *ohne* Nennwert (z. B. Panama),

— Mehrstimmrechtsaktien.

Eine weitere Möglichkeit, finanzielles Engagement und Mitsprachebefugnis der einzelnen Gesellschafter zu differenzieren, besteht auch im Einsatz gesellschaftsrechtlicher Mischformen wie z. B. Schweizer AG als Komplementärin einer deutschen KG [119]:

---

118 Company Formation, a. a. O. (Fn. 110), S. 23 ff.
119 Zur Zulässigkeit siehe *OLG Saarbrücken,* DB 1989, S. 1076.

Gesellschafter:	A DM	B DM	C DM
Schweizer AG: 100000,– SFR (= 100000,– DM)			
Aktionär A 51%	51 000,–		
Aktionär B 30%		30 000,–	
Aktionär C 19%			19 000,–
Deutsche KG: 130000,– DM			
Kommanditist B		100 000,–	
Kommanditist C			30 000,–
	51 000,–	130 000,–	49 000,–

Es ist evident, daß A im Vergleich zu seinem Finanzierungsrisiko überproportionalen Einfluß hat.

2.3 Die Organe des Joint Ventures

Die von den Partnern entschiedene Kapitalstruktur hat unmittelbaren Einfluß auf die Besetzung der Organe der Joint-Venture-Gesellschaft. Die Mehrheitsgesellschafter werden meist ein Interesse daran haben, die Aufsichts- oder Geschäftsführungsgremien ebenfalls zu majorisieren, und zwar dadurch, daß Vertrauensmänner der jeweiligen Gesellschafter in die Gremien (Board of Directors im englischen, Verwaltungsrat im französischen Rechtskreis) entsandt oder gewählt werden. Oft findet man, daß solche mit Vertretern der Partnerunternehmen besetzten Gremien sich nur in periodischen Abständen treffen und sich nur mit wesentlichen Fragen der Geschäftspolitik befassen, während das Tagesgeschäft von einzelnen angestellten Geschäftsführern oder Direktoren geleitet wird. Typisch wäre daher z. B. folgender Aufbau eines Joint Venture:

Organ	**Zuständigkeiten**
Hauptversammlung (tritt einmal im Jahr zusammen)	Gewinnverwendung, Feststellung des Jahresabschlusses, Änderung der Satzung, Sitzverlegung etc., Kapitalerhöhung und -herabsetzung, Wahl des Verwaltungsrates
Verwaltungsrat, Board of Directors (tritt 4mal im Jahr zusammen)	Grundsatzfragen der Geschäftspolitik, Entscheidung über besondere Geschäftsvorfälle, Bestellung und Kontrolle der Geschäftsführung (Feststellung des Jahresabschlusses)[120]

120 Je nach dem anwendbaren Gesellschaftsrecht wird der Jahresabschluß von der Hauptversammlung oder von Vorstand und Aufsichtsrat verabschiedet.

Organ	Zuständigkeiten
Geschäftsführung	Tagesgeschäft mit Ausnahme der (meist enumerativ festgelegten) Geschäftsvorfälle, die dem Verwaltungsrat zur Entscheidung vorgelegt werden müssen

Dabei ist anzumerken, daß in den verschiedenen Rechtssystemen die Organe und deren gesetzliche Kompetenz ganz unterschiedlich gestaltet sein können: Ein Board of Directors des englischen Rechts oder ein Verwaltungsrat französischen Rechts dürfen auf keinen Fall gleichgesetzt werden mit einem Vorstand oder Aufsichtsrat deutschen Rechts.

Die Frage der Organzuständigkeiten allein ist noch nicht ausreichend, um das Kräftespiel im Joint Venture festzulegen. Natürlich bedarf es auch der Festlegung, welche Partner in den Gremien vertreten sind und wie diese Gremien entscheiden.

Dabei gibt es diverse Möglichkeiten, das Kräftespiel in den Organen abweichend von der Kapitalbeteiligung zu gestalten, z. B. durch

— Vereinbarung von Vetorechten (Sperrminoritäten),

— Gestaltung der Stimmrechte (Mehrstimmrechtsaktien, Voting Trusts, Poolung von Stimmrechten),

— Besetzung der Geschäftsführungsorgane durch Vertreter einzelner Partner über- oder unterproportional zu ihrer Kapitalbeteiligung,

— Verlagerung von Kompetenzen auf andere Gremien (Executive Committee, Beirat etc.) mit über- oder unterproportionaler Besetzung,

— Abschluß von Management-Verträgen für das Tagesgeschäft.

2.4 Personalabstellung

Insbesondere wenn einer der Partner Know-how in ein Joint Venture einbringen soll, wird dies oft auch voraussetzen, daß Personal dieses Partners bestimmte Management-Positionen übernimmt. Die Personalabstellung ist für die deutsche Industrie eines der größten Probleme bei internationalen Joint Ventures[121]. In Joint-Venture-Vertragswerken finden sich daher oft Bestimmungen, daß einer der Partner den General Manager und den Produktionsleiter oder sonstiges Führungspersonal mit von ihm ausgesuchten oder von ihm stammendem Personal besetzen soll.

---

121 IFO-Forschungsbericht Nr. 65, S. 23.

Schaubild 16

Gesellschaftsrechtliche Möglichkeiten zur Sicherung von Mitentscheidungsrechten von Minderheitsgesellschaftern

1. Vereinbarung von Vetorechten in Satzung oder Gesellschafsvertrag (Sperrminoritäten)

2. Stimmrechte in Hauptversammlung/Gesellschafterversammlung müssen nicht identisch sein mit Kapitalanteilen (Mehrstimmrechtsaktien, Voting Trusts, Pooling Agreements)

3. Organe müssen nicht analog Kapitalanteilen besetzt sein (überproportionales Mitspracherecht des Minderheitsgesellschafters B):

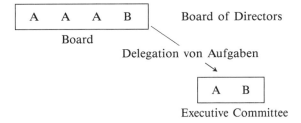

						Gewichtung:
A	A	B	B		Organ:	50% : 50%
A: 75%			B: 25%		Kapital:	75% : 25%

4. Delegation von Aufgaben/Rechten auf anders besetzte Gremien (überproportionales Mitspracherecht des Minderheitsgesellschafters B in allen dem Executive Committee übertragenen Aufgaben):

| A | A | A | B | Board of Directors |

Board

Delegation von Aufgaben

| A | B |

Executive Committee

5. Management-Verträge: Delegation von Geschäftsführungsbefugnis (aber nur Tagesgeschäft) auf B:

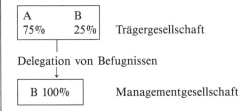

| A | B | |
| 75% | 25% | Trägergesellschaft |

Delegation von Befugnissen

| B 100% | Managementgesellschaft |

2.5 Finanzierungs- und Währungsfragen

Meist wird es erforderlich sein, über das Eigenkapital der Projektträgergesellschaft hinaus Fremdkapital in Form von Darlehen aufzunehmen. Wenn Joint Ventures neu gegründet werden, sind Banken oft zur Gewährung von Darlehen nur bereit, wenn die Gesellschafter über ihren Kapitalanteil hinaus zusätzliche Sicherheiten stellen, die z. B. in Gesellschafterbürgschaften, aber auch in atypischen Formen von Sicherheiten bestehen können (siehe nachstehend unter 4.). Auf der Gesellschafterebene wäre festzuhalten, ob und inwieweit die Gesellschafter zu solchen zusätzlichen Absicherungen – d. h. zur Erhöhung ihres Risikos – bereit sind.

Bei internationalen Unternehmenszusammenschlüssen ist ferner den Währungsaspekten besondere Aufmerksamkeit zu widmen, insbesondere bei der Aufnahme von Fremdmitteln.

Aus kaufmännischer Vorsicht liegt es nahe, eine Projektgesellschaft in der Währung zu finanzieren, in der sie ihre späteren Erlöse erwirtschaftet.

Beispiel:

Eine Projektgesellschaft soll für den tunesischen Markt arbeiten und wird Dinar-Erlöse erwirtschaften. Nimmt diese Gesellschaft Kredite in DM, FF oder US$ auf, so übernimmt sie ein möglicherweise existenzbedrohendes Währungskursrisiko, wenn der tunesische Dinar gegenüber der DM, dem FF oder dem US$ an Wert verliert und der Betrag in tunesischen Dinar, der zur Rückzahlung der Fremdwährungskredite erforderlich ist, in die Höhe schnellt.

Je stärker die Währung, in der die Projektgesellschaft ihre Erlöse erwirtschaftet, von Inflation und Kursverfall bedroht ist (insbesondere in Entwicklungsländern mit teilweise bis zu 1000% Inflation und mehr per annum), desto bedrohlicher werden solche Kursrisiken [122].

Bei der Gestaltung eines Finanzierungskonzepts für ein internationales Joint Venture ist daher die Gestaltung aller Zahlungsströme (nicht nur der finanziellen, sondern auch der Liefer- und Leistungsbeziehungen) auf Währungskursrisiken zu untersuchen.

Die Art der Unternehmensfinanzierung wird ferner durch hier nicht näher ausgeführte Steueraspekte bestimmt [123].

---

[122] Zum Thema Inflationsbewältigung siehe beispielhaft am Beispiel der Deutschen Investitionen in der Türkei: Kooperationsführer Türkei, herausgegeben von GTZ, DEG und BfAI, Juli 1988 (Best.-Nr. BfAI 55.212.88.163), S. 96ff.

[123] Siehe hierzu z. B. *Nieß, B.,* Der Einfluß der internationalen Besteuerung auf die Finanzierung ausländischer Grundeinheiten deutscher multinationaler Unternehmen, Berg. Gladbach/Köln 1989.

Bei Joint Ventures in Entwicklungsländern wäre darauf hinzuweisen, daß die Bundesrepublik zur Förderung solcher Gemeinschaftsunternehmen ein Spezial-Finanzierungsinstitut geschaffen hat, nämlich die DEG – Deutsche Investitions- und Entwicklungsgesellschaft mbH, Belvederestraße 40, 5000 Köln 41. Außerhalb Deutschlands gibt es vergleichbare Institute in Washington (International Finance Corporation, eine Weltbank-Tochter), in Frankreich (Caisse Centrale de Coopération Economique), in England (Commonwealth Development Corporation), in Belgien (Société Belge d'Investissement International), in Holland (Finanzieringsmaatschapij voor Ontwikkelingslandene) sowie in anderen Ländern. Auch die sog. Entwicklungsbanken, die in den meisten Entwicklungsländern existieren, könnten als Finanzierungsquellen angesprochen werden.

2.6 Leistungsbeziehungen zu den Müttern

Das Verhältnis der Joint-Venture-Gesellschaft zu den einzelnen Partnern bedarf insbesondere dann genauer Regelung, wenn besonders enge Beziehungen gewollt sind. Soll z. B. die ganze Produktion eines Joint Venture an einen der Partner geliefert oder durch die Handelskanäle eines der Partner vermarktet werden oder soll das Joint Venture von einem der Partner in besonderem Maße abhängig sein (z. B. durch Bezug von Vormaterialien, Komponenten etc. allein durch einen der Partner), so bedürfen die wirtschaftlichen und rechtlichen Regelungen und Konditionen, denen diese Abhängigkeit oder diese enge Relation unterliegen soll, detaillierter Vereinbarung zwischen den Partnern.

Dabei werden immer diejenigen Partner, die selbst keinen bestimmenden Einfluß auf die Geschäftsführung des Joint Venture ausüben können, ein besonderes Bedürfnis nach Schutz ihrer Interessen durch geeignete Vertragsgestaltung verspüren, insbesondere dann, wenn einer der Partner das Joint Venture nicht als „profit center" betrachtet. Die Partnereinbindungen und damit auch die Verteilung von Risiken und Vorteilen dürfen nicht so strukturiert sein, daß sich einzelne Partner unfair benachteiligt fühlen. Die Grundstruktur muß von Anfang an ausgeglichen und vom Einverständnis aller Partner getragen sein; ansonsten wäre eine langfristige gedeihliche Zusammenarbeit nicht gewährleistet.

Wegen der überragenden Bedeutung dieser Liefer- und Leistungsbeziehungen ist ihnen nachstehend das gesonderte Kapitel II.3 gewidmet.

2.7 Die Absicherung des schwächeren Partners; Schutz gegen Gewinnverlagerung

Das auf das Gemeinschaftsunternehmen anwendbare Gesellschaftsrecht, nämlich das des Gründungsstatuts oder des Sitzes [124] wird in der Regel bestimmte Bestimmungen bereits bereithalten, um Minderheitenaktionäre oder -gesellschafter gegenüber der Aktienmehrheit zu schützen [125]. Dies kann auf vielfältigste Art geschehen, z. B. durch

- gesetzlich verankerte qualifizierte Mehrheiten, z. B. bei Kapitalerhöhungen/-herabsetzungen, Sitzverlegung etc.,
- Berichts- oder Auskunftspflichten der Organe [126],
- Unterwerfung des Abschlusses von Verträgen zwischen Gesellschaft und Gesellschaftern oder Geschäftsführern unter besondere Formvorschriften [127],
- Sonderrechte, z. B. auf Sonderprüfung durch Wirtschaftsprüfer, Einsichtsrechte etc.,
- Klagemöglichkeiten von Minderheitsgesellschaftern gegen die Organe (z. B. wegen Pflichtverletzung), Anfechtung von Beschlüssen oder auf Schadensersatz [128].

Minderheitsaktionäre versuchen oft, bei Joint-Venture-Vertragsgestaltungen ihre Rechtsposition gegenüber Mehrheitsaktionären durch bestimmte Vertragsgestaltungen über die gesetzlichen Vorschriften hinaus zu verstärken und abzusichern, und zwar umso mehr, je mehr das Joint Venture von einem Mehrheitsaktionär abhängig ist. Das besondere Schutzbedürfnis resultiert aus zwei Aspekten: der Gefahr, in den Gremien des Joint Venture überstimmt zu werden, sowie der Gefahr von Gewinnverlagerungen, die der Mehrheitsaktionär über seine Leistungsbeziehungen zum Joint Venture (Verrechnungspreise) durchführen kann. Dabei gibt es drei verschiedene Ansätze zum Schutz des Minderheitenaktionärs, die sich aber nicht gegenseitig ausschließen müssen:

a) die Verankerung von über die gesetzlichen Bestimmungen hinausgehenden Sperrminoritäten in den Entscheidungsgremien mit dem Ziel, *Mitspracherechte* durch Vetorechte in den Gremien zu *sichern*; da solche

---

124 Siehe oben S. 61 f. sowie Fn. 113.
125 Siehe z. B. *van Hecke, G.,* Multinational Enterprises between Hammer and Anvil, Forum Internationale, Heft 4, 1984, S. 7.
126 Siehe z. B. die im deutschen Aktienrecht bestehende Pflicht zur Berichterstattung über Abhängigkeitsverhältnisse (§ 312 AktG)
127 In Frankreich z. B. bedürfen alle Verträge zwischen Verwaltungsratsmitgliedern und der Gesellschaft der vorherigen Genehmigung der Hauptversammlung, wenn sie nicht zu den Standardgeschäften des üblichen Geschäftsgeschehens gehören.
128 *van Hecke, G.* (Fn. 125), a. a. O., S. 7.

Vetorechte oftmals nicht für alle Entscheidungen der jeweiligen Gremien verhandelt werden können, entstehen typischerweise Listen von Rechtsgeschäften/Entscheidungen, die in den jeweiligen Gremien einer erhöhten Mehrheit bedürfen;

b) die wirtschaftliche Absicherung des Joint Venture als Ganzem gegenüber Gewinnverlagerungen durch geeignete Vertragsgestaltung der Leistungsbeziehungen zwischen Joint Venture und dem jeweiligen Mehrheitspartner, d.h. z.B. Verankerung von Preis- und Entgeltklauseln, die nach Möglichkeit die *Gewinnverlagerung verhindern* sollen;

c) die *finanzielle Absicherung der Kapitalbeteiligung* des Minderheitaktionärs, ohne (notwendigerweise) das Joint Venture selbst vor Gewinnverlagerung zu schützen. Hier wäre es z.B. denkbar, eine Bestimmung in das Vertragswerk aufzunehmen, die in etwa § 304 AktG des deutschen Aktienrechts entspräche, d.h. einen Ausgleichsanspruch des Minderheitenaktionärs gegen den Mehrheitsaktionär, der die Möglichkeit der offenen oder verdeckten Gewinnverlagerung hat.

Einen ähnlichen Effekt kann man auch durch entsprechende Gestaltung von Rückkaufpflichtungen (der sog. Buy/Sell-Arrangements) erreichen, die nachstehend noch näher erläutert werden; es ist im Rahmen solcher Klauseln z.B. möglich, dem Minderheitenaktionär das Recht zu geben, seine Aktien dem Mehrheitsaktionär zu verkaufen, und zwar zu einem vorher festgelegten Kurs, der wirtschaftliche Nachteile für den Minderheitenaktionär ausschließt.

Oft machen mitfinanzierende Venture Capital Fonds von solchen Mechanismen Gebrauch.

3. Liefer- und Leistungsbeziehungen im Joint Venture

Industrieunternehmen, die sich an internationalen Joint Ventures beteiligen, verfolgen mit ihrer Teilnahme in aller Regel nicht bloße Finanzanlage-Interessen: Die von Industrieunternehmen eingegangenen Joint-Venture-Beteiligungen sind typischerweise in Unternehmensstrategien eingebunden, mit denen weitaus komplexere unternehmenspolitische Ziele verfolgt werden, bei denen die Renditeerwartung des Investments durchaus nachrangig sein kann.

Umso mehr besteht Veranlassung zu einer gründlichen Analyse dieser Unternehmensstrategien, um daraus Schwerpunkte für die Vertragsgestaltung abzuleiten. Dabei ist besondere Aufmerksamkeit den Liefer- und Leistungsbeziehungen zwischen Joint Venture und Müttern zu widmen, die bei fast allen Joint Ventures anzutreffen sind und die naturgemäß weitgehende Bedeutung für die Perspektiven des Joint Venture ganz allgemein und die Zahlungsströme zwischen Joint Venture und Müttern (Gefahr der Gewinnverschiebung) im besonderen haben. Oft sind Joint-Venture-Konzepte so angelegt, daß die Gemeinschaftsunternehmen entweder auf der Beschaffungsseite (Know-how, Rohstoffbezug, Bezug von Halbfertigfabrikaten) oder auf der Absatzseite (Lieferung der gesamten Produktion an einen Partner) von einem Partner abhängig sind: Dann entscheidet die nähere Ausgestaltung dieser Liefer- und Leistungsbeziehungen über Renditemöglichkeiten und Zukunftsperspektiven des Unternehmens.

Bei der Ausgestaltung der Liefer- und Leistungsbeziehungen sind neben den hierbei naturgemäß auftretenden Interessengegensätzen der Partner steuerrechtliche Überlegungen zu beachten.

Verrechnungspreise bergen auch die Gefahr der steuerrechtlichen Beurteilung als Gewinnverschiebung mit der Konsequenz erhöhter Besteuerung als verdeckter Gewinnausschüttung in sich[129]. Auch der Umstand, daß bei einem Joint Venture die Partner normalerweise im eigenen Interesse darauf achten, daß andere Partner nicht übermäßig bevorzugt werden können, schützt nicht vor steuerrechtlicher Annahme von Gewinnverschiebungen durch die Finanzverwaltung. Hinzu kommt, daß die Finanzverwaltungen unterschiedlicher Länder möglicherweise zu abweichenden Bewertungen kommen.

---

129 *Verwaltungsgrundsätze:* Siehe Schreiben betreffend Grundsätze für die Prüfung der Einkunftsabgrenzung bei international verbundenen Unternehmen (Verwaltungsgrundsätze) vom 23. 2. 1983 (BStBl. 1983 I, S. 218); *Literatur: Baum, Hubert,* Verrechnungspreise für Dienstleistungen — Die steuerrechtliche Einkunftsabgrenzung bei international verbundenen Unternehmen auf der Grundlage des Fremdvergleichs, Köln, Berlin, Bonn, München; *Bee, Charles/Strothe, G.,* Konzernverrechnungspreise in den USA, DB 1989, S. 1429; DIHT-Planspiel, Internationale Verrechnungspreise, Publikation des Deutschen Industrie- und Handelstages, Bonn 1981; *Ebenroth, C. T./Fuhrmann, L.,* Gewinnverlagerungen durch Unterpreisleistungen im transnationalen Konzern, DB 1989, S. 1100; *Ebenroth, C. T.,* Code of Conduct, a. a. O., S. 166 ff.; *Kussmaul, H.,* Angemessene Verrechnungspreise im internationalen Konzernbereich, RIW 1987, S. 679; *Niehnes, K.,* Probleme des Konzernumlagevertrages bei international verbundenen Unternehmen, RIW 1988, S. 808; *Popp, P.,* Erfassung und Besteuerung von Leistungsbeziehungen zwischen international verbundenen Unternehmen, Europäische Hochschulschriften, Reihe 5, Volks- und Betriebswirtschaft, Bd. 819, 1987; *Popp, P./Theisen, M. R.,* Verrechnungspreisermittlung bei internationalen Konzernen, DB 1987, S. 1949; *Roser, F.-D.,* Die Zulässigkeit eines Gewinnaufschlags bei Konzernumlagen, Finanzrundschau, 71. Jg. 1989, S. 417–423; *Popkes, Warner Berend J.,* Stellenwert des OECD-Berichts über Verrechnungspreise und international tätige Unternehmen: Auslegungshilfe beim Fremdvergleich, RIW 1989, S. 369; *Popkes, Warner Berend J.,* Internationale Prüfung der Angemessenheit steuerlicher Verrechnungspreise, Schriftenreihe Steuerberatung — Betriebsprüfung — Unternehmensbesteuerung, BdA der Schriften zur betriebswirtschaftlichen Steuerlehre, Berlin, Bielefeld, München 1989; *aus der neuesten Rechtsprechung:* BFH-Urteil vom 12. 4. 1989, I R 142-143/85, DB 1989, S. 1989, besprochen von *Buyer, C.,* Das Ende der Einlagefiktion in den Fällen der Rückgewähr verdeckter Gewinnausschüttung, DB 1989, S. 1697; *BGH,* Beschluß vom 7. 11. 1988 — 3 StR 258/88, RIW 1989, S. 160–162; *Hess. Finanzgericht,* Urteil vom 17. 10. 1988, IV 293/82, RIW 1989, S. 408–409.

Es ist leider auf internationaler Ebene ein „Regelungsgestrüpp"[130] aufgrund unterschiedlicher Anweisungen und unterschiedlicher Handhabungen der Finanzverwaltungen bei der Beurteilung internationaler Verrechnungspreise entstanden. Ein vom Rat der OECD herausgegebener Bericht über die für die Ermittlung steuerlicher Verrechnungspreise maßgebenden Gesichtspunkte hat seine Intention, eine Harmonisierung herzustellen, nicht erfüllen können[131]. Auch die Bundesrepublik hat diesen Bericht nicht übernommen[132].

Typische Konstellationen

Nachstehend sollen einige Konstellationen von wichtigen Liefer- und Leistungsbeziehungen, die typische Erscheinungsformen internationaler Joint Ventures darstellen, analysiert werden. Bei den nachstehenden Beispielen darf *nicht* ungeprüft unterstellt werden, daß diese unter dem Gesichtspunkt internationaler Verrechnungspreise steuerlich unproblematisch sind — diese Frage ist in jedem Einzelfall gesondert zu prüfen.

Fall 1: Lizenznehmendes Joint Venture mit Vollfunktion

Als Ausgangsfall soll ein Joint Venture betrachtet werden, bei dem ein deutsches Unternehmen (nachstehend „A") mit einer hochwertigen Technologie in einem ausländischen Zielmarkt mit einem anderen Partner (nachstehend „B") ein Joint Venture zur Herstellung von Serienprodukten für diesen Markt initiiert (Schaubild 17). Hintergrund dieses Joint Venture könnten z.B. Kostenvorteile des Auslandsstandortes oder aber auch die Überwindung von Handelshemmnissen sein. Der lokale Partner B wurde ausgewählt wegen seiner Geschäftsbeziehungen, seiner Finanzkraft und wegen möglicher Assistenz im kaufmännischen Management (Hilfe bei Finanzierung, „Behörden-Engineering" etc.). Da dieses Joint Venture die Technologie des deutschen Unternehmens benötigt, ist neben einer gesellschaftsrechtlichen Gestaltung des Zusammenschlusses den Bedingungen des Technologietransfers besondere Aufmerksamkeit zu widmen, denn A hat neben Rendite-Interessen aus dem Joint Venture oder sogar vorrangig gegenüber Rendite-Interessen des Joint Venture selbst diverse Interessen, die aus der Technologie-Vergabe herrühren:

— das Interesse an Lizenzgebühren,

— das Interesse an Zulieferung von Komponenten oder Ersatzteilen,

— das Interesse an Kontrolle über das Joint Venture,

---

130 Warth & Klein GmbH (Hrsg.), Wirtschaftsprüfung im Gemeinsamen Markt, Stuttgart 1989, S. 120.
131 Warth & Klein GmbH, a.a.O., S. 120.
132 Warth & Klein GmbH, a.a.O., S. 120.

Schaubild 17

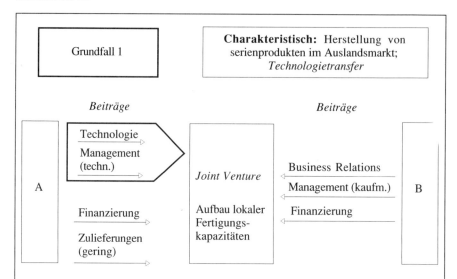

Interessen bei A

- Teilnahme an Renditechancen neuer Auslandsindustrien
- Gewinne aus Lizenzgebühren
- Einflußnahme auf ausländische Konkurrenz
- Kenntnisnahme der Unternehmensstrategien ausländischer Unternehmen
  Zulieferinteressen (z. B. Ersatzteile, komplementäre Produkte etc.)
- etc.

Interessen bei B

- Renditechancen
- Zugang zu ausländischem Know-how
- Abbau wirtschaftlicher Abhangigkeit von ausländischen Lieferanten
- stärkere Einbindung ausländischer Partner
- arbeitsmarktorientierte Interessen
- etc.

Typische Verhandlungsschwerpunkte:

- Wer hat das Sagen im Unternehmen? Kapitalmehrheit, Mehrheiten in den Gremien, Sperr-Vetorechte, Besetzung der Geschäftsführung

- Zugang zur Technologie (insbes. Innovationen)/Schutz der übertragenen Technologie und daraus folgende Beschränkungen

- Marktabgrenzung — Wettbewerbsbeschränkungen zugunsten JV und Müttern

- Angemessenheit der Entgelte (Lizenzgebühren)

- Konditionen der Zulieferung (Anlagen, Ersatzteile, Produktkomplettierung . . .)

- Möglichkeiten der Gewinnverlagerung

– das Interesse an Kontrolle über das Joint Venture,
– das Interesse an Wettbewerbsbeschränkungen des Joint Venture, damit das Joint Venture in Zukunft nicht als Konkurrent auf Heimatmärkten auftritt,
– das Interesse am Schutz der Technologie gegen Weitergabe an Dritte,
– möglicherweise *kein* Interesse, das Joint Venture an Innovationen teilnehmen zu lassen,
– eventuell das Interesse, das Joint Venture möglichst schnell einen möglichst großen Marktanteil erwerben zu lassen, was Rendite-Interessen am Joint Venture entgegenstehen kann.

Der andere Teilhaber („B") hat hier möglicherweise konträre Interessen, nämlich:

– möglichst hohe Rendite,
– möglichst vollständigen Zugang zum Know-how,
– größtmögliche Freiheit im Marketing, keine Wettbewerbsbeschränkungen, Abbau von Abhängigkeiten gegenüber A,
– möglichst geringer Abfluß von Gewinnen an A in Form von Lizenzgebühren, Entgelten für Zulieferungen etc.

Die Vertragsstruktur muß hier folgende Schwerpunkte haben:

– Zugang zur Technologie (insbesondere Innovationen)/Schutz der übertragenen Technologie und daraus folgende Beschränkungen,
– Marktabgrenzung – Wettbewerbsbeschränkungen zugunsten Gemeinschaftsunternehmen und Müttern,
– Angemessenheit der Entgelte (Lizenzgebühren),
– Konditionen der Zulieferung (Anlagen, Ersatzteile, Produktkomplettierung usw.),
– Möglichkeiten der Gewinnverlagerung.

Fall 2: Montageprojekt: Abhängigkeit auf der Zulieferseite

Je stärker die Liefer- und Leistungsbeziehungen zwischen einem Partner und dem Joint Venture sind, desto mehr muß diese Leistungsbeziehung in den Vordergrund sowohl der ökonomischen wie auch der juristischen Betrachtung rücken.

Bei einem Joint Venture (Schaubild 18), das keine vollstufige Fertigung durchführt, sondern lediglich zugelieferte Montagesätze montiert, müßte die Preisgestaltung der Zulieferung der Montagesätze im Vordergrund stehen. Solche Projekte (z. B. in der Kfz-Industrie) realisieren eine relativ geringe Fertigungstiefe: Auf den Wert der Montage-Zuliefersätze fügt die

Schaubild 18

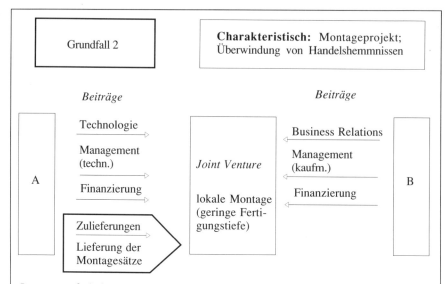

Interessen bei A

- Überwindung von Zollschranken
- Nutzung von Rahmenbedingungen, die lokale Teilfertigung bevorzugt (z. B. für öffentliche Hand)
- Nutzung von Buy Local-Mentalität
- Schutz vor Nutzung der Rahmenbedingungen durch Konkurrenz
- *Lieferinteressen von Montagesätzen*
- Renditeinteresse nachrangig
- Interesse an Lizenzgebühr nachrangig
- finanzielles Engagement und Risiko nachrangig

Interessen bei B

- wie bei Grundfall 1

Hauptschwerpunkt der Vertragsverhandlung:

- Preisformel für die Lieferung der Montagesätze (bestimmter %-Satz des Ab-Werk-Preises des Endproduktes? Fixpreis mit Anpassungsklausel; i. d. R. kein „cost-plus"-Vertrag mangels Gewährung von Einsicht in Kalkulation des Lieferanten)

- Sicherung des Qualitätsstandards und daraus folgende organisatorische Maßnahmen

- Marktabgrenzung/Exportfragen, u. U. Exportauflagen

- Fertigungstiefe („local content")
- Konditionen des sonstigen Zuliefergeschäfts (z. B. Ersatzteile etc.)

Montage nur eine geringe Werterhöhung hinzu mit der Konsequenz, daß der Preis des Endproduktes ganz überwiegend vom Zulieferpreis des Montagesatzes abhängt. Gerade solche Projekte sind besonders geeignet, Handelshemmnisse zu unterlaufen, z. B. dann, wenn die Zollbelastung von Halbfertigprodukten wesentlich geringer ist als die Zollbelastung von Fertigfabrikaten. Dadurch ist das Joint Venture selbst nicht oder nur geringfügig in der Lage, sich Preistendenzen im Absatzmarkt anzupassen, weil der Preisbildungs-Spielraum in Anbetracht der nur geringen Wertschöpfung nur klein oder gar nicht vorhanden ist. Die Preisformel für den Zuliefersatz muß daher im Vordergrund des Interesses stehen:

Wie wird der Zuliefersatz bewertet?

Z. B. als Prozentsatz *des jeweils gültigen* Ab-Werk-Preises des Endproduktes im Lande des Zulieferers A?
Nachteil: Da A seine Preise nach den Marktgegebenheiten seines Heimatlandes A richtet, nimmt das Joint Venture automatisch an diesen Preisschwankungen teil (zumindest bei Preiserhöhungen), obwohl die Marktgegebenheiten im Gastland des Joint Venture dies u. U. nicht rechtfertigen.

Z. B. als Fixpreis mit einer Anpassungsklausel (Preis-Indexierung, gebunden z. B. an die Inflationsrate)?
Problem: Welche Indikatoren sind zu wählen?
Nachteil: Starrheit des Preismechanismus;
Vorteil: einfache Berechnung.

Z. B. durch jeweilige Neuverhandlung von Jahr zu Jahr?
Nachteil: Gefahr von Dissensen bei den Neuverhandlungen;
Vorteil: Flexibilität zur Reaktion auf Marktgegebenheiten des Gastlandes.

Fragen großer Bedeutung sind weiterhin:

— Festlegung der Fertigungstiefe: Insbesondere dort, wo Länder solche Projekte begünstigen, wird seitens dieser Länder auf hohen „local content"-Anteil, d. h. auf hohe lokale Wertschöpfung geachtet[133];
— Sicherung des Qualitätsstandards;
— Marktabgrenzung insbesondere dort, wo Preisdifferenzen auf verschiedenen Märkten entstehen.

---

133 *Günther, B.,* Local Content — eine Herausforderung für das internationale Marketing, ZFP, Heft 4, November 1985, S. 263 ff.

Fall 3: Projekt mit Einzelkalkulation; Leistungsbeistellung

Im Fall 2 wurde ein Projekt betrachtet, bei dem Serienprodukte erzeugt werden. Die Variante 3 soll sich mit einem Projekt befassen, bei dem Einzelkalkulation erfolgt (Bau- und Anlagenindustrie; Schaubild 19). Solche Projekte werden initiiert, um z. B. eine Bevorzugung bei der öffentlichen

Schaubild 19

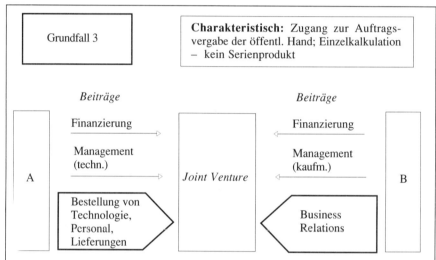

Interessen bei A

– Nutzung der Business Relations des lokalen Partners
– Nutzung der Rahmenbedingungen des Gastlandes – Joint Venture-Präferenzen
– Verdienst liegt in Beistellung von einzelfallbezogenen Leistungen (Technologie, Personal, Lieferungen …)
– Renditeinteresse des JV nachrangig

Interessen bei B

– Sponsorship
– Ausnutzung der eigenen Business Relations
– Verdienstmöglichkeiten aus Sponsorship-Interessen oder Renditeinteressen am JV
– Nebeninteressen

Hauptproblem der Vertragsverhandlung:

– da kein Serienprodukt, findet Einzelkalkulation statt: Es gibt also keine Preisformel für die Beistellungen A's

– Verhandlung über das „Mark-up" des JV oder Verhandlung über Sponsorship-Interesse B's

– das JV selbst ist im Grunde ziemlich uninteressant

Auftragsvergabe im Gastland zu erreichen. Es gibt Länder, in denen bei der Auftragsvergabe der öffentlichen Hand lokale Anbieter und/oder Joint Ventures gegenüber ausländischen Anbietern bevorzugt werden, auch wenn diese teurer sind (z. B. Saudi-Arabien, VAE, Kuwait, Bahrain, Indonesien etc.). Manchmal ergibt sich diese Präferenzpolitik aus Dekreten oder Gesetzen, manchmal aber auch nur aus der Vergabepraxis. Die Intention dieser Länder ist leicht nachvollziehbar: Lokale Investitionen sollen begünstigt werden aus Gründen des Technologie-Erwerbs, der Vermögensbildung im Lande, der Arbeitsplatzsicherung und der Erleichterung der Devisenbilanz.

Was liegt also näher, als daß sich ausländische Anbieter mit nach Möglichkeit potenten und einflußreichen lokalen Unternehmern (manchmal „sponsors" genannt) zusammenzuschließen, um als Joint Venture von der Präferenzierung bei der Auftragsvergabe zu profitieren?

Hier liegt seitens der ausländischen Beteiligten das Hauptinteresse auf den Verdienstmöglichkeiten an Leistungsbeistellungen der ausländischen Teilhaber an das Joint Venture, welches nach Hinzufügung eines gewissen „local content"[134] ein Gesamtangebot an einen Besteller im Gastland abgibt. Das Joint Venture ist hier eindeutig ein Medium zur Sicherung des Marktzugangs. Der sich ergebende Interessengegensatz ist evident: A wird die beim Joint Venture verbleibende Marge (sog. „mark-up") oder mit anderen Worten die Mitverdienstmöglichkeiten B's (sein „sponsorship"-Interesse) möglichst limitieren wollen.

Mögliche vertragliche Regelung: Festlegung einer Marge für das Joint Venture als Aufschlagkalkulation auf die von A beigestellten Leistungen.

Fall 4: Abhängigkeit auf der Vermarktungsseite

Der Fall 4 soll Joint Ventures bezeichnen, bei denen die *gesamte* Produktion an einen der Partner geliefert werden soll (Schaubild 20). Das Joint Venture ist also auf der Absatzseite völlig abhängig.

Diese Variante kann ihren Hintergrund in der Nutzung von Standort-Kostenvorteilen haben (deutsches Unternehmen A verlagert Teile seiner Fertigung ins kostengünstigere Ausland und nimmt die Produktion vollständig ab).

Die Hauptproblematik dieses Joint Venture besteht darin, daß es von einem Partner durch die Lieferung der gesamten Produktion an diesen vollständig abhängig ist. Damit stellt sich für den anderen Partner B das Problem: Wie kann er bei dieser Abhängigkeit seine Rendite-Interessen gegen Gewinnverlagerungen an den anderen Partner absichern?

---

134 Siehe Fn. 133.

Schaubild 20

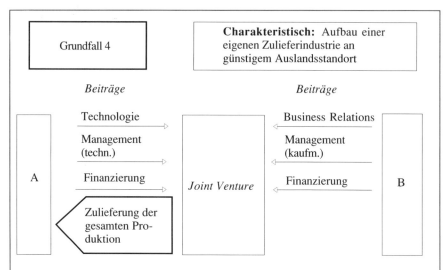

Interessen A

- Nutzung des Kostengefälles für Zulieferung zum eigenen Unternehmen
- Aufnahme lokalen Partners wg. sog. „Behördenengineering"
- Aufnahme lokaler Partner aus politischen Gründen (Schutz gg. Enteignung)
- Entlastung bei Finanzierung
- Rendite des JV nachrangig

Interessen B

- Renditeinteressen

Hauptproblem der Vertragsgestaltung

- Preisformel für Zulieferung („cost-plus", „cost-plus" mit standardisierten Kostenelementen, Festpreis mit Anpassungsklauseln nach Kostenelementen, Weltmarktpreis — falls möglich, Weltmarktpreis mit Anbietereinschränkung — Schutz gegen Dumping-Angebote, Konkurrenzpreis)

oder

- Renditeabsicherung des Partners B
- Besondere Probleme, wenn nicht die gesamte Produktion, sondern z. B. nur die Hälfte zugeliefert wird: besonders schwierig für cost-plus-Klauseln

Kauft ein Partner die gesamte Produktion ab, so kann man verschiedene Preisformeln für die Produktion entwickeln, wie z. B.

— Fix-(Ausgangs-)-preis mit indexierter Anpassung,

— dort wo Welt- oder Regionalmarktpreise für Produkte existieren: der Marktpreis (wie wird dieser festgestellt?),

— Orientierung an Vergleichspreisen mit Anbietereinschränkung, d. h. der Preis wird an Vergleichsprodukten gemessen. Um sich gegen Dumpingpreise oder Preise qualitativ geringerwertiger Produkte zu schützen, können die Vergleichsprodukte auf die Produkte nur bestimmter Anbieter begrenzt werden,

— sog. „cost plus"-Verträge: Der Abnehmer zahlt die Vollkosten des Produkts, so wie sie betriebswirtschaftlich beim Lieferanten ermittelt werden, zuzüglich einer bestimmten Marge.

Die cost-plus-Methode soll vertieft werden. Sie bedeutet zunächst, daß der Lieferant seine Kalkulation anhand seines betrieblichen Rechnungswesens offenzulegen hat. Aus dem betrieblichen Rechnungswesen werden die Selbstkosten ermittelt:

Vereinfachtes Schema zur Ermittlung der Selbstkosten:

    Materialkosten
+ Materialgemeinkosten
+ Fertigungskosten
+ Fertigungsgemeinkostenzuschlag
+ Sonderfertigungskosten (z. B. Lizenzgebühren)
+ Verwaltungskosten (Lohnbüro, Geschäftsleitung etc.)
(keine Vertriebskosten)

    Selbstkosten
+ Marge = Aufschlag auf die Selbstkosten
= Abgabepreis

Das vorstehende Schema ist stark vereinfacht; in der Praxis sind die anzuwendenden Formeln sehr komplex. Solche cost-plus-Abnahmeformeln finden u. U. auch im deutschen öffentlichen Preisrecht Anwendung[135].

Eine solche cost-plus-Formel auf Ist-Kosten-Basis hat für den Abnehmer einige Nachteile:

— Sie befreit den Lieferanten vom Zwang zur Effizienz, da er auf jeden Fall seine Kosten erstattet erhält; außerdem erhöht sich (betragsmäßig) noch seine Marge, je mehr Kosten er produziert.

---

135 Informativ hierzu daher: WP-Handbuch 1985/86, Öffentliches Preisrecht, S. 1207 ff.

— Der Lieferant hat Gestaltungsspielräume: Welche Kosten werden überhaupt angesetzt und wie? Wird z. B. bei den Abschreibungen linear oder degressiv abgeschrieben? Wie ist es mit steuerlichen Sonderabschreibungen? etc.

— Eine solche Formel ist undurchführbar oder sehr fragwürdig bei Kuppelproduktion oder bei gleichzeitiger Produktion unterschiedlicher Produkte, wenn nicht alle Produktarten an denselben Abnehmer geliefert werden: Wie werden die Kosten, die nicht *direkt* den einzelnen Produkten („Kostenträgern") zugeordnet werden können (z. B. Gemeinkosten) auf die einzelnen Produkte verteilt? Diese Fragen sind betriebswirtschaftlich komplex und ohne gewisse Willkür nicht lösbar.

— Der Stückpreis hängt vom Auslastungsgrad der Anlagen ab: Die Umlagen der Fixkosten auf die einzelnen Produkte sind, je nach der Quantität der produzierten Produkte, unterschiedlich hoch.

Diesen Mängeln kann wie folgt begegnet werden:

— Um den Lieferanten nicht der Verantwortung für eine effiziente Gestaltung der eigenen Produktion zu entheben, kann man sich vom Ist-Kosten-Ansatz lösen und statt dessen aus der Unternehmensplanung ermittelte Soll-Kosten-Ansätze verwenden mit der Konsequenz, daß der Lieferant das Risiko der Soll-Kosten-Überschreitung trägt, falls seine Ist-Kosten höher liegen. Dieser Ansatz ist insbesondere dann angebracht, wenn der Abnehmer keinen Einfluß auf die Gestaltung der Betriebsprozesse beim Lieferanten hat.

— Statt der finanzwirtschaftlichen bzw. bilanziellen Abschreibungen können betriebswirtschaftliche („kalkulatorische") Kosten angesetzt werden.

— Die Umlageschlüssel, nach denen Gemeinkosten auf die einzelnen Kostenträger verteilt werden, können vertraglich fixiert werden; unbedingt erforderlich dann, wenn nur einzelne Produktarten an den Abnehmer geliefert werden sollen.

— Es kann festgelegt werden, daß immer nur die Gemeinkosten-Umlagen angesetzt werden, die sich *bei Vollproduktion* ergeben (Ausschluß des Ansatzes von Leerkosten); möglicherweise entbehrlich, wenn vertraglich ergänzend festgelegt wird, daß der Abnehmer die Produktionskapazitäten voll auslasten muß.

— Es muß genau festgelegt werden, welche Kosten überhaupt in die Kalkulation eingehen; denkbar ist es, einzelne Kosten vom Ansatz auszuschließen (z. B.: Werden Anlaufkosten, Entwicklungskosten, kalkulatorische Wagnisse etc. angesetzt?)[136].

---

136 Vgl. hierzu die Ausführungen über „Öffentliches Preisrecht" im WP-Handbuch 1985/86, S. 1220 ff.

Nebenbemerkung: Die deutschen Selbstkostendefinitionen in § 255 HGB und Abschnitt 33 EStR sind mangels Berücksichtigung der sog. kalkulatorischen Kosten für eine Vertragsgestaltung nicht sinnvoll. Es muß auf rein *betriebswirtschaftliche* Bestimmung der Selbstkosten geachtet werden.

Die Alternative zum cost-plus-Modell besteht darin, von der Festlegung eines Abnahmepreises überhaupt Abstand zu nehmen. Statt dessen könnte auch vereinbart werden, daß A dem Teilhaber B eine gewisse Mindestrendite seiner Investition garantiert, unabhängig davon, welche Preise tatsächlich gezahlt und welche Mengen tatsächlich abgenommen werden. Dadurch erspart man sich schwierige Festlegungen im Bereich der Abnahme; auf der anderen Seite wird B hierdurch des unternehmerischen Risikos enthoben — eine Konstellation, die nur vertretbar ist, wenn A auch maßgeblichen Einfluß auf die Gestaltung der Betriebsabläufe (Management-Verantwortung) hat.

Fall 5: Abhängigkeit von unterschiedlichen Partnern auf der Beschaffungs- wie auf der Vermarktungsseite

In dieser Variante sind Fälle denkbar, in denen sich ein lokales Unternehmen B eine eigene Zulieferindustrie *mit ausländischer Hilfe* aufbaut (Schaubild 21). Diese Joint Ventures sind in zwei verschiedenen Richtungen abhängig, nämlich zum einen hinsichtlich des ausländischen Technologie-Gebers A und zum anderen hinsichtlich des Abnehmers B. Da auf beiden Seiten die Zuliefer-/Abnahmepreise definiert werden müssen, stellt sich auch hier wieder die Frage, ob und inwieweit dieses Joint Venture als „profit center" gegen Gewinnabflüsse gesichert werden kann.

Möglicherweise ist B ein Staatsunternehmen bzw. eventuell sogar der Staat des Gastlandes selbst, der mit dem Joint Venture öffentliche Aufgaben verfolgt (Versorgung der heimischen Bevölkerung mit bestimmten Produkten oder Leistungen). Die besondere Problematik solcher Joint Ventures besteht darin, daß B kein Rendite-Interesse verfolgt, sondern an politisch determinierten Absatzpreisen durch das Joint Venture interessiert ist, wobei dieser Absatz gar nicht unbedingt an B selbst erfolgen muß; auch der Absatz an andere Staatsunternehmen (nahestehendes Unternehmen C) oder schlechthin die Abgabe in den lokalen privaten Markt kann gewollt sein.

Rendite-Interessen *aus der Beteiligung* an einem Joint Venture müssen vom Teilhaber A als ausländischem Technologie-Geber nicht unbedingt verfolgt werden. Seine Interessen können auch oder vornehmlich in der Zulieferung an das Joint Venture oder sogar in Liefergeschäften an B oder den Gaststaat, die mit dem Joint Venture gar nichts zu tun haben, liegen. Deshalb wird A wahrscheinlich auch nicht unbedingt bemüht sein, sich die Kapitalmehrheit in diesem Joint Venture zu verschaffen. Der Schwerpunkt des

Schaubild 21

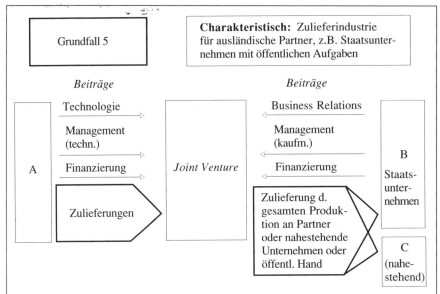

| Grundfall 5 | **Charakteristisch:** Zulieferindustrie für ausländische Partner, z.B. Staatsunternehmen mit öffentlichen Aufgaben |

Interessen A

- Sicherung des Liefergeschäfts an B oder B nahestehende Unternehmen oder an dessen Regierung
- Gewinnchancen durch Lizenzgebühr, Zulieferungen von Komponenten oder Komplettierung der Palette des JV, Ersatzteile etc.
- Verkauf von Maschinen, Anlagen etc.
- sonstige Nebeninteressen (Liefergeschäfte außerhalb des JV)
- Renditeinteresse des JV tritt oft (nicht notwendigerweise) zurück

Interessen B

B ist Staatsunternehmen!
- Versorgung des eigenen Landes mit kostengünstigen Produkten
- Unabhängigkeit von Lieferanten durch Aufbau eigener Fertigung im Lande (politisches Interesse)
- Technologietransfer von A
- Arbeitsmarktpolitische Interessen
- Erleichterung der Devisenbilanz des Landes
- Kampf gegen Wechselkursschwankungen beim Einkauf
- Rendite des JV meist nachrangig

Hauptproblem der Vertragsgestaltung:

- Preisformeln auf beiden Seiten (Technologie und Zulieferungen von A; Vermarktung an B): cost-plus? Weltmarktpreis? etc.
- das JV als profit-center????
- politische Abhängigkeit des JV
- Devisenversorgung

Vertragsinteresses wird auf den Preisformeln, zu denen bereits diverse Möglichkeiten beschrieben wurden (Weltmarktpreis, cost plus etc.), auf beiden Seiten liegen, wahrscheinlich mit Übergewicht auf den Fragen der Zulieferseite.

In Ländern mit Devisenbewirtschaftung wäre zudem mit großer Sorgfalt darauf zu achten, daß der Staat des Gastlandes oder das Staatsunternehmen ausreichende Devisen für die laufenden Zahlungen an A zur Verfügung stellt, denn das Joint Venture kann im Inland seine Waren nur gegen lokale Währung verkaufen. Ein Ausweg könnte ein Teilexport ins Ausland sein; dies jedoch nur unter der Voraussetzung, daß das Joint Venture die Devisenerlöse auch für eigene Zwecke behalten darf. Manche Länder machen es sich nun einfach, indem sie den Joint Ventures Exportauflagen machen. Die Joint Ventures sollen das öffentliche Interesse oder den lokalen Markt befriedigen, aber für die Devisen, die für die Bezahlung der Zulieferungen nötig sind, selbst sorgen. Derartige Entwicklungen sind in der UdSSR[137] und in China, aber auch in vielen anderen Ländern zu beobachten. Argumentativ läßt sich entgegnen, daß auch solche Joint Ventures zur Entlastung der Devisenbilanz des Gastlandes durch Importsubstitution beitragen können und daß es daher nicht fair ist, diese Joint Ventures von den Devisenquellen des Landes völlig abzuschneiden.

In diese Kategorien von Joint Ventures fallen auch die sogenannten BOT-Modelle (Build-Operate-Transfer), bei denen ausländische Investoren bestimmte Infrastruktur-Einrichtungen (z.B. Kraftwerke) errichten und selbst finanzieren, diese Projekte eine Zeitlang betreiben und aus den Erlösen (z.B. Stromlieferung) ihre Investition amortisieren und zuletzt das Projekt an den Gaststaat übertragen oder verkaufen.

Fall 6: Rohstoffprojekt

Fall 6 befaßt sich mit Rohstoffprojekten, bei denen bestimmte Gastländer den Abbau lokaler Rohstoffe, den sie mangels Technologie oder Finanzierungsquellen nicht selbst bewerkstelligen können, mit ausländischer Hilfe durch Joint Ventures vornehmen lassen (Schaubild 22). Wiederum sind beide Leistungsbeziehungen

Joint Venture — Staat: Konzessionsrechte, Abgaben usw.

und

Joint Venture — ausländischer Partner: Technologie, Marketing

besonders zu regeln. Als besonderer Anreiz für die Teilnahme ausländischer Partner werden Bezugsrechte an den gewonnenen Rohstoffen (Preis-

---

137 Recht – Zoll – Verfahren, BfAI, Juni 1989, S. 35–37.

Schaubild 22

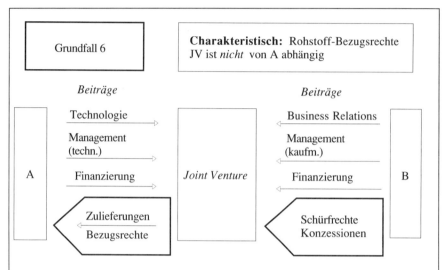

Interessen A

– Sicherung der Bezugsrechte von
  Rohstoffen
– Verkauf von Technologie (Gewinn
  aus Lizenzgebühren, Engineering-
  Leistungen, Anlagenverkäufe etc.)
– Sicherung eigener Weiterverarbei-
  tungskapazitäten

Interessen B

– Verwertung lokaler Rohstoffe
  mit ausländischer Hilfe
– Technologietransfer
– Weiterentwicklung der Industrie des Landes

Hauptproblem:

– Preisformel und Quotenregelung für Bezugsrechte (Das JV ist *nicht* von A
  abhängig)
  (Weltmarktpreis? Eingeschränkter Weltmarkt? ...) (Production-Sharing
  Arrangement)

– oft: politische Risiken sehr hoch

formel) angeboten; oder es erfolgt eine Abgeltung der ausländischen Interessen durch einen Anteil an der Produktion (production sharing).

Diese Projekte sind politisch besonders gefährdet, wenn der Gaststaat zu der Auffassung gelangen sollte, daß die Vertragsregelungen nicht ausgewogen sind: Enteignungen können die Konsequenz sein.

Fall 7: F & E-Projekt

Die bisherigen Grundfälle beschrieben immer Joint Ventures, bei denen sich unterschiedliche Partner mit unterschiedlichen Interessen zusammenschlossen.

Die Variante Fall 7 stellt nun ein Joint Venture mit Interessenidentität der Partner vor: das Joint Venture zur gemeinsamen Forschungs- und Entwicklungstätigkeit (Schaubild 23). Ähnliche Konstellationen können sich bilden zur gemeinsamen Durchführung von Marketing-Anstrengungen, zur gemeinsamen Nutzung von Produktions-, Lager- oder sonstigen Einrichtungen. Meist finden sich in solchen Joint Ventures gleich starke Partner zusammen, die sich vom Joint Venture bestimmte Vorteile (technische Entwicklungen, Kostenvorteile) erhoffen, die sie gemeinsam nutzen und deren Kosten sie gemeinsam in bestimmten Verhältnissen tragen.

Aber auch hier oder gerade hier gilt, daß das Renditeinteresse aus der Beteiligung sekundär ist: Es kommt den Partnern auf die sonstigen Vorteile an.

Die Probleme sind hier anders gelagert:

— Die Frage, wer das Sagen haben soll, ist oft schwer zu beantworten. Daher sind gerade hier die 50% : 50%-Kapitalbeteiligungen häufig (Problem: Patt-Situationen).

— In diesen Joint Ventures treten Probleme auf, wenn — entgegen den ursprünglichen Absichten — eine der Mütter überproportional begünstigt wird: Die andere Mutter wird auf Vertragsänderungen drängen oder kündigen.

— Diese Joint Ventures können starke Rückwirkungen auf die Mütter haben und bei den Müttern oder zwischen den Müttern zu (faktischen) Handlungseinschränkungen führen. Eine kartellrechtliche Problematik ist evident.

— Diese Projekte sind auch dann zum Scheitern verurteilt, wenn sich die Bedürfnisse einer Mutter (z.B. infolge großen Markterfolges könnte eine Mutter das Joint Venture auch allein auslasten) ändern.

Schaubild 23

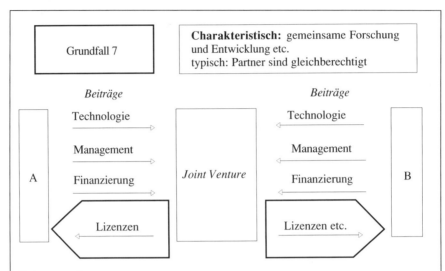

Interessenlagen:

— gegenseitiger Austausch von technischen Erkenntnissen und gegenseitige Unterstützung in Forschung, Entwicklung

— ähnliche Konstellationen bei gemeinsamer Vermarktung, gemeinsamem Einkauf, gemeinsamer Nutzung von Einrichtungen etc.

— Teilung der Kosten

— Teilung von Finanzierungslasten und Risiken bei besonders großen oder riskanten Unterfangen

— evtl.: Abstimmung der Mütter : Koordination der Mütter

Probleme:

— Rückwirkungen auf die Mütter

— Wettbewerbs- und kartellrechtliche Problematik

— Interessenkonflikte, wenn das JV letztlich einem der Partner ungleich mehr nützt als dem anderen: Klauseln zur Auflösung eines solchen JV — shot gun arrangements

— Problem der Patt-Lösung

— Renditeinteressen des JV treten zurück

Schlußfolgerungen aus der vorstehenden Analyse

Die zuvor erläuterten Beispiele drängen folgende Schlußfolgerungen auf:

1. Joint Ventures sind Kooperationsmodelle zwischen den Müttern − sie erfüllen eine bestimmte Aufgabe in den Unternehmensstrategien zumindest einzelner Mütter.

2. Joint Ventures beruhen wesentlich auf den *Leistungsbeziehungen* zumindest *zu* einzelnen *Müttern*.

3. Neben einer gemeinsamen wirtschaftlichen Betätigung bestehen (oft) *vielfältige, differierende Interessen* zwischen den Müttern und daher vielfältige Interessengegensätze, die ausbalanciert werden müssen.

4. *Möglichkeiten der Gewinnverlagerung* sind nahezu typisch für die Joint Ventures. Eine der zentralen Fragen ist daher: Wollen die Partner das Joint Venture als „profit center", und wie wird dies sichergestellt?

5. *Wirtschaftliche Abhängigkeiten* der Joint Ventures beruhen (oft) nicht (nur) auf gesellschaftsrechtlichen Gestaltungen, sondern (auch) auf den *Leistungsbeziehungen*.

4. Die Interessen der Financiers

Die Gründung eigener Kapitalgesellschaften als Projektträger verfolgt auch den Zweck, projektgebundene Finanzierungsquellen zu erschließen, die die Initiatoren (Mütter) entlasten und für die die Initiatoren nach Möglichkeit keine Haftung übernehmen wollen. Joint Ventures sind daher auch gleichzeitig von den Müttern unabhängige Finanzierungsmodelle.

Die Projektfinanzierung[138] („project financing") beruht in der Regel auf einer cash-flow-Betrachtung, d. h. Kreditgrundlage sind die in den Planungsrechnungen (cash-flow-Simulation) prognostizierten Einnahme-Ausgaben-Überschüsse („cash flow") des Projekts. Als Kreditsicherheit dienen die mit den Finanzierungsquellen gekauften bzw. errichteten Vermögenswerte des Projekts.

Aus diesem Grunde erfordert eine Projektfinanzierung detaillierte Voruntersuchungen, die alle wesentlichen Risikofaktoren, vor allem

---

138 *Büschgen, H. E.,* Internationales Finanzmanagement, Frankfurt 1986; *Hermann, F./Moder, R.,* Internationale Projektfinanzierung − eine umfassende Managementaufgabe im Auslandsgeschäft, Journal für Betriebswirtschaft, 37. Jg., Heft 1, 1987, S. 31−49; *Hinsch, C./Horn, N.,* Das Vertragsrecht der internationalen Konsortialkredite und Projektfinanzierungen, Berlin, New York 1985; *Laubscher, H.,* Technologie und Management 3/87, S. 22−29.

— Markt

— Management

— Technologie

— Gesellschafter

untersuchen und die Lebensfähigkeit des Projekts überprüfen. Sodann wird anhand von Planungsrechnungen eine Simulation der erwarteten cash-flow-Entwicklung unter verschiedenen Prämissen (Sensitivitätsanalyse) durchgeführt und bestimmte Voraussetzungen für die Kreditvergabe definiert.

Es ist für den Banker, der ja im wesentlichen seine Kreditvergabe auf das Projekt selbst stützen muß, daher ganz wesentlich, daß das Projekt eine Reihe von Kriterien erfüllt (wie z. B. angemessene Kapitalausstattung — „debt-equity-ratio", befriedigende cash-flow-Prognose).

Die sog. „Projekt-Finanzierungen" basieren auf einer cash-flow-Beurteilung des Projekts. Der cash flow betrachtet die reinen Geldströme (also nicht die Bilanzpositionen, die mit keinen Geldausgaben oder -einnahmen verbunden sind, wie z. B. Abschreibungen oder Rückstellungen, obwohl diese natürlich ergebniswirksam sind).

Eine national wie international gebräuchliche Definition des cash flow existiert nicht[139]. Oft wird unterschieden zwischen „betrieblichem cash flow" und „totalem cash flow"[140]: Der betriebliche cash flow beschreibt die Innenfinanzierung des Projekts und gibt Auskunft über die Finanz- und Ertragskraft basierend auf Zu- und Abflüssen aus rein betrieblicher Tätigkeit; der totale cash flow umfaßt die Innen- *und* Außenfinanzierung (Transaktionen mit dem Kapitalmarkt).

Das project financing stellt in der Regel auf den totalen cash flow ab, und zwar auf die Zukunftsprojektionen oder die Zukunftsbudgetierung[141]. Ist der cash flow, d. h. der Überschuß der Einnahmen über die Ausgaben (inkl. geplante Dividenden oder Eigenkapitalentnahmen), im Planungshorizont ausreichend, eine geplante Aufnahme von Fremdmitteln zurückzuzahlen und zu verzinsen, so erscheint (unter Beachtung gewisser Risiko-Abschläge) eine Kreditgewährung denkbar:

---

139 *Hohenstein, G.,* Cash Flow — Cash Management, Herkunft, Funktion und Anwendung zur Unternehmensbeurteilung, zur Unternehmenssicherung, Wiesbaden 1988, S. 31.
140 *Hohenstein,* a. a. O., S. 35.
141 *Hohenstein,* a. a. O., S. 153 f.

Schaubild 24

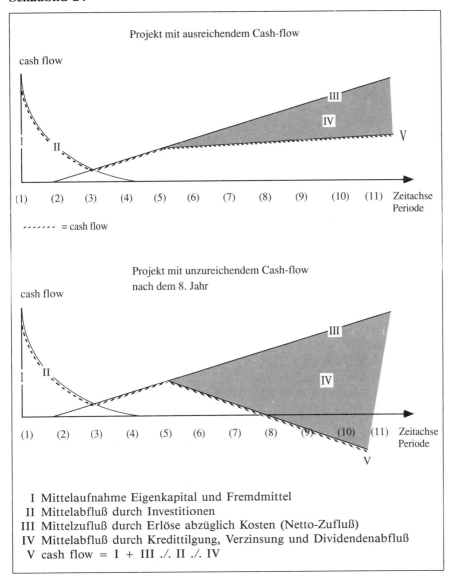

Projekt mit ausreichendem Cash-flow

cash flow

```
(1)    (2)    (3)    (4)    (5)    (6)    (7)    (8)    (9)   (10)   (11)   Zeitachse
                                                                            Periode
```

‧‧‧‧‧‧‧ = cash flow

Projekt mit unzureichendem Cash-flow
nach dem 8. Jahr

cash flow

```
(1)    (2)    (3)    (4)    (5)    (6)    (7)    (8)    (9)   (10)   (11)   Zeitachse
                                                                            Periode
```

   I Mittelaufnahme Eigenkapital und Fremdmittel
  II Mittelabfluß durch Investitionen
 III Mittelzufluß durch Erlöse abzüglich Kosten (Netto-Zufluß)
 IV Mittelabfluß durch Kredittilgung, Verzinsung und Dividendenabfluß
  V cash flow = I + III ./. II ./. IV

Der cash flow wird sinnvollerweise auf der Grundlage der Betriebsbuchhaltung bzw. der Planungsrechnungen ermittelt und erfaßt (stark vereinfacht):

— alle Geldzugänge	aus Kapitaleinlagen
	aus Umsatz
	aus Verkauf von Maschinen und Anlagen
	aus Vorräte-Abbau
	aus Schuldenaufnahme
— abzüglich aller Geldabgänge	aus Kosten, sofern ausgabewirksam
	aus Eigenkapitalminderung
	aus Schuldtilgung

Der cash flow darf auf keinen Fall verwechselt werden mit dem Gewinn einer Unternehmung, denn dieser erfaßt auch den Aufwand, der keinen Geldabfluß bedeutet, wie z. B. Abschreibungen, Rücklagenbildung und Erhöhung der Rückstellungen.

Stehen einem externen Analysten die Zahlen der Betriebsbuchhaltung und der Unternehmensplanung nicht zur Verfügung, so kann der cash flow grob und annäherungsweise geschätzt werden[142]:

Jahresüberschuß/-verlust
abzüglich Gewinnvortrag
zuzüglich Verlustvortrag
zuzüglich Erhöhung Rücklagen
zuzüglich Erhöhung Rückstellungen
zuzüglich Abschreibungen
zuzüglich Wertberichtigungen
zuzüglich außerordentliche betriebs- und periodenfremde Aufwendungen und Erträge

Die Financiers eines Projekts haben ein natürliches Interesse, die Rückzahlung ihrer Kredite bestmöglich zu sichern. Dazu gehört zunächst eine angemessene Vertragsgestaltung auf allen Ebenen, die insbesondere die Gewinnverlagerung verhindert. Darüber hinaus sind die Financiers oft bestrebt, sich neben den internen Sicherheiten (der Ertragskraft und den Vermögenswerten des Projekts selbst) weitere Sicherheiten für ihre Kredite zu verschaffen: Solche Sicherheiten müssen nicht nur in Bürgschaften oder Garantien der Gesellschafter, sondern können auch in jedweder vertraglichen Gestaltung liegen, die das Projekt weiter sichert bzw. wirtschaftliche Risiken vom Projekt auf Dritte (z. B. die Gesellschafter) abwälzt, wie z. B.:

---

142 *Hohenstein,* a. a. O., S. 67.

— Gesellschafter-Garantien (Bürgschaften),

— Fertigstellungsgarantien („completion guarantee"), Risikoverlagerungen auf Anlagenlieferanten

— End-financing- oder cost-overrun-financing-Verpflichtungen der Gesellschafter oder Dritter (Verlagerung des Risikos eines Nachschußbedarfs auf Dritte),

— Liquiditätszusagen durch Dritte (d. h. die Zusage, einen Liquiditätsbedarf des Projekts während der operationellen Phase zu überbrücken),

— Abnahmegarantien für die Vermarktung der Projekte (und damit die Garantierung bestimmter Einnahmen),

— Beschaffungsgarantien (Garantie für den geplanten Bezug von Rohstoffen zu bestimmten Preisen),

— Verlagerung von Wechselkursrisiken,

— Subordination von Gesellschafteransprüchen gegenüber der Kredittilgung.

Der Phantasie sind bezüglich der vertraglichen Gestaltungsmöglichkeiten zur Risikoverlagerung keine Grenzen gesetzt. Finanzierungen mit solchen Risikoabwälzungen werden als full-recourse- oder limited-recourse-Finanzierungen bezeichnet; Finanzierungen lediglich im Hinblick auf die internen Sicherheiten des Projekts heißen non-recourse-Finanzierungen[143].

Die nachstehende Abbildung (Schaubild 25) zeigt eine solche Projektfinanzierung: Ein Konsortium von acht Banken, vertreten durch eine Bank als lead manager, gewährt einem Joint Venture einen Kredit zur Exploration eines Ölfeldes. Am Joint Venture sind der Staat X, der gleichzeitig eine Abbau-Konzession gewährt (Concession-Agreement) und die multinationale Ölfirma Y beteiligt, welche sowohl das Know-how, das Mangagement als auch die Finanzierung sicherstellt. Zur zusätzlichen Absicherung der Banken hat die Ölfirma dem Bankenkonsortium, vertreten durch den lead manager, eine Reihe von Absicherungen gegeben, nämlich eine Vermarktungsgarantie („off-take"-agreement), eine Nachfinanzierungszusage bei Kostenüberschreitung („cost overrun"), eine Fertigstellungsgarantie („completion guarantee") sowie eine Subordinationserklärung ihrer Ansprüche (nachrangige Bedienung bei Liquiditätsengpässen und die Verpflichtung, die Aktien nicht zu veräußern oder aufzugeben („share retention"). Das Innenverhältnis der Banken im Konsortium ist durch einen Konsortialvertrag geregelt.

Die Finanzierung durch Fremdfinanciers muß nicht notwendigerweise aus Krediten bestehen; sie kann sich auch als Beteiligungsfinanzierung durch

---

143 Siehe Fn. 138.

Zeichnung von Aktien oder GmbH-Anteilen am Projektträgerunternehmen darstellen, insbesondere bei sog. Venture Capital Fonds. Meist wird man gerade bei dieser Beteiligungsfinanzierung beobachten, daß die Financiers ihre Beteiligung nur mittelfristig sehen und dann ihre Anteile durch Plazierung an der Börse oder Rückverkauf an die Initiatoren zu

Schaubild 25

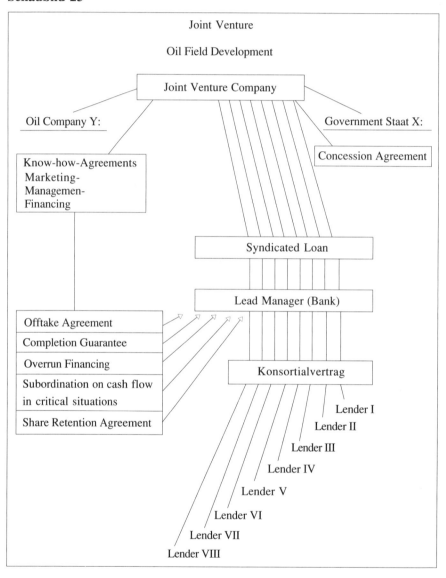

liquidieren wünschen. Eine zusätzliche Absicherung dieses Verkaufserlöses läßt sich dadurch erreichen, daß die Initiatoren (d. h. andere Gesellschafter) bestimmte Verkaufserlöse garantieren oder sich selbst zum Abkauf der Beteiligung zu bestimmten Mindestpreisen verpflichten.

5. Analyse der Investitions-Rahmenbedingungen des Gastlandes

Ist die Interessenlage der Teilhaber und Financiers untereinander ausreichend analysiert, so bedarf es einer Analyse der Investitions-Rahmenbedingungen des Gastlandes, in dem das Joint Venture angesiedelt werden soll.

Der Gaststaat kann einem Joint Venture in zwei Formen gegenübertreten:

— hoheitlich durch allgemeine Gestaltung der Investitionsparameter,

— vertraglich durch einzelfallbezogene Festlegung von Regelungen für ein konkretes Joint Venture.

Zunächst sollen die sog. Investitions-Rahmenbedingungen betrachtet werden, die als allgemeine Regelungen für das Gemeinschaftsunternehmen gelten. Der nachfolgende sechste Abschnitt wird sich dann mit dem Staat als Vertragspartner befassen.

Joint Ventures berühren immer die Rechtsordnungen mehrerer Staaten: die des Gastlandes, in dem das Joint Venture seinen Sitz nimmt, die der Heimatländer der Mütter sowie zwischenstaatliche Regelwerke wie z. B. EG-Recht, Kapitalschutzabkommen, Doppelbesteuerungsabkommen etc. In allen diesen Regelungskreisen haben sich wirtschafts- und ordnungspolitische Grundsatzentscheidungen niedergeschlagen, die durchaus zueinander in Widerspruch stehen können. Als Form der internationalen Industriekooperation muß das Joint Venture so gestaltet sein, daß es all den auf die verschiedenen Rechtsbeziehungen anwendbaren Normen genügt. Betrachtet man die Investitions-Rahmenbedingungen eines Gastlandes, so lassen sich einige zentrale Fragen identifizieren, die immer wieder geprüft werden müssen.

5.1 Handelshemmnisse/Subventionen

Um die eigene Wirtschaft zu stützen, haben viele Länder diverse Mechanismen entwickelt, die auf der einen Seite ausländischen Konkurrenten den Marktzugang versperren oder wesentlich beeinträchtigen, auf der anderen Seite der heimischen Industrie den Export erleichtern sollen, wie z. B.

Schutzzölle, Quotenregelungen, administrative Benachteiligung ausländischer Konkurrenten, Präferenz für heimische Anbieter in Ausschreibungsbedingungen der öffentlichen Hand, Exportsubventionen, Steuerbefreiungen, Finanzierungshilfen etc.

Einleitend wurde bereits erwähnt, daß durch geschickte Standortwahl ein Joint Venture dazu dienen kann, diese Handelshemmnisse zu unterlaufen oder sogar in den Genuß von Schutzzöllen oder Marktschutzmechanismen zu gelangen: Wird z. B. der Import von Halbfertigfabrikaten wesentlich geringer besteuert als der Import von Fertigfabrikaten, so kann eine lokale Montage allein schon im Hinblick auf eine solche Zollregelung Sinn machen.

5.2 Investitionsrecht/Investitionsbedingungen des Gastlandes

Die Unternehmensgründung bedarf in vielen Ländern der Welt spezieller Genehmigungen, die vielfach nicht nur auf die Überprüfung der Einhaltung der geltenden Rechtsvorschriften und der fachlichen Qualifikation der Geschäftsführer gerichtet ist, sondern oft (insbesondere in Entwicklungsländern) auch auf die Übereinstimmung mit nationalen Entwicklungsplänen etc. Oft wird dabei nicht nur die Investition als solche überprüft, sondern es werden auch bestimmte politische Absichten z. B. auf Nationalisierung der Industrie verfolgt. Hier sind u. a. zu nennen:

— Vorschriften über Beteiligungshöhe (manchmal mindestens 51%) von Staatsangehörigen des Gastlandes am Kapital des Unternehmens,

— Vorschriften über Beschäftigung lokaler Arbeitskräfte, über Bestellung lokaler Geschäftsführer oder Verwaltungsräte,

— restriktive Handhabung von Einreise- und Arbeitserlaubnissen für ausländische Beschäftigte,

— Auflagen zur Verwendung lokaler Rohstoffe, lokaler Bauunternehmen und lokaler Zulieferungen,

— Preisfixierungen für Abgabe an den lokalen Markt,

— Exportauflagen zur Erleichterung der Devisensituation des Landes etc.

Ganz besonders gründlicher Untersuchung bedürfen diese Rahmenbedingungen bei Joint Ventures in sozialistischen Ländern (Ostblock, Jugoslawien, VR China, Algerien, Irak, Syrien, Libyen), in denen der Handlungsspielraum eines Joint Venture durch das System als solches stark eingeschränkt ist.

5.3 Devisenrecht

Insbesondere viele Entwicklungsländer zeichnen sich durch chronische Devisenschwäche aus. Die Sicherstellung ungehinderter Zahlungsströme ins Ausland zum Warenankauf, zur Bezahlung ausländischen Personals und zur Transferierung von Kapital und Gewinnen/Dividenden stellt sich in diesen Ländern als ein vordringliches Problem aller Direktinvestitionen dar.

Es ist in solchen Ländern peinlichst darauf zu achten, daß die für Direktinvestitionen erforderlichen Devisenrechtsgenehmigungen bei Investitionsbehörden und Zentralbank *vor* Durchführung von Investitionen eingeholt werden.

Oft behalten sich lokale Zentralbanken oder Genehmigungsbehörden die Genehmigung von Technologieverträgen (insbesondere im Hinblick auf Lizenzgebühren) vor.

Besonders wichtig ist z. B. die Frage, ob ein Joint Venture Zugang zu Devisen (z. B. aus Exporten) hat und ob es diese auf Devisenkonten im In- oder Ausland behalten darf oder ob die Deviseneinnahmen aus Exporterlösen an die jeweilige Zentralbank abgeführt werden müssen (also Zwangsumtausch in Landeswährung). Schließlich sind in diesem Zusammenhang auch die oben bereits erwähnten Exportauflagen zu sehen.

In manchen Ländern gibt es Beschränkungen für die Transferierbarkeit von Gehältern ausländischer Manager.

5.4 Technologie-Gesetze — Schutz immaterieller Rechte

Technologie-Verträge (Know-how-, Lizenz-, Patentlizenzverträge etc.) sind in vielen Ländern Objekte besonderer Aufmerksamkeit[144]: Einerseits haben die Länder ein Interesse am Erhalt bestimmter Technologien und sind bemüht, Beschränkungen des Technologie-Transfers, insbesondere damit verbundener Wettbewerbsbeschränkungen zu verhindern; auf der anderen Seite sind Technologie-Verträge in der Regel mit einem Devisenabfluß als Entgelt für die Nutzungsüberlassung verbunden, welchen viele Länder überprüfen, kontrollieren oder beschränken möchten. Unter beiden Gesichtspunkten haben viele Länder besondere Genehmigungspflichten für Technologie-Verträge vorgesehen, die oft den Interessen ausländischer Know-how-Geber zuwiderlaufen. Umso mehr müssen sie Gegenstand besonderer Aufmerksamkeit sein.

---

144 Siehe oben S. 54f.

Wiederum andere Länder versagen gewerblichen Schutzrechten ausländischer Technologiegeber faktisch den Schutz ihrer immateriellen Rechte[145].

5.5 Steuerrecht – Bilanzrecht – Wirtschaftsprüfung – Inflationsbewältigung

Die Steuerbelastung eines Auslandsengagements ist nie der *allein* ausschlaggebende Gesichtspunkt für die Wahl eines Auslandsstandortes oder die Gestaltung seiner Finanzierungsform[146], sicherlich aber ein wichtiger.

Es wäre verkürzt, bei der Beurteilung der steuerlichen Vor- und Nachteile eines Auslandsstandortes allein auf die Höhe des dort anzuwendenden Steuersatzes abzustellen. Die Steuerbelastung wird gleichermaßen durch die Berechnungsweise der Steuerberechnungsgrundlagen[147] beeinflußt und dort z. B. durch die Frage, inwieweit Abzugsposten, Abschreibungsmethoden, Sonderabschreibungen, Bewertungsmethoden, Rückstellungen, Wertberichtigungen etc. zugelassen werden. Hierzu existieren in den verschiedenen Ländern höchst unterschiedliche Ansätze. Dies gilt z. B. nach wie vor auch für Europa, selbst nach der 4. Bilanzrichtlinie der EG[148].

Wichtig ist insbesondere auch die Frage, wann und inwieweit Fremdwährungsverluste aus Fremdwährungsschulden bilanziell berücksichtigt werden.

In Ländern mit hoher Inflationsrate (z. B. Israel, Türkei) existieren oft besondere Gesetzgebungen zur bilanziellen Berücksichtigung von inflationären Entwicklungen: Diese zielen auf der Aktivseite der Bilanz auf Reevaluierungen der Aktiva ab, denen auf der Passivseite der Bilanz steuerbegünstigte Rücklagenbildungen entsprechen. Ist der nach Bilanzrecht zulässige Inflationsausgleich geringer als die tatsächliche Inflationsrate, kommt es zum Ausweis von Scheingewinnen, die aus der Vermögenssubstanz des Unternehmens und nicht mehr aus dem echten Gewinn versteuert werden.

---

145 Siehe oben S. 23.
146 Siehe z. B. *Nieß, B.,* Der Einfluß der internationalen Besteuerung auf die Finanzierung ausländischer Grundeinheiten deutscher multinationaler Unternehmen (Steuer, Wirtschaft und Recht, Bd. 54), Bergisch Gladbach 1989.
147 Siehe hierzu im EG-Bereich: *Zeitler, F.-C./Jüptner, R.,* Europäische Steuerharmonisierung und direkte Steuern – erste Überlegungen zum Vorentwurf eines Vorschlages der EG-Kommission für eine Richtlinie über die Harmonisierung; *Zeitler/Jüpter,* a.a.O.; *Albach, H./Klein, G.,* Harmonisierung der Rechnungslegung in Europa, Wiesbaden 1988; European Survey of Published Financial Statements in the Context of the Fourth EC Directive, I. R. E. Institut des Reviseurs d'Entreprise, Brüssel, 1989.
148 Siehe Fn. 147.

Um die Entwicklung international anerkannter Buchführungs- und Bilanzierungsregeln sind insbesondere folgende Organisationen[149] bemüht:

- IFAC (International Federation of Accountants)
- IASC (International Accounting Standards Committee)
- FEE (Fédération des Experts Comptables Européens)
- UEC (Union des Experts Comptables), mit Wirkung vom 31.12.1986 aufgegangen in der FEE.

Die amerikanischen Prüfungsnormen gelten als am weitesten entwickelt[150].

Die unterschiedliche Ausgestaltung des Bilanzrechts in den verschiedenen Ländern berührt nicht nur die Besteuerungsgrundlagen der Unternehmen, sondern auch handelsrechtliche Gesichtspunkte wie z.B. Gewinnausschüttungen des Unternehmens, Buchwertklauseln bei Abfindungen oder Anteilsübertragungen sowie allgemein die ökonomische Steuerung des Unternehmens. In Ländern, in denen das anwendbare Bilanzrecht im Vergleich zu den international anerkannten Regeln wesentliche Abweichungen oder Mängel enthält, wird oft für die Zwecke der Unternehmenssteuerung und für Vertragszwecke (z.B. Bewertungsklauseln für Anteile) eine Parallel-Bilanzierung entsprechend internationalen Usancen vereinbart, die zwar Steuerbehörden nicht entgegengehalten werden kann, im Innenverhältnis der Partner zueinander aber maßgeblich ist. Meist wird in diesen Fällen zusätzlich gefordert, daß die Wirtschaftsprüfer in ihren Prüfungsberichten auch über die Abweichungen der lokalen Vorschriften von den international anerkannten Standards berichten müssen.

Insbesondere in sozialistischen Staaten existieren in der Regel Buchführungs- und Bilanzierungsregeln, die stark von den Normen der westlichen Industriestaaten abweichen.

Die Rechtsuneinheitlichkeit im Bilanzrecht setzt sich fort in einer Uneinheitlichkeit der Normen für die Abschlußprüfung, der Veröffentlichungspflichten der Abschlüsse und der berufsrechtlichen Normen der Abschlußprüfer[151].

---

149 Zu den Organisationen siehe: *Leffson,* Die Wirtschaftsprüfung, 4. Aufl., Wiesbaden 1988, S. 104; *Chandler, Roy,* L'IFAC et l'Harmonisation Internationale, Revue Française de Comptabilité (RFC) 1989, No. 198, S. 14–17.

150 *Leffson,* Die Wirtschaftsprüfung, 4. Aufl., Wiesbaden 1988, S. 104; *Hornberg, R.,* Das IDW-Gutachten über die Grundsätze ordnungsgemäßer Durchführung von Abschlußprüfungen – Kritische Analyse und Vergleich mit amerikanischen Prüfungsgrundsätzen, DB 1989, S. 1781/1783.

151 *Hofmann, R.,* Berufsorganisation und Qualifikation externer und interner Prüforgane sowie verwandter Berufe in Europa und den USA, DB 1989, S. 637ff.

5.6 Rechtsschutz

Einen bedeutsamen Aspekt für die Abwägung des Investitionsrisikos stellt auch die Frage dar, inwieweit in einem Investitionsland ein fairer Rechtsschutz gewährleistet ist, und zwar sowohl für Auseinandersetzungen mit den lokalen Partnern, mit den lokalen staatlichen Behörden als auch ganz allgemein in den Streitfragen der täglichen Geschäftsführung (z. B. Arbeitsrechtsfragen mit lokalem Personal, Produkthaftpflicht usw.). Oft sind gerade problematische Länder auch nicht bereit, ausländische Schiedsgerichte oder Rechtswahlklauseln zu akzeptieren, insbesondere dann nicht, wenn der Staat selbst oder ein Staatsunternehmen Vertragspartei ist.

An ihrem optionalen Charakter leidet die oben bereits erwähnte ICSID-Konvention [152] über die Schiedsgerichtsbarkeit zwischen Staaten und ausländischen Investoren.

5.7 Politisches Länderrisiko

Naturgemäß entsteht bei allen Auslandsinvestitionen ein politisches Länderrisiko, d. h. das Risiko, daß Joint Ventures oder ausländische Beteiligungen enteignet, nationalisiert oder in sonstiger Weise durch lokale Regierungen beeinträchtigt werden. Dieses politische Länderrisiko ist bei jeder Investitionsentscheidung mit zu bedenken, kann in einem Joint-Venture-Vertragswerk jedoch nicht geregelt werden. Juristisch direkt relevant ist aber die Frage,

a) ob ausländischen Investoren in Investitionsschutzabkommen der Bundesrepublik Deutschland mit dem jeweiligen Gastland, in dessen Verfassung oder in sonstigen Gesetzen, Garantien gegen bestimmte Formen der Beeinträchtigung (z. B. Enteignung, Nationalisierung usw.) gegeben werden, und

b) ob eine Auslandsinvestition gegen bestimmte Risiken wie

— Verstaatlichung, Enteignung, enteignungsgleiche Eingriffe oder rechtswidrige Unterlassungen von hoher Hand, die einer Enteignung gleichzusetzen sind,

— Krieg, bewaffnete Auseinandersetzungen, Revolution oder Aufruhr,

— Zahlungsverbote oder Moratorien,

— Unmöglichkeit der Konvertierung oder des Transfers von Beträgen, die zum Zwecke des Transfers in die Bundesrepublik Deutschland bei einer lokalen zahlungsfähigen Bank eingezahlt worden sind,

---

152 Siehe oben S. 51.

versicherbar ist. Versicherungen gegen politische Risiken sind möglich gemäß den Bundesgarantien für Kapitalanlagen im Ausland, welche durch die Treuarbeit Aktiengesellschaft, Wirtschaftsprüfungsgesellschaft und Steuerberatungsgesellschaft in Hamburg im Auftrag der Bundesregierung bearbeitet werden, sowie durch die oben bereits erwähnte MIGA[153] oder im Londoner Versicherungsmarkt.

6. Der Gaststaat als Vertragspartner

Gerade bei Großprojekten (z. B. Rohstoffprojekten) treten häufig Situationen auf, in denen der Staat neben seiner allgemeinen ordnungspolitischen Gestaltung der Rahmenbedingungen für einzelne Investitionen *vertragliche* Sonderregelungen vorsieht[154]. Diese vertraglichen Sonderregelungen können in verschiedenen Formen auftreten:

— Der Staat schließt mit der Projektträgergesellschaft eine sog. „Niederlassungsvereinbarung", in der für die Projektträgergesellschaft und deren Gesellschafter (insoweit Vertrag zugunsten Dritter) die Investitions-Rahmenbedingungen gesondert gestaltet werden. Gleichzeitig werden die Projektträgergesellschaft und deren Gesellschafter von anderen ansonsten geltenden Gesetzen dispensiert;

— der Staat wird Vertragspartner eines (oder mehrerer) Investoren: Diese Vereinbarung hätte dann für die Projektträgergesellschaft begünstigende Drittwirkung;

— es werden sowohl mit der Projektträgergesellschaft als auch mit den Investoren vertragliche Sonderregelungen getroffen.

Derartige Sonderregelungen betreffen oft:

— Rohstoff-Abbaurechte und deren Konditionen,

— Infrastruktur für Großprojekte,

— Subventionen,

— Steuern,

— Bedingungen für den Einsatz ausländischen Personals,

— devisenrechtliche Sonderregelungen wie z. B. Erlaubnis zur Führung von Auslandskonten in fremder Währung trotz Devisenbewirtschaftung,

---

153 Siehe S. 52.
154 Gemäß der Unternehmerbefragung der IFO (IFO-Forschungsbericht Nr. 65, a. a. O., S. 53) sind bei Niederlassungen in Entwicklungsländern solche Vereinbarungen sehr häufig.

- Repatriierung des eingesetzten Kapitals (Regelungen zum Desinvestment), etc.

Der Sinn dieser vertraglichen Regelungen besteht nicht nur darin, die Rahmenbedingungen für die Industrieansiedlung im Einzelfall durch Sonderregelungen zu modifizieren, sondern auch darin, langfristige Garantien für die ausländischen Investoren bereitzustellen, die diese ansonsten vermißt hätten: So findet man z. B. oft sog. „Stabilisationsklauseln", d. h. Regelungen, mit denen der Gaststaat verbindlich für die Laufzeit der Niederlassungsvereinbarung den Investoren zusagt, keine Steuererhöhungen mit projektbelastender Wirkung hoheitlich einzuführen oder − falls solche Steuern allgemein im Gastland eingeführt werden − die Projektträgergesellschaft von diesen Steuern zu befreien.

Derartige Niederlassungsvereinbarungen sind umso wichtiger, je mehr der Staat (oder Staatsunternehmen) das wirtschaftliche Bewegungsfeld oder wesentliche Parameter für die Bewegungsfreiheit des Joint Venture beherrscht, insbesondere daher in Ländern mit Planwirtschaft.

Nicht selten beziehen sich diese vertraglichen Vereinbarungen mit den Gaststaaten nicht nur auf eine Modifizierung der (hoheitlichen) Rahmenbedingungen, sondern regeln auch den Leistungsaustausch zwischen Joint Venture und Gaststaat oder Staatsunternehmen des Gaststaates (wie z. B. Vermietung von Hafenanlagen, Strom-, Gas- oder Wasserzulieferungen etc.).

7. Die Förderung deutscher Auslandsinvestitionen

Auslandsinvestitionen werden in der Bundesrepublik durch ein vielfältiges Instrumentarium geschützt und gefördert: Neben gesetzlichen Förderungen wie Investitionsschutz- und Doppelbesteuerungsabkommen bzw. Auslandsinvestitionsgesetz stehen deutschen Investoren vielfältige Programme und Institutionen zur Verfügung, von denen nachstehend nur einige der wichtigsten genannt werden können[155]. Neben diesen existieren weitere Programme auf Länderebene.

Förderung von Direktinvestitionen

1. Darlehen zur Förderung von Niederlassungen deutscher Unternehmen in Entwicklungsländern; Refinanzierung von Unternehmensbeteiligungen in Entwicklungsländern

---

155 Siehe z. B. *Schöttle, U. M.*, Jahrbuch Marketing, 4. Aufl., Essen 1987, S. 437 ff.; siehe Broschüre des Bundesministeriums für wirtschaftliche Zusammenarbeit: Deutsche Unternehmen in Entwicklungsländern.

Informationen:
Bundesministerium für wirtschaftliche Zusammenarbeit, Referat 203,
Karl-Marx-Straße 4–6, 5300 Bonn 1
Tel.: (02 28) 53 51
Kreditanstalt für Wiederaufbau (KfW),
Palmengartenstraße 5–9, 6000 Frankfurt/M. 1
Tel.: (0 69) 7 43 11
DEG – Deutsche Finanzierungsgesellschaft für Beteiligungen in Entwicklungsländern GmbH,
Belvederestraße 40, 5000 Köln 41
Tel.: (02 21) 4 98 61

2. DEG – Deutsche Finanzierungsgesellschaft für Beteiligungen in Entwicklungsländern GmbH:
   Beratung und Mitfinanzierung von Unternehmensgründungen in Entwicklungsländern
   Informationen:
   DEG – Deutsche Finanzierungsgesellschaft für Beteiligungen in Entwicklungsländern GmbH,
   Belvederestraße 40, 5000 Köln 1
   Tel.: (02 21) 4 98 61

3. Bundesgarantien für Kapitalanlagen:
   Versicherung des politischen Risikos bei Kapitalanlagen im Ausland
   Informationen:
   Treuarbeit AG,
   New-York-Ring 13, 2000 Hamburg 60
   Tel.: (0 40) 6 37 81

4. Bundesgarantien für Service-Verträge:
   Versicherung des politischen Risikos bei Service-Verträgen
   Informationen:
   Treuarbeit AG,
   New-York-Ring 13, 2000 Hamburg 60
   Tel.: (0 40) 6 37 81

5. Bundesgarantien und Bundesbürgschaften für ungebundene Finanzkredite:
   Versicherung des politischen Risikos bei Darlehnsvergabe
   Informationen:
   Treuarbeit AG,
   New-York-Ring 13, 2000 Hamburg 60
   Tel.: (0 40) 7 37 81

6. Berater für betriebliche Kooperation in Entwicklungsländern:
   Beratung über Unternehmensgründung und technologische Zusammenarbeit in Entwicklungsländern durch Berater vor Ort
   Informationen:
   Deutsche Gesellschaft für Technische Zusammenarbeit (GTZ),
   Fachbereich 242
   Dag-Hammerskjöld-Weg 1, 6236 Eschborn 1
   Tel.: (06196) 401-799
   DEG – Deutsche Investitions- und Entwicklungsgesellschaft mbH,
   Belvederestraße 40, 5000 Köln 41
   Tel.: (0221) 49861

7. Zentrum für Industrielle Entwicklung:
   Von der Europäischen Gemeinschaft für AKP-Staaten geschaffene Institution zwecks Beratung und Assistenz in allen Fragen
   Informationen:
   Zentrum für Industrielle Entwicklung
   28, rue de l'Industrie
   B-1040 Brüssel
   Tel.: (0032/2) 5134100
   Bundesstelle für Außenhandelsinformation (BfAI),
   Blaubach 13, 5000 Köln 1
   Tel.: (0221) 205711

8. UNIDO-Service zur Investitionsförderung:
   Beratung und Assistenz bei Industrievorhaben in Entwicklungsländern
   Informationen:
   UNIDO-Investment Service,
   Unter-Sachsenhausen 10–26, 5000 Köln 1
   Tel.: (0221) 131686
   UNIDO Purchase and Contract Service,
   Vienna International Center
   A-1400 Wien
   Tel.: (0043/222) 26310

Förderung von Exporten

9. KfW-ERP-Exportfinanzierungsprogramm:
   Kredite an ausländische Importeure für Investitionsgüter, eventuell auch Lieferantenkredite
   Informationen:
   Kreditanstalt für Wiederaufbau (KfW),
   Palmgartenstraße 5–9, 6000 Frankfurt/M. 1
   Tel.: (069) 74311

10. AKA-Finanzierung:
    Finanzierung von Lieferungen und/oder Leistungen deutscher Exporteure an ausländische Abnehmer
    Informationen:
    AKA-Ausfuhrkredit Gesellschaft mbH,
    Große Gallusstraße 1–7, 6000 Frankfurt/M. 1
    Tel.: (069) 20601

11. Bundesgarantien und Bundesbürgschaften für Ausfuhrgeschäfte:
    Versicherung des wirtschaftlichen und politischen Risikos bei Exporten
    Informationen:
    Hermes Kreditversicherungs-AG,
    Friedensallee 254, 2000 Hamburg 50
    Tel.: (040) 8870

12. Bundesgarantien und Bundesbürgschaften für gebundene Finanzkredite:
    Versicherung des Finanzierungsrisikos
    Informationen:
    Hermes Kreditversicherungs-AG,
    Friedensallee 254, 2000 Hamburg 50
    Tel.: (040) 8870

Förderung von Technologietransfer

13. Darlehen zur Förderung der wirtschaftlichen Umsetzung neuer Technologien durch deutsche Unternehmen in Entwicklungsländern
    Informationen:
    Bundesministerium für wirtschaftliche Zusammenarbeit,
    Referat 220,
    Karl-Marx-Straße 4–6, 5300 Bonn 1
    Tel.: (0228) 5351
    Kreditanstalt für Wiederaufbau (KfW),
    Palmengartenstraße 5–9, 6000 Frankfurt/M. 1
    Tel.: (069) 74311

14. Deutsches Zentrum für Entwicklungstechnologien (GATE):
    Förderung der Anpassung und Vergabe von Technologien an Entwicklungsländer
    Informationen:
    German Appropriate Technology Exchange (GATE),
    c/o GTZ,
    Dag-Hammarskjöld-Weg 1, 6236 Eschborn 1
    Tel.: (06196) 4011

Ausbildung von Fach- und Führungskräften der Entwicklungsländer

15. Zuschüsse zur betrieblichen Ausbildung in Entwicklungsländern:
Förderung von Ausbildungsmaßnahmen in Entwicklungsländern
Informationen:
Deutsche Gesellschaft für Technische Zusammenarbeit (GTZ) GmbH,
Fachbereich 231,
Dag-Hammarskjöld-Weg 1, 6236 Eschborn 1
Tel.: (0 61 96) 401-515/535

16. Carl-Duisberg-Gesellschaft:
Fortbildung ausländischer Fach- und Führungskräfte
Informationen:
Carl Duisberg Gesellschaft e. V. (CDG),
Hohenstaufenring 30–32, 5000 Köln 1
Tel.: (02 21) 2 09 81
Carl Duisberg Centren GmbH (CDC),
Hansaring 49–51, 5000 Köln 1
Tel.: (02 21) 1 62 61

17. Zentralstelle für Arbeitsvermittlung:
Büro Führungskräfte zu internationalen Organisationen
Informationen:
Zentralstelle für Arbeitsvermittlung (ZAV),
Auslandsabteilung,
Feuerbachstraße 42–46, 6000 Frankfurt/M. 1
Tel.: (0 69) 7 11 11

18. Deutsche Stiftung für Internationale Entwicklung:
Fortbildung von Führungskräften aus einem Entwicklungsland sowie
Vorbereitung deutscher Führungskräfte auf den Aufenthalt in einem
Entwicklungsland
Informationen:
Deutsche Stiftung für Internationale Entwicklung (DSE),
Budapester Straße 1, 1000 Berlin 30
Tel.: (0 30) 2 60 61
Zentralstelle für gewerbliche Berufsförderung (ZGB),
Käthe-Kollwitz-Straße, 6800 Mannheim 1
Tel.: (06 21) 33 30 81
Zentralstelle für Auslandskunde (ZA),
Lohfelder Straße 140, 5340 Bad Honnef
Tel.: (02 2 24) 20 33

19. Reintegrations-Förderung:
    Berufliche (Wieder-)Eingliederung von rückkehrwilligen Arbeitneh-
    mern und von Ausbildungs-Absolventen aus Entwicklungsländern in
    ihren Heimatstaat
    Informationen:
    Centrum für Internationale Migration und Entwicklung (CIM),
    Bettinastraße 62, 6000 Frankfurt/M. 1
    Tel.: (069) 740131

Informationsstellen

20. Bundesstelle für Außenhandelsinformation:
    Informationsvermittlung über wirtschaftliche und rechtliche Fragen
    des Auslandsgeschäfts. Neben den Publikationen „VWD – Vereinigte
    Wirtschaftsbriefe", „NfA – Nachrichten für den Außenhandel" und
    „Auslandsmärkte" ist eine Vielzahl Veröffentlichungen zu geringem
    Preis erhältlich.
    Informationen:
    Bundesstelle für Außenhandelsinformation (BfAI),
    Blaubach 13, 5000 Köln 1
    Tel.: (0221) 20571

21. Die Industrie- und Handelskammern, Auslandshandelskammern,
    DIHT:
    Neben dem Deutschen Industrie- und Handelstag (DIHT) stehen ins-
    besondere die Auslandshandelskammern für die Beratung der deut-
    schen Wirtschaft zur Verfügung
    Informationen:
    Deutscher Industrie- und Handelstag (DIHT)
    Adenauerallee 148, 5300 Bonn 1
    Tel.: (0228) 1041

22. Banken – Verbände – Ländervereine:
    Wichtige Hilfestellung in allen Fragen der Außenhandelsbeziehungen
    können Banken, Verbände und Ländervereine geben
    – Bundesverband der Deutschen Industrie (BDI)
    – Bundesverband deutscher Banken
    – Bundesverband des Deutschen Groß- und Außenhandels e. V.
      (BGA)
    – Bundesverband des Deutschen Exporthandels e. V.
    – Handwerksorganisation
    – Verband unabhängig beratender Ingenieurfirmen e. V. (VUBI)
    – Rationalisierungs-Kuratorium der Deutschen Wirtschaft (RKW)

- Nah- und Mittelostverein
- Ibero-Amerika-Verein
- Ostasiatischer Verein
- Australien-Neuseeland-Südpazifik-Verein
- Afrika-Verein

Informationen:
Bundesverband deutscher Banken,
Mohrenstraße 35/41, 5000 Köln 1
Tel.: (0221) 16631

Bundesverband der Deutschen Industrie (BDI),
Oberländer Ufer 84–88, 5000 Köln 51
Tel.: (02 21) 37081

Bundesverband des Deutschen Groß- und Außenhandels e. V.,
Kaiser-Friedrich-Straße 13, 5300 Bonn 1
Tel.: (0228) 218057

Entwicklungshilfe-Institutionen

23. Kreditanstalt für Wiederaufbau:
    Abwicklung der finanziellen Hilfe
    Informationen:
    Kreditanstalt für Wiederaufbau (KfW),
    Palmengartenstraße 5–9, 6000 Frankfurt/M.
    Tel.: (069) 74311

24. Deutsche Gesellschaft für Technische Zusammenarbeit: Betreuung der
    technischen Hilfe
    Informationen:
    Deutsche Gesellschaft für Technische Zusammenarbeit (GTZ),
    Dag-Hammarskjöld-Weg 1, 6236 Eschborn 1
    Tel.: (06196) 4011

25. DEG – Deutsche Investitions- und Entwicklungsgesellschaft mbH:
    Beratung und Finanzierung von Direktinvestitionen in Entwicklungs-
    ländern
    Informationen:
    DEG – Deutsche Finanzierungsgesellschaft für Beteiligungen in Ent-
    wicklungsländern mbH,
    Belvederestraße 40, 5000 Köln 41
    Tel.: (0221) 49861

26. Weltbankgruppe, bestehend aus:
    - Internationale Bank für Wiederaufbau und Entwicklung (IBRD),

- Internationale Entwicklungsorganisation (IDA)
- Internationale Finanz-Corporation (IFC)

Informationen:
Weltbankgruppe (IBRD, IDA, IFC),
1818 H Street, N.W. Washington, D.C. 20433, USA
Tel.: (001-202-4) 77 12 34

Europa-Büro:
Avenue d'Iéna, F-75116 Paris, Frankreich
Tel.: (00 33/1) 7 23 54 21

Development Forum:
United Nations, G.C.P.O. Box 5830
New York N.Y. 10017, USA
Tel.: (001-212-5) 4 12 34
oder
Palais des Nations,
CH-1211 Genf 10, Schweiz
Tel.: (00 41/22) 34 60 11

27. Europäische Gemeinschaften:
Europäischer Entwicklungsfonds (EEF) und
Europäische Entwicklungsbank (EIB)

Informationen:
Europäischer Entwicklungsfonds,
c/o EG-Kommission,
200, rue de la Loi, B-1049 Brüssel
Tel.: (00 32/2) 7 35 11 11

Europäische Investitionsbank,
100, Boulevard Konrad Adenauer,
L-Luxemburg-Kirchberg
Tel.: (00 35/3) 4 37 91

EG-Büro,
Zitelmannstraße 22, 5300 Bonn 1
Tel.: (02 28) 23 80 41
und
Kurfürstendamm 102, 1000 Berlin 31
Tel.: (0 30) 88 64 28

28. Entwicklungsprogramm der Vereinten Nationen –
United Nations Development Programme – UNDP

Informationen:
United Nations Development Programme (UNDP),
1, UN-Plaza, New York, N.Y. 10017, USA
Tel.: (001-212-5) 4 12 34

Teil III

Grundstrukturen der Vertragsgestaltung

1. Vorbemerkung

Joint-Venture-Strukturen berühren eine Vielzahl von Ebenen unterschiedlicher Art:

1. Ebene: Finanzielle Beteiligung am Gemeinschaftsunternehmen: Gewinnchancen – Verlust- und Haftungsrisiko

2. Ebene: Einfluß auf das Joint Venture: Wer hat das Sagen im Unternehmen?

3. Ebene: Abstimmungsverhalten zwischen den Müttern

4. Ebene: Technologie-Übertragung (Know-how, gewerbliche Schutzrechte) und damit verbundene Limitationen; Überlegungen zum Markt; Marktabgrenzung; Wettbewerbsfragen

5. Ebene: Liefer- und Leistungsinteressen: Gewinnverlagerungen? Nebeninteressen?

Alle diese Ebenen sind aufs engste miteinander verbunden; auf keiner dieser Ebenen läßt sich eine Entscheidung treffen, ohne gleichzeitig die Lösung auf den anderen Ebenen zu bedenken:

Wer sich finanziell an einem Joint Venture beteiligt bzw. wirtschaftliches Risiko trägt (ob durch Kapitalbeteiligung, Gesellschafterdarlehen, Garantien für Fremdkapital, Patronatserklärungen, Nachschußverpflichtungen o. a.), muß seinen Einfluß auf die Entscheidungsbildung im Unternehmen abschätzen, wie sich auch umgekehrt die Frage des Entscheidungseinflusses (Besetzung der Gremien) nicht von der Finanzierung (z. B. Kapitalmehrheiten) trennen läßt.

Wer eine Technologie (Know-how) auf ein Joint Venture überträgt, wird Konditionen und Vertragsgestaltungen unter anderem auch davon abhängig machen, ob er einen beherrschenden Einfluß auf das Unternehmen hat oder nicht. Manchmal wird man den beherrschenden Einfluß überhaupt zur Voraussetzung der Technologievergabe machen.

Damit hängt aber sehr eng die Frage zusammen, auf welchen Märkten das Joint Venture auftritt. Wird das Joint Venture dem technologievergebenden Mutterhaus Konkurrenz machen? Oder übernimmt das Joint Venture eine bestimmte Aufgabe im Marketing-Konzept der technologievergebenden Mutter (in einer bestimmten Region oder in einem bestimmten Segment)? Welche Beschränkungen ergeben sich hieraus für das Joint Venture? Welche Rolle spielen gewerbliche Schutzrechte in diesem Zusammenhang? Hält das Gewollte den anwendbaren gesetzlichen Bestimmungen (Kartellrecht) stand?

Mit Liefer- und Leistungsbeziehungen zwischen Müttern und Joint Venture können Fragen der Gewinnverlagerung und der Abhängigkeiten entstehen. Auch diese beeinflussen direkt die Frage, inwieweit ein Investor zur Übernahme wirtschaftlichen Risikos bereit ist.

Alle diese Fragen sind überlagert durch die Grundsatzfrage: Wie stehen die Mütter zueinander?

Die nachstehende Abbildung (Schaubild 26) soll die gegenseitigen Interdependenzen verdeutlichen.

Schaubild 26

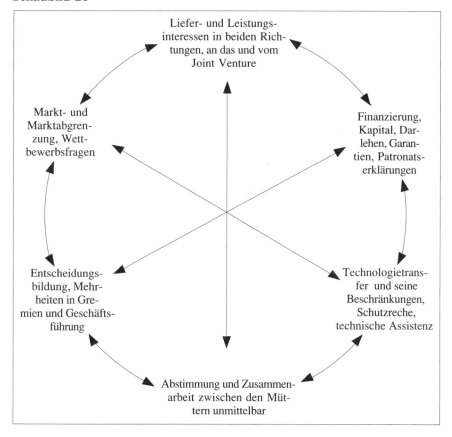

Geht man von dieser Interdependenz der verschiedenen Ebenen aus, so muß das zu erstellende Vertragswerk zwangsläufig die Gesamtheit der sich gegenseitig beeinflussenden Ebenen umspannen. Bei einem Gemeinschaftsunternehmen ist es daher *nicht* ausreichend, nur den gesellschaftsrechtlichen Zusammenschluß der Investoren (Satzung, Gesellschaftsvertrag, Articles of Incorporation and By-laws, Statuts, Contrat d'Association etc.) zu gestalten.

Vielmehr bedarf es einer allumfassenden Vertragsgestaltung, die alle wichtigen Aspekte berücksichtigt, insbesondere auch die in den jeweiligen Liefer- und Leistungsbeziehungen zwischen einzelnen Müttern und dem Joint Venture enthaltenen Problempunkte (Schaubild 27).

Schaubild 27

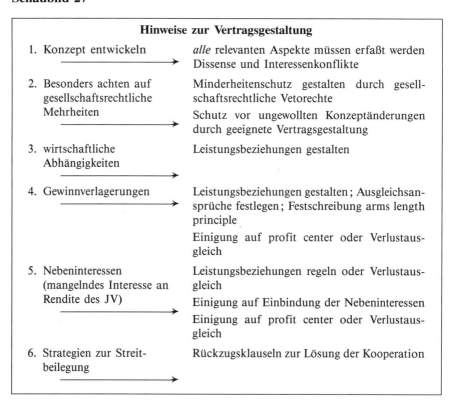

Hinweise zur Vertragsgestaltung	
1. Konzept entwickeln	*alle* relevanten Aspekte müssen erfaßt werden
	Dissense und Interessenkonflikte
2. Besonders achten auf gesellschaftsrechtliche Mehrheiten	Minderheitenschutz gestalten durch gesellschaftsrechtliche Vetorechte
	Schutz vor ungewollten Konzeptänderungen durch geeignete Vertragsgestaltung
3. wirtschaftliche Abhängigkeiten	Leistungsbeziehungen gestalten
4. Gewinnverlagerungen	Leistungsbeziehungen gestalten; Ausgleichsansprüche festlegen; Festschreibung arms length principle
	Einigung auf profit center oder Verlustausgleich
5. Nebeninteressen (mangelndes Interesse an Rendite des JV)	Leistungsbeziehungen regeln oder Verlustausgleich
	Einigung auf Einbindung der Nebeninteressen
	Einigung auf profit center oder Verlustausgleich
6. Strategien zur Streitbeilegung	Rückzugsklauseln zur Lösung der Kooperation

Dabei werden insbesondere solche Partner, die weder über bestimmenden Einfluß auf die Geschäftsführung noch über die Mehrheit der Stimmrechte im Kapital verfügen und von denen das Joint Venture auch in sonstiger Weise nicht abhängig ist, ein Bedürfnis nach rechtsverbindlicher Fixierung der Spielregeln, nach denen sie angetreten sind, verspüren, wohingegen solche Partner, die ihre Vorstellungen im Joint Venture kraft dominierenden Einflusses auf das Joint Venture (sei dieser Einfluß gesellschaftsrechtlich, technologisch oder wirtschaftlich begründet) faktisch ohnehin durchsetzen können, weniger Bedürfnis nach rechtsverbindlicher Festlegung verspüren, diese vielmehr sogar als lästig empfinden können: Diese Vereinbarungen unter den Müttern haben zum großen Teil Schutzfunktion für einzelne Partner in Fragen, in denen andere Partner dominieren. Befinden sich die Muttergesellschafter in einer Patt-Situation, in der keiner ohne den anderen das Joint Venture steuern kann, so werden die Verträge oft besonders kurz ausfallen, da hier der Zwang zu gegenseitiger Rücksichtnahme und Abstimmung miteinander besonders groß ist. Verzichten die Mütter angesichts einer gesellschaftsrechtlichen Patt-Situation (einem geplanten „Patt" mit daraus resultierendem Abstimmungszwang) überhaupt auf eine über den Gesellschaftsvertrag/die Satzung hinausgehende schriftliche Vereinbarung oder bleiben in vorhandenen schriftlichen Vereinbarungen wesentliche Fragen offen, so würde sich die Frage stellen müssen, ob nicht von einer *stillschweigenden* Vereinbarung über alle oder einzelne wesentliche Fragen der Zusammenarbeit ausgegangen werden muß [156].

2. Typischer Vertragsaufbau

In der Praxis ist typischerweise ein dreigliedriger Aufbau des Vertragswerkes zu beobachten, bestehend aus:

1. Gesellschaftsvertrag/Satzung der Kapitalgesellschaft mit gesellschaftsrechtlichem Inhalt;

2. einzelnen Liefer- und Leistungsverträgen zwischen dem Joint Venture und einzelnen Müttern;

3. einem alles übergreifenden Vertrag zwischen den Müttern, der das Unternehmenskonzept in seiner Gesamtheit mit allen daraus folgenden Konsequenzen und Interdependenzen regelt:

   „Joint Venture Agreement", „Shareholders Agreement", „Basic Agreement", „Convention entre Actionnaires", „Protocole d'Accord" etc.

---

156 Siehe auch die Ausführungen auf S. 127. Siehe z. B. im Steuerrecht die Annahme einer „Mitunternehmerschaft" aufgrund eines konkludent geschlossenen BGB-Vertrages: *Herzig, N./Kessler, W.,* Steuerfreie Entstrickung stiller Reserven, DB 1988, S. 15 ff. (18); *BFH*-Urteil vom 22. 10. 1987, DB 1988, S. 157 ff. (158). Siehe auch die Annahme eines konkludenten Vertrages durch das *Bundesarbeitsgericht* in dem zugegebenermaßen anders gelagerten Fall der Vereinbarung über die Führung eines gemeinsamen Betriebes: DB 1989, S. 127.

Ein Gesellschaftsvertrag bzw. eine Satzung einer Kapitalgesellschaft ist zwar mit starken Sanktionen bewehrt[157] (Beschlüsse unter Verstoß gegen die Bestimmungen des Gesellschaftsvertrages bzw. der Satzung können Nichtigkeit oder Anfechtbarkeit nach sich ziehen), hat aber auch Aspekte, die Gesellschafter als Nachteile empfinden können, wie z. B. eine erschwerte Abänderbarkeit (Inflexibilität) und eine je nach Gastland, in dem das Joint Venture angesiedelt ist, unterschiedlich stark ausgeprägte Publizität: Die am Joint Venture beteiligten Industrieunternehmen werden wenig Verständnis dafür haben, wenn das wirtschaftliche Konzept ihres Zusammenschlusses oder Budget- und Kalkulationsfragen von jedermann in Staatsanzeigern oder beim Handelsregister eingesehen werden können. Viele Verhandlungsgegenstände wie z. B. Unternehmens- und Investitionsplanung, Budgetierung und Finanzierung sind ohnehin sinnvollerweise *nicht* im Gesellschaftsvertrag bzw. in der Satzung zu regeln. Gesellschaftsverträge/Satzungen von Kapitalgesellschaften als Träger von Joint Ventures limitieren sich daher in der Regel strikt auf gesellschaftsrechtliche Fragen.

Die Liefer- und Leistungsverträge ihrerseits regeln nur einzelne Teilaspekte wie z. B. den Technologie-Transfer.

Gesellschaftsvertrag/Satzung und Liefer-/Leistungsverträge zusammen erfassen auch gemeinsam noch nicht das Gesamtspektrum aller Aspekte, die für den Konsens der Parteien untereinander wichtig sind, wobei man davon ausgehen muß, daß zumindest alle die Aspekte für alle Parteien wichtig sind und damit einer rechtsverbindlichen Einigung zugeführt werden müssen, die

— direkte Auswirkung auf die Ertragslage des Joint Venture haben,

— das Risiko der Partner wesentlich verändern,

— Möglichkeiten von Gewinnverlagerungen zu Partnern beinhalten,

— für die Zukunftschancen des Joint Venture von wesentlicher Bedeutung sind,

insbesondere dann, wenn sie konfliktträchtig sind, d. h. wenn die Interessen der Partner in diesen Fragen *nicht* gleichgerichtet sind.

Da das Gesamtspektrum der zu berücksichtigenden wichtigen Aspekte durch den Gesellschaftsvertrag und einzelne Leistungsverträge zwischen Partner und Joint Venture nicht ausreichend erfaßt wird, kommt es daneben typischerweise zu sonstigen rechtlich verbindlichen Vereinbarungen

---

157 Es ist zu bemerken, daß Gesellschaftervereinbarungen außerhalb der eigentlichen Gesellschaftsverträge/Satzungen mit vergleichbar starken Sanktionen ausgestattet sein können: siehe z. B. *BGH*-Urteil vom 27. 10. 1986, NJW 1987, S. 1890, in dem die Nichtigkeit eines Hauptversammlungsbeschlusses wegen Verstoßes gegen eine solche Vereinbarung angenommen wurde.

zwischen den Müttern, „Joint-Venture-Vertrag", „Basic Agreement" oder ähnlich genannt[158].

Zweck, Inhalt und Umfang dieser Vereinbarungen unter Müttern sind daher durch die Interessenlage und das Machtspiel unter den Müttern determiniert.

Ein umfassender Joint-Venture-Vertrag könnte z. B. wie folgt aufgebaut sein:

— Festlegung des Unternehmenskonzepts: Produktpalette, Kapazität, Unternehmensplanung, Investitionsvolumen, Finanzplanung und Deckung der Finanzierung, Finanzierungsbeiträge der einzelnen Beteiligten,

— Markt- und Vertriebsfragen, z. B. Fragen der Marktabgrenzung (Konkurrenzschutz) und der Marketing-Assistenz einzelner Mütter; gegenseitige Produktpaletten-Komplettierung usw.,

— Management- und Organisationsstruktur, insbesondere die Frage der Kompetenzen und des Kräfte-Gleichgewichts, vor allem dann, wenn von einzelnen Müttern Personal zur Übernahme solcher Positionen abgestellt wird,

— Mitwirkung der Mütter bei Personalauswahl, -entsendung[159] und -einstellung, Personalausbildung bei einzelnen Müttern,

---

158 *Paptista, L. O./Durand-Berthiez, P.,* Fondation pour l'Etude du Droit et des Usages du Commerce International (FEDUCI), Paris 1986, S. 49 ff.; *Baumann, H./Reiss, W.,* Satzungsergänzende Vereinbarungen und Nebenverträge im Gesellschaftsrecht, ZGR 1989, S. 157–215 (162 ff.); *Benisch, W.,* Kooperationsfibel, 4. Aufl. 1973 Bergisch Gladbach, S. 298 sowie Beispiel auf S. 547; *Butler/Mielert/Rosendahl,* Investitionen und Unternehmensrecht in den USA, München 1983, S. 71; *Ehinger, K.,* Vertragsrahmen des industriellen internationalen Equity Joint Venture, in: *Nicklisch, F.,* Der komplexe Langzeitvertrag, Heidelberg 1987, S. 187 ff.; *Fischer, D.,* Joint Ventures in Entwicklungsländern, ZVglRWiss 86 (1987), S. 319; *Gruson-Meister,* in: *v. Boehmer* (Hrsg.), Deutsche Unternehmen auf dem amerikanischen Markt, Stuttgart 1988, S. 20; *Herzfeld, E.,* Co-operation Agreements in Corporate Joint Ventures, The Journal of Business Law, März 1983, S. 121–129; *Herzfeld, E.,* Joint Ventures, Bristol 1983, S. 42 ff.; *Hinsch, C./Horn, N.,* Das Vertragsrecht der internationalen Konsortialkredite und Projektfinanzierungen, Berlin, New York 1985, S. 224 ff., 239 ff.; *Huber, U.,* in: *Huber, U./Börner, B.,* Gemeinschaftsunternehmen im deutschen und europäischen Wettbewerbsrecht, Köln, Bonn, Berlin, München 1978, S. 8; La Filiale Commune, Colloque de Paris 20-21-22, Férrier 1975, Paris 1975 (Librairies Techniques), S. 9 ff., S. 21 ff.; *Mestmäcker, E. J.,* in: *Mestmäcker/Blaise/Donaldson,* Gemeinschaftsunternehmen (Joint Venture — Filiale Commune) in Konzern- und Kartellrecht, Frankfurt 1979, S. 12 ff.; *Paetzolt, F. H.,* Joint Ventures in Entwicklungsländern, Materialien IO, DEG, Köln 1986; *Zündorf,* Quotenkonsolidierung versus Equity-Methode, Stuttgart 1987, S. 8; *Zweigert, K./von Hoffmann, B.,* Zur internationalen Joint Venture, in: Festschrift für M. Luther zum 70. Geburtstag, München 1976, S. 206; United Nations Centre on Transnational Corporations, UN: Joint Ventures as a Form of International Economic Cooperation, New York 1988, S. 48 ff. (S. 75 ff.).

159 Siehe hierzu: *van Roessel, R.,* Führungskräftetransfer in internationalen Unternehmen, Köln 1988.

— Fragen des Technologie-Transfers, insbesondere wirtschaftliche Zusicherungen, die in bezug auf einzelne Technologieverträge unter den Müttern unmittelbar gegeben werden,

— Fragen des sog. „Aufbaumanagements" und der Engineering-Leistungen, wenn einzelne Mütter eine besondere Rolle beim Aufbau des Unternehmens übernehmen,

— Bezugsrechte bzw. Lieferpflichten von Müttern bzw. an diese (z.B. in den Fällen, in denen die ganze Produktion oder wesentliche Teile an einzelne Mütter geliefert werden oder Komponenten/Rohmaterialien ganz oder teilweise von einzelnen Müttern bezogen werden): Preisgestaltungen, Lieferantenkredite, Anpassungsklauseln für das Preisgefüge etc.,

— wirtschaftliche Absicherung der übrigen Gesellschafter gegenüber Abhängigkeiten des Joint Venture von einem Mutterunternehmen: Schutz gegen Gewinnverlagerungen oder Hinnahme der Möglichkeiten der Gewinnverlagerung und Vereinbarung von Ausgleichsansprüchen oder wirtschaftlichen Garantien, durch die den Minderheitsaktionären ein bestimmter return on investment zugesichert wird,

— Schutz der Minderheitenaktionäre gegen ungewollte Konzeptänderungen durch die Mehrheitsaktionäre,

— Beschränkungen der Veräußerung von Geschäftsanteilen/Aktien,

— Aussagen zum Rechnungswesen und der Prüfung des Jahresabschlusses,

— Berichtswesen und Einsichtsrechte,

— geschäftspolitische Grundsatzfragen (wie z.B. Gewinnthesaurierung, Ausschüttungs- und Bilanzpolitik),

— Geheimhaltung,

— Klauseln zur Kündigung bzw. Beendigung des Zusammenschlusses,

— Put-/Call-Option-Regelungen (d.h. Verpflichtungen zur Übernahme) für Geschäftsanteile/Aktien, insbesondere auch als Antwort auf mögliche Streitauseinandersetzungen zwischen den Müttern,

— Regelung der Vorgründungsphase bis zur Gründung der Joint-Venture-Kapitalgesellschaft.

Dabei darf man nicht der Auffassung verfallen, der Joint-Venture-Vertrag sei lediglich ergänzender Natur gegenüber Satzung und Separatverträgen. Tatsächlich ist das Gegenteil der Fall: Da der Joint-Venture-Vertrag die wesentlichen Prinzipien der Unternehmenskooperation festhält, enthält er auch alle diejenigen Regelungen, durch die diese Prinzipien auf die Separatverträge oder den Gesellschaftsvertrag/die Satzung durchschlagen und die den Konzept-Gesamtzusammenhang zur Geltung bringen (Regelung der Interdependenzen):

a) Der Joint-Venture-Vertrag wird oft Regelungen enthalten, durch die die einzelnen Aktionäre/Gesellschafter in den Organen (Hauptversammlung, Aufsichtsrat) zu einer bestimmten Stimmabgabe verpflichtet werden, um die im Joint-Venture-Vertrag enthaltenen Regelungen zu verwirklichen.

b) So können z. B. im Joint-Venture-Vertrag Regelungen enthalten sein, die die Parteien zur Änderung oder Überprüfung von Gesellschaftsvertrag/Satzung und Separatverträgen verpflichten, wenn dies dem Sinn und den Regelungen des Joint-Venture-Vertrages entspricht.

c) Der Joint-Venture-Vertrag wird oft vorsehen, daß Separatverträge zwischen einzelnen Müttern und dem Gemeinschaftsunternehmen zwischen den Vertragsparteien *nicht* ohne Zustimmung der *anderen* Mütter geändert werden dürfen.

Derartige Regelungen belegen den Vorrang des (umfassenden) Joint-Venture-Vertrages gegenüber den Detailregelungen in einzelnen Separatverträgen.

3. Regelungsinhalte von Satzung, Joint-Venture-Vertrag und Separatverträgen

Schaubild 28

Joint Venture Vertragswerk			
	Gesellschaftsvertrag Kapitalgesellschaft	Joint-Venture-Vertrag	Sonstige Verträge (,,Drittverträge'')
Parteien	alle Gesellschafter	alle Gesellschafter oder nur Mehrheitsgesellschafter eventuell auch sonstige Parteien, die nicht Gesellschafter der Kapitalgesellschaft sind (Beitritt der Kapitalgesellschaft)	Kapitalgesellschaft selbst und einzelne Gesellschafter oder Dritte

Schaubild 28 (Fortsetzung)

Joint Venture Vertragswerk			
	Gesellschaftsvertrag Kapitalgesellschaft	Joint-Venture-Vertrag	Sonstige Verträge („Drittverträge")
Zweck	gesellschaftsrechtliche Strukturierung der Kapitalgesellschaft — gesetzlich vorgeprägte Regelungen	umfassende Erfassung des rechtsgeschäftlichen Bindungswillens; Regelungen, die weder im Gesellschaftsvertrag noch in Drittverträgen enthalten sein können oder sollen und die die Gründung und Leitung des Gemeinschaftsunternehmens betreffen	einzelne Leistungsbeziehungen: z. B. Know-how, Lizenz, technische Assistenz, Marketing etc. ... Engineering, Anlagenlieferungen etc.
Rechtsform	Kapitalgesellschaft nach dem Recht am Sitz der Gesellschaft	gesellschaftsrechtlicher Zusammenschluß *ohne* Rechtsperson; Stimmrechtsbindungsvereinbarung; nach einem vereinbarten Recht (BRD: BGB-Gesellschaft; Frankreich: Société en participation; Schweiz: Société Simple; England: partnership)	synallagmatische Leistungsverträge
Inhalt		Vorgründungsphase bis zur Handelsregistereintragung der Kapitalgesellschaft: einzuleitende Schritte, Kostenregelung etc.	
	Rechtsform Firma Sitz		
	Kapital Haftungsbeschränkung Kapitalanteile der Gesellschafter (nicht immer!)	Kapitaleinzahlung (Zeitplanung) Kapitalanteile, falls nicht im Gesellschaftsvertrag geregelt	

Schaubild 28 (Fortsetzung)

Joint Venture Vertragswerk		
Gesellschafts-vertrag Kapitalgesell-schaft	Joint-Venture-Vertrag	Sonstige Ver-träge („Dritt-verträge")
Inhalt Leitungsorgane (GF, AR) Kompetenzen der Organe Wahlmodus der Organe	Besetzung der Organe, Konsulta-tions- und Abstimmungspflichten — Stimmrechtsbindung	
HV: Abstimmungs-mehrheiten Ladungsfristen etc. für Haupt-versammlung	Stimmrechtsbindung	
	Regelungen über das Manage-ment; Personalausbildung, Perso-nalabstellung, Personal-Stand-By	Management-vertrag; Perso-nalabstellung, Personalausbil-dung etc. im Rahmen techni-scher Assistenz-verträge
	Aussagen über Produktpalette, Produktionskapazität, Distribu-tionswege, technologische und betriebswirtschaftliche Aspekte, Standort; Return on Investment	Gesellschafter-darlehen Gesellschafter-garantien
	Investitionsprogramm, Budget und Finanzierung	
selten: Nach-schußpflichten	Nachschußpflichten	
Bestimmungen über Bezugs-rechte bei Ka-pitalerhöhung		

Schaubild 28 (Fortsetzung)

Joint Venture Vertragswerk		
Gesellschafts- vertrag Kapitalgesell- schaft	Joint-Venture-Vertrag	Sonstige Ver- träge („Dritt- verträge")
Inhalt	Projektaufbau: Engineering, Maschinenauswahl- und -beschaf- fung, Bauleistungen; Grundstück	Engineeringver- träge, Bauver- träge, Anlagen- lieferungsverträ- ge, Grund- stücksverträge
	Technologie, Know-how, Lizenzen etc. Bezugnahme auf Drittverträge	Know-how-Ver- trag, Lizenzver- trag, Patentli- zenzen etc.
	Vermarktung, Distributionswege Bezugnahme auf Drittverträge Trademarks	Marketingver- trag, Agency- verträge etc. Trade- mark-User- Verträge
manchmal: Wettbewerbsbe- schränkung	Marktschutz, Wettbewerbsbe- schränkungen	Wettbewerbsbe- schränkungen in Drittverträgen
	Rohstoffversorgung, Bezugsrechte	Lieferverträge
	geschäftspolitische Grundsatzfra- gen (z. B. Thesaurierung von Ge- winnen); Ausschüttungs- und Bi- lanzpolitik	
Einsichtsrechte (evtl.)	Rechnungswesen, Berichtswesen, Einsichtsrechte	
	arms' length-Klausel	
	Geheimhaltung; allgemeine Treuepflicht	Geheimhaltung
Anteilsveräuße- rung, Vor- kaufsrechte (nicht immer)	Anteilsveräußerung (Beschrän- kungen), Vorkaufsrechte	

Schaubild 28 Fortsetzung

Joint Venture Vertragswerk			
	Gesellschafts-vertrag Kapitalgesell-schaft	Joint-Venture-Vertrag	Sonstige Ver-träge („Dritt-verträge")
Inhalt	Kündigung, Einziehung von Anteilen, Lauf-zeit etc.	Kündigung, Laufzeit, buy/sell ar-rangements	Abstimmung mit entspre-chenden Klau-seln in Drittver-trägen erforder-lich
	manchmal: Schiedsge-richtsklausel; Rechtswahl i.d.R. nicht möglich	Rechtswahl- und Schiedsgerichts-klauseln	
	Vorschriften zur Liquida-tion	buy/sell arrangements	
Geneh-migungs-pflicht:	vielfach: ja	meist: nein	manchmal: ja
Publi-zität	vielfach: ja	nein	nein
erschwer-te Abän-derung	vielfach: ja	nein	nein
Form	notariell, Han-delsregisterein-tragung	privatschriftlich	privatschriftlich

Der Joint Venture Vertrag erfüllt daher verschiedene Funktionen: er erfaßt das übergreifende Konzept, welches weder im Gesellschaftsvertrag noch in den einzelnen Liefer- und Leistungsverträgen adäquat erfaßt werden kann. Zu diesem Zweck ergänzt, modifiziert und überlagert er die Einzelregelungen in Gesellschaftsvertrag und Einzelverträgen.

Schaubild 29

Joint Venture Agreement
Einigung über Konzept und Interdependenzen
Zusammenarbeit der Mütter
Ansprüche der Mütter untereinander

| Ergänzende Regelungen über Joint Venture Company, soweit nicht in Satzung, Gesellschaftsvertrag der Company bereits enthalten, z. B. über Organbesetzung, Aktienverkäufe (Buy/ Sell Arrangements) etc. | Ergänzende Regelungen über Leistungsverträge, soweit nicht bereits in Separat-, Leistungsverträgen zwischen Müttern und JV geregelt; Fragen des Engineering, Know-how und der Lizenzvergabe | Regelungen über Budget, Kalkulation, Verrechnungspreise, Personalabstellung, Marktabgrenzung, Finanzierungsfragen, Zusammenarbeit der Mütter untereinander |

Der Joint-Venture-Vertrag

– ist gesellschaftsrechtlicher Zusammenschluß, BGB-Gesellschaft, Société Simple, Joint Venture ...,
– ist reine Innengesellschaft,
– hat Vorrang gegenüber anderen Verträgen,
– begründet Ansprüche der Mütter untereinander, z. B. Treuepflicht

4. Vergleich des Vertragsaufbaus zwischen Contractual und Equity Joint Venture

Ein Contractual Joint Venture ist ein BGB-Gesellschaftsvertrag, bei dem mehrere Unternehmen (Konsorten) *ohne* Zwischenschaltung einer Kapitalgesellschaft zur Erreichung eines bestimmten Zwecks — meist zeitlich limitiert — zusammenarbeiten. Der hierzu notwendige BGB-Gesellschaftsvertrag regelt umfassend alle Einzelheiten des Gesellschaftsverhältnisses von der Gründung bis zur Endabwicklung einschließlich aller Leistungsverhältnisse.

Beim Equity Joint Venture kommt die rechtlich selbständige Kapitalgesellschaft als Projektträgerunternehmen hinzu. Dadurch wird die Vertragsstruktur komplexer, weil *Teile* des Gesamtregelungsumfangs nunmehr im Gesellschaftsvertrag/in der Satzung der Kapitalgesellschaft und in Joint-Venture- sowie in Separatverträgen enthalten sind. Im Vorgriff auf die nachfolgenden Kapitel sei bereits ausgeführt, daß auch dieser übergreifende Joint-Venture-Vertrag wie in den vorangehenden Seiten dargestellt beim Equity Joint Venture eine BGB-Gesellschaft im deutschen Recht bzw. ein vergleichbares Rechtsinstitut im jeweils anwendbaren ausländischen Recht („Joint Venture" im amerikanischen Recht) begründet. Das Equity Joint Venture hat genau genommen einen doppelten gesellschaftsrechtlichen Aufbau, nämlich eine BGB-Gesellschaft (das eigentliche „Joint Venture") durch den Joint-Venture-Vertrag und die vom Joint Venture beherrschte Rechtsform einer Kapitalgesellschaft.

Auch das Equity Joint Venture beinhaltet daher wie ein Contractual Joint Venture eine BGB-Gesellschaft („Joint Venture"), wodurch sich die Benutzung des Begriffs Joint Venture für beide Rechtsgestaltungen schlüssig erklärt.

Schaubild 30

	Joint Venture	
projektbezogen (Arge)		auf Dauer (Gemeinschafts-unternehmen)

Einzelauftrag im Außenverhältnis	Wechselnde Außenverträge durch Kapitalgesellschaft
Ziel: Leistungserbringung	
	Ziel: dauernde Operation im Markt
Steuerung durch Konsortialführer	
Finanzierung durch Konsorten	Steuerung durch Organe; begrenzte Autonomie
Durchgriffshaftung	
	Eigenfinanzierung Finanzierung durch Gesellschafter
Erfassung der Leistungsbeistellungen	
	Haftungsbegrenzung der Partner
Sonstige Bestimmungen der Konsorten untereinander	**Gesellschaftsvertrag**

Erfassung der Leistungsbeistellungen
Zulieferungen, Abnahmeverträge
Separatverträge

Sonstige Bestimmungen der Partner untereinander; Verhältnis der Mütter untereinander
Einverständnis über geschäfts-politische Grundsatzfragen
Risikoverteilung
Begrenzung der Autonomie der Kapitalgesellschaft
Beendigung

BGB-Gesellschaftsvertrag	**Joint-Venture-Vertrag**

Teil IV

Juristische Untersuchung einzelner Aspekte

1. Rechtsnatur des Joint-Venture-Vertrages

1.1 Als Zusammenschluß zur zusammenwirkenden Verfolgung eines gemeinsamen Zwecks, nämlich des Aufbaus, der Förderung und der Steuerung des Gemeinschaftsunternehmens nach unter den Müttern festgelegten Spielregeln, erfüllt ein umfassender [160] Joint-Venture-Vertrag alle Kriterien einer BGB-Gesellschaft deutschen Rechts [161]. Sofern andere ausländische Rechte anwendbar sind, handelt es sich um die in diesen Rechten vorhandenen Formen einfachen gesellschaftsrechtlichen Zusammenschlusses wie z. B. der Société Simple schweizer Rechts, der Société de Participation französischen Rechts oder eben des „Joint Venture" amerikanischen Rechts: Letzteres hat dieser Form des Zusammenschlusses ihren Namen gegeben.

Es kommt daher typischerweise zu einem doppelstöckigen gesellschaftsrechtlichen Aufbau, bestehend aus dem „Joint Venture" und der eigentlichen Kapitalgesellschaft als im Rechtsverkehr auftretende Trägergesellschaft. Das „Joint Venture" ist demgegenüber seinem Zweck nach eine reine Innengesellschaft, die nach außen hin im Rechtsverkehr nicht auftreten soll: Um der Möglichkeit der Begründung einer Haftung der BGB-Gesellschaft im Außenverhältnis vorzubeugen, wird manchmal ausdrücklich das Prinzip der reinen Innengesellschaft vertraglich besonders festgehalten mit der Wirkung, daß kein Gesellschafter Vollmacht hat, für die BGB-Gesellschaft nach außen aufzutreten.

---

160 Gemeint sind Verträge im Sinne des Teils III dieses Buches: Regeln die Partner in einem Nebenvertrag nur einzelne Aspekte (z. B. nur ein Vorkaufsrecht bzgl. Aktien), so ist der Zweck so limitiert, daß hierin noch keine BGB-Gesellschaft liegt.

161 *Baumann, H./Reiß, W.,* Satzungsergänzende Vereinbarungen – Nebenverträge im Gesellschaftsrecht, ZGR 1989, S. 157–215 (S. 200, 201); *Biedenkopf/Koppensteiner,* Kölner Kommentar zum Aktiengesetz, Bd. 1, Köln, Bonn, Berlin, München 1985, Art. 15 Rdnr. 13; *Geßler-Hefermehl,* Aktiengesetz, Band I, Art. 15, Rdnr. 49 ff.; *Huber, U.,* Gemeinschaftsunternehmen im deutschen und europäischen Wettbewerbsrecht, Köln, Berlin, Bonn, München 1978, S. 8; *Koppensteiner, H. G.,* Unternehmergemeinschaften im Konzerngesellschaftsrecht, ZHR, Bd. 131, S. 289 ff.; *Mestmäcker, J.,* Gemeinschaftsunternehmen (Joint Venture – Filiale Commune) im Konzern- und Kartellrecht, Frankfurt 1979, S. 14; *Ruwe, W.,* Die BGB-Gesellschaft als Unternehmen i. S. d. Aktienkonzernrechts, DB 1988, S. 2037 ff.; *Schlewig, U.,* Das deutsche-ausländische paritätische Gemeinschaftsunternehmen im Konzern- und Kartellrecht, Köln, Berlin, Bonn, München, S. 15 ff.; *Schulze, J.,* Einheitliche Leitung von Konzernunternehmen durch mehrere Obergesellschaften und ihre Bedeutung für die Konzernrechnungslegung nach dem Aktiengesetz, Die Wirtschaftsprüfung 1968, S. 86 ff. (87, 89); *Zweigert, K./v. Hoffmann, B.,* a. a. O., S. 203 ff. (S. 206 ff.).

Da die Projektträgergesellschaft, d. h. die vom Joint Venture gesteuerte Kapitalgesellschaft, Trägerin des Vermögens des Projekts wird, hat das Joint Venture selbst kein Vermögen. Normalerweise werden auch die Aktien oder Geschäftsanteile der einzelnen Konsorten *nicht* in die BGB-Gesellschaft eingebracht, sondern verbleiben im Alleineigentum jedes BGB-Gesellschafters.

Um im Nachfolgenden keine begriffliche Verwirrung entstehen zu lassen, wird in den folgenden Ausführungen der unter den Müttern durch den Joint-Venture-Vertrag begründete Zusammenschluß als „Joint Venture" bezeichnet, während die gesteuerte Kapitalgesellschaft als Projektträgergesellschaft oder Kapitalgesellschaft bezeichnet wird.

Die Unterscheidung zwischen Joint Venture und Kapitalgesellschaft tritt besonders dort hervor, wo — was nicht selten ist — die Vertragsparteien des Joint-Venture-Vertrages andere sind als die Gesellschafter. Es gibt viele Beispiele, daß an Joint-Venture-Verträgen einzelne Aktionäre der Kapitalgesellschaft nicht beteiligt sind oder daß am Joint-Venture-Vertrag auch Nicht-Aktionäre teilnehmen.

1.2 Differenziert man die einzelnen Regelungsinhalte eines Joint-Venture-Vertrages weiter, so kann man folgende Regelungsgegenstände identifizieren:

a) Regelungen geltend bis zur Eintragung der Kapitalgesellschaft im Handelsregister: Vor- und Vorgründungsgesellschaft;

b) Regelungen über die Steuerung der Kapitalgesellschaften über deren Organe: Stimmrechtsbildungsvereinbarungen zur entsprechenden Abstimmung der Mütter in den Organen, um auf diese Art und Weise die Regelungsinhalte des Joint-Venture-Vertrages in gültige Beschlüsse der Kapitalgesellschaft umzusetzen;

c) Leistungspflichten zwischen Kapitalgesellschaft und einzelnen Müttern. Sofern die Kapitalgesellschaft nicht Partei des Joint-Venture-Vertrages wird (dazu später), handelt es sich um Verträge zugunsten oder zu Lasten Dritter, nämlich der Kapitalgesellschaft;

d) Leistungs- oder Unterlassungspflichten der Mütter untereinander, z. B. Treuepflichten, Geheimhaltung, Buy/Sell-Arrangements und Beschränkungen bei Aktienübertragungen etc.

1.3 Es wurde schon ausgeführt, daß der Regelungsumfang, den die Mütter im einzelnen untereinander festlegen, je nach Projektkonstellation sehr stark differieren kann. Eine detaillierte Regelung ist umso mehr im Interesse eines solchen Partners, der die Kapitalgesellschaft von einem anderen Partner abhängig weiß, sei es aus gesellschaftsrechtlichen oder sonstigen technischen oder wirtschaftlichen Gründen. Joint-Venture-Verträge haben oft eine Schutzfunktion für den (in einzelnen oder allen Bereichen) schwächeren Partner.

Bei 50% : 50%-Joint-Venture-Trägergesellschaften wird man oft beobachten, daß die Inhalte der Joint-Venture-Verträge besonders dünn sind oder ganz fehlen, weil die Partner sich durch die geplante und vorher kalkulierte Patt-Situation ausreichend geschützt fühlen.

Betrachtet man aber, mit welcher Akribie in der Praxis oft die Unternehmensplanung auch solcher Unternehmen vorhergeplant ist mit Investitions- und Finanzplänen, Planbilanzen und cash-flow-Simulationen für 5 bis 10 Jahre und wie intensiv die Parteien vorher miteinander die von der Kapitalgesellschaft abzuschließenden Engineering-, Know-how- und Marketingverträge diskutiert und ausgehandelt haben und welche Bedeutung auch solche Joint Ventures für die Mütter haben, so kann man nur schwerlich annehmen, daß der Bindungswille der Parteien untereinander nicht wesentlich weiter geht, als die Satzung der Kapitalgesellschaft vermuten läßt, auch wenn kein schriftlicher Joint-Venture-Vertrag vorliegt. Oft wird man in Anbetracht solcher Umstände einen konkludent abgeschlossenen Joint-Venture-Vertrag annehmen können[162].

2. Verschiedenheit der Vertragsparteien

Es gibt oft Situationen, in denen die Parteien des Joint-Venture-Vertrages von den Aktionären bzw. Gesellschaftern der Kapitalgesellschaft verschieden sind, sei es, daß

— einzelne Gesellschafter *nicht* Partei des Joint-Venture-Vertrages sind, z. B. weil sie nur untergeordnete Bedeutung haben und ihnen kein maßgebliches Mitspracherecht eingeräumt wird,

— Nichtgesellschafter Partei des Joint-Venture-Vertrages sind, weil sie — ohne am Kapital der Kapitalgesellschaft beteiligt zu sein — doch wesentliche Parameter des Joint Venture kontrollieren. Dies kann z. B. der Fall sein, wenn Regierungen oder Staatsunternehmen einem Joint Venture den Abbau bestimmter Rohstoffvorkommen oder sonstige bestimmte Aufgaben überlassen (z. B. Versorgung der Bevölkerung mit bestimmten Gütern oder Dienstleistungen), an denen sie besonderes Interesse haben und bei deren Gestaltung sie daher mitwirken wollen. In einem solchen Fall würde dann der Joint-Venture-Vertrag z. B. die Konditionen der Bergbau-Konzessionen, die Konditionen für die Überlassung von Infrastruktur-Einrichtungen oder ähnliches beinhalten. Das Joint-Venture-Agreement kommt in einem solchen Fall stark in die Nähe einer Niederlassungsvereinbarung (siehe oben Teil II, Ziff. 6).

---

162 Siehe oben S. 113.

Der Joint-Venture-Vertrag kann daher im Einzelfall mehr oder weniger Parteien umfassen als die Kapitalgesellschaft selbst.

Es ist auch darauf hinzuweisen, daß bei Projekten mit einer Mehrzahl von Teilnehmern die Rollen, die die einzelnen Teilnehmer übernehmen, sehr unterschiedlich sein können, je nach ihren eigenen Policy-Entscheidungen. Es kann z. B. sein, daß einzelne Teilnehmer — aus welchen Gründen auch immer — sich bereit erklären, das Risiko eines eventuellen Finanzmehrbedarfs durch ihre Bereitschaft zur Nachschußfinanzierung abzusichern, während andere dies nicht tun. Es kann aber auch sein, daß sich innerhalb der Joint-Venture-Partner wiederum bestimmte Gruppierungen mit gemeinsamen Sonderinteressen bilden: z. B. zwei Minderheitenpartner poolen ihre Stimmen zum gemeinsamen Schutz gegenüber einem (oder einer Gruppe von) Mehrheitsaktionären. Es kann auch sein, daß Finanzpartner und industrielle Partner doch etwas unterschiedliche Ziele verfolgen und daher ihre Interessen etwas voneinander abweichend definieren.

In solchen Fällen wird man es oft als praktisch empfinden, nicht einen einzigen Joint-Venture-Vertrag abzuschließen, sondern diesen möglicherweise in mehrere separate Teile mit unterschiedlichen Partnern zu teilen oder neben einem gemeinsamen Joint-Venture-Vertrag noch weitere Nebenvereinbarungen, ,,side letters`` oder dergleichen abzuschließen. Dadurch entsteht dann eine äußerst filigrane Vertragsstruktur.

Beispiel:

Gesellschaftsvertrag:	Parteien A, B, C, D, E, F, G
Joint-Venture-Vertrag:	Parteien A, B, C, D, E (F und G sind reine Finanz-Minderheitsaktionäre, die am Projekt im eigentlichen Sinne nicht aktiv mitwirken)
Project Funds Agreement (Nachschußverpflichtung):	Parteien A, B, C
Stimmrechtspoolung zum Schutz von Minderheits- aktionären:	Parteien C, D, E
Marketing Sharing Agreement:	Parteien A, B
Put/Call Option Agreement (Buy/Sell Arrangements):	Parteien A, C, D, E

Separatverträge (Engineering, Know-how, Lizenz etc.) je zwischen A und B mit dem Joint Venture.

3. Rechtswahl beim Joint-Venture-Vertrag

Joint-Venture-Verträge sind einer selbständigen Rechtswahl zugänglich[163]. Ganz typischerweise enthalten Joint-Venture-Verträge daher Rechtswahlklauseln mit der Konsequenz, daß der Gesellschaftsvertrag der Kapitalgesellschaft zwingend dem Recht des Sitzes (in einigen Ländern: registered office) unterliegt, während der Joint-Venture-Vertrag einem anderen frei gewählten Recht unterliegt. In der Praxis enthalten Joint-Venture-Verträge in der Regel Rechtswahlklauseln, so daß das Problem einer Bestimmung des anwendbaren Rechts anhand bestimmter Anknüpfungskriterien in der Praxis tunlichst umgangen wird. Der äußerst komplexen Frage, nach welchem Recht oder nach welchen Rechten kraft IPR in Ermangelung einer Rechtswahlklausel ein Joint-Venture-Vertrag zu beurteilen wäre, wird daher hier nicht weiter nachgegangen[164]. Zudem ist die Frage zu stellen, ob die Rechtswahl nach demjenigen IPR, welches ein angerufenes Gericht anwendet, als unbeachtlich betrachtet wird. Dazu bedarf es aber zunächst der Beantwortung der Frage, vor welchem Gericht der Rechtsstreit anhängig wird und ob dieses Gericht nach seinem Verfahrensrecht zuständig ist. Rechtswahlklauseln können daher nicht getrennt von der Gestaltung von Gerichtsstand- oder Schiedsgerichtsklauseln beantwortet werden.

In der Praxis ist ferner zu beobachten, daß Joint-Venture-Verträge oft „neutralen" Rechten unterstellt werden, d.h. Rechten weder des Sitzes der Kapitalgesellschaft noch der (maßgeblichen) Mütter. Dies ist vor dem Hintergrund zu verstehen, daß

— die Parteien, die Sorge haben, ihnen könnten einzelne zwingende Bestimmungen des Landesrechts eines anderen Vertragspartners nicht bekannt sein,

— große Teile des Gesamtvertragswerks ohnehin von zwingend anwendbaren Normen beherrscht sind, nämlich dem Gesellschaftsrecht der Kapitalgesellschaft, dem Kartellrecht, Devisenrecht, Investitionsrecht etc. der betroffenen Staaten, bei denen ohnehin keine Rechtswahl möglich ist,

— die Separatverträge (Engineering, Lizenz, Know-how, Turnkey usw.) eine eigene Rechtswahlklausel haben,

---

163 *Baptista, L. O./Durand-Berthiez*, a.a.O., S. 88, 89; *Kaligin* (einschränkend für Stimmrechtsbindung): Das internationale Gesellschaftsrecht der Bundesrepublik, DB 1985, S. 1449ff. (1453); Münchner Kommentar, BGB, Bd. 7: EGBGB, IPR, München 1983, nach Art. 10 Rdnr. 372 sowie vor Art. 12 Rdnr. 296; *Reithmann*, Internationales Vertragsrecht, 4. Aufl., Köln 1988, Rdnr. 813ff.; *Zweigert, K./v. Hoffmann, B.*, a.a.O., S. 203ff. (206–208).

164 Z.B.: *Baptista/Durand-Berthiez*, a.a.O.; *Kaligin*, Das internationale Gesellschaftsrecht der BRD, DB 1985, S. 1449ff. (1453); *Meier, W.H.*, Die einfache Gesellschaft im internationalen Privatrecht, Zürich 1980; *Reithmann*, a.a.O., Rdnr. 815ff.; *Zweigert, K./v. Hoffmann, B.*, a.a.O.

— die verbleibenden Inhalte des Joint-Venture-Vertrages so sehr von kaufmännischen und unternehmenspolitischen Überlegungen geprägt sind und so atypische Vertragsgestaltungen aufweisen, daß die mit ihnen befaßten Schiedsgerichte (Joint-Venture-Verträge enthalten fast immer Schiedsgerichtsklauseln) im Grunde genommen aus dem Sinn und Zweck der Verträge nach Billigkeitsgesichtspunkten entscheiden müssen.

Natürlich bedarf es zuvor immer der Überprüfung, ob das gewählte Recht der gewollten Struktur angemessen ist. Die Wahl eines bestimmten Rechts ist mindestens da unangemessen oder zumindest sehr problematisch, wo

— der Inhalt dieses Rechts unergründbar ist (z. B. Scharia-Recht),

— dieses Recht Stimmrechtsbindungsverträge verbietet (Frankreich),

— dieses Recht einem gesellschaftsrechtlichen Zusammenschluß die Wirksamkeit verweigert, wenn einem der Vertragspartner das wirtschaftliche Risiko abgenommen wird (z. B. französisches Recht); gerade dies kann aber der Sinn von Buy/Sell-Arrangements sein.

Können sich die Parteien absolut nicht auf ein bestimmtes Landesrecht einigen, so ist zu beobachten, daß als letzter Ausweg Klauseln gewählt werden, nach denen „generally accepted international principles of law" Anwendung finden sollen[165]. Trotz ihrer großen Unbestimmtheit werden solche Klauseln oft immer noch als besser empfunden, als die Frage der Rechtswahl gänzlich offen zu lassen.

Bei komplexen Vertragskonstellationen ist nicht selten zu beobachten, daß drei oder mehr verschiedene Rechte nebeneinander zur Anwendung kommen, z. B.

— Gesellschaftsvertrag: tunesisches Recht

— Joint-Venture-Vertrag: schweizer Recht

— Project Funds Agreement: amerikanisches Recht

— Lieferverträge: deutsches Recht

usw.

Hinzu kommt, daß obendrein eine Vielzahl von zwingenden öffentlich-rechtlichen Normen kraft Gesetzes aus verschiedenen Rechtskreisen auf das gesamte Vertragswerk einwirkt.

Solange die DDR noch nicht ein einheitliches Recht mit der BRD hat und das der DDR nicht wesentlich weiter entwickelt ist, wird man auch bei Joint Ventures in der DDR dazu übergehen müssen, die Kapitalgesellschaften in der DDR zu gründen, aber die Kooperationsverträge unter Gesellschaftern dem Recht der BRD zu unterstellen.

---

165 Lex mercatoria siehe S. 164 f.; siehe auch: *Baptista, L. O./Durand-Berthiez, P.,* a. a. O., S. 88.

4. Gesellschaftsrechtliche Zulässigkeit des Joint-Venture-Vertrages

Joint-Venture-Verträge beschränken faktisch die Kapitalgesellschaft in ihrer geschäftspolitischen Autonomie, da die Mütter untereinander bestimmte Entscheidungen verbindlich festlegen und anschließend durch entsprechend abgestimmtes Verhalten in den Organen der Kapitalgesellschaft durchsetzen.

Joint-Venture-Verträge halten oft diesen Mechanismus der Umsetzung von Policy-Entscheidungen der Mütter in den Organen der Kapitalgesellschaft ausdrücklich fest, wie z. B.:

> „The parties to this Joint Venture Agreement shall procure and exercise their voting rights in the corporation to the effect that ..."

Damit sind zwei Fragen aufgeworfen:

a) Sind solche Stimmrechtsbindungsvereinbarungen unter den Gesellschaftern bzw. Aktionären zulässig?

b) Wie ist das Verhältnis zwischen den Organen (bzw. der Autonomie der Kapitalgesellschaft) und der Gestaltungsbefugnis der Gesellschafter? Inwieweit können die Gesellschafter/Aktionäre einzelne Fragen der Geschäftsführung an sich ziehen oder die Geschäftsführung Weisungen unterwerfen, oder haben Geschäftsführung und Aufsichtsgremien gesetzliche, unentziehbare Kompetenzen, in die die Gesellschafter nicht eingreifen können?

Dabei ist bezüglich der Frage b) ein Aspekt vorab zu präzisieren, nämlich die Frage, inwieweit die Gesellschafter/Joint-Venture-Partner in die Geschäftsführungsbefugnisse der Joint-Venture-Trägergesellschaft eingreifen.

Das nachstehende Schaubild 31 ist einem Handbuch über internationales Management entnommen. Es zeigt, daß in den Konzernzentralen bzw. bei den Müttern schon die großen Zielvorgaben und wesentlichen Weichenstellungen getroffen werden, während sich die Töchter anschließend im Rahmen der Gesamtstrategien der Konzernspitze selbst organisieren, leiten und finanzieren. Die Gesellschaftsverträge der Töchter sind dementsprechend so aufgebaut, daß diese ihre geschäftspolitischen Grundsatzfragen nicht ohne Mitwirkung bzw. Genehmigung der Mütter definieren oder ändern können. Formell geschieht dies meist dadurch, daß die Geschäftsführer der Töchter

— ihre Budgets,

— ihre Investitionsentscheidungen größeren Umfangs (nicht Investitionsentscheidungen im Tagesgeschäft),

— ihre Geschäftsziele und Strategien

Schaubild 31

Einwirkung des Internationalen Management auf die strategische Planung				
	Unternehmens*zentrale*		Tochterunternehmen	
	Top-Management	Bereichs-leitungen	General Management	Bereichs-leitungen
Analyse der Ausgangs-situation	*Vorgabe der Planungszeit-räume und Methodik*	Vorgabe der Informations-inhalte und des formalen Rahmens	Kontrolle der Ausführung, Zusammen-fassung	Ausführung
Interpretation	Übertragung der Erfahrung anderer Länder	Genehmigung	Korrektur und Verabschie-dung der Inter-pretation	Ausführung
Zielsetzung	*Vorgabe der übergeord-neten Unter-nehmensziele,* Genehmigung der Unterneh-mensziele	Vorgabe der Unterneh-mensziele	Vorgabe der Leistungsziele	Ziele in den Funktionsbe-reichen
Strategie-Entwicklung	*Grundlegende Strategievor-gabe,* zum Bei-spiel Wachs-tumsstrategie	Übertragung von Erfahrun-gen anderer Länder, Be-ratung	Korrektur und Gestaltung, Zusammen-fassung	Vorschlagen von Alterna-tiven
Strategie-Bewertung	Zusammen-fassung, Ge-nehmigung	Prüfung auf Synergie-effekte	Prüfung der finanziellen Auswirkungen und Machbar-keit	Prüfung auf finanzielle Auswirkungen
Strategie-Optimierung	*Genehmigung der Gesamt-planung*	Übertragung von Erfahrun-gen, Zusam-menfassung	Gemeinsame Optimierung, Zusammen-fassung	Erarbeitung von Vor-schlägen
Realisierung	Fortlaufende Beobachtung	Bereichspläne Gesamtunter-nehmen	Gesamtpläne Tochterunter-nehmen	Bereichspläne Tochterunter-nehmen
Kontrolle	Gesamtpla-nung und Be-reichsplanung	Gesamtpläne der Tochter-unternehmen	Bereichspläne	Maßnahmen-pläne

Entnommen aus *Höfner, K./Eggle, R.,* Internationales Management, in: Rationalisierung, 33. Jg. (1982), Heft 7/8, S. 150.

von Aufsichtsräten/Beiräten etc. bei den Töchtern genehmigen lassen müssen, in denen Repräsentanten der Konzernspitzen sitzen.

Auch üben die Konzernspitzen eine enorme Macht auf die Töchter dadurch aus, daß sie über die Gesellschafterversammlungen und/oder Aufsichtsratssitzungen bei den Töchtern die Besetzung der Geschäftsführung determinieren sowie die Eigenkapitalausstattung der Töchter in der Hand haben.

Demgegenüber haben die Mütter kein Interesse, sich um das eigentliche Tagesgeschäft der Töchter zu kümmern. Es wäre darüber hinaus auch fatal, wenn die Mütter das Management der Töchter vollständig an sich zögen:

— Damit würden sie die rechtliche Eigenständigkeit der Töchter negieren und die Durchgriffshaftung („piercing the corporate veil") ermöglichen.

— Es wird möglicherweise die Nichtigkeit der Tochter hervorgerufen: Viele Gesellschaftsrechte (nicht alle) wählen als IPR-Anknüpfung das Sitz-Statut (im Gegensatz zum Statut des „registered office"). Käme man zu dem Ergebnis, daß sich der Verwaltungssitz nicht im Lande der Kapitalgesellschaft befindet, sondern bei der Mutter in einem anderen Land, so würde das auf das Sitz-Statut abzielende Landesrecht der Mutter die Kapitalgesellschaft mangels dortiger Handelsregister-Eintragung als nicht wirksam gegründet betrachten — mit allen daraus folgenden Konsequenzen.

Um diesen Gefahren vorzubeugen, ist stets darauf zu achten, daß sich die Mütter lediglich die Grundsatzentscheidungen vorbehalten und daß diese auch durch die kompetenten Organe, in denen die Mütter vertreten sind, ordnungsgemäß beschlossen werden.

Die vorgenannten Fragen sind also präziser zu formulieren:

a) Sind Stimmrechtsbindungsverträge zulässig?

b) Inwieweit ist es gesellschaftsrechtlich zulässig, daß die Mütter die Grundsatzfragen der Töchter durch Joint-Venture-Vertrag festlegen, bzw. wie ist das Verhältnis zwischen Joint-Venture-Vertrag und Eigendetermination der Tochter?

Maßgeblich ist das Gesellschaftsrecht am Sitz der Joint-Venture-Company, der Kapitalgesellschaft oder — falls das Recht des Sitzstaates auf das Inkorporationsstatut verweist — das Recht des Staates, in dem die beherrschte Kapitalgesellschaft inkorporiert ist.

Davon unabhängig kann der Joint-Venture-Vertrag selbst durchaus einem anderen Recht unterliegen: Durch solche Rechtswahl wird das für die beherrschte Kapitalgesellschaft geltende Gesellschaftsrecht aber nicht außer Kraft gesetzt.

Da der hier erläuterte doppelstöckige Vertragsaufbau zuerst im anglo-amerikanischen Rechtskreis entwickelt wurde und von dorther auch seinen Namen hat, sollen zunächst amerikanisches und englisches Recht betrachtet werden:

Amerikanisches Recht

Amerikanisches Recht ist nicht homogen, da die einzelnen Staaten je ihr eigenes Gesellschaftsrecht besitzen, wenn auch der Model Business Corporation Act vereinheitlichend wirkt.

Shareholders Agreements sind typisch für die sog. Close Corporations, die sich durch einen besonders personalistischen Einschlag auszeichnen. In den gesetzlichen Regelungen einiger Staaten sind Shareholders Agreements ausdrücklich − wenn auch rudimentär − erwähnt (so z.B. New York, South Carolina, Delaware, Michigan, New Jersey)[166].

Es gibt eine Vielzahl von Gerichtsentscheidungen[167] zur Zulässigkeit von Joint-Venture-Verträgen, deren grundsätzliche Zulässigkeit außer Zweifel steht. Gesichert scheint, daß solche Shareholders Agreements Bestand haben, wenn sie

a) unter allen Gesellschaftern abgeschlossen sind[168]. (Vereinbarungen, die *nicht* von allen Gesellschaftern abgeschlossen werden, sind *teilweise* aufrecht erhalten[169], in anderen Fällen aber als unbillig empfunden worden[170]);

b) nicht von dem Willen zur Schädigung von Minderheitenaktionären oder Dritten getragen sind[171];

c) die Verantwortlichkeit des Board of Directors nicht gänzlich aufheben, sondern sich auf die Regelung besonders wichtiger Fragen beschränken.

Englisches Recht

Die Gesellschafter können Stimmrechtsbindungsverträge vereinbaren und sind auch in der Lage, in die Geschäftsführung einzugreifen. Nach englischer Rechtsvorstellung haben die Geschäftsführer („directors") nur die

---

166 New York Business Corporation Law Art. 620 (b); Delaware Code Ann., Title 8, Art. 218 (c); Michigan Company Laws, Art. 450.1461; New Jersey Rev. Stat, Art. 14 A, 5-21(1); South Carolina Code Ann., Art. 33-11-220.

167 *Chester Rohrlich,* Organizing Corporate and other Business Enterprises, Loseblattsammlung, New York, 5th Edition, Art. 2 A 11; *Spires,* Doing Business in the USA, Loseblattsammlung, New York, Art. 83.06 (3).

168 Z.B. Clark vs. Dodge, 269 NY 410, 199 NE 641 (1936).

169 Bausch & Lomb Optical Col. vs. Wahlgren, 1 F Supp. 799 (ND III 1932), aff'd 68 F 2 d 660 (7th Cir. (III) 1934).

170 Odman vs. Oleson, 319 Mass 24, 64 NE 2 d 439 (1946).

171 Siehe z.B. die vorerwähnte Entscheidung Clark vs. Dodge.

Rechte („powers and authorities"), die ihnen die Gesellschafter ausdrücklich geben, und verfügen über *keinen gesetzlichen* Freiraum gegenüber den
Gesellschaftern. Das englische Recht akzeptiert daher ganz selbstverständlich, daß der Mehrheitsgesellschafter die Kapitalgesellschaft kontrolliert,
es sei denn, in den Articles of Association wären gegenteilige Bestimmungen enthalten. Konsequenz für die Vertragsgestaltung eines Gemeinschaftsunternehmens: Es stößt in England *nicht* auf rechtliche Bedenken[172], wenn in Shareholders Agreements Fragen der Geschäftspolitik des
Gemeinschaftsunternehmens detailliert geregelt werden; zulässig daher
Formulierungen wie z. B.

> „Each of the shareholders will take such steps as lie within its power to procure
> that the company will enter into an agreement for ..."

oder

> „Each of the shareholders will exercise its voting rights to procure that Mr. X
> shall be reimbursed the cost of ..."

Diese Shareholders Agreements werden im englischen Recht als nützlich
und hilfreich betrachtet, die Position der Minderheitenaktionäre zu stützen. Dabei geht die englische Praxis dahin, die Kapitalgesellschaft selbst
solchen Shareholders Agreements unter den eigenen Aktionären *beitreten*
zu lassen, was — für den deutschen Juristen schwer einsehbar — nicht nur
zulässig, sondern auch sinnvoll ist[173], da sich die Kapitalgesellschaft bei
vertragswidriger Schädigung der Minderheitenaktionäre in „breach of
contract" befindet.

Die durch solche rechtlichen Bindungen zwischen Kapitalgesellschaft und
Minderheitenaktionären entstehenden Rechtsbeziehungen sind auf Schutz
der Minorität gerichtet und daher *nicht* mit Beherrschungsverträgen nach
§§ 291 ff. des deutschen AktG zu vergleichen.

Man muß aber darauf achten, daß die Articles of Association nicht im Widerspruch zum Shareholders/Joint Venture Agreement stehen.

Allerdings kann man (und dies sicherlich auf dem Hintergrund möglicher
Durchgriffshaftungen) in England beobachten, daß in Joint-Venture-Verträgen zur Steuerung von Kapitalgesellschaften vorzugsweise nicht gesagt
wird, was die Gesellschaft tun soll, sondern es wird bevorzugt das ausgeführt, was sie ohne Zustimmung der Gesellschafter nicht tun soll:

> „For so long as either of B and C shall be shareholders of the Company in terms
> of Clause III of this Agreement, *no resolution will be adopted by the Company
> which has not been approved in writing by each of the shareholders* for

---

172 Siehe hierzu: Gower's Principles of Modern Company Law, Fourth Edition, London
  1979, S. 568 ff.
173 Siehe Gower, a. a. O.

(a) the undertaking of *any new project*,

(b) materially amending terms of any contracts in which any shareholder is interested,

(c) ...

(d) determining and adopting its *capital budget*,

..... "

Deutsches Recht

Bei der AG kann die Kompetenz der Hauptversammlung nicht zu Lasten des Vorstandes und des Aufsichtsrates ausgedehnt werden. Anders bei der GmbH, wo die Gesellschafterversammlung Geschäftsführungsfragen an sich ziehen kann. In Deutschland eignet sich für ein Joint-Venture-Konzept wie hier behandelt im wesentlichen nur die GmbH.

Die Zulässigkeit solcher Gesellschaftervereinbarungen außerhalb des GmbH-Vertrages ist zu bejahen[174]. Solche Vereinbarungen führen u. U. sogar zur Nichtigkeit eines widersprechenden Hauptversammlungsbeschlusses[175].

Französisches Recht

Das französische Recht (nicht unbedingt auch das Recht der ehemaligen französischen Kolonien!) steht Stimmrechtsbindungsverträgen grundsätzlich ablehnend gegenüber, und zwar sowohl bei der AG (Société Anonyme) als auch bei der GmbH (Société à Responsabilité Limitée)[176]. Diese grundsätzlich zum Schutz der Aktionäre gemeinte Rechtsauffassung wirkt sich beim Gemeinschaftsunternehmen verherrend aus, weil es nämlich rechtlich nicht zulässig ist, die Minderheitenaktionäre durch Shareholders Agreements abzusichern. Das Schaubild 32 stellt Möglichkeiten dar, wie die Vertragsgestaltung auf die Unzulässigkeit des Joint-Venture-Vertrages nach Landesrecht reagieren kann.

---

174 *Baumann, H./Reiß, W.,* Satzungsergänzende Vereinbarungen und Nebenverträge im Gesellschaftsrecht, ZGR 1989, S. 157–215; *BGH* 27.10.1986, II ZR 240/85, NJW 1987, S. 1890, besprochen von *Ulmer,* NJW 1987, S. 1849.

175 Siehe z. B. die in Fn. 157 genannte BGH-Entscheidung.

176 Paris 21.11.1951, Rev. Soc. 1952.169; Com. 10.6.1960, Bull. III.120; *Baptista, L. O./Durand-Berthiez,* a. a. O., S. 62/63; Colloque de Paris 20, 21, 22 février 1975: La Filiale Commune, Paris 1975, S. 24.

Schaubild 32

Möglichkeiten der Vertragsgestaltung, wenn der Joint-Venture-Vertrag gesellschaftsrechtlich im Landesrecht unzulässig ist

1. Alternative: Man schließt dennoch Shareholders Agreements ab und verläßt sich darauf, daß diese – quasi als Gentleman's Agreement – honoriert werden.

2. Alternative: Das Kapital des Gemeinschaftsunternehmens wird hälftig auf zwei Partner verteilt, so daß auch ohne wirksames Shareholders Agreement kein Aktionär ohne den anderen entscheiden kann.

3. Alternative: Man gründet eine Zwischenholding im Lande selbst, die nur den Zweck hat, paritätische Stimmverhältnisse herzustellen.

Beispiel:

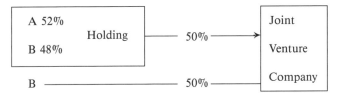

Resultat:

Mit 26% (0,52 × 0,5) des finanziellen Gesamtvolumens des Kapitals des Joint Venture hat A dennoch Kontrolle über 50% der Stimmen.

4. Alternative: Man gründet eine ausländische Holding (z. B. in der Schweiz), die ihrerseits die Mehrheit an einer inländischen Gesellschaft hält und diese kontrolliert. Bei der ausländischen Holding wird dann eine Regelung getroffen, wie sie ihre inländische Tochter leiten soll.

---

5. Die besondere Situation des „Management-Vertrages"

Wiederum im anglo-amerikanischen Rechtskreis ist das Instrument des „Management Agreement" entwickelt worden, durch welches eine Gesellschaft die Führung ihrer Geschäfte einer anderen Gesellschaft, der „Management Company", überläßt[177]. Diese Management-Verträge haben zwei Elemente:

---

[177] *Abels, H.,* Managementverträge im Rahmen internationaler Unternehmenstätigkeit, Diss. St. Gallen Nr. 1034, Bamberg 1987; *Huber, U.,* Betriebsführungsverträge zwischen konzernverbundenen Unternehmen, Zeitschrift für das gesamte Handels- und Wirtschaftsrecht 1988, S. 123 ff.; *Schlüter, A.,* Management- und Consultingverträge,

– eine Dienstleistung der Management Company, die ihr „operationelles Know-how" der Kapitalgesellschaft zur Verfügung stellt,

– eine „delegation of authorities" seitens der Kapitalgesellschaft, durch die diese die Management-Gesellschaft zur Führung der Geschäfte ermächtigt und ihr die dazu erforderlichen Vollmachten erteilt.

Derartige Management-Verträge sind zulässig, solange sich die Kapitalgesellschaft durch ihre Organe die Beaufsichtigung und zumindest gewisse Weisungsrechte an die Management Company vorbehält[178], wohingegen die Management Company im Rahmen dieser Beaufsichtigung und generellen Lenkungsmacht allein schaltet und waltet.

Der Management-Vertrag muß den Umfang dieser Weisungsmacht definieren, enthält in der Regel Beschränkungen für die Kapitalgesellschaft, sich über die generellen Leitungsvorgaben hinaus in das Tagesgeschäft einzumischen und führt daher zu einer (teilweisen) gewissen Entmachtung der Kapitalgesellschaft. Es liegt auf der Hand, daß eine solche Konstruktion rechtlich unzulässig wird, wenn der geleiteten Gesellschaft (bzw. deren Organen) das residuale Weisungsrecht streitig gemacht wird. Außerdem ist (im Hinblick auf haftungs- und steuerrechtliche Probleme[179]) sicherzustellen, daß der Sitz der geleiteten Kapitalgesellschaft, nämlich der Ort, an dem der für die Geschäftsleitung maßgebliche Wille gebildet wird, nicht in einen Staat verlegt wird (z. B. Bundesrepublik Deutschland), welcher der Sitztheorie folgt.

6. Joint Venture und Konzernrecht

Eine der schwierigsten Fragen des Rechts der Gemeinschaftsunternehmen ist sicher diejenige, unter welchen Voraussetzungen ein Haftungsdurchgriff auf die Mutter möglich ist[180]. Maßgeblich ist dabei das Gesellschaftsrecht der beherrschten Gesellschaft. Eine Durchgriffshaftung auf die Gesellschafter (Joint-Venture-Partner) kann auf verschiedene Argumentationen gestützt werden:

RIWV 4, 1987; *Veelken,* Der Betriebsführungsvertrag im deutschen und amerikanischen Aktien- und Konzernrecht, 1975; *Windbichler, C.,* Betriebsführungsverträge zur Bindung kleiner Unternehmen an große Ketten, ZIP 1987, S. 825 ff.; *Zeiger, S.,* Der Management-Vertrag als internationales Kooperationsinstrument, Konstanz 1984.

178 Für die USA: *Spires,* a.a.O. (Fn. 167), Art. 84.03 (3).

179 *FG Hamburg,* Urteil vom 24.10.1986, RIW 1987, S. 724.

180 *Immenga, U.,* Abhängige Unternehmen und Konzerne im europäischen Gemeinschaftsrecht, RabelsZ (48) 1984, S. 48 ff.; *Lutter, M.,* Die zivilrechtliche Haftung in der Unternehmensgruppe, ZGR 1982, S. 244 ff.; *ders.,* Stand und Entwicklung des Konzernrechts in Europa, ZHR (3) 1987, S. 324 ff.; *ders.,* The Law of Groups of Companies in Europe, Forum Internationale, Vol. 1, 1983, Nr. 1; *Möllers, C.,* Internationale Zuständigkeit bei

a) Rechtsmißbrauch der Rechtsform der Kapitalgesellschaft („piercing the corporate veil"). Diese im In- und Ausland anerkannte Rechtsfigur[181] führt immer dann zum Erfolg, wenn die juristische Selbständigkeit der Kapitalgesellschaft völlig mißachtet wird, die Vermögensmengen nicht ordnungsgemäß voneinander getrennt werden, die Töchter finanziell so mangelhaft ausgestattet sind, daß sie allein nicht überlebensfähig sind, oder Töchter so abhängig wie unselbständige Betriebsabteilungen der Mutter/Mütter gehalten werden; eventuell muß man sogar den Sitz der Tochter bei der Mutter annehmen.

b) Die zweite Argumentation baut auf der Idee auf, daß Kapitalgesellschaften grundsätzlich von ihren Organen, insbesondere den Geschäftsführungsorganen, geleitet werden sollen und daß Dritte grundsätzlich die Eigenverantwortlichkeit der Kapitalgesellschaft respektieren sollen.

Dieser Ansatz bietet sich grundsätzlich dort an, wo Entscheidungen, die kraft Gesetzes oder kraft Satzung von einem bestimmten Gremium getroffen werden müssen (wie z. B. dem Conseil d'Administration des französischen Rechts), faktisch aber von einem anderen getroffen werden bzw. ein Nichtberechtigter das zuständige Organ so beeinflußt, daß es seinen Entscheidungen Folge leistet. Im französischen Recht ist für diesen Fall der Begriff „gérance de fait", im englischen Recht der des „shadow director" geprägt worden, die beide besagen sollen, daß eine illegale, aber faktische Führung der Unternehmung durch dazu gesetzlich nicht Berechtigte erfolgt.

Da dieser Fremdeinfluß ungesetzlich ist, könnte er zum Ansatzpunkt für eine Durchgriffshaftung dienen. Fragt man aber, worin der Schaden der beeinflußten Kapitalgesellschaft liegt, so kommt diese Argumentation in Schwierigkeiten: denn ein wirtschaftlicher Schaden kann nur angenommen werden, wenn der Fremdeinfluß zum Nachteil der Gesellschaft ausgeübt wurde. Aber wann erfolgt ein solcher Fremdeinfluß zum Schaden der Kapitalgesellschaft? Und nach welchen Kriterien ist dies abzugrenzen? Wenn man von den Fällen vorsätzlicher Schädigung absieht, führt dieser Ansatz letztlich nicht weiter, weil er nicht definiert, wann ein Fremdeinfluß − und sei er auch ungesetzlich − das Unternehmen wirtschaftlich schlechter stellt, als wenn es von seinen eigenen Organen geleitet worden wäre.

---

der Durchgriffshaftung, Schriften zum deutschen und europäischen Zivil-, Handels- und Prozeßrecht, Bd. 115; *Schiessl, M.,* Haftung im grenzüberschreitenden Konzern, RIW 1988, S. 951 ff.; *van Hecke, G.,* Multinational Enterprises between Hammer and Anvil, Forum Internationale No. 4, April 1984; *Wiedemann, H.,* a. a. O., S. 78, 79; *Woolridge,* Groups of Companies: The Law and Practice in Britain, France and Germany, London 1981.

181 Siehe z. B.: *Lutter,* Haftung in der Unternehmensgruppe, ZGR 1982, S. 248 ff.

Selbst in Frankreich[182], wo bei allen Kapitalgesellschaften strikt an der Idee der Eigenständigkeit der Geschäftsführungsorgane festgehalten wird und wo dieser Ansatz am striktesten befolgt wird, hat man lediglich eine Beweislast-Umkehr durchgeführt: Der faktische Geschäftsführer muß sich entlasten (d. h. beweisen, daß er nicht schlechter geleitet hat als die Organe).

Hinzu kommt, daß dieser Ansatz dort in Schwierigkeiten kommt, wo (z. B. im anglo-amerikanischen Recht) das Kompetenzverhältnis zwischen Geschäftsführungsorganen und Gesellschaftern weitgehend gestaltbar ist, so daß man die Verträge so gestalten kann, daß die wesentlichen geschäftspolitischen Grundsatzentscheidungen ohnehin den Gesellschaftern − oder faktisch dem Mehrheitsgesellschafter − völlig legal zugewiesen sind.

c) Insbesondere im anglo-amerikanischen Raum[183] hat man daher nicht an die Idee der Unzulässigkeit des Fremdeinflusses angeknüpft, sondern die Idee der Treuepflicht in den Vordergrund gestellt: Nach anglo-amerikanischer Auffassung hat das Geschäftsführungsorgan („directors") einer Gesellschaft Treuepflichten gegenüber der eigenen

---

182 *Angermüller, D.,* Die persönliche Haftung von Unternehmensleitern, insbesondere Leitern juristischer Personen, bei Insolvenz des Unternehmens nach dem französischen Insolvenzgesetz vom 13. Juli 1967, Europäische Hochschulschriften; *Bejot, M.,* La Protection des Actionnaires Externes dans le Groupe de Sociétés en France et Allemagne, Brüssel 1976; *Bottiau, D./Trockels, F.,* Der Konzern im französischen Internationalen Privatrecht, RIW 1988, S. 932 ff.; *Brachvogel, G.,* Aktiengesellschaftsrecht und Gesellschaftsgruppe im französischen Recht, Stuttgart 1971; *Junker, A.,* Die faktische Geschäftsführung (Gérance de Fait) in Frankreich und ihre Gefahren für deutsche Unternehmen, RIW 1986, S. 337 ff.; *Karamarias, S. D.,* Präventivschutz der Gesellschafter; Gläubiger- und Arbeitnehmerinteressen beim Eintritt einer französischen Kapitalgesellschaft in einen Konzern; Europäische Hochschulschriften; *Öztek, S.,* La Protection des Actionnaires Externes dans les Groupes de Sociétés Dirigées par une Société Holding, Lausanne 1982; *Schmidt, D.,* Die zivilrechtliche Haftung in der Unternehmensgruppe nach französischem Recht, ZGR 2/1982, S. 276 ff.; *Storp, R.,* Organisation, Kontrolle und Leitung der französischen Tochtergesellschaft durch die deutsche Muttergesellschaft, IWB Fach 5 Gruppe 3, S. 311; *Unger, J.,* Unterkapitalisierung in Belgien und Frankreich, Europäische Hochschulschriften, Reihe 2, Bd. 707, Bonn Univ. 1987.

183 *Apelt, Th.,* Der Konzern im englische Company Law, Steinbacher Wissenschaftliche Reihe, Bd. 1, 1984; *Bühring-Uhle, C./Nelle, A.,* Aktionärsklage und Konzernklage im amerikanischen Recht − ein Modell? Die Aktiengesellschaft 1989, S. 4 ff.; *Buxbaum, R./Schneider, U.,* Die Fortentwicklung der Aktionärsklage und der Konzernklage im amerikanischen Recht, ZGR 2/1982, S. 199 ff.; *Claassen, M. P.,* Der beherrschende Einfluß (Control) im Gesellschafts- und Wirtschaftsrecht der BRD und der USA, Bielefeld, Diss. XXIII, VI, 2; *Druy, J. N.,* Das St. Gallener Konzernrechtsgespräch, Bern/Stuttgart 1988; *Kellermann,* Der Interessenschutz von Minderheitenaktionären und Gläubigern im englischen Konzernrecht, Diss., Münster 1984; *Meier, A.,* Der Grundsatz der Kapitalerhaltung und die Durchgriffshaftung wegen Unterkapitalisierung im deutschen und amerikanischen Gesellschaftsrecht, Europäische Hochschulschriften, Reihe 2, Band 575; *Meinhardt, P.,* Der englische Companies Act 1985, RIW 1987, S. 10 ff.; *Siebel, U.,* Konzernrechtliche Bestimmungen im englischen Companies Act 1948, ZHR Nr. 119, S. 89 ff.

Gesellschaft und damit gegenüber *allen* Aktionären. Handeln die Direktoren nur im Interesse *einzelner* (Mehrheits-)Aktionäre/Gesellschafter, so verletzen sie ihre Pflichten[184].

Da das Geschäftsführungsorgan in der Regel aus natürlichen Personen besteht, muß das Hauptinteresse darin bestehen, die Muttergesellschaften zu erfassen, die diese natürlichen Personen in die Geschäftsführungsorgane entsandt bzw. für deren Wahl gesorgt haben.

Üben einzelne Gesellschafter die Funktionen aus, die eigentlich die Geschäftsführungsorgane wahrnehmen sollten, bzw. beeinflussen sie die Organe einer Tochtergesellschaft dergestalt, daß diese nach ihren Wünschen agieren, so werden diese Gesellschafter denselben Treuepflichten unterworfen, die das Geschäftsführungsorgan gehabt hätte. Mit dieser Konstruktion gelingt es, auch auf die Aktionäre bzw. Gesellschafter zuzugreifen, die die Tochtergesellschaft (bzw. deren Organe) faktisch so beeinflussen oder so lenken, daß hierdurch andere Aktionäre/Gesellschafter geschädigt werden[185].

Unterwirft man die Geschäftsführungsorgane ferner gewissen Pflichten nicht nur gegenüber den Gesellschaftern der Gesellschaft, sondern auch gegenüber Gläubigern, so ist die Kette zur Durchgriffshaftung geschlossen[186].

Diese Durchgriffshaftung greift aber auch im anglo-amerikanischen Rechtskreis erst ein, wenn zum beherrschenden Einfluß bzw. zur Einmischung in die Geschäftsführung die bewußte Benachteiligung oder Schädigung („fraudulent trading") hinzukommt[187].

Die Kriterien, unter denen eine Verletzung der Treuepflicht, ein „fraudulent trading" etc. angenommen werden, sind weitgehend noch sehr unklar.

Da das Kriterium nicht definiert ist, wann die Treuepflicht verletzt ist oder was die Treuepflicht alles beinhaltet, führt auch dieser Ansatz nicht zur Klarheit, sondern zu einer schwer überschaubaren Kasuistik.

Ergänzend ist die Frage zu stellen, wer eine solche Nachteilsfügung im Wege der Schadenersatzklage geltend machen kann. In Frankreich kann

---

184 Z. B. Scottish Cooperative Wholesale Society Ltd. vs. Meyer (1959) AC 324, (1958) 3 All ER 66.

185 Menier vs. Hooper's Telegraph Works Ltd. (1874) 9 Ch. App 350; Clemens vs. Clemens Bros. Ltd. (1976) 2 All ER 268; Scottish Wholesale Cooperative Society Ltd. v. Meyer (1959) AC 324, (1958) 3 All ER 66; sehr ähnlich in der Argumentation: *BGH*, DB 1989, S. 1666, besprochen von *Weisser, J.*, Gesellschafterliche Treuepflicht bei Wahrnehmung von Geschäftschancen durch de facto geschäftsführenden Gesellschafter, DB 1989, S. 2010.

186 Z. B.: Walker vs. Wimbourne (1976) 50 AJR 446; Lonrho Ltd. vs. Shell Petroleum Ltd. (1980) 1 WLR.

187 England z. B.: Charterbridge Corporation Ltd. vs. Lloyds Bank Ltd. (1970) Ch 62, 74.

dies nur die Gesellschaft selbst (action en comblément d'actif); das englische, vor allem aber das amerikanische Recht haben zusätzlich weitgehend die sog. „derivative suits" zugelassen, mit denen den (Minderheits-)Aktionären/Gesellschaftern direkte Klagemöglichkeiten gegen den Mehrheitsgesellschafter eingeräumt werden und die je nach Einzelfall auf Anfechtung der schädigenden Maßnahme oder Schadensersatz gerichtet werden können.

d) Das deutsche Aktienrecht ist mit dem Konzept der Unternehmensverträge einen in Europa einmaligen Weg gegangen. Allerdings hat dieses Konzept inzwischen seine Ausstrahlung eingebüßt[188], nachdem erkennbar wurde, daß auch dieser Ansatz den Konzern noch nicht adäquat erfassen kann und zu viele Lücken offenläßt[189], so daß *Wiedemann* vom Konzern als einer „rechtsfreien Luftblase" spricht[190].

Das deutsche Konzernrecht hat sich durch die Anknüpfung an die Unternehmensverträge zu sehr den Blick auf andere (weitertragende) Ansätze versperrt[191], wie z. B. dem der anglo-amerikanischen Treuepflichterstreckung auf faktische Entscheidungsträger.

Gerade bei der für in Deutschland ansässige Gemeinschaftsunternehmen hauptsächlich in Betracht kommenden GmbH hält die Rechtsordnung ein normiertes Konzernrecht nicht bereit. Das Richterrecht entwickelt sich ständig fort und schwankt zwischen entsprechender Anwendung aktienrechtlicher Bestimmungen/Mißbrauchstatbestände und Ausgehen von der Treuepflicht der Gesellschafter.

Bei einem Vertragsaufbau mit doppelstöckiger Gesellschaft (BGB-Gesellschaft – Joint-Venture-Vertrag – zur Steuerung einer GmbH) würde sich im deutschen Recht die Sonderproblematik stellen, ob diese BGB-Gesellschaft nicht „Unternehmen" i. S. d. § 17 AktG[192] ist und daher analog zu diesem und daher bei nachteiliger Einflußnahme auf das Gemeinschaftsunternehmen die Rechtsfolgen der gesamtschuldnerischen Haftung der Mütter analog §§ 311–317 AktG begründet.

---

188 *Wiedemann, H.,* Die Unternehmensgruppe im Privatrecht: Methodische und sachliche Probleme des deutschen Konzernrechts, Tübingen 1988, S. 2.

189 *Timm, W.,* ZHR 1989, S. 60–72.

190 *Wiedemann, H.,* a. a. O.

191 *Wiedemann, H.,* a. a. O.

192 *Biedenkopf/Koppensteiner,* a. a. O., Art. 15 Rdnr. 13; *Gansweid,* Gemeinsame Tochtergesellschaften, S. 194; *Geßler/Hefermehl/Eckhardt/Kropff,* AktG § 15 Rdnr. 43; *Koppensteiner,* ZHR 131, 289; *Luchterhand, H. F.,* Der Begriff „Unternehmen" im Aktiengesetz 1965, ZHR 132, S. 149 ff.; *Ruwe, W.,* Die BGB-Gesellschaft als Unternehmen i. S. d. Aktiengesetzes, DB 1988, S. 2037; *Schulze, J.,* Einheitliche Leitung von Konzernunternehmen durch mehrere Obergesellschaften und ihre Bedeutung für Konzernrechnungslegung nach dem Aktiengesetz, Die Wirtschaftsprüfung 1968, S. 86 ff.; zur Mehrmütter-Abhängigkeit eines Gemeinschaftsunternehmen siehe z. B.: *BGH*-Urteil vom 8. 10. 1986, DB 1987, S. 2338; *BAG*-Urteil vom 30. 10. 1986, ZIP 1987, S. 1407; *VGH Mannheim,* Urteil vom 25. 9. 1987, IDW-FN 1989, S. 257.

Betrachtet man die Funktion solcher Joint-Venture-Verträge, die unter anderem ganz wesentlich darauf abzielen, die Minderheitspartner gegenüber den Mehrheitsaktionären z. B. dadurch zu schützen, daß bestimmte Entscheidungen von der Mitwirkung der Minderheitspartner abhängig gemacht werden, so erscheint es nicht angemessen, die BGB-Gesellschaft selbst als „Unternehmen" zu werten: Die Abhängigkeit der Tochter besteht vielmehr vom Mehrheitsgesellschafter selbst und unmittelbar.

Die Absicherung des Gemeinschaftsunternehmens durch den Joint-Venture-Vertrag

Beim Gemeinschaftsunternehmen, bei dem neben Gesellschaftsvertrag, Satzung, Articles of Association, Statutes etc. ein Joint-Venture-Vertrag existiert, resultieren aus diesem Joint-Venture-Vertrag direkte Ansprüche der Aktionäre/Gesellschafter untereinander. Insbesondere läßt sich hier im Verhältnis der Joint-Venture-Partner eine direkte Treuepflicht herleiten, die Ansatz für eventuelle Klagen sein kann. Oft wird man in Joint-Venture-Verträgen näher definiert finden, was die Gesellschafter/Joint-Venture-Partner als Verstoß gegen die Treuepflicht empfinden bzw. als unzulässige Nachteilszuführung auffassen, z. B. dahingehend, daß sich kein Partner zu Lasten des Joint Venture Vorteile verschaffen darf, die außerhalb gewöhnlicher Geschäftsusancen liegen, bzw. daß kein Partner Verträge oder Transaktionen mit der Joint-Venture-Gesellschaft zu Konditionen abschließen darf, die voneinander unabhängige Unternehmen *nicht* abgeschlossen hätten (sog. „arm's length principle").

Beispiel:

„Save with the written consent of all of the Shareholders, the Company will not enter into any contract or transaction:

(i) except in the ordinary course of its business and upon an arm's length basis,

(ii) whereby it will receive less than a fair commercial price (less customary trade discounts and allowances) for any of its products or services or will pay more than a fair commercial price (less customary trade discounts and allowances) for any goods or services supplied to it; or

(iii) whereby any person would or might receive remuneration calculated by reference to the income or profits of the Company or whereby its business or any part thereof would be controlled otherwise than by the Board."

Im Grunde genommen zielen diese Formulierungen darauf ab, das betriebswirtschaftliche Prinzip des „profit center" abzusichern: Alle Entscheidungen in bzw. über die Kapitalgesellschaft sind so zu fällen (sei es von den Organen, in den Organen oder durch Dritte mit kontrollierendem Einfluß auf die Organe), daß die Gewinnpotentiale der Kapitalgesellschaft *in* der Kapitalgesellschaft genutzt werden, d. h. daß die Gewinne und Gewinnchancen der Kapitalgesellschaft selbst zufließen und nicht durch Gewinnverlagerungen an andere unlauter abfließen: Lauter ist ein Gewinnabfluß erst dann, wenn er auf einem legalen Gewinnverwendungsbeschluß beruht.

7. Vertrag zugunsten/zu Lasten Dritter; Beitritt der Kapitalgesellschaft zum Joint Venture

Joint-Venture-Verträge enthalten in der Regel Regelungen, die sich teils zugunsten der Kapitalgesellschaft auswirken, teils aber auch die Kapitalgesellschaft belasten, z. B. wenn Fragen der Leistungsbeziehungen zwischen Kapitalgesellschaft und einzelnen Müttern geregelt werden.

So können in einem Joint-Venture-Vertrag beispielsweise die Bedingungen enthalten sein, unter denen die Kapitalgesellschaft eine Rohstoffabbau-Konzession eines Joint-Venture-Partners nutzen darf.

Juristisch gesehen wirkt der Joint-Venture-Vertrag daher als Vertrag zugunsten und/oder zu Lasten Dritter, den die Mütter kraft ihrer Herrschaftsmacht bei der Kapitalgesellschaft entsprechend implementieren.

Um die Nachteile dieser Konstruktion zu bereinigen, ist insbesondere im anglo-amerikanischen Rechtskreis der Ausweg entwickelt worden, die Kapitalgesellschaft (nach ihrer Gründung) dem Joint-Venture-Vertrag als Vertragspartei beitreten zu lassen. Damit entsteht eine bemerkenswerte Vertragsstruktur, bei der die Kapitalgesellschaft Vertragspartei ihrer eigenen Obergesellschaft (Joint Venture) wird.

Im anglo-amerikanischen Rechtskreis bewirkt ein solcher Beitritt eine beträchtliche Verstärkung der Rechte von Minderheitsgesellschaftern[193]: Wird durch Organentscheid bei der Kapitalgesellschaft eine Entscheidung unter Verstoß gegen eine Regelung des Joint-Venture-Vertrages beschlossen, so befindet sich die Kapitalgesellschaft „in default" mit allen daraus resultierenden Konsequenzen. Im Joint-Venture-Vertrag kommen dann Formulierungen zustande wie z. B.

„*The Company hereby undertakes* to perform and observe and each of the shareholders hereby agrees and undertakes with the others of them to exercise its voting rights for the time being in the Company to procure that the Company

---

193 Gower's Principles of Modern Company Law, Fourth Edition, London 1979, S. 568 ff.

performs and observes the provisions of this Agreement and particularly to perform the following covenants:

(a) ...

(b) ...

(c) ..."

Im deutschen Recht wäre allerdings ein solcher Beitritt gefährlich: Die Qualifizierung des Joint-Venture-Vertrages als Unternehmensvertrag gemäß §§ 291 ff. AktG bzw. analog § 291 AktG — und damit deren Nichtigkeit mangels Handelsregistereintragung — liegt nahe.

8. Widersprüchlichkeiten zwischen Joint-Venture-Vertrag und Gesellschaftsvertrag/Satzung

Betrachtet man Gesellschaftsvertrag und Joint-Venture-Vertrag nebeneinander, so sieht man, daß der Joint-Venture-Vertrag der umfassendere Vertrag ist, der sehr viel mehr Inhalte aufweist als ein Gesellschaftsvertrag, bei dem es aber auch Überschneidungen mit dem Gesellschaftsvertrag geben kann. Es entspricht in der Regel der Interessenlage, Bestimmungen ins Vertragswerk aufzunehmen, daß der Joint-Venture-Vertrag dem Gesellschaftsvertrag vorgehen soll[194], d.h. sollten Widersprüche oder Interpretationsunterschiede auftauchen, die sich unter dem Joint-Venture-Vertrag anders darstellen als unter dem Gesellschaftsvertrag, so soll der Joint-Venture-Vertrag im Verhältnis der Vertragsparteien untereinander den Ausschlag geben. Bei direkten Widersprüchen beinhaltet diese Klausel, daß die Parteien den Gesellschaftsvertrag ändern müssen, falls dieser im Widerspruch zum Joint-Venture-Vertrag steht. Zu beachten ist dabei allerdings, daß hierbei nicht gegen zwingende gesetzliche Regelungen des Gastlandes verstoßen werden darf — diese kann auch ein Joint-Venture-Vertrag nicht beiseite schieben.

„In the event of any conflict or inconsistency between the provisions of this Joint Venture Agreement and any Article of the Articles of Association of the Company, the provisions of this Joint Venture Agreement as concluded between the parties hereto shall prevail in all respects and each party hereto hereby undertakes and covenants with the others of them that it will exercise its voting rights for the time being in the Company and take all such steps as shall for the time being lie within its power to procure full observance and compliance by the Company with the provisions of this Joint Venture Agreement, including for this purpose if and whenever required the procurement and adoption of any amendment of any Article of the Articles of Association of the Company so as to conform with the provisions of this Joint Venture Agreement."

---

194 A.A. *Ebenroth, C.,* Das Verhältnis zwischen Joint-Venture-Vertrag, Gesellschaftssatzung und Investitionsvertrag, JZ 1987, S. 265 ff.

9. Formelle Selbständigkeit der einzelnen Verträge – Vertragliche Verknüpfungen

Die einzelnen Verträge (Joint-Venture-Vertrag, Gesellschaftsvertrag, Separatverträge) haben zunächst formell ein Eigenleben, wohingegen sie wirtschaftlich nur in ihrer Gesamtheit den rechtlichen Bindungswillen voll widerspiegeln. Es stellt sich daher z. B. die Frage, welche Auswirkungen es auf das Gesamtvertragswerk haben muß [195], wenn bei *einem* der Vertragstexte eine Leistungsstörung eintritt, z. B.:

— Einer der Partner des Joint-Venture-Vertrages verstößt gegen vertragliche Verpflichtungen aus dem Joint-Venture-Vertrag. Dies muß keineswegs einen Verstoß gegen vertragliche Verpflichtungen aus dem Gesellschaftsvertrag beinhalten. Ergeben sich aus einem Verstoß gegen den Joint-Venture-Vertrag Möglichkeiten zur Kündigung des Gesellschaftsvertrages? Rechtfertigen Verstöße gegen den Joint-Venture-Vertrag Ausschlußklagen oder Einziehung von Geschäftsanteilen?

— Einer der Verträge erweist sich als rechtlich unwirksam: Welche Auswirkungen hat dies auf die anderen Verträge? Ist die Rechtswirksamkeit eines jeden dieser Verträge Geschäftsgrundlage für die jeweils anderen Verträge?

— Die Joint-Venture-Verträge sind ihrerseits keine synallagmatischen Austauschverträge, sondern stellen Gesellschaftsverträge ohne eigene Rechtspersönlichkeit dar (im deutschen Recht: BGB-Gesellschaft). Bedenkt man, daß die Trägergesellschaft und der Joint-Venture-Vertrag jeweils beide gesellschaftsrechtliche Zusammenschlüsse – oft sogar nach unterschiedlichem Recht – sind, so stellt sich die Frage, wie das Zusammenspiel der verschiedenen anwendbaren Rechtsbestimmungen ist. Wie ist z. B. die Rechtslage, wenn ein Joint Venture gekündigt werden soll? Unterstellen wir z. B. einmal, eine Joint-Venture-Trägergesellschaft ist nach tunesischem Recht (französischer Rechtskreis) mit Sitz in Tunis gegründet; der Joint-Venture-Vertrag unterliegt jedoch schweizer Recht und wird dort als Société Simple (etwa BGB-Gesellschaft deutschen Rechts) betrachtet. Kann es nun vorkommen, daß die Kündigung/Auflösung der Trägergesellschaft durch andere Rechtsbestimmungen geregelt wird (tunesisches Recht) als die Kündigung/Auflösung des Joint-Venture-Vertrages (Société Simple schweizer Rechts)?

— Welches Schicksal haben diese Verträge bei Konkurs eines Partners? Gelten durch die andere Rechtsform und durch anderes materielles Recht andere Bestimmungen für die Kapitalgesellschaft und den Joint-Venture-Vertrag?

---

195 Siehe z. B. *Baptista/Durand-Berthiez,* a. a. O., S. 92 ff.

- Wie verhält es sich, wenn die Parteien des Joint-Venture-Vertrages und des Gesellschaftsvertrages unterschiedlich sind und nur gegen einen der Verträge verstoßen wird?
- Und wie verhält es sich, wenn die Parteien von Joint-Venture-Vertrag und Gesellschaftssatzung unterschiedlich sind?

Es ist möglich (und nicht selten), daß die Vertragsparteien eines Joint-Venture-Vertrages *nicht* mit den Vertragsparteien eines Gesellschaftsvertrages identisch sind:

Beispiel 1:
Der Joint-Venture-Vertrag wird nur zwischen den Hauptaktionären abgeschlossen und läßt ganz bewußt Minderheitsaktionäre, die in der Gestaltung des Joint Venture nicht mitwirken sollen, außen vor.

Beispiel 2:
Eine staatliche Gesellschaft vergibt einem Joint Venture eine Konzession zur Exploration und Ausbeutung bestimmter Rohstoffvorkommen, stellt bestimmte Infrastruktur-Einrichtungen bereit und unterzeichnet zu diesem Zweck einen Joint-Venture-Vertrag mit den Investoren, ohne sich jedoch an der zu gründenden Kapitalgesellschaft selbst mit zu beteiligen.

Diese (und viele andere) Fragen, die sich aus der Pluralität der Verträge ergeben, sind nahezu unlösbar, wenn man nicht versucht, sie in den Vertragswerken anzugehen. Also fängt die Praxis an, die Verträge untereinander so zu verknüpfen, daß dem einheitlichen Rechtsbindungswillen der Parteien Rechnung getragen wird und daß zumindest die eine oder andere der vorgenannten Problemfragen im Vertragswerk gelöst werden kann.

Wie die Verknüpfung der Verträge im einzelnen aussieht, ist weitgehend von unternehmenspolitischen Erwägungen abhängig. Nachstehend sollen einige Aspekte solcher Verknüpfungen aufgezeigt werden:

a) Im Joint-Venture-Vertrag findet man oft die Bestimmung, daß er Vorrang haben soll gegenüber dem Gesellschaftsvertrag mit der Konsequenz, daß die Parteien den Gesellschaftsvertrag (im Rahmen des gesetzlich Zulässigen) ändern müssen, falls er im Widerspruch zum Joint-Venture-Vertrag steht (siehe vorstehend, Ziff. 8).

Solche Divergenzen können auch zwischen Joint-Venture-Vertrag und einzelnen Separatverträgen auftreten, wenn sich beide mit denselben Aspekten befassen. Um zu verhindern, daß unterschiedliche Regelungen und unterschiedliches Recht zur Anwendung kommen, ist der Konflikt durch geeignete Formulierung aufzulösen, d. h. die Rangfolge der vertraglichen Bestimmungen ist festzulegen.

b) Man kann möglicherweise im Gesellschaftsvertrag einen Hinweis oder eine Verweisung auf einen Joint-Venture-Vertrag unterbringen, und zwar so, daß Verstöße gegen den Joint-Venture-Vertrag auch die gesellschaftsrechtlichen Rechtsinstitute wie z. B. Kündigung, Einziehung etc. auslösen.

c) Man kann die Laufzeit bzw. die Rechtswirksamkeit eines der Verträge an die Rechtswirksamkeit bzw. die Laufzeit des jeweils anderen Vertrages binden. Man kann also z. B. in einem Joint-Venture-Vertrag bestimmen, daß dieser Vertrag so lange Gültigkeit unter den Partnern haben soll, wie diese auch Aktionäre der Kapitalgesellschaft sind, und daß der Joint-Venture-Vertrag in bezug auf einen bestimmten Partner automatisch dann als gekündigt gilt oder gekündigt werden kann, wenn der betreffende Partner aufhört, Aktionär der Kapitalgesellschaft zu sein. Solche Bestimmungen findet man nicht selten auch in den Technologieverträgen zwischen einzelnen Partnern und der Trägergesellschaft. In einem Lizenzvertrag kann es z. B. heißen, daß die Lizenz automatisch endet oder gekündigt werden kann, wenn die Kapitalbeteiligung des Lizenzgebers am Joint Venture auf die eine oder andere Weise beendet wird. Man kann sich aber auch genau die entgegengesetzte Bestimmung vorstellen, nämlich daß die Lizenz trotz Aufgabe oder Verlustes der Kapitalbeteiligung an der Trägergesellschaft weiterlaufen soll. Gerade an diesem Beispiel wird deutlich erkennbar, daß die wirtschaftliche Interessenlage mal die eine oder aber auch die andere Lösung angezeigt erscheinen läßt und daß hier unternehmenspolitische Grundsatzfragen berührt werden.

d) Eine der möglichen Verknüpfungen setzt auch bei den nachstehend noch näher erläuterten Buy/Sell-Arrangements an: Man kann eine Automatik in die Verträge einfügen, nach der bestimmte Ereignisse (z. B. Kündigung einer Lizenzvereinbarung) bestimmte Kauf- oder Verkaufsverpflichtungen bezüglich der Beteiligung eines oder mehrerer Gesellschafter/Aktionäre auslöst.

10. Das Verhältnis zwischen Joint-Venture-Vertrag und Organkompetenzen der Joint-Venture-Trägergesellschaft

Probleme treten immer wieder auf in der Frage des Verhältnisses zwischen Organkompetenz der Organe der Kapital-Trägergesellschaft und dem Joint Venture als Obergesellschaft. Kann der Verwaltungsrat/Board of Directors/Conseil d'Administration Projekt- oder Konzeptänderungen beschließen, die im Joint-Venture-Vertrag anders geregelt sind? Formell ist gesellschaftsrechtlich nach dem jeweils gültigen Gesellschaftsrecht die Zuständigkeit der Organe und deren Verantwortung für die Leitung der Kapitalgesellschaft nicht an die Regelungen des Joint-Venture-Vertrages gebunden. Aber die einzelnen Partner sind durch den Joint-Venture-Vertrag gebunden, ihre Vertreter in den Organen der Kapitalgesellschaft dazu zu veranlassen, ihr Stimmrecht nur unter Berücksichtigung des Joint-Venture-Vertrages auszuüben; dahingehende Klauseln gehören fast schon zu den Standard-Klauseln von Joint-Venture-Verträgen, die sich insoweit in dieser Hinsicht als Stimmrechtsbindungsverträge entpuppen (nach GesR zulässig? — ordre public?). Abstimmungen entgegen dieser Regel stellen mithin Vertragsverstöße gegen den Joint-Venture-Vertrag durch die mitbestimmenden Mütter dar. Soweit die Kapitalgesellschaft ebenfalls Vertragspartei ist, liegt gleichzeitig ein Vertragsverstoß seitens der Kapitalgesellschaft vor. Werden daher bestimmte vertragliche Grundsätze des Joint Venture berührt, so bedarf es gleichzeitig eines Nachtrages zum Joint-Venture-Vertrag, z. B.

> „Each of the shareholders agrees that so long as it owns beneficially any shares in the capital of the Company it will exercise its voting rights for the time being in the Company and take such other steps as shall for the time being lie within its power to procure that no resolution will be adopted by the Company to alter its Memorandum or Articles of Association which has not been approved in writing *by each shareholder.*"

Gerade dieser Mechanismus kann zum Schutz von Minderheitenaktionären benutzt werden, die ansonsten schutzlos Änderungen des Unternehmenskonzeptes durch den Mehrheitsaktionär ausgesetzt wären. Es soll noch einmal betont werden, daß Joint-Venture-Verträge/Shareholders Agreements sehr oft eine Schutzfunktion für Minderheitspartner ausüben, um diesen eine Vertretung in den Organen der Kapitalgesellschaft und Schutz vor Eigenmächtigkeiten der Mehrheitsgesellschafter zu gewähren:

> „(1) So long as E holds beneficially not less than (x) shares in the nominal value of the issued share capital of the Company, it shall be entitled at any time and from time to time to appoint *one director* to the Board.
>
> (2) For so long as E shall be shareholder of the Company, no resolution will be adopted by the Company which has not been approved in writing by each of the shareholders for
>
> (a) the undertaking of any new project,
>
> (b) concluding, materially amending terms or terminating of any contracts in which any shareholder is interested,
>
> (c) determining and adopting its capital budget,
>
> (d) granting of a general power of attorney,
>
> (e) cessation of the business of the Company,
>
> (f) the making of any loan to or guaranteeing any indebtedness or other obligation of any person, firm or corporation other than loans to or guarantees for the employees of the Company within the limits sanctioned by the Board,

(g) the establishment and composition of Board Committees,

(h) participation in the equity of any company."

Alle diese Formulierungen zielen darauf ab, dem Minderheitsaktionär E Mitspracherechte im Joint Venture zu sichern. Dabei sind in der vorgenannten Formulierung verschiedene Gefahren ins Auge gefaßt worden, gegen die sich E schützen wollte:

— Verlust seiner Vertretung in den Organen: Ziff. 1,

— Verlust von Mitspracherechten durch Verlagerung von Kompetenzen (Delegation von Befugnissen): Ziff. 2, (d) und (g),

— Sicherstellung der Einwirkungsmöglichkeiten auf wesentliche Geschäftsführungsentscheidungen: Ziff. 2, (a), (c), (e), (h),

— Abschluß, Änderung oder Beendigung wesentlicher Verträge mit Mitgesellschaftern: Ziff. 2, (b) und (f), wobei 2 (f) unausgesprochen auf die Darlehnsgewährung innerhalb des Konzerns abstellt.

Hat sich ein Joint-Venture-Partner auf solche Art bestimmte Mitspracherechte gesichert, so kann es allerdings seitens dieses Partners treuwidrig sein, den Vertragsverstoß geltend zu machen, z. B. dann, wenn ein Vertreter der betreffenden Mutter einen Beschluß im Organ der Kapitalgesellschaft mitgetragen hat, der von dieser Mutter genehmigungspflichtig war.

Es gibt auch die Möglichkeit, den letztgenannten Gedanken in den Joint-Venture-Vertrag aufzunehmen:

> „Any consent or approval required from the parties of this Joint Venture Agreement shall be deemed to be given when such consent or approval has been granted by all directors appointed by such shareholder."

Durch eine solche Formulierung sollen Verfahrenserleichterungen geschaffen werden, damit nicht nach einer Zustimmung im Organ der Tochter noch einmal eine formelle schriftliche Zustimmung folgen muß.

Die Umsetzung des Joint-Venture-Vertrages in die Organbeschlüsse setzt natürlich voraus, daß die Vertreter der Mütter in den Organen die Regelungen des Joint-Venture-Vertrages ganz oder zumindest in relevanten Teilen kennen. Oft wird man beobachten, daß den Vertretern nicht das gesamte Vertragswerk offenbart wird.

Vereinzelt sind diese Fragen auch gesetzlich geregelt: In Algerien z. B. gibt es eine Sondergesetzgebung über Gemeinschaftsunternehmen (nach dortiger Terminologie: „Société mixte" — „gemischtwirtschaftliche Gesellschaft"). In Artikel 30 und 31 des Gesetzes Nr. 82-13 vom 28. 8. 1982 heißt es über die „Vereinbarungsprotokolle" (= Joint-Venture-Vertrag):

> „Artikel 30 — Unbeschadet der Bestimmungen des Handelsgesetzbuches darf die Hauptversammlung oder der Verwaltungsrat der gemischtwirtschaftlichen Gesellschaft die sich aus dem Vereinbarungsprotokoll ergebenden Pflichten

weder ändern noch ergänzen. Im Falle einer Änderung des Vereinbarungsprotokolls während der Dauer des Bestehens der gemischtwirtschaftlichen Gesellschaft muß deren Satzung entsprechend abgeändert und durch eine notarielle Urkunde gemäß dem in Art. 11 vorgesehenen Verfahren an das Vereinbarungsprotokoll angepaßt werden.

Artikel 31 — Die Hauptversammlung oder der Verwaltungsrat sind nicht befugt, die Zusammensetzung des Verwaltungsrats gemäß der Definition des Vereinbarungsprotokolls und den satzungsgemäßen Festlegungen zu ändern. Die Partner sind jedoch berechtigt, jeweils ihre Verwaltungsratsmitglieder zu ersetzen. Dadurch darf jedoch weder das Gleichgewicht noch die Aufteilung der Haftung unter den Vertretern der Partner berührt werden."

11. Die Treuepflicht im Joint Venture

Im Rahmen der vorangehenden Kapitel insbesondere zum Konzernrecht wurde auf den vor allem anglo-amerikanischen Ansatz hingewiesen, aus dem Prinzip der Treuepflicht in der Kapitalgesellschaft zu bestimmten Haftungsansprüchen zu gelangen, die primär der Gesellschaft selbst zustehen, dann aber auch abgeleitet von den einzelnen Gesellschaftern selbst als „derivative suit" geltend gemacht werden können. Diese „derivative suits" richten sich auf Rückgängigmachung der schädigenden Handlung oder, wenn dies nicht möglich ist, auf Schadenersatz primär an die Gesellschaft selbst und nur in Einzelfällen direkt an die Gesellschafter.

Außerhalb des anglo-amerikanischen Rechtskreises wird noch zurückhaltend mit dem Prinzip der Treuepflicht gearbeitet, in Frankreich überhaupt nicht. Der BGH wendet sich zunehmend auch bei der deutschen Aktiengesellschaft der Anerkennung von Treuepflichten zu[196]; bei der deutschen GmbH ist die Treuepflicht der Gesellschafter gesicherter Bestand des GmbH-Rechts[197].

Im Joint Venture läßt sich auf jeden Fall kraft Joint-Venture-Vertrages eine Treuepflicht der Joint-Venture-Partner untereinander begründen: Diese Treuepflicht ergibt sich immanent aus der Konstruktion des Joint Venture als BGB-Gesellschaft oder vergleichbarem ausländischem Rechtsinstitut[198]. Oft schlägt sich das Prinzip der Treuepflicht expressis verbis in einzelnen Vertragsbestimmungen nieder:

> „The parties shall cooperate with each other in carrying out the purpose of this Agreement with a view to solving in good faith any problems arising from the practical operation of this Agreement. The parties shall endeavour in good faith

---

196 Siehe z. B. Urteil vom 1. 2. 1988, NJW 1988, S. 1579; BGHZ 65, 15 (18 f.); BGHZ 71, 40 ff.
197 *Winter, M.,* Mitgliedschaftliche Treuebindung im GmbH-Recht, München 1988.
198 USA siehe z. B. *Spires,* a. a. O., Art. 7.05.

to ensure that this Agreement shall operate *fairly* to both of the parties and to agree upon such changes to this Agreement as may be requisite in that regard"

oder

„The parties shall faithfully cooperate with each other in all matters related to the project as per Article 2 paragraph 3 hereof."

Damit eröffnet der Joint-Venture-Vertrag ganz selbstverständlich Klagemöglichkeiten der Vertragsparteien untereinander.

Der Anspruch richtet sich je nach den Gegebenheiten des Einzelfalles

— auf Erfüllung des Vertrages,

— auf Rückgängigmachung vertragswidriger Maßnahmen,

— auf Schadenersatz an die Gesellschaft selbst; nur in Sonderfällen wird der Schaden unmittelbar beim Gesellschafter eintreten und ein Anspruch auf Schadenersatz an den Gesellschafter direkt entstehen.

In denjenigen Rechten, die grundsätzlich prozessual keine „specific performance" gewähren (England), d. h. keine prozessuale Durchsetzung von Ansprüchen auf ein Tun oder Unterlassen ermöglichen, stehen Nichtigerklärung und Schadenersatz im Vordergrund.

Gewisse Treuepflichten entstehen auch schon *vor* Vertragsabschluß: Bei Abbruch der Vertragsverhandlungen ohne triftigen Grund kann eine Haftung für Verschulden beim Vertragsschluß entstehen [199].

Es zeichnen sich Tendenzen ab, daß auch Konzernobergesellschaften Treue- und Mitwirkungspflichten unterworfen sein können, wenn sie bestimmenden Einfluß auf eine die Treuepflicht verletzende Tochter haben und an den Vertragsverhandlungen für die Tochter aktiv mitwirken und z. B. für die Tochter eine Bürgschaft übernehmen [200].

12. Joint-Venture-Vertrag und Vorgründergesellschaft

Oft werden Joint-Venture-Verträge *vor* Gründung der das Projekt tragenden Kapitalgesellschaft gegründet, z. B. wenn der Joint-Venture-Vertrag für die Implementierung des Projekts aufschiebende Bedingungen statuiert (oft: die Sicherstellung der Gesamtfinanzierung oder der Erhalt bestimmter staatlicher Genehmigungen).

---

199 *Kapp, T.,* Der geplatzte Unternehmenskauf: Schadensersatz aus culpa in contrahendo bei formbedürftigen Verträgen, DB 1989, S. 1224 ff.; *OLG Stuttgart,* Urteil vom 7. 7. 1989, DB 1989, S. 1817; *Reinicke, D./Tiedtke, K.,* Schadensersatzverpflichtungen aus Verschulden beim Vertragsabschluß nach Abbruch von Vertragsverhandlungen ohne triftigen Grund, ZIP 1989, S. 1093 ff.
200 *BGH*-Urteil vom 20. 6. 1989, KZR 13/1988, ZIP 18/1989 A 133.

Der Joint-Venture-Vertrag qualifiziert sich dann bis zum Moment der Gründung der Kapitalgesellschaft als Vorgründervertrag. Ab Unterzeichnung des Gesellschaftsvertrages entsteht daneben eine Vorgesellschaft, die sich später in eine Kapitalgesellschaft umwandelt. Ab Rechtsfähigkeit der Kapitalgesellschaft wandelt sich der Joint-Venture-Vertrag in ein Shareholders Agreement um — in eine satzungsergänzende Nebenvereinbarung.

Im Hinblick auf diese Vorgründungsphase ist es besonders wichtig, im Vertragswerk festzuhalten, welche Kosten in dieser Phase verauslagt werden sollen und wer diese Kosten vorübergehend und endgültig trägt, insbesondere auch, wer die Kosten trägt, falls die Kapitalgesellschaft nicht zur Gründung kommt (Ausgleichspflicht der Partner untereinander gewollt oder abbedungen?).

Aufmerksam betrachtet werden sollte auch die Frage, ob diese Gründungsvorkosten später der Kapitalgesellschaft angelastet werden können und sollen. Diese Frage ist oft Gegenstand von Dissensen unter den Vertragspartnern; darüber hinaus besteht Veranlassung zur Überprüfung nach dem geltenden Gesellschaftsrecht der Kapitalgesellschaft, ob und wie diese solche Kosten übernehmen darf.

Vielfach einigen sich die Partner im Rahmen von Joint-Venture-Verträgen darauf, daß die gegründete Kapitalgesellschaft nach der Erlangung ihrer Rechtsfähigkeit bestimmte Vermögensgegenstände (Grundstück, Maschinen und Anlagen) von einzelnen Gesellschaftern erwerben soll. In einigen Rechten (Deutschland, Schweiz, Türkei) werden solche nachträglichen Anschaffungen unter bestimmten Voraussetzungen als „Nach-Sachgründung" behandelt und verlangen ein besonderes Prüfungsverfahren, ohne das die Beteiligten sich der gesamtschuldnerischen Haftung aussetzen.

Auch Formfragen sind zu beachten: Je nach dem gewählten Recht kann es erforderlich sein, den Joint Venture-Vertrag zu notarisieren, z. B. wenn er Kauf- oder Verkaufsverpflichtungen über Grundstücke oder Geschäftsanteile enthält.

13. Joint Venture und Kartellrecht

Wenn ein Unternehmen eine Technologie in ein Joint Venture einbringt, dann hat dieses Unternehmen kein Interesse daran, sich eine eigene Konkurrenz — im Heimatland oder auf Drittmärkten — aufzubauen. Es ist daher häufiger Bestandteil von Joint-Venture-Vertragswerken, daß die Parteien den Zielmarkt und die Marketingstrategie des Joint Venture festlegen. Damit ist das Thema des Kartellrechts und der Wettbewerbsbeschränkungen manifest.

Immer wenn tatsächliche Konkurrenten durch den Zusammenschluß in ihrem Marktverhalten beschränkt werden oder potentielle Konkurrenten durch den Zusammenschluß daran gehindert werden, den Markt für sich zu eröffnen und hierdurch eine spürbare Beeinträchtigung des Wettbewerbs entsteht, ist der Zusammenschluß nach dem betreffenden Kartellrecht zu überprüfen, sei es nach GWB, Art. 85 EG-Vertrag, Art. 7 Clayton Act USA, UK Unfair Trading Act o. ä.

Antitrust-Gesetzgebungen gibt es heutzutage in allen Industrieländern; in diversen Entwicklungsländern gibt es solche Regelungen noch nicht.

Die gesamte Problematik des EG-Kartellrechts, des deutschen, amerikanischen, japanischen, englischen, französischen, australischen, kanadischen etc. Kartellrechts kann und soll nicht Gegenstand dieser Ausführungen sein.

Lediglich auf einige wenige Aspekte sei hingewiesen:

a) Die Notwendigkeit kartellrechtlicher Überprüfung setzt *nicht* voraus, daß das Joint Venture im Zielmarkt angesiedelt ist. Für den EG-Bereich z. B. wurde es in der Vergangenheit stets als ausreichend betrachtet, wenn *eine* der Mütter selbst oder *mit einer Konzerntochter* (Fiktion einer Zurechnung des Verhaltens der Mutter zum Verantwortungskreis der Tochter) oder mit Repräsentanzen, Agenten, Importeuren etc. in der EG angesiedelt ist und durch das Joint Venture der Wettbewerb in der EG beeinflußt werden kann, oder wenn weder Joint Venture noch eine der Mütter noch eine Tochtergesellschaft in der EG angesiedelt sind und lediglich die Wirkungen eines Auslands-Zusammenschlusses auf den EG-Bereich einwirken (extraterritoriale Wirkung des Kartellrechts)[201].

b) Es ist nicht erforderlich, daß das Joint-Venture-Vertragswerk *expressis verbis* wettbewerbsbeschränkende Klauseln enthält. Es ist ausreichend, wenn die juristische Gesamtstruktur so eingerichtet ist, daß faktisch die Mütter zu einer Abstimmung gezwungen werden.

Beispiel:
Zwei Mütter gründen ein 50%:50%-Joint Venture, welches die gesamten Forschungs- und Entwicklungsaktivitäten für beide Mütter in einem bestimmten Sektor übernehmen soll. In dieser Konstellation ist von den Müttern bewußt die Pattsituation im Gemeinschaftsunternehmen geplant worden.

Dieser Fall war deswegen problematisch, weil in dem relevanten Markt der Wettbewerb wesentlich auch über Produktneuentwicklungen stattfindet und insoweit der Wettbewerb eingeschränkt wurde[202].

---

201 Siehe z. B. Urteil des *EG-Gerichtshofes* vom 27. 9. 1988, DB 1988, S. 2621 f.
202 Siehe z. B. den Fall Henkel ./. Colgate: 1972 OJ L 14/14; 8th Report on Competition Policy.

c) Durch die Rechtswahl des Joint-Venture-Vertrages selbst kann zwingendes Kartellrecht nicht abgewählt werden. Ob zusätzlich das Kartellrecht des gewählten Rechts anwendbar wird, ist streitig[203], richtigerweise aber wohl abzulehnen.

d) Im Kartellrecht wird der Begriff „Gemeinschaftsunternehmen " abweichend von der in diesem Buch verwendeten Begriffsdefinition benutzt[204].

14. Die Beendigung des Joint Venture

Muß die Zusammenarbeit bzw. die Kooperation der Partner im Joint Venture — aus welchen Gründen auch immer — beendet werden, sei es

— weil sich das Joint-Venture-Konzept als nicht sinnvoll herausgestellt hat und das Projekt beendet wird,

— weil sich die Partner im Streit miteinander befinden oder einander nicht mehr verstehen,

— weil sich für alle (oder nur für einzelne?) Partner wesentliche Veränderungen ergeben haben, die einen Wegfall der Geschäftsgrundlage bedeuten,

— weil ein Partner aus Gründen ausscheiden muß, die in seiner Person liegen (Vermögensverfall, Finanznot, Konkurs, Pfändung, Erbfolge),

— weil ein Partner nachhaltige Vertragsverstöße begeht,

— weil ein Partner Übernahme-Angeboten (take-over offer; green-mailing) nicht widerstehen kann,

— weil der Gaststaat einzelne Partner zu einer Aufgabe der Beteiligung zwingt,

so haben die Parteien, soweit sich nicht die Möglichkeit einer Fortführung der Zusammenarbeit in vertraglich abgeänderter Form bietet, nur zwei Möglichkeiten:

— Das Projekt wird liquidiert,

— ein Partner übernimmt die Anteile des anderen Partners und führt das Projekt allein weiter.

---

203 Siehe z.B. *Basedow, J.,* Entwicklungslinien des internationalen Kartellrechts, NJW 1989, S. 627ff. (631f.).
204 Siehe oben S. 29.

Die Joint-Venture-Verträge gehen in der Praxis meist umgekehrt vor:

— Sie stipulieren für bestimmte Situationen Kauf- oder Verkaufsoptionen (Buy/Sell Arrangements);

— wird keine solche Option ausgeübt, so muß das Projekt liquidiert und abgewickelt werden.

Grundfall eines Buy/Sell Arrangement

Ein Buy/Sell Arrangement oder allgemeiner eine Klausel zur Beendigung eines Joint Venture hat logischerweise folgenden Aufbau:

1. Festlegung der Situationen, in denen die Klausel greift,

2. Rechtsfolgen: Kauf-/Verkaufsoption oder Liquidation,

3. Bewertungsfragen,

4. Auswirkungen auf das sonstige Vertragsgefüge.

Zu 1.: Versucht man, die Situationen zu definieren, in denen ein Joint-Venture-Vertrag beendet wird (sei es automatisch oder durch Eröffnung einer Kündigungsmöglichkeit), so wird man einige wenige Situationen leicht definieren können, wie z.B. Konkurs eines Partners, Erbfolge, Zwangsvollstreckung in die Beteiligung etc. Man wird aber viele Fälle identifizieren, bei denen eine Definition, die auch praktisch handhabbar sein muß, nur extrem schwierig oder gar unmöglich ist. Auch wird man annehmen müssen, daß die Sichtweise der Parteien zu einzelnen Umständen sehr voneinander abweichen kann, z.B.

— Stellt ein Umstand einen Wegfall der Geschäftsgrundlage dar? Nicht nur kann man begrifflich trefflich über solche Fragen streiten; gravierender ist, daß die Beurteilung aus der Sicht eines Partners anders ausfallen kann als aus der Sicht eines anderen Partners.

— Wie ist es mit Vertragsverstößen? Die Praxis zeigt, daß Fragen der Vertragsverstöße und der Kausalität zwischen Vertragsverstößen und Schäden im Joint Venture oft nur außerordentlich schwer zu klären und zu beweisen sind. Oft wird man auch feststellen, daß Joint-Venture-Parteien nicht miteinander harmonieren, ohne daß man einer der Parteien wirkliche Vertragsverstöße vorwerfen könnte. Joint Ventures sind so komplexe Gebilde — gerade auch, weil sie Partner aus verschiedenen Rechts- und Wirtschaftsräumen zusammenführen —, daß die Interessenlagen und Erwartungshorizonte nicht in Übereinstimmung zu bringen sind.

— Und was ist in Situationen, in denen sich die Partner über Fragen der zukünftig einzuschlagenden Unternehmensstrategie so zerstreiten, daß eine Kooperation in der Zukunft nicht mehr zu erwarten ist?

Ein Joint Venture ist ein lebender Organismus. Wenn die Parteien so untereinander zerstritten sind, daß eine Kooperation — die den wesentlichen Inhalt des Joint Venture bildet — nicht mehr möglich ist und diese Streitigkeiten auch nicht gütlich beigelegt werden können, so zeigt die Praxis, daß die Joint-Venture-Partner die gerichtliche oder schiedsgerichtliche Auseinandersetzung *nicht* als eine adäquate Reaktion auf die Streitigkeiten betrachten: Das errichtete und im Markt tätige Unternehmen bzw. die Geschäftsführung des Gemeinschaftsunternehmens können nicht warten, bis die Partnerstreitigkeiten unter den Müttern in jahrelangen Auseinandersetzungen irgendwann einmal rechtskräftig entschieden sind.

Die Praxis legt daher größten Wert darauf, in den Vertragswerken Mechanismen der Beendigung der Zusammenarbeit zu etablieren, die eine schnelle Beendigung dieser Zusammenarbeit ermöglichen und die diese Beendigung nach Möglichkeit ohne die gerichtliche Klärung von Vertragsverstößen oder Schuldfragen ermöglichen.

Oft wird es daher als die weiseste Regelung empfunden, jedem Joint-Venture-Partner ein Kündigungsrecht einzuräumen, welches dieser Partner *ohne* Begründung ausüben kann. Denn der Zwang zur Begründung würde wieder zurückführen in die Diskussion um Fehlverhalten, Schuldfragen etc. und würde, wenn die Begründung nicht akzeptiert wird, möglicherweise Anlaß für Rechtsstreitigkeiten geben.

Zu 2.: Als Rechtsfolge wird in den Beendigungsklauseln oft festgehalten, daß im Falle der Kündigung der andere Vertragspartner — soweit die Kündigung nicht durch Vertragsverletzungen des anderen Partners motiviert ist — die Option hat, das Projekt zu übernehmen und allein weiterzuführen (in diesem Fall muß er dem anderen Partner die Aktien abkaufen); hat kein Partner Interesse am Projekt, wird liquidiert. Erfolgt eine Kündigung wegen Vertragsverstoßes des anderen Partners, so hat der Kündigende das Recht, das Projekt zu übernehmen.

Zu 3.: Ein sehr großes Problem stellt in solchen Fällen von Kauf- oder Verkaufsoptionen die Bewertung der zu übertragenden Anteile dar. Betriebswirtschaftlich muß man zugeben, daß es *keinen* objektiven Wert für Geschäftsanteile gibt. Können sich die Parteien nicht auf einen bestimmten Wert einigen, muß der Wert entweder nach einem bestimmten Kriterium wie z. B. Buchwert oder Börsenwert festgelegt oder von unabhängigen Dritten nach billigem Ermessen geschätzt werden (meist durch den Wirtschaftsprüfer der Kapitalgesellschaft). Sinnvollerweise wird diesem Schätzer eine Bewertungsmethodik an die Hand gegeben.

Um diesen Bewertungsschwierigkeiten zu entgehen, gibt es eine Klausel, die in den USA als „shotgun"-Klausel bezeichnet wird. Diese Klausel hat viel Ähnlichkeit mit „Russischem Roulette", ist aber in der Praxis gar nicht so selten: Wird gekündigt, so hat der kündigende Partner einen bestimmten Preis für die Aktien/Anteile zu nennen; der oder die andere/n Vertragspartei/en hat/haben dann die Option, entweder die Aktien/Anteile des kündigenden Vertragsteils zu diesem Preis zu kaufen und das Joint Venture ganz in Eigenregie zu übernehmen oder aber die eigenen Aktien/Anteile dem kündigenden Vertragsteil zu verkaufen und sich vom Joint Venture zu trennen, damit dieses vom kündigenden Teil fortgeführt werden kann. Der kündigende Teil ist auf diese Art gezwungen, einen fairen Preis vorzuschlagen. Diese Klausel ist aber nur da sinnvoll, wo beide Parteien Interesse an den Aktien haben und das Unternehmen allein fortführen können.

Zu 4.: Natürlich genügt es im Rahmen der Optionen nicht, nur die Behandlung der finanziellen Beteiligung zu regeln; es muß auch geregelt werden, welches Schicksal sonstige Verträge (wie z. B. Know-how- oder Lizenzverträge mit dem ausscheidenden Partner) erleiden: Werden sie automatisch beendet? Können sie gekündigt werden? Oder müssen sie fortgeführt werden?

Buy/Sell Arrangements sind daher dahingehend zu ergänzen, daß im Falle der kapitalmäßigen Entflechtung der Joint-Venture-Partner z. B. auch die Technologieverträge beendet werden, das entsandte Personal in die Mutterhäuser zurückkehrt etc.

Die Interessenlage kann aber im Einzelfall auch dahin gehen, daß einzelne Technologieverträge gerade *nicht* aufgelöst werden, sondern bewußt (eventuell für eine bestimmte Zeit noch) fortgeführt werden sollen.

Finden sich solche Klauseln in *Joint-Venture-Verträgen*, so werden in der Regel entsprechende Gegenstücke solcher Klauseln in die jeweils betroffenen Einzelverträge aufgenommen. Dies ist insbesondere dann sinnvoll, wenn die Partner des Joint-Venture-Vertrages nicht identisch sind mit den Gesellschaftern, was keineswegs selten der Fall ist.

Klauselbeispiele

Beispiel 1:

„If S in its own absolute discretion decides to withdraw from the corporation it shall then serve a notice thereof upon the other party to this Agreement which undertakes to purchase from S within 60 days after receipt of the notice all (and not part) of the stock so offered. The purchase price shall be

a) the fair market value of the shares, or

b) the book value of the shares on the last day of the month preceding the offer, or

c) the par value of the shares,

whichever shall be higher, provided, however, that the net value as certified by the Chartered Accountant is not negative.

The fair value shall be mutually agreed upon by the parties hereto. In the absence of such agreement, the fair market value shall be determined by an appraiser selected pursuant to the rules of the American Arbitration Association. The fair market value shall reflect the value of the corporation as a going concern, including all intangible assets and goodwill. The appraiser shall be a Chartered Accountant of New York.

The purchase price shall be payable as follows: one-half in cash upon transfer of the stock and one-half by a promissory note payable 12 months thereafter and bearing interest of x% per annum. The promissory note shall be guaranteed on its back by a reputed bank of the USA."

Beispiel 2:

„Termination:

1. If any of the following conditions arises, the Contract may be terminated prior to its stated expiration date as follows:

   (a) if the Joint Venture Company is unable to continue operations because of heavy losses in successive years, either party may terminate the Contract;

   (b) if the Joint Venture Company is unable to continue operations due to the failure of one party to fulfil its obligations under the Contract, the other party may terminate the Contract;

   (c) if conditions of force majeure as defined in the preceding Article extend continuously for a period exceeding six months, either party may terminate the Contract;

   (d) if the Joint Venture Company is unable to attain the desired objectives described by the Contract or the Articles of Association, either party may terminate the Contract;

   (e) if any agreements entered into for the purpose of implementing this Joint Venture are terminated due to a substantial breach by the other party, either party may terminate the Contract.

2. Termination of the Contract shall be without prejudice to the accrued rights and obligations of the parties at the date of termination, unless waived in writing by agreement of the parties.

3. In the event either party fails to fulfil any of its obligations under the Contract or the Articles of Association, or either party is seriously in breach of this Contract or the Articles of Association, the other party shall have the right to terminate the Contract and to claim damages for ensuing economic losses directly caused thereby.

4. If the Contract is terminated for any reason other than breach of the Contract by either party, the parties shall conduct amicable discussions with regard to the disposition of the interest owned by each party. If the parties fail to reach an agreement regarding such disposition, the parties shall cause the Joint Venture Company to go into liquidation."

Beispiel 3:

„When this Joint Venture Agreement ceases to remain in force upon the bankruptcy or insolvency of either of the parties or upon a notice of termination served by either party upon the other one, then the parties shall within ninety (90) days of the effective date of such cessation take such steps as are necessary to place the Company in liquidation, unless prior thereto (i) A shall by written notice to B elect to purchase B's shares, or (ii) B shall by written notice to A elect to have A purchase its shares at the fair market value of such shares, valuing the tangible assets at currently appraised depreciated replacement value and the intangible assets at appraised projected earning power as agreed by the parties or, failing such agreement in sixty (60) days, then as certified by a committee of experts to be selected by the parties jointly. If A acquires the shares of B under this Article, then B will be relieved of all of their obligations under or related to this Joint Venture Agreement, except as provided in the Licence Agreement dated ... which shall continue to remain in force notwithstanding the termination of this Joint Venture Agreement."

Anmerkung zu den Klauselbeispielen

In den Klauselbeispielen sind Begriffe enthalten, die bestimmte betriebswirtschaftliche Bewertungskonzepte festhalten: Diese Begriffe dürfen nur angewandt werden, wenn sich der juristische Bearbeiter entweder selbst oder nach Rücksprache mit den kaufmännischen Verhandlungsführern bzw. dem Wirtschaftsprüfer der Kapitalgesellschaft oder der Partner über deren Tragweite im klaren ist:

— „evaluation of tangible assets at currently appraised depreciated replacement value" = Prinzip der wirtschaftlichen Substanzerhaltung im Gegensatz zu dem im deutschen Bilanzrecht geltenden nominellen Kapitalerhaltungsprinzip;

— „evaluation of intangible assets at appraised projected earning power" = keine Anwendung des Anschaffungskostenprinzips bei immateriellen Wirtschaftsgütern,

— „the fair value shall include all intangible assets and goodwill" = Ansatz eines selbst geschaffenen Firmenwertes.

Sonderfälle von Buy/Sell Arrangements

Buy/Sell Arrangements können zur einseitigen wirtschaftlichen Absicherung bestimmter Interessen gestaltet werden:

a) Bei einem bestimmten Großprojekt machte ein Know-how- und Managementpartner z. B. die Auflage, daß er das Recht zur Andienung seiner Anteile an den lokalen Mehrheitspartner (Staatsgesellschaft) hat, wenn diese ihn in den Organen der Gesellschaft in bestimmten (näher beschriebenen) Fragen überstimmt.

b) Ein ausländisches Konsortium behielt sich in einem Joint-Venture-Vertrag in einem Rohstoffprojekt das Recht vor, die Aktien/Anteile gegen Erstattung aller Aufwendungen (zuzüglich Verzinsung) einem bestimmten Partner verkaufen zu können, falls dieser nicht fristgerecht dem Joint Venture bestimmte Infrastruktureinrichtungen zur Verfügung stellt: Anstatt diesen Partner auf Schadenersatz verklagen zu müssen, hielt das Konsortium es für besser, sich aufgrund dieser Vertragsklausel vorzeitig von dem Joint Venture zu lösen, welches bei nicht fristgerechter Fertigstellung der Infrastruktur wirtschaftlich für das Konsortium nicht mehr interessant war. Es ist ja auch schlecht vorstellbar, ein solches Joint Venture fortzuführen, wenn daneben gleichzeitig ein Schadenersatzprozeß geführt werden muß. Solche Buy/Sell Arrangements haben vielfach den Hintergrund, als Alternative gegenüber Schadenersatzansprüchen zu dienen.

c) Buy/Sell Arrangements können auf Vertragsverstöße einzelner Partner abzielen, sei es des Joint-Venture-Vertrages oder von Drittverträgen wie z. B. Lizenzvereinbarungen etc.:

Beispiel 1:
„Breach by a party hereto or by the X-company −
Either party hereto not in breach of this Joint Venture Agreement or of the Licence Agreement to which it is a party shall be entitled to terminate this Agreement by written notice to the other party if, within 60 days after written notice is given by such party hereto not in breach complaining of a breach of this Joint Venture Agreement or of the Licence Agreement in any of the cases set forth below, the breach as aforesaid shall not have been corrected by the party hereto in breach:

(1) a breach by either party of this Agreement,

(2) a breach by either party of the Licence Agreement to which it is a party,

(3) a breach by X-company of the Licence Agreement to which it is a party."

Beispiel 2:
„Termination of the Know how Agreement −
In the event of termination of the Know how Agreement under circumstances which materially and adversely affect a party hereto, the party hereto so affected shall, unless the parties hereto otherwise mutually agree in writing, be entitled forthwith to terminate this Joint Venture Agreement by dispatch of written notice of termination hereof to the other party hereto."

d) Solche Buy/Sell Arrangements können auch auf politische Risiken abzielen: Es können Verkaufsrechte vereinbart werden, die erst greifen, wenn das Gastland bestimmte Eingriffe in das Joint Venture vornimmt oder bestimmte Änderungen erzwingt.

Beispiel:

„Les actionnaires du Groupe B et/ou les sociétés opérant en G auront la faculté de demander l'achat de leurs actions par la *Republique de G*, demande que la *Republique de G* s'engage a satisfaire, dans les cas suivants:

(a) En cas de divergence fondamentale et persistante sur la politique et la gestion de la *Société* au sein du Conseil d'Administration, entre les administrateurs représentant la *Republique de G* et les autres administrateurs; il en sera ainsi notamment lorsqu'une résolution soumise a un Conseil d'Administration n'aura pas été adoptée par suite d'un partage de voix au sein du Conseil d'Administration;

(b) en cas de nationalisation, qu'elle qu'en soit la cause, de la participation dans le capital de la *Société*, des actionnaires du Groupe B et/ou des sociétés minières opérant en G.

En cas de mise en jeu de la présente clause de sauvegarde, la valeur d'achat de chaque action sera déterminée par la fraction qu'elle représente de l'actif net comptable tel que celui-ci apparait à la date de clôture des derniers comptes approuvés, après prise en compte de l'éventuelle réévaluation des actifs immobiliers de la *Société* telle que déterminée par un expert de réputation internationale designé d'accord parties."

e) Buy/Sell Arrangements können in besonderem Maße die Position von Minderheitsaktionären verstärken.

Beispiel:

„Dans le cas où les (actionnaires majoritaires) mettraient un terme ou ne rénouvelleraient pas les contrat de gestion, ceux-ci s'engagent a racheter les actions des (actionnaires minoritaires) à un prix determiné par valeur d'expertise."

f) Amerikanische Venture Capital Fonds benutzen gern Buy/Sell Arrangements, um ihre Kapitalanteile an den von ihnen mitfinanzierten Gesellschaften abzusichern, z. B. dadurch, daß sich die Initiatoren verpflichten, dem Venture Capital Fonds die Aktien nach x Jahren zum Preis y abzukaufen, falls diese nicht an der Börse zu einem höheren Preis abgesetzt werden können.

g) Im amerikanischen Rechtskreis beobachtet man oft, daß bereits versucht wird, Strategien für eventuelle friendly oder hostile takeovers, green-mailing, zu entwickeln und diese vertraglich festzuhalten, wie z. B. right of co-sale, splitting of shares, Verfügungen über immaterielle Rechte, Stimmenpoolungen etc.

15. Politisches Risiko bei Staatsunternehmen – Das Risiko der Vertragstreue des Gaststaates

Neben allgemeinen Regelungen des Völkerrechts haben insbesondere die Industriestaaten zum Schutze der Auslandsinvestitionen völkerrechtliche zwischenstaatliche Investitionsschutzabkommen geschlossen.

In diese Verträge werden teilweise auch vertragliche Vereinbarungen zwischen Investor und Gaststaat mit einbezogen[205]. Auch Verträge können Gegenstand von Verstaatlichung sein[206]. Dies gilt einerseits für die Konzessions- und Abbaurechte privater Investoren und in manchen Investitionsschutzverträgen auch für sonstige vertragliche Vereinbarungen[207]. Der Schutz der Investition hängt aber davon ab, inwieweit der jeweilige Industriestaat im Einzelfall bereit ist, im Streitfall diesen Schutz für die Investoren seines Staates geltend zu machen: Direkte Ansprüche der privaten Investoren selbst lassen sich hieraus nicht herleiten.

In vielen Fällen (teilweise in Ergänzung existierender Investitionsschutzverträge, teilweise als Ersatz für fehlende Investitionsschutzverträge) schließen private Investoren mit den Regierungen der Gaststaaten Niederlassungsvereinbarungen ab, in denen durch den jeweiligen Gaststaat Enteignungsschutz, Stabilisierung der Rechtsverhältnisse (d.h. die Zusage des Gaststaates, das Joint Venture von benachteiligenden Gesetzesänderungen zu befreien), steuerliche Sonderregelungen, Befreiung von Zöllen etc. enthalten sind[208]. Die Rechtsnatur dieser Verträge ist völlig unklar.

Oft gehen diese Verträge über den eigentlichen hoheitlichen Bereich hinaus und enthalten Regelungen zum Liefer- und Leistungsaustausch wie z.B. Pacht von Grundstücken oder Hafenanlagen, Gas-, Wasser- und Energielieferungen, Kapitalbeteiligung des Staates am Joint Venture etc. Die

---

205 Siehe z.B. Deutsch-Chinesischer Investitionsschutzvertrag, BGBl. 1985, II, S. 31: Art. 1 Abs. 1e).
206 *Seidel-Hohenveldern, I.,* Völkerrecht, 6. Aufl. 1987 Rdnr. 1623, 1686.
207 Siehe z.B. Art. 8 Abs. 2 des Deutsch-Chinesischen Investitionsschutzvertrages, a.a.O.
208 *Asante, S.K.B.,* International Law and Foreign Investment: A Reappraisal, ICLQ 1988, S. 588ff. (611ff.); *Mengel, H.J.,* Erhöhter völkerrechtlicher Schutz durch Stabilisierungsklauseln in Investitionsverträgen zwischen Drittstaaten und privaten Investoren, RIW 1983, S. 739–745; *Schanze, E.,* Investitionsverträge im internationalen Wirtschaftsrecht, Frankfurt 1986; *Schokkaert, J.,* Protection Contractuelle par les Etats des Investisssements Privés Effectués sur leur Territoire, Droit et Pratique du Commerce International 1980, tome 6 No. 1, S. 29–45; *Stoll, J.,* Vereinbarungen zwischen Staat und ausländischem Investor, 1982. *Weitere Literaturhinweise: Ziadé, N.G.,* References on State Contracts: Bibliography; ICSID-Review: Foreign Investment Law Journal 1988, Vol. 3 No. 1, S. 212.

Grenze zwischen hoheitlichem Tun (acta jure imperii) und wirtschaftlicher Betätigung des Staates (acta jure gestionis) verwischt sich zunehmend[209].

Es ist nur sehr schwer zu beurteilen, ob diese Verträge einen echten Schutz privater Investoren bewirken.

Um die Rechtsschutzmöglichkeiten zu erhöhen, empfiehlt sich in diesen Fällen dringend:

— die Entscheidung von Rechtsstreitigkeiten über solche Vereinbarungen den nationalen Gerichten zu entziehen und Schiedsgerichten, insbesondere der ICSID-Schiedsgerichtsbarkeit, zuzuweisen[210],

— den Staat zu einem Verzicht auf seine Immunität zu veranlassen, und zwar sowohl im Erkenntnisverfahren als auch in bezug auf die Vollstreckung der Urteile.

Durch die Vereinbarung von Schiedsgerichtszuständigkeiten (Rechtswahlklausel allein reicht nicht) wird allgemein der Verzicht auf die prozessuale Immunität im Erkenntnisverfahren angenommen[211]. Die Immunität im Vollstreckungsverfahren ist dadurch noch nicht aufgehoben[212];

— ein neutrales Recht für anwendbar zu erklären oder auf international anerkannte Rechtsgrundsätze (lex mercatoria) zu verweisen[213]. Die Bezugnahme auf

---

209 Zur Abgrenzung zwischen acta jure imperii und acta jure gestionis siehe z. B.: *Böckstiegel, K. H.*, States in the International Arbitral Process, Arbitration International 1/86, S. 29; *Großfeld, B.*, Internationales Unternehmensrecht, Art. 6, S. 58; *LG Frankfurt*, NJW 1976, S. 1044; *Schönfeld, U.*, Die Immunität ausländischer Staaten vor deutschen Gerichten, NJW 1986, S. 2980 (2984). Maßgeblich ist das Recht des Forums: BVerfGE 16, 27, 62; *BGH*, NJW 1979, S. 1101; *OLG München*, NJW 1975, S. 2144; *Schönfeld, U.*, a. a. O., S. 2980 (2984).

210 Siehe hierzu: *Derman, A. B.*, Nationalisation and the Protective Arbitration Clause, J. Int. Arb. 4, 1988, S. 131 ff.; *Gaillard, E.*, Some Notes on the Drafting of ICSID-Arbitration Clauses, ICSID Review, Foreign Investment Law Journal, Vol. 3 No. 1, 1988, S. 136 ff.

211 *Böckstiegel, K. H.*, a. a. O., S. 30 ff.; *Delaume, G. R.*, Sovereign Immunity and Transnational Arbitration, Arbitration International 1/87, S. 28 ff. (30); *Feldman, M. B.*, Waiver of Foreign Sovereign Immunity by Agreement to Arbitrate: Legislation proposed by the American Bar Association; The Arbitration Journal, März 1985, No. 1, S. 24; *Schönfeld, U.*, a. a. O., S. 2980 (2893).

212 Zur Immunität im Vollstreckungsverfahren siehe z. B.: *Delaume, G. R.*, a. a. O., S. 28 ff. (34 ff.); *Schönfeld, U.*, a. a. O., S. 2980 (2983).

213 *v. Bar, C.*, IPR, 1. Bd., München 1987, Rdnr. 100 ff.; *Basedow, J.*, Vertragsstatut und Arbitrage nach neuem IPR, in: Jahrbuch für die Praxis der Schiedsgerichtsbarkeit, Bd. 1, 1987, S. 3–22 (10 ff.); *Böckstiegel, K. H.*, Arbitration and State Enterprises, Deventer 1984, S. 31 ff.; *Delaume, G.*, The Proper Law of State Contracts and the Lex Mercatoria, ICSID Review: Foreign Investment Law Journal, Vol. 3 No. 1, 1988, S. 79 ff.; *Glossner, O.*, Die Lex Mercatoria — Vision oder Wirklichkeit, RIW 1984,

- generally accepted principles of international law,
- internationally accepted trade principles,
- principles of law recognized by civilized nations

dient diesem Zweck. Durch diese lex mercatoria wird den zuständigen Schiedsrichtern ein enormer Spielraum zur Entscheidung eingeräumt[214].

Noch größer ist dieser Spielraum, wenn die Schiedsrichter von vornherein als „amiable compositeur" „ex equo et bono" nach billigem Ermessen entscheiden oder sich selbst das anwendbare Recht festlegen sollen[215].

Trotz all der theoretischen Mangelhaftigkeit dieser Ansätze zeigt deren große Bedeutung für die Praxis, daß diese Regelungen immer noch besser sind, als sich dem Recht oder der Gerichtsbarkeit einzelner, als politisch besonders kritisch eingeschätzter Staaten zu unterwerfen.

Nehmen Staatsunternehmen an Joint-Venture-Verträgen teil, so kann sich zunächst wiederum die Frage stellen, ob diese Staatsunternehmen vor ausländischen Gerichten Immunität genießen[216].

Manche Länder veranlassen ihre Staatsunternehmen dazu, ausschließlich Gerichtsstände in ihrem Heimatland zu vereinbaren; sie dürfen dann auch keine ausländische Schiedsgerichtsbarkeit vereinbaren.

Es kommt immer wieder vor, daß Staaten aufgrund ihrer Aufgabe als Ordnungsmacht in bestehende Joint-Venture-Verträge eingreifen oder aber die juristischen oder wirtschaftlichen Rahmenbedingungen eines Joint Venture so ändern, daß das Joint Venture seine Geschäftsgrundlage gänzlich verliert oder aber Vertragsänderungen in bezug auf die geänderten Bedingungen erforderlich werden.

S. 350 ff.; *Goldman, B.,* The Applicable Law: General Principles of Law: Lex Mercatoria, in: *Lew, J.,* Contemporary Problems in International Arbitration, Dordrecht, Boston, Lancaster 1987, S. 113 ff.; *Mustill,* The new Lex Mercatoria: The first 25 years, in: Liber Amicorum for Lord Wilberforce, Oxford 1987, S. 149; *Lando, O.,* The Lex Mercatoria in International Commercial Arbitration: International and Comparative Law Quaterly, Vol. 34 (1985), S. 747 ff.; *Triebel, V./Petzold, E.,* Grenzen der Lex Mercatoria in der internationalen Schiedsgerichtsbarkeit, RIW 1988, S. 245.

214 Siehe z. B.: *Österreichischer OGH,* Urteil vom 18.11.1982, IPRAX 1984, Heft 2, S. 97; *Triebel, U./Petzold, E.,* a.a.O., S. 245.

215 So z. B. aufrecht erhalten und für wirksam erklärt in der Entscheidung Deutsche Schachtbau und Tiefbohrgesellschaft ./. Ras Al Khaiman National Oil Company, Court of Appeal 1987, 3 Weekly Law Reports, S. 1023.

216 *Böckstiegel, K. H.,* Arbitration and State Enterprise, Deventer 1984, S. 39 ff.; *ders.,* The Legal Rules Applicable in International Commercial Arbitration Involving States or State-Controlled Enterprises, ICC Court of Arbitration, 60th Anniversary Conference Proceedings, Paris 1984, S. 117 ff.; *Mann, F. A.,* State Corporations in International Relations, Liber Amicorum for Lord Wilberforce, Oxford 1987, S. 131 ff. (134); *ders.,* Staatsunternehmen in internationalen Handelsbeziehungen, RIW 1987, S. 186 ff.; *Schönfeld, U.,* a.a.O., S. 2980 (2986).

Da im Normalfall solche Änderungen der Rahmenbedingungen von keinem Vertragspartner beeinflußbar sind, müssen diese als force majeure hingenommen werden.

Sind aber Staatsunternehmen an Joint Ventures beteiligt, so ist die Frage zu stellen, ob nicht im Hinblick auf die engen Beziehungen zwischen Staat und Staatsunternehmen eine andere Beurteilung geboten ist bzw. ob dem Staatsunternehmen nicht das Handeln seines Staates zugerechnet werden kann oder sich die Berufung des Staatsunternehmens auf die Änderung der Rahmenbedingungen nicht als treuwidrig oder rechtsmißbräuchlich darstellen kann[217]. Gerade in sozialistischen Staaten bereitet die Beurteilung dieser Frage große Probleme[218].

Für die Vertragspraxis ist es denkbar, solche Risiken als Gegenstand von Vertragsklauseln zu erfassen, z.B.

Early Termination

Each party in its own absolute discretion is entitled to terminate this Agreement by giving written notice to the other party if:

— the government of state x or any of its agencies or the central bank of state x should require directly or indirectly any material modification or alteration of this *Joint Venture Agreement* or of any term or condition thereof or of the performance of the parties hereunder in a way that is material or adverse to either party hereof, or

— the government of state x or any of its agencies or the central bank of state x should require directly or indirectly any material modification or alteration of the *Licence Agreement* between shareholder y and the company as annexed hereto as annex 1 or of any term or condition thereof or of the performance of the parties thereunder in a way that is material or adverse to either party hereof, or

— either party is unable to receive *at due date* payments resulting from its investment (dividends etc. ...) or from this *Joint Venture Agreement* as a result of any action or failure by the government or the central bank of the state x.

Solche Kündigungsklauseln sind ein Spezialfall der vorstehend unter 14. erläuterten Buy/Sell Arrangements.

---

217 *Böckstiegel, K. H.,* Arbitration and State Enterprises, Deventer 1984, S. 37 ff.; *Mann, F. A.,* State Corporations in International Relations, Liber Amicorum for Lord Wilberforce, Oxford 1987, S. 131 ff. (143 ff.); *ders.,* Staatsunternehmen in internationalen Handelsbeziehungen, RIW 1987, S. 186 ff. (190); *Nolting, E.,* Hoheitliche Eingriffe als Force Majeure bei internationalen Wirtschaftsverträgen mit Staatsunternehmen, RIW 1988, S. 511 ff.; *Sosniak, M.,* Staatsakt und höhere Gewalt im internationalen Handelsverkehr der RGW-Länder, RIW 1984, S. 105 ff.

218 *Enderlein, F.,* Zur rechtlichen Selbständigkeit sozialistischer staatlicher Unternehmen in den internationalen Wirtschaftsbeziehungen, RIW 1988, S. 333; *Sanilevici, R.,* Economic Contracts in Socialist Economy on the Border between Administrative Law and Civil Law, Osteuropa-Recht 1988/4, S. 266 ff.; *Sosniak, M.,* a.a.O., S. 105 ff.

16. Versicherungsmöglichkeiten des politischen Risikos

Das politische Risiko einer Investition kann versichert werden durch:

a) die Kapitalanlagegarantien des Bundes, welche im Auftrag des Bundes durch die Treuearbeit AG bearbeitet werden[219],

b) GRIP (Guaranteed Recovery of Investment Principal), bei dem die International Finance Corporation, eine Weltbanktochter, die Investition im eigenen Namen, aber auf Rechnung eines Unternehmens durchführt und das Verlustrisiko übernimmt,

c) MIGA (Multilaterale Investitionsgarantie-Agentur), eine internationale, auf Konvention beruhende Versicherungsagentur, die am 12.4.1988 gegründet wurde[220],

d) Versicherungsmöglichkeiten im privaten Versicherungsmarkt (London).

---

219 Siehe oben S. 52 und 161.
220 Im einzelnen siehe: *Ebenroth/Karl,* Die multilaterale Investitions-Garantie-Agentur, Schriftenreihe Recht der Internationalen Wirtschaft, Bd. 32, Heidelberg 1989.

Teil V

Joint Ventures im Sozialismus

Joint Ventures mit Beteiligung privatwirtschaftlicher westlicher Partner sind im Grunde genommen Fremdkörper in sozialistischen Wirtschaftsverfassungen.

Unter dem Druck wirtschaftlicher Zwänge haben sich die sozialistischen Länder des Ostblocks und außerhalb Europas (VR China, Syrien, Algerien, Benin etc.) zunehmend dazu entschließen müssen, Konzessionen an Privatunternehmer zu machen und die Hilfe ausländischen Kapitals in Anspruch zu nehmen.

In der jüngsten Zeit hat diese Bewegung dank Gorbatschow in Osteuropa einen gewaltigen Auftrieb erlangt, so daß die osteuropäischen Staaten ausnahmslos den Übergang zur Marktwirtschaft proklamieren und − teils schneller, teils langsamer − in die Tat umsetzen.

Besonders radikal vollzieht sich der Umschwung in der DDR, die kraft Vereinigung mit der BRD innerhalb weniger Monate eine totale Umgestaltung von einem zentral verwalteten Staat in eine echte Marktwirtschaft erlebt. Eben dieser Zusammenschluß mit der BRD ermöglicht der DDR schnellstmöglich die Übernahme und Invollzugsetzung marktwirtschaftlicher Strukturen, die sie allein in dieser Schnelligkeit nicht hätte schaffen können. Die Entwicklung wird in den übrigen sozialistischen Staaten zwangsläufig wesentlich langsamer vonstatten gehen; am schwierigsten vollzieht sich der Übergang in der UdSSR.

Der Übergang vom Sozialismus zur Marktwirtschaft setzt einen Bruch mit fundamentalen Wirtschaftsprinzipien des Sozialismus voraus, vor allem die Aufgabe des Verbots von Privateigentum an Produktivvermögen und die Schaffung einer privaten Unternehmerschaft mit allen davon ausgehenden Konsequenzen. Der Übergang zur Marktwirtschaft setzt aber weiter eine fundamentale staatsrechtliche Umgestaltung voraus, nämlich die Überwindung des Prinzips der Gewalteneinheit unter Führung der kommunistischen Parteien und Hinwendung zu pluralistischen Staaten mit echter Gewaltenteilung.

Trotz der bereits erreichten Erfolge besteht aber dennoch weiterhin Veranlassung zur Beschäftigung mit Grundfragen der Zentralplanungswirtschaft: Einerseits existieren weiterhin bedeutsame Staaten mit Zentralplanung, andererseits wirken auch in den Staaten, die sich in einer Übergangsphase zur Marktwirtschaft befinden, bestimmte Strukturen nach bzw. ergeben sich bestimmte typische Übergangsprobleme, deren Verständnis durch eine Beschäftigung mit der Ausgangssituation erleichtert wird.

Jugoslawien ist dabei von besonderer Bedeutung, weil hier bereits langjährige Erfahrungen vorliegen und diverse Joint Ventures bereits abgeschlossen und abgewickelt wurden, so daß sich die Frage beantworten läßt, wie die Investition „unter dem Strich" zu beurteilen ist, wohingegen in anderen Ländern derartige langjährige Erfahrungen mit Joint Ventures noch nicht vorliegen.

Jugoslawien hat schon vor vielen Jahren (1967 und 1978) durch Sondergesetzgebung die Möglichkeit zur Gründung von Joint Ventures geschaffen. Durch Gesetz über die Investition von Mitteln ausländischer Personen in einheimische Organisationen der assoziierten Arbeit wurde es ausländischen Investoren 1978 eröffnet, durch einen Einlagenvertrag eine Einlage in ein neugegründetes Unternehmen (eine „Organisation assoziierter Arbeit") zu tätigen und an deren Ergebnissen zu partizipieren. Es gab seinerzeit noch keine Aktiengesellschaften oder Gesellschaften mit beschränkter Haftung jugoslawischen Rechts, sondern nur ausländische Einlagen in ein sozialistisches Unternehmen. Seitdem hat sich Jugoslawien Schritt für Schritt weiter geöffnet und liberalisiert. Durch gesetzliche Neufassung des Joint-Venture-Gesetzes im Dezember 1988 ist nunmehr festgehalten, daß nahezu alles verhandelbar ist: ausländische Kapitalmehrheiten, ausländischer maßgeblicher Einfluß auf die Geschäftsführung, Zurückdrängung der „unentziehbaren Rechte der Arbeiter" auf einen Tarifvertrag etc. Auch die Aktiengesellschaft und GmbH jugoslawischen Rechts sind inzwischen zugelassen.

Im einzelnen ist aber in vielem noch nicht erkennbar, wohin die neue Joint-Venture-Gesetzgebung vom Dezember 1988 führen wird, da viele Detailfragen — auch prinzipieller Art — in der gesetzlichen Neuregelung noch offen sind.

Erfahrung aus Investitionen in Joint Ventures in planwirtschaftlichen Systemen, insbesondere in Jugoslawien:

a) Unter der jugoslawischen Gesetzgebung von 1978 war es den ausländischen Partnern nicht gelungen, maßgeblichen Einfluß auf das Management auszuüben: Kraft Joint-Venture-Gesetzgebung 1978 und insbesondere kraft jugoslawischer Verfassung hatten die Arbeitnehmer das unentziehbare Recht, den Generaldirektor zu wählen.

Ausländische Investoren hatten im „Geschäftsführungsausschuß" nur beschränkte Mitwirkungsrechte, aber nie das Sagen.

Konsequenz: Es hing alles von der Person des Generaldirektors ab: War er für ausländische Vorschläge offen, so flossen ausländische Vorstellungen in die Unternehmensführung ein, sonst nicht.

Solange die Wirtschaftsverfassung des Landes, in dem die Investition stattfindet, weiterhin planwirtschaftlich organisiert ist, werden ausländische Investoren weiterhin auf die Unterstützung lokaler Unternehmen im Management angewiesen bleiben, z. B. bei Erhalt von Genehmigungen, Aufbau von Lieferbeziehungen mit anderen (staatlichen) Unternehmen des Landes, Suche nach Grundstücken, Aufstellung lokaler Finanzierungen, Personaleinstellung, Regelung der Arbeitsbeziehungen etc.

Je mehr sich allerdings die betreffenden Länder in Richtung auf eine Marktwirtschaft öffnen und je weniger das wirtschaftliche Umfeld der Joint Ventures vom Gaststaat (und dessen staatlichen oder sozialistischen Unternehmen) geprägt wird, um so eher werden ausländische Investoren und deren Joint Ventures im Gastland auf eigenen Beinen stehen können. In vielen sozialistischen Ländern ist dies aber sicher noch nicht der Fall.

b) Ein besonderes Problem entsteht, wenn Joint Ventures auf Zulieferungen von anderen Staatsunternehmen angewiesen sind: Diese aber arbeiten planwirtschaftlich. Wie kommt man dann aber an Zulieferungen, wenn sich plötzlich ein Mehrbedarf ergibt, dieser aber in den Unternehmensplänen der Lieferanten nicht vorgesehen ist? Und selbst wenn die Lieferanten lieferfähig sind, werden diese Lieferungen transportiert von Transportunternehmen, staatlichen Eisenbahnen etc.?

Und was passiert, wenn die Zulieferer des Gastlandes die gewünschte Zulieferung nicht oder nicht im gewollten Zeitpunkt und mit der gewollten Qualität erbringen können? In der Vertragsgestaltung wäre sinnvollerweise für einen solchen Fall Vorsorge dahingehend zu treffen, daß das Joint Venture zu Ersatzbeschaffungen auf den westlichen Märkten berechtigt ist.

c) Eines der größten Probleme ist die Sicherung des Zugangs der Joint Ventures zu Devisen.

In China und der UdSSR (wie auch in anderen Ländern) ist Joint Ventures die Auflage gemacht worden, devisenautark zu sein: d. h. der Staat stellt keine Devisen zur Verfügung. Auf der anderen Seite dürfen Joint Ventures je nach Devisenrecht ihre Exporterlöse ganz oder teilweise behalten. Teilweise gestatten die Gastländer den ganzen oder teilweisen Behalt der aus Exporterlösen erwirtschafteten Devisen auf Fremdwährungskonten; teilweise wird auch der Verkauf von Produkten in Fremdwährung im Gastland selbst erlaubt oder trotz offiziellen Verbots faktisch offensichtlich geduldet.

Ein solches System einer Devisenregelung mit einer Devisen-Autarkie-Auflage findet sich auch in Art. 25 bis 27 der Joint-Venture-Verordnung der DDR (verkündet am 30. 1. 1990). Diese Artikel dürften aber in Anbetracht der Wirtschafts- und Währungsunion mit der BRD in Kürze irrelevant werden.

Besonders kritisch ist die Situation aber dann, wenn die Unternehmen ihre Devisenerlöse an die Staatsbank abführen müssen (so z. B. derzeit in Polen): in diesem Fall wäre bei einer Investition besonders abzuschätzen, ob man faktisch und auf Dauer die Möglichkeiten des Erhalts von Devisen aus dem Bankensektor für ausreichend einschätzt, um die notwendigen Deviseneinkäufe für Importe zu ermöglichen.

Dabei wäre es verfehlt, die Überlegungen nur auf die Transfergarantien in den Investitionsschutzverträgen zu beschränken: diese beziehen sich immer nur auf die Retransferierung des investierten Kapitals und der Gewinne, nicht aber auf den laufenden Devisenbedarf für Importe von Rohmaterialien, Vorprodukten oder Dienstleistungen.

d) Es war in der Vergangenheit auch in den jugoslawischen Joint Ventures nicht gelungen, diese auf einen westeuropäischen Standards entsprechenden Leistungsstand zu bringen: Die systemimmanente Ineffizienz sozialistischen Wirtschaftens konnte nicht an den Fabriktoren aufgehalten werden.

Konsequenz: mangelnde Wettbewerbsfähigkeit, bei Zulieferungen an deutsche Partner ist an Cost-plus-Verträge auf Standardkostenbasis zu denken.

e) Entscheidungsprozesse waren immer sehr langsam und langwierig.

Als Partner waren sozialistische Unternehmen als Mitinvestoren im Joint Venture beteiligt. Auch in Zukunft wird dies voraussichtlich weitgehend so bleiben. Es konnte oft beobachtet werden, daß diese Staatsunternehmen schwerfällig und ineffizient waren und daher als Ansprechpartner für den ausländischen Investor schwer zu handhaben waren: Verhandlungsrunden zogen sich endlos hin, niemand hatte auf Seiten des Staatspartners den Mut zur Verantwortung, Entscheidungen mußten langwierig abgestimmt werden, Verhandlungen gingen nur ganz langsam voran.

f) Beim Übergang von der Planwirtschaft zur Marktwirtschaft müssen sozialistische Staaten das Volksvermögen an Produktiveinrichtungen privatisieren. Diese Privatisierung stellt eines der zentralen Probleme einer solchen Umformung dar.

Das entwickelte Konzept einer Treuhandanstalt ohne wirtschaftslenkende Funktion (s. z. B. der Beschluß zur Gründung der Anstalt zur treuhänderischen Verwaltung des Volkseigentums der DDR vom 1. März 1990) ist keine echte Lösung des Problems und sollte nur als Übergangslösung aufgefaßt werden.

Diese Treuhandanstalten sind — wenn sie wirklich keine wirtschaftslenkende Funktion ausüben wollen — dazu gezwungen, den Direktoren der Unternehmen, die im Besitz der Treuhandanstalt sind, weitgehende Verantwortung für die Betriebe zu überlassen. Die ungarischen Erfahrungen zeigen, daß die Direktoren in der Versuchung sind, diese Vollmachten zu mißbrauchen und Unternehmen unter Wert zu verkaufen bzw. ihre persönlichen Interessen in den Vordergrund zu stellen. Will die Treuhandanstalt die Direktoren aber stärker kontrollieren, so ist wiederum der Verzicht auf die wirtschaftslenkende Funktion der Treuhandanstalt in Gefahr.

g) Sozialistische Unternehmen stehen oft in einem Unternehmensverbund: Die einzelnen Unternehmen sind in Unternehmensgruppen (nach alter Terminologie: Kombinate) organisiert. In Zukunft wird es voraussichtlich Holdinggesellschaften als Konzernspitze geben. Innerhalb der Gruppe findet in der Regel ein konzerninterner Leistungsaustausch und konzerninterne Umlage der Kosten für Gemeinschaftseinrichtungen statt.

Konsequenzen für die Vertragsgestaltung: die Mechanismen (insbesondere Kosten) des konzerninternen Verrechnungssystems festhalten!

h) Es gab in der Vergangenheit Interessenverknüpfungen zwischen Unternehmen, Banken, Gemeinden und Regierungen. Dies kann von Vorteil oder von Nachteil sein.

i) Der sozialistische Partner (= Staatsunternehmen) selbst kann sein Erscheinungsbild durch interne Umorganisation innerhalb der Gruppe ändern, d. h. das Staatsunternehmen, welches Partner des Joint Venture ist, wird plötzlich geteilt oder mit anderen gruppenangehörigen Unternehmen verschmolzen.

Konsequenz für die Vertragsgestaltung: Kündigungsmöglichkeiten vorsehen, falls hierdurch der ausländische Partner geschädigt wird.

Weiterhin: Es macht Sinn, von vornherein die Gruppen-Mutter (Holding) mit in das Joint-Venture-Vertragswerk einzubinden.

j) Die interne Verfassung der aus mehreren Betrieben (oder demnächst GmbHs) bestehenden Unternehmensgruppe regelt die Frage, ob eine Solidarhaftung der konzernzugehörigen Unternehmen stattfindet (so oft in der Vergangenheit).

Konsequenz für die Vertragsgestaltung: Solidarhaftung des Joint Ventures für Gruppenschulden oder Schulden anderer Gruppen-Töchter ausschließen.

k) In den sozialistischen Staaten gibt es zumindest zur Zeit noch keinen funktionierenden freien Markt für Wirtschaftsgüter des industriellen Produktionsvermögens oder gar für Unternehmensbeteiligungen.

Unter der alten Gesetzgebung hatte man daher in Jugoslawien die Konsequenz gezogen, von vornherein eine Übertragung des ausländischen

Unternehmensanteils an das staatliche Partnerunternehmen vorzusehen. Dabei ist die Vereinbarung einer sinnvollen Übernahme-Preis-Regelung erforderlich.

Da es aber keinen freien Markt für Beteiligungen und keine Preisbildung am Markt (Börsenpreis, Preisbildung durch Diskussion mit privaten Investoren) gibt, muß ein Übernahmepreis aus den Gegebenheiten des Projekts selbst abgeleitet werden: d. h. die Preisformel muß auf dem Rechnungswesen bzw. den Projektdaten, die aus dem Rechnungswesen abgeleitet werden, basieren und sollte das „going-concern-Bewertungsprinzip" enthalten.

Inwieweit sich diese Situation faktisch ändern wird, bleibt abzuwarten.

l) Da es in sozialistischen Staaten zumindest zur Zeit noch keine Preisbindung am Markt gibt, entstehen große Probleme bei der Bewertung einzelner Vermögensgegenstände, insbesondere bei Sacheinbringungen durch das Staatsunternehmen. Bringt ein Staatsunternehmen z. B. Industriegrundstücke ein, so fragt sich, wie man dieses Grundstück bewertet. Meist ist es zudem so, daß die Staatsunternehmen ihren Kapitalanteil am Eigenkapital des Joint Ventures ausschließlich durch solche Sacheinlagen erbringen, so daß sich die Bewertungsfrage vermischt mit der Diskussion um die Kapitalausstattung und Kapitalverteilung. Diese Bewertungsprobleme setzen sich naturgemäß fort in die Auseinandersetzungsbilanzen.

m) In einer Planwirtschaft hat das Rechnungswesen eines Unternehmens eine andere Funktion als in der Marktwirtschaft.

Die Ziele eines westlichen Rechnungswesens (Feststellung des Gewinns, des Eigenkapitals der Unternehmenseigner, der Ausschüttungsansprüche der Eigner von Unternehmensanteile, Festlegung der Besteuerungsgrundlagen, Determinierung von Abfindungsansprüchen bei Ausscheiden etc.) waren in der Vergangenheit für sozialistische Unternehmen irrelevant. Statt dessen diente das Rechnungswesen im planwirtschaftlichen Konzept statistischen und planerischen Zwecken im Rahmen der Gesamtplanung und der Entwicklung von Planvorgaben für Preisfestsetzung, Kostenkontrolle und Stützungs- und Investitionsentscheidungen etc.

Zu diesem Zwecke baute das Rechnungswesen auf einer Fondsrechnung auf, die den Mitteleinsatz und die Mittelverwendung erfaßte und steuerte: Diese Fondsrechnung wich aber, da ihr Ziel letztlich nicht auf die Feststellung des Gewinns und des Eigenkapitalwertes eines Unternehmens im Sinne westlicher Vorstellungen gerichtet war, in wesentlichen Punkten von internationalen Buchhaltungs- und Bilanzierungsprinzipien ab:

- es enthielt keine Periodenabgrenzung im internationalen Sinne: besonders kritisch erwies sich in der Vergangenheit z. B. die Erfassung von Fremdwährungsrisiken erst bei Realisation (z. B. Zahlung von Fremdwährungsschulden)
- Anlagevermögen wurde teilweise zu Wiederbeschaffungswerten bilanziert und nicht zu historischen Anschaffungskosten
- die Abgrenzung zwischen ergebniswirksamen und ergebnisneutralen Positionen war nicht von Interesse: Kredittilgungen schmälerten z. B. das ausgewiesene Ergebnis, obwohl eine Kredittilgung nach internationalen Usancen als ergebnisneutrale Bilanzverkürzung zu betrachten ist
- Fondsabgaben wurden dazu eingesetzt, um die Betriebe zu sparsamem Einsatz von Ressourcen zu bewegen: so erklärt sich z. B. auch die in der DDR praktizierte Belastung der Betriebe mit Lohnsummensteuer („Beitrag gesellschaftlicher Fonds") oder „Produktionsfondsabgaben" (Belastung des Anlagevermögens mit Fondsabgaben, quasi Steuern an den Staat). De facto wurde in der DDR (um den Resourceneinsatz zu begrenzen) die Betriebssubstanz mit Steuern (Fondsabgaben an den Staat) belastet.
- Exportorientierte Unternehmen dachten nicht in Rentabilitätskategorien, sondern stellten primär auf Devisenrentabilität ab.

Beim Übergang von planwirtschaftlicher zu marktwirtschaftlicher Wirtschaftsordnung ist daher auch eine fundamentale Umstellung des Rechnungswesens erforderlich. Insbesondere sollte sich die simple Übernahme der alten Bilanzwerte in die Eröffnungsbilanzen neu geschaffener Unternehmen mit marktwirtschaftlichem Anspruch verbieten.

Konsequenzen für die Vertragsgestaltung:
- genaue Untersuchung der Vorschriften bzgl. Bilanzen, Rechnungswesen
- eventuell sondervertragliche Vereinbarung von Bilanzierungs- und Bewertungsprinzipien, die — abweichend von den offiziellen Bilanzen — für die Bestimmung der Ansprüche der ausländischen Investoren gelten sollen.

n) Neben der eigentlichen Unternehmensbesteuerung haben sozialistische Unternehmen auch sog. Fondsabgaben zu leisten für „Social Welfare" oder ähnliches. Auch die bereits erwähnte Gewöhnte-Venture-Verordnung der DDR hat sich vom System der Fondsabgaben noch nicht völlig lösen können und schreibt weiterhin den Betrag zum gesellschaftlichen Fonds (Lohnsummensteuer) und den Kultur- und Sozialfonds vor — eine Regelung, die bei Herstellung einer Wirtschaftsunion mit der BRD keinen Bestand haben kann.

o) Oft denken sozialistische Partnerunternehmen nicht gewinnorientiert, sondern bedarfsdeckungsorientiert. Ihr Streben richtet sich manchmal nicht auf Ausschüttung von Dividenden, sondern auf Thesaurierung und Nutzung der Gewinnrücklagen zur Kapazitätsausweitung des Joint Ventures. Hier entsteht ein Zielkonflikt.

p) Das zivilrechtliche Umfeld für die Joint-Venture-Unternehmenstätigkeit im Sozialismus ist vielfach unklar.

In Ernstfällen ergeben sich unlösbare Rechtsprobleme. Z. B.: Kann ein Joint Venture im Sozialismus in Konkurs gehen? Was passiert dann?

In Jugoslawien ging im Konkursfalle – falls ein solcher überhaupt vorkam – das gesamte Unternehmen auf die zuständige Gemeindekörperschaft über: Diese beglich alle Verbindlichkeiten und unterstellte das Unternehmen staatlichen Kommissaren.

Fragen des Gesellschaftsrechts, des Firmenrechts, des Arbeitsrechts (insbesondere des Tarifvertragsrechts), des gewerblichen Rechtsschutzes etc. sind vielfach noch ungeklärt.

So schreibt z. B. das jugoslawische Unternehmensgesetz nach wie vor eine im Gesetz nicht präzisierte Mitwirkung der Arbeitnehmer in Hauptversammlung und Verwaltungsausschuß eines gemischten Unternehmens mit ausländischer Beteiligung vor, überläßt die nähere Ausgestaltung dieser Rechte aber der Vertragsgestaltung in Gründungsvertrag und Statuten.

Die Vertragsgestaltung muß sich daher auch in der Übergangsphase zur Marktwirtschaft mit diversen Sonderproblemen befassen, deren Lösung meist nur pragmatisch erfolgen kann und oft nicht unbedingt logisch erscheint.

Eine besondere Problematik ergibt sich in der Eigentumsordnung sozialistischer Staaten: selbst die volkseigenen Betriebe hatten kein Eigentum an den von ihnen genutzten Grundstücken, sondern nur Nutzungsrechte, die durch Verleihung zugestanden wurden und die deshalb auch nicht übertragbar waren. In die Joint Ventures konnten daher auch nur Nutzungsrechte an Grundstücken eingebracht werden, welches diverse juristische, aber auch enorme Bewertungsprobleme auslöst. Der Übergang zu einer Eigentumsordnung mit übertragbaren (und dann auch als Kreditsicherungsmittel tauglichen) Eigentumsrechten an Grund und Boden stellt eines der schwierigsten und zentralsten Probleme der Umformung der Wirtschaftsverfassung dar. Gerade dieses Problem wird Auslandsinvestitionen noch nachhaltig belasten.

r) Positiv ist hervorzuheben, daß die sozialistischen Partnerunternehmen sich in der Regel als vertragstreu erwiesen haben; allerdings sind hier zunehmend Einbrüche zu beobachten.

s) Positiv ist weiter zu vermerken, daß die sozialistischen Staaten in der Regel die Stabilität der Joint-Venture-Verträge gegenüber Rechtsänderungen (neue Gesetze) garantieren. In Jugoslawien war dieses Prinzip immer in der Investitionsgesetzgebung enthalten; in China soll dies angeblich auch ohne gesetzliche Grundlage gelten.

Schlußfolgerungen

1. Die Erfahrung zeigt, daß Joint Ventures im planwirtschaftlichen Umfeld mit entsprechender Vertragsgestaltung durchaus mit Erfolg durchgeführt werden können, wenn auch die Ineffizienz und die Reibungsverluste, die eine Planwirtschaft mit sich bringt, nicht völlig ausgeschaltet werden können.

2. Eine genaue Kenntnis der Arbeitsweise der Planwirtschaft und eines solchen Joint Ventures ist absolut erforderlich. In einem planwirtschaftlichen Umfeld sind und bleiben Joint Ventures im Grunde genommen Fremdkörper, die nur unter einem in der Regel komplizierten Sonderstatus arbeiten können.

3. Joint-Venture-Verträge sind in der Regel sehr umfangreich und kompliziert, da sie ein Defizit an gesetzlichen Regelungen in verschiedenen Bereichen (das fängt schon im Gesellschaftsrecht an) ausgleichen müssen und diversen Sonderproblemen Rechnung tragen müssen: Sie unterscheiden sich daher wesentlich von Joint-Venture-Verträgen in den westlichen Industriestaaten.

4. Mit zunehmender Hinwendung der sozialistischen Staaten zur Marktwirtschaft wird auch der Aufbau eines Joint Ventures in dem jeweiligen Land vereinfacht.

Anlage 1:
Checkliste

A. Gesellschaftsgründung

Rechtsform

Welche Rechtsform soll gewählt werden?

Welchem Recht unterliegt die Gesellschaft?

Wo hat die Gesellschaft ihren Sitz?

Wie hoch ist das Eigenkapital?

Soll das Kapital bar eingezahlt werden (welche Währung), oder sind auch Sacheinlagen vorgesehen?

Wie wird das Eigenkapital auf die Gesellschafter verteilt?

Wann soll (oder muß) das Eigenkapital eingezahlt werden?

Gewähren die Aktien/Geschäftsanteile gleiche Stimmrechte, gleiche Anteile an Gewinn und Verlust etc., oder sind abweichende Regelungen gewollt?

Können die Aktien/Anteile frei übertragen werden, oder sind Beschränkungen vorgesehen? Vorkaufsrecht?

Ist eine feste Laufzeit für die Gesellschaft vorgesehen?

Organe der Gesellschaft

Welche Organe hat die Gesellschaft: Geschäftsführung, Board of Directors, Verwaltungsrat, Conseil d'Administration, Aufsichtsrat, Hauptversammlung?

Welche Befugnisse haben diese Organe?

Wer ist verantwortlich für das Tagesgeschäft?

In welchen Fällen ist die Zustimmung anderer Organe einzuholen? (Liste zustimmungsbedürftiger Rechtsgeschäfte)

Wie werden die Organe besetzt? Ist jeder Partner angemessen in den Organen repräsentiert, und wie ist dies gewährleistet?

Wie entscheiden die Organe, falls es Gremien sind: einfache Mehrheit, qualifizierte Mehrheit?

Gibt es Vetorechte einzelner Partner in den Gremien?

Ist sichergestellt, daß die Mitglieder der Organe mit ausreichenden Fristen (z.B. ausreichend für Visa-Erlangung und Anreise) geladen werden müssen?

Wie erfolgen die Ladungen zu den Sitzungen der Organe; müssen sie eine Tagesordnung enthalten?

Können sich die Mitglieder der Organe durch andere oder Dritte vertreten lassen?

In welcher Sprache verhandeln die Organe?

Erhalten die Mitglieder der Organe Tagungs- oder Sitzungsgelder, Tantiemen, Kostenerstattungen oder ähnliche Vergütungen?

Gibt es außerhalb der Organe weitere Beschlußgremien, z. B. Executive Committees?

Welche Regeln gelten für diese Gremien?

Gründungskosten

Welche Kosten entstehen durch die Gründung der Gesellschaft (Anwälte, Notar, Handelsregister)?

B. Aufbau des Joint Venture (Investition und Finanzierung)

Anfangsinvestition

Wie hoch ist das Investitionsvolumen im Anlagevermögen?

Wie hoch ist das geschätzte Umlaufvermögen bei Vollproduktion?

Wie hoch sind die Anlaufverluste?

Welche Gründungskosten fallen an?

Wie hoch sind die von der Gesellschaft zu tragenden Vorgründungskosten?

Soll die Gesellschaft den Gesellschaftern/Aktionären Vorgründungskosten erstatten?

Wie hoch ist der Gesamtbedarf der vorgenannten Beträge?

Finanzierung

Wie ist die Finanzierung vorgesehen?

Sind die vorgesehenen Fremdkredite verfügbar (gibt es z. B. Letters of Intent der Banken)?

Übernehmen die Gesellschafter/Aktionäre eine Nachschußverpflichtung auf ihr Eigenkapital; unter welchen Bedingungen?

Geben die Gesellschafter zusätzlich zu ihrem Kapital noch Kredite (Gesellschafterdarlehen, Garantien etc.); unter welchen Bedingungen?

Sind die Gesellschafter/Aktionäre bereit, für Kapazitätsausweitung mit weiteren Mitteln anzutreten?

C. Aufbau-Organisation

Welche Organisationsstruktur soll während der Aufbauphase eingerichtet werden; welches Gremium bzw. wer entscheidet über die Auftragsvergabe, die Planung und Überwachung der verschiedenen Phasen des Aufbaus?

Wer erbringt die Engineering-Leistungen (Basic Engineering, Layout, detailed engineering, Auswahl von Maschinen und Ausrüstung, Vorbereitung von Ausschreibungsunterlagen etc.)?

Welches Bauunternehmen soll die Bauleistungen erbringen und zu welchen Kosten?

Welche Hersteller sollen die Industrieanlagen liefern und zu welchen Konditionen und Preisen?

Soll ein Generalunternehmer die Lieferung der kompletten Anlage („turnkey") übernehmen?

Welches Grundstück soll gekauft (oder gepachtet) werden und zu welchen Kosten, bzw. wer soll über die Auswahl entscheiden?

Welche Zeitplanung ist für die verschiedenen Phasen vorgesehen?

D. Betriebsphase (Organisationsstruktur/Personal)

Welche Managementstruktur (unterhalb der Organe der Gesellschaft) soll etabliert werden?

Soll ein Partner Personal abstellen (z. B. Abstellung des Technischen Direktors durch Know-how-Partner), oder soll ein Partner für die Personalauswahl verantwortlich sein?

Wie sind die Konditionen für die Personalabstellung?

Soll eine Personalschulung bei einem oder durch einen Partner stattfinden?

E. Technologieverträge

Soll die Gesellschaft Know-how, Lizenzen, technische Assistenz oder sonstige Hilfestellungen durch einen Partner erhalten und zu welchen Konditionen?

Soll die Gesellschaft gewerbliche Schutzrechte (Patente, Warenzeichen etc.) nutzen dürfen?

Soll das Joint Venture an technischen Innovationen der Know-how-/Lizenzgeber teilnehmen und zu welchen Bedingungen/Kosten?

Soll einer der Partner die Management-Verantwortlichkeit übernehmen (Management-Vertrag)?

Soll Personalausbildung bei einem Partner stattfinden?

Soll die Gesellschaft Marktschutz erhalten (z.B. durch Exklusiv-Lizenz)?

Ist der Marktschutz vereinbar mit wettbewerbs- und kartellrechtlichen Vorschriften?

Wie sind die Entgelte für den Erhalt des Know-how, der Lizenzen, der technischen Assistenz etc.?

Besteht Einigkeit über die hierüber abzuschließenden Separat-Technologieverträge?

Bedürfen diese Technologie-Verträge der Genehmigung im Investitionsland?

F. Vermarktung

Welchen Zielmarkt hat das Joint Venture?

Wie soll dieser Zielmarkt bearbeitet werden: durch eigenes Personal, durch Handelsvertreter, durch Eigenhändler?

Soll einer der Partner oder ein Dritter eine besondere Rolle bei der Vermarktung übernehmen, z.B. Abnahme der gesamten Produktion etc.?

Wie ist die Preisformel, und wie sind die Bedingungen der Vermarktung in einem solchen Fall?

Besteht ein Zielkonflikt unter den Partnern über die Preisbildung (z.B. ein Staatsunternehmen ist an billiger Versorgung des eigenen Landes interessiert, wohingegen die privaten Investoren primär Renditeinteressen haben), und wie wird dieser Zielkonflikt gelöst?

Besteht ein Zielkonflikt zwischen den Partnern über den Zielmarkt (z.B. Konkurrenzsituation), und wie wird dieser Zielkonflikt (im Rahmen der wettbewerbs- und kartellrechtlichen Vorschriften) gelöst?

G. Rohstoffbeschaffung

Ist das Joint Venture in besonderem Maße vom Ankauf bestimmter Vormaterialien oder Komponenten bei bestimmten Lieferanten, die gleichzeitig auch Mitgesellschafter sein können, abhängig?

Wie sind die Preise und Konditionen? Wie erfolgt Preisanpassung im Laufe der Jahre?

Garantiert dieser Lieferant rechtzeitige Belieferung in ausreichender Quantität?

H. Rechnungswesen

Weichen die lokalen Vorschriften über das Rechnungswesen von international üblichen Handhabungen ab?

Besteht Veranlassung zu der Annahme, daß die lokalen Vorschriften über das Rechnungswesen *nicht* zu einem (aus der Sicht internationaler Usancen) korrekten und realistischen Ausweis der Ertragslage führen?

Häufiges Problem: Werden Wechselkursverluste (z. B. aus Devisenkrediten) ausreichend (z. B. wann) berücksichtigt?

Häufiges Problem: Erfolgen Revalorisierungen (d. h. buchmäßige Erhöhungen) des Aktivvermögens in Ländern mit hoher Inflationsrate, und welche Konsequenzen ergeben sich daraus für Rechnungswesen, Kalkulation und Besteuerung?

Häufiges Problem: Sind ausreichende Abschreibungen vorgeschrieben?

Sind regelmäßige Berichte des Managements an die Partner/Aufsichtsgremien vorgesehen (z. B. Monatsberichte, Quartals-/Zwischenabschlüsse)?

Soll der Jahresabschluß durch einen Wirtschaftsprüfer geprüft werden?

Bestehen Publizitätspflichten für den Jahresabschluß? Sollen die Partner Einsichts- und Prüfrechte haben?

I. Steuern

Welche Steuern werden bei der Gesellschaft erhoben?

Welche Steuern werden auf Dividenden/Gewinnausschüttungen als withholding tax erhoben?

Gibt es Steuerfreiperioden?

Werden zusätzlich Lizenzgebühren, Zinsen oder sonstige Entgelte, die an einzelne Partner gezahlt werden, besteuert?

J. Ausschüttungspolitik

Ist Gewinnthesaurierung oder Ausschüttung geplant?

K. Genehmigungen

Bedarf das Joint Venture einer Genehmigung im Investitionsland?
Besteht eine Genehmigungspflicht für
- das Gewerbe als solches,
- die Gründung einer Gesellschaft,
- die Beteiligung ausländischer Partner an einer Gesellschaft,
- Technologieverträge (Know-how-, Lizenzverträge etc.); z. B. für royalties,
- Aufenthalts- und Arbeitserlaubnisse für ausländisches Personal,
- Importlizenzen, Einfuhrgenehmigungen.

Welche Auflagen enthalten die Genehmigungen (z. B. Exportauflagen)?
Ist die Währung des Investitionslandes frei konvertierbar?
Welche devisenrechtlichen Genehmigungen (z. B. durch Zentralbank) sind erforderlich, um spätere Retransferierung zu gewährleisten für
- Kapital inkl. Gewinne und Veräußerungserlöse,
- Gesellschafterdarlehen,
- Technologieverträge (z. B. royalties),
- Gehälter ausländischen Personals?

L. Sonstiges

Rechtswahl
Vereinbarung eines Schiedsgerichts für Rechtsstreitigkeiten?

M. Staatliche Förderung in Deutschland

Soll eine Kapitalanlagegarantie für die Investition beantragt werden?
Soll eine Refinanzierung aus dem Niederlassungsprogramm der Bundesregierung beantragt werden?
Sollen Mittel aus dem Technologieprogramm der Bundesregierung in Anspruch genommen werden?

I. Beispiel eines Joint-Venture-Vertrages

Musterverträge für Joint Ventures gibt es nicht. Jeder Fall ist anders und bedarf eines maßgeschneiderten Textes. Die nachstehend aufgeführten Beispiele von Joint-Venture-Verträgen (Anlage 2 und 3) sind daher lediglich als Anregungen zu verstehen, die nicht verallgemeinert werden können. Die beiden Beispiele enthalten gleichzeitig Bestimmungen zur Gründung und zum späteren Betrieb des Gemeinschaftsunternehmens; es ist häufig auch zu finden, daß statt dessen zwei Verträge abgeschlossen werden, nämlich ein Formation Agreement nur für die Gründung und ein Shareholders Agreement für die spätere Betriebsphase.

Weitere Beispiele von Joint-Venture-Verträgen finden sich in:

Baptista/Durand-Berthiez, Les Associations d'Entreprise (Joint Venture) dans le Commerce International, Fondation pour l'Etude du Droit et du Commerce International (FEDUCI), Paris 1986, S. 185 ff.

Benisch, Werner, Kooperationsfibel, Heider, Bergisch Gladbach 1973, S. 547–568.

Butterworth, The Encyclopedia of Forms and Precedents, Band 22, London 1977, Trade Combines, Form 3, S. 568 und 582.

Detjen, David, Establishing a United States Joint Venture with a Foreign Partner, Matthew Bender, New York, Forms 7 through 11.

La Filiale Commune, Colloque de Paris 20-21-22 Fevrier 1975, Paris 1975, Librairies Techniques Paris 1975, S. 60 ff.

Nelson, Lester, in: Digest of Commercial Laws of the World, Oceana Publications New York, Forms of Commercial Agreements, Binder 2 Chapter 16 Partnership and Joint Venture Agreements, Forms 16-4 bis 16-8, Form 17-6 und 17-8.

United Nations Economic Commission for Europe, East West Joint Ventures, New York 1989, Sales No. E. 88. II. E. 30, S. 187 ff.

Warrens, Forms of Agreements, Matthew Bender, New York, Volume 1 Chapter 7: Joint Ventures, insbes. Beispiel Form 7.4.07.

Das nachstehende Beispiel gibt die *Grundstruktur* eines Joint-Venture-Vertrages wieder. Es handelt sich um eine stark verkürzte Fassung eines englischen Original-Joint-Venture-Vertrages (das Original ist etwa viermal länger). Wegen dieser Verkürzung verbietet es sich, diese Kurzfassung, die mehr den Charakter eines Resümees hat, als Vertragsmuster zu verwenden. Das angenommene Szenario sieht wie folgt aus:

a) A ist ein renommierter Hersteller eines Produktes (x), welches A in großem Umfang in das Land L geliefert hat.

b) Aus Kostengründen und zur Vermeidung von Wechselkursproblemen entschließt sich A, die Produktion teilweise in das Land L zu verlegen; bestimmte Komponenten des Produktes sollen aber dennoch von A zugeliefert werden.

c) B ist eine Handelsfirma, die bisher das Produkt (x) im Lande L auf der Grundlage eines Exklusiv-Eigenhändler-Vertrages vermarktet hat.

d) A und B beschließen, die notwendigen Investitionen gemeinsam in einem Joint Venture in Form einer Aktiengesellschaft mit Sitz im Lande L zu tätigen, in dem B die Mehrheit im Aktienkapital erhalten soll.

Joint-Venture-Vertrag zwischen A und B

Präambel

1. A verfügt über langjährige Erfahrungen bei Herstellung und Vertrieb der Produkte (x). Die Produkte (x) sind Gegenstand eigener Entwicklung A's und werden von A in seinem Werk in . . . . . selbst hergestellt. A verfügt über das zur effizienten und wirtschaftlich rentablen Herstellung der Produkte (x) erforderliche Know-how. A verfügt über folgende gewerbliche Schutzrechte (wird weiter ausgeführt).

2. B ist eine Handelsgesellschaft mit Sitz in . . . . ., die in der Vergangenheit die von A hergestellten Produkte aufgrund des Exklusivvertrages vom . . . . . im Lande L vertrieben hat. B verfügt derzeit über keinerlei Erfahrungen in der Herstellung der Produkte (x).

3. A und B sind übereingekommen, im Lande L eine Produktionsstätte zur Fertigung der Produkte (x) zur Deckung der lokalen Nachfrage im Lande L gemeinsam zu errichten und zu betreiben. Zu diesem Zwecke werden sie gemeinsam eine Aktiengesellschaft gemäß dem Recht des Landes L gründen. A ist bereit, dieser Aktiengesellschaft eine Exklusiv-Lizenz zum Nachbau und Vertrieb der Produkte (x) in L zu gewähren und die gemeinsam gegründete Aktiengesellschaft mit Komponenten (K) zu beliefern[1].

---

1 Präambel: Auf die Redaktion der Präambel sollte große Sorgfalt verwandt werden. Unrichtige Darstellungen können zu Haftungsfragen führen, z.B. dann, wenn einer der Partner einen nicht realistischen Eindruck seiner Befähigungen, Know-how etc. erweckt. Durch die Präambel wird ferner die Geschäftsgrundlage der Kooperation fixiert. Sind die Parteien der Auffassung, daß das Joint Venture nur Sinn macht, wenn bestimmte Parameter (wie z.B. eine bestimmte Zollpolitik des Landes L, Marktschutz oder dergleichen) vorliegen, so sollten sich diese Parameter in der Präambel widerspiegeln.

Dies vorausschickend, kommen die Parteien wie folgt überein:

Artikel 1 – Das Projekt

1. Die Parteien sind übereingekommen, im Lande L eine Fertigungsstätte zur Herstellung der folgenden Produkte (x) (wird näher präzisiert) – nachstehend die „Produkte" genannt – zu errichten.

Die Fertigungsstätte soll eine Jahreskapazität von ..... haben.

2. Die Investitionskosten des Projekts werden gemäß Feasibility-Studie vom ..... durch ....., der sich die Parteien angeschlossen haben, wie folgt geschätzt:

– Land- und Landaufbereitung Fw	= ca. DM	100 000
– Gebäude	Fw	ca. DM	500 000
– Maschinen		DM	3 000 000
– Fuhrpark		DM	400 000
– Engineering	L ..... = ca. DM	400 000
– Vorproduktionskosten	Fw ..... = ca. DM	200 000
– Umlaufvermögen	Fw ..... = ca. DM	400 000
		ca. DM 5 000 000

Dieser Finanzbedarf soll wie folgt aufgebracht werden:

– Gesellschaftskapital	Fw ..... = ca. DM	1 500 000
– Gesellschafterdarlehen A	DM	1 000 000
– Gesellschafterdarlehen B	Fw ..... = ca. DM	1 000 000
– Lieferantenkredit	DM	1 000 000
– Bankkredit short-term	Fw ..... ca. DM	500 000[2]

---

2 Sowohl die Kostenseite als auch die Finanzierung zeigen, daß unterschiedliche Währungen eine Rolle spielen. Obwohl das Projekt im Lande L angesiedelt ist, rechnen die Parteien nicht mit der Landeswährung Fw, sondern in DM, und dies auch im Hinblick darauf, daß wesentliche Teile der Kosten wie auch wesentliche Teile der Finanzierung in DM anfallen. Der Joint-Venture-Vertrag „denkt" quasi nicht in der Landeswährung, sondern in einer anderen Währung, die die Parteien für ihre Zwecke als besser geeignet finden, um die Finanzierung zu planen. Je größer die Inflation der Landeswährung (es gibt Länder mit Inflationsraten von 1000 und mehr Prozent p. a.) und die zu erwartenden Währungskursverluste sind, desto notwendiger ist in einem solchen Fall die Verwendung einer anderen Währung.

3. Die Parteien haben dabei die Wechselkursrelation Fw 1 = DM ..... zugrunde gelegt. Sollte der Wechselkurs der Fremdwährung bis zum Tage der effektiven Gründung der Gesellschaft und der Einzahlung der Kapitalbeträge unter den Kurs Fw 1 = DM ..... fallen, so werden die Parteien das Gesellschaftskapital so weit erhöhen, daß dieses dem Gegenwert von DM 1 500 000 am Tage der Kapitaleinzahlung entspricht.

Gesellschafter B wird sein Gesellschafterdarlehen in Fremdwährung im Falle des Kursverfalles der Fremdwährung so weit erhöhen, daß dieses am Tage der Auszahlung dem Gegenwert in Fremdwährung von DM 1 000 000 entspricht[3].

4. Sollte der vorgenannte geschätzte Finanzierungsbedarf nicht ausreichen, um den tatsächlichen Finanzbedarf bis zum Ablauf des ersten Produktionsjahres zu decken, so werden A und B in erforderlicher Höhe im Verhältnis ihrer Kapitalanteile weitere Aktien an der Gesellschaft zeichnen und einzahlen[4].

Artikel 2 – Die Gesellschaft

1. Die Parteien werden als Trägerin des Projekts eine Aktiengesellschaft (nachstehen „AG") mit Sitz in ..... mit einem Kapital von Fw ..... gründen, an dem sich A und B wie folgt beteiligen werden:

– A: Fw ..... 40% des Gesellschaftskapitals

– B: Fw ..... 60% des Gesellschaftskapitals

(Es folgt ein Hinweis auf Art. 1 Abs. 3.)

2. Die Parteien haben sich auf die in Anlage 1 beigefügte Satzung der AG geeinigt.

3. Die AG wird erst gegründet, wenn zur Zufriedenheit beider Partner:

a) das staatliche Planungsamt des Landes L das Projekt genehmigt hat,

b) die erforderlichen devisenrechtlichen Genehmigungen des Landes L vorliegen,

c) der Lizenzvertrag gemäß Anlage 4 dieses Vertrages nach dem Technologie-Gesetz des Landes L genehmigt worden ist.

---

3 Durch diese Klausel wird Kursschwankungen Rechnung getragen: Sie ist die notwendige Konsequenz aus dem Umstand, daß sich die dem Joint-Venture-Vertrag in Abs. 2 zugrunde gelegte DM-Betrachtung im Laufe der Zeit von bestimmten Fw-Beträgen entfernen kann.

4 Diese Nachschußklauseln sind in der Praxis häufig sehr kompliziert. Probleme entstehen daraus, daß es große Meinungsverschiedenheiten darüber geben kann, nach welchen Kriterien der tatsächliche Finanzbedarf bestimmt wird und durch wen bzw. in welchem Verfahren die Finanz-Unterdeckung festgestellt und der Nachschuß abgerufen wird.

4. Zur Erlangung der vorgenannten Genehmigungen und bis zur Gründung der AG werden die Parteien folgendes unternehmen: ..... (wird ausgeführt)[5].

Artikel 3 – Management der Gesellschaft

1. Im Board of Directors der AG werden A und B wie folgt vertreten sein:

A: 2 Vertreter

B: 3 Vertreter

Die Parteien werden in der Hauptversammlung der AG ihre Stimmen so abgeben, daß zwei von A und drei von B vorgeschlagene Mitglieder des Board of Directors gewählt werden.

2. Die Parteien haben sich darauf geeinigt, daß das Tagesgeschäft von einem angestellten General Manager geleitet wird, der nicht Mitglied des Board of Directors ist und der von A und B gemeinsam ausgewählt wird. Der General Manager ist dem Board of Directors gegenüber verantwortlich. Der General Manager soll die in Anlage 2 aufgeführten Befugnisse erhalten.

3. Die Parteien sind sich ferner darin einig, daß der Leiter der Unternehmensbereiche Produktion und Einkauf, der über langjährige Erfahrung im Hause A verfügen soll, von A ausgesucht wird[6].

---

5 An der Formulierung dieses Artikel sieht man, daß der Joint-Venture-Vertrag in diesem Fall *vor* Gründung der Gesellschaft abgeschlossen worden ist und daher auch bestimmte Aspekte der Vorgründungsphase mit regelt. Diese Konstellation ist insbesondere dann typisch, wenn – wie in diesem Fall – diverse Genehmigungen im Lande L erst noch eingeholt werden müssen.

6 Der Text geht davon aus, daß nach dem anwendbaren Gesellschaftsrecht zwei gesetzliche Organe existieren, nämlich Hauptversammlung und Board of Directors. Kraft Gesetzes hat der Board die umfassende Befugnis zur Führung der Geschäfte, delegiert aber die Führung des day-to-day-business an einen angestellten Geschäftsführer, den der Board mit entsprechenden Befugnissen ausstatten muß. Der Board selbst beschränkt sich auf die grundsätzlichen Entscheidungen sowie auf die Anleitung und Beaufsichtigung des General Manager.

Dieser Artikel zeigt anschaulich den Grundsatz, daß die Parteien des Joint Venture-Vertrages verpflichtet sind, die Entscheidungen des Joint Venture-Vertrages auch in den von ihnen kontrollierten Organen durchzusetzen.

Gleichzeitig sieht man, daß es den Parteien nicht nur auf eine Regelung der Besetzung der Organe ankommt, sondern auch auf bestimmte Regelungen in bezug auf nachgeordnetes Personal.

Dieser Artikel ist im Zusammenhang zu sehen mit der hier *nicht* wiedergegebenen Satzung: Dort war festgelegt worden, daß der Board in bestimmten Fällen mit erhöhter Mehrheit von 4 Stimmen abzustimmen hat, um bestimmte Entscheidungen treffen zu können.

Artikel 4 – Engineering und Know-how

1. A wird mit der AG unverzüglich nach der Gründung folgende Verträge abschließen:

– einen Engineering-Vertrag gemäß Anlage 3,

– einen Know-how- und Lizenzvertrag gemäß Anlage 4.

2. B verpflichtet sich, das gesamte Know-how A's, welches B durch die Zusammenarbeit im Rahmen dieses Joint Venture zur Kenntnis gelangt, vertraulich zu behandeln, Dritten nicht zukommen zu lassen und auch dafür zu sorgen, daß B's Personal diese Verpflichtung zur Vertraulichkeit wahrt.

Artikel 5 – Belieferung mit Komponenten

1. A verpflichtet sich, die zur Herstellung der Produkte (x) erforderlichen Komponenten K 1, K 2, K 3 und K 4 an die AG zu liefern.

A sichert zu, daß

– A die kontinuierliche und zeitgerechte Belieferung der AG mit den vorgenannten Komponenten sicherstellen wird, und zwar in Übereinstimmung mit der Produktionsplanung, wie sie jährlich im Board of Directors für das Geschäftsjahr festgelegt wird,

– die gelieferten Komponenten dieselbe Qualität haben wie die bei A in den eigenen Fertigungsstätten eingebauten Komponenten,

– A die technischen Eigenschaften dieser gelieferten Komponenten nicht verändern wird, wenn dadurch die Verwendungsmöglichkeit bei der AG beeinträchtigt wird.

2. (Preisklausel für die Festlegung der Verrechnungspreise – wird hier nicht ausgeführt.)[7]

3. (Zahlungsbedingungen – Lieferantenkredit)

---

7 Durch die (hier nicht ausgeführten) Klauseln über Preisfestsetzung der Komponentenbelieferung und der Zahlungsbedingungen wird eine der zentralen Fragen des Joint Venture angesprochen: Durch diese Konditionen können Gewinne verlagert und die Rentabilität des Projekts gesteuert werden. Werden die Verrechnungspreise zu hoch angesetzt, kann sogar eventuell die Wettbewerbsfähigkeit des Projekts insgesamt in Frage gestellt werden. Klauseln über derartige Preisfestsetzungen sind insbesondere aus dem Grunde sehr kompliziert, weil für Komponenten keine Weltmarktpreise existieren, an die angeknüpft werden könnte.
Bei genauerer Betrachtung stellt Art. 5 einen Vertrag zu Gunsten bzw. zu Lasten der AG dar.

Artikel 6 – Vermarktung

1. Der zwischen A und B bestehende Exklusiv-Eigenhändlervertrag wird mit dem Ablauf eines Monats nach Aufnahme der kommerziellen Produktion der AG beendet.

2. Die gesamte Produktion der AG wird aber dennoch über die Distributionskanäle B's im Lande L vermarktet, wobei B als Handelsvertreter auf Provisionsbasis für die AG tätig wird.

(Provisionssatz und weitere Inhalte werden ausgeführt.)

3. A wird davon absehen, im Lande L Produkte (x) oder Wettbewerbsprodukte zu vertreiben, sofern und solange die AG den lokalen Markt befriedigen kann, wohingegen B davon absehen wird, über seine Distributionskanäle Wettbewerbsprodukte anderer Hersteller zu vertreiben[8].

Artikel 7 – Jahresabschluß/Dividendenpolitik/Berichte

1. Im Rahmen der gesetzlichen Bestimmungen des Landes L soll der Jahresabschluß der AG international üblichen Standards entsprechen.

2. Der Jahresabschluß der AG soll jährlich von einer lokal zugelassenen renommierten Wirtschaftsprüfungsgesellschaft nach internationalem Standard geprüft werden[9].

3. Die Parteien sind sich einig, die ausgewiesenen Gewinne grundsätzlich auszuschütten, es sei denn, die Liquidität der AG würde eine solche Ausschüttung untunlich erscheinen lassen.

4. Die AG wird den Partnern monatlich die folgenden Daten übermitteln:

– Umsatz

– Auftragsbestand

– Lagerbestand

usw.

---

8 Da B über sein Distributionsnetz auch andere Produkte vertreibt, wurde das Distributionsnetz von B durch die AG nicht übernommen. Der Eigenhändlervertrag B's wurde aber umgestaltet in einen Handelsvertretervertrag B's für die AG. Die Umwandlung in den Handelsvertretervertrag mit fester Provision wurde vorgenommen, um Interessengegensätze zwischen der AG und B als Eigenhändler zu vermeiden oder zumindest erheblich zu reduzieren. Diese Klausel belegt, daß Joint-Venture-Zusammenschlüsse auf kartellrechtliche Zulässigkeit überprüft werden müssen.

9 Die Vorschriften über Buchführung und Rechnungswesen weichen in den verschiedenen Ländern erheblich voneinander ab. Wenn – wie hier – eine WP-Prüfung nach internationalem Standard verlangt wird, müßte der prüfende WP die Abweichungen der lokalen Praxis von international üblichen Praktiken aufzeigen. Von besonderer Relevanz wäre hier z. B. die Frage der Berücksichtigung von Wechselkursverlusten in der Bilanz und ihre Wir-

Artikel 8 – Aktienverkauf

Die Vertragsparteien räumen sich gegenseitig ein Vorkaufsrecht ein. (Wird weiter ausgeführt.)

Artikel 9 – Kündigung: Buy/Sell-Arrangement

1. Jede der Vertragsparteien hat das Recht, diesen Vertrag mit einer Kündigungsfrist von ..... Monaten zum Ablauf eines jeden Kalenderjahres zu kündigen, frühestens jedoch zum .....

Die Kündigung bedarf *keiner* Begründung.

2. Im Falle einer Kündigung hat die kündigende Vertragspartei in ihrer Kündigung einen Preis für die Aktien der AG zu benennen.

Innerhalb von 60 Tagen nach Erhalt der Kündigung hat die andere Partei die Option, entweder zu dem vorgenannten in der Kündigung enthaltenen Preis die Aktien der kündigenden Partei zu kaufen oder der kündigenden Partei ihre eigenen Aktien zu demselben Preis zu verkaufen. Erklärt sich die andere Partei nicht innerhalb von 60 Tagen, so hat die kündigende Partei innerhalb weiterer 30 Tage das Wahlrecht, die Aktien der anderen Partei zu dem vorgenannten Preis aufzukaufen oder der anderen Partei die eigenen Aktien zu verkaufen.

3. Die Übertragung der Aktien erfolgt Zug um Zug gegen Übergabe einer Bankgarantie für die Bezahlung des Optionspreises. (Es folgen weitere Regelungen zur Abwicklung.)

4. Durch die Kündigung und den Verkauf oder Kauf von Aktien wird der Lizenzvertrag zwischen A und der AG gemäß Anlage 4 dieses Vertrages *nicht* berührt [10].

Artikel 10 – Schlußbestimmungen

1. Sollten Divergenzen zwischen diesem Joint-Venture-Vertrag und der Satzung der AG auftreten, so sind sich die Parteien in ihrem Verhältnis zuein-

---

kung auf die langfristigen Fremdwährungskredite. Insbesondere dann, wenn an wesentlichen Stellen im Vertragswerk auf das Rechnungswesen abgehoben wird (z. B. im Rahmen von Aktienverkäufen, Vorkaufsrechten, Abfindungsregelungen mit Buchwertklauseln oder im Rahmen sog. Lieferverträge auf „cost-plus"-Basis) ist eine intensive Befassung mit den geltenden Vorschriften zum Rechnungswesen und zur Bilanzierung unumgänglich.

10 Bei dieser Klausel handelt es sich um eine „shotgun"-Klausel, wie sie in Kapitel IV 14 dieses Buches erläutert wurde. Insbesondere Abs. 4 zeigt, daß bei jeder Veränderung in *einem* der Verträge immer die Auswirkungen auf die anderen Verträge mit zu bedenken und zu regeln sind.

ander einig, daß der Joint-Venture-Vertrag Vorrang haben soll und daß notfalls im Rahmen der gesetzlichen Bestimmungen die Satzung geändert werden soll.

2. Durch diesen Joint-Venture-Vertrag wird keine der Vertragsparteien ermächtigt oder bevollmächtigt, für die andere Partei rechtsverbindliche Erklärungen gegenüber Dritten abzugeben oder die jeweils andere Partei in sonstiger Weise rechtlich zu verpflichten.

3. Die Parteien werden dafür Sorge tragen, daß die von ihnen in die Organe der AG entsandten Vertreter stets nach Maßgabe dieses Joint-Venture-Vertrages handeln.

4. Sonstige Schlußbestimmungen

5. Rechtswahl

6. Schiedsgerichtsklausel [11]

---

11 Diese Schlußbestimmungen zeigen deutlich drei Aspekte:
  - der Joint-Venture-Vertrag ist eine Innengesellschaft ohne Teilnahme am Rechtsverkehr,
  - den Willen der Parteien, den Joint-Venture-Vertrag der Satzung der AG vorgehen zu lassen,
  - Stimmrechtsbindung in den Gremien.

II. Beispiel eines Joint-Venture-Vertrages

Joint Venture Agreement

This Agreement Made this Fourteenth Day of March of the Year 1989 by and between

A Manufacturers Ltd, a corporation duly organized and existing under the laws of ..... having its registered office at .....
(hereinafter called "A")
and
B Corporation Ltd, a corporation duly organized and existing under the laws of ..... having its registered office at .....
(hereinafter called "B")
Witnesseth

Whereas

A is mainly engaged in the manufacture and sale of various kinds of ..... products.

Whereas

B has no experience and knowledge in producing ..... products but has approached A to create a jointly owned company in the city of ..... for the production of ..... products (hereinafter called *"The Products"*) to be marketed in the following countries: ..... (hereinafter called *"The Territory"*).

Whereas

A and B are desirous to establish and jointly operate a joint stock company to carry on the business of manufacturing *the products* and to sell these in the *territory.*

Whereas

The parties desire to set out the basic character of the business relationship as agreed upon among them in writing.

Whereas

The understanding between the parties is that the rights and obligations of both the parties in regard to their common venture are interpreted and acted upon as per the terms of this agreement and in the spirit thereof.

Now Therefore this Agreement Witnesseth as Follows:

Article 1: Formation of the Company

1.1   Subject to the provision that each of the following conditions has oc-
        cured, it is agreed that A and B shall, as soon as possible after the
        signing of this agreement, undertake to establish a mutually accept-
        able Memorandum and Articles of Association consistent with prin-
        ciples set forth in this agreement and will cause the company to be
        formed as a closed shareholding company pursuant to the laws of the
        State of . . . . . B shall, subject to A's approval, prepare and submit the
        above described Memorandum and Articles of Association for the
        approval of the Ministry of Commerce and Industry (the
        "Ministry"). In the event any alteration or change is required by the
        Ministry, B shall obtain A's consent to the alterations or changes
        prior to obtaining the Ministry's final approval.

1.2   *Principal Office*

        The principal office of the company shall be located in . . . . . . The
        company shall be permitted to establish branches as the shareholders
        may mutually authorize.

1.3   *Name*

        The name of the company shall be A & B Ltd. If said name is not
        available, such other name acceptable to each of parties shall be
        selected.

1.4   *Charter*

        The provisions of the *Memorandum and Articles of Association*
        shall accomodate the manufacture and sale of the *Products* and
        related products and services. The company's activities may involve
        systems planning, design, engineering, construction, procurement,
        overhaul, repair maintenance, training, installation, import and ex-
        port. The company shall undertake business to be performed in the
        Territory, but may also consider performance outside of the Territory
        when such opportunities are presented by either party and approved
        by both parties.

1.5 Capital and Shares

It is agreed that the initial stated capital of the company shall be 2 000 000 xx divided into thousand (2000) shares, with the value of each share being one thousand xx issued and allotted to the parties described herein as follows:

Name of Party	Nationality	No. of Shares	Amount	%
B		1000	1 000 000	50
B		1000	1 000 000	50
		2000	2 000 000	100

1.6 Duration

The company shall be formed for the maximum period permissible under *(State)* law.

1.7 Management

a) The company shall be controlled by a board of Directors consisting of five members; three to be appointed by A and two to be appointed by B through their respective legal representatives. Compensation and expenses associated with each board member's activity (excluding the Managing Director) shall be the responsibility of the shareholder appointing the respective board member.

Any action required or permitted to be taken by the board of directors may be taken without a meeting if all members of the board shall individually or collectively consent in writing to such action. Such consent shall have the same force and effect as a unanimous vote of the board of directors and shall be filed with the minutes of the proceedings of the board.

b) The board shall adopt management policies and principles for the conduct of the business of the company which conform to established principles and standards of business conduct as set out in board resolutions annexed hereto as Annex 1 to be adopted in the first meeting of the board of directors of the company. The said resolution may be amended by majority vote as necessary to reflect changes mandated by changes in law. A copy of such resolution and any statement of such management policies and principles shall be given to each director and employee of the company.

Not less than annually, the board shall review such resolution and statement and determine whether the business of the company is being conducted in complete accordance therewith. The chairman of the board shall annually give written notice of such determination to the parties. If at any time it comes to the attention of the board that any director, officer or employee of the company is not conducting the business of the company in complete accordance with such resolution and statement, the board shall immediately take such action as is necessary to ensure that the business of the company is brought into compliance with such resolution and statement.

c) Without limitation, the following described actions shall require the unanimous approval of all directors present provided always that at least one director appointed by A and B shall be present:

1. Approval of general business plans and new projects;

2. Formation, capitalization or participations in subsidiaries or joint ventures;

3. Signing of all customer contracts in excess of 100000 Thousand xx;

4. Borrowing money, giving guarantees, mortgaging, pledging or hypothecating the assets, credits or undertaking of the company;

5. Sale, exchange, purchase or lease of assets by the company or any subsidiary of the company having a value in excess of 300000,– xx;

6. Issuing shares or securities of any kind, recapitalizing the company, or altering or amending the Articles of Association of the company;

7. Approval of capital asset budget;

8. Recommendations for declaration of dividends or profit distribution by the company;

9. Recommendation for dissolution or liquidation of the company;

10. Contract awards to any person or company in which any shareholder, director or employee has either a director or indirect interest, or relationship of special confidence whether resulting from ownership, investment, contract right or other affiliation of any nature.

d) Each party undertakes that the directors appointed by it shall make a full disclosure to the other directors of any interest (including, but not limited to, ownership interest, marketing or other representation of subcontractors, competitors or suppliers of the company) that the party may have in advance of any vote on a resolution which in any way relates to such interest.

e) Subject only to such supervision and direction as may be necessary for the board to properly discharge its responsibility for exercise of due diligence in establishing and directing the company's policies and operations, the day-to-day management of the company shall be delegated to a Managing Director and such other officers as may be elected by the board of directors.

1.8 *Expenses of Formation*

In order to take all steps necessary to ensure the speedy formation of the company, the parties hereto agree that the named designated representatives to this agreement shall generally be responsible for: (1) Carrying out of all formalities and negotiations required by all governmental and nongovernmental organizations in the State of ...... (2) The filing of all applications with the governmental authorities for incorporation and all local and foreign banking and financial institutions; and (3) the preparation of the company's Articles of Association and the introduction of all amendments thereto as may be required by any competent authority.

The designated representatives of the parties agree to take specific responsibility to apply for, and take all actions required, with the competent agencies, ministers or departments of the government to secure the licenses, authorizations, approvals, decrees, and exemptions or privileges which may be required by or accorded to the company to establish the most favorable operation position achievable as shall be determined by the shareholders.

Each party shall pay the respective costs, expenses and fees of its representatives while carrying out the functions assigned to them. The parties shall only be entitled to be reimbursed by the new company for such costs, takes and fees that they may advance for the company's incorporation.

Article 2: Plant Facilities

2.1 The parties are desirous to establish in ..... plant facilities for the manufacture of ..... products *("The Products")*. The total yearly production capacity shall be ......

As soon as practicable the parties shall ensure that the company shall take all necessary or useful steps to create the aforementioned production facilities and to start up its business.

2.2 It is agreed that B shall as local promoter of the company take all steps to get necessary governmental authorizations to set up the manufacturing facilities and also take steps to acquire land and put up the factory buildings and all other buildings necessary to carry out the business of the company, on behalf of the company, and at the cost of the company.

2.3 A shall undertake to supply the company, upon reasonable terms and conditions including, but not limited to, price and terms of delivery, such machinery, equipment and raw materials that are required by the company, at the cost of the company if requested by the company.

2.4 It shall be ensured that in respect of 2.2 and 2.3 the transactions between the promoters, A and B, and the *Company*, shall be always at arms' length.

Article 3: Licence

3.1 The company shall enter into a Licence and Technical Assistance Agreement with A for the purpose of acquiring know-how relating to the manufacture and marketing of *products*. The said agreement grants the company exclusility for the manufacture and sale of the *products* in the *territory*. A copy of the Licence and Technical Assistance Agreement as agreed upon between A and B and to be entered into between A and company is annexed hereto as Annex 2.

3.2 The company shall have the right to export its products outside the territory during the period of the said Licence and Technical Assistance Agreement or its renewals, in accordance with the terms of such agreement or in terms of any other mutual agreement between the parties.

3.3 The parties hereto agree that they will endeavour their best and cooperate with each other to ensure that the company is run smoothly and efficiently, that it earns good profits and that it abides by all the laws of the land.

Article 4: Trademark and Tradename

4.1 The words 'A' in the corporate name of company are used with the concurrence of the party A. If for some reason, the shareholding of A in the company falls below 25% (twentyfive) of the paid up capital, then automatically the company shall cease to use the word A in its corporate name.

4.2 All products shall be sold by the company under such trade name or mark as the parties shall mutually agree.

4.3 By virtue of signing of this agreement, the company shall be entitled to use the trademark and/or trade name of A without extra charge or fee. The company may also choose not to use a trade name or mark of A, but an independent trade name or mark. It is understood that the trademark/trade name of A, if used seperately or in conjunction with any other mark/name is with the express condition that the company shall cease to use the same on its products, literature, pamphlets or advertising materials, if A's equity shareholding falls below 25% (twentyfive per cent).

Article 5: Financial Plan

5.1 The parties estimate that the cost for establishing the business will amount to approximately . . . . . made up as follows:

Land	xx
Buildings	xx
Plant and Maschinery yy corresponding to	xx
Pre operation expenses	xx
Working capital	xx
Contingencies	xx
	xx

5.2 The parties propose that the said cost shall be funded by equity and loan capital in accordance with the following financial plan:

Equity	xx
Loans	xx
	xx
	xx
Total	

5.3   Should the aforementioned estimation turn out to be insufficient to cover the financial needs of the *company* then the share capital of the company shall be increased so as to cover the gap and each party undertakes to subscribe for the respective shares in the ratio as laid down in article 1.5 hereof.

5.4   The Company shall regularly report to each party hereof at the lapse of each quarter of every year on:
- turnover
- stocks
- gross operating profit
- orders
- etc.

Article 6: Conditions Precedent — Effective Date

6.1   The effective date of this agreement shall occur on that date on which the last of the following approvals or actions have been completed:

6.1.1 The appropriate agency or agencies of the governments and the Central Bank of the state of ..... shall have granted all necessary approvals and validation, as may be required, to A's subscriptions to, and ownership of equity shares in the initial issue of capital, mentioned in Art. 1.5 above.

6.1.2 Each of the parties hereto shall take every reasonable step to cooperate with the other party hereto in obtaining the requisite approvals, validations, ruling and consents of the government authorities or the Central Bank or to the full performance of the agreement by the parties hereto.

6.2   The parties shall inform each other by telex, when in their opinion, all conditions precedent as stated in clause 6.1 have been completed.

6.3   In the event that any authorization for which application is made pursuant to this agreement, shall not have been obtained within one hundred and eighty days (180) after the date of execution of this agreement, in form and substance satisfactory to A, then unless otherwise agreed to in writing among the parties hereto, A shall have the election to terminate this agreement by dispatch to the other party of written notice of such election to terminate this agreement of ninety days (90), and thereafter this agreement shall be deemed null and void ab initio, in which event, all future rights, duties and obligations of each of the parties hereto to other party hereto shall no longer exist.

Article 7: Duration

7.   The term of this agreement, subject to the provisions otherwise contained in this agreement, shall be effective as of the effective date, and shall continue in force and effect for an indefinite term thereafter, unless this agreement is sooner terminated by mutual written agreement of the parties hereto or pursuant to the provisions of article 8 herein, or otherwise by lawful exercise by a party hereto of its rights under applicable laws.

Article 8: Cancellation and Termination

8.1   Anything in this agreement to the contrary notwithstanding, each of the parties hereto not in breach of this agreement may, upon election, and in addition to any other legal remedies that it may have, cancel and terminate this agreement, and all rights granted herein, in the event that the other party is in breach of any provisions of this agreement, with a ninety days (90) written notice to the violating party and if the violation is not remedied by the violating party within ninety days (90) after such notice.

8.2   Each of the parties hereto shall have the right to terminate this agreement, and all rights granted hereto, effective immediately upon giving notice of sixty days (60) to the other party hereto in the event of:

8.2.1   appointment of a trustee, receiver or other custodian for all or a substantial part of the other party hereto;

8.2.2   a judicial finding that the other party is insolvent or bankrupt;

8.2.3   the filing of a petition in bankruptcy by or against the other party hereto;

8.2.4   the entering into composition with its creditors by the other party, or an assignment by the other party for the benefit of its creditors;

8.2.5   the attachment of all or substantial portion of the assets of the other party;

8.2.6   a government expropriation or condemnation of all or substantial portion of the assets or capital stock of the other party;

8.2.7   the dissolution or liquidation of the other party;

8.2.8 the merger, amalgamation or consolidation by the other party with or into another company or corporation where the other party is not the surviving or the resulting organization, without the prior written approval of A or B, as the case may be;

8.2.9 a change in the present ownership of the majority interest or an essential change in management of the other party (A or B).

8.3 The termination of this agreement for any reason shall neither release any party from any liability, obligation or agreement which, pursuant to any provisions of this agreement, is to survive or be performed after such termination nor shall it release any party from its liability to pay any sums of money accrued, due and payable to the other or to discharge its then accrued and unfulfilled obligations. The termination of this agreement for any reason shall not be deemed a waiver or release of, or otherwise prejudice or affect, any rights, remedies or claims, whether for damages or otherwise, which any party may then possess under this agreement or which arise as a result of such termination, all of which rights, remedies and claims shall survive such termination.

Article 9: Share Transfer

9.1 If A or B wishes to sell or transfer the whole or any part of its shareholding in the company, it shall, in the first instance, offer such shares to the other party to this agreement (A or B as the case may be) for purchase. If the other party to this agreement to whom the offer is made fails to communicate its acceptance thereof within one hundred and eighty (180) days of the date of receipt of such offer by the other party to this agreement, then the party offering the shares shall be at liberty to sell or transfer them to any other party of its choice, provided that the sale price shall not be lower than the price offered to the other party.

9.2 The price of all shares of company offered for sale under Article 9.1 above shall be by mutual agreement of the parties hereto, or the price quoted in the *(City)* Stock Exchange on the date of the offer or in default of an agreement, shall be the fair market value as certified by the Auditors for the time being of the company, which in their opinion is the fair selling value as between a willing vendor and a willing purchaser and in making such valuation such Auditors act as experts and not as arbitrators.

9.3 Where shares of the company are sold or transferred by any party to this agreement to a third party who is not a signatory to this agreement under or pursuant to the above sub-clause, it shall be an express condition of such sale that such third party shall give an undertaking in writing to adhere to and be bound by the terms and conditions of this agreement.

9.4 Upon termination of the agreement by any party, pursuant to Article 8, the party through whose default the termination had arisen shall offer for sale to the others its shares and other financial interests in the company at the fair market value thereof as determined in terms of clause 9.2 of the agreement.

Article 9: Post Termination Rights

After termination of this agreement and/or any license and technical assistance agreement entered into with the company by A, for any cause, the company shall have the right to continue in the field of manufacture and sale of the *products*, with the benefit of all the technical information and experience acquired by it under the terms of any License Agreement, but shall not be entitled to use any trade name or mark (whether registered or not) licensed to it under this agreement or the industrial property rights owned by the party who will cease to have connection with the company thereafter.

Article 10: Arbitration

All disputes arising out of or in connection with this agreement which cannot be settled amicably between the parties shall be finally settled under the rules of conciliation and arbitration of the International Chamber of Commerce, Paris, by one or more arbitrators appointed in accordance with the said rules, such arbitration shall be held in City, Country, and is subject to (Country) laws as provided for in Article 16.1 of this agreement. All proceedings shall be in the English language.

Article 11: Force Majeure

A and B shall not be liable or responsible for damages or in any manner whatsoever to the other for failure or delay to perform or fulfill any provisions of this agreement when such failure or delay is due to fires, strikes, war, civil commotions, labour or employment difficulties, act of God, acts of public authorities, or delays or default caused by public carriers or for any other actions or causes whatsoever, similar or dissimilar, which cannot reasonably be forecast or provided against, and which cannot be overcome by due diligence. In such event the time for performance shall be extended for the period of the continuance of such inability, provided however, that the party having such cause shall (i) promptly after having knowledge of the commencement thereof, notify the other party in writing of the nature of such cause and the expected delay, (ii) continue to keep the other party informed as to conditions, (iii) take all reasonable steps to eliminate such cause of the delay, and (iv) shall continue performance hereunder with utmost dispatch whenever such reason or cause is removed. In the event any of such cause or causes shall continue for a period of one hundred and twenty (120) days, the parties hereto shall mutually discuss the matter and decide on the course of action to be taken.

Article 12: Assignment

This agreement and the rights and obligations hereunder are personal to the parties hereto, and shall not be assigned by any of the parties hereto, voluntarily or by operation of law, to any third party, without the express prior written consent of the other parties hereto and such consent is not to be withheld unreasonably. Such assignments shall be on the basis that the assignee executes an undertaking that it will be bound by the terms and conditions of this agreement.

Article 13: Notices

Except as otherwise provided in this agreement, all notices required or permitted to be given pursuant or in reference to this agreement shall be in writing and shall be valid and sufficient if dispatched by registered airmail, postage prepaid, in any post office in (Country) or in West Germany as the case may be, addressed as follows:

A: .....

B: .....

Any party hereto may change its address by a notice given to the other party hereto in the manner set forth above. Notices given as herein provided shall be considered to have been given ten (10) days after the mailing hereof.

Article 14: Representation

Each of the parties hereto represents and warrants to the other parties that all negotiations relating to this agreement have been carried on by each with the other without the intervention of any other person, firm, or corporation, and each party hereto shall indemnify and hold harmless the other against, and in respect of, any fee, claim for brokerage or other commission relating to this agreement or to the transactions contemplated hereby, paid to or claimed by any other person, or corporation claiming to have dealt with the indemnitor.

Article 15: Entire Agreement

The terms and conditions herein contained constitute the entire agreement between the parties and shall supersede all previous communications, either oral or written, between the parties hereto with respect to the subject matter hereof, and no agreement or understanding varying or extending the same shall be binding upon any party hereto, unless in writing signed by a duly authorised officer or representative thereof.

Article 16: Interpretation

The validity, construction and performance of this agreement shall be governed by and interpreted in accordance with the laws of (Country).

This agreement is in the English language only, which language shall be controlling in all respects. No translation, if any, of this agreement into another language shall be of any force or effect in the interpretation of this agreement or in determination of the intent of either of the parties hereto.

Article 17: Effect of Headings

The headings of Articles and Sections of this agreement are to facilitate reference only, do not form a part of this agreement and shall not in any way affect or be considered in the interpretation hereto.

Article 18: Modification of Agreement

No amendment or change hereof or addition hereto shall be effective or binding on either of the parties hereto unless set forth in writing and executed by the respective duly authorised representatives of each of the parties hereto.

Article 19: Waiver

The failure with or without intent of any party hereto to insist upon the performance of the other of any term or provision of this agreement in strict conformity with the literal requirements hereof shall not be treated or deemed to constitute a modification of any term or provision hereof, nor shall such failure or election be deemed to constitute a waiver of the right of such party at any time whatsoever thereafter to insist upon performance by the other strictly in accordance with any term or provision hereof; all terms, conditions and obligations under this agreement shall remain in full force and effect at all times during the term of this agreement except otherwise changed or modified by mutual written agreement of the parties hereto.

Article 20: Illegality

If any term or provision of this agreement shall be hereafter declared by a final adjudication of any tribunal or court of competent jurisdiction to be illegal, such declaration shall not alter the validity or enforceability of any other term or provision unless the terms and provisions declared shall be one expressly defined as a condition precedent or as of-the-essence of this agreement, or comprise an integral part of, or inseparable from the remainder of this agreement.

Article 21:

In case of any inconsistency or conflict between the provisions of this Agreement and the Articles of Association, the provisions of this Agreement shall prevail and the parties undertake to amend the Articles of Association so as to conform with the provisions of this Agreement.

Article 22:

The parties shall cause their representatives on the board of directors and in the general assembly to vote in accordance with the stipulations of this agreement.

Article 23: Company to Adhere

The parties shall procure that the company after its formation shall adhere to this agreement and become a party thereto.

In witness whereof, the parties hereto have caused this agreement to be signed on their behalf by their respective representative duly hereunto authorised, intending to be legally bound hereby, as of the day and year first above written.

Literaturverzeichnis

Abels, H. Managementverträge im Rahmen internationaler Unternehmenstätigkeit, Diss. St. Gallen Nr. 1034, Bamberg 1987

Albach, H./Klein, G. Harmonisierung der Rechnungslegung in Europa, Wiesbaden 1988

Angermüller, D. Die persönliche Haftung von Unternehmensleitern, insbesondere Leitern juristischer Personen, bei Insolvenz des Unternehmens nach dem franz. Insolvenzg. vom 13. Juli 1967, Europäische Hochschulschr.

Apelt, Th. Der Konzern im englischen Company Law, Steinbacher Wissenschaftliche Reihe, Bd. 1, 1984

Arbeitskreis Karenberg/Meissner der Schmalenbach-Gesellschaft Der Aufbau von Unternehmen in Entwicklungsländern, Bundesstelle für Außenhandelsinformationen, Köln 1974

Asante, S. K. B. International Law and Foreign Investment: A Reappraisal, ICLQ 1988, S. 588 ff.

„Auslandsaktivitäten deutscher Unternehmen" BfAI, 1983; Bernd Günter, Local-Content — eine Herausforderung für das internationale Marketing, ZFP Heft 4, November 1985, S. 263 ff.

Balleis, Siegfried Die Bedeutung politischer Risiken für ausländische Direktinvestitionen, Nürnberg 1984

Balz/Merkli Joint Venture: Die Partnersuche ist nicht einfach, IO Management Zeitschrift Nr. 57 (1988), S. 166–168

Baptista, L. O./Durand-Berthiez, P. Fondation pour l'Etude du Droit et des Usages du Commerce International (FEDUCI), Paris 1986

Bar, C. v. IPR, 1. Bd., München 1987, Rdnr. 100 ff.

Basedow, J. Entwicklungslinien des internationalen Kartellrechts, NJW 1989, S. 627 ff.

ders. Vertragsstatut und Arbitrage nach neuem IPR, in: Jahrbuch für die Praxis der Schiedsgerichtsbarkeit, Bd. 1, 1987, S. 3–22

Baum, Hubert Verrechnungspreise für Dienstleistungen — Die steuerrechtliche Einkunftsabgrenzung bei international verbundenen Unternehmen auf der Grundlage des Fremdvergleichs, Köln, Berlin, Bonn, München

Baumann, H./Reiss, W. Satzungsergänzende Vereinbarungen und Nebenverträge im Gesellschaftsrecht, ZGR 1989, S. 157–215

Bea, Franz Xaver Diversifikation durch Kooperation, Der Betrieb 1988, S. 2521 ff.

Bee, Charles/ Strothe, G.	Konzernverrechnungspreise in den USA, DB 1989, S. 1429
Bejot, M.	La Protection des Actionnaires Externes dans le Groupe de Sociétés en France et Allemagne, Brüssel 1976
Bellis/Coipel/ Le Brun/Pullet/ Van Wymeersch	Les lettres de patronage, Fondation pour l'étude du droit et des usages du commerce international, Paris 1984
Benisch, Werner	Kooperationsfibel, 4. Aufl., Berg. Gladbach 1973
Beyfuß, Jörg	Direktinvestitionen im Ausland: Exportkonkurrenz oder Marktsicherung, Beiträge zur Wirtschafts- und Sozialpolitik Nr. 155, Köln 1987
Böckstiegel, K. H.	Arbitration and State Enterprise, Dev. 1984, S. 39 ff.
ders.	The Legal Rules Applicable in International Commercial Arbitration Involving States or State-Controlled Enterprises, ICC Court of Arbitration, 60th Anniversary Conference Proceedings, Paris 1984, S. 117 ff.
Bordt, Karl	Die Bedeutung der Patronatserklärungen für die Rechnungslegung, Die Wirtschaftsprüfung 1976, S. 285–287
Börner, Bodo	Gemeinschaftsunternehmen im Wettbewerbsrecht von EWGV und EGKSV, in: *Huber/Börner,* Gemeinschaftsunternehmen im deutschen und europäischen Wettbewerbsrecht, Köln, Berlin, Bonn, München 1978, S. 179 ff.
Bottiau, D./Trockels, F.	Der Konzern im französischen Internationalen Privatrecht, RIW 1988, S. 932 ff.
Brachvogel, G.	Aktiengesellschaftsrecht und Gesellschaftsgruppe im französischen Recht, Stuttgart 1971
Bührung-Uhle, C./ Nelle, A.	Aktionärsklage und Konzernklage im amerikanischen Recht – ein Modell? Die Aktiengesellschaft 1989, S. 4 ff.
Bundesministerium für wirtschaftliche Zusammenarbeit	Deutsche Unternehmen in Entwicklungsländern
Büschgen, H. E.	Internationales Finanzmanagement, Frankfurt 1986
Büschgen, K. H.	Spätstart der Pioniere, DIE ZEIT vom 27./30. 6. 1989, S. 25
Butler/Mielert/ Rosendahl	Investitionen und Unternehmensrecht in den USA, München 1983
Buxbaum, R./ Schneider, U.	Die Fortentwicklung der Aktionärsklage und der Konzernklage im amerikanischen Recht, ZGR 2/1982, S. 199 ff.
Cecchini, Paolo	Europa 1992, Der Vorteil des Binnenmarktes, Baden-Baden 1988
Charles Oman	New Forms of International Investment, OECD Development Studies, Paris 1984

Claassen, M. P.	Der beherrschende Einfluß (Control) im Gesellschafts- und Wirtschaftsrecht der BRD und der USA, Bielefeld, Diss. XXIII, VI, 2
Colloque de Paris	La Filiale Commune, Colloque de Paris 20-21-22, Février 1975, Paris 1975 (Librairies Techniques)
ders.	in: *Oman, Charles,* New Forms of International Investment in Developing Countries — the National Perspective, OECD, Paris 1984
ders.	States in the International Arbitral Process, Arbitration International 1/1986, S. 29
Delaume, G. R.	Sovereign Immunity and Transnational Arbitration, Arbitration International 1/1987, S. 28 ff.
ders.	The Proper Law of State Contracts and the Lex Mercatoria, ICSID Review: Foreign Investment Law Journal, Vol. 3 No. 1, 1988, S. 79 ff.
Derman, A. B.	Nationalisation and the Protective Arbitration Clause, J. Int. Arb. 4, 1988, S. 131 ff.
DIHT-Planspiel	Internationale Verrechnungspreise, Publikation des Deutschen Industrie- und Handelstages, Bonn 1981
Dilger, E.	Patronatserklärungen im englischen Recht, RIW 1989, S. 573
Dolzer, Rudolf	Eigentum, Enteignung und Entschädigung im geltenden Völkerrecht, 1985
Draguhn, Thomas	Gemeinschaftsgründung steht im Vordergrund, FAZ-Beilage vom 23. 5. 1989, S. B 36
Druy, J. N.	Das St. Gallener Konzernrechtsgespräch, Bern/Stuttgart 1988
Ebenroth, C. T.	Code of Conduct — Ansätze zur vertraglichen Gestaltung internationaler Investitionen, 1987
ders.	Das Verhältnis zwischen Joint-Venture-Vertrag, Gesellschaftssatzung und Investitionsvertrag, JZ 1987, S. 265 ff.
Ebenroth, C. T./ Eyles, U.	Die innereuropäische Verlegung des Gesellschaftssitzes als Ausfluß der Niederlassungsfreiheit, DB 1989, S. 363 ff. und S. 413 ff.
Ebenroth, C. T./ Fuhrmann, L.	Gewinnverlagerungen durch Unterpreisleistungen im transnationalen Konzern, DB 1989, S. 1100
Ebenroth, C. T./ Karl, Joachim	Die Multilaterale Investitions-Garantie-Agentur, Schriftenreihe Recht der Internationalen Wirtschaft, Bd. 32, Heidelberg 1989
EG-Kommission	Vollendung des Binnenmarktes: Ein Raum ohne Binnengrenzen; Bericht über den Stand der Aktivitäten gem. Art. 8 b des EWG-Vertrages, vom 17. 11. 1989, S. 14-16

dies.	Weißbuch der Kommission der EG an den Europäischen Rat, Vollendung des Binnenmarktes, Luxemburg 1985
Ehinger, K.	Vertragsrahmen des industriellen internationalen Equity Joint Venture, in: Nicklisch, F.: Der komplexe Langzeitvertrag, Heidelberg 1987
Elsing, S.	US-amerikanisches Handels- und Wirtschaftsrecht, Heidelberg 1985
Enderlein, F.	Zur rechtlichen Selbständigkeit sozialistischer staatlicher Unternehmen in den internationalen Wirtschaftsbeziehungen, RIW 1988, S. 333
Endres, D.	Direktinvestitionen in Entwicklungsländern, München 1986
EWGV und EGKSV	in: Gemeinschaftsunternehmen im deutschen und europäischen Wettbewerbsrecht, Köln, Berlin, Bonn, München 1978; Frankfurter Kommentar zum GWB, Loseblattsammlung, Köln, 2. Aufl
Falkenhausen, J. Frhr. von/Feldman, M. B.	Waiver of Foreign Sovereign Immunity by Agreement to Arbitrate: Legislation proposed by the American Bar Association; The Arbitration Journal, März 1985, No. 1, S. 24
Fendel, Gunter/ Reese, Joachim	„Just-in-time"-Logistik in der Automobil-Industrie, Zeitschrift für Betriebswirtschaft (ZfB), 58. Jg. 1989, Heft 1, S. 55–59
Fikentscher	The Draft International Code of Conduct on the Transfer of Technology, 1980
Fischer, D.	Joint Ventures in Entwicklungsländern: ZVglRWiss 1987, S. 313 ff.
Franke, Lawrence G.	International Joint Ventures in Developing Countries: Mystique and Reality Law and Policy in International Business, Vol. 6 No. 2, 1974, S. 315–336
Friedman, Wolfgang/ Kalmanoff, George	Joint International Business Ventures, New York, London 1961
Gaillard, E.	Some Notes on the Drafting of ICSID-Arbitration Clauses, ICSID Review: Foreign Investment Law Journal, Vol. 3 No. 1, 1988, S. 136 ff.
Ganske, Joachim	Die EWIV, Beilage Nr. 20/85 zu DB Heft 35 vom 30. 8. 1985
Gattiker, Heinrich	Die Behandlung und Rolle von Auslandsinvestitionen im geltenden Völkerrecht; eine Standortbestimmung, Schweizerisches Jahrbuch für Internationales Recht 37 (1981), S. 25 ff.
Gerth, A.	Patronatserklärungen im französischen Recht, RIW 1982, S. 477–481
Geßler-Hefermehl	Aktiengesellschaft, Bd. 1, 1973

Glanegger/Niedner/ Renkl/Ruß	HGB, Heidelberg 1987
Glossner, O.	Die Lex Mercatoria − Vision oder Wirklichkeit, RIW 1984, S. 350 ff.
Goldberg, Susan	Hands across the Ocean, Managing Joint Ventures with a spotlight on China and Japan, Harvard Business School Press, Boston Massachusetts 1988
Goldman, B.	The Applicable Law: General Principles of Law: Lex Mercatoria: The first 25 years, in: Liber Amicorum for Lord Wilberforce, Oxford 1987, S. 149
Gower's Principles of	Modern Company Law, Fourth Edition, London 1979, S. 568 ff.
Gramlich, Ludwig	Rechtsgestalt, Regelungstypen und Rechtsschutz bei grenzüberschreitenden Investitionen, Baden-Baden 1984; Runderlaß Außenwirtschaft Nr. 9/89 vom 3.4.1989
Griffin, Joseph P./ Calabrese, Michael R.	US Antitrust Policies on Transnational Joint Ventures, International Business Lawyer, Juli/August 1989
Grochla, Erwin	Betrieb, Betriebswirtschaft und Unternehmung, in: Handwörterbuch der Betriebswirtschaft, Bd. I/1, 4. Aufl., Stuttgart 1974
Groß, Martin	Ausländische Direktinvestitionen als Exportmotor − das Beispiel der ASEAN-Länder, Die Weltwirtschaft 1986, Heft 1, S. 156−172
Großfeld, B.	Internationales Unternehmensrecht der Bundesrepublik Deutschland, DB 1985, S. 1449 ff.
ders.	Internationales Unternehmensrecht, Heidelberg 1986
Gruson-Meister	in: v. Boehmer (Hrsg.), Deutsche Unternehmen auf dem amerikanischen Markt, Stuttgart 1988, UNIDO Manual on the Establishment of International Joint Venture Agreements, New York 1971, S. 3
GZT/DEG/BfAI (Hrsg.)	Kooperationsführer Türkei, Juli 1988 (Best.-Nr. BfAI 55.212.88.163), S. 96 ff.
Halbach, A. J./Oster- kamp, R./Riedel, J. R.	Die Investitionspolitik der Entwicklungsländer und deren Auswirkungen auf das Investitionsverhalten deutscher Unternehmen, München 1982
Hecke, G. van	Multinational Enterprise between Hammer and Anvil, Forum Internationale No. 4, 1984
Heitger, Bernhard/ Stehn, Jürgen	Japanische Direktinvestitionen in der EG − ein trojanisches Pferd für 1993?, Die Weltwirtschaft 1989, Heft 1, S. 124−136, insbes. S. 129
Hermann, F./ Moder, R.	Internationale Projektfinanzierung − eine umfassende Managementaufgabe im Auslandsgeschäft: Journal für Betriebswirtschaft, 37. Jg., Heft 1, 1987, S. 31−49

Herzfeld, E.	Co-operation Agreements in Corporate Joint Ventures, The Journal of Business Law, März 1983, S. 121–129
ders.	Joint Ventures, London 1983
Herzig, N./Kessler, W.	Steuerfreie Entstrickung stiller Reserven, DB 1988, S. 15 ff.
Hinsch, C./Horn, N.	Das Vertragsrecht der internationalen Konsortialkredite und Projektfinanzierungen, Berlin, New York 1985
Hofmann, R.	Berufsorganisation und Qualifikation externer und interner Prüforgane sowie verwandter Berufe in Europa und den USA, DB 1989, S. 637 ff.
Hohenstein, G.	Cash Flow – Cash Management, Herkunft, Funktion und Anwendung zur Unternehmensbeurteilung, zur Unternehmenssicherung, Wiesbaden 1988
Hornberg, R.	Das IDW-Gutachten über die Grundsätze ordnungsgemäßer Durchführung von Abschlußprüfungen – Kritische Analyse und Vergleich mit amerikanischen Prüfungsgrundsätzen, DB 1989
Huber, U.	Betriebsführungsverträge zwischen konzernverbundenen Unternehmen, Zeitschrift für das gesamte Handels- und Wirtschaftsrecht, 1988, S. 123 ff.
IFO	Forschungsberichte No. 65: German Firm's Strategies towards industrial cooperation with developing countries, C. Pollak/J. Riedel, München, Köln, London 1984
Immenga, U.	Abhängige Unternehmen und Konzerne im europäischen Gemeinschaftsrecht, RabelsZ (48) 1984, S. 48 ff.
IMF	World Economic Outlook, April 1988, Washington 1988, „Trade Developments and Issues", S. 91
ders.	International Monetary Fund: Annual Report 1986, Exchange Arrangements & Exchange Restrictions
Institut des Reviseurs d'Entreprise	European Survey of Published Financial Statements in the Context of the Fourth EC Directive, Brüssel 1989
Internationale Handelskammer	Company Formation, International Guide, ICC-Publikation Nr. 263, Paris 1970
dies.	ICC Guidelines for International Investment, ICC-Publikation Nr. 272, Paris 1974
dies.	Report of the Commission on International Investments: Joint Venture in Developing Countries, ICC-Publikation Nr. 256, Dezember 1968
dies.	The Erosion of Industrial Property Rights, Report on the Symposium Paris 3. Okt. 1979, ICC-Publikation Nr. 358, Paris 1980
Junker, A.	Die faktische Geschäftsführung (Gérance de Fait) in Frankreich und ihre Gefahren für deutsche Unternehmen, RIW 1986, S. 337 ff.

Jüttner, Heinrich	Förderung und Schutz deutscher Direktinvestitionen in Entwicklungsländern, Baden-Baden 1975
Kaligin, T.	Das internationale Gesellschaftsrecht der Bundesrepublik Deutschland, DB 1985, S. 1449 ff.
Kapp, T.	Der geplatzte Unternehmenskauf: Schadensersatz aus culpa in contrahendo bei formbedürftigen Verträgen, DB 1989, S. 1224 ff.
Karam, Nicola H.	Business Laws of Saudi Arabia, Loseblattsammlung, London, Volume 1
Karamarias, S. D.	Präventivschutz der Gesellschafter; Gläubiger- und Arbeitnehmerinteressen beim Eintritt einer französischen Kapitalgesellschaft in einen Konzern; Europäische Hochschulschriften
Kayser/Kitterer/ Naujocks/Schwarting/ Ullrich	Investitionen im Ausland, DIHT-Veröffentlichung, Bonn 1981
Kellermann	Der Interessenschutz von Minderheitenaktionären und Gläubigern im englischen Konzernrecht, Diss., Münster 1984
Kieser, Markus	Die Typenvermischung über die Grenze, Konstanz 1988
Koch, U.	Die Entwicklung des Gesellschaftsrechts in den Jahren 1987/88, NJW 1989, S. 2662 ff.
Kolvenbach, W.	Statut für die Europäische Aktiengesellschaft (89), DB 1989, S. 1957 ff.
ders.	General Factors Influencing an European Business Deciding to Invest Abroad, International Business Lawyer, 1989, S. 315–319
Koppensteiner, H. G.	Unternehmergemeinschaften im Konzerngesellschaftsrecht, ZHR 131, S. 289 ff.
Krabbe, Helmut	Steuerliche Behandlung der EWiV aus deutscher Sicht, DB 1985, S. 2285–2287
Krieger, Albrecht	Aktuelle Entwicklungen auf dem Gebiet des internationalen Schutzes des geistigen Eigentums, DB 1989, Heft 17, S. 865
Kuin, Peter	in: Entreprises Conjointes internationales dans les pays en développment, Rapport de la Commission des Investissements Internationales, International Chamber of Commerce, 1968
Kuiper, Wilhelm G.	(East-West) Joint Ventures; a special phenomenon in international tax law?, International Bureau for Fiscal Documentation, Amsterdam 1988
Kussmaul, H.	Angemessene Verrechnungspreise im internationalen Konzernbereich, RIW 1987, S. 679
Lande Zappel	Industrien im Umbruch, FAZ-Beilage vom 23.5.1989, S. B 31

Lando, O.	The Lex Mercatoria in International Commercial Arbitration: International and Comparative Law Quaterly, Vol. 34 (1985), S. 747 ff.
Lange, D./Born, G.	The Extraterritorial Application of National Laws, ICC-Publikation Nr. 442, Deventer 1987
Laubscher, H.	Technologie und Management 3/87, S. 22–29
Leffson	Wirtschaftsprüfung, 4. Aufl., Wiesbaden 1988
Liebermann	In: West's Legal Forms, St. Paul Min, 1981, Bd. 2
Luchterhand, H. F.	Der Begriff „Unternehmen" im Aktiengesetz 1965, ZHR 132, S. 149 ff.
Lütge, Gunhild	Der letzte Versuch, DIE ZEIT vom 26.5.1989, S. 25
Lutter, M.	Die zivilrechtliche Haftung in der Unternehmensgruppe, ZGR 1982, S. 244 ff.
ders.	Stand und Entwicklung des Konzerns in Europa, ZGR (3) 1987, S. 324 ff.
ders.	The Law of Groups of Comp. in Europe, Forum Intern., Vol. 1, 1983, Nr. 1
ders.	Der Letter of Intent, 2. Aufl., Köln, Berlin, Bonn, München 1983, insbes. S. 149, 150
Macharzina, Klaus	Gemeinschaftsunternehmen in internationaler wettbewerbsrechtlicher und betriebswirtschaftlicher Hinsicht, in: Pausenberger (Hrsg.), Internationales Management, 1981
Mann, F. A.	State Corporations in International Relations, Liber Amicorum for Lord Wilberforce, Oxford 1987, S. 131 ff.
ders.	Staatsunternehmen in internationalen Handelsbeziehungen, RIW 1987, S. 186 ff.
Martinet, Fréderic	Les contrats de cooperation internationale, ICC-Publikation, Paris, undatiert
Meier, A.	Der Grundsatz der Kapitalerhaltung und die Durchgriffshaftung wegen Unterkapitalisierung im deutschen und amerikanischen Gesellschaftsrecht, Europäische Hochschulschriften Reihe 2, Bd. 575
Meier, W. H.	Die einfache Gesellschaft im internationalen Privatrecht, Zürich 1980
Meinhardt, P.	Der englische Companies Act 1985, RIW 1987, S. 10 ff.
Mengel, H. J.	Erhöhter völkerrechtlicher Schutz durch Stabilisierungsklauseln in Investitionsverträgen zwischen Drittstaaten und privaten Investoren, RIW 1983, S. 739–745
Mestmäcker, E. J.	in: Mestmäcker/Blaise/Donaldson: Gemeinschaftsunternehmen (Joint Venture – Filiale Commune) in Konzern- und Kartellrecht, Frankfurt 1979
Meyer-Landrut, A.	Die EWiV, Stuttgart 1988

Ministerium für Wirt-   Leitfaden für Auslandsinvestitionen, Stuttgart 1985
schaft, Mittelstand und
Technologie Ba-
den-Württemberg

Möllers, C.   Internationale Zuständigkeit bei der Durchgriffshaftung, Schriften zum deutschen und europäischen Zivil-, Handels- und Prozeßrecht, Bd. 115

Möser, H.   Patronatserklärungen und Kreditwürdigkeit, DB 1979, S. 1469–1473

Mustill   The new Lex Mercatoria: The first 25 years, in: Liber amicorum for Lord Wilberforce, Oxford 1987, S. 149 ff.

Myers, James   International Construction Joint Ventures, in: Joint Ventures in the Construction Industry, International Bar Association, Papers presented at 7th Conference on IBA-Section on Business Law, Singapore 1985, IBA London 1987, S. 11 ff.

Nagel, B.   Der Lieferant *On Line* – Unternehmensrechtliche Probleme der *Just-in-Time*-Produktion am Beispiel der Automobilindustrie, Der Betrieb, 1988, S. 2291–2294

Nagel, B./Riess, B./   Der faktische *Just-in-Time*-Konzern – Unternehmens-
Theis, G.   übergreifende Rationalisierungskonzepte und Konzernrecht am Beispiel der Automobilindustrie, Der Betrieb, 1989, S. 1505–1511

Nerb, Gernot u. a.   The Completion of the Internal Market, A survey of European Industry's Perception of the likely effects, Research on the cost of *Non*-Europe, Basic Findings, Vol. 3, Luxemburg

Niehnes, K.   Probleme des Konzernumlagevertrages bei international verbundenen Unternehmen, RIW 1988, S. 808

Nieß, B.   Der Einfluß der internationalen Besteuerung auf die Finanzierung ausländischer Grundeinheiten deutscher multinationaler ausländischer Grundeinheiten deutscher multinationaler Unternehmen, Bergisch Gladbach/Köln 1989

Nolting, E.   Hoheitliche Eingriffe als Force Majeure bei internationalen Wirtschaftsverträgen mit Staatsunternehmen, RIW 1988, S. 511 ff.

Osterrieth, C.   Die Neuordnung des Rechts des internationalen Technologietransfers, Konstanz, Konstanzer Dissertationen Nr. 106, 1986

Öztek, S.   La Protection des Actionnaires Externes dans les Groupes de Sociétés Dirigées par une Société Holding, Lausanne 1982

Paetzolt, F. H.   Joint Ventures in Entwicklungsländern, Materialien 10, DEG, Köln 1986

Panthen, Thomas	Der „Sitz"-Begriff im internationalen Gesellschaftsrecht, Frankfurt, Bonn, New York, Paris 1988 (Europäische Hochschulschriften, Reihe 2, Rechtswissenschaft, Bd. 659), Mainz, Univ. 1987
Perolini, K.	The Joint Venture in Civil Law, in: Joint Ventures in the Construction Industry, International Bar Association, London 1987
Pollak, C./Riedel, J.	Industriekooperation mit Schwellenländern – Bedeutung, Hindernisse, Förderung, München 1984
Pollak, Christian	Neue Formen internationaler Unternehmenszusammenarbeit ohne Kapitalbeteiligung, IFO-Studien zur Entwicklungsforschung, München 1982
Popkes, Warner Berend J.	Internationale Prüfung der Angemessenheit steuerlicher Verrechnungspreise: Schriftenreihe Steuerberatung – Betriebsprüfung – Unternehmensbesteuerung, BdA der Schriften zur betriebswirtschaftlichen Steuerlehre, Berlin, Bielefeld, München 1989
ders.	Stellenwert des OECD-Berichts über Verrechnungspreise und international tätige Unternehmen: Auslegungshilfe beim Fremdvergleich, RIW 1989, S. 369
Popp, P.	Erfassung und Besteuerung von Leistungsbeziehungen zwischen international verbundenen Unternehmen: Europäische Hochschulschriften, Reihe 5, Volks- und Betriebswirtschaft, Bd. 819, 1987
Popp, P./ Theisen, M. R.	Verrechnungspreisermittlung bei internationalen Konzernen, DB 1987, S. 1949
Recht-Zoll-Verfahren	Zeitschrift, herausgegeben von der Bundesstelle für Außenhandelsinformationen, S. 75–76
Reinicke, D./ Tiedtke, K.	Schadensersatzverpflichtungen aus Verschulden beim Vertragsabschluß nach Abbruch von Vertragsverhandlungen ohne triftigen Grund, ZIP 1989, S. 1093 ff. RIW 1987, Heft 11, S. 818 ff.
Roessel, R. van	Führungskräftetransfer in internationalen Unternehmen, Köln 1988
Rohrlich, Chester	Organizing Corporate and other Business Enterprises, Loseblattsammlung, New York, 5th Edition
Roser, F.-D.	Die Zulässigkeit eines Gewinnaufschlags bei Konzernumlagen, Finanzrundschau, 71. Jg. 1989, S. 417–423
Ruwe, W.	Die BGB-Gesellschaft als Unternehmen i. S. d. Aktienkonzernrechts, DB 1988, S. 2037 ff.
Salvisberg, Hugo	Just-in-Time Produktion und die Lieferanten, Management Zeitschrift – Industrielle Organisation, 58. Jg. 1989, Heft 3, S. 74–76

Sandrock, O./ *Austmann, A.*	Das internationale Gesellschaftsrecht nach der Daily-Mail-Entscheidung des Europäischen Gerichtshofs: Quo Vadis?, RIW 1989, S. 249 ff.
Sandrock, O.	Sitztheorie, Überlagerungstheorie und der EWG-Vertrag, RIW 1989, S. 505 ff.
Sanilevici, R.	Economic Contracts in Socialist Economy on the Border between Administrative Law and Civil Law, Osteuropa-Recht 1988/4, S. 266 ff.
Schanze, E.	in: Schanze/Fritsche/Kirchner/v. Schlabrendorff/Stockmayr/Hauser/Bartels/Mahoney: Rohstofferschließungsvorhaben in Entwicklungsländern, Teil 2, Probleme der Vertragsgestaltung, Frankfurt 1981
Schanze, E.	Investitionsverträge im internationalen Wirtschaftsrecht, Frankfurt 1986
Schiessl, M.	Haftung im grenzüberschreitenden Konzern, RIW 1988, S. 951 ff.
Schill, J.	Verbundgesellschaft, Projektfinanzierung und Kooperation als Finanzierungsinstrumente im Maschinen- und Anlagenbau, Frankfurt 1988
Schlewig, U.	Das deutsch-ausländische paritätische Gemeinschaftsunternehmen im Konzern- und Kartellrecht, Köln/Berlin/Bonn/München, S. 15 ff.
Schlüter, A.	Management- und Consultingverträge, RIWV 4, 1987
Schmidt, D.	Die zivilrechtliche Haftung in der Unternehmensgruppe nach französischem Recht, ZGR 2/1982, S. 276 ff.
Schmidt, Karsten	Handelsrecht, 3. Aufl., Köln 1987
Schneider, Uwe	Patronatserklärungen gegenüber der Allgemeinheit; ZIP 10/89, S. 619
Schokkaert, J.	Protection Contractuelle par les Etats des Investissements Privés Effectués sur leur Territoire, Droit et Pratique du Commerce International 1980, tome 6 No. 1, S. 29–45
Schönfeld, U.	Die Immunität ausländischer Staaten vor deutschen Gerichten, NJW 1986, S. 2980
Schöttle, U. M.	Jahrbuch Marketing, 4. Aufl., Essen 1987
Schröter, Helmut	in: Gemeinschaftsunternehmen im deutschen und europäischen Kartellrecht, Ergebnisse internationaler Diskussion des FIW, Köln, Berlin, Bonn, München 1987 (FIW Schriftenreihe H 122)
Schulze, J.	Einheitliche Leitung von Konzernunternehmen durch mehrere Obergesellschaften und ihre Bedeutung für die Konzernrechnungslegung nach dem Aktiengesetz, Die Wirtschaftsprüfung 1968, S. 86 ff.
Schwebel, S. M.	The Legal Effects of Resolutions and Codes of Conduct of the United Nations, Forum Internationale, No. 7, 1985

Scriba, Michael Die EWiV, Heidelberg 1988

Seidel-Hohenveldern, I. Völkerrecht, 6. Aufl. 1987, Rdnr. 1623, 1686

Siebel, U. Konzernrechtliche Bestimmungen im englischen Companies Act 1948, ZHR 119, S. 89 ff.

Sosniak, M. Staatsakt und höhere Gewalt im internationalen Handelsverkehr der RGW-Länder, RIW 1984, S. 105 ff.

Spires, Jeremiah Doing Business in the USA, Loseblattsammlung, New York

Statistisches Landesamt Baden-Württemberg Statistisch prognostischer Bericht 1987/88, Stuttgart 1989

Stoll, J. Vereinbarungen zwischen Staat und ausländischem Investor, 1982

Storp, R. Organisation, Kontrolle und Leitung der französischen Tochtergesellschaft durch die deutsche Muttergesellschaft, IWB Fach 5 Gruppe 3, S. 311

Taxes and Investment in the Middle East, International Bureau of Fiscal Documentation, Amsterdam, Loseblattsammlung

Triebel, V./Petzold, E. Grenzen der Lex Mercatoria in der internationalen Schiedsgerichtsbarkeit, RIW 1988, S. 245

Ullrich, Hanns Immaterielle Auslandsinvestitionen, gewerbliches Eigentum und internationaler Kapitalanlegeschutz, RIW 1987, Heft 3, S. 179 ff.

Unger, Joachim Unterkapitalisierung in Belgien und Frankreich, Europäische Hochschulschriften, Reihe 2, Bd. 707, Bonn Univ. 1987

United Nations Centre on Transnational Corporations UN Joint Ventures as a Form of International Economic Cooperation, New York 1988

UNCTAD United Nations Conference on Trade and Development (UNCTAD), Trade and Development Report 1987, Genf 1987

UNIDO Manual for the Preparation of Industrial Feasibility Studies. United Nations Industrial Development Organisation, New York 78, UN-Publikation E. 78. II. B. 5

Veelken Der Betriebsführungsvertrag im deutschen und amerikanischen Aktien- und Konzernrecht, 1975

Vereinte Nationen Trade and Development Report, New York 1987, Government Policies on Innovation and Technology

Walmsley, John International Handbook of International Joint Ventures, London 1982

Warth & Klein GmbH (Hrsg.) Wirtschaftsprüfung im Gemeinsamen Markt, Stuttgart 1989, S. 120

Weber, Rolf Joint Venture, Basler ökonomische Studien, Bd. 345, Grüsch 1989

Literaturverzeichnis

Weisser, J.	Gesellschaftliche Treuepflicht bei Wahrnehmung von Geschäftschancen der Gesellschaft durch de facto geschäftsführenden Gesellschafter, DB 1989, S. 2010
Wessel, S./ Ziegenhain, H.-J.	Sitz- und Gründungstheorie im internationalen Gesellschaftsrecht, GmbHR 11/1988, S. 423 ff.
Wiedemann, G.	Gemeinschaftsunternehmen im deutschen Kartellrecht, Heidelberg 1981
Wiedemann, H.	Die Unternehmensgruppe im Privatrecht: Methodische und sachliche Probleme des deutschen Konzernrechts, Tübingen 1988
Wiesenhuber, N./ Töpfer, A.	Handbuch Strategisches Management, 2. Aufl., Landsberg 1986
Windbichler, C.	Betriebsführungsverträge zur Bindung kleiner Unternehmen an große Ketten, ZIP 1987, S. 825 ff.
Winter, M.	Mitgliedschaftliche Treuebindung im GmbH-Recht, München 1988
Witteler, Doris	Tarifäre und nicht-tarifäre Handelshemmnisse in der Bundesrepublik Deutschland, Ausmaß und Ursachen, Die Weltwirtschaft 1986, Heft 1, S. 136–155
Wöhe, Günter	Einführung in die Allgemeine Betriebswirtschaftslehre, 16. Aufl., München 1986
Woolridge	Groups of Companies: The Law and Practice in Britain, France and Germany, London 1981
Zeiger, S.	Der Management-Vertrag als internationales Kooperationsinstrument, Konstanz 1984
Zeitler, F.-C./ Jüptner, R.	Europäische Steuerharmonisierung und direkte Steuern – erste Überlegungen zum Vorentwurf eines Vorschlages der EG-Kommission für eine Richtlinie über die Harmonisierung
Ziadé, N. G.	References on State Contracts: Bibliography; ICSID-Review: Foreign Investment Law Journal 1988, Vol. 3 No. 1, S. 212
Zündorf	Quotenkonsolidierung versus Equitymethode, Stuttgart 1987
Zweigert, K./ von Hoffmann, B.	Zur internationalen Joint Venture, in: Festschrift für M. Luther zum 70. Geburtstag, München 1976

2. Buch
Länderspezifische Besonderheiten

Vorwort des Herausgebers

Wer sich mit Direktinvestitionen im Ausland befaßt, und insbesondere mit Joint Ventures, muß sich zunächst einen Überblick über die in dem jeweiligen Land herrschenden Rechtsverhältnisse verschaffen, um zu einer geeigneten Wahl der Unternehmensform, aber auch zu einer zutreffenden Abschätzung des Investitionsrisikos zu gelangen.

Das Buch 2 enthält einen Überblick über die Formen unternehmerischer Betätigung in 21 der wichtigsten Exportmärkte der Bundesrepublik Deutschland.

Die betrachteten Länder sind in ihren Rechtssystemen außerordentlich unterschiedlich. Einige haben darüber hinaus eine spezielle Investitionsgesetzgebung für ausländische Direktinvestitionen.

Die Schwerpunkte der Analyse der jeweiligen Länder bei der Risikoabschätzung einer Investition in diesen Ländern müssen daher naturgemäß von Land zu Land sehr unterschiedlich gesetzt werden. Aus diesem Grunde war es den Autoren der Beiträge des zweiten Buches freigestellt, die Gliederung und die Schwerpunkte ihrer Bearbeitung nach den Erfordernissen ihres Berichtslandes selbst zu gewichten und zu strukturieren.

Inhaltsübersicht

Außereuropäische Staaten

Belgien:

Joint Ventures nach belgischem Recht: Grundsätzliche Rechtsfragen

von

Rechtsberaterin Erna Vandeplas
Société Belge d'Investissement International

und

Rechtsanwalt Pieter De Koster
Braun, Claeys, Verbeke & Sorel

Einleitung

Der vorliegende Beitrag wendet sich an deutsche Unternehmen, die an einer Auslandsinvestition in Belgien mit örtlichen oder sonstigen ausländischen Partnern interessiert sind.

Der Beitrag behandelt in allgemeiner Form bestimmte grundsätzliche Rechtsfragen im Zusammenhang mit der Errichtung, dem Betrieb sowie der Auflösung eines Gemeinschaftsunternehmens nach belgischem Recht und gibt praktische Hinweise hierzu.

Nach einer allgemeinen Übersicht über die nach belgischem Recht möglichen verschiedenen Gesellschaftsformen, die in bezug auf bestimmte Grundentscheidungen (Kapital, Aktien/Anteile, Gründung, Management-Struktur, jährlich einzuhaltende Formalitäten, Auflösung etc.) erläutert werden, befaßt sich der Beitrag mit bestimmten besonderen Rechtsproblemen des belgischen Gesellschaftsrechts, die bei Gemeinschaftsunternehmen zu beachten sind.

Was Steuerfragen anbelangt, so wird im zweiten Teil der Darstellung zunächst das allgemeine Einkommensteuersystem für Unternehmen umrissen. Es folgt ein Überblick über die besondere, oftmals günstige steuerliche Behandlung bestimmter Gesellschafts- oder Tätigkeitsformen (Holdinggesellschaften, Koordinierungszentren, · Vertriebszentren). Zum Schluß werden gewisse grundsätzliche internationale Steueraspekte bei dieser Form der grenzüberschreitenden Zusammenarbeit erläutert.

Der dritte Abschnitt beschäftigt sich mit bestimmten Eigenheiten des belgischen Rechts in einer Vielzahl von Rechtsbereichen, die alle von potentiellem Interesse für Joint Ventures in Belgien sind, aber auch alle potentielle Risiken bergen. In diesem Zusammenhang werden Sprachregelungen, Investitionsanreize sowie Besonderheiten des belgischen Arbeitsrechts behandelt.

Der vorliegende Beitrag versucht lediglich, die Bandbreite der durch das belgische Recht eröffneten Möglichkeiten zur Strukturierung einer Zusammenarbeit zwischen voneinander unabhängigen Unternehmen, die auf ein und derselben Ebene des Wirtschaftsprozesses arbeiten, einführend darzustellen. Das belgische (Gesellschafts- und Steuer-)Recht bietet hier keine klar umrissenen, maßgeschneiderten Lösungen für die von den Partnern eines Joint Venture angestrebten Geschäftsziele an. Aus rechtlicher Sicht muß daher die zwischen den Partnern vereinbarte Geschäftsstruktur notwendigerweise den zur Verfügung stehenden rechtlichen Möglichkeiten angepaßt werden.

Die Wahl einer angemessenen Unternehmensform sowie der sonstigen Implikationen nach belgischem Recht werden in der Hauptsache von den durch die Parteien festgelegten Zielen bestimmt[1]. Diese können die Laufzeit der vereinbarten Zusammenarbeit, die Art der Geschäftstätigkeit, die Intensität der angestrebten Zusammenarbeit und ähnliche Fragen umfassen[2]. Allgemein gesprochen können die Gründe für ein Engagement in einer dauerhaften und organisierten Form der Zusammenarbeit in einer internen Konzernpolitik liegen (Kostenteilung, Kapazitäteneinteilung, Erschließung neuer Märkte); es können aber auch Wettbewerbs- (Einflußnahme auf die industrielle Struktur, Ausschaltung von Wettbewerbern) oder strategische Gründe (synergetische Effekte, Technologie-Transfer, Diversifikation der Geschäftsaktivitäten) vorliegen[3].

Mit anderen (mehr rechtlichen) Worten gesagt: Da ein Joint Venture grundsätzlich eine vertragliche (und möglicherweise institutionalisierte oder formalisierte) Form der Zusammenarbeit zwischen voneinander unabhängigen Partnern ist, was sich im Joint-Venture-Vertrag niederschlägt[4], sind die Möglichkeiten, eine solche Kooperationsform ins Leben zu rufen, unbegrenzt. Geht man von dieser Tatsache aus, so kann diese Abhandlung nur gewisse Konsequenzen darstellen und Möglichkeiten und Beschränkungen nennen, die diese Überlegungen lenken oder ihre Realisierung einschränken könnten.

Die in der vorliegenden Arbeit enthaltenen Informationen haben den Stand vom 1. Januar 1990. Währungsumrechnungen erfolgen zu einem Kurs von DM 1,– = BF 21,–.

1. Gesellschaftsrecht

Wie oben bereits festgehalten, benötigt ein Joint Venture nicht unbedingt das Vehikel eines rechtlich eigenständigen Unternehmens, um den Geschäftszielen der jeweiligen Partner zu entsprechen. Nach belgischem Recht stehen bestimmte Organisationsformen zur Verfügung (z.B. die „Association en Participation", die „Association Momentanée" oder einfach ein Konsortium), die die Zentralisierung – und die Abwicklung – gewisser Aktivitäten, Investitionen und Verkäufe ermöglichen, ohne daß ein rechtlich eigenständiges Unternehmen gegründet wird (d.h. ohne Begründung einer eigenständigen Rechtspersönlichkeit, eines Sondervermögens, eines separaten Haftungssubjekts usw.).

---

1 *Martinet, F.,* Les contrats de coopération industrielle, CCI, 1987, p. 21.
2 *Verbeke, L.-H.,* Selected legal topics with respect to joint-ventures in Flanders, 1983, p. 3; *Chevalier, A.-M.,* L'accord d'actionnaires dans une filiale commune, RDAI, 1988, p. 857.
3 *Harrigan, K. R.,* Managing joint ventures, Management Review, 1987, p. 52 et seq.; *Harrigan, K. R.,* Het besturen van joint ventures, T. Fin.Man, 1987, p. 38 e. v.
4 *Harrigan, K. R.,* Strategies for Joint Ventures, 1985, p. 27 et seq.

Ohne hierauf allzu ausführlich einzugehen, kann man allgemein sagen, daß ein Joint Venture ohne Gründung eines rechtlich eigenständigen Unternehmens Flexibilität, Diskretion, Transparenz sowie (kommerzielle oder industrielle) Verbundenheit bieten kann[5]. Auf der anderen Seite bringt es möglicherweise aber auch Nachteile mit sich wie z. B. die direkte Haftung der Partner, seinen Charakter der intuitu personae, das Risiko der Patt-Situation, Steuertransparenz usw.[6]

Wird jedoch die Einrichtung einer eigenständigen Rechtspersönlichkeit in Belgien gewünscht, so stehen mehrere Gesellschaftsformen zur Verfügung. Nachstehend wird ein Überblick über die gebräuchlichsten von ihnen gegeben. Nach belgischem Gesellschaftsrecht gibt es für Aktivitäten im Rahmen eines Joint Venture keine besonderen Unternehmensformen (ausgenommen das kürzlich eingeführte „Groupement d'Intérêt Economique" für bestimmte Fälle)[7].

Zur Vereinfachung der Darstellung folgt der Beitrag bestimmten Schlüsselfragen wie z. B. Gründungsformalitäten und Kosten, Kapitalausstattung, Aktien und Aktionäre, Management-Struktur und Gesellschaftsorgane (Hauptversammlung, Verwaltungsrat, Tagesgeschäft), jährlich vom Unternehmen einzuhaltende sowie Veröffentlichungs-Formalitäten, Haftung von Direktoren und Aktionären, Auflösung, Liquidation.

Grundsätzlich kann festgehalten werden, daß nach belgischem Recht weder Aktionäre noch Direktoren einer der weiter unten behandelten Gesellschaftsformen irgendwelche Sitz- oder Nationalitätsanforderungen erfüllen müssen.

Darüber hinaus unterscheidet das belgische Gesellschaftsrecht nicht zwischen einem Vorstand und einem Aufsichtsrat[8]. Das belgische Recht verlangt jedoch von allen Unternehmen — unabhängig von deren Gesellschaftsform — die Ernennung eines vereidigten Wirtschaftsprüfers, der eine Überwachungsfunktion ausübt, und zwar zusätzlich zu seiner Pflicht, dem Arbeitsrat der Gesellschaft über den Finanzstatus zu berichten, wenn zwei oder mehr der folgenden drei Grenzwerte erreicht werden, und zwar auf konsolidierter Basis (einschließlich ausländischer oder belgischer Muttergesellschaften):

---

5 *Martinet, F.,* o. c., p. 50.
6 *Verbeke, L.-H.,* o. c., p. 5.
7 The „groupement d'intérêt économique européen" is introduced by EEC Council Regulation No 2137/85 of July 25, 1985 (OJ, L 199, July 30, 1985); the Belgian „groupement d'intérêt économique" was introduced by law of July 17, 1989 (B. S., August 22, 1989); in general, see *Van Gerven,* D. (ed.), European Economic Interest Groupings, to be published shortly.
8 Proposal for Fifth Company Law Directive, October 9, 1972 (amended on August 19, 1983) (OJ, L 240, September 9, 1983).

(i) ein Mitarbeiterstab von mehr als 50 Personen,

(ii) eine Bilanzsumme von mehr als BF 70 Mio. (= ca. DM 3,3 Mio.) und

(iii) ein Jahresumsatz (ausschl. MWSt) von mehr als BF 145 Mio. (= ca. DM 6,9 Mio.).

In jedem Fall ist jedes Unternehmen, das mehr als 100 Angestellte (und damit einen Arbeitsrat) hat, verpflichtet, einen vereidigten Wirtschaftsprüfer zu ernennen, und zwar unabhängig davon, ob die anderen o. g. Kriterien erfüllt werden[9].

Auch sollte festgehalten werden, daß in Belgien weder bei Unternehmensgründungen noch bei Investitionen Genehmigungen durch Behörden oder die Regierung erforderlich sind.

1.1 Kapitalgesellschaften

Nachdem die 2. EG-Gesellschaftsrecht-Richtlinie mit Gesetz vom 5. Dezember 1984[10] ins belgische Recht übernommen wurde, ähnelt das belgische Gesellschaftsrecht — ganz sicher in bezug auf die Unternehmensformen N.V. (Aktiengesellschaft) und BVBA (GmbH) — in bezug auf die weiter unten behandelten Schlüsselfragen stark dem Gesellschaftsrecht der meisten EG-Mitgliedsstaaten.

1.1.1 Aktiengesellschaft (Naamloze Vennootschap/Société Anonyme)

a) Kapital

Die Mindest-Kapitalausstattung, die bei Gründung voll einzuzahlen ist, beträgt BF 1,25 Mio. (=ca. DM 59.000). Übersteigt das Kapital diesen Mindestbetrag, ist das darüber hinausgehende Kapital bei Gründung zu mindestens 25% einzuzahlen. Kapitalerhöhungen erfordern eine Satzungsergänzung durch Aktionärsbeschluß, es sei denn, die Satzung sieht bereits das Verfahren des genehmigten Kapitals vor. Für Sacheinlagen ist ein besonderer Bewertungsbericht eines vereidigten Wirtschaftsprüfers erforderlich (die Einbringung von Know-how darf 10% des Gesellschaftskapitals nicht überschreiten).

---

9 Article 64, § 2, coordinated laws on commercial companies (,,Coord. C. L."); article 12, § 2, law of July 17, 1975 with respect to financial statements.

10 *Horsmans, G.,* Le droit de sociétés en Europe, Conference UCL, April 17, 1989, in La prise de participations, mimeo, hereinafter ,,Conference"; *Massage, M.,* L'adaptation du droit des sociétés anonymes, 1985, p. 7.

b) Gründungsformalitäten

Vor der Gründung muß das erforderliche Mindestkapital hinterlegt werden, und es ist ein Finanzplan (ein kurzer Geschäftsplan) für die ersten zwei Geschäftsjahre mit Geschäftsbetrieb zu erstellen. Die Gründung selbst erfolgt durch Annahme der Satzung anläßlich einer Sitzung der Gründer vor einem Notar. Die Gründungskosten umfassen eine Eintragungssteuer in Höhe von 0,5% des angegebenen Gesellschaftskapitals (zuzüglich Notargebühren sowie ggf. der Gebühren für den vereidigten Wirtschaftsprüfer). Nach der Gründung wird die Gesellschaft im Handelsregister sowie bei der Umsatzsteuerbehörde eingetragen. Der gesamte Gründungsvorgang dauert drei bis sechs Wochen.

c) Aktien

Es müssen zu jedem Zeitpunkt mindestens zwei Aktionäre, bei denen es sich um natürliche oder juristische Personen handeln kann, vorhanden sein. Aktien können mit einem Nennwert versehen oder ohne Nennwert sein. Es kann sich um Inhaber- oder um Namensaktien handeln. Es können verschiedene Aktienklassen (inklusive nennwertlose Aktien) ausgegeben werden, die mit unterschiedlichen Stimmrechten oder Dividendenberechtigungen ausgestattet sind. In jedem Fall müssen nach belgischem Recht Aktien, die das Gesellschaftskapital repräsentieren, mit gleichen Stimmrechten ausgestattet sein.

d) Stimmrechte

Jede Aktie verfügt über eine Stimme. Ein einzelner Aktionär kann — unabhängig von der tatsächlich von ihm gehaltenen Aktienanzahl — bei einer Hauptversammlung nicht mehr als 20% der Stimmen oder 2/5 der bei der Versammlung vertretenen Aktienstimmen abgeben.

e) Management-Struktur

Nach dem Gesellschaftsrecht verlagert sich (nach Übernahme der 2. EG-Richtlinie) das Kräftespiel zwischen den Gesellschaftsorganen von der Hauptversammlung auf den Verwaltungsrat, der eine Residual-Kompetenz für alle Entscheidungen hat (d.h. eine Kompetenz für alle Entscheidungen, die per Gesetz oder Satzung nicht ausdrücklich den Aktionären zukommen)[11]. Die Hauptversammlung faßt anläßlich ihrer jährlichen Sitzung in der Hauptsache Beschlüsse über die Gewinnverwendung und die Wahl der Mitglieder des Verwaltungsrats. Der Verwaltungsrat, der aus mindestens drei Verwaltungsräten besteht, kümmert sich um das Manage-

---

11 *Ronse, J.,* De vennootschapswetgeving 1973, p. 164; *Ralet, O.,* Sauvegarde et contrôle de la stabilité de l'actionnariat, DA/OR, 1988, p. 10; *Massage, M.,* o.c., p. 51.

ment der Gesellschaft (einschließlich, falls vorgesehen, der Entscheidung, das Kapital durch genehmigtes Kapital zu erhöhen sowie der Ausschüttung einer vorläufigen Dividende). Die Management-Vollmachten für das Tagesgeschäft werden entweder von zwei Verwaltungsratsmitgliedern oder von einem Verwaltungsratsmitglied mit Einzel-Geschäftsführungsbefugnis oder von einem bevollmächtigten Dritten (z. B. einem angestellten Geschäftsführer) ausgeübt. Beschränkungen, denen diese Vollmachten unterliegen, sind gegenüber Dritten nicht vollstreckbar.

f) Haftung

Bei der Aktiengesellschaft handelt es sich um eine Gesellschaft mit beschränkter Haftung. Bezüglich ihrer *Aktionäre* ist während der ersten drei Jahre des Bestehens des Unternehmens eine besondere Haftung für die Gründer vorgesehen (für den Fall des Konkurses und der schwerwiegenden Unterkapitalisierung); ansonsten haften die Aktionäre nur bei Vorliegen besonderer Umstände im Zusammenhang mit betrügerischem Konkurs für die Schulden der Gesellschaft. *Verwaltungsratsmitglieder* haften gegenüber der Gesellschaft sowie gegenüber Gläubigern für Verletzungen von Satzung, Gesellschaftsrecht oder sonstigen zwingenden Rechtsvorschriften. Im Prinzip haften sie gesamtschuldnerisch. Im Jahre 1978 wurde eine besondere Haftungsgrundlage eingeführt, nach der Verwaltungsratsmitglieder sowie alle Rechtspersonen, die *de facto* eine kontrollierende Beteiligung oder Kontrollmacht haben (z. B. Mehrheitsaktionäre, Bankinstitute, Staat oder Behörden) für den Fall eines Konkurses für die Schulden der Gesellschaft insoweit haftbar gemacht werden, als sich grob fahrlässiges Mißmanagement nachweisen läßt (Art. 63ter, Coord. C.L.)[12].

g) Jährlich einzuhaltende Formalitäten

Nach Ende des Finanzjahres muß eine Jahreshauptversammlung zur Ernennung der Verwaltungsräte sowie zur Beschlußfassung über die Gewinnverwendung abgehalten werden. Von den Gewinnen müssen 5% einer Reserve zugeführt werden (bis zur Erreichung von 10% des Gesellschaftskapitals). Des weiteren sind bei dieser Gelegenheit der Finanzstatus vorzulegen und die Veröffentlichung zu organisieren. Kein einzelner Aktionär kann bei einer Hauptversammlung an der Stimmabgabe mit mehr als 20% der Stimmen teilnehmen. Grundsätzlich werden die meisten Beschlüsse mit einfacher Mehrheit gefaßt (ausgenommen hiervon sind Satzungsänderungen, Kapitalerhöhungen, Änderung des Geschäftszwecks usw., die generell eine 3/4-Mehrheit erfordern).

---

12 *Ronse, J.,* a. o., Overzicht van rechtspraak (1987–1985) – Vennootschappen, T.P.R., 1987, p. 1026; *De Backer, J. M.,* and *Ralet, O.,* Responsabilités des dirigeants de sociétés, 1984, p. 125–146.

h) Auflösung und Liquidation

Eine AG hat grundsätzlich eine unbegrenzte Laufzeit. Für die Liquidation gibt es zwei Verfahren:

(i) die vom Alleinaktionär (ein Aktionär verfügt über sämtliche Aktien) beschlossene Liquidation oder

(ii) das standardmäßige Zweier-Liquidationsverfahren.

1.1.2 Gesellschaft mit beschränkter Haftung (Besloten Vennootschap met beperkte Aansprakelijkheid/Société Privée à Responsabilité Limitée)

a) Kapital

Mindestausstattung BF 750.000 (= ca. DM 35.700). Hiervon müssen BF 250.000 (= ca. DM 11.900) eingezahlt sein. Es gibt keine Möglichkeit, genehmigtes Kapital zu schaffen. Die weiteren Einzelheiten entsprechen den Ausführungen zur Aktiengesellschaft.

b) Gründungsformalitäten

wie bei der Aktiengesellschaft

c) Anteile

Es sind mindestens zwei Anteilseigner erforderlich, bei denen es sich um natürliche oder juristische Personen handeln kann. Ein Anteilseigner muß jedoch eine natürliche Person sein. Bei den Anteilen handelt es sich um Namenspapiere mit einem Mindestnennwert von BF 1.000. Die Übertragbarkeit der Anteile ist gesetzlich eingeschränkt (nur zulässig — soweit die Satzung keine strengeren Anforderungen stellt — bei Zustimmung der Hälfte der Anteilseigner, die mindestens 3/4 des Kapitals halten). Es gibt keine Möglichkeit, Anteile zu schaffen, die nicht dem Gesellschaftskapital zuzurechnen sind, oder Schuldverschreibungen auszugeben.

d) Stimmrechte

wie bei der Aktiengesellschaft

e) Management-Struktur

Normalerweise wird ein Geschäftsführer, der über Vollmachten zur Abwicklung des Tagesgeschäfts verfügt, mit dem Management einer GmbH betraut. Das Gesetz sieht kein weiteres Management-Organ vor. Der Geschäftsführer wird von den Anteilseignern für die Zeit von sechs Jahren (verlängerbar) ernannt und kann nur aus wichtigem Grunde aus seinem Amt entfernt werden.

f) Haftung

wie bei der Aktiengesellschaft

g) Jährlich einzuhaltende Formalitäten

wie bei der Aktiengesellschaft

h) Auflösung und Liquidation

wie bei der Aktiengesellschaft

1.1.3 Genossenschaft (Cooperatieve Vennootschap/Société Coopérative) [13]

a) Kapital

Es gibt weder eine Mindestkapitalhöhe noch die Möglichkeit, genehmigtes Kapital zu schaffen. Seit 1. Januar 1990 ist bei der NV/SA ein Prüfungsbericht eines Wirtschaftsprüfers bei Sacheinbringungen notwendig.

b) Gründungsformalitäten

Die Mitwirkung eines Notars bei der Gründung ist nicht erforderlich; es muß kein Finanzplan erstellt werden; die weiteren Einzelheiten entsprechen den Ausführungen zur Aktiengesellschaft.

c) Aktien

Es müssen mindestens drei Aktionäre vorhanden sein, bei denen es sich um natürliche oder juristische Personen handeln kann. Die Aktien können mit oder ohne Nennwert ausgestattet sein. Es können verschiedene Aktienklassen geschaffen werden, die alle über Stimmrecht verfügen. Es ist möglich, Kapital zu schaffen, das nicht Gesellschaftskapital ist. Die weiteren Einzelheiten entsprechen den Ausführungen zur Aktiengesellschaft.

d) Stimmrechte

können in der Gesellschaftssatzung frei festgelegt werden.

e) Management-Struktur

kann in der Gesellschaftssatzung frei festgelegt werden.

---

[13] *Vankan, M.,* and *Burton, P.,* Vademecum des sociétés coopératives, 1985, discussing the revival of this corporate form, mainly due to the potential flexibility of its organization, management structure, transferability of shares and the like.

f) Haftung

Das Gesellschaftsrecht sieht keine besonderen Haftungsgrundlagen vor.

g) Jährlich einzuhaltende Formalitäten

wie bei der Aktiengesellschaft

h) Auflösung und Liquidation

Ist nur noch ein einziger Aktionär vorhanden, so erfolgt automatisch die Auflösung.

Über diese drei typischsten Gesellschaftsformen hinaus gibt es nach belgischem Gesellschaftsrecht noch weitere Gesellschaftsformen wie z. B. die „Commanditaire Vennootschap op Aandelen/Société Commandite par Actions" (CVA/SCA) (entspricht in etwa der KGaA) oder die „Vennootschap onder Firma/Société en Nom Collectif" (VOF/SNC) (entspricht in etwa der Offenen Handelsgesellschaft). Diese Unternehmensformen könnten unter bestimmten Umständen für ein Joint Venture angemessen sein. Bei der CVA/SCA z. B., einer Gesellschaft, bei der die Haftung durch Aktien beschränkt ist, haftet ein Aktionär oder Partner gesamtschuldnerisch mit der Gesellschaft für die Schulden der Gesellschaft. Die Wahl dieser Unternehmensform kann also da sinnvoll sein, wo ein Mehrheitspartner sich mit einem weitaus kleineren Partner (der von der beschränkten Haftung profitieren möchte) an einem Joint Venture beteiligt. Die Gesellschaftsform der VOF/SNC, einer offenen Handelsgesellschaft, kann angemessen sein, wenn die Beteiligten eine echte Partnerschaft anstreben[14].

1.2 Gesellschaftsrechtliche Fragen betreffend Joint Ventures

Im allgemeinen treffen die Partner im Joint-Venture-Vertrag gewisse Regelungen bezüglich des Management des Gemeinschaftsunternehmens, der Strategie-Politik (Investitionen, Forschung und Entwicklung, Marketing, Dividenden usw.), der Beilegung von Streitigkeiten, der Übertragbarkeit von Aktien, des Quorums und der Mehrheitsanforderungen für Beschlüsse der Hauptversammlung und des Verwaltungsrates, sowie nicht selten bezüglich des Ausscheidens eines der Partner aus dem Gemeinschaftsunternehmen.

Soweit das Joint Venture in die Form einer Kapitalgesellschaft gegossen wurde, stellen solche Vereinbarungen daher Übereinkünfte zwischen den Aktionären des Gemeinschaftsunternehmens dar (die im Joint-Venture-Vertrag oder in der Gesellschaftssatzung enthalten sein können).

---

14 *Verbeke, L.-H.,* o. c., p. 3.

1.2.1 Vereinbarungen zwischen Gesellschaftern (Stimmabgabe, Management, Aktienrückkauf, Streitbeilegung)

Ein Punkt von besonderem Interesse im Zusammenhang mit einer formalisierten Zusammenarbeit zwischen Industrie- oder Handelspartnern ist die Gültigkeit und Vollstreckbarkeit der verschiedenen Arten von Übereinkünften zwischen Gesellschaftern nach belgischem Recht.

Diese vertraglichen Vereinbarungen können im Joint-Venture-Vertrag, in Separatverträgen zwischen einigen Partnern oder in der Gesellschaftssatzung, *der* Übereinkunft zwischen den Partnern schlechthin, enthalten sein [15].

Im nachfolgenden werden solche Vereinbarungen (die in der Praxis eine große Bandbreite umfassen) in fünf Kategorien eingeteilt (die sich nach den in der Praxis am häufigsten auftretenden Formen gliedern), nämlich in formelle Stimmrechtsbindungsvereinbarungen, Vereinbarungen über Management und Betrieb des Unternehmens, Übereinkünfte bezüglich Streitbeilegung, Vereinbarungen über Aktienrückkauf durch einen der Partner sowie Übereinkünfte über bestimmte Fragen der Geschäftspolitik des Gemeinschaftsunternehmens sowie die Beziehungen zwischen den Partnern und dem Gemeinschaftsunternehmen.

Da nach der zur Zeit geltenden belgischen Gesetzgebung einige solcher Vereinbarungen zwischen Joint-Venture-Partnern, die Aktionäre der belgischen Gesellschaft sind, als null und nichtig oder zumindest als nicht vollstreckbar betrachtet werden, werden im folgenden gewisse Alternativen vorgestellt, mittels derer diese rechtlichen Einschränkungen umgangen werden können.

a) Stimmrechtsbindungsvereinbarungen

Traditionell halten die weitaus meisten Autoren sowie das Richterrecht formelle Stimmrechtsbindungsvereinbarungen zwischen Aktionären, mittels derer diese sich verpflichten, ihre Stimmrechte in einer bestimmten Art und Weise auszuüben [16], oder unwiderrufliche Vollmachten, denenzufolge ein Bevollmächtigter eines Minderheitsaktionärs seine Stimme im Einklang mit der Mehrheit der Stimmen abgeben muß [17], für null und nichtig und demzufolge für nicht vollstreckbar [18].

---

15 *Ralet, O.,* Les conventions d'actionnaires, DAOR, 1986–87, p. 369 et seq.

16 *Van Ommeslaghe, P.* Les conventions d'actionnaires en droit belge, p. 21, mimeo, Conference; Van Ryn, J., Principes de droit commercial, I, p. 442; R.P.D.B., Sociétés anonymes, p. 387, 465.

17 Audenaerde, March 1, 1962, R. W., 1962–63, col. 1352; Cass., January 13, 1938, Pas., 1938, I, p. 6 (validity of proxies for a limited time).

18 *Van Ommeslaghe, P.,* o.c., p. 20; *Wyckaert, M.,* De conventionele bescherming van de minderheidsaandeelhouder in de N. V., T.R.V., 1988, special issue, V, no. 54.

Üblicherweise beruft man sich auf zwei Gründe für diese Nichtigkeit:

(i) solche Vereinbarungen neutralisieren die bei Hauptversammlungen in der Regel abgegebenen ablehnenden Stimmen und

(ii) es liegt eine Verletzung des Prinzips vor, daß bei Hauptversammlungen die Stimmen frei abgegeben werden[19].

Da diese Gründe schwerlich überzeugen und da sie von dem allgemeinen Prinzip der Vertragsfreiheit abweichen, sollte eine solche Nichtigkeit restriktiv interpretiert werden und daher bestimmte Arten von Stimmrechtsbindungsvereinbarungen nicht betreffen: Zu diesen gehören z. B. Übereinkünfte, durch die die Aktionäre sich verpflichten, ihre Stimmen der Stimmenmehrheit anzupassen (hierdurch wird eine moralische Verpflichtung zur Stimmabgabe im Sinne der Mehrheit begründet, ohne daß die Kompetenz des Organs selbst zum Mehrheitsentscheid aufgehoben wird); durch die die Aktionäre vor der Hauptversammlung eine Sitzung abhalten und ihre Absichten bezüglich der Stimmabgabe erörtern; Vereinbarungen, durch die im Einzelfall Vollmacht erteilt wird, gemäß den Ergebnissen solcher Erörterungen zu stimmen u. ä.

In einer höchstrichterlichen Entscheidung vom 13. April 1989 wird, der Grundsatz aufgestellt, daß Stimmrechtsbindungsvereinbarungen nur insoweit null und nichtig sind, als sie betrügerisch sind oder den Interessen der Gesellschaft zuwiderlaufen[20]. Sie sind dann gültig, wenn der Aktionär sein Recht, am Entscheidungsfindungsprozeß der Gesellschaft teilzunehmen, behält und wenn sie den Interessen der Gesellschaft nicht entgegenstehen.

Darüber hinaus wird im Parlament zur Zeit ein Gesetz erarbeitet, das die Gültigkeit solcher Vereinbarungen unter bestimmten Bedingungen anerkennt (z. B. Vollmachten zur Stimmabgabe oder zeitlich begrenzte Übereinkünfte im Interesse der Gesellschaft, ohne daß nur eine Übertragung von Stimmrechten stattfindet)[21].

Schließlich haben verschiedene Autoren kürzlich die Auffassung vertreten, daß formelle Stimmrechtsbindungsvereinbarungen Gültigkeit haben sollten, wenn die Interessen der Gesellschaft nicht gefährdet werden − sogar bei unwiderruflichen Vollmachten[22]. Der Begriff „Interesse der Gesellschaft" wird zur Zeit als das langfristige, kollektive Interesse der Aktionäre

---

19 *Van Ommeslaghe, P.,* o. c., p. 21; *Wyckaert, M.,* o. c., nr. 44.
20 Published in T.R.V., 1989, p. 321, with note *Wyckaert, M.*
21 Projet de Loi no. 387, December 5, 1979, Parl. Doc., House, 387 (1979–80), no. 1.
22 *Wyckaert, Ml.,* o. c., nr. 58; *Ronse, J.,* a. o., o. c., p. 705–706; *Weyts, L.,* De redactie van de aandeelhoudersovereenkomst, Liber Amicorum Jan Ronse, p. 418; *Ralet, O.,* o. c., p. 376.

(damit sind die Interessen aller am Unternehmen Beteiligten erfaßt)[23] an der Erwirtschaftung von Gewinnen interpretiert.

Trotz dieser Entwicklungen bei Gesetzgebung und Rechtslehre (die deutlich machen, daß sich die Position gegenüber diesem Problem rasch verändert) ist festzuhalten, daß formelle Stimmrechtsbindungsvereinbarungen nach dem zur Zeit geltenden Stand als null und nichtig und nicht vollstreckbar betrachtet werden. Ein Partner eines Gemeinschaftsunternehmens kann daher die Vollstreckung einer abgeschlossenen Stimmrechtsbindungsvereinbarung nicht durchsetzen; in der Praxis kann sich ein Beklagter auf die Nichtigkeit einer solchen Vereinbarung berufen. Auf der anderen Seite kann ein Partner, der sich auf die Nichtigkeit der Stimmrechtsbindungsvereinbarung beruft, nicht die Nichtigkeit des in Übereinstimmung mit dieser Vereinbarung gefaßten Beschlusses geltend machen[24]. Ebenso wenig kann ein Beschluß für nichtig erklärt werden, weil er einer Stimmrechtsbindungsvereinbarung widerspricht.

b) Management und Realisierung

Typischerweise ist einer der Schlüsselbestandteile eines Joint-Venture-Vertrages die Klausel, in der die Zusammensetzung des Verwaltungsrats des Gemeinschaftsunternehmens geregelt ist bzw. allgemein die Klausel, die die Management-Struktur der Gesellschaft und die Verteilung der Management-Vollmachten unter den Vertretern der Partner regelt[25]. Im Lichte des Vorstehenden betrachtet, sind solche Klauseln nicht vollstreckbar und stellen nur ein „Gentlemen's Agreement" dar.

Eine praktische Lösung zur Umgehung dieser Beschränkungen ist die Schaffung verschiedener Aktienklassen in der Satzung (wobei die einzelnen Kategorien den betreffenden Partnern zugeteilt bzw. von diesen gezeichnet werden). Jede Kategorie ist dann berechtigt, bei der Hauptversammlung einen oder mehrere Kandidaten als Mitglied/er des Verwaltungsrats vorzuschlagen. Solche Klauseln sind in vollem Umfang gültig und vollstreckbar[26].

---

23 *Geens, K.,* De jurisprudentiële bescherming van de minderheidsaandeelhouder tegen door de meerderheid opgezette beschermingsconstructies, T. R. V., 1988, special issue, II, nos. 16–18; *Horsmans, G.,* La prise de participations et l'intérêt social, in Conference, p. 1 et seq., with references to the doctrinal and case-law interpretation of this notion.

24 *Van Ommeslaghe, P.,* o. c., p. 23; *Ralet, O.,* o. c., p. 370.

25 *Wyckaert, M.,* o. c., nos. 10 et seq., analyzing the requirements for validity of charter clauses concerning the proportional representation of shareholders on the Board (*i. e.,* equality of shareholders and preservation of the shareholders' prerogative to actually make a choice among different candidates); *Ralet, O.,* o. c., p. 377.

26 *Verbeke, L.-H.,* o. c., p. 4; as an alternative solution, the charter could provide for a right for every shareholder to present a number of candidates for Board membership proportionate to the number of shares held divided by the number of seats on the Board, *Ralet, O.,* o. c., p. 370.

c) Abfindungsklauseln („portage")

Handelt es sich bei einem der Joint-Venture-Partner nur um einen Finanzpartner, der keinen eigentlichen Business-Beitrag leistet, so kann sich die Frage der „portage", des Rückkaufs der Aktien durch einen Gesellschafter gegen Abfindung, ergeben, falls dieser Partner eine Rückkaufverpflichtung der übrigen Gesellschafter für seine Aktien zu einem Preis erhalten möchte, der zum Zeitpunkt des Rückkaufs nicht dem tatsächlichen (Buch- oder Markt-)Wert der Aktien entspricht, sondern nur den Rückkauf zu einem Preis garantiert, der den Wert der Mitfinanzierung (zuzüglich Zinsen) darstellt.

Im allgemeinen gelten diese Abfindungsklauseln als solche nach belgischem Recht als null und nichtig, da man davon ausgeht, daß sie der grundlegenden Voraussetzung für einen Geschäftsbetrieb, nämlich der Verpflichtung sämtlicher Partner, Verluste und Gewinne miteinander zu teilen, widersprechen (Art. 1855 C.C.)[27].

Diese Position wurde in einem kürzlich ergangenen Urteil des Berufungsgerichts (Brüssel, 3. Dezember 1986)[28] beibehalten, in dem ausdrücklich auch Konstruktionen aufgezeigt wurden, bei denen solche Abfindungsklauseln aufrecht erhalten werden, so z. B. wenn die Abfindungsklausel nur einen Rückkaufspreis von 90 bis 95% des ursprünglichen Wertes des Finanzierungsbeitrags garantiert — der Finanzpartner mithin zumindest teilweise das Risiko des Geschäftsbetriebs mitträgt[29]; eine solche Klausel würde als vollstreckbar angesehen. Darüber hinaus könnte die Rückkaufverpflichtung durch einen Dritten (und nicht durch die Gesellschafter selbst) übernommen werden, wodurch die Anwendung des vorstehend beschriebenen Prinzips vermieden würde.

d) Streitbeilegung

In einem Joint Venture kann man normalerweise eine Unterscheidung treffen zwischen Streitbeilegungs-Klauseln im Zusammenhang mit Gültigkeit, Interpretation, Durchführung oder Auflösung des Joint-Venture-Vertrages und Klauseln, die sich auf die Beilegung von internen Meinungsverschiedenheiten innerhalb der Organe der Gesellschaft in bezug auf den Geschäftsbetrieb (Beurteilung von Geschäften, Geschäftsmöglichkeiten und Geschäftspolitik) beziehen[30].

---

27 To the extent that the financial partner cannot be deemed to merely have granted a loan or to have engaged in a fiduciary operation in the investment, see *Ralet, O.,* o.c., p. 371–372; *Van Gerven, D.,* note with Brussels, December 3, 1986, R. P. S., 1987, p. 61 et seq.
28 R. P. S., 1987, p. 61.
29 *Van Gerven, D.,* o.c., p. 64 et seq.
30 *Van Ommeslaghe, P.,* o.c., p. 29.

In beiden Fällen sind Klauseln, die Schiedsgerichtsbarkeit, Verfahrensregeln bei Patt-Situationen oder die Intervention von „grauen Eminenzen" regeln — unabhängig davon, ob sie mit Kauf- oder Verkaufsoptionen verbunden sind — in vollem Umfang gültig und vollstreckbar.

e) Vereinbarungen über einzelne Fragen der Geschäftspolitik

Joint-Venture-Verträge enthalten recht oft Klauseln, die sich auf bestimmte Fragen der Geschäftspolitik des Gemeinschaftsunternehmens (Forschung und Entwicklung, Marketing, Lizenzvergabe, Abstellung von Personal u. ä.) oder auf die (Sonder-)Beziehungen zwischen den betreffenden Partnern und dem Gemeinschaftsunternehmen beziehen.

Solche Klauseln gelten als gültig und vollstreckbar, soweit sie ausreichend präzise formuliert sind und nicht die den Gesellschaftsorganen des Gemeinschaftsunternehmens gesetzlich garantierten Vollmachten gefährden[31]. Müssen Regelungen jedoch durch Stimmrechtsbindung oder Gesellschaftervereinbarung in den Organen der Gesellschaft umgesetzt werden, gilt das in Abschnitt a) Gesagte.

1.2.2 Einschränkungen bei der Übertragbarkeit von Aktien

Außer bei bestimmten Gesellschaftsformen, bei denen die Übertragbarkeit der Aktien gesetzlich beschränkt ist (aufgrund des intuitu-personae-Charakters solcher Gesellschaften wie z. B. der GmbH belgischen Rechts — siehe Abschnitt 1.1.2. c) tritt die Frage der Beschränkung der freien Übertragbarkeit von Aktien am häufigsten bei Joint Ventures in der Gesellschaftsform der Aktiengesellschaft auf.

Verträge, die auf unbegrenzte Zeit ein absolutes Verbot der Übertragung von Aktien enthalten, gelten als im Widerspruch zum „ordre public" stehend[32]. Die Frage ist zwar in der Rechtslehre umstritten[33]; Vereinbarungen jedoch, bei denen eine solche Übertragung der vorherigen Zustimmung der anderen Partner, des Verwaltungsrats oder der Hauptversammlung bedarf, werden als nicht vollstreckbar betrachtet, falls die Erteilung einer solchen Zustimmung im Belieben des jeweiligen Organs steht und nicht begründet zu werden braucht, weil deshalb eine Verletzung des Grundprinzips der freien Verfügung über Aktien vorliegt[34].

---

31 *Van Ommeslaghe, P.,* o.c., p. 27–28; *Lievens, J.,* De bescherming van minderheidsaandeelhouders in de vennootschap naar geldend en komend recht, R. W., 1984–85, col. 2433.

32 *Van Ommeslaghe, P.,* o.c., p. 6; *Weyts, L.,* o.c., p. 415; *Geens, K.,* o.c., nr. 71.

33 *Geens, K.,* Les prises de participation et les conventions d'agrément, in Conference, 1989, p. 22; *Van Ommeslaghe, P.,* o.c., p. 8; *Wyckaert, M.,* o.c., no. 78.

34 *Van Ommeslaghe, P.,* o.c., p. 9; *Geens, K.,* o.c., p. 23.

In jedem Fall sollten solche Vereinbarungen jedem Partner, der sich aus dem Gemeinschaftsunternehmen zurückziehen will, eine Rückzugsmöglichkeit geben, z. B. in Form einer Verkaufsoption.

Gültigkeit und Vollstreckbarkeit von Verkaufsoptionen oder allgemein gesprochen Klauseln, die sich auf den (finanziellen) Rückzug eines der Partner des Gemeinschaftsunternehmens beziehen, unterliegen keinerlei Zweifeln[35]. Wie jedoch oben (Abschnitt 1.2.1. d)) bereits festgehalten, müssen solche Klauseln sorgfältig formuliert werden, damit sie nicht die Grundregeln des Gesellschaftsrechts (Art. 1855 C. C.) bzw. des Vertragsrechts verletzen. In diesem Zusammenhang sollte z. B. der Preis, zu dem die Aktien erworben werden sollen, ausreichend genau festgelegt werden, oder die Klausel sollte zumindest mit ausreichend objektiven Elementen zur Festlegung dieses Preises (durch einen Dritten oder in sonstiger Weise) ausgestattet sein, damit die Vereinbarung nicht aufgrund des Fehlens eines Grundbestandteils, nämlich des Preises, null und nichtig wird[36].

1.2.3 Schutz von Minderheitsaktionären

Es gibt im Gesellschaftsrecht nur wenige zwingende Vorschriften zum Schutz von Minderheitsaktionären: das Recht auf Einberufung einer Hauptversammlung, die besonderen Mehrheitserfordernisse für Satzungsänderungen, Kapitalerhöhungen (es sei denn, es handelt sich um genehmigtes Kapital) und Änderungen des Gesellschaftszwecks, die Informationspflicht des gesetzlich vorgeschriebenen Wirtschaftsprüfers gegenüber allen Aktionären usw.[37].

In der Entscheidungspraxis und der Rechtslehre werden Schutz und Verletzung der Interessen von Minderheitsgesellschaftern hauptsächlich an den vorgenannten „Interessen der Gesellschaft" gemessen. Der mögliche Mißbrauch einer Mehrheitsposition anläßlich von Hauptversammlungen und Sitzungen des Verwaltungsrats wird von Fall zu Fall unter Berücksichtigung der zum Zeitpunkt der Beschlußfassung bestehenden besonderen Umstände und auf der Grundlage von Normen wie z. B. dem Mißbrauch eines vertraglich festgeschriebenen Stimmrechts, der Verletzung der Verpflichtung, guten Glaubens zu handeln, sowie traditionell auf der Grundlage von Prinzipien wie z. B. der Gleichheit der Aktionäre und dem Prinzip der unentziehbaren Rechte[38] bewertet. Nach neueren Entscheidungen finden sich die rechtlichen Grundlagen zur Sanktionierung von Mißbräuchen

---

35 *Wyckaert, M.,* o. c., no. 71–73.
36 *Van Ommeslaghe, P.,* o. c., p. 9; *Geens, K.,* o. c., p. 23; *Ronse, J.,* Overzicht van rechtspraak (1968–77) — Vennootschappen, T. P. R., 1978, p. 889.
37 *Lievens, J.,* De wettelijke bescherming van de minderheidsaandeelhouders, T. R. V., 1988, special issue, I.
38 *Geens, K.,* T. R. V., no. 24.

der Mehrheitsmacht in dem in allen Verträgen enthaltenen Prinzip der Treuepflicht: Wer die aus dem (Gesellschafts-)Vertrag resultierenden Stimmrechte mißbraucht, führt diesen Vertrag nicht in Übereinstimmung mit dieser Treuepflicht durch (Art. 1134 C. C.)[39].

In der Praxis ist der Mißbrauch einer Mehrheitsposition dann anzunehmen, wenn tatsächlich Stimmrechte mit dem Vorsatz eingesetzt werden, den Minderheitsgesellschaftern Schaden zuzufügen, oder wenn von den Stimmrechten unvorsichtig oder rücksichtslos oder offensichtlich ohne jegliches berechtigtes Interesse (oder mit einem Interesse, das nicht in einem angemessenen Verhältnis zu dem Schaden steht, der den legitimen Interessen der Minderheit zugefügt wird), oder in einer Art und Weise Gebrauch gemacht wird, die in hohem Maße jenseits der normalen und besonnenen Ausübung von Stimmrechten durch einen vernünftigen Menschen liegt[40].

2. Steuerrecht

2.1 Allgemeine von Unternehmen zu zahlende Einkommensteuer

Im allgemeinen unterliegen Gesellschaften belgischen Rechts, nicht in Belgien ansässige Unternehmen, Zweigstellen sowie sämtliche auf Dauer bestehenden Niederlassungen ausländischer Firmen der belgischen Körperschaftsteuer[41].

Besteht das Gemeinschaftsunternehmen in der Form einer belgischen Tochtergesellschaft, so fällt diese nach den weiter unten ausgeführten allgemeinen Richtlinien unter die belgische Körperschaftsteuer.

Bei in Belgien ansässigen Firmen berechnet sich die Körperschaftsteuer nach dem weltweiten Einkommen (mit möglichen Steuerbefreiungen im Falle des Bestehens von Doppelbesteuerungsabkommen (siehe Abschnitt 2.3) oder nach belgischem Steuerrecht).

Die Körperschaftsteuer wird auf das Brutto-Einkommen abzüglich steuerfreiem Einkommen sowie abzüglich abzugsfähiger Geschäftsausgaben und Verluste erhoben. Im allgemeinen besteht das zu versteuernde Einkommen aus einbehaltenen Gewinnen, aus ausgeschütteten Gewinnen und aus nicht abzugsfähigen Geschäftsausgaben.

Bei den abzugsfähigen Geschäftsausgaben handelt es sich um solche, die der Steuerzahler getätigt oder getragen hat, um Geschäftseinkommen zu

---

39 Cass., January 16, 1986, R. W., 1987–88, col. 1470, note *Van Oevelen, A.*; Cass., February 18, 1988, T. B. H., 1988, p. 696.
40 *Geens, K.,* T. R. V., nos. 43 et seq.
41 Art. 94, 139, Belgian Income Tax Code („ITC").

erzielen oder zu erhalten. Die Ausgaben müssen im Laufe der jeweiligen Steuerperiode getätigt oder getragen oder als bestimmte, feste Verbindlichkeiten verbucht worden sein; Echtheit und Betrag müssen durch Belege nachgewiesen werden.

Das belgische Steuerrecht erlaubt keine Abzüge für folgende Beträge: geheime oder versteckte Provisionen (die mit einem besonderen Steuersatz von 200% belegt werden)[42], Zinsen, Lizenz- oder Dienstleistungs- sowie Nutzungsgebühren, die an eine ausländische Holdinggesellschaft gezahlt werden, die einer weit günstigeren steuerlichen Behandlung unterliegt, welche wesentlich vom belgischen Steuersystem abweicht; unangemessene Ausgaben; überhöhte Zinsen (die den von der Nationalbank in der jeweiligen Währung angewendeten Leitzinssatz um mehr als 3% übersteigen); Ausgaben, die nicht dem normalen Geschäftsablauf entsprechen.

Bei Investitionen sind zwei Abschreibungsmethoden erlaubt: lineare Abschreibung (deren Dauer sich nach der Art des jeweiligen Anlagegutes richtet) und degressive Abschreibung.

Innerhalb gewisser Grenzen können Reserven und steuerfreie Rückstellungen für in der Zukunft erwartete Ausgaben geltend gemacht werden wie z. B. Rückstellungen für wahrscheinliche Verluste oder Gebühren sowie für Entlassungs-Abfindungen.

Grundsätzlich unterliegen nur tatsächlich erzielte Veräußerungsgewinne der Körperschaftsteuer. Bestimmte Veräußerungsgewinne sind steuerfrei wie z. B. Veräußerungsgewinne aus gewissen Anlagegütern, die die Gesellschaft über einen Zeitraum von mehr als fünf Jahren für Geschäftszwecke genutzt hat, Veräußerungsgewinne, die aus dem Austausch von Aktien bei einem Firmen-Verschmelzungsvorgang resultieren, oder Veräußerungsgewinne, die aus der Übertragung einer Geschäftsaktivität von einem Unternehmen auf ein anderes im Austausch für Aktien erzielt werden.

Betriebsverluste können unbeschränkt durch Verlustvortrag für künftiges Geschäftseinkommen verrechnet werden.

Der normale Körperschaftsteuersatz für Unternehmen beträgt 41% (39% ab 1991). Die niedrigeren Sätze von 29 und 37% (28% und 36% ab 1991) auf ein zu versteuerndes Netto-Einkommen von weniger als BF 1 Mio. bzw. zwischen BF 1 und 3,6 Mio. werden dann nicht angewendet, wenn mehr als 50% der Aktien der Gesellschaft von einem anderen Unternehmen gehalten werden oder wenn die ausgeschütteten Gewinne 13% des Gesellschaftskapitals übersteigen.

Es ist zu vermerken, daß seit dem 1. Januar 1990 eine Reform der wichtigsten Inhalte der Körperschaftsteuer in Kraft getreten ist. Die allgemeinen

---

42 Art. 47 ITC, amended by the law of December 7, 1988, (M. B., December 30, 1988).

Körperschaftsteuersätze sind zwar reduziert (von 43 auf 39%, wobei die niedrigeren Sätze entsprechend herabgesetzt worden sind), dafür wurde jedoch eine Reihe möglicher Abzüge, Wege zur Steuer-Optimierung und sonstiger Mittel zur Steuervermeidung abgeschafft oder eingeschränkt (so z. B. der Investitionsabzug, Abzüge für erhaltene Dividenden, steuerliche Absetzbarkeit von Verlusten, Steuerbefreiungen für Kapitalgewinne u. ä.).

In Belgien wird zusätzlich zur Körperschaftsteuer eine Reihe indirekter Steuern erhoben (z. B. Mehrwertsteuer, Eintragungssteuer, Grundsteuer sowie je nach Ort und Provinz unterschiedliche lokale Steuern). In diesem Zusammenhang ist festzuhalten, daß die Vorschriften zur Devisenkontrolle sehr liberal sind.

2.2 Besondere Steuervorschriften

Je nach Art der vom Gemeinschaftsunternehmen oder von der Unternehmensgruppe in Belgien durchgeführten Geschäftsaktivitäten können im Zusammenhang mit dem vorliegenden Abschnitt die nachfolgend genannten steuerlichen Sondervorschriften für bestimmte Unternehmensformen zutreffen.

Einige der nachfolgend beschriebenen Vorschriften gründen sich entweder auf Verwaltungsvorschriften und unterliegen dadurch der Änderung oder Abschaffung durch eine künftige (und daher nicht vorhersagbare) Verwaltungspolitik, oder sie gelten nur für eine begrenzte Zeit und wurden als vorübergehende Maßnahmen des Gesetzgebers zum Anreiz für ausländische Investitionen in Belgien eingeführt.

2.2.1 Holdinggesellschaften

Grundsätzlich gibt es für in Belgien ansässige Holdingsgesellschaften keine spezielle Steuergesetzgebung.

Bestimmte Einzelvorschriften des allgemeinen belgischen Steuerrechts sind jedoch ausschließlich auf Holdinggesellschaften anzuwenden. Im Zusammenhang mit dem vorliegenden Beitrag können zwei dieser Vorschriften relevant sein[43]:

Im allgemeinen unterliegen Firmen, die auf Dauer an einer Tochtergesellschaft beteiligt sind, einer Besteuerung von nur 10% auf den als Dividende erhaltenen Bruttobetrag (ohne Berücksichtigung der Quellensteuer von 25%, die durch die ausschüttende Tochtergesellschaft einbehalten wird). Holdinggesellschaften unterliegen demgegenüber bezüglich solcher Bruttobeträge erhaltener Dividenden einer Besteuerung von 15%.

---

43 Art. 26, 46, 250 ITC.

Zweitens werden auf Holdinggesellschaften bestimmte besondere Maßnahmen zur Verhinderung von Steuervermeidung angewendet.

2.2.2 Koordinierungszentren

Nach der in den entsprechenden Vorschriften enthaltenen Definition handelt es sich bei einem Koordinierungszentrum um eine Körperschaft, die ausschließlich für Konzernmitglieder bestimmte Aktivitäten nach Art einer Hauptverwaltung durchführt[44].

Nur internationale Konzerne, die bestimmte Kriterien in bezug auf den konsolidierten Umsatz (mehr als BF 10 Billionen = ca. DM 480 Mio., von denen BF 5 Billionen = ca. DM 280 Mio. bzw. 20% des Umsatzes des Gesamtkonzerns außerhalb Belgiens erzielt wurden), in bezug auf die Internationalität (Firmen in vier Fremdländern) sowie in bezug auf ihr konsolidiertes Kapital (mehr als BF 1 Billion = ca. DM 48 Mio, von denen mindestens BF 500 Mio. = ca. DM 24 Mio. im Ausland erzielt wurden) erfüllen, können den Status eines Koordinierungszentrums erlangen, der durch königlichen Erlaß, in dem die beantragten Aktivitäten festgeschrieben werden, bescheinigt wird.

Ein die Voraussetzungen erfüllendes Koordinierungszentrum darf nur folgende Aktivitäten durchführen:

(i) Verwaltungsleistungen und Hilfsdienste wie z.B. Werbung und Verkaufsförderung, Steuer- und Zollerklärungen, Versicherung und Rückversicherung von Risiken von Konzernunternehmen, Datenverarbeitung, Steuer- und Rechtsberatung;

(ii) Koordinierung und Unterstützung von Aktivitäten im Zusammenhang mit Produktion und Verkauf wie z.B. zentraler Ein- und Verkauf, Bearbeitung von Aufträgen und Rechnungen, Inventarkontrolle, Forschung und Entwicklung;

(iii) finanzielle Aktivitäten wie z.B. Darlehensgewährung und Überlassung von Geldern der Konzerngesellschaften untereinander, zentrale Führung der Kasse und Verwaltung der Barmittel, Abschluß von Leasingverträgen, Rechnungs-Weiterbelastung, Abschluß von Absatzverträgen sowie Abwicklung von Direktgeschäften.

Da ein Koordinierungszentrum der Kostenersparnis dienen soll (und nicht als profit center konzipiert ist), kann es nur zugunsten von Konzernunternehmen bzw. Tochtergesellschaften tätig werden (ohne daß es hierzu einer bestimmten Mindestbeteiligung bedarf). Darüber hinaus muß das Koordi-

---

44 Royal Decree no. 187 of December 30, 1982, as amended subsequently.

nierungszentrum innerhalb der ersten beiden Jahre seines Geschäftsbetriebs mindestens zehn Vollzeit-Mitarbeiter beschäftigen.

Koordinierungszentren erhalten folgende Vergünstigungen:

(i) Die Körperschaftsteuer wird pauschalisiert, d. h. auf ein geschätztes Einkommen erhoben, als Prozentsatz der Kosten ausschließlich Personal- und Finanzierungskosten. Die Basis für das zu versteuernde Einkommen ist in der Regel recht gering: Nach Abzug der Personal- und Finanzierungskosten wird zur Bestimmung des geschätzten Einkommens ein Prozentsatz (normalerweise zwischen 5 und 10%) auf die restlichen Kosten angewendet. Dieses geschätzte Einkommen unterliegt den allgemeinen Körperschaftsteuersätzen (siehe Abschnitt 2.1);

(ii) Befreiung von der in Belgien üblichen Quellensteuer auf vom Koordinierungszentrum gezahlte Zinsen, Dividenden und Nutzungsgebühren;

(iii) auf durch das Zentrum geleistete Zins- und Dividendenzahlungen wird eine fiktive Steuergutschrift auf die Quellensteuer gewährt. Die Empfänger solcher Zahlungen erhalten, soweit sie der belgischen Einkommensteuer unterliegen, eine fiktive Steuergutschrift in Höhe von 33% des erhaltenen Betrages, der sowohl als zu versteuerndes Einkommen als auch als Steuerfreibetrag behandelt wird. Dieser Vorteil unterliegt zur Zeit bestimmten Investitionsbedingungen. Er könnte sowohl für empfangende belgische Aktionäre interessant sein als auch für belgische Banken (die gewillt sind, einen Teil des Gewinns dem Zentrum zu überlassen);

(iv) Befreiung von der Quellensteuer auf Zinsen, die das Zentrum aus Bareinlagen in Belgien erhalten hat;

(v) Befreiung von der Quellensteuer auf Grundvermögen sowie von der Eintragungssteuer auf Kapitalbeiträge.

2.2.3 Vertriebszentren

Durch Verwaltungsvorschrift vom 9. August 1989 wurden neue und günstige Steuergrundsätze für die die Voraussetzungen erfüllenden Vertriebszentren eingeführt[45].

Nur solche Unternehmen, die der Körperschaftsteuer oder der Steuer für nicht ansässige Unternehmen unterliegen und die folgende Aktivitäten ausschließlich zugunsten von Konzerngesellschaften durchführen, erhalten diese steuerliche Behandlung: im eigenen Namen oder namens und für Rechnung von Konzernunternehmen Kauf und Verkauf von Rohmaterialien oder Handelswaren; Lagerhaltung, Bewachung und Verarbeitung von Rohmaterialien oder Handelswaren; Transport und Auslieferung solcher

---

45 Circular no. Ci.RH.421/390.701, of August 9, 1989, not yet published.

Produkte; zugunsten von Konzernunternehmen Lagerhaltung, Bewachung und Verarbeitung fertiger Produkte, die im Eigentum von Konzerngesellschaften stehen; Transport und Auslieferung solcher Fertigprodukte (ausdrücklich ausschließlich des Verkaufs dieser Fertigprodukte an Konzerngesellschaften oder Dritte).

Das Vertriebszentrum kann Personal einstellen und alle Ausrüstungen und Einrichtungen anschaffen, die es zur Durchführung dieser genehmigten Geschäftsaktivitäten benötigt.

Die intra-muros-Anforderung ist strikter als diejenige bei der Gesetzgebung bezüglich Koordinierungszentren (siehe Abschnitt 2.2.2), da sich der Begriff „Konzern" hier auf buchmäßige Tochtergesellschaften beschränkt (d. h. direktes Eigentum oder kontrollierende Aktien- oder Stimmenbeteiligung von mehr als 50%)[46].

Das zu versteuernde Einkommen eines Vertriebszentrums, das der Körperschaftsteuer oder der Einkommensteuer auf nicht ansässige Unternehmen unterliegt, wird nach den oben beschriebenen allgemeinen Richtlinien bestimmt. Liegt ein pauschal geschätzter Gewinn (der 5% der Geschäftsausgaben des Zentrums entspricht) höher als die tatsächlich erzielten Gewinne, so wird auf Basis der tatsächlichen Gewinne besteuert. Sind andererseits die geschätzten Gewinne niedriger als die tatsächlich erzielten, so wird die Körperschaftsteuer auf 105% der Geschäftsausgaben erhoben. Die heranzuziehenden Betriebskosten bestehen aus den gesamten Geschäftsausgaben ausschließlich des Kaufpreises für Rohmaterialien, nicht abzugsfähiger Geschäftsausgaben und einbehaltener Gewinne.

Die auf dieses geschätzte Einkommen zu entrichtende Körperschaftsteuer bzw. die Einkommensteuer für nicht ansässige Firmen berechnet sich nach den normalen Steuersätzen.

2.3 Internationale Steueraspekte

Bei einem in Belgien von einer in Deutschland ansässigen Gesellschaft (und weiteren Partnern) in Form einer Kapitalgesellschaft errichteten Gemeinschaftsunternehmen stellt sich durch den Einkommensfluß (Dividenden, Zinsen, Nutzungsgebühren) vom Gemeinschaftsunternehmen an die Muttergesellschaft die Frage internationaler Steuerverpflichtungen.

Es ist klar, daß schon Konzeption und Anwendung einer angemessenen internationalen Steuerstruktur eine sorgfältige Planung und Abwicklung der steuerlichen Aspekte erfordern. Dies würde jedoch den Rahmen der vorliegenden Arbeit sprengen.

---

46 Cfr. Chapter III, section IV.A., of the Annex to the Royal Decree of October 8, 1976, with respect to financial statements.

Für diesen Beitrag reicht es aus, bestimmte Vorschriften des belgisch-deutschen Doppelbesteuerungsabkommens[47] auf ihre Relevanz in hypothetischen Situationen abzuklopfen. Im allgemeinen lehnt sich das deutsch-belgischen Doppelbesteuerungsabkommen eng an den OECD-Modellvertrag von 1977 an[48].

(i) In Belgien erzielte Gewinne

Vom Gemeinschaftsunternehmen in Belgien erzielte Geschäftseinkommen und Gewinne unterlägen nach den oben beschriebenen allgemeinen Richtlinien (Abschnitt 2.1) der belgischen Körperschaftsteuer (oder zumindest der Steuer für nicht ansässige Firmen).

(ii) Dividendeneinkommen aus Belgien

Die Berechtigung, Steuern auf Dividendeneinkommen zu erheben, wird normalerweise zwischen dem Quellenland und demjenigen Land geteilt, in dem der Empfänger seinen Sitz hat. Nach dem belgisch-deutschen Doppelbesteuerungsabkommen ist die belgische Quellensteuer auf Dividenden, die an Deutschland gezahlt werden, auf 15% des Bruttobetrages der Dividenden begrenzt.

(iii) Zinseinkünfte aus Belgien

Von einem belgischen Unternehmen an eine in Deutschland ansässige Firma gezahlte Zinsen unterliegen einer Quellensteuer in Höhe von 15% des Bruttobetrages.

(iv) Nutzungsgebühren aus Belgien

Von einem belgischen Unternehmen nach Deutschland gezahlte Nutzungsgebühren sind von der belgischen Quellensteuer befreit.

3. Sonstige Rechtsbereiche

In diesem Kapitel soll nur ein kurzer Überblick über gewisse besondere Vorschriften oder Grundsätze gegeben werden, die auf alle Geschäftsinvestitionen bzw. Gemeinschaftsunternehmen in Belgien zutreffen.

An dieser Stelle werden auch nicht die möglichen Implikationen des Kartellrechts im Zusammenhang mit der Errichtung oder dem Betrieb des Ge-

---

47 Treaty of ratified by law of July 9, 1969, M. B., July 30, 1969 (also Bull. Contr. nos. 488, 560, 584 and 627, with administrative rulings relating to the interpretation of the Treaty); the Treaty is currently being renegociated.
48 Model Double Taxation Convention on Income and Capital, Report of the OECD Committee on Fiscal Affairs, 1977.

meinschaftsunternehmens (Lizenzvergabe) erläutert, da vornehmlich die Anti-Trust-Vorschriften der EG (und nicht belgisches Recht) zutreffen könnten. Ebenso befassen wir uns hier nicht mit den belgischen Gesetzen über gewerbliches Eigentum, Ausschreibungen der öffentlichen Hand oder der Produkthaftung, da sie für grenzüberschreitende Joint Ventures weder spezifische Konsequenzen haben noch die besondere Aufmerksamkeit verlangen, die dem Prozeß der Gesetzgebungs-Harmonisierung innerhalb des Gemeinsamen Marktes zuteil wird. Auch beschäftigt uns an dieser Stelle nicht die Anwendung von Verträgen, an die Belgien gebunden ist.

3.1 Investitionsanreize

Allgemein gesprochen, gibt es in Belgien vier Arten von Investitionsanreizen:

a) reine Investitionsanreize (Subventionen, Prämien) einschließlich Steueranreize für Investitionen,

b) Anreize für Forschungs- und Entwicklungstätigkeit,

c) Exportanreize,

d) Beschäftigungsanreize.

Nach dem Beginn der Umformung des belgischen Staates in einen quasi-Bundesstaat im Jahre 1980 und der Vervollständigung dieser Umformung im Jahre 1988[49] verfügen die drei Regionen des Landes (Flandern, Brüssel und Wallonien) zur Zeit über die Gesetzgebungsmacht in bezug auf die regionale Wirtschaftspolitik einschließlich staatlicher Hilfen, Investitionsanreize sowie in einem gewissen Umfang für Forschung und Entwicklung. Aus diesem Grunde können die Anforderungen für die Gewährung solcher Anreize, die Durchführungsverordnungen sowie der Bereich und der Umfang der gewährten Anreize in den einzelnen Gebieten voneinander abweichen (und tun dies auch). Das erste Kriterium zur Bestimmung der territorialen Zuständigkeit jeder Region ist die genaue örtliche Lokalisierung der Investition in Belgien.

Aus diesem Grunde werden einige Teile der o. g. Investitionsanreize (Teile von a) und b) oben) durch regionale Verordnungen und Vorschriften geregelt.

a) Klassische Investitionsanreize[50]

Es stehen Investitions-Subventionen in Form von Zinsnachlässen oder Investitions-Zuschüssen oder eine Kombination von beiden zur Verfügung,

---

49 Article 107quater of the Constitution; article 6, § 1, VI, of the law of August 8, 1980 with respect to the reform of the institutions, as amended.

50 The basic investment incentive legislation is the law of December 30, 1970, as amended.

wobei der Höchstbetrag (21–24% der veranschlagten Investitionskosten) vom Ort der Investition (Entwicklungsgebiet oder nicht), von der Größe des Mitarbeiterstabs der Firma (Kleinbetrieb, mittleres oder Großunternehmen) sowie von der Art der Investition abhängt. Auch die Befreiung von Grundsteuern, erhöhte Abschreibung sowie die Befreiung von der Eintragungssteuer sind übliche Mittel zur Anziehung ausländischer Investitionen.

b) Steueranreize nach Vornahme der Investition [51]

Investitionen in Forschung und Entwicklung, in die Konservierung von Energie oder in Umweltschutz-Vorrichtungen eignen sich für einen Investitions-Abzug, d. h. einen Abzug vom zu versteuernden Einkommen auf Teile des Investitionsbetrages (bis zu 20% pro Steuerjahr für einen bestimmten Zeitraum).

Darüber hinaus gibt es zusätzlich zu den besonderen Steuervorteilen, die Koordinierungs- und Vertriebszentren gewährt werden (siehe Abschnitte 2.2.1 und 2.2.2) für Investitionen in steuerfreien Investitionszonen (den sog. T-Zonen) umfangreiche Steuererleichterungen – vergleichbar den oben beschriebenen –, wenn dort ein innovatives Unternehmen gegründet wird (das im Hochtechnologie-Bereich tätig ist) [52]. Steuererleichterungen werden ebenfalls gewährt, wenn die Investition in einem der sog. Umstellungsgebiete Belgiens, die den Entwicklungsgebieten entsprechen, getätigt wird.

Schließlich sind besondere Steuervergünstigungen für nach Belgien entsandtes Personal, insbesondere Führungskräfte, erhältlich [53].

c) Anreize für Forschung und Entwicklung

Investitionen in Forschung und Entwicklung können sich entweder für zinsfreie Vorschüsse von bis zu 50% der Gesamtausgaben oder für nicht rückzahlbare Subventionen von bis zu 50% des Forschungsbudgets eignen.

d) Beschäftigungsanreize

Zusätzlich zu einer möglicherweise höheren Investitions-Subvention, falls die vorgesehene Investition die Einstellung einer bestimmten Anzahl Mitarbeiter mit sich bringt (siehe Abschnitt 3.1.a) können zwei weitere Formen von Beschäftigungsanreizen gewährt werden, nämlich zum einen eine Reduzierung der Lohn- und Gehalts- sowie der Sozialversicherungskosten [54].

---

51 Art. 42ter ITC.
52 Royal Decree no. 118 of December 23, 1982, as amended (T-zones); law of July 31, 1984, as amended (innovation companies and reconversion zones).
53 Circular no. Ci.RH. 624/325.294 of August 8, 1983, Bull. Contr., 1983, p. 2061.
54 Law of December 30, 1988 (reduction of social security costs upon recruitment); Royal Decree no. 148 of December 30, 1982, as amended (probably to be abolished in 1990).

3.2 Vorschriften zur Sprache

In diesem Zusammenhang wäre nur festzuhalten, daß sämtliche gesetzlich vorgeschriebenen Dokumente (Buchführungsunterlagen, Rechnungen, Gesellschaftsbücher, Anstellungsverträge, Arbeitsvorschriften u. ä.) je nach der Gemeinde, in der das Unternehmen ansässig ist, in Flämisch und/oder Französisch zu erstellen sind[55].

3.3 Arbeitsrecht

Ganz generell bewirkt das belgische Arbeitsrecht einen sehr hohen Schutz der belgischen Arbeitnehmer.

Der Raum für freie Verhandlung der Gehälter und Arbeitsbedingungen ist sehr limitiert, da die meisten relevanten Gebiete (Arbeitsbedingungen, Arbeitszeit, Abfindungen . . .) bereits verbindlich geregelt sind, sei es gesetzlich oder durch Kollektiv-Vereinbarungen. Die Kosten für die Beendigung von Arbeitsverhältnissen werden als sehr hoch eingeschätzt im Vergleich zu den meisten westeuropäischen Staaten, sicherlich im Hinblick auf Management-Personal[56].

Kollektive Arbeitervertreter auf betrieblicher Ebene verkörpert sich in drei Institutionen: Vertretung der Gewerkschaften, Betriebsrat und Sicherheitskomitee. Diese Institutionen verhandeln mit den Arbeitgebern die wirtschaftlichen Arbeitsbedingungen aus und befassen sich sowohl mit individuellen als auch generellen Beschwerden (insbes. Gewerkschaftsvertretung); diese Institutionen haben Anspruch auf bestimmte Informationen und beratende Mitsprache (Betriebsrat und Sicherheitskomitee). Eine Management-Beteiligung ist ihnen gesetzlich jedoch nicht zugestanden. Die Arbeitnehmervertreter haben Anrecht auf bestimmte wirtschaftliche und finanzielle Daten über das Unternehmen (und einige Daten über herrschende Mutter-Unternehmen). Der Betriebsrat hat ein Vetorecht bei Bestellung des Wirtschaftsprüfers; ansonsten ist er an Unternehmens-Entscheidungen nicht beteiligt.

Die Sozialversicherungsbelastung ist in Belgien sehr hoch (34,14% bei Führungskräften und 41% beim sonstigen Personal, ergänzt um 12,7%, welche die Arbeitnehmer selbst zu tragen haben. Natürlich sind die sozialen Vergünstigungen und der soziale Schutz entsprechend großzügig.

Der Beitritt zum belgischen Sozialversicherungswesen ist obligatorisch, sobald Personal von belgischen Unternehmen angestellt wird (Ausnahmen können sich ergeben aus der EG-Richtlinie 1408/71 oder bilateralen Staatsverträgen).

---

55 Decree of the Flemish Community of July 19, 1973; Royal Decree of July 18, 1966 (Brussels); Decree of the Walloon Community of June 30, 1982.

56 *Claeys, T.,* and *Smedts, P.,* Licenciement et démission 1987.

DDR:

Die Joint-Venture-Verordnung vom 25. 1. 1990

von

Rechtsanwalt Dr. Joachim Lieser M.C.L., Köln[1]

Die DDR erlebt einen historischen Moment des Umbruchs, der zu einer fundamentalen Umgestaltung in allen Lebensbereichen führt. Die Joint-Venture-Verordnung vom 25. Januar 1990 ist noch ein Kind alten planwirtschaftlichen Denkens, welches diesen Umbruch nicht überleben konnte: sie ist mit dem 1. Juli 1990 obsolet geworden. Dennoch sind diverse Joint-Venture-Verträge unter dieser Verordnung genehmigt worden. Im Hinblick auf die genehmigten Verträge, aber auch als Beitrag zur Betrachtung eines historischen Moments deutscher Rechtsgeschichte, erläutert der nachstehende Beitrag von Dr. Lieser die Joint-Venture-Verordnung vom 25. Januar 1990.

---

1 Vgl. den Beitrag des Verfassers im Handelsblatt 3/1990 Nr. 48.

Die Übergangsregierung Modrow hat noch vor ihrem Abgang mit allen Mitteln versucht, das zentralplanwirtschaftliche System der sozialistischen DDR-Staatsordnung durch verschiedene lockernde Gesetzgebungsmaßnahmen zu retten. In diesen Zusammenhang gehört auch die ,,Verordnung über die Gründung und Tätigkeit von Unternehmen mit ausländischer Beteiligung in der DDR" vom 25. Januar 1990 (GBl I Nr. 4 S. 16) samt den vorausgegangenen erforderlichen Verfassungsänderungen vom 12. desselben Monats (GBl I Nr. 4 S. 15). Vor einem Jahr hätte man im Westen die hier sogenannte Joint-Venture-Verordnung, die schon fünf Tage später mit der Veröffentlichung im Gesetzblatt des noch vorhandenen anderen deutschen Staates in Kraft trat, als mutigen Schritt in eine liberalere Zukunft betrachtet. Nach den Ereignissen seit Oktober 1989 sowie den Wahlen zur Volkskammer am 18. März 1990 und den damit einhergegangenen geistigen, politischen, wirtschaftlichen und rechtlichen Umwälzungen im östlichen Teil Deutschlands mutet das Rechtsetzungswerk für gemeinsame Unternehmen von DDR-Betrieben und westlichen Kapitalgebern allerdings wie ein Relikt aus dem Arsenal der bisher praktizierten sozialistischen Zentralplanwirtschaft an.

Joint Ventures wurden im marktwirtschaftlichen Westen entwickelt. Sie sind besonders intensive Formen der Kooperation zweier oder mehrerer Unternehmen in Gestalt einer gemeinsamen, meist als juristische Person organisierten Gesellschaft. Während solchen Gründungen in den freien marktwirtschaftlich orientierten Ländern prinzipiell weder national noch international irgendwelche sich aus den Ordnungsprinzipien ergebende rechtliche Hindernisse entgegenstehen, bereitet es vom System her den sozialistischen Zentralplanwirtschaften mit ihren hoheitlich durchgesetzten Planungen Schwierigkeiten, derartige Zusammenschlüsse zuzulassen. Probleme tauchen immer dann auf, wenn ausländische Partner an einem gemeinsamen Projekt auf sozialistischem Territorium beteiligt werden sollen. Da in den östlichen Staaten der Devisen- und Know-how-Bedarf aus dem Westen seit langem stieg, hat man die hinter den Joint Ventures stehende Idee übernommen und sie so umgestaltet, daß sich solche Unternehmen in eine zentral geplante Wirtschaftsordnung einfügen lassen, ohne die staatliche Planungshoheit durch das Eindringen internationaler Unternehmensinteressen zu stören. In den letzten 20 Jahren sind demgemäß in den sozialistischen Ländern zunehmend gesetzliche Grundlagen für ausländische Investitionen durch Beteiligungen an west-östlichen Gesellschaften geschaffen worden, zuerst in Jugoslawien (1967), später dann in Ungarn, Rumänien, Polen, Vietnam, China, Bulgarien, Kuba, Nordkorea und in der Sowjetunion. Die DDR bildete in den Hoheitsgebieten des dahinschwindenden Sozialismus mehr oder minder das Schlußlicht.

I. Verfassungsrechtliche Grundlagen

Zur Ermöglichung von Beteiligungen ausländischer, insbesondere westlicher Investoren an Joint Ventures in der DDR mußten zunächst *verfassungsrechtlich verankerte Grundprinzipien* des Marxismus-Leninismus relativiert werden. Haupthindernis stellte die auf Zentralplanungen in Gesellschaft und Wirtschaft ausgerichtete starre sozialistische Eigentumsordnung[2] dar. Bekanntlich sind nach 1945 mehr oder minder sämtliche Produktionsmittel — mit wenigen unbedeutenden Ausnahmen — in „sozialistisches Eigentum", vor allem aber in „Volkseigentum", überführt worden. Nach Artikel 12 Absatz 1 Satz 2 DDR-Verfassung 1968/1974 war an den zwingend volkseigenen Gegenständen die Begründung von Privateigentum ausdrücklich ausgeschlossen. Diese Vorschrift wurde im Hinblick auf die Joint-Venture-Verordnung ersetzt durch die Bestimmung, daß Abweichungen von dem obligatorischen Volkseigentum „auf der Grundlage der Gesetze zulässig" ist. Zudem fand es die letzte sozialistische Regierung der DDR opportun, in die — vordem kaum beachtete und respektierte — Verfassung einen Artikel 14 a einzufügen. Nach dessen Absatz 1 wurden Gründungen „von Unternehmen mit ausländischer Beteiligung durch Kombinate, Betriebe, Einrichtungen, Genossenschaften sowie Handwerker, Gewerbetreibende und andere Bürger" für erlaubt erklärt, soweit sie — was für den westlichen Juristen sehr ungewöhnlich ist — gesetzlich vorgesehen sind. In Absatz 2 dieses neuen Verfassungsartikels schließlich hat man angeordnet, daß die „Mitbestimmung der Werktätigen an der Leitung der Unternehmen mit ausländischer Beteiligung ... gewährleistet" sei. Damit wollte man das — marktwirtschaftlich untaugliche — sozialistische Arbeitsrecht auch für die Joint Ventures verfassungsrechtlich erhöht festschreiben.

Ob diese verfassungsrechtliche Verankerung den Joint Ventures ihre Realexistenz sichern wird, bleibt fraglich. Denn von westlicher Sicht aus ist schon zweifelhaft, ob die DDR-Verfassung überhaupt noch über 1990 hinaus Bestand hat. Nach den auf der Freiheit der Einzelperson und ihrem

---

2 Ausführlich *Lieser,* Eigentumsordnung und Immobilienrecht in der DDR, Deutschland Archiv 1990, Heft 2, S. 246–257.

Schutz basierenden Werteordnungen der demokratischen Staaten des Westens erlangt nur legitimiertes, also vom Mehrheitswillen legalisiertes Recht Konsens und damit Geltung. Hinter der DDR-Verfassung 1968/74 steht aber keine solche Legitimationskraft. Entsprechendes gilt für die Verfassungstextänderungen vor dem 18. März 1990. Im übrigen kann man auch der (wohl zutreffenden) Auffassung sein, daß seit dem Oktober 1989 in der DDR eine Revolution stattgefunden hat, durch die − ausnahmsweise gewaltlos − die auf die Errichtung des Sozialismus gerichtete Verfassung des anderen deutschen Staates beseitigt wurde, was dann die freien Wahlen lediglich bestätigt haben.

II. Die Joint-Venture-Verordnung

1. Die Präambel

Konservativ im Sinne des traditionellen Sozialismus zeigt sich die Joint-Venture-Verordnung schon in ihrer Präambel. Zwar heißt es dort zunächst, daß Unternehmen mit ausländischer Beteiligung in der DDR „auf anteilig gebildetem Betriebsvermögen, auf kooperativer Leitung ... und freier Verwendung des Gewinns aus der gemeinschaftlichen Tätigkeit" beruhen. Doch wird dieser Zielsatz merklich relativiert. Denn die Regierung, die noch zugleich auch oberste staatliche Planungszentrale ist, „unterstützt und fördert die Gründung und Tätigkeit" dieser Gesellschaften. Sie − und nicht das Recht − garantiert „auf der Grundlage der Verfassung ... umfassenden Rechtsschutz". Dabei sollen die Unternehmen „im Interesse ihrer Stabilität und wirtschaftlichen Leistungsfähigkeit" nur dann gegründet werden, „wenn sie gegenüber sonstigen im internationalen Wirtschaftsverkehr üblichen Formen der Wirtschaftskooperation eine effektivere Lösung der Aufgaben in den Bereichen der Forschung und Entwicklung, der Produktion, des Absatzes, der Dienst- und Versorgungsleistungen sowie des Umweltschutzes gewährleisten". Die aus dem Sozialismus begründete staatliche Lenkungs- und Leitungshoheit der Regierung über die Volkswirtschaft soll also in der Joint-Venture-Verordnung zementiert werden. Diese ist also kein marktwirtschaftlicher Rechtsetzungsakt.

2. Gründungsregelungen

Auch in den *Gründungsregelungen* setzt sich die zentralplanwirtschaftliche, also sozialistisch-etatistische Tendenz fort. Zunächst wird gesagt, daß die Joint-Ventures ihre wirtschaftliche Tätigkeit ausüben können, „soweit dem nicht gesetzliche Verbote entgegenstehen" (§ 1). Da die DDR 40 Jahre weder Rechtsstaat war noch eine soziale Marktwirtschaft hatte, gibt es dort nach der noch nicht abgelösten sozialistischen Rechtsordnung keine Basis für ein „freies" Unternehmertum. Im übrigen könnten hiermit – den Fortbestand der DDR vorausgesetzt – jederzeit Bestimmungen geschaffen werden, die den Einfluß des Staates auf die Gesellschaften mit westlicher Beteiligung gewährleisten.

3. Genehmigung durch das Wirtschaftskomitee

Auf derselben Linie liegt auch, daß die Gründungen der *Genehmigung* des Wirtschaftskomitees bedürfen, wobei die Entscheidung über den – durch die Beteiligten gemeinsam zu stellenden – Antrag nach Beratung in einer aus Vertretern von Staatsorganen bestehenden und vom Komitee-Vorsitzenden geleiteten Expertenkommission getroffen wird. Die Genehmigungsbefugnis ist durch Rechtsvorschriften delegierbar (§ 8). Hiervon wurde in der 1. DB vom 21. Februar 1990 (GBl I Nr. 11 S. 85) Gebrauch gemacht. Danach ist die Genehmigungsstelle des Wirtschaftskomitees (Leipziger Straße 5–7, Berlin 1080) für die Durchführung des Genehmigungsverfahrens zuständig, soweit es sich um Gründungen von Joint-Ventures mit einem vorgesehenen Umsatz von mehr als 20 Mio. DDR-Mark oder einer geplanten durchschnittlichen Arbeitskräftezahl von mehr als 200 Personen handelt. Ansonsten sind die Genehmigungsstellen der Räte der Bezirke anzurufen, wobei die Entscheidung die Ratsmitglieder für Finanzen treffen. Die Genehmigungsbefugnis kann weiter auf die Ratsmitglieder für Finanzen bei den Räten der Kreise delegiert werden, was jeweils öffentlich bekanntzugeben ist (§ 2 der 1. DB).

4. Das Wirtschaftskomitee

Das *Wirtschaftskomitee* wurde durch Beschluß des Ministerrates über die Gründung eines Wirtschaftskomitees vom 18. Januar 1990 mit Wirkung vom selben Tage ins Leben gerufen (GBl I Nr. 5 S. 24). Es löste als Rechtsnachfolger die zugleich abgeschaffte Plankommission ab, wobei deren Statut (Beschluß des Ministerrates vom 9. August 1973 – GBl I Nr. 41 S. 417) Arbeitsgrundlage blieb. Das Wirtschaftskomitee als Organ des Ministerrates wird von einem Minister als Vorsitzendem geleitet; er kann von Staatssekretären vertreten werden. Ihm gehören auch die Minister für Wirtschaft und Technik, Naturschutz, Umweltschutz und Wasserwirtschaft, der Finanzen und Preise, für Arbeit und Löhne sowie für Außenwirtschaft an. Auch der Leiter der Arbeitsgruppe Wirtschaftsreform ist Mitglied. Insgesamt zeigt sich in dieser Regelung das systemtypische sozialistische Muster, alle ökonomischen Leitungskompetenzen bei der staatlichen Zentrale anzusiedeln. In der sozialmarktwirtschaftlichen Bundesrepublik sind für gewerbliche Betätigungen grundsätzlich keine besonderen Genehmigungen erforderlich, auch wenn alle Gründer aus dem Ausland kommen oder später sämtliche Gesellschaftsanteile von fremden Staatsangehörigen erworben werden.

5. Antragstellung

Dem *Antrag* sind neben den in § 9 aufgezählten Angaben zur gewünschten Rechtsform, zu den Beteiligten, dem Sitz und den vorgesehenen Zweigniederlassungen, dem Gegenstand der Unternehmenstätigkeit, der Höhe des Stamm- oder Grundkapitals und der Beteiligungen, zu der Art der Einlagen sowie deren Wert auch der Entwurf des Gesellschaftsvertrags bzw. der Satzung und vor allem die „technisch-ökonomische Konzeption" für die wirtschaftliche Betätigung sowie die Stellungnahme der Betriebsgewerkschaftsorganisation des Beteiligten aus der DDR beizufügen (§ 10). Über den Antrag ist binnen 3 Monaten nach Zugang zu entscheiden (§ 11 Abs. 3 Satz 1).

Die Antragstellung ist in § 3 der bereits erwähnten 1. DB zur Joint-Venture-Verordnung im einzelnen geregelt worden. Danach soll der Inhalt des Antrages entsprechend dem als Anlage 1 zur 1. DB beigefügten Muster aufgeschlüsselt werden. Für die anzugebende technisch-ökonomische Konzeption des Gemeinschaftsunternehmens enthält die Anlage 2 zur 1. DB die aufzuführenden Punkte.

Für Unternehmen mit jährlichen durchschnittlichen Arbeitskräftezahlen bis zu 50 Personen und einem Umsatz bis 5 Mio. DDR-Mark ist die Genehmigung in vereinfachter Form möglich, wenn weniger als 50% der Waren bzw. Dienstleistungen exportiert werden sollen. Stellen im übrigen VEB oder Kombinate den Antrag auf Gründung eines Joint-Venture-Unternehmens, so haben sie dafür die schriftliche Zustimmung des übergeordneten Staatsorgans vorzulegen. Falls Angaben fehlen oder unvollständig sind, so sind die Antragsteller innerhalb von 4 Wochen darüber zu informieren und um Ergänzung der Angaben zu bitten.

6. Fördernde Bedingungen und Auflagen

Mit der *Genehmigung* können „fördernde Bedingungen ... gewährt" und Auflagen erteilt werden (§ 11). Die Gewährung fördernder Bedingungen kommt dann in Betracht, wenn die unternehmerische Zweckbestimmung in besonderem Maße auf die Entwicklung und Einführung von Verfahren und Erzeugnissen auf hohem wissenschaftlich-technischem Niveau, auf die Verbesserung der Versorgung der Bevölkerung mit modernen Erzeugnissen und Dienstleistungen in hoher Qualität, auf Lieferungen und Leistungen für den Export oder auf einen wirksameren Schutz der Umwelt gerichtet ist (§ 12). Bei den Genehmigungsstellen liegen „Volkswirtschaftliche Orientierungen für bevorzugte Objekte und Zielgebiete für Industriekooperationen mit der BRD und anderen kapitalistischen Ländern" zur Information vor (§ 5 der 1. DB).

7. Versagung der Genehmigung

Die *Versagung der Genehmigung* ist zwingend vorgeschrieben, wenn der Gründung „volkswirtschaftliche oder regionalwirtschaftliche Gründe einschließlich Erfordernisse des Schutzes der Umwelt" entgegenstehen. Dasselbe gilt auch bei „Gefahr einer unverhältnismäßigen wirtschaftlichen Beherrschung des Unternehmens" durch den Ausländer zum Nachteil des Beteiligten aus der DDR und des betreffenden volkswirtschaftlichen Bereichs (§ 13 Abs. 1). Die Versagung der Genehmigung ist zu begründen (§ 11 Abs. 3 Satz 2).

8. Widerruf der Genehmigung

Unter den für eine Versagung geltenden Voraussetzungen oder bei Wegfall der in § 9 genannten Antragserfordernisse (also bei Wechsel der Rechtsform des Joint-Venture-Unternehmens, bei Austausch der Beteiligten, Verlegung von Sitz und Zweigniederlassungen, bei Neuorientierung im Gegenstand der wirtschaftlichen Tätigkeit, der Höhe des Stamm- bzw. Grundkapitals und der Beteiligungsquoten sowie bei Änderungen von Art und Wert der Einlage) ist ein *Widerruf der Genehmigung* möglich. Entsprechendes gilt, wenn später Bedingungen eintreten, die zu einer Versagung der Genehmigung geführt hätten (§ 13 Abs. 2). Auch das Antrags- und Genehmigungsverfahren entspricht dem bisherigen sozialistischen Stil: Maßgeblich sollen die von der Führung definierten gesellschaftlichen Interessen und nicht die freien Entscheidungen freier Unternehmer sein.

Gegen die Versagung der Genehmigung oder ihren Widerruf sowie gegen Auflagen nach § 11 Abs. 2 kann Beschwerde eingelegt werden. Ungewöhnlich dabei ist, daß dieser Rechtsbehelf den Beteiligten nur gemeinsam zusteht. Frist ist 4 Wochen nach Zugang der jeweiligen Entscheidung. Die Beschwerde muß begründet werden. Beschwerdeinstanz ist das Wirtschaftskomitee, das innerhalb von 4 Wochen nach Einlegung zu entscheiden hat. Wird der Beschwerde nicht oder nicht in vollem Umfang stattgegeben, so

ist sie innerhalb der 4-Wochen-Frist dem Vorsitzenden des Wirtschaftskomitees vorzulegen. Davon sind die Beteiligten zu unterrichten. Binnen 3
weiterer Wochen hat dieser sodann endgültig zu entscheiden (§ 35; vgl.
auch § 6 der 1. DB).

9. Gesellschafter

Als *Beteiligte* an Joint Ventures kommen aus der DDR Kombinate, Betriebe, Einrichtungen, Genossenschaften sowie − und das hätte es früher
nicht gegeben − Handwerker, Gewerbetreibende und andere Bürger in Betracht (§ 2). Aus dem Ausland können sich natürliche und juristische Personen sowie Personengesellschaften des Handelsrechts beteiligen. Der ausländische Anteil am Kapital ist auf 20 bis 49% begrenzt. Eine darüber hinausgehende Beteiligung wird nur dann zugelassen, wenn der Unternehmenszweck dies „im volkswirtschaftlichen Interesse" rechtfertigt oder es
sich bei den Beteiligten um (nicht weiter definierte) kleine oder mittlere Betriebe handelt (§ 3). Auch an diesen Bestimmungen wird deutlich, daß mit
der Verordnung keine unternehmerische Freiheit etabliert wird, sondern
die zentralplanwirtschaftliche Methodik beibehalten bleibt. Wie man aber
hört, sollen schon Joint Ventures mit einem über 49% hinausgehenden
Ausländeranteil genehmigt worden sein.

10. Rechtliche Organisationsformen

Organisationsformen für Joint Ventures sind AG, GmbH, OHG oder KG.
Es gelten die (formell in der DDR noch nicht aufgehobenen und später
auch nicht weiterentwickelten) früheren Organisationsbestimmungen, also
Aktiengesetz, GmbH-Gesetz und Handelsgesetzbuch. Die körperschaftlich
gegründeten Gesellschaften sind juristische Personen. Unabhängig davon
erlangen die Joint Ventures Rechtsfähigkeit und treten im Rechtsverkehr
im eigenen Namen auf. Sie können selbst klagen und verklagt werden; im
übrigen haften sie mit ihrem eigenen Vermögen. Eine Haftung des Staates
wird ausdrücklich ausgeschlossen. Insgesamt bestimmen sich Gründung,
Rechtsstatut, wirtschaftliche Tätigkeit und Beendigung der Joint Ventures
nach dem Recht der DDR. Ausdrücklich werden sie einschließlich ihrer
ausländischen Beteiligung unter den „Schutz der Verfassung und der Gesetze" gestellt §§ 4 und 15).

11. Gesellschaftsvertrag bzw. Satzung

Nach § 5 Abs. 4 soll der *Gesellschaftsvertrag* bzw. die *Satzung* auf der Grundlage der genannten Organisationsgesetze „der freien Gestaltung durch die Beteiligten" unterliegen. Freilich wird dies in der nächsten Vorschrift sofort wieder relativiert (§ 6 Abs. 1). Denn zwingend ist im Gesellschaftsvertrag einer GmbH festzulegen, daß mindestens ein Geschäftsführer aus der DDR kommt und daselbst wohnt. Für die Satzung einer AG gilt insofern Ähnliches, als im Vorstand Bürger des anderen deutschen Staates mit dortigem Wohnsitz entsprechend dem (in aller Regel mehrheitlichen) DDR-Anteil vertreten sein müssen.

Hinsichtlich OHG und KG fehlen solche Bestimmungen. Allerdings sind bei allen Rechtsformen in Gesellschaftsvertrag oder Satzung Regelungen vorzusehen, wonach dem Anteilsinhaber aus der DDR ein Vorkaufsrecht eingeräumt wird. Aktien dürfen in der Satzung stets nur als Namensaktien geregelt werden. Gesellschaftsvertrag und Satzung sind bei den körperschaftlich organisierten Joint Ventures (also nicht im Falle von KG und OHG) notariell zu beurkunden (§ 6).

12. Eintragung in das Register

Um aktiv werden zu können, bedürfen die Joint Ventures der *Eintragung* in ein Register. Das Register wird beim staatlichen Vertragsgericht geführt. Zuständig ist das Vertragsgericht des Bezirks, in dem das Joint Venture seinen Sitz hat. Dort werden die rechtlichen Voraussetzungen für die – gebührenpflichtige – Eintragung sowie die Übereinstimmung von Gesellschaftsvertrag oder Satzung mit der Genehmigung geprüft (§ 14).

Die Registrierung ist in der Anordnung über die Führung des Registers der Unternehmen mit ausländischer Beteiligung in der DDR vom 29. Januar 1990 (GBl I Nr. 6 S. 34) geregelt. Danach führen die Bezirksvertragsgerichte die Register getrennt in zwei Abteilungen, und zwar

– für OHG und KG (Register 111) und

– für GmbH und AG (Register 112).

Die Registrierung erfolgt darüber hinaus auch in einer zentralen Kartei beim zentralen Vertragsgericht. Für die Registerführung beim Bezirksvertragsgericht ist ein Vertragsrichter zuständig, der sie dem Beauftragten für Registerführung übertragen kann (§§ 1–3 AO).

Die Anmeldung der Joint Ventures hat schriftlich zu erfolgen. Die Unterschriften der Zeichnungsberechtigten sind in beglaubigter Form einzureichen. Dasselbe gilt für Änderungen und Ergänzungen (§ 4 AO).

Der Vertragsrichter prüft die gesetzlichen Voraussetzungen für die Joint-Venture-Gründung. Bei Ablehnung der Eintragung sind die Gründe schriftlich mitzuteilen. Innerhalb von 2 Wochen nach Kenntniserlangung der Entscheidung kann Beschwerde beim Vorsitzenden des Vertragsgerichts eingelegt werden (§§ 5 und 8 AO).

Jedermann hat das Recht, Einsicht in das Register und in die zentrale Kartei zu nehmen. Auch können beglaubigte Auszüge und Abschriften gefordert werden. Hierzu bedarf es jedoch eines berechtigten Interesses (§§ 6 und 7 AO).

Die für die Registrierung zu zahlenden Gebühren sind in § 9 AO geregelt. Für OHG und KG ermäßigen sich diese auf den halben Betrag. Im übrigen werden vorsätzliche oder fahrlässige Verstöße gegen die Registrierungspflichten mit Ordnungsstrafen zwischen 10–500 DDR-Mark belegt. Die Durchführung des sich nach dem Gesetz zur Bekämpfung von Ordnungswidrigkeiten – OWG – vom 12. Januar 1968 (GBl I Nr. 3 S. 101) richtenden Ordnungsstrafverfahrens obliegt dem Direktor des zuständigen Vertragsgerichts.

13. Eigenkapital

Das *Stamm(Grund-)kapital* muß bei einer GmbH mindestens 150000,– DDR-Mark und bei einer AG wenigstens 750000,– DDR-Mark betragen. Der Einlagenwert hat zumindest den Nennbetrag des Anteils zu erreichen (§ 16). Sowohl Geld- wie Sacheinlagen (bewegliche und unbewegliche Sachen, Nutzungsrechte sowie immaterielle und andere Vermögenswerte) sind zugelassen (§ 17 Abs. 1).

Der Boden kann dabei von den DDR-Beteiligten nicht als Eigentum der Joint Ventures, sondern nur zur Nutzung eingebracht werden, was wiederum ein systemtypisches Kennzeichen der Sozialismus-Ära darstellt, die zu einer ganz starren, Individualeigentum ablehnenden Eigentumsordnung geführt hat [3]. Das Nutzungsrecht ist dabei zum Marktwert den es freilich als Folge jahrzehntelanger Zentralplanwirtschaft nicht gibt – anzusetzen (§ 17 Abs. 2). Bei Einbringung von Gebäuden und baulichen Anlagen entsteht daran – anders als in der Bundesrepublik, aber in Übereinstimmung mit dem DDR-Zivilgesetzbuch – unabhängig vom Grund selbständiges Eigentum. Der Wert von Sacheinlagen wird in jedem Fall im Gesellschaftsvertrag bzw. in der Satzung festgelegt. Für die Bewertung gelten bei GmbH und AG die Vorschriften des Aktiengesetzes (§ 19). Sacheinlagen von ausländischen Anteilseignern sind zollfrei. Werden im übrigen Geldeinlagen

---

3 Lieser, Deutschland Archiv 1990, Heft 2, S. 246–257.

geleistet, so kann der ausländische Partner seinen Betrag nur in Fremdwährung einbringen, während der DDR-Beteiligte ein Wahlrecht hat (§§ 17 Abs. 4, 18).

14. Rechte und Pflichten eines Eigentümers

Joint Ventures haben alle *Rechte und Pflichten eines Eigentümers.* Insoweit üben sie die dem Eigentum innewohnenden Besitz-, Nutzungs- und Verfügungsbefugnisse aus. Es gilt DDR-Recht (§ 15). Auch die Gebäude und baulichen Anlagen, die auf dem durch die DDR-Partner zur Nutzung überlassenen Boden errichtet werden, sind Eigentum der gemeinsamen Gesellschaft (§ 17 Abs. 3).

15. Freistellung von der zentralen Planung

Ausdrücklich wird hervorgehoben, daß die Joint Ventures *nicht der zentralen Planung unterliegen,* sondern ihre rechtlichen und wirtschaftlichen Beziehungen selbständig herstellen. Innerhalb der DDR gilt das (übrigens typisch zentralplanwirtschaftliche) Vertragsgesetz vom 25. März 1982 (GBl I Nr. 14 S. 293). Freilich kann auch — und das ist in gewisser Weise ein Fortschritt — die Anwendung des Gesetzes über internationale Wirtschaftsverträge vom 5. Februar 1976 (GIW = GBl I Nr. 5 S. 61) vereinbart werden (§ 20 Abs. 1 und 2). Hinsichtlich der Aktivitäten mit dem Ausland entscheiden die Joint Ventures über die Form ihrer geschäftlichen Verbindungen. Dabei können sie — freilich nur für die genehmigte wirtschaftliche Tätigkeit und im Rahmen der Ein- und Ausfuhrbestimmungen — die Außenhandelsverträge selbst abschließen oder einen DDR-Außenhandelsbetrieb beauftragen (§ 20 Abs. 3). Diese „Freiheit" in den Geschäftsbeziehungen zum Ausland gelten jedoch nicht für OHG und KG (§ 5 Abs. 3).

16. Preisgestaltung

Die *Preisgestaltung* — so meint man zunächst — obliege den Joint Ventures. Doch heißt es sodann, daß diese „eine markt- und wettbewerbsgerechte Wirtschaftsentwicklung fördern" sollen. Und schließlich wird verordnet: Es gelten die staatlichen Fest- und Höchstpreise. Nur die Preise im Im- und Export sollen die Joint Ventures selbst bestimmen können (§ 21 Abs. 1 und 2). Letzteres ist jedoch den Joint Ventures in Form von OHG und KG versagt (§ 5 Abs. 3). Die Festsetzung der Fest- und Höchstpreise sowohl für Waren wie für Leistungen erfolgt entsprechend den Nomenklaturen in der Anlage zur 2. Durchführungsbestimmung zur Joint-Venture-Verordnung vom 21. Februar 1990 (GBl I S. 87) auf der Grundlage der allgemeinen Preisvorschriften. Zuständig ist das Ministerium der Finanzen und Preise (Leipziger Straße, Berlin 1080). Preissubventionen werden generell nicht gewährt. Ausnahmen sind zulässig (§ 2 der 2. DB).

Sind in den Preisen „produktgebundene Abgaben" — es handelt sich dabei um staatlich meist jeweils gesondert festgelegte Umsatz- und Verbrauchsteuern — enthalten, dann müssen diese an den Staatshaushalt abgeführt werden (§ 21 Abs. 3). Die Höhe des im Preis zu berücksichtigenden Aufschlags ist dem ausländischen Gesellschafter vom DDR-Beteiligten bereits bei den Verhandlungen vor der Joint-Venture-Gründung bekanntzugeben (§ 3 der 2. DB).

Gerade an solchen Regelungen wird wiederum offensichtlich, daß die Verordnung in den alten zentralplanwirtschaftlichen Grenzen verharrt. Denn die Preise werden in der DDR nicht wie bei uns dem Spiel von Angebot und Nachfrage überlassen, sondern sind weitgehend als Fest- und Höchstpreise zentral festgelegt, was für einen westlichen Unternehmer nicht sonderlich attraktiv sein dürfte.

17. Verwendung materieller und finanzieller Mittel

Die *Verwendung der materiellen und finanziellen Mittel* liegt in der Entscheidung der Joint Ventures. Doch ist zwingend eine Rücklage von mindestens 10 % des Stamm- und Grundkapitals zu bilden, was ganz oder teilweise in ausländischer Währung erfolgen kann. Außerdem sind — wie bei den volkseigenen Betrieben — Mittel an den Kultur- und an den Sozialfonds abzuführen, die als Kosten behandelt werden. Entsprechendes gilt für die auf die Summe der Löhne und Gehälter zu erbringenden Abführungen an die „gesellschaftlichen Fonds" (§§ 22 und 33). Auch diese Regelungen lassen erkennen, wie wenig Abstand die Verordnung von dem starren System einer Zentralplanwirtschaft genommen hat.

18. Rechnungslegung und Gewinnverwendung

Hinsichtlich der *Buchführung* wird auf die im anderen Teil Deutschlands geltenden Rechtsvorschriften verwiesen. Ähnlich verhält es sich auch im Bezug auf den *Jahresabschluß,* den *Geschäftsbericht* und den *Kontenrahmen.* Für — nicht näher definierte — „kleinere" Joint Ventures soll ein vereinfachter Jahresabschluß festgelegt werden. Die Jahresabschlüsse sind in DDR-Mark aufzustellen, wobei gesondert Nachweis für die Einnahmen und Ausgaben sowie die Forderungen und Verbindlichkeiten in Devisen zu führen ist. Der *Gewinn* nach Steuern, Abgaben und Zuführungen zur gesetzlichen Rücklage wird entsprechend dem Gesellschaftsvertrag bzw. der Satzung und den Beschlüssen an die Anteilseigner ausgeschüttet oder für die Bildung weiterer Fonds (freie Rücklagen) verwendet (§§ 23 und 24).

Die Vorschriften für die Rechnungsführung und Statistik sind in der 3. Durchführungsbestimmung zur Joint-Venture-Verordnung vom 21. Februar 1990 enthalten (GBl I S. 88). Danach sind die Gemeinschaftsunternehmen verpflichtet, nach der Gründungsgenehmigung und mit Beginn der Geschäftstätigkeit eine Eröffnungsbilanz aufzustellen. Die Mindestanforderungen hierzu sind in der Anlage 1 zur 3. DB geregelt. Ansonsten ist per 31. Dezember eines jeden Kalenderjahres ein Jahresabschluß in Form der Bilanz und einer Gewinn- und Verlustrechnung innerhalb von 3 Monaten aufzustellen. Die Gliederungen von beiden sind in den Anlagen 1 und 2 zur 3. DB als Mindestanforderungen verbindlich vorgeschrieben. In einer Anlage zum Jahresabschluß müssen im Bezug auf die Devisen nachgewiesen werden:

— die Einnahmen und Ausgaben,

— die Forderungen und Verbindlichkeiten sowie

— die Zahlungsmittel, Bankguthaben und Kredite.

Weiterhin sind hier die Abweichungen von geltenden Bewertungsvorschriften bzw. -methoden samt ihren Auswirkungen auf den Gewinn sowie die Umrechnungen in die Mark der DDR anzugeben (§ 1 der 3. DB).

Ebenfalls ist ein *Geschäftsbericht* beizufügen. Hierin sind der Ablauf des Geschäftsjahres und die Lage des Joint-Venture-Unternehmens real darzustellen. Insbesondere wird dabei Wert gelegt auf

— die Auswirkungen der technisch-ökonomischen Konzeption auf die Geschäftstätigkeit,

— den Ablauf und die Effektivität der Investitionsvorhaben,

— Aussagen zur Liquidität,

— die jahresdurchschnittliche Entwicklung der Arbeitskräfte sowie

— die Durchschnittslöhne, aufgegliedert nach Löhnen und Gehältern.

Schließlich ist im Geschäftsbericht näher auf die voraussichtliche Entwicklung des Unternehmens einzugehen (§ 2 der 3. DB).

Für die Erstellung des Jahresabschlusses sind die Geschäftsführungen verantwortlich (§ 1 Abs. 2 der 3. DB). Bilanz, Gewinn- und Verlustrechnung sowie Geschäftsbericht sind dem Registergericht einzureichen. Unternehmen mit mehr als 200 Arbeitnehmern im Jahresdurchschnitt müssen den Jahresabschluß — mit Ausnahme der Angaben über die Devisen — in Gesellschaftsblättern oder in anderer geeigneter Form veröffentlichen (§ 3 der 3. DB).

Abschließend gelten für die Joint Ventures mit einem Umsatz bis zu 5 Mio. DDR-Mark[4] sowie mit höchstens 10 Arbeitskräften[5] Sondervorschriften. Jedoch sind auch hier Angaben über die ausländische Beteiligung sowie die Devisen und die Umrechnungsmethoden zu machen (§ 4 der 3. DB).

19. Devisenrecht

Für eine — sich systembedingt national abschottende — Zentralplanwirtschaft stellen *Devisen* ein besonderes Problem dar. Generell gilt für die Joint Ventures „das Prinzip der Eigenwirtschaftung und Eigenfinanzierung von Devisen". Jedoch ist ein Teil der Fremdwährungserlöse dem Staat zum Kauf anzubieten. Dieser Prozentsatz wird im Genehmigungsverfahren „unter Berücksichtigung der wirtschaftlichen Bedingungen" als Quote von den Deviseneinnahmen festgelegt (§ 25 Abs. 1).

Alle Zahlungsverpflichtungen in Devisen sind aus den Devisenerlösen zu begleichen. Von den verbleibenden Überschüssen in fremden Zahlungsmitteln kann der Ausländer seinen Gewinnanteil frei ins Ausland transferieren. Bei überwiegend im Binnenmarkt tätigen und deshalb nicht über Fremdwährungen verfügenden Joint Ventures kann unter der Voraussetzung der Gewährung „fördernder Bedingungen" im Sinne von § 12 der Ankauf von Devisen für Gewinn- und Lohntransfers, für Kredittilgungen, Zinsleistungen und Zahlungen von Importen durch den Vorsitzenden des Wirtschaftskomitees genehmigt werden.

Dabei besteht die Möglichkeit, Konten in ausländischer Währung bei DDR-Banken zu führen. Konten bei ausländischen Kreditinstituten müssen beim Präsidenten der Staatsbank beantragt werden. Die Aufnahme von Krediten in Fremdwährungen ist sowohl bei inländischen wie ausländischen Banken möglich. Umrechnungs- und Umtauschkurse richten sich nach den für die volkseigene Wirtschaft geltenden Festlegungen (§§ 26 f.).

20. Besteuerung

Die *Besteuerung* der Joint Ventures richtet sich nach dem Steuerrecht der DDR. Hierzu zählen für die steuerliche Bewertung

---

4 Anordnung vom 14. Oktober 1970 über die Einbeziehung der Kommissionshandelsbetriebe sowie der übrigen privaten Betriebe und der selbständig tätigen Bürger in das einheitliche System von Rechnungsführung und Statistik; Sonderdruck Nr. 685 des Gesetzblattes i.d.F. der Anordnung Nr. 2 vom 29. Dezember 1972, GBl I 1973 Nr. 5 S. 68.
5 Buchführungsvorschriften gem. § 11 des Gesetzes vom 16. März 1966 zur Besteuerung der Handwerker, GBl I Nr. 8 S. 71.

— das Einkommensteuergesetz i.d.F. vom 18. September 1970 (Sonderdruck Nr. 670 GBl) und

— das Bewertungsgesetz i.d.F. vom 18. September 1970 (Sonderdruck 674 GBl)

sowie für Abschreibungen

— die AO vom 3. Oktober 1984 über die Abschreibungen der Grundmittel i.d.F. der AO Nr. 2 vom 10. April 1988 und der AO Nr. 3 vom 4. April 1987 (Sonderdruck Nr. 1124, 1124/1 und 1124/2 GBl).

Bei Vorliegen der Voraussetzungen für die Gewährung „fördernder Bedingungen" im Sinne von § 12 kann der „Minister der Finanzen und Preise" Sonderabschreibungen bewilligen. Jährliche Rücklagen bis zu insgesamt 10 % des Grund- bzw. Stammkapitals sind einkommensmindernd abzugsfähig. Verlustvortrag wird über fünf Jahre ermöglicht (§§ 28 und 29). Abzugsfähigkeit von Rücklagen und Verlustvortrag kommen für OHG und KG nicht in Betracht (§ 5 Abs. 3).

21. Arbeits- und Sozialrecht

Für die *Arbeitsverhältnisse* und die *Sozialversicherung* gilt das Recht der DDR einschließlich aller Rahmenkollektiv- und Tarifverträge des jeweiligen Wirtschaftszweigs. Die Entlohnung erfolgt in DDR-Mark. Unterschiedslos zu den volkseigenen Betrieben sind zwingend FDGB- und Mitbestimmungsrechte bei der Leistung der Joint Ventures geregelt. Diese Rechte dürfen nicht vertraglich ausgeschlossen werden. Der Gesellschaftsvertrag bzw. die Satzung ist entsprechend zu gestalten. Bei Rationalisierungen, Strukturveränderungen, Auflösungen und ähnlichen Entscheidungen sind gesetzlich vorgegebene soziale Maßnahmen festzulegen (§§ 31 f.).

Die ausländischen Geschäftsführer und Vorstandsmitglieder erhalten „freie Dienstverträge", wobei die Gehälter gemäß den obigen Devisenregelungen (§ 25) ins Ausland transferiert werden können. Bei Entsendung ausländischer Fachkräfte durch den Ausländer in das Joint-Venture-Unternehmen wird kein Arbeitsrechtsverhältnis begründet (§ 32).

22. Auflösung

Bei Auflösung von Joint Ventures finden die Vorschriften des AktG, GmbHG und des HGB Anwendung. Im Interesse der Erhaltung von Arbeitsplätzen ist einer Gesamtübernahme — durch wen, wird nicht gesagt — der Vorzug einzuräumen. Bei Überschuldung oder Zahlungsunfähigkeit richtet sich die Abwicklung nach der Verordnung über die Gesamtvollstreckung vom 18. Dezember 1975 (GBl I 1976 Nr. 1 S. 5). Kommt es zur Auflösung, so ist der Ausländer berechtigt, seinen Anteil am Liquidationserlös „in dem Umfang ins Ausland zu transferieren, in dem bei der Liquidation Devisen erlöst werden" (§§ 25 Abs. 5, 35).

23. Gerichtsstand

Bei *Rechtsstreitigkeiten* aus dem Gesellschaftsverhältnis ist das Kreisgericht am Sitz des Joint-Venture-Unternehmens zuständig. Die Vereinbarung eines Schiedsgerichts ist möglich, soweit es um vermögensrechtliche Ansprüche geht. Rechtsstreitigkeiten aus Verträgen mit Wirtschaftseinheiten der DDR entscheidet das Staatliche Vertragsgericht. Im übrigen richtet sich die Zuständigkeit bei Beteiligung von Joint Ventures nach dem Recht der DDR (§ 34).

24. Abschließende rechtliche Würdigung

Die *Verordnung ist insgesamt und bis in alle Einzelheiten hinein völlig der bisherigen zentralplanwirtschaftlichen Ordnung verhaftet.* Vor allem fällt negativ auf, daß zur Gründung von Joint Ventures im volkswirtschaftlichen Interesse staatliche Genehmigungen erforderlich sein sollen und Ausländer prinzipiell keine Mehrheitsbeteiligungen besitzen dürfen. Ebenso befremdend ist das Verbot des Erwerbs von Grundeigentum durch die Joint Ventures. Damit wird ihnen die Kreditaufnahme erschwert, weil Grundpfandrechte als Kreditsicherheiten entfallen. Zudem mangelt es an der Möglichkeit zu freier Preisgestaltung. Auch das für die Zentralplanwirtschaft konzipierte Steuer- und Arbeitsrecht der DDR, das ebenfalls für die Joint Ventures maßgeblich sein soll, wird für diese Zusammenschlüsse sehr schnell kontraproduktiv wirken. Entsprechendes gilt für die vorgesehene Anwendung des Vertragsgesetzes im innerstaatlichen Rechtsverkehr und die Zuständigkeit der — als Planungsaufsicht fungierenden — Vertragsgerichte. Alle diese Momente sollten die Joint Ventures fest in das damals noch bestehende System der zentralgeplanten Wirtschaft einfügen, auch wenn es heißt, daß sie den zentral festgelegten und mit hoheitlichen Mitteln durchgesetzten Wirtschaftsplänen nicht unterliegen. Was fehlt, sind die rechtlichen Voraussetzungen für eine marktwirtschaftliche Betätigung freier Unternehmer. Die Verordnung mußte deshalb zukunftslos bleiben.

England:

Rechtsform und Praktiken von Joint Ventures im englischen Rechtskreis

von

Rechtsanwältin und Solicitor Monika Müller (M. A. Cantab.)

Die nachstehenden Ausführungen beziehen sich auf das in England und Wales geltende Recht: für Schottland gelten teilweise andere Regelungen.

Überblick

In England und Wales bieten sich zur Durchführung von Joint Ventures drei rechtliche Gestaltungsmöglichkeiten an, der Kooperations- oder Konsortialvertrag „Cooperation Agreement", die der Gesellschaft des bürgerlichen Rechts ähnliche „Partnership" und die der Gesellschaft mit beschränkter Haftung ähnliche „Private Limited Company".

I. Cooperation Agreement

Das englische Rechtssystem geht von der Vertragsfreiheit der Parteien aus. Die Parteien eines Joint Ventures sind daher grundsätzlich frei, ihre Rechte und Pflichten untereinander festzuschreiben, ohne daß dadurch eine eigene rechtsfähige Person entsteht. Mangels gesetzlicher Grundlagen empfiehlt es sich, die Rechtsverhältnisse der Parteien untereinander detailliert zu regeln, die Voraussetzungen der Zusammenarbeit und Vorkehrungen für ein mögliches Scheitern zu treffen.

Zur Vermeidung einer gegenseitigen Vertretungsbefugnis der Parteien im Außenverhältnis und zum Ausschluß der gesetzlichen Regelungen der Partnership empfiehlt es sich, diese Rechtsfolgen ausdrücklich abzubedingen. Die nachstehende Formulierung vermag zwar die im Einzelfall Dritten gegenüber entstandene Verpflichtung nicht aufzuheben, sie dient jedoch der Verdeutlichung, daß weder „Partnership" noch „Agency" gewollt sind.

„Nothing in this Agreement shall constitute or create or be deemed to constitute or create a partnership or the relationship of principal and agent between the parties."

Gegenstand des Cooperation Agreement können u. a. die Kapitalaufbringung, der Zeitplan, die Kosten, eine eventuelle Nachschußverpflichtung, die Zusammenarbeit und Entscheidungsfindung, Managementaufgaben und deren Überwachung, Berichterstattung, Gewinnverwendung und Abnahmeverpflichtungen sein. Für den Fall des Scheiterns sollte man Konkurrenzklauseln, Geheimhaltungsverpflichtungen sowie interne Haftungsregelungen vereinbaren.

Die Vorteile des Kooperationsvertrages liegen in der Gestaltungsfreiheit, dem Fehlen von Formerfordernissen oder der Notwendigkeit, Bilanzen und Geschäftsergebnisse zu veröffentlichen. Da die Haftung der Partner Dritten gegenüber unbegrenzt ist, wird jedoch für langfristige Joint Ventures die Form der Partnership oder der Joint Venture Company vorgezogen.

II. Partnership

Die Partnership englischen Rechts weist gewisse Ähnlichkeiten mit der deutschen Gesellschaft bürgerlichen Rechts auf. Der Partnership Act 1890 bildet die gesetzliche Grundlage dieser Rechtsform. Danach haften alle Partner gesamtschuldnerisch und unbegrenzt. Eine Besonderheit des englischen Rechts liegt darin, daß die Partnership automatisch als aufgelöst gilt, sobald ein Partner ausgeschlossen wird. Es ist zwischen den verbleibenden Partnern jedoch möglich, eine Neugründung vorzunehmen; damit gilt die Partnership als fortgesetzt. Das Gesetz sieht die Möglichkeit vor, durch Gerichtsbeschluß eine Partnership aufzulösen. Auflösungsgründe, die für ein Joint Venture relevant sein könnten, sind „just and equitable grounds", d. h., wenn es gerecht und mit Treu und Glauben zu vereinbaren ist[1]. Wenn ein Partner sich so verhält, daß sein Verhalten die Ausübung der Geschäfte beeinträchtigen kann, besteht ebenfalls ein Auflösungsgrund[2]. Das Gericht kann auf Antrag der Partnership oder eines Partners allerdings nur die Auflösung anordnen[3] und nicht anderweitig Abhilfe schaffen. Das Gesetz enthält keine Vorschriften darüber, wie die Partner untereinander ihre Rechte und Pflichten verteilen. Es empfiehlt sich daher, ein Partnership Agreement abzuschließen, in dem, ähnlich wie im Cooperation Agreement, das Abstimmungsverhalten, die Entscheidungsfindung, Mehrheiten und Konfliktlösungen enthalten sind.

Das Gesetz sieht Einstimmigkeit für die Aufnahme neuer Partner und bestimmte andere Rechtshandlungen vor, die durch das Partnership Agreement abgeändert werden können. Eine Partnership englischen Rechts ist keine eigene rechtsfähige Person.

Partner einer Partnership können neben natürlichen Personen auch Gesellschaften mit beschränkter Haftung, „Limited Liability Companies", sein. Dadurch wird eine Haftungsbeschränkung erzielt, da theoretisch die Partnership zwar unbegrenzt haftet, jedoch auf das Vermögen der als Partner eintretenden Gesellschaften begrenzt ist. Aufgrund der gesamtschuldnerischen Haftung ist es ratsam, wechselseitig Garantien von den jeweiligen Aktionären zu fordern, falls eine Haftung durch schuldhaftes Verhalten ihrer Gesellschaft entstehen sollte.

Bringen die Beteiligten eines Joint Ventures Gesellschaften mit beschränkter Haftung als Partner ein, ist darauf zu achten, daß es sich um neu gegründete Gesellschaften handelt, die noch keine Verpflichtungen eingegangen sind (s. g. „Clean Companies"). Durch entsprechende Versprechen und Garantien („Representations and Warranties") hinsichtlich der bisherigen Geschäftätigkeit, der Bilanzen und des eingezahlten Kapitals sollte dies sichergestellt werden.

Die Bilanzen und Geschäftsergebnisse einer Partnership bedürfen nicht der Veröffentlichung, im Rahmen der Corporate Partnership müssen jedoch die Bilanzen der beteiligten Gesellschaften als solche veröffentlicht werden.

Die Handhabung der Partnership ist weitaus flexibler als die der nachfolgend aufgeführten Limited Company. Das Gesetz gibt jedoch keine administrative Struktur vor. Wie im Cooperation Agreement sollte daher durch Vereinbarung zwischen den Partnern das Rechtsverhältnis weitgehend ausgestaltet werden, wobei dem keine zwingenden Vorschriften entgegenstehen.

---

1 Section 35 (f) Partnership Act 1890.
2 Section 35 (c) Partnership Act 1890.
3 Section 35 Partnership Act 1890.

III. Limited Liability Company

Die „Private Company Limited by Shares or Guarantee" ist die beliebteste Rechtsform für die Durchführung eines Joint Ventures. Die Parteien des Joint Ventures sind die Aktionäre. Sie tätigen die Geschäfte mittels der mit separater Rechtspersönlichkeit ausgestalteten Gesellschaft.

Seit der Entscheidung in Salomon v. Salomon[4] haben englische Gerichte die separate Rechtspersönlichkeit der Limited Company festgeschrieben. Für ein Joint Venture von Interesse ist die Rechtsprechung zur Holding Company. Allein die Tatsache, daß eine Gesellschaft vollständig im Eigentum einer anderen Gesellschaft steht, reicht danach nicht aus, sie als Vertreterin der Muttergesellschaft anzusehen[5]. Nur bei einer ganz engen Verbindung von Mutter und Tochter und direkten Anweisungen wurde die Tochter als Vertreterin der Mutter angesehen, die deren Geschäfte ausführt[6]. Die strikte Trennung von Aktionären und der Gesellschaft wird als „Schleier der Inkorporierung" („Veil of Incorporation") bezeichnet.

Nur in Ausnahmefällen sind die Gerichte zugunsten der Aktionäre oder der Gesellschaft davon abgewichen[7]. So kam der steuerbefreiende Status als „Trustee" einer Gesellschaft zugute, trotzdem nur die Aktionäre eine solche Treuhänderstellung innehatten. Eine Holding konnte Schadensersatzansprüche aufgrund enteignender Maßnahmen geltend machen, obwohl das Grundstück, auf dem sie ihr Geschäft betrieb, im Eigentum einer Tochtergesellschaft stand.

Eine Durchgriffshaftung auf die Aktionäre wurde ausnahmsweise dann angenommen, wenn die Inkorporierung in betrügerischer Absicht erfolgte oder der Vermeidung von Verbindlichkeiten diente[8]. Aus diesem Grund konnte eine Wettbewerbsabrede nicht dadurch eingegangen werden, daß der ehemalige Vertreter eine Gesellschaft gründete, die die Kunden seines Unternehmers abwarb. Die Gerichte gingen in diesem Fall sowohl gegen die Gesellschaft als auch den Aktionär vor.

Hauptgrund für die Popularität der „Private Limited Company" ist die Haftungsbegrenzung auf das Kapital bzw. die abgegebenen Garantien. Die Gesellschaftsform hat ihre gesetzliche Grundlage im Companies Act 1985. Das englische Recht kennt daneben noch die „Public Limited Company". Der entscheidende Unterschied zwischen der „Private" und „Public Limi-

---

4 (1897) AC 22.
5 Kodak Ltd. v Clarke (1903) 1 KB 505.
6 Smith Stone and Knight Ldt. v Birmingham Corparation (1939) 4 ALL ER 116.
7 DHN Food Distributors Ltd. v Tower Hamlets L. B. C. (1976) 1 WLR 852.
8 So in den Fällen von Betrug: Re Darley (1911) 1 KB 95 und Entziehung von Verpflichtungen: Gilford Motor Co. v Horne (1933) CH 935; Jones v Liman (1962) 1 WLR 832.

ted Company" besteht in der Börsenfähigkeit und dem vorgeschriebenen Mindestkapital der Public Limited Company (PLC)[9].

1. Shareholders Agreement („Joint-Venture Vertrag")

Es empfiehlt sich, die beabsichtigte Rechtsform, Organisation, das Kapital, die Rechte und Pflichten der Aktionäre untereinander, die Übertragung von Aktien, Minderheitenschutz, Auflösungsbestimmungen sowie die Besetzung des Verwaltungsrates („Board of Directors") und weitere Angelegenheiten wie z. B. geschäftspolitische Grundlagen und Wettbewerbsbeschränkungen im Shareholders Agreement (auch „Joint-Venture Vertrag" genannt) festzulegen. Auf der Basis dieser Vereinbarung wird dann die Gesellschaft gegründet, und die Statuten werden entsprechend gestaltet.

Das englische Recht kennt keine Beschränkungen bezüglich des Shareholders Agreement. Stimmrechtbindungsvereinbarungen, die in anderen Rechtsordnungen nicht erlaubt sind, sind nach englischem Recht gültig und binden die Vertragsparteien. Es handelt sich dabei um schuldrechtliche Verpflichtungen, die bei Vertragsbruch Schadensersatzansprüche auslösen[10]. Die Verurteilung zur Vornahme bestimmter Rechtshandlungen kann in England nur unter den eingeschränkten Voraussetzungen der „Specific Performance" erzwungen werden. Nur wenn Schadensersatz kein adäquates Mittel ist, weil z. B. der Vertragsgegenstand einzigartig ist, wird dieser „Equitable Remedy" gewährt. In erster Linie ist dies bei Ansprüchen im Zusammenhang mit Grundstücken von Bedeutung[11].

Wie für alle vertraglichen Vereinbarungen nach englischem Recht ist neben den übereinstimmenden Willenserklärungen der Vertragsparteien noch „Consideration", d. h. ein Leistungs- und Gegenleistungsverhältnis erforderlich[12]. Bei einem Joint-Venture Agreement ergibt sich dies durch die jeweiligen Beiträge der Partner zum Gemeinschaftsunternehmen.

Bei einer Diskrepanz zwischen den Vereinbarungen des Shareholders Agreements und der Durchführung in den Statuten haben letztere Dritten gegenüber den Vorrang[13]. Daneben ist es üblich und zulässig, im Verhältnis der Parteien untereinander zu vereinbaren, daß bei Abweichung der Statuten von den Aktionärsvereinbarungen diese abgeändert und die Stimmrechte entsprechend ausgeübt werden müssen.

---

9 Derzeit beträgt das Mindestkapital £ 50,000.- oder „such other sum as the Secretary of State may by order made by statutory instrument specify instead" (Sec. 118 Companies Act 1985).
10 Addies v Gramophone Co (1909) AC 488.
11 Verrall v Gt. Yarmouth B. C. (1981) Q. B. 202.
12 Hierzu: *P. S. Atiyah*: Contracts, Promises and the Law of Obligations (1989) 91 L. Q. P. 193 ff.
13 Dies folgt aus der „Privity rule". Siehe dazu Tweddle v Atkinson (1861) B & S 393.

Es ist möglich, eine Gesellschaft selbst zu gründen oder eine schon gegründete Gesellschaft, die jedoch bisher aktiv nicht tätig war, eine sogenannte „Shelf Company", zu erwerben.

Die folgenden Unterlagen sind zur Gründung einer Private Company limited by Shares erforderlich:

- Memorandum of Association
- Articles of Association
- Angaben zum Registered Office, den Geschäftsführern (Directors) und des Sekretärs (Secretary)
- Angaben zum Gesellschaftskapital
- Erklärung der Übereinstimmung mit den Companies Acts (Statutory Declaration of Compliance).

Beim Erwerb einer schon bestehenden Gesellschaft sind die vorstehend genannten Dokumente gemäß den Aufgaben der neu zu gründenden Gesellschaft entsprechend abzuändern.

Für eine Handelsgesellschaft („Trading Company") besteht keine Genehmigungspflicht zur Aufnahme des Geschäftsbetriebes. Die Gesellschaft muß ein Siegel mit ihrem Namen führen, den sie auch an den Geschäftsräumen, auf Scheck und Rechnungen zu nennen hat. Das Briefpapier muß zusätzlich den Ort der Registrierung, die Registriernummer, die Anschrift des Registered Office und die Angabe, daß es sich um eine Limited Company handelt, enthalten[14]. Es besteht die Pflicht einer gewissen Buchführung, die „Statutory Books", Verzeichnisse der Aktionäre, Directors, Secretaries und Charges sind zu führen und den Aktionären bzw. der Öffentlichkeit während der Geschäftszeit zugänglich zu machen.

2. Memorandum of Association

Memorandum und Articles of Association sind die grundlegenden Instrumente, durch die ein Joint Venture ausgestaltet wird.

Das Memorandum of Association enthält die wichtigsten Angaben zur Gesellschaft. Der Name, die Lage des Registered Office (ob England oder Schottland) und der Gesellschaftszweck sind zwingend vorgeschrieben. Bei einer Haftungsbegrenzung entweder auf das gezeichnete Kapital oder auf Garantien ist auch die Angabe erforderlich, daß die Haftung der Aktionäre („Members") beschränkt ist[15].

---

14 Sec. 351 Companies Act 1985.
15 Sec. 5 Companies Act 1985.

Die Beträge des Kapitals bzw. der Garantien müssen ebenfalls genannt werden. Dabei ist zu unterscheiden zwischen dem „Authorized Capital", dem „Issued Capital" und dem „Paid-up Capital". Im Memorandum wird das „Authorized Capital" benannt, das die Ermächtigung an das Board of Directors beinhaltet, im Rahmen dieses Kapitals Aktien je nach Finanzbedarf der Gesellschaft auszugeben. Durch Zeichnung wird das „Authorized Capital" dann zum „Issued Capital" und mit Einzahlung zum „Paid-up Capital".

Hinsichtlich des Kapitals gibt es keine Ober- und Untergrenzen für eine Private Company Limited by Shares. Die Mindestanzahl der Aktionäre ist zwei, die Obergrenze liegt bei fünfzig.

Es besteht die Möglichkeit, Sacheinlagen anstelle von Bareinzahlung zu leisten. Dabei darf der Gegenwert den Nominalwert der Aktien nicht unterschreiten. Zur Vermeidung nachträglicher Anfechtung sollten Sacheinlagen zum Zeitpunkt ihrer Hingabe ordnungsgemäß bewertet werden.

Hinsichtlich der Haftungsbegrenzung der Gesellschafter muß im Memorandum of Association ausdrücklich gesagt werden „The Liability of the Members is limited". Die Haftung ist dann auf die Beträge der Aktien oder Garantien begrenzt und mit der Einzahlung abgegolten.

Bei der Namenswahl der Gesellschaft sind die Aktionäre völlig frei, solange keine weitere Gesellschaft gleichen Namens existiert. Der Secretary of State hat allerdings die Möglichkeit, bestimmte Namensgebungen, die er als unerwünscht ansieht, zu unterbinden[16]. Das Wort Limited muß bei Gesellschaften mit begrenzter Haftung als letztes Wort des Namens erscheinen.

Jede Gesellschaft muß ein „Registered Office" haben, d.h. eine Adresse, unter der rechtlich relevante Dokumente zugestellt werden können. Dieses Registered Office muß nicht mit dem Sitz der Gesellschaft identisch sein, es sollte nur sichergestellt sein, daß wirksam unter der Adresse zugestellt werden kann. Das englische Recht folgt nicht der „Sitztheorie", die für deutsche Gesellschaften maßgeblich ist.

Der Gesellschaftszweck spielt im englischen Recht eine entscheidende Rolle. Daher ist der sogenannte „Object's Clause" im Memorandum of Association für die Handlungsfähigkeit einer Gesellschaft und ihrer Organe von entscheidender Bedeutung. Nach der „Ultra Vires"-Theorie ist jedes Handeln der Gesellschaft, das nicht von dem im Object's Clause genannten Gesellschaftszweck gedeckt ist, unwirksam, rechtlich betrachtet nichtig[17]. Es kann nicht nachträglich durch Genehmigung der Gesellschafter wirksam

---

16 Business Names Act 1985.
17 Mit Ausnahme des Schutzes Dritter gemäß Sec. 35 Companies Act 1985.

werden. Daher sind nicht nur die Hauptzwecke der Gesellschaft aufzuführen, sondern auch alle Rechtshandlungen, die zu ihrer Ausübung notwendig sind. Es ist in England und Wales durchaus üblich, einen über mehrere Seiten gehenden Object's Clause zu haben, in dem alle nur denkbaren Aktivitäten und die dazugehörigen Rechtshandlungen aufgeführt werden[18]. Eine gewisse Flexibilität erlaubt die Einbeziehung des sogenannten „Bell Houses Clause"[19], der es der Gesellschaft erlaubt „to carry on any other trade or business whatever which can, in the opinion in the board of directors, be advantageously carried on by, in connection with, or ancillary to, any of the businesses or general businesses of the company"[20]. Durch den subjektiven Bezug zum Board of Directors gibt diese Klausel eine gewisse Flexibilität, falls man diesem Organ einen derartigen Entscheidungsspielraum einräumen will. Neben der Nichtigkeit einer außerhalb des Object's Clauses liegenden Aktivität der Gesellschaft besteht auch die Gefahr, daß die Geschäftsführer („Directors"), die vom Object's Clause nicht gedeckte Geschäfte eingehen, Dritten gegenüber nach den Grundsätzen der Vertretung ohne Vertretungsmacht haften.

Eine nachträgliche Änderung des Memorandum of Association im Hinblick auf den Gesellschaftszweck ist nur noch unter den einschränkenden Voraussetzungen des Section 4 Companies Act 1985 möglich. Die darin aufgeführten Möglichkeiten sind die effizientere oder wirtschaftlichere Geschäftsführung, die Zweckerreichung durch neue oder verbesserte Mittel, die Gebietsausdehnung, um ein Geschäft, das mit dem Gesellschaftszweck in Einklang ist, vorteilhaft zu kombinieren, Aufgabe oder Einschränkung des Gesellschaftszweckes, der Gesamt- oder Teilverkauf des Unternehmens und die Verschmelzung der Gesellschaft mit einer anderen Gesellschaft. Eine qualifizierte Mehrheit der Aktionärsversammlung („Special Resolution") ist für derartige Änderungen erforderlich[21]. Über die zwingend vorgeschriebenen Angaben hinaus können im Memorandum of Association auch Bestimmungen enthalten sein, die sich normalerweise in den Articles of Association finden. Die Aufnahme in das Memorandum mißt einer solchen Bestimmung dann eine höhere Bedeutung bei. Dies kann beispielsweise bei der Schaffung bestimmter Vorzugsaktien der Fall sein. Die Beschränkungen des Section 4 Companies Act 1985 gelten nicht für Bestimmungen im Memorandum of Association, die auch in den Articles enthalten sein können.

---

18 Das englische Recht erlaubt nur Handlungen, zu denen die Statuten ermächtigen. Dies steht im Gegensatz zu anderen Rechtssystemen, in denen die Statuten lediglich die Handlungsfreiheit einschränken.
19 Bell Houses Ltd v City Wall Proporties Ltd. (1966) 2 QB 656.
20 A. a. O. S. 680, 632, 693.
21 Die Mehrheit liegt bei 75% für eine Special und 50% für eine Ordinary Resolution.

3. Articles of Association

Die Articles of Association regeln die internen Belange der Gesellschaft. Sie können von den Aktionären nach Belieben entworfen und geändert werden. Es gibt eine Standardform der Articles in „Table A" des Companies Act 1985. In 118 Paragraphen sind dort die „Regulations for Management of a Company Limited by Shares" niedergelegt. Bei Neugründung einer Gesellschaft ist es möglich, diese Table A mit oder ohne Modifikationen zugrunde zu legen oder maßgeschneidert auf die Gesellschaft entsprechende Vorschriften selbst zu formulieren.

Rechtlich betrachtet stellen die Articles einen Vertrag der Aktionäre untereinander dar, der nach Registrierung der Gesellschaft die Gesellschaft selbst und die Aktionäre so bindet, als ob sie sich vertraglich verpflichtet hätten, alle darin enthaltenen Bestimmungen auszuführen[22]. Die Bindungswirkung besteht nur im Verhältnis Aktionär zu Aktionär und nicht gegenüber der Gesellschaft. Dritte können zwar keine Rechte aus den Articles gegenüber den Aktionären herleiten, im Verhältnis zur Gesellschaft ist es ihnen jedoch möglich, sich auf die Articles zu berufen[23].

In den Articles sollten sich die Besonderheiten des Joint Ventures widerspiegeln. Die nachfolgenden Ausführungen bieten Anregungen, wie die Articles eines Joint-Venture-Unternehmens gestaltet werden können, erheben jedoch keinen Anspruch auf Vollständigkeit.

a) Aktiengattungen und Mehrheitsverhältnisse

Um den verschiedenen Interessen der am Joint Venture Beteiligten gerecht zu werden, ist es empfehlenswert, verschiedene Aktiengattungen – „Classes" genannt – auszugeben. Die Bevorzugung oder Benachteiligung der Aktionäre kann beliebige Rechte betreffen. Die Aktien können z. B. mit Mehrfachstimmrechten ausgestattet und bevorzugt am Gewinn der Gesellschaft beteiligt werden.

Es besteht weiterhin die Möglichkeit, nur für bestimmte Entscheidungen die Stimmrechte einiger Aktiengattungen um ein Vielfaches zu erhöhen. Falls beispielsweise ein Aktionär einen Geschäftsführer ernannt hat und die Absetzung oder Ernennung dieses Directors ansteht, kann dieser Aktionär die zehnfache Stimmenmehrheit seiner Aktien für diese Abstimmung in den Articles festschreiben lassen[24].

Die Erhöhung der Stimmenzahl oder die Einräumung eines Stimmrechtes für bestimmte Gattungen von Aktien kann auch an den Eintritt anderer Ereignisse gebunden sein. So ist es vorstellbar, bei Ausbleiben festgelegter

---

22 Section 4 Companies Act 1985.
23 Hickman v Kent or Rommey Marsh Sheep – Breeders Association (1915) 1 CH 881.
24 Bushell v Faith (1970) A. C. 1099.

Vorzugsdividenden den vorher stimmrechtslosen Aktien ein einfaches oder mehrfaches Stimmrecht einzuräumen und ihnen damit Gewicht in der Aktionärsversammlung zu verschaffen.

Wieviele Gattungen von Aktien geschaffen werden, bleibt den Aktionären überlassen. Bei nachträglicher Änderung der den Gattungen eingeräumten Rechte oder „Class Rights" sind gesetzliche Einschränkungen zu beachten. Die Rechte, die mit bestimmten Gattungen von Aktien verbunden sind, können nachträglich nur geändert werden, wenn die Inhaber sämtlicher Aktien einer Gattung zustimmen oder schon in den Articles vorgesehen ist, daß eine bestimmte Mehrheit diese Rechte abändern kann. Im letztgenannten Fall ist es gesetzlich zwingend vorgeschrieben, daß sich die Aktionäre einer Gattung gegen die Veränderung ihrer Rechte wehren können, falls darin eine Schlechterstellung liegt[25]. Es müssen dabei mindestens 15% der Aktionäre einer Gattung das Gericht um eine Entscheidung anrufen.

Das Gesetz sieht bei einer Private Limited Company eine Sperrminorität für bestimmte grundlegende Entscheidungen („Special Resolutions") von 25,1% vor[26]. Dieser Prozentsatz kann jedoch durch die Articles of Association beliebig abgeändert und dem Kräfteverhältnis des Joint Ventures angepaßt werden. Die Mindestbeteiligung und Abstimmungsmehrheit bei Sitzungen des Board of Directors sollte nach den gleichen Grundsätzen in den Articles festgelegt werden. Bestimmte geschäftspolitische Entscheidungen in einem Joint Venture sollten sowohl in der Aktionärsversammlung („Shareholder Meeting") als auch in den Sitzungen des Board of Directors, also der Geschäftsführung, nur einstimmig erfolgen. Ein entsprechender Katalog kann in den Articles und/oder im Shareholders Agreement enthalten sein. Kapitalerhöhungen, Aktienstruktur, Veräußerung von Vermögenswerten über einen bestimmten vorher benannten Wert hinaus, Aufnahme von Darlehen ab einer bestimmten Höhe, Veränderungen der Geschäftätigkeit, Ernennung oder Absetzung bestimmter Personen in Schlüsselfunktionen sowie das Eingehen von Verträgen über einen bestimmten Zeitraum oder einen bestimmen Wert hinaus sind Beispiele dafür.

Bei nachträglicher Änderung der Articles ist der Grundsatz zu beachten, daß kein „Fraud on the Minority" wörtlich „Betrug an der Minderheit" begangen wird. Eine Special Resolution, die die Mehrheitsverhältnisse wirksam ändert, kann dann vom Gericht aufgehoben werden, wenn die Mehrheit der Aktionäre nicht „Bona Fide in the Interest of the Company as Whole" gehandelt hat[27]. Die Änderung der Articles muß also im Inter-

---

25 Section 127 Companies Act 1985.
26 Section 378 Companies Act 1975.
27 Allen v Gold Reefs of West Africa (1900) 1 CH 656, siehe auch Boyle and Birds company law, Bristol (Jordans) 1983 Kapitel 2.24–2.27.

esse der Gesellschaft als solcher erfolgen und nicht im alleinigen Interesse der Aktionäre liegen.

b) Dividenden und Management

Die Gewinnverteilung und Dividendenpolitik sind Themen, die, um Streitigkeiten zu vermeiden, in den Articles niedergelegt werden sollten. Aktien können mit Vorzugsdividenden ausgestattet werden, mit einfachem oder ohne Stimmrecht bzw. mit Mehrstimmrecht. Auf diese Weise können die Beiträge der Joint-Venture-Betreiber evaluiert und die Gewinne entsprechend abgeführt werden.

Dividenden dürfen nur aus Überschüssen („Profits") gezahlt werden, wobei die Berechnung gemäß Section 263 ff. Companies Act 1985 unter Bezug auf die Bilanz und Gewinn- und Verlustrechnung erfolgt. Die Schaffung von bestimmten Rücklagen („Reserves") bedarf der Niederlegung in den Articles ebenso wie die Einräumung von Bezugsrechten bei Kapitalerhöhungen („Bonus Shares").

Das Management einer Private Limited Company bildet der Verwaltungsrat („Board of Directors"). Ein dem deutschen Aufsichtsrat vergleichbares Gremium existiert nicht. Das Alltagsgeschäft wird in der Regel durch die „Managing Directors", d. h. die geschäftsführenden Verwaltungsratsmitglieder, abgewickelt. Die Directors können auch „Manager" ernennen und auf sie gewisse Funktionen übertragen. Die Ernennung der Manager und Managing Directors sowie deren Absetzung durch bestimmte Joint-Venture-Partner sollte in den Articles festgelegt werden. Damit kann der Einfluß auf bestimmte Geschäftsbereiche und deren Überwachung sichergestellt werden. Die Abstimmung im Board of Directors erfolgt normalerweise mit einfacher Stimmenmehrheit. Es empfiehlt sich, eine zusätzliche Stimme, die sogenannte „Casting Vote", dem Vorsitzenden („Chairman") bei einer Stimmengleichheit („Deadlock") einzuräumen.

Die Vertretungsbefugnis nach außen durch Manager und Directors bedarf der Festschreibung in den Articles, wobei Gesamt- und Einzelvertretung sowie die Ermächtigung für bestimmte Arten von Geschäften zur Wahl stehen.

Die Articles bieten weiterhin die Möglichkeit, den Entscheidungsspielraum der Directors festzulegen und einzugrenzen, um so den Einfluß der Joint-Venture-Partner sicherzustellen[28]. Vorkehrung sollte auch für den Fall getroffen werden, daß einer der Aktionäre vor Abschluß des Joint Venture ausscheidet. Um eine unerwünschte Machtverschiebung zu vermeiden, sollte ein Aktionär in einem solchen Fall nur seine gesamten Aktien verkaufen können. Den übrigen Aktionären können Vorkaufsrechte einge-

---

28 Table A Art 70, 71, 85, 90–97 (übliche Rechte der Directors).

räumt werden („Pre-Emptive-Rights"). Die Kaufpreisbestimmung für den Fall der vorzeitigen Veräußerung kann schon im voraus in die Articles aufgenommen werden.

c) Stimmengleichheit und Minderheitsschutz

Für den Fall, daß sich die Aktionäre durch gleiche Stimmrechte gegenseitig blockieren oder keine Einstimmigkeit für bestimmte Entscheidungen erzielt werden kann, sieht Section 517 des Companies Act 1985 vor, daß das Gericht die Gesellschaft liquidieren kann. Dies wird es nur dann tun, wenn die Auflösung „just and equitable" ist. Dieser Rechtsbegriff ist im Fall „Re Westbourne Galleries"[29] dahingehend ausgelegt worden, daß das gegenseitige Vertrauen, mit dem die Parteien die Gesellschaft gegründet haben, nicht mehr vorhanden ist. Die Situation, in der ein Aktionär durch andere Aktionäre vom Management ausgeschlossen wird, er seine Aktien jedoch nicht angemessen plazieren oder anderswo investieren kann, wird auch als Auflösungsgrund angesehen. Insofern bietet Section 517 einen gewissen Minderheitsschutz.

Daneben gibt Section 459 des Companies Act 1985 jedem Aktionär der Gesellschaft die Möglichkeit, das Gericht anzurufen, falls „the affairs of the company are being conducted or have been conducted in a manner which is unfairly prejudicial to the interest of some part of the members (including at least himself), or that any actual or proposed act or ommission of the company (including an act or an ommission on its behalf) is or would be so prejudicial".

Die Vergabe von Aktien zu einseitig begünstigenden Konditionen, die überhöhte Bezahlung bestimmter Directors mit der Folge einer geringeren Dividende wurden beispielsweise als „unfair prejudicial conduct" im Sinne dieser Vorschrift angesehen[30].

Das Fallrecht zu dieser Vorschrift zeigt auch, wie flexibel die Gerichte in der Anordnung der Rechtsfolgen zu dieser Vorschrift sind. Sie haben beispielsweise das zukünftige Geschäftsgebaren der Gesellschaft vorgeschrieben, den Zwangskauf durch andere Aktionäre angeordnet und eine Kapitalreduzierung angeregt, wobei die Aktien des ausscheidenden Aktionärs von der Gesellschaft selbst aufgekauft wurden[30].

Section 459 des Companies Act 1985 kann nicht durch die Articles abbedungen oder abgeändert werden. Für die Partner eines Joint Ventures bietet er die Möglichkeit, in Konfliktsituationen die Gerichte anzurufen, falls ein Aktionär zum Nachteil der Gesellschaft seine Vorrangstellung auszunutzen versucht.

---

29 (1937) AC 360.
30 Boyle and Birds, Kapitel 21.13.

Dies alles sind gesetzliche Ausnahmen zu der Regel in „Foss v. Harbottle"[31], die besagt, daß die Minderheitsaktionäre kein Klagerecht haben, falls die internen Angelegenheiten der Gesellschaft nicht ordnungsgemäß durch die Mehrheit der Aktionäre geführt und der Gesellschaft damit Schaden zugefügt wird. Daneben gibt es weitere Ausnahmen zu dieser Regel, die fallrechtlicher Natur sind[32] und für ein Joint Venture eine untergeordnete Bedeutung haben.

Ein „Derivative Suit", d. h. die Verfolgung von Rechten der Gesellschaft durch die Aktionäre, ist im englischen Recht möglich[33] und sichert die Durchsetzung derartiger Rechte.

d) Rechte und Pflichten der Directors

Wie unter III 3 b) ausgeführt, werden die Geschäfte der Gesellschaft durch die Directors auf Anweisung der Aktionäre durchgeführt. Der Begriff Director ist gesetzlich nicht präzise definiert, darunter fallen Personen, die die Position eines Directors bekleiden[34] und diejenigen, auf deren Anweisungen die Directors handeln[35]. Juristische Personen können die Position eines Directors innehaben, daher sind die Partner eines Joint Venture möglicherweise Director oder „Shadow Director". Sie unterliegen dann den nachfolgenden Verpflichtungen.

Im alltäglichen Geschäftsleben müssen Directors ehrlich und mit guter Absicht für die Gesellschaft handeln und nach subjektivem Können den Interessen der Gesellschaft dienen. Die Interessen der Gesellschaft werden hierbei als Interessen der gegenwärtigen und zukünftigen Aktionäre definiert[36]. Daneben müssen die Belange der Arbeitnehmer insgesamt in Betracht gezogen werden[37]. Directors werden als Treuhänder („Trustee") der Vermögensgegenstände der Gesellschaft angesehen[38]. Zu den Vermögensgegenständen gehört auch die Möglichkeit eines Geschäftsabschlusses. Im Fall Cook v. Deeks[39] schlossen drei Directors persönlich einen Vertrag, der ihnen allein aufgrund ihrer Directorstellung angeboten worden war. Die Gesellschaft hätte von diesem Vertragsabschluß profitiert. Die Directors mußten die verlangten Profite an die Gesellschaft herausgeben, obwohl sie versucht hatten, in ihrer Eigenschaft als Aktionär ihre Entscheidung als Director nachträglich zu genehmigen. Werden an ein Joint Ven-

---

31 (1943) 2 HA RE 461.
32 Siehe *Gore-Brown* on Companies, Loseblattsammlung Bristol (Jordans) Para 28.3–5.
33 Wallersteiner v Moir (No. 2) (1975) QB 373.
34 Section 741 Companies Act 1985.
35 Sog. Shadow Directors.
36 Hutton v West York Ry Co (1883) 23 CHD 654.
37 Section 309 Companies Act 1985.
38 Selangor United Rubber Estates Ltd. v Cradock (No. 3) (1968) 1 WLR 1555, 1575–76.
39 (1916) AC 554.

ture Vertragsangebote gerichtet, ist Vorsicht geboten, diese an die Muttergesellschaften weiterzugeben, falls die Joint-Venture-Gesellschaft davon profitieren kann. Es besteht daneben die subjektive Verpflichtung[40], das jeweilige Können und Wissen der Gesellschaft zur Verfügung zu stellen. Ein Director ist jedoch nicht verpflichtet, sich laufend um die Geschäfte der Gesellschaft zu kümmern[41].

Neben diesen Alltagspflichten sind die Treuepflichten gegenüber der Gesellschaft von gesteigerter Bedeutung. Grundsätzlich existiert keine Treuepflicht gegenüber den Aktionären[41]. Nicht die Interessen der Joint-Venture-Partner als Aktionäre sollten daher Beachtung finden, sondern die der Joint-Venture-Gesellschaft. Es besteht sonst die Gefahr der Verletzung dieser Treuepflicht. In einem Fall, in dem die Interessen einer ganzen Unternehmensgruppe von den Directors in Betracht gezogen wurden, wurde dies nicht als Verletzung der Treuepflichten angesehen, solange eine „intelligente und ehrliche Person in der Position des Directors eine solche Transaktion als im Interesse seiner Gesellschaft angesehen hätte[42]. Falls die Joint-Venture-Partner den Directors konkrete Anweisungen geben, sollten diese immer auch im Interesse der Joint-Venture-Gesellschaft sein. Vorsicht ist insbesondere geboten bei der Ausgabe[43] oder Übertragung[44] von Aktien, der Ernennung oder Absetzung von Direcors[45] und der Verbürgung für Schulden der Mutter- oder einer Schwestergesellschaft[46].

Ein Interessenkonflikt zwischen den Interessen der Gesellschaft und den Interessen der Directors ist zu vermeiden; eine gesetzliche Wettbewerbsbeschränkung besteht nicht. Es ist erlaubt, glcichzeitig als Director für mehrere Gesellschaften tätig zu sein. Die Grenze wird allerdings dort gezogen, wo der Director in einen Interessenkonflikt gerät, der zur Verletzung seiner Pflichten gegenüber einer Gesellschaft führt[47]. Die „Aushungerung"[48] einer Tochtergesellschaft auf Anweisung der Muttergesellschaft durch einen Director wurde als dessen Pflichtverletzung mittels Untätigkeit angesehen. Solange dem von der Muttergesellschaft ernannten Director noch ein Ermessensspielraum eingeräumt wird oder die Gesellschaft durch Aktionärsbeschluß die Anweisungen der Mutter ratifiziert, können die Interessen der Joint-Venture-Partner im Board der Tochtergesellschaft durchgesetzt werden[49].

---

40 Re Denham & Co (1883) 25 CHD 752.
41 Re City Equitable Fire Insurance Co Ltd. (1925) CH 407.
42 Charterbridge Corporation v Lloyds Bank Ltd. (1970) CH 62, 74.
43 Mutual Life Insurance Co of New York v The Rank Organisation Ltd. (1985) BCLC 11.
44 Re Smith v Fawcett Ltd (1942) CH 304.
45 Lee v Chon Wen Hsien (1984) 1 WLR 1202.
46 Siehe FN. 42.
47 Re Englefield Colliery Co. (1878) 8 CHD 388.
48 Scottish Co-operative Wholesale Soc. Ltd. v Meyer (1959) AC 324.
49 Kregor v Hollins (1913) 109 LT 225, 231.

Der Insolvency Act 1986 hat die Haftung der Directors im Falle einer Insolvenz drastisch erhöht. Directors haften nach dem Ermessen des Gerichtes unbeschränkt für Forderungen der Gesellschaft, falls sie zu einem bestimmten Zeitpunkt wußten oder wissen mußten, daß die Gesellschaft ihre Verpflichtungen nicht erfüllen kann und sie trotzdem die Geschäfte weitergeführt haben. Strafrechtliche Sanktionen und Berufsverbote[50] können parallel dazu verhängt werden. Diese Haftung trifft alle Directors, es kommt allein auf das Wissen um die Vermögensangelegenheiten der Gesellschaft an. Vorsicht ist daher bei Liquiditätsproblemen auch für die Joint-Venture-Partner geboten.

e) Secretary und Auditors

Jede Private Limited Company muß über einen sogenannten „Company Secretary" verfügen, der Niederschriften über die Aktionärs- und Verwaltungsratsitzungen anfertigt und für die Dokumente zuständig ist, die beim Registrar of Companies eingereicht werden. Jede Gesellschaft hat bei der Jahreshauptversammlung Wirtschaftsprüfer („Auditors") zu ernennen, die bis zur nächsten Hauptversammlung amtieren und zur Rechnungs- oder Bilanzprüfung der Gesellschaft verpflichtet sind.

Jährlich muß der sogenannte „Annual Return" in Companies Register veröffentlicht werden, der die aktuellen Angaben über das Gesellschaftskapital, die Belastungen der Gesellschaft, die Aktionäre, die Directors und Secretaries enthält. Die jeweilige Bilanz und Gewinn- und Verlustrechnung ist ebenfalls dort zu veröffentlichen.

Das Companies Register wird zentral geführt[52], Auszüge sind im Wege einer „Company Search" jedem zugänglich. Die Angaben genießen jedoch keinen öffentlichen Glauben.

f) Debentures und Charges

Als Private Limited Company hat die Gesellschaft die Möglichkeit, neben Aktien auch Debentures zu vergeben. Dies sind Zahlungsversprechungen unter dem Siegel der Gesellschaft, die sich darin verpflichtet, einen bestimmten Betrag plus Zinsen zu zahlen, mit oder ohne Absicherung durch das Vermögen der Gesellschaft.

Als Sicherungsmittel existieren „Mortgage", „Fixed Charge" und „Floating Charges". Grundstücke werden mit einer Hypothek („Mortgage") und größere Maschinen mit einer dem besitzlosen Pfandrecht ähnlichen „Fixed Charge" belastet. Die „Floating Charge" umfaßt das sonstige Vermögen

---

50 Directors Disqualification Act 1986.
51 Also auch shadow directors (siehe FN 35).
52 Derzeit in Cardiff.

einer Gesellschaft. Anders als bei der deutschen Sicherungsübereignung hat die Gesellschaft das Recht, über ihre Vermögensgegenstände frei zu verfügen, bis die in der Floating Charge genannten Voraussetzungen der Charge wirksam werden. Die Vollstreckung erfolgt durch einen „Administrative Receiver". Er hat das Recht, die von der „Floating Charge" umfaßten Vermögensgegenstände zu veräußern und den Erlös an den gesicherten Gläubiger auszukehren.

g) Liquidation

Eine freiwillige Liquidation („Volontary Winding-up") wird durch Aktionärsbeschluß herbeigeführt. Daneben gibt es die erzwungene oder „Compulsury Winding-up Order" durch das Gericht. Diese wird z. B. angeordnet, wenn die Anzahl der Aktionäre weniger als zwei beträgt, die Gesellschaft ein Jahr nach Gründung ihre Geschäfte nicht aufnimmt bzw. sie für ein ganzes Jahr suspendiert, die jährlichen Berichte nicht dem Registrar eingereicht werden oder die Gesellschaft nicht in der Lage ist, ihre Schulden zu zahlen. Diese Auflistung zeigt, daß es für alle Beteiligten des Joint Ventures wichtig ist, die Einhaltung der gesetzlichen Vorschriften sicherzustellen. Der Verlust des Grundkapitals ist nach englischem Recht kein zwingender Grund für die Auflösung der Gesellschaft.

Zusammenfassung

Neben der begrenzten Haftung liegt der Vorteil der Private Limited Company für ein Joint Venture darin, daß sie eine separate, von ihren Aktionären verschiedene Rechtspersönlichkeit hat und durch die vorgegebene Struktur bestimmte Bereiche nicht neu definiert werden müssen. Zwingende Vorschriften und der Minderheitsschutz geben dem finanziell nicht so starken Partner die Möglichkeit, seinen Einfluß auf das Unternehmen geltend zu machen. Verbunden mit der Publizitätspflicht kann dies für Joint-Venture-Partner Beweggrund sein, die Rechtsformen der Partnership oder des Kooperationsvertrages vorzuziehen.

Frankreich:

Joint Ventures in Frankreich

von

Rechtsanwalt Manfred Strauch, Köln/Paris

Einleitung

Neben der klaren Definition des wirtschaftlichen Zweckes des Joint Venture sind die Spielregeln und der gesellschaftsrechtliche Rahmen, in dem die gemeinsamen Bemühungen stattfinden sollen, die wichtigste Frage. Weder das französische Vertragsrecht noch das französische Gesellschaftsrecht enthalten besondere Bestimmungen über das Joint Venture.

Die nachfolgende Darstellung der verschiedenen Möglichkeiten soll es ermöglichen, in jedem Fall die optimale Form der Gesellschaft für das Joint Venture zu ermitteln.

I. Rechtsformen von Gesellschaften

1. La Société en nom collectif (SNC) offene Handelsgesellschaft

Diese Gesellschaftsform kann in Fällen als Zwischenlösung angenommen werden, wenn sie absolut personenbezogen im Hinblick auf die Persönlichkeit der verschiedenen Gesellschafter gegründet wird, da die Geschäftsanteile nicht übertragbar und nicht abtretbar sind, außer mit der Genehmigung aller Gesellschafter.

Die Gesellschaft muß von mindestens zwei Gesellschaftern gegründet werden. Das Gesetz sieht kein Mindestkapital vor. Die Satzung bedarf der Schriftform. Im grenzüberschreitenden Investment ist die notarielle Form zu empfehlen, auch wenn sie nicht zwingend vorgesehen ist.

Die Satzung wird veröffentlicht (amtliches Veröffentlichungsblatt, Hinterlegung bei der Geschäftsstelle des Handelsgerichts, Handelsregistereintragung, Bekanntmachung in B. O. D. A. C. C.)[1].

Die Gesellschafter haben große Freiheit bei der Ernennung der Geschäftsführer. Diese können entweder durch Satzung, aber auch später bestellt werden, müssen aber nicht Gesellschafter sein. Es können ein oder mehrere Geschäftsführer bestellt werden. Falls in der Satzung nichts anderes vorgesehen ist, sind alle Gesellschafter automatisch auch Geschäftsführer.

Die Satzung der Gesellschaft kann Befugnisse der Geschäftsführer einschränken, mit Wirkung Dritten gegenüber jedoch nur, wenn diese davon Kenntnis hatten. Auch eine juristische Person kann Geschäftsführer sein.

Die Bedingungen der Abberufung eines Geschäftsführers sind unterschiedlich, je nachdem, ob der Geschäftsführer auch Gesellschafter ist und ob er in der Satzung bestellt worden ist. Wenn alle Gesellschafter Geschäftsführer sind, kann einer nur durch eine einstimmige Entscheidung der anderen Gesellschafter abberufen werden. Im Prinzip ist damit auch die Gesellschaft aufgelöst, wenn sie nicht durch eine Klausel der Satzung oder durch eine einstimmige Entscheidung der Gesellschafter, die gleichzeitig mit der über die Abberufung getroffen wird, ausgeschlossen ist[2]. Diese Regeln sind auch anwendbar, wenn ein bestimmter Gesellschafter Geschäftsführer ist und in der Satzung bestellt worden ist. Die Entscheidung wird durch alle

---

1 B. O. D. A. C. C.: Bulletin officiel des annonces civiles et commerciales.
2 Artikel L 18 al. 1 des Gesetzes vom 24. Juli 1966.

Gesellschafter getroffen, auch durch diejenigen, die gleichzeitig Geschäftsführer sind. In diesen beiden Fällen kann der abberufene Geschäftsführer sich auch aus der Gesellschaft zurückziehen und die Zurückzahlung seiner Anteile fordern.

Der Geschäftsführer, der auch Gesellschafter ist und nicht in der Satzung bestellt worden ist, kann nur gemäß den Bestimmungen der Satzung oder mangels solcher Bestimmungen durch eine einstimmige Entscheidung der anderen Gesellschafter abberufen werden. Diese Abberufung bedeutet keine Auflösung der Gesellschaft und gibt dem abberufenen Geschäftsführer kein Recht, sich aus der Gesellschaft zurückzuziehen.

Die Abberufung des Geschäftsführers, der nicht Gesellschafter ist, kann, sofern die Satzung nichts anderes vorsieht, mit einfacher Mehrheit erfolgen.

Steuerlich gesehen kann diese Form von Gesellschaft interessant sein, da jedem Gesellschafter direkt die Gewinne als sein eigenes Einkommen zufließen. Dabei sind jedoch die jeweiligen Doppelbesteuerungsabkommen genau zu prüfen.

Der große Nachteil der Gesellschaftsform der S. N. C. für ein Joint-Venture-Unternehmen besteht in der unbeschränkten Haftung der Gesellschafter als Gesamtschuldner[3]. Sie erscheint daher nur praktikabel, wenn absolutes Vertrauen zwischen den Partnern herrscht. Bei unterschiedlichen Auffassungen der Gesellschafter besteht immer die Gefahr der Blockierung.

2. La Société en commandite simple et par actions (Kommanditgesellschaft und Kommanditaktiengesellschaft)

Diese Gesellschaftsform entspricht nur ganz selten den Anforderungen eines Gemeinschaftsunternehmens. Der Nachteil der gesamtschuldnerischen Haftung ist zwar nicht gegeben. Die Kommanditisten, die nur bis zur Höhe ihrer Einlagen haften, dürfen jedoch weder als Geschäftsführer tätig werden noch die Gesellschaft vertreten. Das Recht steht nur den Komplementären zu, die unbeschränkt persönlich haften.

Auch diese Gesellschaft muß mindestens zwei Gründungsgesellschafter haben. Das Gesetz fordert kein Mindestkapital. Die Bekanntmachungen sind die gleichen wie bei einer S. N. C.

Die Bestimmungen über die Ernennung, Abberufung sowie die Befugnisse der oder des Geschäftsführers sind die gleichen wie bei der S. N. C.

---

3 Artikel L 10 al. 1 des Gesetzes des 24. Juli 1966.

Neben den üblichen Auflösungsgründen der Gesellschaft (Ende der Dauer der Gesellschaft, Erlöschen des Gesellschaftszweckes, Gesellschafterentscheidung usw.) wird die Gesellschaft, falls die Satzung nichts anderes vorsieht, durch den Tod oder den Konkurs des oder der Komplementäre aufgelöst. Diesen Nachteil kann man vermeiden, wenn als geschäftsführender Komplementär eine juristische Person bestellt wird (ähnlich der deutschen GmbH & Co KG). Die Höhe des Kapitals dieser juristischen Person ist dann auch die Grenze ihrer Haftung.

Im Hinblick auf Haftungsprobleme, werden die Personengesellschaften ganz allgemein selten als Rechtsform von Joint Ventures gewählt.

3. La Société à responsabilité limitée (SARL) Gesellschaft mit beschränkter Haftung

Diese Gesellschaftsform bietet für mittlere Unternehmen Vorteile gegenüber der S. A. (Aktiengesellschaft), da die Regeln flexibler und die Publikationsverpflichtungen nicht so weitgehend sind. Auch der Kapitaleinsatz ist nicht so hoch. Bei der Festlegung der Satzung besteht große Freiheit. Die Ernennung der Geschäftsführer sowie ihre Abberufung sind unkompliziert.

Gegenstand

Der Gegenstand der Gesellschaft muß grundsätzlich erlaubt sein. Einige Tätigkeiten sind für eine S. A. R. L. verboten, wie z. B. Versicherungsgeschäfte[4], Sparvereine sowie Tätigkeiten im Unterhaltungsbereich (außer Kinos).

Gewisse Tätigkeiten sind in der Form der S. A. R. L. zwar möglich, jedoch reglementiert und können nur durch bestimmte Personen wahrgenommen werden, die die entsprechenden beruflichen Fähigkeiten haben, z. B. Apotheker, Wirtschaftsprüfer, Architekten u. s. w.

Die S. A. R. L. wird von mindestens einem (S.A.R.L unipersonelle), maximal 50 Gesellschaftern gegründet, die für die Verluste nur bis zur Höhe ihrer Anteile haften[5].

Falls sie der Geschäftsführung angehören, ist ihre Haftung erweitert (siehe Punkt 6. Haftung). Für die nur von einem Gesellschafter gegründete S. A. R. L. gelten besondere Bestimmungen, zusätzlich zu den allgemeinen Bestimmungen der S. A. R. L.

Die Gesellschafter können sowohl natürliche als auch juristische Personen sein.

---

4 Artikel L 490 des Gesetzes vom 24. Juli 1966.
5 Artikel L 34 des Gesetzes vom 24.7.1966, geändert durch Loi n° 85–697 vom 11.7.1985.

Stammkapital

Das Stammkapital muß in voller Höhe gezeichnet und eingezahlt sein. Es ist in gleich hohe Geschäftsanteile aufgeteilt, die in der Regel nicht frei übertragbar sind.

Das Mindestkapital beträgt in der Regel 50.000,- FF[6]. In besonderen Fällen kann es höher oder niedriger sein. So ist für Presseunternehmen ein Mindestkapital von lediglich 2.000,- FF vorgesehen, für eine Bank dagegen 15 Mio. FF.

In der Satzung muß die Höhe des Stammkapitals bestimmt sein. Auf allen Dokumenten der Gesellschaft, die für Dritte bestimmt sind (Briefpapier, Rechnungen, Werbung u. s. w.), muß das Stammkapital angegeben werden.

Die Aufteilung der Anteile auf die Gesellschafter muß ebenfalls in der Satzung geregelt sein. Sie sind frei übertragbar auf andere Gesellschafter, Ehepartner und Abkömmlinge. An Dritte können sie übertragen werden, wenn die Genehmigung der Mehrheit der Gesellschafter, die mindestens 3/4 der Anteile vertreten, vorliegt. Die Übertragung an Dritte ist Dritten gegenüber nur wirksam, wenn sie gemäß § 1690 Code civil bekanntgemacht worden ist.

Satzung

Die Satzung bedarf der Schriftform. Nur in wenigen Fällen ist die notarielle Form vorgeschrieben. Sie ist jedoch oft zu empfehlen. Notarielle Form ist vorgeschrieben, wenn ein Grundstück als Einlage erbracht wird oder ein Mietrecht (bail) über eine Immobilie für eine Dauer von mehr als 12 Jahren.

Die Bekanntmachung muß im amtlichen Mitteilungsblatt des Sitzes der Gesellschaft und im B. O. D. A. C. C.[7] erfolgen. Die Satzung muß bei der Geschäftsstelle des zuständigen Handelsregisters für den Sitz der Gesellschaft hinterlegt werden und die Eintragung im Handelsregister erfolgen.

Geschäftsführer

Die Geschäftsführer werden in der Satzung nach freier Entscheidung der Gesellschafter bestellt[8]. Der Geschäftsführer kann nur eine natürliche Person sein. Er muß nicht Gesellschafter sein.

Der oder die Geschäftsführer können auch durch Beschluß der Hauptversammlung ernannt werden. Die Befugnisse werden in der Satzung geregelt. Sie können im Innenverhältnis beschränkt werden. Gegenüber Dritten kann die Vertretungsmacht des Geschäftsführers nicht beschränkt werden.

---

6 Artikel L 35 al. 1, geändert durch Loi n° 84–148 vom 1.3.1984.
7 Bulletin officiel des annonces civiles et commerciales.
8 Artikel L 49 al. 1 des Gesetzes vom 24.7.1966.

Sind mehrere Geschäftsführer bestellt, so kann jeder die Gesellschaft alleine vertreten. Die Satzung kann jedoch vorsehen, daß die Geschäftsführer nur gemeinsam unterschreiben können (signature conjointe). Solche Klauseln sind gegenüber Dritten unwirksam, haben jedoch innerhalb der Gesellschaft Bestand. Ein Geschäftsführer kann gegen eine Entscheidung eines anderen Geschäftsführers Einspruch erheben, zum Beweis wird er dies durch einen Gerichtsvollzieher oder per Einschreiben mit Rückschein tun. So kann er sich von der umstrittenen Entscheidung distanzieren und seine Haftung ausschließen. Die Gesellschaft ist dann nicht durch die umstrittene Entscheidung gebunden, wenn der Dritte vom Einspruch Kenntnis hatte.

Die Geschäftsführer haften alle einzeln oder gemeinschaftlich der Gesellschaft oder Dritten gegenüber für Verletzungen der Satzung oder der gesetzlichen Vorschriften, sowie für Fehler in ihrer Geschäftsführung. Diese Fehler können von der einfachen Nachlässigkeit bis zur betrügerischen Handlung gehen. Die Gerichte haben einen sehr weiten Ermessensspielraum.

Die Abberufung des Geschäftsführers erfolgt durch Gesellschafterversammlung mit absoluter Mehrheit der Geschäftsanteile[9].

Eine nicht begründete Abberufung kann zu Schadensersatz führen, so z. B. nach der Rechtsprechung bei willkürlicher Entlassung oder bei nebensächlichen Meinungsverschiedenheiten über Sozialfragen, die durch Vergleich hätten geregelt werden können[10].

Gesellschafterversammlung

Die Gesellschafterversammlung ist für die Prüfung und Überwachung der Geschäftsführung zuständig. Sie trifft ihre Entscheidungen bei der ersten Abstimmung mit absoluter Mehrheit der Geschäftsanteile bei ordentlichen Gesellschafterversammlungen. Bei der zweiten Abstimmung wird nur die einfache Mehrheit der abgegebenen Stimmen, unabhängig davon, wie viele Gesellschafter gestimmt haben, benötigt. Die Satzung kann allerdings vorsehen, daß eine zweite Abstimmung nicht stattfinden darf, so daß immer die absolute Mehrheit benötigt wird. Bei außerordentlichen Gesellschafterversammlungen wird mit 3/4-Mehrheit entschieden.

Die Ernennung eines Wirtschaftsprüfers ist Pflicht, wenn zwei von drei Kriterien erfüllt sind: Bilanzsumme über 10 Mio. FF, Umsatz ohne Steuern: 20 Mio. FF oder Durchschnittszahl der Arbeitnehmer: 50[11].

---

9 Artikel L 55 al. 1: „par décision des associés répresentant plus de la moitié des parts sociales".
10 Comm. 29. 5. 1972, Rev. soc. 1973, 487.
11 Artikel L 64 al. 2; Artikel D 12 und D 43 des Décret vom 23. 3. 1967.

Auflösung

Die Auflösung der Gesellschaft erfolgt in den folgenden Fällen:

— Ende der Dauer der Gesellschaft,
— Erlöschen des Gesellschaftszweckes,
— Verlust der Hälfte des Kapitals,
— aufgrund Entscheidungen der außerordentlichen Gesellschafterversammlung,
— der Satzung entsprechend,
— und durch gerichtlichen Auflösungsbeschluß.

Schlußfolgerung

Die Form der S. A. R. L. gibt den Joint Venture-Partnern eine große Freiheit in der Gestaltung der Satzung sowie in der Bestellung und Entlassung der Geschäftsführer. Da die Zahl der Geschäftsführer unbegrenzt ist, kann z. B. jeder Partner des Joint Ventures „seinen Geschäftsführer" bestellen lassen, gegebenenfalls unter interner Beschränkung der Alleinvertretungsbefugnis.

4. La Société anonyme (S. A.) Aktiengesellschaft

Die Rechtsform der S. A. dominiert in der Praxis bei Joint Ventures. Sie bietet befriedigende Lösungen der Probleme der Abtretung der Geschäftsanteile und der Beschränkungen der Befugnisse der Geschäftsleitung.

Gegenstand

Auch bei der S. A. muß der Gegenstand grundsätzlich erlaubt und möglich sein. Gewisse Tätigkeiten sind für eine S. A. nicht erlaubt (z. B. Apotheken, Immobilien-Verwaltungsgesellschaften) andere sind zusätzlichen Vorschriften unterworfen (z. B. Herstellern und Großhändlern von Pharmaprodukten).

Die Satzung bedarf der Schriftform.

Die Gesellschaft wird durch mindestens sieben Aktionäre gegründet [12].

Sie können natürliche oder juristische Personen sein. Es gibt keine Begrenzung der Zahl der Aktionäre nach oben.

Das Mindestkapital für die Gesellschaften, die zur öffentlichen Zeichnung der Aktien auffordern, ist auf 1,5 Mio FF festgesetzt, für die anderen sind 250.000,- FF notwendig [13].

---

12 Artikel L 73 des Gesetzes vom 24. 7. 1966.
13 Artikel L 71 al. 1.

Die Aktien haben einen Mindestnennwert von 100,- FF. Bei Gründung der Gesellschaft müssen ¼ des Kapitals, der Rest spätestens binnen 5 Jahren nach Gründung eingezahlt werden. Die Aktien sind grundsätzlich frei übertragbar.

Die Angaben über die Rechtsform, das Grundkapital und den Firmensitz müssen auf allen Geschäftspapieren erscheinen[14].

Die S. A. muß in das Handelsregister eingetragen und im amtlichen Mitteilungsblatt am Sitz der Gesellschaft sowie in dem B. O. D. A. C. C. bekanntgemacht werden.

4.1 Formen der Société anonyme

Das Gesetz vom 24. Juli 1966[15] hat eine neue Form der S. A. möglich gemacht. Neben der traditionellen S. A., die von einem Verwaltungsrat geführt wird, ist die „neue S. A." mit Aufsichtsrat und Vorstand als weitere Gestaltungsmöglichkeit eingeführt worden.

4.1.1 S. A. mit einem Verwaltungsrat (conseil d'administration)

Die Führungsfunktion wird durch den Verwaltungsrat wahrgenommen. Er besteht aus mindestens drei und maximal zwölf Mitgliedern. Innerhalb dieser Grenzen kann die Satzung die Zahl der Mitglieder bestimmen. Auch juristische Personen können Mitglieder des Verwaltungsrates sein.

Die Verwaltungsratsmitglieder werden durch die Gesellschafterversammlung ernannt und abberufen. Ihre Bestellung erfolgt bei Gründung für drei Jahre, anschließend für sechs Jahre. Die Verwaltungsratsmitglieder können wiedergewählt werden. Der Verwaltungsrat führt und vertritt die Gesellschaft. Die Beschlüsse werden im Rahmen der Verwaltungsratssitzungen gefaßt. Dabei ist die Anwesenheit von mindestens der Hälfte der Mitglieder und die einfache Stimmenmehrheit erforderlich. Die Satzung kann andere Mehrheiten verlangen.

Der Verwaltungsrat wählt mit einfacher Mehrheit den Präsidenten des Verwaltungsrates (Président du Conseil d'administration) Der Präsident übernimmt meist auch die Verantwortung der „direction générale", so wird er in der Praxis oft den Titel „Président Directeur Général" oder P. D. G. erhalten. Er muß eine natürliche Person sein[16]. Seine Befugnisse können durch die Satzung beschränkt werden, wobei diese Beschränkungen Dritten gegenüber unwirksam sind.

Der Verwaltungsrat kann auf Vorschlag eines Präsidenten einen Generaldirektor bestellen, wenn das Grundkapital 500.000,- FF oder mehr beträgt,

---

14 Artikel L 70 des Gesetzes vom 24.7.1966 und D 56 des Décret vom 23.3.1967.
15 Loi n° 66-537.
16 Artikel L 110 al. 1 des Gesetzes vom 24.7.1966.

können zwei Generaldirektoren ernannt werden. Die maximale Zahl ist fünf in Gesellschaften, deren Grundkapital 10 Mio. FF oder mehr beträgt; drei dieser Generaldirektoren müssen auch Verwaltungsratsmitglieder sein. Dieser „Directeur Général" hat grundsätzlich dieselben Befugnisse wie der „Président" gegenüber Dritten. Interne Abgrenzungen oder Beschränkungen sind im Außenverhältnis unwirksam.

Die Satzung muß eine Altersgrenze für den Präsidenten des Verwaltungsrates vorsehen; mangels einer solchen Regelung ist die Altersgrenze auf 65 Jahre festgesetzt.

Ein Präsident kann nicht gleichzeitig mehr als zwei Mandate als Präsident eines Verwaltungsrates von Aktiengesellschaften mit Sitz in Frankreich wahrnehmen[17].

4.1.2 Société anonyme mit einem Vorstand und Aufsichtsrat (S. A. à directoire et conseil de surveillance)

In dieser S. A. wird unterschieden zwischen der Aufsichts- und der Führungsfunktion. Der Vorstand ist ein Führungsorgan mit kollegialem Charakter. Er besteht aus einer bis fünf natürlichen Personen. Bei einer an der Börse gehandelten Aktiengesellschaft muß die Zahl sieben betragen[18].

Falls das Grundkapital unter 1 Mio. FF liegt, kann der Vorstand aus nur einer Person bestehen. Er wird Generaldirektor genannt[19].

Die Mitglieder des Vorstandes bzw. der Generaldirektor, die Aktionäre sein können, aber nicht müssen, werden vom Aufsichtsrat ernannt[20]. Die Satzung kann die Dauer des Mandates zwischen zwei und sechs Jahren festlegen[21]. Die Mitglieder des Vorstandes sind wiederwählbar. Die Satzung kann anderes vorsehen.

Die Abberufung der Mitglieder des Vorstandes kann nur durch die Gesellschafterversammlung erfolgen und nur auf Vorschlag des Aufsichtsrats.

Der Vorstand hat in den Grenzen des Gesellschaftszweckes alle Befugnisse, um im Namen der Gesellschaft zu entscheiden. Da der Vorstand als Kollektivorgan die Gesellschaft führt, verpflichten individuelle Entscheidungen den ganzen Vorstand.

So ist die Gesellschaft selbst dann gebunden, wenn die Handlungen des Vorstandes nicht im Rahmen des Gesellschaftszweckes liegen. Einschränkungen der Befugnisse des Vorstandes Dritten gegenüber sind unwirksam.

---

17 Artikel 111 al. 1.
18 Artikel 119 al. 1 geändert durch das Gesetz n° 88−15 vom 5. 1. 1988.
19 Artikel 111 al. 2 geändert durch das Gesetz n° 88−15 vom 5. 1. 1988.
20 Artikel L 120 al. 1.
21 Artikel L 122.

Der Aufsichtsrat führt die Aufsicht über die Geschäftsführung des Vorstandes. Er besteht aus mindestens drei und maximal zwölf Mitgliedern[22]. Juristische Personen können Mitglieder sein, alle Mitglieder müssen Aktionäre sein. Das Mandat läuft drei Jahre für die Mitglieder, die in der Satzung ernannt werden, in den anderen Fällen sechs Jahre. Sie sind wiederwählbar, es sei denn, die Satzung schließt dies aus.

Die Beschlüsse des Aufsichtsrats werden mit einfacher Mehrheit gefaßt, wobei mindestens die Hälfte der Mitglieder anwesend sein muß. Die Satzung kann auch eine größere Mehrheit vorsehen. Bei Stimmengleichheit entscheidet die Stimme des Vorsitzenden. Diese Regelung ist die gleiche wie die im „klassischen" Verwaltungsrat[23].

4.1.3 Gesellschafterversammlung (Assemblée Générale)

Die Gesellschafterversammlung ist das verfassungsgebende Organ der Société anonyme. Sie tagt in ordentlicher oder außerordentlicher Sitzung. Die Entscheidungen einer ordentlichen Sitzung müssen mit einfacher Mehrheit der anwesenden Aktionäre oder deren Vertretern getroffen werden, wobei die Anzahl der Anwesenden $1/4$ des stimmberechtigten Kapitals entsprechen muß, wenn es eine erste Einberufung ist; bei einer zweiten Einberufung gibt es kein Quorum mehr.

Die ordentliche Jahreshauptversammlung entlastet den Verwaltungsrat bzw. den Vorstand oder den Generaldirektor, genehmigt die Berichte des Verwaltungsrats bzw. des Vorstandes sowie der Wirtschaftsprüfer die Bilanz und die Ergebnisrechnung, die Gewinnverwendung und die Gewinnausschüttung.

Die außerordentliche Gesellschafterversammlung ist zuständig für Beschlüsse über eine Satzungsänderung. Dazu muß mindestens die Hälfte des stimmberechtigten Kapitals anwesend sein, und die Beschlüsse werden mit der Mehrheit von mindestens $2/3$ der anwesenden Stimmen getroffen.

4.2 Kontrolle

Wirtschaftsprüfer nehmen die Kontrolle der Bilanzen vor. Sie werden von der Satzung oder durch die ordentliche Hauptversammlung für eine Dauer von sechs Geschäftsjahren ernannt und können jedesmal wiedergewählt werden. Der Präsident des Handelsgerichts kann, auf Antrag eines oder mehrerer Aktionäre, die mindestens 1/10 des Stammkapitals besitzen, des Betriebsrates oder des Staatsanwalts, die Ernennung eines Wirtschaftsprüfers ablehnen, wenn ein berechtigter Grund vorliegt. Das gleiche gilt für die Abberufung des Wirtschaftsprüfers während seiner Amtszeit.

---

22 Artikel L 129 al. 1.
23 Artikel L 139.

4.3 Auflösung

Die Société Anonyme wird aufgelöst bei Ende der Dauer der Gesellschaft, Erlöschen des Gesellschaftszweckes, Absinken der Zahl der Aktionäre unter sieben während mindestens eines Jahres, Verlust der Hälfte des Stammkapitals, Auflösung durch einen Beschluß der außerordentlichen Gesellschafterversammlung, satzungsgemäß oder durch gerichtlichen Auflösungsbeschluß.

5. Gesellschaftervereinbarungen und Minderheitenschutz

5.1 Minderheitenschutz

Aktionäre, die gemeinsam mindestens 10% des Kapitals besitzen, können eine Reihe von Anträgen stellen, um über die Gesellschaft Erkenntnisse zu erlangen, die ihnen die Möglichkeit geben, ihre Rechte zu schützen.

So können sie beim Präsidenten des Handelsgerichts beantragen, einen gerichtlich bestellten Pfleger zu ernennen, der die Hauptversammlung einberufen soll. Sie können auch die Bestellung eines oder mehrerer Experten verlangen, die beauftragt werden, einen Bericht über die Lage der Gesellschaft oder über die Buchführung abzugeben. Gegenstand des Antrages der Minderheitenaktionäre kann auch die Prüfung einer oder mehrerer Handlungen der Geschäftsführung sein. Der Präsident des Handelsgerichts entscheidet dann über den Umfang und die genauen Befugnisse der Prüfer.

Die Entscheidungen der Mehrheit, wenn diese ordnungsgemäß getroffen worden sind, binden auch die Minderheitenaktionäre. Die Gerichte können die Macht der Mehrheit begrenzen, und die Richter können die Entscheidung für ungültig erklären, wenn die Entscheidungen der Mehrheitenaktionäre die Interessen der Minderheitenaktionäre mißbräuchlich benachteiligen[24]. Die Cour de Cassation hat versucht zu definieren, welche Elemente eine Entscheidung enthalten muß, um als Mißbrauch angesehen zu werden: Danach muß diese Entscheidung nicht dem Gegenstand und den Interessen der Gesellschaft entsprechen und lediglich der Mehrheit einen Vorteil verschaffen, der gleichzeitig als Nachteil für die Minorität anzusehen ist[25].

Die Gerichte haben einen großen Ermessensspielraum, sie können den Mißbrauch, den Betrug, den Ermessensmißbrauch sowie betrügerische Vorgehen verurteilen.

---

24 Cass. Com. 18.4.1961, D. 1961, J. 661.
25 Cass. 22.4.1976, 479, Rev. Soc. 1976 und D. A. 19.

5.2 Gesellschaftervereinbarungen

Stimmrechtsbindungsvereinbarungen, die im Joint Venture eine wichtige Rolle spielen können, sind im französischen Recht nichtig. Diese Nichtigkeit im französischen Recht ist die Folge von zwei verschiedenen Prinzipien.

Das eine ist das unverzichtbare Recht der Aktionäre, frei abzustimmen, das andere das der Gewaltenteilung zwischen den verschiedenen Organen der Gesellschaft. Die Wahlfreiheit ist nicht ausdrücklich geregelt[26]. Die Gerichte haben jedoch entschieden, daß die Wahlfreiheit ein „wichtiges Prinzip des Gesellschaftsrechtes" sei; der Aktionär könne sein Recht nicht veräußern[27]. So sind alle Vereinbarungen verboten, durch die die Aktionäre sich verpflichten, gewisse Mitglieder des Verwaltungsrates zu wählen, oder so zu wählen, wie der Vorstand es beschlossen hat. Die Gerichte haben auch dieses Prinzip der Wahlfreiheit auf die Mitglieder des Verwaltungsrats erstreckt.

Die Verteilung der Kompetenzen zwischen den Organen, so wie das Gesetz sie festlegt, ist zwingend. Die Gesellschafterversammlung bleibt die höchste Instanz der Gesellschaft, und dies kann nicht durch Vereinbarungen zwischen den Aktionären geändert werden.

So sind demzufolge Abtretungen von Wahlrechten, unwiderrufliche Vollmacht und der allgemeine Verzicht auf das Wahlrecht nichtig.

Stimmrechtsbindungsvereinbarungen für eine einzelne Hauptversammlung werden von den französischen Gerichten ebenfalls für bedenklich gehalten. Sie werden nur erlaubt, wenn sie sich auf ganz bestimmte Tagesordnungspunkte beziehen. Ein Aktionär kann aber nicht für einen längeren Zeitraum und nicht in endgültiger Weise sein Stimmrecht binden lassen.

Ausnahmsweise haben die Gerichte jedoch unter gewissen Bedingungen Stimmrechtsbindungsvereinbarungen zwischen den Verwaltungsmitgliedern erlaubt. Die Vereinbarung wird als gültig anerkannt, wenn sie einen bestimmten Gegenstand betrifft und für einen begrenzten Zeitraum abgeschlossen wird. So wurde z. B. die Vereinbarung über die Ernennung des Präsidenten des Verwaltungsrates als gültig anerkannt[28].

Vorsicht ist bei solchen Vereinbarungen auch deshalb geboten, weil das französische Recht denjenigen mit Strafe bedroht, der Vorteile daraus zieht, in einer bestimmten Weise gewählt zu haben.

Trotz dieser Einschränkungen durch die Rechtsprechung werden in der Praxis dennoch immer wieder Stimmrechtsbindungen vereinbart. Sie fin-

---

26 Gesetz vom 24. Juli 1966.
27 Cass. 8. Mai 1963, J. C. P. 1963 II 13282.
28 Trib. Com. Paris 1. 8. 1974, Rev. Soc. 1974, 685; Trib. Com. Paris 9. 5. 1969, gaz. Pal. 1969, 1.333.

den sich meistens im Joint Venture-Vertrag. Dieser Vertrag definiert die Spielregeln. Jedoch sollte man solche Stimmrechtsbindungsvereinbarungen nur ausnahmsweise treffen.

In den Gesellschaften, bei denen eine 50/50-Kapitalbeteiligung besteht, stellt sich das Problem der Stimmrechtsbindung nicht, da sowieso alle Entscheidungen einstimmig getroffen werden müssen.

6. Die Haftung der Führungsorgane

Die Geschäftsführer, Verwaltungsratmitglieder einer SA und Vorstandsmitglieder einer S. A und S. A. R. L. sowie alle de-facto-Führungspersonen (Gérance de fait) können aus zivil- und strafrechtlichen Tatbeständen haften.

6.1 Zivilrechtliche Haftung

Zivilrechtlich haften die Geschäftsführer für Verstöße gegen gesetzliche Vorschriften des Gesellschaftsrechts oder gegen die Satzung, aber auch, und dieses muß jedes Mitglied eines Joint Venture in Form der französischen S. A. wissen, für Fehler während der Ausübung ihrer Ämter[29].

Verstöße gegen gesellschaftsrechtliche Vorschriften, die zur Haftung der Verwaltungsratsmitglieder oder Vorstandsmitglieder führen, können z.B. in der nicht ordnungsgemäßen Einberufung der Gesellschafterversammlung oder in Unregelmäßigkeiten bei der Buchführung liegen. Verstöße gegen die Satzung können vorliegen bei Einschränkungen der Befugnisse der Führungsorgane bei Nichtbeachtung der Vorschriften über die Verwendung des Stammkapitals[30]. Die Vorstandsmitglieder haften für alle Handlungen, die gegen die Interessen der Gesellschaft gerichtet waren. Vorwerfbare Fehler in der Geschäftsführung können in vielen Zusammenhängen vorliegen, z.B. unvorsichtige Geschäftsführung, Vorlage einer ungenauen Bilanz, mangelnde Beaufsichtigung der Mitarbeiter.

Die Mitglieder haften individuell, falls der Fehler einem bestimmten Mitglied zugeordnet werden kann. Grundsätzlich haften die Mitglieder solidarisch[31].

Die Haftungsklage kann entweder individuell, durch die Person, die persönlich einen Schaden erlitten hat, oder durch eine Vereinigung von Aktionären, die mindestens 20% des Stammkapitals besitzen, eingereicht werden, sowie durch die neuen Führungspersonen gegen ihre Vorgänger. Die

---

29 Artikel L 224 al. 1
30 Artikel L 464, 479 und 489; Artikel L 249.
31 Artikel L 244 al. 2.

Verjährungsfrist beträgt drei Jahre ab dem Schadensereignis bzw. ab Kenntnis[32].

Nach französischem Insolvenzrecht kann jedes Führungsorgan, rechtlich oder de facto, ob es eine Vergütung erhält oder nicht, zur Verantwortung gezogen werden[33].

6.2 Strafrechtliche Haftung

Neben der zivilrechtlichen Haftung haften die Geschäftsführer, Vorstandsmitglieder oder Verwaltungsratmitglieder auch strafrechtlich[34]. So ist strafbar die Ausschüttung fiktiver Dividenden, Verschleierung der Bilanz, Mißbrauch des Vermögens der Gesellschaft und Handlungen, die gegen die Interessen der Gesellschaft, aber im persönlichen Interesse oder im Interesse einer anderen Gesellschaft vorgenommen worden sind.

6.3 Aufsichtsratmitglieder einer S. A. (neue Form)

Die Haftung der Aufsichtsratmitglieder ist auf ihre persönlichen Handlungen im Rahmen ihres Mandates beschränkt[35]. Sie haften nicht für Handlungen der Vorstandsmitglieder. Allerdings müssen sie die ihnen bekannten Delikte des Vorstandes der Hauptversammlung bekanntgeben[35]. Ihre strafrechtliche Haftung ist gering, da sie eine Kontrollaufgabe haben. Anders ist es, wenn ihnen ,,Komplizenschaft" mit dem Vorstand vorgeworfen werden kann[36].

6.4 Gérance de fait (de facto-Geschäftsführung)

Das französische Recht behandelt den de facto-Geschäftsführer (Gérant de fait) so wie einen gesetzlichen oder rechtlichen Vertreter oder Geschäftsführer. Insofern haften in gleichem Maße Personen, die de facto die Geschäftsführung einer Gesellschaft anstelle der rechtlichen Vertreter übernommen haben. Dies kann schon bei der geringsten Handlung der Fall sein (z. B. Bankvollmacht). Im Falle eines Vergleiches oder Konkurses der Gesellschaft können diese Personen genauso wie die rechtlichen Geschäftsführer zur Begleichung der Passiva der Gesellschaft mit herangezogen werden. Diese Situation ist für den ausländischen Unternehmer ganz neu und

---

32 Artikel 247, Gesetz vom 24. Juli 1966.
33 Gesetz n° 67–563 vom 13. 7. 1967.
34 Gesetz vom 24. Juli 1966, Artikel 437, 463, 464, 478, 479, 789.
35 Artikel L 250 al. 1.
36 Appel Paris, 15. Februar 1979, Bull. S. M. C. C. 1979, 197 — Komplizität bei der Vorlage einer gefälschten Bilanz.

birgt erhebliche Gefahren. Der Franzose wird sich zurückhalten, da er diese Gefahr kennt. Die de facto-Führungspersonen haften strafrechtlich genauso wie eine bestellte Führungsperson.

6.5 Bemerkungen

Die Haftung der Führungsorgane nach französischem Recht geht wesentlich weiter als die nach deutschem Recht, nicht nur hinsichtlich der Haftung der de facto-Führungspersonen.

In der S. A. traditioneller Form haften alle Verwaltungsratmitglieder solidarisch, wenn der Fehler durch eine Entscheidung des ganzen Verwaltungsrats verursacht worden ist. Dies bedeutet, daß, wenn ein Mitglied eine juristische Person ist, sie mit ihrem ganzen Vermögen haftet. Im Falle des Konkurses der französischen Firma kann es zum Konkurs der deutschen juristischen Person führen, die Führungsorgan ist. Eine Möglichkeit, sich dieser Haftung zu entziehen, ist Einspruch gegen eine umstrittene Handlung eines Verwaltungsratmitglieds zu erheben, und zwar in nachweisbarer Form, z. B. durch Gerichtsvollzieher oder per Einschreiben mit Rückschein.

Die Haftungsrisiken können gemindert werden in der neuen S. A. als Gesellschaftsform. Dort kann der Ausländer sich stark im Aufsichtsrat engagieren, wo er nur für eigenes Verschulden des Aufsichtsratsmitgliedes, also nicht solidarisch (und gesamtschuldnerisch) für Handlungen anderer Aufsichtsratsmitglieder haftet, und wo die Haftung für „de facto"-Geschäftsführung weniger gefährlich ist, da Handlungen im Zweifel seiner Aufsichtsratstätigkeit zugerechnet werden.

7. Groupement d'intérêt économique (G. I. E.)

Diese Form von Gesellschaft ist eine typisch französische Gestaltungsart. Man will Gesellschaften, die gemeinsame Aktivitäten betreiben wollen ohne jedoch ihre Individualität und Autonomie zu verlieren, ein Instrument zur Verfügung stellen[37], das flexibler als die traditionellen Gesellschaftsformen ist und besser auf die Bedürfnisse der Partner eingehen kann.

Der Rat der EG hat sich mit der neuen Europäischen Wirtschaftlichen Interessenvereinigung (EWIV) von dieser Gesellschaftsform inspirieren lassen[38].

Im französischen Recht muß dieses G. I. E. eine Verlängerung der wirtschaftlichen Tätigkeit der Mitglieder sein. Es darf nicht anstelle der Part-

---

37 Artikel 1 Ordonnance vom 23. 9. 1967, n° 67–821.
38 EWG-Verordnung Nr. 2137/85, J. O. CE 31. 7. 1985, Seite 1.

ner treten, was deren wirtschaftliche Tätigkeit anbelangt, sondern muß gemeinsame Tätigkeiten ausüben. Das G. I. E. muß ein bestimmtes wirtschaftliches Ziel haben.

Das G. I. E. muß mindestens zwei Mitglieder haben, diese können natürliche oder juristische Personen sein. Die Mitglieder haften unbeschränkt und solidarisch. Dies ist ein Nachteil des G. I. E. im Rahmen von Joint Ventures.

Die Firmenbezeichnung muß immer die Benennung: „Groupement d'intérêt économique régi par l'Ordonnance du 23 septembre 1967" enthalten.

Das G. I. E. kann auch ohne Kapital gegründet werden, die Mitglieder können Bar-, Sach- oder Geschäftseinlagen einbringen. Die Mitglieder können frei über die Zusammensetzung des Kapitals entscheiden, sogar ein variables Kapital kann vorgesehen werden. Die Abtretung von Beteiligungsanteilen bedarf der Einstimmigkeit der Mitgliederversammlung, falls der Vertrag nichts anderes vorsieht.

Die Dauer des G. I. E. ist zeitlich begrenzt, kann aber verlängert werden.

Der Gründungsvertrag eines G. I. E. muß privatschriftlich oder durch eine notarielle Urkunde geschlossen werden[39]. Der Vertrag muß notariell abgeschlossen werden, wenn Grundstücke in das G. I. E. eingebracht werden. Der Vertrag wird bei der Geschäftsstelle des zuständigen Handelsgerichts hinterlegt und in das Handelsregister eingetragen[40]. Ab diesem Moment hat es die Rechtsfähigkeit.

Als Geschäftsführer dürfen nur natürliche Personen bestellt werden, die Mitglieder können im Vertrag frei über die Voraussetzungen und Bedingungen zur Ernennung der Geschäftsführer bestimmen (einen oder mehrere, Dauer des Vertrages, usw.). Die Befugnisse der oder des Geschäftsführers können intern beschränkt werden, allerdings sind solche Beschränkungen Dritten gegenüber nicht wirksam[41].

Die Mitgliederversammlung ist das oberste Gremium und kann alle Entscheidungen treffen. Falls die Satzung nichts anderes vorsieht, werden die Entscheidungen einstimmig getroffen.

Zwar ist das Hauptziel der G. I. E. nicht auf Gewinnorientierung gerichtet, aber die Texte lassen den Mitgliedern volle Freiheit, die Gewinnverteilung vertraglich zu gestalten (zu gleichen Teilen, nach den Verhältnissen der jeweiligen Beteiligungen usw.).

Diese Gesellschaftsform ist sehr flexibel und gibt den Partnern eine sehr große Freiheit in der Gestaltung des Vertrages.

---

39 Artikel 6 Ordonnance vom 23. 9. 1967.
40 Artikel 3 Ordonnance vom 23. 9. 1967.
41 Artikel 9 al. 2 von Ordonnance vom 23. 9. 1967.

Insbesondere die unbeschränkte und gesamtschuldnerische Haftung haben das Interesse an dieser Form in Frankreich gemindert.

8. Gesellschaften ohne Rechtsfähigkeit

Das französische Recht kennt noch weitere Gesellschaftsformen, denen allerdings keine Rechtsfähigkeit zuerkannt wird. Falls zwei Gesellschaften zusammen eine dritte verwalten, ohne dieser jedoch die gesetzlichen Formen einer Gesellschaft zu geben, werden die französischen Gerichte diese als „Société de fait" (faktische Gesellschaft) einordnen. Seit der Reform von 1978[42] wird diese dann wie eine „Société en participation" (stille Gesellschaft) behandelt.

8.1 Die stille Gesellschaft (Société en participation)

Diese Gesellschaft ist „ein Vertrag, in dem zwei oder mehrere Personen vereinbaren, Vermögen oder ihre Industrie zusammenzubringen, um die Gewinne zu teilen". Die Gesellschafter einer Société en Participation, die Dritten gegenüber tätig sind, haften solidarisch[43]. Sie hat keine Rechtsfähigkeit und auch keine Firmenbezeichnung, keinen Firmensitz und kein Gesellschaftsvermögen. Steuerlich gesehen wird diese wie eine offene Handelsgesellschaft (Société en nom collectif) behandelt.

Die Gesellschafter können über den Betrieb und die Zuständigkeiten der Gesellschaft entscheiden. Es können ein oder mehrere Geschäftsführer berufen werden, die in ihrem eigenen Namen handeln und Dritten gegenüber die weitesten Befugnisse haben. Intern können sie allerdings beschränkt werden.

Das Ziel einer solchen stillen Gesellschaft ist oft nur, eine Gewinnbeteiligung zu ermöglichen. Die wichtigste Klausel der Satzung ist die Verteilung der Gewinne und der eventuellen Verluste.

Eine stille Gesellschaft kann unter den gleichen Bedingungen wie eine offene Handelsgesellschaft aufgelöst werden.

8.2 Société de fait

Nach der Rechtsprechung liegt eine faktische Gesellschaft vor, wenn zwei Elemente gegeben sind: das Bestehen gemeinschaftlicher Einlagen und eine Gewinn- und Verlustbeteiligung[44].

---

42 Artikel 1872-1 Code Civil. Artikel 1873 Code Civil. Artikel 1832 Code Civil.
43 Artikel 1871, Artikel 1872 Code Civil, Loi n° 78-9 vom 4.1.1978.
44 Cass. Civ. 19.10.1959, D. 1960 J. 205; Cass. Civ. 6.12.1977, Bull. 1977 IV n° 292.

Steuerlich gesehen, kann eine solche Situation teure Folgen für die Parteien haben; die Steuerbehörden können das Bestehen einer „Société de fait" mit allen Beweismitteln zu beweisen versuchen[45]. Daraus können die Steuerbehörden alle Folgerungen ziehen, wie z. B. Belastung mit Körperschaftsteuer, Eintragungsgebühr (berechnet auf die Höhe der Einlagen) sowie rückwirkende Strafaufschläge.

Die faktische Gesellschaft wird wie eine stille Gesellschaft behandelt, d. h. die Gesellschafter haften solidarisch und unbeschränkt. Bei Vorliegen der Voraussetzungen sollte daher immer offiziell eine Gesellschaft gegründet werden, um unabsehbare Folgen zu vermeiden.

II. Gewerblicher Rechtschutz

Das Institut National de la Propriété Industrielle ist zuständig für den Schutz von Marken und Patenten[46].

Als Bedingung für die Gültigkeit der Marke (im französischen Recht wird das Wort Gültigkeit benutzt und nicht, wie im deutschen Recht, der Ausdruck „Schutzfähigkeit") muß das Zeichen ausreichende Unterscheidungsmerkmale aufweisen, unabhängig von den Verboten des Artikel 3 des Gesetzes von 1964. Dieser bestimmt, daß neben den „notwendigen" Zeichen oder „Gattungsbezeichnungen" auch solche Zeichen ausgeschlossen sind, die ausschließlich aus Wörtern gebildet sind, die die wesentlichen Eigenschaften der Waren, Dienstleistung oder die Zusammensetzung der Waren angeben[47].

Unter notwendigem Zeichen soll man ein Zeichen verstehen, „dessen Benutzung aufgrund des Sprachgesetzes und der Sprachgewohnheiten für die Bezeichnung der Ware zwingend ist"[48]. Gattungsbezeichnung wird als eine Bezeichnung verstanden, die „üblicherweise oder auch notwendigerweise die Gattung der Gegenstände bezeichnet, der der betreffende Gegenstand angehört". Dazu werden auch als Gattungsbezeichnung angesehen die Zeichen, die nur aus der „üblich gewordenen Bezeichnung der Ware bestehen, ganz gleich, ob sie die Gattung der Ware angeben oder nicht"[49].

Die Marke gehört, im Prinzip, dem ersten Anmelder. Allerdings ist die Eintragung des Namens des Markeninhabers nicht eine Garantie für sein Recht auf die Marke. Die Eintragung kann nachträglich für ungültig erklärt werden, wenn sie keinen willkürlichen oder phantasievollen Charak-

---

[45] Artikel 1871 al. 1., Code Civil.
[46] Gesetz vom 31.12.1964 (Marken), vom 2.1.1968 und 13.7.1978 (Patente).
[47] Artikel 3 Gesetz vom 31.12.1964.
[48] *Mathély,* Le droit français des signes distinctifs, Paris 1984, S. 92.
[49] Cour d'Appel de Paris 23.6.1981, D. 1982, 434 mit Anm. *Reboul.*

ter hat, oder falls sie irreführend oder beschreibend ist. Ein Warenzeichen kann durch Nichtgebrauch verfallen (5 Jahre).

Die Dauer einer Eintragung ist 10 Jahre, jede Eintragung kann beliebig erneuert werden. Die Dauer eines Patentes ist in Frankreich auf 20 Jahre begrenzt.

Lizenzverträge, auch im Rahmen eines Joint Ventures, müssen im Register des I. N. P. I. eingetragen werden, um Dritten gegenüber wirksam zu sein. Auch Verträge mit Ausländern müssen beim I. N. P. I. angemeldet werden.

III. Ausländische Gesellschaften, Investitionen und Geschäftsführer

1. Ausländische Gesellschaften und französische Gesellschaften mit ausländischer Beteiligung

Gemäß dem Brüsseler Übereinkommen vom 29. Februar 1968 wird jede Gesellschaft und juristische Person von Rechts wegen anerkannt, wenn sie entsprechend den Gesetzen eines EG-Staates gegründet wird und sie ihren Sitz in einem EG-Staat hat[50].

Das Gesetz des Landes, in dem die Gesellschaft gegründet worden ist, definiert die Rechtsfähigkeit der ausländischen Gesellschaft in Frankreich.

Die Rechtsfähigkeit der Gesellschaften, die ihren Sitz außerhalb der EG haben, werden in Frankreich uneingeschränkt anerkannt, wenn es sich um Personengesellschaften handelt. Kapitalgesellschaften müssen durch Dekrete oder zweiseitigen Staatsvertrag anerkannt werden. Diese ausländischen Gesellschaften besitzen die gleiche Rechtsfähigkeit wie die französischen Gesellschaften. Allerdings kann diese Fähigkeit nicht die der Gesetze ihres Stammsitzes überschreiten. Die Befugnisse der Vertreter der Gesellschaft richten sich nach dem Recht des Sitzes der Gesellschaft.

2. Ausländische Investitionen in Frankreich

Die Gesetzgebung ist sehr nuanciert und ändert sich ständig. Da der Gemeinsame Markt von 1992 vor der Tür steht, wird die Gesetzgebung flexibler und wird ab dem 1. 1. 1990 noch für die „Angehörigen eines Mitgliedsstaates der EG" erleichtert werden. Jedoch wird, im Prinzip, eine „Erklärung" beim Ministère de l'Economie (Direction du Trésor) über die geplante Investition in Frankreich abgegeben werden. Je nach Fall kann diese Erklärung auch nachträglich abgegeben werden.

---

50 In Frankreich: Gesetz n° 69-1134 vom 20. 12. 1969.

Unter direkter Investition wird u. a. die Gründung einer Niederlassung und die Beteiligung von mehr als 20% am Kapital einer französischen, zur Börse zugelassenen Aktiengesellschaft verstanden. Die Erklärung muß abgegeben werden, wenn juristische oder natürliche Personen, deren Sitz oder Domizil im Ausland ist, in Frankreich investieren.

Kapitalbewegungen benötigen in der Regel eine Erlaubnis des Ministère de l'Economie. Es gibt jedoch eine Reihe von Ausnahmen, besonders für Angehörige der EG[51].

Gewisse Finanzgeschäfte, die den Bestimmungen der „Circulaire du Ministère de l'Economie"[52] entsprechen, können von der vorherigen Erklärung oder Erlaubnis befreit werden (z. B. Fusionen von französischen Gesellschaften, die unter ausländischer Kontrolle stehen und einer Gruppe gehören).

Da die Gesetzgebung ständig geändert wird und in der Perspektive von 1992 gearbeitet wird, sollte in jedem konkreten Fall direkt beim Ministère de l'Economie (Direction du Tresor) angefragt werden, ob eine solche Erklärung abgegeben werden muß.

Bei Gründung einer „succursale" (Zweigniederlassung) müssen dazu noch folgende Formalitäten erledigt werden: Zwei Kopien der ins Französische übersetzten Satzung der Muttergesellschaft müssen beim Handelsgericht des Sitzes der „succursale" hinterlegt werden. 15 Tage nach der Eröffnung des ersten Betriebes muß ein Antrag auf Eintragung in das Handelsregister (Registre du Commerce et des Sociétés) bei dem Handelsgericht gestellt werden. Die Voraussetzungen und Formen eines solchen Antrages sind die gleichen wie die, die für die französischen Gesellschaften verlangt werden.

3. Ausländische Direktoren, Geschäftsführer

Zwischen Angehörigen eines Mitgliedstaates der EG und anderen Staaten wird ein Unterschied gemacht. Staatsangehörige eines EG-Mitgliedstaates brauchen keine „Carte de Commerçant Etranger"[53]. Sie müssen allerdings im Besitz einer „Carte de séjour de ressortissant d'un Etat membre de la CEE" (Aufenthaltserlaubnis für Angehörige eines Mitgliedstaates der EG) sein, wenn sie in Frankreich ihr Domizil haben. In diesem Moment sind sie mit den französischen Staatsangehörigen gleichgestellt.

---

51 Décret n° 67–78 vom 27. 1. 1967.
52 Décret n° 68–1021 vom 24. 11. 1968, geändert durch Décret n° 80–618 vom 4. 8. 1980.
53 Circulaire du Ministère de l'Industrie et de la Recherche, 1. 8. 1975, J. O. 15. 10. 1975, S. 10707.

IV. Schiedsgerichtsklauseln

Für Streitigkeiten im Rahmen eines Joint-Venture-Vertrages sehen die Partner oft ein Schiedsverfahren vor. Der Joint-Venture-Vertrag enthält dann eine Schiedsgerichtsklausel, die das Verfahren und das anwendbare Recht regelt.

In Frankreich sind solche Schiedsgerichtsklauseln nur im Rahmen von wirtschaftlichen Beziehungen, also zwischen „commerçants", möglich. Juristische Personen des öffentlichen Rechts dürfen grundsätzlich keine Schiedsgerichtsklauseln vereinbaren.

Die Partner sind völlig frei in der Wahl des anwendbaren Rechts, allerdings werden in Frankreich gewisse Gebiete ausgenommen[54].

Eine Möglichkeit, die verschiedenen Verfahrensbestimmungen zu regeln, ist, eine Schiedsgerichtsordnung eines institutionalisierten Schiedsgerichts zu wählen, z. B. Internationale Handelskammer, Nationale Handelskammer. Die Klausel kann die Schiedsrichter nennen, wobei im französischen Recht immer noch die Möglichkeit besteht, außerhalb des Schiedsverfahrens einstweilige Verfügungen und Anordnungen eines ordentlichen Gerichts zu erwirken.

Die Anerkennung und die Vollstreckung des Schiedsspruches werden durch internationale Abkommen ermöglicht. So sind zwischen Frankreich und Deutschland u. a. das New Yorker Übereinkommen sowie das Europäische Übereinkommen in Kraft[55].

Muster einer Schiedsgerichtsklausel der Internationalen Handelskammer (ICC):

> „Alle aus dem gegenwärtigen Vertrag sich ergebenden Streitigkeiten werden nach der Vergleichs- und Schiedsgerichtsordnung der Internationalen Handelskammer von einem oder mehreren gemäß dieser Ordnung ernannten Schiedsrichtern endgültig entschieden."

Muster der UNCITRAL:

> „Jede Streitigkeit, Meinungsverschiedenheit oder jeder Anspruch, die sich aus diesem Vertrag ergeben oder sich auf diesen Vertrag, seine Verletzung, seine Auflösung oder seine Nichtigkeit beziehen, sind durch ein Schiedsverfahren nach der UNCITRAL-Schiedsgerichtsordnung in ihrer derzeitig geltenden Fassung zu regeln."

---

54 Konkursrecht, Warenzeichen- und Arbeitsrecht gehören dem „Ordre Public" an und können nicht Gegenstand eines Schiedsverfahrens sein.

55 New-Yorker Übereinkommen über die Anerkennung und Vollstreckung ausländischer Schiedssprüche vom 10.6.1958 (GBl. 1961, II S. 122), Europäisches Übereinkommen über die internationale Handelsschiedsgerichtsbarkeit vom 21.4.1961 (GBl. 1964, II S. 426).

Muster von ECE:

> „Alle aus diesem Vertrag entstandenen oder mit ihm im Zusammenhang stehenden Streitigkeiten, über welche die Parteien sich nicht einigen können, werden durch ein Schiedsgericht gemäß der Schiedsgerichtsordnung der Wirtschaftskommission für Europa, die den Parteien bekannt ist, endgültig entschieden."

V. Wettbewerbsrecht

Dieses Gebiet wurde in Frankreich neu geregelt[56] und in zahlreichen Punkten an das Gemeinschaftsrecht angepaßt. Die gilt besonders für die Definition des Kartells und die marktbeherrschende Stellung, die Freistellungsbedingungen für Kartelle, die Möglichkeit der Inanspruchnahme des Gruppenfreistellungsverfahrens, die vorläufigen Maßnahmen sowie die Interventionsbefugnisse der Untersuchungsbeamten und den Schutz der Verteidigungsrechte.

Die Zuständigkeit der Verwaltungsgerichte für Entscheidungen des Wettbewerbsrates (Conseil de la Concurrence), der Kartelle und marktbeherrschende Stellungen kontrolliert, ist an die ordentlichen Zivil- und Strafgerichte übertragen worden.

Der Wettbewerbsrat kann einstweilige Anordnungen treffen, wenn die Verhaltensweise eine Absprache, eine marktbeherrschende Stellung oder eine wirtschaftliche Abhängigkeit darstellt und sie eine schwerwiegende und unmittelbare Beeinträchtigung der Gesamtwirtschaft, des Verbraucherinteresses, des betroffenen Wirtschaftsbereiches oder eines beschwerdeführenden Unternehmens bewirkt[57].

Der Begriff der beherrschenden Stellung ist an den des Gemeinschaftsrechtes angelehnt. Der Wettbewerbsrat kann, in beratender Funktion, Stellungnahmen zur Preisregelung abgeben[58].

VI. Schlußfolgerungen

Das Gebiet der Joint-Venture-Verträge wird in Frankreich nicht gesetzlich geregelt. Gesellschaftervereinbarungen, die den im englischen Rechtsstreit üblichen Shareholders Agreements entsprechen, sind in Frankreich nichtig. Der Versuch, dem Joint Venture im G. I. E. eine neue Gesellschaftsform zu geben, hat nur einen mäßigen Erfolg gehabt. Das französische Recht ist

---

56 Verordnung n° 86–1243 vom 1. 12. 1986.
57 Artikel 7 und 8, Verordnung n° 86–1243 vom 1. 12. 1986.
58 Artikel 5 und 6, Verordnung vom 1. 12. 1986.

in bestimmten Gebieten des Gesellschaftsrechts zwingend. Der nicht-französische Joint-Venture-Partner muß im französischen Recht drei Gebiete beachten, mit denen er nicht rechnet und deren Nichtbeachtung erhebliche Risiken und finanzielle Konsequenzen haben kann:

1) Die Haftung der Führungsorgane geht weiter als im deutschen Recht, besonders die Haftung des Geschäftsführers einer S. A. R. L. oder die Verwaltungsratsmitglieder in der traditionellen Form der S. A. Insofern ist die neue Form der S. A. mit Vorstand und Aufsichtsrat unbedingt zu empfehlen.

2) Die de facto-Führungspersonen werden wie bestellte Führungsorgane behandelt. Sobald eine Person de facto Geschäftsführungshandlungen für die Gesellschaft durchführt, wird sie als „gérance de fait" bezeichnet und haftet zivil- sowie strafrechtlich. Die Folgen können, besonders im Falle des Konkurses der französischen Gesellschaft, bis in das Ausland führen und extrem werden. Diese „gérance de fait" findet man in allen Gesellschaftsformen des französischen Rechts.

3) Der dritte Punkt, der für den ausländischen Unternehmer Gefahren birgt, ist der erläuterte Begriff der faktischen Gesellschaft.

Griechenland:

Joint Ventures in Griechenland

von

Rechtsanwalt Dr. Athanasios Tsimikalis, Athen

Obwohl die erste Investitionsgesetzgebung aus dem Jahr 1953 stammt (Gesetz 2687/1953), ist der eigentliche Durchbruch in der Schaffung einer liberalen Investitionsgesetzgebung erst nach dem Beitritt Griechenlands zur Europäischen Gemeinschaft gelungen.

I. Genehmigungsverfahren

Nach Präsidialdekret (207/1987) werden Auslandsinvestitionen nicht mehr nach ihrer Zweckmäßigkeit für die griechische Volkswirtschaft überprüft. Die Behörden besitzen somit keinen Entscheidungsspielraum zur Genehmigung oder Verwerfung eines Investitionsprojektes. Wird einmal nachgewiesen, daß der Investor seinen Sitz tatsächlich in einem EG-Land hat, das durch Beibringung eines Handelsregisterauszuges neuesten Datums erfolgt, ist die Investition durch das Wirtschaftsministerium zu genehmigen. Das Verfahren dauert in der Regel drei bis sechs Wochen. Es ergeht ein ministerieller Beschluß, der die Höhe der Investition feststellt, und der die

Zentralbank (Devisenbehörde) anweist, für die Repatriierung des eingeführten Kapitals im Fall der Veräußerung des Unternehmens oder für den Export der jährlich anfallenden Gewinne (ohne Begrenzung) zu sorgen.

Im Fall, daß der Gegenstand der beantragten Direktinvestition der Kauf eines griechischen Unternehmens oder Aktien eines solchen ist, muß zusätzlich nachgewiesen werden, daß der zu importierende Kaufpreis dem tatsächlichen Wert des Unternehmens oder der Aktien entspricht. Der Nachweis wird über die Vorlage eines Gutachtens der halbstaatlichen Institution der vereidigten Buchprüfer (SOL) erbracht.

II. Investitionsanreize

Hat der ausländische Investor vor, Sachinvestitionen zu tätigen, so wird er sich des Gesetzes 1262/1982 bedienen, das den Rahmen für die Fördermaßnahmen von Investitionen in Griechenland steckt. Auch hier ist ein Genehmigungsverfahren beim Wirtschaftsministerium, Direktion für Privatinvestitionen, erforderlich.

Die Investitionsanreize bestehen hauptsächlich aus zwei Gruppen: aus staatlichen Zuschüssen und Zinssubventionen oder aus der Möglichkeit, steuerfreie Rücklagen zu bilden, wobei die Inanspruchnahme der einen Gruppe die Inanspruchnahme der anderen ausschließt. Die Höhe der staatlichen Zuschüsse hängt zum einen von der Industriebranche und der Gegend des Landes, in der investiert wird, zum anderen von der Erfüllung verschiedener Kriterien (zu schaffende Arbeitsplätze, Exportorientierung, Devisenersparnis usw.) ab und variiert zwischen 10% und 50% der Investitionssumme. Mit demselben Prozentsatz wird der Zinssatz des in Anspruch genommenen Investitionsdarlehens während der ersten drei Tilgungsjahre subventioniert.

Wird in ein bereits laufendes Unternehmen investiert, das jährlich Gewinne erwirtschaftet, wird gern auf die Möglichkeit, steuerfrei Rücklagen zu bilden, zurückgegriffen. Deren Höhe hängt von der Gegend, in der investiert wird, ab und variiert zwischen 40% und 70% der Investitionssumme.

Schließlich steht dem Unternehmen das Recht zu — unabhängig davon, ob es die Zuschüsse oder die steuerfreien Rücklagen in Anspruch nimmt — erhöhte Abschreibungssätze in Anwendung zu bringen. Die Erhöhung der Abschreibungssätze variiert auch hier hinsichtlich der Gegend, in der investiert wird und der Anzahl der Arbeitsschichten zwischen 20% und 150%. Eine Änderung des Gesetzes 1262 ist augenblicklich im Gespräch.

III. Grenzgebiete

Bei der Auswahl des Investitionsstandortes hat der Ausländer darauf zu achten, daß in gewissen „Grenzgebieten" der Erwerb von Land durch Ausländer oder durch Gesellschaften, die durch Ausländer kapitalmäßig kontrolliert werden untersagt ist (absolute Nichtigkeit des Kaufgeschäftes). Dabei handelt es sich um das gesamte Nordgriechenland einschließlich Thessaloniki, die Ionischen Inseln, Kreta, und die der Türkei vorgelagerten Inseln. Ein Gesetzesentwurf, der diese Gebiet einschränken und auf EG-Gebot Griechen und Ausländer gleichstellen soll, liegt zwar im Entwurf vor, ist aber vom Parlament nicht verabschiedet worden.

IV. Rechtsform des Investitionsträgers

Obwohl das griechische Gesellschaftsrecht mehrere Gesellschaftsformen kennt, kommt für die Gründung des Investitionsträgers nur die Rechtsform der Aktiengesellschaft und die der Gesellschaft mit beschränkter Haftung in Frage, wobei letztere nicht nur aus steuerrechtlichen Gründen (vgl. weiter unten) gemieden wird.

Die Gründung von Gesellschaften beider Rechtsformen erfolgt notariell und erfordert das Zusammenwirken von mindestens zwei Personen. Beide Personen können Ausländer sein.

Die Satzung einer Aktiengesellschaft wird durch die aufsichtsführende Behörde auf ihren Einklang mit dem Gesetz überprüft. Danach erfolgt die Eintragung in das Handelsregister, mit der die Gesellschaft die Rechtsfähigkeit erlangt, und die Veröffentlichung einer Zusammenfassung der Satzung im Staatsanzeiger.

Der Gesellschaftsvertrag einer GmbH wird beim Landgericht hinterlegt und zusammengefaßt im Regierungsblatt veröffentlicht, wodurch die Gesellschaft ihre Rechtsfähigkeit erlangt.

Während bei der Aktiengesellschaft die spätere Übertragung aller Aktien auf einen Aktionär nur den Nachteil bewirkt, daß bei jeder Hauptversammlung der Aktionäre ein Notar zugegen sein muß, was die Flexibilität in der Gestaltung der gesellschaftsinternen Vorgänge erheblich mindert, ist eine Einmanngesellschaft mit beschränkter Haftung ihren Gläubigern ausgesetzt: Jeder, der ein rechtmäßiges Interesse nachweisen kann, kann gerichtlich die Auflösung der Gesellschaft beantragen.

In einer Gesellschaft mit beschränkter Haftung werden ferner die rechtsverbindlichen Vorgänge notariell beurkundet, z. B. Satzungsänderungen, Bestellung von Bevollmächtigten seitens der Geschäftsführer usw., während bei der Aktiengesellschaft diese Vorgänge privatschriftlich wirksam werden. Während die Veräußerung von Aktien abgabenfrei ist, ist der Verkauf von Anteilen einer Gesellschaft mit beschränkter Haftung mit einer 20%igen Besteuerung deren Wertzuwachses verbunden.

Ein weiterer Nachteil der Gesellschaft mit beschränkter Haftung ist die Tatsache, daß die Mehrheit im Rahmen der Gesellschafterversammlung aus einer kumulierten Personen- und Kapitalmehrheit gebildet wird. So hat z. B. ein Gesellschafter, der 90% des Gesellschaftskapitals einbringt, in einer Zweimanngesellschaft nicht einmal die einfache Mehrheit inne, da er nur eine Stimme ausüben kann. Diese Besonderheit hat schon manchen Ausländer in Verlegenheit gebracht. In einer Aktiengesellschaft bestehen diese Schwierigkeiten nicht. Sie ist eine reine Kapitalgesellschaft.

Die griechische Aktiengesellschaft wird durch den Verwaltungsrat geleitet. Anders als in Deutschland ist nach griechischem Recht das Institut des Aufsichtsrates unbekannt. Dessen Aufgaben werden in der Praxis durch diejenigen Mitglieder des Verwaltungsrates wahrgenommen, die nicht mit Geschäftsführungsaufgaben betraut sind. Dem Verwaltungsrat (dem Geschäftsführer in der Gesellschaft mit beschränkter Haftung) stehen gesetzlich weitgehende Vollmachten zur Führung der Geschäfte zu. Es gilt der Grundsatz, daß die Beschränkung der Geschäftsführungsbefugnisse des Verwaltungsrates durch die Hauptversammlung der Aktionäre gutgläubigen Dritten nicht entgegengehalten werden kann. In der Satzung hingegen können Befugnisse des Verwaltungsrates der Hauptversammlung zugewiesen werden.

Der Verwaltungsrat sollte einmal im Monat tagen. Das Quorum wird erreicht, wenn die Mehrheit der Verwaltungsräte anwesend oder vertreten ist; allerdings müssen mindestens drei persönlich anwesend sein. Ein Verwaltungsratsmitglied darf nur ein anderes Mitglied vertreten. Deshalb werden üblicherweise drei Personen, die am Sitz der Gesellschaft wohnhaft sind, in den Verwaltungsrat gewählt. Die Entscheidungen werden mit einfacher Mehrheit der anwesenden und vertretenen Mitglieder getroffen.

Zum Schutz der Kapitalminderheit darf in die Satzung eine Klausel einbezogen werden, wonach die Minderheit bis zu 1/3 der Anzahl der Verwaltungsräte direkt entsenden kann (also ohne Wahl durch die Hauptversammlung). Weiterhin steht der Minderheit (mindestens 5% des Aktienkapitals) das Auskunftsrecht zu, während ein Einzelaktionär dieses Recht nicht besitzt. Derselben Minderheit wird ebenfalls das Recht, die Beschlüsse einer Hauptversammlung unter verschiedenen Voraussetzungen gerichtlich anzufechten, eingeräumt.

In der Gesellschaft mit beschränkter Haftung ist der Minderheitsschutz nicht ausführlich gestaltet. Einer Minderheit von 5% des Gesellschaftskapitals steht das Recht zu, die Einberufung einer außerordentlichen Gesellschafterversammlung zu beantragen. Jeder Gesellschafter hat ferner das Recht, die Bücher der Gesellschaft zu überprüfen und die Beschlüsse der Gesellschafterversammlung gerichtlich anzufechten.

V. Shareholders Agreement (Joint Venture-Vertrag)

Wird ein weitergehender Minderheitsschutz angestrebt, kann dieser grundsätzlich in gültiger Weise Gegenstand von Verträgen sein (shareholders' agreement). In diesen Verträgen können auch Stimmrechtsvereinbarungen getroffen werden. Der Abschluß solcher Verträge unterliegt keiner gesetzlichen Einschränkung. Schiedsgerichtsklauseln mit internationalem Gerichtsstand können beliebig abgeschlossen werden, ebenso kann die Sprache der Verträge frei ausgewählt werden.

VI. Durchgriffshaftung

Grundsätze für eine zivilrechtliche „Durchgriffshaftung" der Mehrheitsgesellschafter oder eine Haftung über Organe ist durch die griechische Rechtssprechung noch nicht entwickelt worden.

Hingegen haften delegierte Verwaltungsräte oder Geschäftsführer mit ihrem persönlichen Vermögen für Einkommensteuerbeträge, die nachveranlagt werden.

VII. Personalfragen

Der ausländische Investor kann in unbeschränktem Umfang Manager, die die Staatsbürgerschaft eines EG-Mitgliedslandes besitzen, einstellen. An diese wird eine unbeschränkte Aufenthaltsgenehmigung mit dem Recht auf Beschäftigung in einem abhängigen Arbeitsverhältnis ausgestellt. Sind hingegen die leitenden Angestellten, die nach Griechenland versetzt werden sollen, z.B. Österreicher oder Schweizer, so dürfen diese nicht nach Griechenland einreisen, bevor das formelle Verfahren zur Erteilung der Arbeits- und Aufenthaltsgenehmigungen abgeschlossen ist. Die Dauer der Aufenthalts- und Arbeitsgenehmigung ist jährlich zu erneuern. Reisen sie trotzdem nach Antragstellung ein, verlieren sie das Recht auf Beschäftigung in Griechenland.

Das griechische Arbeitsrecht ist in großem Umfang administrativ reglementiert: Die Leistung von Überstunden ist grundsätzlich verboten. Bei besonderem Arbeitsanfall muß a priori eine Sondergenehmigung beantragt werden. Die gleitende Arbeitszeit ist nur mit besonderer behördlicher Genehmigung möglich und umfaßt nicht das Recht auf Arbeitszeitverrechnung von Tag zu Tag. Das Streikrecht ist im Gesetz fest verankert. Da die Aussperrung ausdrücklich verboten ist, kann sich ein Arbeitgeber nur über die Rechtsmißbrauchsklausel des Zivilgesetzbuches gegen einen willkürlich ausgerufenen Streik zur Wehr setzen.

Die Freistellung von Personal ist grundsätzlich ohne Begründung (jedoch unter dem Vorbehalt des Rechtsmißbrauchs) bis zu einem von der Administration jeweils festgesetzten Satz (heute: 2% der Gesamtbelegschaft monatlich) gestattet. Darüber hinausgehende Personalherabsetzungen sind Massenentlassungen, die zwar theoretisch möglich, in der Praxis aber schwer durchsetzbar sind.

VIII. Gewerblicher Rechtsschutz, Kartellrecht

In Griechenland eingetragene ausländische Warenzeichen oder hinterlegte Patente genießen einen befriedigenden, auch gerichtlich durchsetzbaren Schutz.

Griechenland kennt in der Praxis nicht das Prüfungssystem bei der Einreichung von Patenten. Seit der Ratifizierung des Europäischen Patentübereinkommens kann Griechenland als Schutzland bei einer europäischen Patentanmeldung benannt werden.

Know-how und Patentlizenzverträge müssen amtlich angemeldet werden. Als Folge der Nichtanmeldung wird im Gesetz vorgesehen, daß die nicht angemeldeten Verträge gerichtlich nicht geltend gemacht werden können. Klauseln, aufgrund derer der Export der mit dem vergebenen Know-how hergestellten Waren untersagt werden, sind nichtig.

Warenzeichenlizenzverträge werden ebenfalls positiv behandelt. Hier muß darauf hingewiesen werden, daß gesetzlich die Benutzung von Warenzeichen eines Dritten nur nach vorheriger Überprüfung des Lizenzvertrages durch die Warenzeichenkommission nach dem Vorliegen von wesentlichen wirtschaftlichen Beziehungen zwischen Warenzeichenlizenzgeber und -nehmer statthaft ist.

Nach dem EG-Beitritt Griechenlands können Lizenzgebühren in angemessener Höhe ins Ausland über ein Genehmigungsverfahren transferiert werden. Die Banken überprüfen anhand des vorzulegenden Lizenzvertrages lediglich, ob die Höhe der Lizenzgebühr angemessen ist, und anhand eines Wohnsitznachweises, ob der Lizenznehmer seinen tatsächlichen Wohnsitz in einem EG-Land hat.

Aufgrund eines 1977 erlassenen Gesetzes sind wettbewerbsbeschränkende oder -verzerrende Absprachen unter Androhung erheblicher Strafen nichtig. Verboten ist ebenfalls der Mißbrauch der marktbeherrschenden Stellung eines Unternehmens. Ausdrücklich ausgenommen von diesem Verbot ist der Aufkauf eines Unternehmens durch ein anderes oder die Verschmelzung von Unternehmen.

IX. Produkthaftung

Die Produkthaftung ist in Griechenland erst ab 30. Juli 1988 durch Anpassung an das EG-Recht gesetzlich geregelt worden. Der in diesem Zusammenhang aufgrund gesetzlicher Ermächtigung erlassene Beschluß der Minister für Wirtschaft, Justiz, Industrie und Handel B 7535/1077 ist weitgehend eine Anlehnung an die EG-Direktive 85/374 vom 25. Juli 1985. Eine nationale Rechtsprechung dazu ist noch nicht vorhanden.

X. Steuerrechtliche Aspekte

Zwischen der Bundesrepublik Deutschland und Griechenland gilt das 1966 abgeschlossene Abkommen zur Vermeidung der Doppelbesteuerung (DBA). Aufgrund dieses Abkommens werden an Einwohner der Bundesrepublik ausgeschüttete Dividenden mit 25%, Zinsen mit 10% erschöpfend besteuert. Lizenzzahlungen sind hingegen steuerfrei.

Die Beteiligung von Ausländern an einer Gesellschaft mit beschränkter Haftung, deren Gesellschafter Ausländer sind, wird nach der Praxis des griechischen Fiskus als ständige Niederlassung betrachtet. Die an die Gesellschafter ausgeschütteten Gewinne werden mit dem vollen progressiven nationalen Steuersatz besteuert. Diese Steuer ist nicht erstattbar. Sind die Gesellschafter juristische Personen, werden diese mit einem pauschalen Steuersatz von 46% besteuert.

Italien:

Die Joint Ventures im italienischen Rechts- und Wirtschaftssystem

von

Rechtsanwältin Dr. Hannelore Troike Strambaci, Mailand

I. Einleitende Übersicht

In Italien gibt es, wie nachstehend eingehend beschrieben, kein der „joint venture" vergleichbares besonderes Rechtsgebilde. Im Schrifttum, das sich mit der Figur befaßt hat[1], wird sie definiert als „Form einer wirtschaftlichen Zusammenarbeit zwischen zwei oder mehreren Unternehmen zwecks Durchführung eines bestimmten Geschäfts oder einer bestimmten Tätigkeit im gemeinsamen Interesse".

In jüngster Vergangenheit sind im internationalen Wirtschaftsgeschehen, und dies gilt im besonderen auch für Italien, völlig neue Gegebenheiten zu

---

1 *Bonvicini*, Le joint ventures: Tecnica giuridica e prassi societaria, Giuffrè, 1977; *Astolfi*, Il contratto di joint venture, Giuffrè, 1981; *Cottino*, Diritto commerciale, Cedam. 1987.

beobachten, mit denen die Unternehmen konfrontiert werden. Diese resultieren sowohl aus den Markterfordernissen als auch aus den ständig wechselnden Anforderungen, wie sie sich aus dem wissenschaftlichen und technologischen Fortschritt, den Bedürfnissen der Verbraucher, den Besonderheiten der Nachfrage in jedem spezifischen Tätigkeitsgebiet, der verbreitet vorhandenen Knappheit an Rohstoffen, der Entwicklung der Unternehmen und der multinationalen Konzerne sowie den veränderten wirtschaftlichen, politischen und sozialen Voraussetzungen ergeben.

Die Unternehmen haben auf diese Dynamik sowohl im externen als auch im internen Bereich unterschiedlich reagiert. Allen gemein erscheint jedoch die klar ersichtliche Notwendigkeit, die jeweilige Geschäftsführungsstrategie diesen neuen Gegebenheiten anzupassen, um so ein Auffangen der ständig wachsenden Risiken zu gewährleisten. Unter den verschiedenen, in diesem Zusammenhang verwendeten Instrumentarien ist im besonderen die wachsende Tendenz zu verschiedenen Koalitionsformen zu beobachten, die allgemein unter dem Namen Joint Ventures bekannt sind. Grundsätzlich umfaßt der Begriff Joint Venture zwei konkrete Gegebenheiten: einerseits die ständige Zusammenarbeit zwischen Unternehmen, die verbreitet in der Gründung einer gemeinsam kontrollierten Kapitalgesellschaft ihren Ausdruck findet, und andererseits die gelegentliche Zusammenarbeit, gewöhnlich für die Durchführung einzelner Aufträge.

Die erste Unterstellung beinhaltet sämtliche Formen einer nicht episodischen Zusammenarbeit in Gestalt eines Gemeinschaftsunternehmens („impresa comune"), das gemeinsam von zwei oder mehreren Muttergesellschaften kontrolliert wird.

In der zweiten Unterstellung handelt es sich um den zeitweiligen Zusammenschluß von Unternehmen für die Ausführung eines bestimmten Geschäfts im Interesse eines Dritten. Typische Formen dieser Zusammenarbeit sind die Werklieferverträge und der Verkauf von schlüsselfertigen Anlagen.

Die Sektoren, in denen der Trend zu Unternehmenszusammenschlüssen zwecks Zusammenarbeit in Form von Joint Ventures besonders stark zu beobachten ist, sind die elektronische Industrie, die Informatik, die Luft- und Raumfahrt- sowie die Kraftfahrzeugindustrie, die chemische und pharmazeutische Industrie.

Bisher war die italienische Rechtsordnung noch nicht in der Lage, eine klare rechtliche Definition für das Joint Venture herauszubilden. Auch wenn sporadische Ansätze einer gesetzgeberischen Regelung nicht fehlen[2],

---

2 Vgl. hierzu die Regelung des Mitversicherungsvertrags („contratto di coassicurazione": Art. 1910–1911 ital. ZGB), der Beförderung durch mehrere Beförderer („trasporto cumulativo": Art. 1682 und 1700 ital. ZGB), der Filmgemeinschaftsproduktion („coproduzione cinematografica": Gesetz Nr. 1213 vom 4.11.1965), der Aufspürung und des Ab-

sehen sich die am Wirtschaftsgeschehen Beteiligten in der Realität der Gegebenheiten gezwungen, von Fall zu Fall auf die verschiedenen, im Rechtssystem vorhandenen Instrumente, wie die Gründung bestimmter Gesellschaften, Konsortialzusammenschlüsse, die stille Teilhaberschaft oder andere atypische Vertragsformen, zurückzugreifen, wobei sie jedoch auf nicht unerhebliche juristische und administrative Beschränkungen und Probleme stoßen.

Dies vor allem dann, wenn die in Aussicht genommene Zusammenarbeit über die Möglichkeit einer innervertraglichen Regelung hinausgeht, wie dies in den Außenbeziehungen zu Dritten der Fall ist, oder wenn die zeitweilige Zusammenarbeit durch besondere Eigenheiten gekennzeichnet ist, die von den im italienischen Rechtssystem vorgesehenen Gesellschaftsformen grundlegend abweicht.

In der Praxis hat dies dazu geführt, daß die an einer Zusammenarbeit interessierten Partner entweder neue Koalitionsformen finden oder die im italienischen Rechtssystem bestehenden Instrumente ihren Erfordernissen anpassen müssen. Als besonders geeignet in diesem Zusammenhang bietet sich selbstverständlich der Gesellschaftsvertrag an, ist er doch ausreichend weit gesteckt, um darin auch ein Vertragsverhältnis wie das Joint Venture, das sich auf die Zusammenarbeit zwischen mehreren Unternehmen unter gemeinsamer Nutzung der Ressourcen und Aktivitäten im gegenseitigen Interesse stützt, beinhalten zu können. Andererseits ergibt sich hier die Schwierigkeit, die eben das Joint Venture kennzeichnenden Eigenheiten den starren gesellschaftsrechtlichen Vertragsformen anzupassen, da zwischen den beiden ein grundlegender Unterschied besteht. So sieht der Gesellschaftsvertrag vor, daß die Gesellschafter gemeinsam eine wirtschaftliche Tätigkeit betreiben, wobei sie jedoch ihre individuelle Stellung verlieren. Bei dem Joint Venture behalten die Partner dagegen ihre Individualität und ihre Autonomie bei, auch wenn die Vertragsgestaltung auf die Verfolgung eines gemeinsamen Interesses abgestellt ist. Darüber hinaus sind die Beschränkung des Zwecks und die meist zeitlich begrenzte Dauer des Joint Venture nur schwer mit der im Gesellschaftsvertrag vorgesehenen Regelung des Gegenstands und der Dauer[3] vereinbar.

Schwierig erscheint auch die Wahl der Gesellschaftsform. Bei den Kapitalgesellschaften entspricht die rigide und formelle Struktur nur schwer dem

---

baus von flüssigen und gasförmigen Kohlenwasserstoffen („ricerca e coltivazione degli idrocarburi liquidi e gassosi": Gesetz Nr. 613 vom 21. 7. 1967) sowie der Werklieferverträge und der öffentlichen Lieferungen („appalti e pubbliche forniture": Gesetz Nr. 584 vom 8. 8. 1977 und Gesetz Nr. 113 vom 30. 3. 1981).

3 Der Gesellschaftsgegenstand besteht in der wirtschaftlichen Tätigkeit, die die Gesellschaft auszuüben gedenkt und die in der Satzung festgelegt werden muß. Die Dauer der Gesellschaft begrenzt praktisch deren Existenz, denn der Ablauf des betreffenden Zeitraums ist ein Grund für die Auflösung der Gesellschaft.

Erfordernis, schnell und einfach einen Zusammenschluß von Unternehmen zu organisieren, die zum Beispiel ein bestimmtes Geschäft abzuwickeln oder an einer Ausschreibung teilzunehmen gedenken. Hier sei nur an die Gründungsformalitäten und an die Abwicklung der Gesellschaft erinnert, um zu verstehen, daß zum Beispiel die Aktiengesellschaft als Gesellschaftsform häufig ungeeignet erscheinen wird, um den Eigenheiten der Joint Venture zu entsprechen[4].

Einfacher sind die Gründungs- und Publizitätsformalitäten bei den Personengesellschaften, die jedoch als Gesellschaftsform für die Joint Venture wenig geeignet sind, da zum einen die Partnerunternehmen in das Risiko eines eventuellen Konkurses verwickelt würden, und zum anderen, da die Möglichkeit der Teilnahme von Kapitalgesellschaften an Personengesellschaften in Italien noch weitgehend ausgeschlossen wird.

Es ergibt sich daher die Notwendigkeit, den Gesellschaftsvertrag und die satzungsmäßige Regelung den besonderen Eigenheiten des Joint Venture anzupassen, was über besondere Nebenabreden erfolgt, deren Inhalt in der Regel nur den Partnern bekannt und zugängig ist.

II. Bildung des Joint Venture

Der Entschluß, ein Joint Venture zu gründen, bedarf, um der Initiative gute Erfolgschancen zu gewährleisten, der eingehenden Prüfung der zur Verfügung stehenden Mittel und der Abgrenzung der jeweiligen Kompetenzen. Der erste Schritt besteht in einer Analyse der eigenen Schwächen und Stärken, das heißt, es geht darum festzustellen, über welche eigenen Mittel das Unternehmen verfügt und inwieweit diese durch den Rückgriff auf eine Zusammenarbeit mit anderen Unternehmen integriert werden müssen. Erst nach Feststellung der kritischen Punkte im betriebsinternen Bereich folgt der nächste Schritt der Partnerwahl, das heißt derjenigen Unternehmen, die geeignet sind, Ressourcen und Kapazitäten zur Verfügung zu stellen, die für die Verwirklichung der Initiative fehlen oder integriert werden müssen.

Nach Abschluß der Vorverhandlungen und Festlegung der Einigungsgrundlagen beginnt die eigentliche Aufbauphase des Joint Ventures. Es müssen die Strukturen und die für die Erreichung der Zweckstellungen geeigneten Instrumente korrekt festgelegt werden. Wichtig ist die Gestaltung der organisatorischen Struktur des Joint Venture und eines geeigneten Kontrollsystems (Zusammensetzung und Tätigkeit des Verwaltungsrats, internes Management des Joint Venture, Informations- und Kontrollmethoden).

---

4 Vgl. hierzu *Bonvicini*, Le joint ventures, op. cit., S. 149 ff.

Die Zusammensetzung des Verwaltungsrats sollte eine ausgeglichene Vertretung der Interessen der „co-ventures" widerspiegeln. Die Zahl der Verwaltungsratsmitglieder liegt in der Regel bei 5–7 Mitgliedern. Sind viele Unternehmen an dem Joint Venture beteiligt, kann es auch 9–11 Mitglieder geben. Grundsätzlich geht die Tendenz jedoch dahin, den Verwaltungsrat so klein wie möglich zu gestalten, um so eine Harmonisierung der Interessen und der Zielstellungen der Partner zu garantieren. Die Modalitäten der Wahl der Verwaltungsratsmitglieder können satzungsmäßig oder auch im Wege von Nebenabreden festgelegt werden. Der Vorsitzende des Verwaltungsrats wird gewöhnlich vom Mehrheitspartner gestellt.

Die Tätigkeit des Verwaltungsrats eines Joint Venture unterscheidet sich grundlegend von der des Verwaltungsrats einer normalen Gesellschaftsstruktur. Dies beruht auf der Funktion des Gemeinschaftsunternehmens. Eine der Hauptaufgaben des Verwaltungsrats des Joint Venture liegt darin, eine Interessenharmonisierung zwischen den Partnern zu erzielen, um so das gegenseitige Vertrauen, auf das sich das Zusammenarbeitsverhältnis stützt, zu gewährleisten.

Wichtig erscheint es auch, von vornherein Lösungen für die Beilegung von Interessenkonflikten vorzusehen, um so Versteifungen und kritische Situationen zu vermeiden. Dies gilt im besonderen für das hälftig gehaltene Joint Venture („shared joint venture"), denn in dem von einem herrschenden Partner kontrollierten Joint Venture („dominant joint venture") werden die Entscheidungen vorwiegend vom „managing partner" getroffen, dem die anderen „co-ventures" die Verantwortung für die Geschäftsführung übertragen haben.

Die Zusammensetzung des Managements wird im allgemeinen bereits während der Vorverhandlungsphase gelegentlich der Festlegung der „Spielregeln" bestimmt, so wie überhaupt die Grundregeln der Übereinkunft bereits in dieser Phase niedergelegt wurden.

Die eigentliche Bildung des Joint Venture erfolgt in der Regel mittels Erstellung einer Reihe von Dokumenten, die, obwohl sie grundlegend mit denen einer normalen Gesellschaftsgründung übereinstimmen, sich von diesen wegen der Vielzahl der Nebenabsprachen unterscheiden. Grundlegend ist festzuhalten, daß die Gründung und die Bildung des Joint Venture gut geplant werden müssen. Die organisatorische Struktur wird in der Regel in der Gründungsurkunde festgelegt, die die Bedingungen für die gemeinsame Tätigkeit und die Modalitäten enthält, unter denen die einzelnen „co-ventures" an der Gemeinschaftsinitiative teilnehmen. In der Satzung werden die Grundregeln für das Funktionieren des Joint Venture festgehalten, die in der Regel durch eine Reihe von Nebenabreden ergänzt werden, die den Ablauf des Joint Ventures regeln (Joint-Venture-Vertrag).

Der Gründung eines dauerhaften und leistungsfähigen Joint Venture geht erhebliche Vorarbeit voraus, handelt es sich doch darum, verschiedene Interessen zu harmonisieren, was über Vereinbarungen zwischen Führungskräften, Gesellschaftern und Geschäftsführern verschiedener Unternehmen erfolgt. Zu diesem Zweck müssen die Absprachen besonders gut ausgearbeitet und schriftlich niedergelegt werden. Wichtig ist, daß die Verhandlungsphase tatsächlich von den zur Vertretung der Unternehmen befugten Personen und nicht von Zwischenhändlern oder Vertretern geführt wird. Die Verhandlungen können langwierig sein und erfordern viel Geduld. Notwendig ist die größtmögliche Klarheit und Offenheit zwischen den Partnern. Es ist ratsam, sich von der Initiative zurückzuziehen, wenn die Einigung nicht mehr als zufriedenstellend ist. Stets angebracht erscheint es, für die definitive Erstellung des Joint-Venture-Vertrages Sachverständige, wie Rechtsanwälte, Steuerberater und dgl., hinzuzuziehen. Genau festzulegen sind die sich auf die Geschäftsführung des Joint Venture beziehenden Aspekte, wie die Verteilung der Befugnisse, deren Form und Beschränkungen zwischen den „co-ventures" und deren Vertretern. Auch die Finanzierungsmodalitäten sollten genau festgehalten werden. Das gleiche gilt für die Verteilung der Gewinne und die sonstige Beteiligung der „co-ventures" an den Vorteilen des Gemeinschaftsunternehmens.

Die Dauer des Joint Venture hängt von der Natur des Projekts ab. Häufig handelt es sich um zeitlich begrenzte Initiativen, während zuweilen auch Joint Ventures mit unbegrenzter Dauer gegründet werden. Trotzdem können die Absprachen infolge besonderer Gegebenheiten eine Abänderung erfordern, die zum Beispiel auf folgende Veränderungen zurückzuführen sind: Branchenentwicklung, Branchenstrategie der Partner, Resultate und Zielstellungen der Partner. In diesem Falle ist es notwendig, die Absprachen einer Revision zu unterziehen, die die Organisation und die Kontrollsysteme regelnden Formeln neu zu fassen und gegebenenfalls das Joint Venture aufzulösen.

Die Auflösung bedeutet nicht immer einen negativen Ausgang des Zusammenarbeitsverhältnisses, sondern könnte auch auf die Erreichung der seitens der Partnerunternehmen angestrebten Zielstellungen folgen. Die Auflösung des Joint Venture bedeutet in der Tat nicht unbedingt die Beendigung der Tätigkeit des Joint Venture. Diese könnte zum Beispiel von einem einzelnen Partner fortgeführt oder von einem Dritten erworben werden. Nachstehend einige Gründe für die Beendigung des Zusammenarbeitsübereinkommens: Erwerb der anderen Kapitalanteile seitens eines der „co-ventures"; Übernahme des gesamten Joint Venture durch Dritte; Fusion eines der Partner mit einem anderen Partner; Liquidation eines oder mehrerer Partner; Nichterfolg der Gemeinschaftsinitiative.

Ein besonders häufiger Auflösungsgrund sind Meinungsverschiedenheiten und Streitigkeiten zwischen den Partnern, die die Fortführung der Zusammenarbeit verhindern. Die Auflösung des Joint Venture erfolgt daher in der Regel infolge Nichterfolg der Zusammenarbeit oder infolge Veränderung der ursprünglich festgelegten Formel oder wegen Meinungsverschiedenheiten zwischen den Partnern.

Manchmal ist vorgesehen, daß die Kapitalanteile für einen gewissen Zeitraum gar nicht und danach nur mit der Zustimmung der anderen Partner übertragen werden können. Die Kriterien für die Auflösung des Joint Venture werden in der Regel gelegentlich der Gründung festgelegt.

Wie eingangs bereits dargelegt, bietet sich unter den im italienischen Rechtssystem bestehenden Koalitionsformen der Gesellschaftsvertrag als geeignetes Instrumentarium für eine in Aussicht genommene Zusammenarbeitsinitiative an. Nachdem, wie ebenfalls ausgeführt, die Personengesellschaft als Gesellschaftsform für die Joint Venture ausscheidet, verbleiben für die Gründung eines Joint Venture die Aktiengesellschaft und die Gesellschaft mit beschränkter Haftung, auf die in der Folge näher eingegangen wird.

III. Formen der Joint Ventures

Nachstehend ein kurzer Überblick über die verschiedenen Gestaltungsformen eines Joint Venture.

Grundsätzlich ist zu unterscheiden zwischen den „incorporated joint ventures", wobei es sich um eine dauerhafte Zusammenarbeit von Unternehmen handelt, die in der Regel mittels Gründung einer gemeinsam kontrollierten Kapitalgesellschaft ihre Verwirklichung findet, und den „contractual joint ventures", die im allgemeinen nur für eine gelegentliche Zusammenarbeit (z. B. die Ausführung eines bestimmten Geschäfts) gebildet werden und in einer vertraglichen Übereinkunft ihren Ausdruck finden, ohne daß jedoch die Gründung eines neuen Rechtswesens vorgesehen wäre.

Diese Unterscheidung erscheint im übrigen nicht unbedingt zutreffend, denn zum einen haben die in Form einer Kapitalgesellschaft oder eines ähnlichen Zusammenschlusses gebildeten Joint Ventures ihren Ursprung auf jeden Fall in vertraglichen Absprachen, und zum anderen werden dieselben, außer durch die Gründungsurkunde und die Satzung, stets durch eine Reihe von vertraglichen Nebenabreden geregelt.

Wie bereits dargelegt, geht der Bildung des Joint Venture eine Vielzahl von Verhandlungen voraus, deren Ergebnisse häufig in einem Rahmenvertrag festgelegt werden, der die Bedingungen hinsichtlich der Form und der Gründung der „joint subsidiary" sowie die Verpflichtungen der Partnerunternehmen enthält, was wiederum zu weiteren Nebenverträgen führen kann. Die Joint Venture kann somit als die Gesamtheit all dieser Vereinbarungen bezeichnet werden, und die gemeinsam kontrollierte Gesellschaft ist im Grunde nichts anderes als ein Instrument, um die gemeinsame Tätigkeit einem selbständigen Rechtswesen zuordnen zu können.

Der Inhalt des Vorvertrags wurde in den vorausgehenden Ausführungen bereits eingehend analysiert. Nachstehend einige kurze Bemerkungen zur Frage der Haftung im Rahmen des Joint Venture. Die Gründung einer Joint Venture in Form einer Kapitalgesellschaft verfolgt in der Regel, zumindest teilweise, den Zweck, die gesamtschuldnerische Haftung zwischen den Partnern auszuschließen. Dem ist nicht so im Falle der für ein bestimmtes Geschäft gebildeten „contractual joint venture", wo der Haftungsausschluß eher eine Ausnahme als die Regel darstellt und im Joint-Venture-Vertrag eindeutig festgelegt werden muß.

Zusammenfassend läßt sich also festhalten, daß die Joint Venture grundsätzlich mittels vertraglicher Einigung zustandekommt. Bei einer „contractual joint venture" enthält der Joint-Venture-Vertrag sämtliche, die Bildung und die Tätigkeit derselben regelnden Einzelheiten. Im Falle einer in Form eines Gesellschafts- oder ähnlichen Zusammenschlusses zu gründenden Joint Venture werden im Rahmenvertrag die Bedingungen der Gemeinschaftsinitiative, die Voraussetzungen und die Natur des Zusammenschlusses unter gleichzeitiger Eingehung der Verpflichtung der Partnerunternehmen zur Gründung des betreffenden Rechtswesens, der eventuelle Haftungsausschluß, die Zusammensetzung der Verwaltungs- und Kontrollorgane sowie die für deren Funktionsfähigkeit vorgesehenen Konditionen, wie Stimmrechtsbindungen und dergleichen, festgelegt. Daneben bestehen verbreitet Nebenabreden zwischen den Parteien, die nur diesen zugänglich sind und in denen die weiteren, für den Erfolg und den reibungslosen Ablauf des Vorhabens erforderlichen Bedingungen niedergelegt sind.

Die Gesamtheit dieser vertraglichen Absprachen ist das Joint Venture: ein vertraglich geregeltes Rechtsgebilde, sei es nun ein zeitlich begrenzter Zusammenschluß für die Ausführung einer bestimmten Initiative, oder ein in Form einer Kapitalgesellschaft zu verwirklichendes Projekt mit allen damit zusammenhängenden Auflagen.

Nachstehend ein Überblick über die wichtigsten Formen der Kapitalgesellschaften und ähnlicher Zusammenschlüsse.

IV. Die Aktiengesellschaft

Die Aktiengesellschaft („società per azioni – S. p. A.")[5], die dadurch gekennzeichnet ist, daß für die Gesellschaftsverbindlichkeiten lediglich die Gesellschaft mit ihrem Gesellschaftsvermögen haftet und daß die Anteile

---

5 Vgl. Art. 2325 ff. italienisches ZGB.

der Gesellschafter durch Aktien dargestellt sind, erweist sich nicht nur für Großunternehmen, sondern auch für mittelständische und auch für kleinere Betriebe als geeignet. Das Mindestkapital der Aktiengesellschaft muß bei ihrer Gründung Lit. 200 Millionen betragen und ist in Aktien eingeteilt.

Die Aktien sämtlicher Gesellschaften mit Sitz im italienischen Staatsgebiet müssen Namensaktien sein. Eine Ausnahme bilden lediglich die Sparaktien. Die Aktien können nicht unter pari begeben werden, und der Nennwert muß stets ein Mehrfaches von Lit. 1000 betragen.

Es gibt folgende Aktiengattungen: Stammaktien („azioni ordinarie"); Vorzugsaktien („azioni privilegiate"); Genußaktien („azioni di godimento"); Sparaktien („azioni di risparmio").

Die Aktien müssen alle den gleichen Wert haben und gestehen den Inhabern die gleichen Rechte zu. Was die Vorzugsaktien anbelangt, so ist die zivilrechtliche Regelung zwar im Sinne der weitestgehenden Privatautonomie orientiert, jedoch ist die Ausgabe dieser Aktien gewissen Einschränkungen unterworfen. So ist die Ausgabe von Mehrstimmrechtsaktien gemäß Art. 2351, Absatz 3, italienisches ZGB verboten. Vorzugsaktien mit Stimmrechtsbeschränkungen können von sämtlichen Aktiengesellschaften ausgegeben werden und genießen Vorzüge bei der Gewinnverteilung.

Die Sparaktien, die wie gesagt Namensaktien sein können, dürfen nur von börsennotierten Gesellschaften begeben werden. Diese Aktiengattung hat Stimmrecht weder in den ordentlichen noch in den außerordentlichen Hauptversammlungen, und die Inhaber sind nicht einmal zur Teilnahme an den Hauptversammlungen berechtigt.

Die Sparaktien haben ein Vorrecht bei der Gewinnverteilung. Sie sind also besonders für die Aktionäre geeignet, die kein Interesse daran haben, aktiv am Geschehen der Gesellschaft teilzunehmen und vielmehr eine größere Sicherheit hinsichtlich des investierten Kapitals und dessen Rendite suchen. Im übrigen genießen die Sparaktien auch Steuerbegünstigung.

Sämtliche Aktiengattungen können teilweise oder voll eingezahlt sein. Im Falle der Übertragung nicht vollgezahlter Aktien haften für die ausstehende Einzahlung an die Gesellschaft sowohl der Verkäufer als auch der Käufer gesamtschuldnerisch.

Sofern in der Gründungsurkunde nichts anderes vorgesehen ist, haben die Gesellschafter ihre Einbringungen grundsätzlich in bar zu leisten. Die Einbringungen in anderer Form, sei es in Sachwerten oder in Form von Forderungen, haben infolge der im Wege der Verwirklichung der EG-Richtlinie im Jahre 1986 in den die Aktiengesellschaften regelnden Bestimmungen der Gesetzesänderung eine Neuregelung erfahren. Im Falle der Einbringung von Sachwerten oder Forderungen ist die Beibringung einer beeidigten Schätzung seitens eines vom Vorsitzenden des für den Gesellschaftssitz zuständigen Landgerichts bestellten Sachverständigen erforderlich. Dieses Gutachten, das der Gründungsurkunde beizuheften ist, muß die Beschreibung der eingebrachten Güter oder Forderungen, die jeweiligen Werte und die Bewertungskriterien enthalten.

Nehmen die Gesellschafter die gezeichneten Einzahlungen nicht vor, so haben die Geschäftsführer der Gesellschaft im Amtsblatt („Gazzetta Ufficiale") eine Einzahlungsmahnung zu veröffentlichen. Kommen die säumigen Gesellschafter nicht innerhalb von 15 Tagen nach Veröffentlichung der Einzahlungsaufforderung nach, so können die Gesellschafter die betreffenden Aktien auf Gefahr des Gesellschafters verkaufen lassen. Dem nicht erfüllenden oder mit seinen Einzahlungen in Verzug geratenen Gesellschafter ist die Ausübung seines Stimmrechts in den Hauptversammlungen untersagt.

Die Organe der Aktiengesellschaft sind die Hauptversammlung, der Verwaltungsrat und der Rechnungsprüferausschuß. Die Hauptversammlung wird von den Geschäftsführern am Gesellschaftssitz oder anderswo, sofern dies aufgrund der Satzung zulässig ist, einberufen. Die Hauptversammlung tritt in ordentlicher oder außerordentlicher Sitzung zusammen. Die ordentliche Hauptversammlung muß mindestens einmal im Jahr innerhalb von 4 Monaten nach Geschäftsjahresschluß einberufen werden. Bei Vorliegen besonderer Erfordernisse, und falls dies in der Satzung vorgesehen ist, kann sie bis 6 Monate nach diesem Datum einberufen werden.

Die ordentliche Hauptversammlung hat folgende Obliegenheiten: Billigung der Jahresbilanz; Bestellung der Geschäftsführer, der Rechnungsprüfer und des Vorsitzenden des Rechnungsprüferausschusses; Festsetzung der Bezüge der Geschäftsführer und der Rechnungsprüfer, sofern diese nicht in der Satzung festgesetzt sind; Beschlußfassung über die Handlungen der Geschäftsführung, die laut Gründungsurkunde der Hauptversammlung vorbehalten sind oder ihr von den Geschäftsführern unterbreitet werden; Entlastung der Geschäftsführer und der Rechnungsprüfer.

Der außerordentlichen Hauptversammlung obliegt die Beschlußfassung über Satzungsänderungen; die Beschlußfassung über die Ausgabe von Schuldverschreibungen; die Bestellung der Liquidatoren und die Festsetzung von deren Bezügen, falls die Gesellschaft aufgelöst wird oder in Liquidation tritt.

Sowohl die ordentliche als auch die außerordentliche Hauptversammlung müssen mittels Bekanntmachung im Amtsblatt („Gazzetta Ufficiale") mindestens 15 Tage vor dem für die Abhaltung festgesetzten Datum einberufen werden. Die Einberufungsmitteilung muß Tag, Ort und Stunde der Hauptversammlung sowie die Tagesordnung enthalten.

Die Hauptversammlung kann auch in Ermangelung vorgenannter Formalitäten ordnungsgemäß tagen, sofern sämtliche Gesellschafter, Geschäftsführer und Rechnungsprüfer anwesend oder vertreten sind (Universalversammlung). Die Hauptversammlung kann sowohl in erster als auch in zweiter Sitzung tagen. Die zweite Sitzung ist vorgesehen, wenn die für die erste Abhaltung vorgeschriebene Mehrheit nicht erreicht wird. Die Mehrheiten sind gesetzlich festgesetzt, können jedoch mittels Satzung abgeändert werden.

Zur Teilnahme an der Hauptversammlung sind sämtliche Gesellschafter berechtigt, die wenigstens 5 Tage vor dem für die Abhaltung der Hauptversammlung festgesetzten Datum im Gesellschafterbuch eingetragen sind und ihre Aktien innerhalb der gleichen Frist beim Gesellschaftssitz oder bei den in der Einberufungsmitteilung angegebenen Banken hinterlegt haben.

Die Gesellschafter können sich in der Hauptversammlung durch eine andere Person mittels schriftlicher Vollmacht vertreten lassen. Nicht vertretungsbefugt sind die Geschäftsführer, die Beschäftigten der Gesellschaft, die kontrollierten Gesellschaften, die Geschäftsführer, Rechnungsprüfer und Beschäftigten der kontrollierten Gesellschaften sowie die Banken.

Die Verwaltung der Aktiengesellschaft kann auch Nichtgesellschaftern übertragen werden. Sind die Geschäftsführer mehr als einer, so bilden sie den Verwaltungsrat, andernfalls wird die Gesellschaft durch einen Einzelgeschäftsführer verwaltet. Die Geschäftsführer werden das erste Mal in der Gründungsurkunde und nachfolgend von der Hauptversammlung bestellt. Die Bestellung der Geschäftsführer kann, sofern in der Satzung nicht anderweitig festgesetzt, die Dauer von drei Jahren nicht überschreiten. Sie können jedoch wiedergewählt werden. Innerhalb von 15 Tagen, nachdem sie Kenntnis von ihrer Bestellung haben, müssen die Geschäftsführer die Eintragung in das bei dem für den Gesellschaftssitz zuständigen Landgericht geführte Gesellschaftsregister beantragen, und diejenigen, die die Gesellschaft gesetzlich vertreten, müssen dort ebenfalls ihre eigenhändige Unterschrift hinterlegen.

Die mit der gesetzlichen Vertretung der Gesellschaft betrauten Geschäftsführer können sämtliche Verwaltungshandlungen vornehmen, die unter den Gesellschaftszweck fallen, wobei sie jedoch die eventuell in der Satzung oder gesetzlich vorgeschriebenen Beschränkungen beachten müssen. Der Rücktritt vom Amt des Geschäftsführers erfolgt mittels Verzicht oder wegen Ablauf der Amtsdauer. Fallen im Laufe des Geschäftsjahrs ein oder mehrere Geschäftsführer weg, so sorgen die verbliebenen für deren Ersetzung mittels Beschluß, der vom Rechnungsprüferausschuß zu billigen ist (Zuwahl). Die neuen Geschäftsführer bleiben bis zur folgenden Hauptversammlung im Amt.

Sollte die Mehrzahl der Geschäftsführer wegfallen, so haben die verbliebenen umgehend die Hauptversammlung zwecks deren Ersetzung einzuberufen. Fallen sämtliche Geschäftsführer (oder der Einzelgeschäftsführer) weg, so wird die Hauptversammlung von den Rechnungsprüfern einberufen, die inzwischen die Handlungen der ordentlichen Geschäftstätigkeit vornehmen können.

Der Verwaltungsrat ist beschlußfähig, wenn die Mehrheit seiner Mitglieder anwesend ist und die Beschlußfassungen mit der Mehrheit der anwesenden Mitglieder erfolgen. Die Bezüge der Geschäftsführer und deren Beteiligung an den erwirtschafteten Gewinnen werden von der Hauptversammlung oder in der Gründungsurkunde festgesetzt.

Die Geschäftsführer können keine Konkurrenztätigkeit zu der der Gesellschaft vornehmen, noch können sie als unbeschränkt haftende Gesellschafter an Konkurrenzunternehmen beteiligt sein. Die Geschäftsführer haften der Gesellschaft gegenüber, wenn sie ihre Aufgaben nicht gesetzes- und satzungsgemäß erfüllen. Sie sind gesamtschuldnerisch haftbar, wenn sie den Geschäftsgang der Gesellschaft nicht ordnungsgemäß überwachen. Die Geschäftsführer haften den Gesellschaftsgläubigern gegenüber, wenn sie nicht ihre Verpflichtung zur Erhaltung des Gesellschaftsvermögens erfüllen.

Die Geschäftsführer sind verpflichtet, die Geschäftsbücher zu führen, am Ende des Geschäftsjahrs eine Bilanz zu erstellen und dieselbe zusammen mit einem Bericht dem Rechnungsprüferausschuß mindestens 30 Tage vor Abhaltung der Hauptversammlung zu unterbreiten. Die Geschäftsführer berufen die ordentliche und die außerordentliche Hauptversammlung ein. Ferner haben sie für die Anmeldung bei den Finanzämtern sowie für die Eintragung ins Gesellschaftsregister Sorge zu tragen.

Der Verwaltungsrat kann die Ausübung seiner Obliegenheiten einem oder mehreren Mitgliedern, den geschäftsführenden Verwaltungsratsmitgliedern („amministratori delegati") übertragen. Nicht übertragbar sind folgende Aufgaben: die Bilanzerstellung; die Abfassung des Berichts zur Jahresbilanz; Kapitalerhöhungen; die Einberufung der Hauptversammlung im Falle des Verlusts eines Drittels des Kapitals.

Die Geschäftsführer und Verwaltungsratsmitglieder können Ausländer und auch im Ausland ansässig sein, wenn dies die Erledigung ihrer Obliegenheiten nicht behindert und sie in der Lage sind, mit einer gewissen Regelmäßigkeit am Sitz der Gesellschaft ihre Tätigkeit abzuwickeln.

Der Rechnungsprüferausschuß besteht aus drei bis fünf ordentlichen Mitgliedern, die keine Gesellschafter zu sein brauchen, sowie aus weiteren zwei stellvertretenden Mitgliedern. Übersteigt das Aktienkapital Lit. 500 Millionen und besteht der Rechnungsprüferausschuß aus drei ordentlichen Mitgliedern, so muß mindestens ein ordentliches und ein stellvertretendes Mitglied in das amtliche Register der Wirtschaftsprüfer eingetragen sein. Besteht der Rechnungsprüferausschuß aus 5 Mitgliedern und überschreitet das Kapital der Gesellschaft Lit. 500 Millionen, so müssen wenigstens zwei ordentliche Mitglieder und ein stellvertretendes Mitglied in vorgenanntem Register eingetragen sein. Liegt das Aktienkapital der Gesellschaft unter Lit. 500 Millionen, so hat die Gesellschaft mindestens ein ordentliches und ein stellvertretendes Mitglied zu bestellen, die im Wirtschaftsprüferregister eingetragen sein müssen.

Die Hauptversammlung wählt unter den Mitgliedern des Rechnungsprüferausschusses dessen Vorsitzenden. Die Rechnungsprüfer werden das erste Mal in der Gründungsurkunde und nachfolgend von der Hauptversammlung bestellt. Sie bleiben im Amt für die Dauer von drei Jahren und sind wiederwählbar. Fällt einer der Rechnungsprüfer wegen Rücktritt, Ablauf der Amtszeit oder Ableben weg, so wird er ersetzt durch eines der stellvertretenden Mitglieder, die in das Wirtschaftsprüferregister eingetragen sind. Andernfalls tritt das älteste stellvertretende Mitglied an dessen Stelle. Die Bezüge der Rechnungsprüfer werden von der Hauptversammlung festgesetzt. Für einige freiberuflich Schaffende werden die Bezüge von den jeweiligen Standesvereinigungen festgelegt.

Der Rechnungsprüferausschuß hat die Aufgabe, die Geschäftsführung und die Beachtung der gesetzlichen und satzungsmäßigen Vorschriften sowie die ordnungsgemäße Führung der Geschäftsbücher und der Buchhaltung zu überwachen. Er kann ferner von den Geschäftsführern Aufklärungen und Angaben hinsichtlich der Geschäftsführung der Gesellschaft verlangen. Bei einem aus drei Mitgliedern bestehenden Rechnungsprüferausschuß muß mindestens ein Mitglied Italiener sein. Bei fünf Mitgliedern müssen zwei Mitglieder die italienische Staatsangehörigkeit besitzen. Auf jeden Fall ist es erforderlich, daß ein stellvertretendes Mitglied über die italienische Staatsangehörigkeit verfügt, da in den vorerwähnten Fällen die Zugehörigkeit zum amtlichen Wirtschaftsprüferregister erforderlich ist, in das nur italienische Staatsangehörige eingetragen werden können.

Die Auflösung der Aktiengesellschaft erfolgt durch Ablauf der Zeitdauer; Erzielung des Gesellschaftszwecks oder Unmöglichkeit der Erzielung; Inaktivität der Hauptversammlung, wodurch das ordnungsgemäße Funktionieren der Gesellschaft unmöglich wird; Reduzierung des Aktienkapitals unter die gesetzlich vorgeschriebene Mindesthöhe, wenn dasselbe nicht wieder hergestellt wird; auf Betreiben der Hauptversammlung; wegen der sonstigen, in der Satzung vorgesehenen Gründe; infolge von Regierungsmaßnahmen in den gesetzlich vorgesehenen Fällen; wegen Konkurs der Gesellschaft, wenn diese eine Handelstätigkeit zum Gegenstand hat.

Bei Eintritt einer dieser Gründe haben die Geschäftsführer die Hauptversammlung zwecks Bestellung der Liquidatoren einzuberufen. Nach stattgefundener Liquidation und Billigung der Schlußbilanz ist diese zusammen mit einem Bericht der Rechnungsprüfer beim Gesellschaftsregister zu hinterlegen. Die Liquidatoren müssen sodann die Streichung der Gesellschaft im Gesellschaftsregister beantragen und die Geschäftsbücher und Unterlagen der Buchhaltung hinterlegen, die für 10 Jahre aufbewahrt werden.

Die Gründung der Aktiengesellschaft kann mittels Vereinbarung sämtlicher Gesellschafter erfolgen, die untereinander die verschiedenen Bedingungen und Gesellschaftsabreden festlegen und sodann die Einzahlungen und die Gesellschaftsgründung vornehmen. Diese Form der Gründung wird allgemein Simultangründung genannt, und die ersten Gesellschafter werden als Gründungsgesellschafter bezeichnet. Eine andere Form der Gründung ist die durch öffentliche Zeichnung (auch Stufen- oder Sukzessivgründung), die jedoch kaum Anwendung findet.

Die Gründungsurkunde der Aktiengesellschaft, die mittels notarieller Urkunde zu erstellen ist, muß folgende Angaben enthalten: Vor- und Zuname, Geburtsdatum und -ort, Wohnort, Staatsangehörigkeit der Gesellschafter und der eventuellen fördernden Mitglieder sowie die Anzahl der von jedem derselben gezeichneten Aktien; Firmenbezeichnung, Gesellschaftssitz und eventuelle Zweigniederlassungen der Gesellschaft; Gesellschaftsgegenstand; Höhe des gezeichneten und des eingezahlten Kapitals; Wert und Anzahl der Aktien und Angabe, ob es sich um Namens- oder Inhaberaktien handelt; Wert der eventuell als Sachwerte eingebrachten Güter und Forderungen; die hinsichtlich der Gewinnverteilung geltenden Bestimmungen; die den fördernden und den Gründungsmitgliedern eventuell vorbehaltene Gewinnbeteiligung; Anzahl der Geschäftsführer und deren Befugnisse, unter Angabe, wem von diesen die gesetzliche Vertretung der Gesellschaft obliegt; Anzahl der Mitglieder des Rechnungsprüferausschusses; Dauer der Gesellschaft.

Interessant erscheint in diesem Zusammenhang die Frage, ob ein Joint-Venture-Vertrag unter den Gesellschaftern einer Aktiengesellschaft zulässig ist oder nicht. Grundsätzlich steht dem nichts im Wege, jedoch dürfte das Gemeinschaftsunternehmen keine Konkurrenztätigkeit zu der der Aktiengesellschaft abwickeln. Artikel 2373 italienisches ZGB besagt hierzu, daß Gesellschafter, die für eigene Rechnung oder für Rechnung Dritter in Interessenkonflikt zu denen der Gesellschaft stehen, an den betreffenden Hauptversammlungsbeschlüssen nicht teilnehmen dürfen. Sofern somit die Teilnahme von Gesellschaftern einer Aktiengesellschaft an einem Joint Venture das Entstehen von Interessenkonflikten mit sich bringen würde, wären die Gesellschafter in ihren Beschlüssen und in ihrer Handlungsfähigkeit im Rahmen der Aktiengesellschaft gehemmt.

Das gleiche gilt im übrigen auch für die Geschäftsführer bzw. Verwaltungsratsmitglieder der Aktiengesellschaft.

Um die Gründung der Aktiengesellschaft vornehmen zu können, ist weiterhin erforderlich, daß das gesamte Aktienkapital gezeichnet ist; daß mindestens 3/10 der in bar eingebrachten Beträge bei einem italienischen Kreditinstitut hinterlegt worden sind; daß sämtliche, aufgrund eventueller Sondergesetze für die Gründung der Gesellschaft wegen ihrer besonderen Tätigkeit (zum Beispiel Banken und Versicherungen) erforderlichen Regierungs- und sonstigen Genehmigungen beigebracht werden.

Hinsichtlich der Einzahlung der 3/10 oder des gesamten Aktienkapitals ist zu bemerken, daß die vorher bestehende Verpflichtung der ausschließlichen zinslosen Einzahlung bei der Banca d'Italia abgeschafft worden ist. Heute kann die Einzahlung bei jeder italienischen Außenhandelsbank erfolgen, die auf das Depot auch Zinsen gewährt. Die hinterlegten Beträge gelangen an die Geschäftsführer zur Auszahlung, sobald die Gesellschaft ordnungsgemäß gegründet ist und der Nachweis der stattgefundenen Eintragung im Gesellschaftsregister und bei der Handelskammer erbracht werden kann. Sollte die Gesellschaft nach Ablauf eines Jahres noch nicht eingetragen sein, müssen die hinterlegten Beträge an die Zeichner zurückgezahlt werden.

Die Gründungsurkunde muß zusammen mit den Anlagen (Unterlagen betreffend die erfolgte teilweise oder gänzliche Kapitaleinzahlung, Schätzungsbericht im Falle der Einbringung von Sachwerten, eventuelle Genehmigungen, Vollmachten usw.) innerhalb von 30 Tagen auf Betreiben des Notars oder der Geschäftsführer bei der Geschäftsstelle des Landgerichts, bei dem das Gesellschaftsregister geführt wird, zusammen mit einem Antrag auf Genehmigung der Gründungsurkunde hinterlegt werden. Das Landgericht prüft die Unterlagen, und wenn dieselben in Ordnung befunden werden, ordnet es die Eintragung der Gesellschaft ins Gesellschaftsregister an.

Danach müssen die Gründungsurkunde und die Satzung im Amtsblatt für Aktiengesellschaften und Gesellschaften mit beschränkter Haftung („BUSARL") veröffentlicht werden.

Ferner ist die Gründungsurkunde bei der Geschäftsstelle des Landgerichts zwecks Eintragung in das Gesellschaftsregister zusammen mit einer beglaubigten Ausfertigung des Genehmigungsbeschlusses und dem Einzahlungsbeleg über die staatliche Konzessionsgebühr zu hinterlegen. Die Hinterlegung hat innerhalb von 30 Tagen nach Genehmigung durch das Landgericht zu erfolgen.

Die Eintragung in das Gesellschaftsregister ist insofern von Bedeutung, als die Gesellschaft damit die Rechtspersönlichkeit erlangt. Bis zu diesem Zeitpunkt haften die Gesellschafter für die eventuell im Namen der Gesellschaft vorgenommenen Handlungen Dritten gegenüber gesamtschuldnerisch und unbeschränkt. Die Begebung und die Veräußerung von Aktien vor der Eintragung der Gesellschaft im Gesellschaftsregister sind nichtig.

Innerhalb von 15 Tagen nach Kenntnisnahme ihrer Bestellung müssen die Geschäftsführer die Annahme des Amtes beim Gesellschaftsregister zusammen mit ihrer Unterschriftsprobe hinterlegen. Das gleiche gilt für die Mitglieder des Rechnungsprüferausschusses. Alle diese Unterlagen müssen im Amtsblatt der Aktiengesellschaften und der Gesellschaften mit beschränkter Haftung („BUSARL") veröffentlicht werden.

Gleichzeitig ist die Eintragung bei der Handelskammer zu beantragen. Dem Antrag ist eine beglaubigte Ausfertigung der Gründungsurkunde und der Satzung beizufügen. Auch bei der Handelskammer müssen die Unterschriften der Geschäftsführer hinterlegt werden. Die Unterschriften sind notariell zu beglaubigen.

Ferner ist die stattgefundene Gesellschaftsgründung dem zuständigen Finanzamt für direkte Steuern unter Beifügung einer Ausfertigung der Gründungsurkunde anzuzeigen.

V. Die Gesellschaft mit beschränkter Haftung

Die Gesellschaft mit beschrankter Haftung („società a responsabilità limitata − s. r. l.")[6] stellt wohl die verbreitetste Form der Kapitalgesellschaft italienischen Rechts dar. Da eine Vielzahl der die Aktiengesellschaft regelnden Bestimmungen auch auf die Gesellschaft mit beschränkter Haftung Anwendung findet, sei hier auf die vorstehenden Ausführungen zur Aktiengesellschaft verwiesen.

Grundlegende charakteristische Eigenschaft dieser Gesellschaftsform ist, daß die Gesellschafter für die Gesellschaftsverbindlichkeiten beschränkt auf den von ihnen gezeichneten Kapitalanteil haften. Die Gesellschafteranteile werden weder durch Aktien noch durch andere Titel verkörpert. Die Firmenbezeichnung, wobei es sich um jedwede Formulierung handeln kann, muß den Zusatz s. r. l. (GmbH) enthalten. Die Gesellschaft mit beschränkter Haftung muß stets von mindestens zwei Gesellschaftern gegründet werden, da die Form der Einmanngesellschaft nach italienischem Recht nicht zulässig ist.

Das für die Gründung erforderliche Mindestkapital beträgt Lit. 20 Millionen. Hiervon brauchen nur 3/10 eingezahlt zu werden. Die Entscheidung hinsichtlich des Zeitpunkts der nachfolgenden Kapitaleinzahlung bleibt

---

6 Vgl. Art. 2472 ff. ZGB.

den Gesellschaftern überlassen. Das Kapital ist eingeteilt in Anteile im Nennwert von Lit. 1000 oder einem Vielfachen von Tausend. Vorbehaltlich gegenteiliger satzungsmäßiger Bestimmung sind die Anteile teilbar, jedoch darf der Teilbetrag Lit. 1000 nicht unterschreiten. Im Falle der Veräußerung des Kapitalanteils haftet der Verkäufer gesamtschuldnerisch mit dem Käufer der Gesellschaft gegenüber für einen Zeitraum von 3 Jahren vom Zeitpunkt des Verkaufs für die noch ausstehenden Kapitaleinzahlungen.

Die Verwaltungsorgane der s. r. l. sind die Hauptversammlung und der Verwaltungsrat, sofern die Geschäftsführung aus mehreren Personen besteht. Verbreitet ist die Person des Einzelgeschäftsführers, um keinen kostenaufwendigen Verwaltungsapparat zu schaffen. Die Mitglieder der Geschäftsführung werden in der Gründungsurkunde oder durch die Hauptversammlung bestellt. Soll es sich hierbei um Nichtgesellschafter handeln, so muß dies ausdrücklich in der Satzung festgelegt werden. Auch die Geschäftsführer müssen innerhalb von 15 Tagen nach Kenntnisnahme ihre Ernennung beim Gesellschaftsregister hinterlegen. Ihre Amtsdauer ist unbeschränkt.

Für die Gesellschaft mit beschränkter Haftung ist nur dann ein Rechnungsprüferausschuß vorgeschrieben, wenn ihr Kapital Lit. 100 Millionen übersteigt.

Die Einberufung der Hauptversammlung ist mit geringerem formellem Aufwand verbunden als bei der Aktiengesellschaft. Die Einberufung erfolgt auf Betreiben der Geschäftsführer mittels Einschreibebrief, der mindestens 8 Tage vor dem für die Abhaltung der Gesellschafterversammlung festgesetzten Datum an die im Gesellschafterbuch erscheinende Anschrift der Gesellschafter zu richten ist und auch die Tagesordnung enthalten muß. Auch bei der Gesellschaft mit beschränkter Haftung ist die Abhaltung der Gesellschafterversammlung in Form einer Universalversammlung möglich.

Jeder Anteil von Lit. 1000 berechtigt zu einer Stimme. Die ordentliche Gesellschafterversammlung beschließt mit der Zustimmung der Gesellschafter, die mehr als die Hälfte des Gesellschaftskapitals vertreten, während in der außerordentlichen Gesellschafterversammlung eine Zweidrittelmehrheit erforderlich ist. Hauptversammlungen in zweiter Sitzung sind nicht vorgesehen. Über die außerordentlichen Gesellschafterversammlungen wird eine notarielle Urkunde erstellt.

Die Gesellschaft mit beschränkter Haftung kann keine Schuldverschreibungen begeben.

Die Gründung der s. r. l. hat ebenfalls mittels notarieller Urkunde zu erfolgen. Die Gründungsurkunde muß folgende Angaben enthalten: Vor- und Zuname, Geburtsdatum und -ort, Wohnort und Staatsangehörigkeit der einzelnen Gesellschafter; Firmenbezeichnung, Gesellschaftssitz und eventuelle Zweigstellen; Gesellschaftsgegenstand; Höhe des gezeichneten und eingezahlten Kapitals; Angabe des seitens jedes einzelnen Gesellschafters eingebrachten Anteils sowie den Wert der eingebrachten Güter und Forderungen; Bestimmungen hinsichtlich der Gewinnverteilung; Vor- und Zuname, Geburtsdatum und -ort sowie Anzahl der Geschäftsführer unter Angabe der entsprechenden Befugnisse und des gesetzlichen Vertreters der Gesellschaft; Vor- und Zuname, Geburtsdatum und -ort der Mitglieder des Rechnungsprüferausschusses (soweit vorhanden); Dauer der Gesellschaft.

Auch für die Gesellschaft mit beschränkter Haftung gelten die unter den „Aktiengesellschaften" bereits beschriebenen, durch Interessenkonflikte bedingten Beschränkungen hinsichtlich der Teilnahme der Gesellschafter und der Geschäftsführer an Joint-Venture-Verträgen.

Die Einzahlung des Gesellschaftskapitals (3/10 oder das gesamte Kapital) hat, wie für die Aktiengesellschaften beschrieben, über eine italienische Außenhandelsbank zu erfolgen.

Die Vorgehensweise hinsichtlich der Genehmigung durch das Landgericht, der Eintragung ins Gesellschaftsregister sowie bei der Handelskammer ist mit der für die Aktiengesellschaft beschriebenen identisch.

VI. Die Konsortien

Wie bereits eingangs erwähnt, gibt es in Italien gesetzgeberische Ansätze einer Regelung der Unternehmenszusammenarbeit. Hier sei das Gesetz Nr. 377 vom 10.5.1976 erwähnt, mit dem Neuerungen auf dem Gebiet der Konsortialzusammenschlüsse[7] eingeführt wurden, denen zufolge das Konsortium sich als ein weiteres Instrumentarium für die Bildung von Joint Ventures anbietet. Aufgrund der mit besagtem Gesetz eingeführten Neuformulierung des Art. 2602 ZGB wird das Konsortium nunmehr definiert als ein Vertrag, mit dem mehrere Unternehmer eine Gemeinschaftsorganisation bilden für die Regelung und den Ablauf bestimmter Unternehmensphasen. Diese können vielfältiger Natur sein und sind nicht unbedingt streng an die jeweilige Tätigkeit gebunden. Die technologische Forschung, der Erwerb von Rohstoffen, die Unterhaltung von Anlagen, aber auch die Entwicklung der Produktionstätigkeit und die Vermarktung der Erzeugnisse, wie zum Beispiel der gemeinsame Erwerb von Rohstoffen, die Bildung eines gemeinsamen Verteilernetzes, die Schaffung von Qualitätsmarken, die Koordinierung der Produktion der Konsorten, der gemeinsame Betrieb von EDV- und Buchungszentren, alles dies sind Aktivitäten, die in Form eines Konsortiums betrieben werden können. Bei den am Konsor-

---

7 Das Rechtsgebilde der Konsortien ist in den Artikeln 2602 ff. italienisches ZGB geregelt.

tium Beteiligten muß es sich um Unternehmer handeln, wobei die Gesellschaftsform unerheblich ist. Jedes Unternehmen behält jedoch außerhalb der gemeinsamen Konsortialtätigkeit seine völlige Individualität bei.

Das Gesetz unterscheidet zwischen Konsortien mit Innentätigkeit („consorzi con attività interna"), solchen mit Außentätigkeit („consorzi con attività esterna") und Konsortialgesellschaften („società consortili"). Konsortien mit Innentätigkeit sind solche, deren Organisation lediglich auf eine Regelung der Beziehungen zwischen den am Konsortium Beteiligten, die Erfüllung der seitens derselben eingegangenen Verpflichtungen, die Auferlegung von Sanktionen im Falle der Nichterfüllung und die Beilegung von Streitigkeiten ausgerichtet ist. Das Konsortium mit Innentätigkeit wickelt keine Tätigkeit mit Dritten ab, auch wenn es im Rahmen seiner Aktivität mit Dritten in Beziehung tritt, wie zum Beispiel im Falle der Einstellung von Beschäftigten.

Daneben gibt es Konsortien mit Außentätigkeit, die in den Art. 2612–2615 italienisches ZGB geregelt sind und die ihre Tätigkeit mit Dritten abwickeln. Vorgenannte Artikel sehen zum Schutze der mit dem Konsortium und dessen Organisation in Beziehung tretenden Dritten eine Reihe von Publizitätsvorschriften über den Vermögensstand und die das Konsortium betreffenden Angaben vor.

Aufgrund des mit Gesetz Nr. 377 vom 10.5.1976 eingeführten Art. 2615-ter ZGB besteht nunmehr Gewißheit dahingehend, daß Konsortien auch in Form einer Gesellschaft betrieben werden können[8].

Konsortien werden mit Konsortialvertrag gegründet, dessen Form und Inhalt in Art. 2603 ZGB festgelegt sind. Der Vertrag muß schriftlich abgefaßt werden. Sieht der Konsortialvertrag die Einbringung von Immobilien oder dinglichen Rechten an unbeweglichen Gütern seitens der Konsorten vor, so muß der Vertrag mittels notarieller Urkunde oder mittels beglaubigter privatschriftlicher Urkunde erstellt werden, die im Grundbuch eingetragen werden muß.

Der Konsortialvertrag muß folgende Angaben enthalten: Zweck des Konsortiums; Dauer; Sitz der eventuell eingerichteten Geschäftsstelle[9]; die seitens der am Konsortium Beteiligten eingegangenen Verpflichtungen und zu leistenden Beiträge; Aufgaben und Befugnisse der Konsortialorgane, auch im Hinblick auf deren Vertretung vor Gericht; Bedingungen für den

---

8 Art. 2615-ter besagt in der Tat, daß die offenen Handelsgesellschaften, die Kommanditgesellschaften, die Aktiengesellschaften und die Gesellschaften mit beschränkter Haftung als Gesellschaftsgegenstand Konsortialzwecke verfolgen können.
9 Art. 2612 ital. ZGB besagt hierzu, daß, falls der Konsortialvertrag die Einrichtung einer Geschäftsstelle mit Außentätigkeit vorsieht, ein Auszug des Vertrags binnen 30 Tagen nach seinem Abschluß bei dem für den Sitz der Geschäftsstelle zuständigen Handelsregister hinterlegt werden muß.

Beitritt neuer Mitglieder; Rücktritt und Ausschluß der Konsorten; Sanktionen im Falle der Nichterfüllung von Konsortialverpflichtungen; Anteile der einzelnen Konsorten und Kriterien hinsichtlich deren Festlegung.

Im einzelnen ist hierzu zu bemerken, daß es sich bei den seitens der Konsorten eingegangenen Verpflichtungen sowohl um die Einbringung wirtschaftlicher Mittel, die für die Tätigkeit des Konsortiums erforderlich sind, als auch um besondere Auflagen (wie zum Beispiel die, bestimmte Erzeugnisse nur vom Konsortium zu beziehen oder an dasselbe zu liefern) handeln kann. Um eine reibungslose Abwicklung der Konsortialvereinbarungen zu gewährleisten, erscheint es angebracht, daß diese Verpflichtungen im Vertrag genau festgelegt werden.

Auch die seitens der am Konsortium Beteiligten zu leistenden Beiträge, und zwar im besonderen die in der Anfangsphase zu leistenden, sollten im Konsortialvertrag genau festgelegt werden, während die im Hinblick auf die konkrete Tätigkeit des Konsortiums im späteren Ablauf zu erbringenden Beiträge der Beschlußfassung der Konsorten überlassen bleiben können.

Das Gesetz besagt nichts hinsichtlich der Konsortialorgane und deren Obliegenheiten. Dies ist wahrscheinlich dem Umstand zuzuschreiben, daß es verschiedene Typen von Konsortien gibt und daß der Gesetzgeber den Unternehmern die Ausgestaltung ihrer Konsortialorganisation vorbehalten hat. Je nach der Eigenheit des Konsortiums kann es somit ein oder mehrere Organe geben, wobei Kontrollorgane (Rechnungsprüferausschuß), beschließende Organe (Konsortialversammlung) oder reine Exekutivorgane (Geschäftsführer, Direktoren, Vorstand) vorgesehen sein können.

Hinsichtlich des Beitritts neuer Mitglieder ist zu bemerken, daß es sich bei dem Konsortialvertrag grundlegend um einen offenen Vertrag handelt und daß die Zahl der Mitglieder sich somit erhöhen kann. Der Vertrag sollte daher die Beitrittsbedingungen und Angaben enthalten, welches Organ über die Aufnahme neuer Mitglieder beschließt. Die Zahl der am Konsortium Beteiligten kann im Hinblick auf die Zielstellungen begrenzt oder der Beitritt der Entrichtung einer Aufnahmegebühr unterworfen werden.

Im Konsortialvertrag sollten Bestimmungen hinsichtlich des Rücktritts oder des Ausschlusses der Konsorten festgelegt werden. So kann zum Beispiel vereinbart werden, daß ausreichender Grund für den Rücktritt oder den Ausschluß all jene Ursachen sind, die das Verbleiben der Konsorten im Konsortium als nutzlos oder gefährlich erscheinen lassen (Konkurs, Einstellung oder Änderung der ursprünglichen Tätigkeit, Nichterfüllung der Konsortialverpflichtungen).

Verbreitet finden sich in der Praxis Klauseln, die Sanktionen für den Fall der Nichterfüllung der seitens der am Konsortium Beteiligten eingegangenen Verpflichtungen enthalten. Ferner sollte im Konsortialvertrag eine

Schiedsklausel betreffend die Beilegung eventueller Streitigkeiten vorgesehen sein.

Der Konsortialvertrag kann nur mit einstimmiger Zustimmung aller am Konsortium Beteiligten abgeändert werden. Sämtliche Änderungen müssen zwecks Abwendung der Nichtigkeit schriftlich erfolgen. Im Vertrag kann festgelegt werden, daß der Vertrag mit bestimmten Mehrheiten (nach Anteilen, einfache oder qualifizierte Mehrheit) abgeändert werden kann, andernfalls die Zustimmung sämtlicher Konsorten erforderlich ist.

Die Zusammensetzung des Exekutivorgans und dessen Aufgaben werden ebenfalls durch den Konsortialvertrag geregelt. Geschäftsführer können sowohl am Konsortium Beteiligte als auch Außenstehende sein. Werden die Mitglieder des Verwaltungsorgans bei Abschluß des Konsortialvertrags einstimmig von allen Konsorten ernannt, so bedarf deren Abberufung gleichfalls der einstimmigen Zustimmung. Werden sie mit Stimmenmehrheit ernannt, so ist auch für deren Abberufung die Stimmenmehrheit erforderlich. Auf die Ernennung muß die Annahme folgen.

Die Zahl der Geschäftsführer und deren Aufgaben werden von den am Konsortium Beteiligten festgesetzt. Es kann somit ein Einzelgeschäftsführer oder ein Verwaltungsrat unter Festsetzung der Mitgliederzahl eingesetzt werden. Es kann auch ein Vorstand vorgesehen werden, der aus einer gewissen Anzahl von Verwaltungsratsmitgliedern besteht und dem die Aufgaben der ordentlichen Geschäftsführung übertragen werden. Ist ein Verwaltungsrat vorgesehen, so fungiert dessen Vorsitzender in der Regel als gesetzlicher Vertreter des Konsortiums. Es können auch Generaldirektoren oder Prokuristen ernannt werden, deren Aufgaben ebenfalls genau festgelegt werden müssen.

Die am Konsortium Beteiligten können ihren Anteil nicht veräußern, wie dies bei den Gesellschaften der Fall ist. Die Übertragung des Anteils kann auch nicht infolge Nachfolge wegen Todes des Unternehmers erfolgen. Die Übertragung des Anteils ist nur bei Veräußerung des Unternehmens möglich. In diesem Falle wird der Erwerber des Unternehmens Konsorte. Besteht ein gerechtfertigter Grund, so können die am Konsortium Beteiligten, im Falle der Übertragung des Unternehmens unter Lebenden, binnen einem Monat nach Bekanntwerden den Ausschluß des Erwerbers aus dem Konsortium beschließen.

Die Auflösung des Konsortiums kann aus nachstehenden Gründen erfolgen: wegen Zeitablauf; Erfüllung des festgesetzten Zwecks oder Unmöglichkeit der Erfüllung; einstimmiger Beschluß der am Konsortium Beteiligten; Beschluß der Konsorten gemäß Art. 2606 ZGB, sofern ein gerechtfertigter Grund vorliegt; aus anderen, im Konsortialvertrag vorgesehenen Gründen (Wegfall eines oder mehrerer Konsorten, Nichterreichung einer der vertraglich festgesetzten Zielstellungen). Eine Liquidationsphase ist gesetzlich nicht vorgesehen. Die Konsortien mit Außenwirkung sollten daher im Konsortialvertrag zwingend Bestimmungen hinsichtlich der Liquidation des Konsortiums festsetzen. Auch für die Konsortien mit Innenwirkung erscheint es angebracht, im Konsortialvertrag ebenfalls Bestimmungen hinsichtlich der Liquidation, der Ernennung des Liquidators und dessen Befugnissen zu vereinbaren.

Was die Konsortien mit Außenwirkung anbelangt, so sei festgehalten, daß diese außer einer Koordinierung der Tätigkeit der am Konsortium Beteiligten (der Innenwirkung des Konsortiums) auch eine Tätigkeit mit Dritten abwickeln und Verpflichtungen mit Dritten für Rechnung der Konsorten eingehen. Da diese Konsortien in die verschiedenartigsten Rechtsbeziehungen zu Dritten treten und im Namen und unter Haftung des Konsortiums für Rechnung der am Konsortium Beteiligten Verpflichtungen eingehen, hat der Gesetzgeber einen Schutz der Dritten vorgesehen, indem er letzteren die erforderlichen Kenntnisse über die Organisation und den Vermögensstand des Konsortiums an Hand gibt. Die Konsortien mit Außenwirkung unterliegen in der Tat bestimmten Publizitätsvorschriften, die zum Beispiel die Eintragung im Handelsregister, am Ort der Geschäftsstelle, eines Auszugs des Konsortialvertrags binnen 30 Tagen nach Vertragsabschluß zum Gegenstand haben.

Das Gesetz besagt nichts hinsichtlich des Vorhandenseins einer Versammlung im Rahmen des Konsortiums. Da die Versammlung der Mitglieder jedoch stets das geeignetste Instrumentarium ist, über das der Wille der Partner seinen Ausdruck findet, erscheint es angebracht, das Bestehen eines solchen Organs in die Satzung aufzunehmen. Festzulegen sind auch die Bestimmungen hinsichtlich deren Aufgabengebiet (zum Beispiel Wahl der Mitglieder der anderen Konsortialorgane, Formulierung von Tätigkeitsprogrammen, Abänderungen der Satzung usw.) sowie die Einberufungsmodalitäten, die für die Beschlußfassungen erforderlichen Mehrheiten usw.

Ebenfalls gesetzlich vorgesehen ist die Einrichtung eines Konsortialfonds, der aus den Beiträgen der Konsorten gespeist wird, und zwar sowohl den bei Gründung des Konsortiums als auch im Laufe dessen Bestehens geleisteten Beiträgen. Bei dem so gebildeten Fonds handelt es sich um ein eigenständiges Vermögen des Konsortiums, und zwar sowohl gegenüber den Konsorten als auch gegenüber deren Gläubigern. In keinem Fall können die Gläubiger der Konsorten ihre Forderungen gegenüber dem Konsortialfonds geltend machen. Die am Konsortium Beteiligten können die Liquidation des ihnen am Konsortialfonds zustehenden Anteils lediglich im Falle des Rücktritts oder des Ausschlusses verlangen. Eine Auflösung des Fonds während der Dauer des Bestehens des Konsortiums ist in keinem Fall möglich.

Mit Gesetz Nr. 377 vom 10. 5. 1976 wurde die Bestimmung eingeführt, daß Dritte für die im Namen des Konsortiums von den Vertretungsberechtigten eingegangenen Verpflichtungen ihre Rechte ausschließlich gegenüber dem Konsortialfonds geltend machen können. Damit wurde die vorherige Regelung der unbeschränkten und selbstschuldnerischen Haftung derjenigen abgeschafft, die im Namen des Konsortiums gehandelt hatten. Der Konsortialfonds stellt somit das Hauptvermögenselement des Konsortiums dar, auf das die Gläubiger zurückgreifen können. Daraus resultiert die mit Art. 2615-bis ZGB eingeführte Notwendigkeit, die jeweilige Vermögenslage des Konsortiums jeweils zwei Monate nach Abschluß des Geschäftsjahres mittels Hinterlegung des Status beim Handelsregister offenzulegen.

Trotzdem bleiben nicht unerhebliche Zweifel hinsichtlich des Schutzes der Dritten, denn das Gesetz setzt keinen Mindestbetrag für den Konsortialfonds fest. Hieraus folgert, daß dieser für die Abwicklung der Tätigkeit des Konsortiums und im Notfall für die Befriedigung der Gläubiger des Konsortiums sich als nicht ausreichend erweisen könnte. Das Gesetz enthält ferner keine Regelung hinsichtlich des gänzlichen oder teilweisen Verlustes des Konsortialfonds, so wie auch keine Bestimmungen betreffend die Bildung von Rücklagen und Rückstellungen, das Vorhandensein eines Kontrollorgans usw. vorgesehen sind. Des weiteren unterliegt die Gründung eines Konsortiums keiner Genehmigungsformalität, so daß die Eintragung ins Unternehmensregister ohne jedwede vorherige Legitimitätsprüfung erfolgt.

VII. Die Konsortialgesellschaft

Der mit Gesetz Nr. 377 vom 10. 5. 1976 eingeführte Art. 2615-ter ZGB sieht vor, daß bestimmte Gesellschaften als Gesellschaftszweck die in Art. 2602 vorgesehene Zielstellung eines Konsortiums haben können. Es handelt sich hierbei um die offene Handelsgesellschaft, die Kommanditgesellschaft, die Aktiengesellschaft und die Gesellschaft mit beschränkter Haftung. Im Falle einer Personengesellschaft haften die Gesellschafter unbeschränkt mit ihrem Vermögen, in Abweichung von der für die Konsortien bestehenden Regelung, die keine Haftung seitens der im Namen des Konsortiums auftretenden Personen vorsieht[10].

Ansonsten findet die für die jeweiligen Gesellschaftsformen geltende Regelung Anwendung. Dies gilt im besonderen hinsichtlich des vorgeschriebenen Mindestkapitals. Das Gesellschaftskapital wird durch die bei Gründung und nachfolgend im Laufe des Bestehens des Konsortiums seitens der Konsorten eingezahlten Beiträge gebildet. Hinzuzufügen ist, daß die in Form einer Gesellschaft geführten Konsortien formell Gesellschaften sind,

---

10 Vgl. hierzu *Simonetto*, „Consorzi". Primi appunti sulla legge 10. 5. 76 n. 377, Rivista delle società, 1977, S. 807.

während substantiell jedoch die Eigenheiten des Konsortiums überwiegen. In diesem Sinne hat sich auch der Oberste Gerichtshof ausgesprochen[11].

Hieraus folgert, daß die in Frage stehenden Gesellschaften die Bestimmungen der Art. 2603, 2609 und 2610 ZGB betreffend Form und Inhalt des Konsortialvertrags, den Rücktritt vom Konsortium, die Nichtveräußerung der Anteile sowie die Auflösung des Konsortiums beachten müssen.

Der Begriff der gemischten Konsortialgesellschaft („società consortile mista") geht zurück auf das Gesetz Nr. 240 vom 21. 5. 1981[12].

Es handelt sich hierbei um eine zwischen kleinen und mittleren, in der Industrie, im Dienstleistungsgewerbe und im Handwerk tätigen Unternehmen gegründete Gesellschaft, an der auch öffentliche Körperschaften beteiligt sein können. Besagte gemischte Konsortialgesellschaften müssen von nicht weniger als fünf Unternehmen gegründet werden. Sie können in den im Gesetz aufgeführten Sektoren tätig sein und genießen die gesetzlich vorgesehenen finanziellen Begünstigungen, die über die Regionen gewährt werden.

Mit Gesetz Nr. 113 vom 30. 3. 1981[13] wurden Bestimmungen in Angleichung der Ausschreibungsverfahren öffentlicher Lieferungen an die EG-Direktiven eingeführt. Das Gesetz sieht den zeitweiligen Zusammenschluß von Unternehmen für die Übernahme von öffentlichen Lieferungen vor. Die Modalitäten für die Angebotsabgabe und die Verdingung sind im Gesetz vorgeschrieben. Den Gesetzesbestimmungen zufolge können an den Ausschreibungen öffentlicher Lieferungen eigens zu diesem Zweck zeitweilig zusammengeschlossene Unternehmen teilnehmen. Die Angebote müssen zusammen von allen Unternehmen unterschrieben sein und genaue Angaben enthalten, welche Teile der Lieferung von den einzelnen Unternehmen ausgeführt werden. Die Unternehmen müssen sich verpflichten, im Falle des Zuschlags des Auftrags sich an die gesetzlich vorgeschriebenen Bestimmungen hinsichtlich der Beziehungen zwischen den Unternehmen und der öffentlichen Körperschaft anzugleichen. Das gemeinsame Angebot bedingt die solidarische Haftung seitens sämtlicher zusammengeschlossener Gesellschaften gegenüber dem öffentlichen Auftraggeber.

Joint Ventures können somit sowohl als Konsortien, aber auch in Form von Konsortialgesellschaften gegründet werden. Die Konsortien unterliegen der vorab dargelegten Regelung. Wird für die Bildung einer Joint Venture dagegen die Konsortialgesellschaft gemäß Art. 2615ter ZGB gewählt, so finden

---

11 So besagt Urteil Nr. 5787 vom 4. 11. 1982: „Wenn eine Handelsgesellschaft gemäß den Bestimmungen des Art. 2615-ter ZGB für die Verfolgung eines Konsortialzwecks gegründet wird, so finden auf diese die in Art. 2602 ff. für die Konsortien vorgesehenen Bestimmungen Anwendung."

12 Veröffentlicht in der G. U. (Offizielles Amtsblatt) Nr. 143 vom 27. 5. 1981.

13 Veröffentlicht in der G. U. (Amtsblatt) Nr. 93 vom 3. 4. 1981.

auf dieselbe einerseits die die jeweilige Gesellschaftsform regelnden Gesetzesbestimmungen Anwendung, während jedoch andererseits die für die Konsortien zutreffenden Eigenheiten nicht außer acht gelassen werden dürfen.

VIII. Der zeitweilige Unternehmenszusammenschluß

Die mit Gesetz Nr. 584 vom 8. 8. 1977 eingeführte Figur des zeitweiligen Unternehmenszusammenschlusses („raggruppamento temporaneo fra imprese") hat in der Praxis verbreitet Anwendung gefunden, stieß jedoch gleichzeitig auf zahlreiche Schwierigkeiten, vor allem im Falle der Ausführung unteilbarer Aufträge. Diesem hat das Gesetz Nr. 687 vom 8. 10. 1984 versucht, Abhilfe zu schaffen. Art. 9 dieses Gesetzes besagt, daß Einzelunternehmen oder solche, die sich zwecks Teilnahme an öffentlichen Ausschreibungen zusammenzuschließen gedenken, an diesen teilnehmen können, auch wenn sie, was die kategorie- und betragsmäßige Begrenzung anbelangt, nicht über die erforderlichen Voraussetzungen verfügen. Um jedoch zu vermeiden, daß ein Großteil des Auftrags von technisch nicht qualifizierten Unternehmen ausgeführt wird, sieht das Gesetz vor, daß die Arbeiten, die zusammengeschlossenen Unternehmen übertragen werden, die nicht über die Voraussetzungen für die Eintragung im „Albo Nazionale dei Costruttori" verfügen, insgesamt 20% des Gesamtbetrags der Arbeiten nicht überschreiten dürfen.

Die wichtigste Neuerung im Rahmen des vorgenannten Gesetzes betrifft jedoch die Einführung des Art. 23-bis zum Gesetz Nr. 584/77. Besagter Artikel sieht die Gründung einer Gesellschaft vor, an der sich sämtliche Subjekte des zeitweiligen Zusammenschlusses beteiligen können. Besagte Gesellschaft fällt unter die für die Gesellschaften bestehende Regelung des italienischen Zivilgesetzbuches. Sie muß jedoch auf jeden Fall einen typischen Gesellschaftsgegenstand, und zwar die Ausführung von Ausschreibungen, haben. Sie tritt bei Vertragsabschluß an die Stelle des zeitweiligen Unternehmenszusammenschlusses und wird einziger Gesprächspartner der auftraggebenden Körperschaft. Die Unternehmen, denen der Auftrag ursprünglich zugeschlagen wurde, müssen jedoch, zum Zeitpunkt des Eintritts der Gesellschaft in den Vertrag, eine persönliche solidarische Haftung für die ordnungsgemäße Ausführung des Auftrags gegenüber der auftraggebenden Körperschaft übernehmen. Besagte Gesellschaft braucht nicht im „Albo Nazionale dei Costruttori" eingetragen zu sein, während dies dagegen im Hinblick auf sämtliche, dem zeitweiligen Unternehmenszusammenschluß angehörende Unternehmen eine unerläßliche Voraussetzung darstellt.

Mit Gesetz Nr. 80 vom 17. 2. 1987 wurden weitere Abänderungen zum Gesetz Nr. 584/77 eingeführt. Art. 6 des Gesetzes Nr. 80/87 sieht vor, daß auch Konsortien, unter den gleichen für den zeitweiligen Unternehmenszusammenschluß vorgesehenen Bedingungen, an den Ausschreibungen öffentlicher Arbeiten teilnehmen können.

IX. Die Europäische wirtschaftliche Interessenvereinigung

Nachstehend einige kurze Bemerkungen zu der vom Rat der Europäischen Gemeinschaften mit Beschluß vom 25.7.1985 gebilligten Figur der Europäischen wirtschaftlichen Interessenvereinigung („Gruppo Europeo di interesse economico — G. E. I. E."), deren Inkrafttreten für den 1.7.1989 vorgesehen war. Es handelt sich hierbei um eine zwischen zwei oder mehreren Gesellschaften, Körperschaften oder natürlichen Personen, die verschiedenen Ländern der Europäischen Gemeinschaft angehören, gegründete Vereinigung, die auch als zeitweiliger Zusammenschluß zwischen Unternehmen verschiedener Staatsangehörigkeit bezeichnet werden kann.

Da die Verabschiedung des zwecks Einführung dieser Figur im italienischen Rechtssystem erforderlichen Gesetzes infolge der Regierungskrise vereitelt wurde, steht die Verwirklichung dieser im Rahmen der Europäischen Gemeinschaft vorgesehenen Initiative, die für die Regelung der Joint Venture Anwendung finden könnte, in Italien bisher noch aus.

X. Buchhaltung und Bilanz der Joint Venture

Das Erfordernis einer ordnungsgemäßen und korrekten Buchführung des Joint Venture ergibt sich zum einen aus der Notwendigkeit, sämtliche sowohl den „co-ventures" als auch Dritten gegenüber relevanten Handlungen, wie An- und Verkäufe, Dienstleistungen, Arbeitsverträge, Darlehensverträge, Steuerzahlungen und dgl., systematisch zu erfassen, damit die Geschäftsführer und die Organe der Joint Venture über den Geschäftsgang informiert sind und die Geschäftsführer im besonderen die Soll- und Habenpositionen, die Fälligkeiten der verschiedenen Verbindlichkeiten, die Beziehungen zu Banken, Lieferanten, Arbeitnehmern usw. überwachen können. Darüber hinaus müssen die „co-ventures" über die Jahresbilanz sowie mittels periodisch zu erstellender Zwischenbilanzen über die Tätigkeit des Gemeinschaftsunternehmens informiert werden, um so die Wirtschaftlichkeit des Unternehmens sowie die sich für die einzelnen Beteiligten ergebenden Vorteile bewerten zu können. Außerdem müssen die Ergebnisse der Geschäftsführung (Überschüsse und Fehlbeträge) mittels periodischer Bilanzerstellung festgehalten werden, damit die „co-ventures" die diesbezüglichen Entscheidungen betreffend Gewinnverteilung, Abdeckung von Verlusten usw. treffen können.

Mehr noch als bei jedem anderen Unternehmen müssen die Ergebnisse der Joint Venture, angesichts der bestehenden Konzentrierung von Interessen und Aktivitäten mehrerer Unternehmen, ständig überprüft werden, um festzustellen, ob die Zielsetzungen, die die einzelnen an der Initiative beteiligten Unternehmen sich gesteckt haben, auch tatsächlich verfolgt und erreicht werden. Man spricht in diesem Zusammenhang von einer „joint control", worunter zu verstehen ist, daß jeder einzelne „co-venture" den Fortschritt der Gemeinschaftätigkeit verfolgen kann. Hierbei ist zu berücksichtigen, daß die von dem Joint Venture zu erstellenden Rechenschaftsberichte sich hinsichtlich ihres Inhalts von denen der normalen Unternehmen unterscheiden, sind sie doch nicht, wie dies bei den Gesellschaften im allgemeinen der Fall ist, an stille oder Minderheitsgesellschafter gerichtet, die lediglich eine Dividendenausschüttung erwarten, sondern vielmehr an Partner, die nicht mit den normalen Aktionären oder Gesellschaftern zu vergleichen sind. Diese Eigenheit schlägt sich naturgemäß in den Rechenschaftsberichten nieder, die nur dann gelesen und interpretiert werden können, wenn man die internen Beziehungen zwischen den Partnern, die häufig vertraulicher Natur sind, kennt. Deshalb sind die Rechenschaftsberichte des Joint Venture für Außenstehende meist unverständlich, da sie eng mit den Innenbeziehungen und dem dieselben regelnden Joint-Venture-Vertrag verbunden sind.

Die Rechenschaftsberichte des Joint Venture unterscheiden sich von denen der Handelsgesellschaften dadurch, daß der Zweck des Joint Venture nicht in der Verteilung der im Rahmen einer gemeinsam betriebenen Handelstätigkeit erwirtschafteten Gewinne[14], sondern in der Schaffung einer Gemeinschaftsorganisation besteht, die die gemeinsame Tätigkeit der „co-ventures" begünstigt. Die einzelnen, an der Gemeinschaftsinitiative teilnehmenden Unternehmen erzielen somit nur indirekt wirtschaftliche Vorteile aus der Nutzung der gemeinsamen Dienstleistungen, aber allgemein betreiben sie direkt keine gemeinsame wirtschaftliche Tätigkeit mit Gewinnzwecken.

Hinsichtlich der von dem Joint Venture in Italien zu führenden Geschäftsbücher ist zu unterscheiden zwischen den „contractual joint ventures" und den „joint ventures corporations". Für die erstgenannten besteht in der Regel keine Pflicht einer systematischen Buchführung. Die anderen unterliegen dagegen der Pflicht der Bilanzerstellung und der Führung des Journal- und des Inventarbuchs, die, wie für die Handelsgesellschaften vorgeschrieben, bei deren Einrichtung und nachfolgend jährlich vidimiert werden müssen. Was die „contractual joint ventures" anbelangt, für die keine Bilanzerstellungs- und Buchführungspflicht besteht, erscheint es trotzdem ratsam, daß dieselben periodische Rechenschaftsberichte gemäß den Grundsätzen der ordnungsgemäßen Buchführung erstellen.

---

14 Vgl. hierzu Art. 2247 italienisches ZGB.

Für die der Buchführungspflicht unterliegenden Unternehmen ist die Führung folgender Bücher vorgeschrieben: das Journalbuch („libro giornale")[15], in dem Tag für Tag die sich auf den Geschäftsbetrieb beziehenden Operationen einzutragen sind, und das Inventarbuch („libro inventari")[16]. Beide Bücher müssen jedes Jahr dem Notar oder dem Landgericht zur Vidimierung und zur Entrichtung der betreffenden Steuer unterbreitet werden.

Weitere gesetzlich vorgeschriebene Bücher sind die Stammrolle („libro matricola") und das Lohnbuch („libro paga"). Sie müssen vor Benutzung vom Versicherungsträger numeriert und vidimiert werden. Die Stammrolle ist auch im Hinblick auf die Steuerbuchführung vorgeschrieben. Sie muß sämtliche, sich auf die Arbeitnehmer beziehenden Angaben (fortlaufende Nummer, Unterhaltsberechtigte, Steuerabzüge, Einstellungs- und Entlassungsdatum, Qualifizierung, Höhe der Entlohnung, vorherige Arbeitgeber, Nummer des Arbeits- und des Sozialversicherungsbuchs) enthalten. In der Stammrolle sind sämtliche Arbeitnehmer, somit auch die Führungskräfte, der Joint Venture aufzuführen. Im Lohnbuch müssen für jeden einzelnen Arbeitnehmer folgende Angaben eingetragen werden: Personalien, Arbeitsstunden, beitragspflichtige Entlohnung, Sozialversicherungsbeiträge, Einkommensteuer, Vorschüsse.

Weitere zu führende Bücher sind die Protokollbücher (für die Protokolle der Gesellschafter-/Hauptversammlung, des Verwaltungsrats, des Vorstands und der Rechnungsprüfer sowie anderer eventuell bestehender Kontrollorgane). Verfügt die Joint Venture über zahlreiche Teilnehmer, erscheint die Einrichtung eines Teilnehmerverzeichnisses, ähnlich dem Gesellschafterbuch, angebracht, in dem die sich auf die Teilnehmer beziehenden Angaben, die Einlagen, die Rücktritte und dgl. eingetragen werden.

Die Bilanzerstellung ist in Art. 2424 ZGB geregelt und sieht die Erstellung eines Status und der Gewinn- und Verlustrechnung vor. Die in Rede stehende Bestimmung bezieht sich auf die Aktiengesellschaft, findet jedoch auch auf die Gesellschaft mit beschränkter Haftung und im allgemeinen auf die eine Handelstätigkeit abwickelnden Gesellschaften Anwendung. Art. 2424 schreibt genau vor, wie die Bilanz zu erstellen ist und welche Posten auf der Aktiv- und Passivseite erscheinen müssen. Die Bilanz muß von einem Bericht des Verwaltungsrats oder des Einzelgeschäftsführers begleitet sein.

---

15 Vgl. Art. 2214 ZGB.
16 Vgl. Art. 2214 ZGB.

XI. Die steuerliche Behandlung der Joint Venture

Da die eigenständige Figur der Joint Venture in Italien nicht gesetzlich geregelt ist, finden auf dieselbe die verschiedenen Vertragsformen, wie Konsortien, zeitweilige Unternehmenszusammenschlüsse (die zum Teil durch besondere Gesetze geregelt sind), Kapitalgesellschaften und atypische Vertragsformen Anwendung. Für die Joint Venture sind in Italien folgende Gesetze von Interesse: Verordnung des Präsidenten der Republik (D. P. R.) Nr. 597 vom 29.9.1973 betreffend die Einkommensteuer der natürlichen Personen („imposta sul reddito delle persone fisiche − IRPEF"); Verordnung des Präsidenten der Republik (D. P. R.) Nr. 598 vom 29.9.1973 betreffend die Einkommensteuer der juristischen Personen („imposta sul reddito delle persone giuridiche − IRPEG"); Verordnung des Präsidenten der Republik (D. P. R.) Nr. 599 vom 29.9.1973 betreffend die lokale Einkommensteuer („imposta locale sui redditi − ILOR"); Verordnung des Präsidenten der Republik (D. P. R.) Nr. 601 betreffend die Steuererleichterungen.

Die Grundrichtsätze finden sich in der Verordnung Nr. 598, da es sich bei den Joint Ventures im allgemeinen um juristische Personen handelt. Ein Teil der vorgenannten Bestimmungen ist ab 1.1.1988 durch die mit Verordnung des Präsidenten der Republik (D. P. R.) Nr. 917 vom 22.12.1986 ergangene Einheitliche Fassung der die Einkommensteuer regelnden Gesetzestexte („Testo Unico delle imposte dirette") geregelt.

Was die Steuerpflicht anbelangt, ist zu unterscheiden hinsichtlich der steuerlichen Behandlung in Italien der im Ausland gegründeten Joint Ventures und der in Italien gegründeten Joint Ventures. Für die im Ausland unter Beteiligung italienischer Unternehmen gegründeten Joint Ventures besteht diesbezüglich keine gesetzliche Regelung. Das Finanzministerium hat sich mit diesem Problem befaßt und sich in einem Bescheid[17] hierzu geäußert. Im konkreten Fall sind darüber hinaus die Bestimmungen des zwischen Italien und dem Land, in dem die Joint Venture ihren Sitz hat, geltenden Doppelbesteuerungsabkommens zu beachten.

Zu den in Italien gegründeten Joint Ventures ist im Hinblick auf deren steuerliche Behandlung folgendes zu bemerken. Die Konsortien und die in Form einer Kapitalgesellschaft gegründeten Konsortien unterliegen der IRPEG (Einkommensteuer der juristischen Personen) gemäß Art. 2 des D. P. R. Nr. 598 (jetzt Art. 87 der Gesetzessammlung − „Testo Unico delle imposte dirette"). Die Regelung der Steuerpflicht der Konsortien[18] ist

---

[17] Bescheid (Risoluzione) Nr. 9 vom 14.10.1976 des Finanzministeriums, Generaldirektion für direkte Steuern (Direzione generale delle imposte dirette).

[18] Vgl. hierzu Ministerialbescheid Nr. 9/1450 vom 14.10.1976 und Nr. 9/888 vom 30.5.1986.

unterschiedlich. Die als Gesellschaft mit beschränkter Haftung gegründeten Konsortien unterliegen der IRPEG gemäß Art. 2a) des D. P. R. Nr. 598 (jetzt Art. 87 der Gesetzessammlung) insofern, als sie Kapitalgesellschaften sind. Die Konsortien, die ausschließlich oder vorwiegend eine Handelstätigkeit ausüben und ihren Gesellschaftssitz oder ihren Hauptzweck im italienischen Staatsgebiet haben, unterliegen der IRPEG gemäß Art. 2b) des D. P. R. Nr. 598 (jetzt Art. 87 der Gesetzessammlung). Die Konsortien, deren Hauptzweck nicht in der Ausübung einer Handelstätigkeit besteht und die ihren Gesellschafts- oder Verwaltungssitz oder ihren Hauptzweck im italienischen Staatsgebiet haben, unterliegen der IRPEG gemäß Art. 2c) des D. P. R. Nr. 598 (jetzt Art. 87 Gesetzessammlung). Die Konsortien, die im italienischen Staatsgebiet weder ihren Gesellschafts- noch ihren Verwaltungssitz noch ihren Hauptzweck haben, unterliegen der Steuer gemäß Art. 2d) des D. P. R. Nr. 598 (jetzt Art. 87 Gesetzessammlung).

Jede dieser Voraussetzungen bringt andere Steuerpflichten mit sich. Auf die in Form einer Gesellschaft mit beschränkter Haftung gegründeten Konsortien findet gänzlich die Regelung der Kapitalgesellschaften Anwendung. Die Konsortien, die eine Handelstätigkeit abwickeln, werden den Kapitalgesellschaften gleichgestellt und haben somit die gleichen Steuerpflichten. Die keine Handelstätigkeit ausübenden Konsortien haben dagegen geringere Steuerpflichten. Die Konsortien, die keinen Gesellschaftssitz oder Hauptzweck im italienischen Staatsgebiet haben, unterliegen der IRPEG, wenn sie steuerpflichtige Handlungen im Staatsgebiet vornehmen. Bei Prüfung der vom Konsortium ausgeübten Tätigkeit ist somit genau zu unterscheiden zwischen Handels- und anderen Tätigkeiten. D. P. R. Nr. 598 (Artt. 2 und 5) wie auch die Gesetzessammlung, unter Hinweis auf D. P. R. Nr. 597 (im besonderen Art. 51), nehmen hinsichtlich dieser Unterscheidung ausdrücklich Bezug auf Art. 2195 italienisches ZGB. Als Handelstätigkeit im Sinne dieser Bestimmung gelten somit: die auf die Erzeugung von Gütern oder die Leistung von Diensten gerichtete gewerbliche Tätigkeit; die Vermittlungstätigkeit beim Umsatz von Gütern; die Beförderungstätigkeit zu Lande, zu Wasser oder in der Luft; die Bank- und Versicherungstätigkeit; die zu vorgenannten in Verbindung stehenden Hilfstätigkeiten.

Laut Steuergesetzgebung gilt als Handelstätigkeit im Sinne von Art. 2195 ZGB auch die Tätigkeit, die nicht in Form einer Unternehmensorganisation ausgeübt wird. Ebenfalls als Handelstätigkeit im Sinne der Steuergesetzgebung gelten die nicht in Art. 2195 vorgesehenen Tätigkeiten, sofern sie in Form einer Unternehmensorganisation ausgeübt werden.

Die Konsortien und die in Form von Gesellschaften gegründeten Konsortien unterliegen den gleichen Steuerformalitäten wie die Kapitalgesellschaften. Die IRPEG berechnet sich auf das Gesamtnettoeinkommen des Konsortiums. Das Gesamteinkommen besteht aus den im Steuerzeitraum

(Geschäftsjahr) gemäß Gewinn- und Verlustrechnung erzielten Gewinnen und setzt sich wie folgt zusammen: Betriebseinkommen, Katastalerträge der Grundstücke und der Gebäude, in der Bilanz ausgewiesene Minderwerte, außerordentliche Aufwendungen und Erträge u. a.

Die der IRPEG unterliegenden Steuerpflichtigen, die innerhalb eines vom Gesetz oder der Satzung festgesetzten Zeitraums zur Bilanzabnahme verpflichtet sind, müssen innerhalb eines Monats nach Billigung der Bilanz die Steuererklärung einreichen. Wurde die Bilanz nicht innerhalb der festgesetzten Zeit gebilligt, so muß die Steuererklärung binnen eines Monats nach Ablauf des in Frage stehenden Zeitraums eingereicht werden. Die in Form einer Gesellschaft gegründeten Konsortien müssen auf die Bestimmungen der Satzung Bezug nehmen. Die Steuererklärung ist auch einzureichen, wenn kein steuerpflichtiges Einkommen erzielt wurde. Innerhalb der für die Einreichung der Steuererklärung festgesetzten Frist muß auch die aufgrund der Erklärung zu zahlende Steuer entrichtet werden, abzüglich des bereits im Laufe des Geschäftsjahrs gezahlten Steuervorschusses.

Außer der IRPEG unterliegen die juristischen Personen auch der lokalen Einkommensteuer (ILOR). Diese wird praktisch auf der gleichen Grundlage berechnet wie die IRPEG. Die ILOR ist gelegentlich der Einreichung der Einkommensteuererklärung zu entrichten.

Nachstehend einige kurze Bemerkungen zur italienischen Mehrwertsteuer, die in D. P. R. Nr. 633 vom 26. 10. 1972 geregelt ist. Grundlegend gelten auch im Hinblick auf die Mehrwertsteuer die bereits zu den direkten Steuern dargelegten Ausführungen. Die in Form von Kapitalgesellschaften gegründeten Konsortien, die eine Handelstätigkeit ausüben, werden gemäß Art. 4, Ziffer 1, des D. P. R. Nr. 633/72 zur Mehrwertsteuer herangezogen. Weniger klar ist die Lage bei den Konsortien, da hier ausschlaggebend ist, ob sie als ausschließlichen Zweck eine Handels- oder Landwirtschaftstätigkeit betreiben. Was den zeitweiligen Unternehmenszusammenschluß anbelangt, so hat sich die Finanzverwaltung wiederholt mit diesem Problem befaßt und ausgeführt, daß sich im Falle des zeitweiligen Unternehmenszusammenschlusses eine volle verwaltungs- und buchungsmäßige Selbständigkeit ergibt, derzufolge jedes Unternehmen als rechtlich selbständiges Steuersubjekt behandelt wird.

Darüber hinaus haben die Kapitalgesellschaften die staatliche Konzessionsgebühr („Tassa governativa di concessione") zu entrichten, die sich für die Aktiengesellschaften auf Lit. 12 000 000 und für die Gesellschaften mit beschränkter Haftung auf Lit. 3 500 000 jährlich beläuft.

Mit Gesetz Nr. 144 vom 24. 4. 1989 wurde eine neue kommunale Gewerbesteuer, die I. C. I. A. P. („Imposta comunale per l'esercizio di imprese e di arti e professioni") eingeführt. Besagte Steuer, der sämtliche eine Unternehmertätigkeit abwickelnden Steuersubjekte unterliegen, wird berechnet auf der Grundlage einer dem Gesetz beigefügten Tabelle, und zwar nach Zugehörigkeit zu bestimmten Tätigkeitszweigen und auf der Grundlage der für die Tätigkeitsausübung zur Verfügung stehenden gewerblich genutzten Grundfläche.

XII. Devisenbestimmungen

Aufgrund der in Italien während der letzten Jahre vorgenommenen Lockerung der Devisenbestimmungen ist heute der größte Teil der vorher bestandenen Devisenbeschränkungen hinfällig geworden. Zwar kann die Investierung von Auslandskapital nach wie vor im Rahmen des Gesetzes Nr. 43 vom 7.2.1956 erfolgen, das den Transfer von Auslandswährungen nach Italien zwecks Gründung neuer Produktionsunternehmen oder Erweiterung bereits bestehender Unternehmen regelt, jedoch dient dessen Anwendung heute lediglich statistischen Zwecken. In der Tat können Auslandsgelder nunmehr ohne Schwierigkeiten nach Italien verbracht werden, wobei die einzige Beschränkung darin besteht, daß sie über eine italienische Außenhandelsbank angeschafft werden müssen. Hieraus folgert, daß auch die Kapitalgewinne sowie die aus der Veräußerung des investierten Kapitals herrührenden Gelder ohne Einschränkungen wieder ins Ausland transferiert werden können.

XIII. Schlußbemerkungen

Auch wenn die Joint Ventures im italienischen Rechtssystem bisher keine eigenständige Regelung gefunden haben, so sind doch gesetzgeberische Ansatzpunkte vorhanden, die darauf schließen lassen, daß diese Form der gemeinsamen unternehmerischen Zusammenarbeit in Zukunft Gegenstand weiterer Evolution nicht nur seitens der am Wirtschaftsleben Beteiligten, sondern auch seitens des Gesetzgebers und der mit der Wahrung der Interessen des Landes beauftragten Trägerorganisationen sein wird. Auch im Rahmen der Europäischen Gemeinschaft wird sich nach Einführung der Europäischen wirtschaftlichen Interessenvereinigung ein weiteres Instrumentarium für die vertragsrechtliche Gestaltung der Joint Venture anbieten.

Unabhängig von diesen Überlegungen läßt sich jedoch bereits heute sagen, daß die Joint-Ventures, wie mit vorstehenden Ausführungen dargelegt, im italienischen wirtschaftlichen Alltag eine Realität darstellen, auf die verbreitet zurückgegriffen wird, um die gemeinsame Tätigkeit mehrerer Unternehmen in den verschiedensten Sektoren und mit den vielfältigsten Zielstellungen zu verwirklichen. Der Erfolg und die Verbreitung, die diese Initiativen bisher gefunden haben, ist ein Beweis für die Gültigkeit dieser Formel auch im italienischen Wirtschaftssystem, wobei der Wunsch naheliegt, daß die noch offenen Probleme in naher Zukunft ihre Lösung finden mögen.

Jugoslawien:

Ausländische Direktinvestitionen in Jugoslawien

von

Dr. Stefan Messmann, Wolfsburg

I. Einleitung

Jugoslawien ist das erste sozialistische Land, das nach dem 2. Weltkrieg die Gründung von Gemeinschaftsunternehmen zugelassen hat[1]. Das war 1967. In der Zwischenzeit haben alle sozialistischen Länder — mit Ausnahme von Albanien — die Gründung von Gemeinschaftsunternehmen gesetzlich geregelt[2]. Einige von ihnen (so z.B. Polen und Ungarn) haben zur Jahreswende 1988/89 ihre Gesetze über die Einlage ausländischen Kapitals zum Teil so weitgehend novelliert, daß sie das bisherige jugoslawische Investitionsgesetz in den Schatten gestellt haben. Mit dem am 8.1.1989 in Kraft getretenen neuen *Gesetz über ausländische Einlagen*[3] zieht nun Jugoslawien nach. Es verfügt damit — zusammen mit Ungarn — über die liberalste Gesetzgebung über ausländische Investitionen in einem sozialistischen Staat.

Die Gründe für die Novellierung des jugoslawischen Gesetzes über ausländische Investitionen liegen zum einen im wirtschaftspolitischen Umfeld Jugoslawiens und zum anderen in den bisherigen Gesetzen und insbesondere im alten Investitionsgesetz selbst.

Das wirtschaftspolitische Umfeld Jugoslawiens wird bekanntlich seit nahezu einem Jahrzehnt durch eine *schwere Wirtschaftskrise* gekennzeichnet. Angesichts dieser Lage wurde im Februar 1988 eine *Reformkommission* mit dem Ziel eingesetzt, der Bundesregierung bei der Ausarbeitung neuer Wirtschaftsgesetze, der sog. *Reformgesetze*, Anstöße zu geben.

Diese Kommission hat zwar ihre Arbeit noch lange nicht beendet, doch zeugen die ersten von ihr beeinflußten Gesetze, trotz teilweise heftiger Kritik an diesen, zumindest vom *Reformwillen*. Ihr ist u.a. die Novellierung

---

1 Vgl. hierzu mit Nachweisen *Messmann*, Die rechtliche Stellung ausländischer Direktinvestitionen in Jugoslawien im Vergleich zu Rumänien und Ungarn, Zürich 1978; *ders.,* Das neue jugoslawische Investitionsgesetz, in: RIW 5/1985, S. 374–377; *ders.*, Jugoslawien, in: Lutter (Hrsg.), Die Gründung einer Tochtergesellschaft im Ausland, 2. Aufl., Berlin 1988, S. 245–272.

2 Vgl. statt vieler mit Literaturnachweis: *Kuss*, Das Joint-venture-Recht der osteuropäischen Staaten, in: RabelsZ 4/1987, S. 548 ff.; *Messmann*, Jugoslawien ... a.a.O. S. 246 sowie für die inzwischen eingetretenen Änderungen: Gesetz über die wirtschaftliche Tätigkeit ausländischer Personen in der VR Polen vom 23.12.1988, deutsch in: BfA/AWSt Nr. A-3/89; Verordnung über die Weiterentwicklung der außenwirtschaftlichen Tätigkeit in der UdSSR vom 2.12.1988; vgl. hierzu: *Waehler*, 2. Novelle zum Recht gemeinsamer Unternehmen in der UdSSR, in: RIW 1/1989, S. 21–23; Ausländische Einlagen in Ungarn vom 31.12.1988, Magyar Közlöny Nr. 69/1988; Verordnung über die Gründung und Tätigkeit von Unternehmen mit ausländischer Beteiligung in der DDR, in: Gesetzblatt der DDR, Teil I Nr. 4 vom 30.1.1990.

3 Službeni List Socijalističke Federalne Republike Jugoslavija (Amtsblatt der Sozialistischen Förderativen Republik Jugoslawien; im weiteren: SL der SFRJ) Nr. 77/1988 (wird im weiteren lediglich mit Angabe der Artikel zitiert), deutsch in: BfA/AWSt Nr. A-7/89.

der jugoslawischen Bundesverfassung[4], das Unternehmensgesetz[5] und das Gesetz über ausländische Investitionen gutzuschreiben. Diese sind zusammen mit dem Gesetz über die Grundsätze des gesellschaftlichen Planungssystems und des gesellschaftlichen Plans[6], dem Gesetz über die Jugoslawische Bank für internationale wirtschaftliche Zusammenarbeit[7], dem Gesetz über Finanzierungsgeschäfte sowie dem Gesetz über die Banken und andere Finanzorganisationen[8], dem Gesetz über die Kreditbeziehungen mit dem Ausland[9] und einigen mehr[10] die ersten von rund 30 geplanten Reformgesetzen, die bisher verabschiedet wurden.

Nach den vorliegenden Reformgesetzen und den Entwürfen der noch zu verabschiedenden Gesetze kann festgehalten werden, daß *die Reform das bestehende politische und wirtschaftliche System Jugoslawiens nicht grundlegend verändern wird*, aber in der Wirtschaftsverfassung etliche politisch-ideologische *Barrieren beseitigen* soll, die bisher einer Änderung entgegenwirkten.

Die Novellierung des jugoslawischen Gesetzes über ausländische Investitionen von 1984 bewirkte zwar eine Erhöhung der Joint Venture-Gründungen[11]. Aber die Analyse der *Investitionsmotive* sowie die Umstände, unter denen jugoslawische Unternehmen ausländisches Kapital bisher aufge-

---

4 SL der SFRJ Nr. 70/1988. Die neuen Verfassungsamendments (im weiteren: Am.) schließen sich an die 8 Amendments von 1981 an und sind mit den Ziffern IX bis XLVII bezeichnet.

5 SL der SFRJ Nr. 177/1988 (im weiteren: UG), deutsch in: BfA/AWSt Nr. A-7/89, geändert durch SL der SFRJ Nr. 40/1989. Vgl. auch die Verordnung über die Eintragung von Unternehmen und anderer Rechtspersonen, die eine wirtschaftliche Tätigkeit ausüben, in das Gerichtsregister, in SL der SFRJ Nr. 21/1989. über das neue Investitionsgesetz und das Unternehmensgesetz vgl. *Beckmann-Petey*, Neues Gesellschafts- und Investitionsrecht in Jugoslawien, in: RIW 4/1989, S. 271–278.

6 SL der SFRJ Nr. 76/1988, 56/1989.

7 SL der SFRJ Nr. 77/1988.

8 Beide in SL der SFRJ Nr. 10/1989; das letztere geändert durch SL der SFRJ Nr. 40/1989 und 87/1989.

9 SL der SFRJ Nr. 16/1989, 27/1989.

10 Diese sind insbesondere das *Gesetz über die Nationalbank* (SL der SFRJ Nr. 34/1989), das *Devisengesetz* (SL der SFRJ Nr. 66/1985, 71/1986, 3/1988, 59/1988 und 85/1989), das *Gesetz über die Grundrechte des Arbeitsverhältnisses* (SL der SFRJ Nr. 60/1989), das *Gesetz über die Kreditbeziehungen mit dem Ausland* (SL der SFRJ Nr. 16/1989 und 27/1989) sowie das *Gesetz über den Zwangsvergleich, Konkurs und Liquidierung* (SL der SFRJ Nr. 84/1989).

11 So wurden 1985 26 Joint Venture-Verträge und 1986 weitere 27 genehmigt. Der ausländische Anteil betrug dabei rd. DM 200 Mio., doch wurden von diesen 53 Joint Ventures 11 für den Betrieb von Spielkasinos, 4 für den Kauf von Bewässerungssystemen, 3 für Textilverarbeitung, 1 für den Kauf von Flugzeugen u. ä. gegründet. Auch sehen 21 von diesen 53 Gemeinschaftsunternehmen keinen Export vor. Der Anteil des Technologieimports ist im Rahmen der abgeschlossenen Investitionsverträge gering.

nommen haben, erlaubten eine optimistische Einschätzung der weiteren Entwicklung ausländischer Investitionen nicht [12].

Das neue Gesetz will bei Gründung von Gemeinschaftsunternehmen die bisherigen Hemmnisse beseitigen und mehr Transparenz schaffen. Dies dürfte es jedoch wegen der neu eingeführten Vielfalt ausländischer Investitionsmöglichkeiten kaum erreicht haben.

Den Erlaß der neuen Gesetze über ausländische Investitionen sowie über Unternehmen machte freilich erst die Novellierung der jugoslawischen Bundesverfassung möglich. Die wesentlichen *verfassungsrechtlichen Änderungen* im wirtschaftlichen Bereich sind die folgenden:

— Arbeiter werden künftig unter Bedingungen, die „von Gesetzen des Marktes bestimmt" sind, tätig. D. h., sie haben für ihr wirtschaftliches Fehlverhalten dessen materielle Konsequenzen zu tragen. Diese Konsequenz kann bis zum „Verlust des Status des Arbeiters", d.h. Entlassung, gehen. Vor innovationsbedingter Arbeitslosigkeit bleiben sie hingegen auch weiterhin geschützt (Am. X Ziff. 13).

— Das Streikrecht wird ausdrücklich garantiert (Am. XXVIII).

— Selbstverwaltete Unternehmen haften mit ihrem Kapital (Am. X Ziff. 4). Somit dürfte die Liquidation bankrotter Unternehmen erleichtert werden.

— Unternehmen können sich zu inländischen Gemeinsamen Unternehmen zusammenschließen (Am. X Ziff. 10). Für die wirtschaftlichen Erfolge tragen sie die materielle Verantwortung bis hin zur Liquidation selbst.

— Unternehmen können Wertpapiere ausgeben, die mit Dividenden, Mitwirkungsrechten und Kapitalrückzahlungsansprüchen verbunden sind (Am. X Ziff. 11).

---

12 Die Gründe hierfür sind vielfältig: Die Großzahl der in Jugoslawien zu verwendenden Roh-, Hilfs- und Betriebsstoffe sind im Ausland preiswerter, von besserer Qualität, von größerer Auswahl, und der ausländische Partner liefert sie oft auf Kredit. Das Einfuhr- und Zahlungsregime dieser Waren ist streng, und die jugoslawischen Unternehmen erfüllen die Voraussetzungen für deren Einfuhr nur selten. Bei jeder Einfuhr muß das jugoslawische Unternehmen über Devisenrechte verfügen, wobei für die Einfuhr von Anlagen der Nachweis von erfolgten Abschreibungen genügt. Die Devisenrechte vermindern sich dabei freilich vom Tage der Anforderung der Devisen bis zum Tage der Auszahlung im Gleichschritt mit der galoppierenden Verschlechterung der jugoslawischen Währung. All diese Schwierigkeiten tauchen bei Gemeinschaftsunternehmen nicht im gleichen Maße auf. Deshalb werden viele um nur gegründet, um die bestehenden Import- und Devisenrestriktionen zu umgehen. Auch war das bisher bestehende jugoslawische Investitionsrecht durch eine außerordentliche Komplexität gekennzeichnet: So mußte der potentielle ausländische Investor bisher neben dem Investitionsgesetz mehr als 120 weitere Gesetze und Verordnungen berücksichtigen.

– Ausländische natürliche und juristische Personen können in bestehende Unternehmen und Banken investieren oder *eigene Unternehmen* gründen (Am. XV Ziff. 1). Sie haben dabei ein Recht auf (Mit)Entscheidung und Gewinntransfer, und das Eigentum an investierten Mitteln geht nicht mehr in das gesellschaftliche Eigentum über (Am. XV Ziff. 2)[13].

– Jugoslawischen natürlichen Personen ist nunmehr die Gründung von Privatunternehmen unter Gesetzesvorbehalt gestattet (Am. XXI und XXII).

– Der einheitliche jugoslawische Markt soll vor allem auch durch ein vereinheitlichtes Steuersystem und eine gemeinsame Steuerpolitik gesichert werden (Am. XXXI). Die Gesetzgebungskompetenz wird daher im Steuerrecht von den Teilrepubliken und Autonomen Provinzen auf den Bund übertragen (Am. XXXIX Ziff. 1 Nr. 5).

II. Charakteristiken der Einlagen

Schon die Gründung von Gemeinschaftsunternehmen hat im Vergleich zum bisherigen Recht eine tiefgreifende Änderung erfahren. Während nach bisherigem Recht die Gründung von Gemeinschaftsunternehmen nur über Abschluß eines Investitionsvertrages schuldrechtlichen Charakters erfolgen konnte, sieht das neue Gesetz vor, daß der ausländische Investor

– seine Einlagen auf gesellschaftsrechtlicher Grundlage in ein

   – Gesellschaftliches Unternehmen,
   – Gemischtes Unternehmen,
   – Privatunternehmen,
   – Vertragsunternehmen oder in eine
   – Genossenschaft

   tätigen (Art. 9 Ziff. 1–4 und 6) oder

– eine *eigene Gesellschaft* (Privatunternehmen) gründen kann.

---

13 Am. XV Ziff. 2 Abs. 2 sieht allerdings vor, daß ausländische Personen das *Eigentumsrecht* auf die von ihnen (in Unternehmen im gesellschaftlichen sowie gemischten Eigentum) eingebrachten Mittel *beibehalten können*. Dieser allgemeinen Bestimmung sollte eine gesetzliche Klarstellung folgen, die jedoch im Unternehmensgesetz nicht enthalten ist. Die rechtlich unhaltbare Folgerung dessen ist, daß der ausländische Gesellschafter nun nicht etwa einen Anteil am jeweiligen Unternehmensvermögen im Verhältnis seiner Einlagen hat, sondern *Miteigentümer* der von ihm in die Gesellschaft eingebrachten Mittel. Die gleiche Regelung enthält auch Am. XV Ziff. 2 Abs. 3, wonach der ausländische Gründer einer Ein-Mann-Gesellschaft Eigentümer seiner in die Gesellschaft eingebrachten Mittel bleibt und sogar zum Eigentümer dessen wird, was die Gesellschaft nachträglich erwirbt [vgl. *Barbić*, Tipologija jugoslovenskog poduzeća (Typologie des jugoslawischen Unternehmens), in: Privreda i Pravo (Wirtschaft und Recht), Vol. 2, 1989, S. 20].

Darüber hinaus sollen noch zu erlassende Bundesgesetze

— ausländische Investitionen in Banken und andere Finanzorganisationen, Versicherungsanstalten (Art. 17) sowie in anderen Formen (Art. 9 Ziff. 8) und

— die Erteilung von Konzessionen zur Nutzung von regenerierbaren Naturreichtümern sowie von Gütern zum allgemeinen Wohle (Art. 18)

regeln.

Nach dieser Vielfalt von Investitionsmöglichkeiten erscheint die Bestimmung des Art. 8 Abs. 1 unverständlich, wonach ein Unternehmen mit ausländischer Beteiligung „die gleiche Stellung sowie die gleichen Rechte und Verantwortlichkeiten" hat wie ein Gesellschaftliches Unternehmen. Es ist jedoch anzunehmen, daß der Gesetzgeber hier lediglich Unternehmen mit und ohne ausländische Kapitalbeteiligung gleichsetzen wollte, wobei er eine wenig glückliche Wortwahl getroffen hat.

Die *Gebiete der Auslandsinvestitionen* sind im Vergleich zum bisherigen Recht ebenfalls *erweitert* worden: Einschränkungen für die Bereiche des Versicherungswesens, des Handels und der gesellschaftlichen Tätigkeit wie z. B. Bildung, Kultur, Gesundheitswesen u. ä. bestehen für *Gemeinschaftsunternehmen* nicht mehr. Folgerichtig bestimmt daher Art. 1, daß Einlagen generell „zur Ausübung wirtschaftlicher und gesellschaftlicher Tätigkeit" vorgenommen werden können. Allerdings dürfen Unternehmen, die voll im ausländischen Eigentum stehen, keine Geschäftätigkeit im Bereich der *Rüstung, des Eisenbahn- und Luftverkehrs, des Fernmelde-, Versicherungs- und Verlagswesens sowie anderer Massenmedien* ausüben (Art. 21 Abs. 2).

Neu ist auch die Definition der ausländischen Investoren. Dazu gehören nunmehr, neben ausländischen natürlichen und juristischen Personen, auch *jugoslawische Staatsbürger mit Aufenthaltsort im Ausland* (Art. 2 Abs. 2), womit wohl die Repatriierung eines Teils des auf US$ 20 Mrd. geschätzten Auslandskapitals dieses Personenkreises für produktive Verwendung in Jugoslawien erleichtert werden soll.

Auch die Definition des inländischen Partners ist neu: Dies können nunmehr jugoslawische Unternehmen, mit Ausnahme von denen, die im 100%igen ausländischen Eigentum stehen, eine Gebietskörperschaft, eine Bank oder eine andere Finanzorganisation, eine Versicherungsanstalt sowie eine inländische natürliche Person sein (Art. 2 Abs. 3).

III. Form des Investitionsvertrages

Der Investitionsvertrag unterliegt nach dem neuen Recht weniger Restriktionen als bisher. Er soll nach Art. 13 nur noch folgende Bestimmungen enthalten: Bezeichnung der Vertragsparteien, Gegenstand des Unternehmens, Art und Modalität der Einbringungen, Gesellschaftsform, Firma, Ermittlung und Verteilung des Gewinns sowie Deckung von Verlusten, Regelung von Mitspracherechten, Erstellung einer Auseinandersetzungsbilanz sowie Kapitalrücktransfer und Beilegung von Streitigkeiten.

Der Investitionsvertrag ist — wie bisher — in *schriftlicher Form* abzuschließen (Art. 12 Abs. 2), wobei der authentische Vertragstext *in einer der Sprachen der Völker Jugoslawiens*[14] aufzusetzen ist (Art. 22 Abs. 2). Der Vertrag ist dann mit einer Übersetzung in die Sprache des ausländischen Investors und der „Begründung der zu erwartenden Einbringungseffekte" lediglich dem Bundessekretariat für Außenwirtschaftsbeziehungen vorzulegen, das den Vertrag dann auf seine Vereinbarkeit mit der Verfassung und den Bundesgesetzen prüft (Art. 12 Abs. 3). Entscheidet das Bundessekretariat über den Investitionsvertrag nicht innerhalb von 30 Tagen, so wird von Gesetzes wegen vermutet, daß diese Prüfung positiv ist (Art. 22 Abs. 4). Die Entscheidung der Genehmigungsbehörde, gegen die innerhalb von 15 Tagen sowohl vom ausländischen als auch vom jugoslawischen Partner bei der jugoslawischen Bundesregierung Rechtsbehelf eingelegt werden kann (Art. 22 Abs. 5), ist allerdings, anders als nach bisherigem Recht, *nicht zu begründen.* Auch kann die Entscheidung der Bundesregierung gerichtlich nicht angefochten werden.

Allerdings erwähnt das Investitionsgesetz nur das Genehmigungsverfahren von *Investitionsverträgen.* Es erwähnt weder in Art. 12 noch in Art. 22 das Genehmigungsprocedere von *Gründungsverträgen,* obwohl diese in Art. 14 ausdrücklich normiert sind. Es kann jedoch davon ausgegangen werden, daß das oben dargestellte Genehmigungsverfahren auch für diese gilt.

Anders als bisher ist nach dem neuen Investitionsgesetz die Erhöhung der eingebrachten Mittel und die Übertragung der Einlagen von einer ausländischen Person auf die andere nicht mehr genehmigungs-, sondern nur noch *meldepflichtig.*

Das Genehmigungsverfahren wurde somit deutlich vereinfacht: Die Genehmigungsbehörde braucht weder die Jugoslawische Wirtschaftskammer noch die zuständigen Behörden der Teilrepubliken und Autonomen Gebiete zu konsultieren, noch die Vereinbarkeit des Investitionsvertrages mit dem Gesellschaftsplan Jugoslawiens und der Strategie der technologischen Entwicklung des Landes festzustellen. Auch braucht der Vertrag keine

---

14 Das sind: Serbokroatisch bzw. Kroatoserbisch, Slowenisch und Mazedonisch.

übergeordneten Zweckbestimmungen mehr aufzuweisen, wie z. B. Beschaffung moderner Technologie, Erhöhung der Exporte oder Importsubstitution.

IV. Grundzüge des neuen Unternehmensrechts

1. Wiedereinführung von Unternehmen

a) Die jugoslawische Verfassung von 1974[15] enthielt ungewöhnlich detaillierte Bestimmungen über das Unternehmensrecht. Sie ließ so dem Gesetzgeber praktisch keinen Raum mehr für die Gestaltung des Gesetzes über die assoziierte Arbeit[16]. Die Folge war eine weitreichende Inflexibilität, die der wirtschaftlichen Entwicklung keine Rechnung trug.

Aber auch sonst war das Gesetz über die assoziierte Arbeit, das durch das neue Unternehmensgesetz weitgehend außer Kraft gesetzt wurde, durch viele deklatorische Bestimmungen, überflüssige Darlegung von Motiven, rechtstechnische Unzulänglichkeiten und konzeptionelle Schwächen gekennzeichnet[17]. Es hat sich insgesamt als ein *Hindernis* bei der wirtschaftlichen Entwicklung Jugoslawiens erwiesen.

b) Die Einführung des neuen Unternehmensgesetzes gilt deshalb als die größte juristische Neuerung seit 1950 in Jugoslawien und die Voraussetzung für eine erfolgreiche Wirtschaftsreform.

Das neue Unternehmensgesetz zeichnet sich durch folgende *Charakteristiken* aus:

— Abschaffung von Übernormierungen,

— Einführung des Eigentums als Substrat der Rechtspersönlichkeit,

— Beseitigung des Monopols des gesellschaftlichen Eigentums im Wirtschaftsleben,

— Einführung der Formenvielfalt von Unternehmen,

— Gleichsetzung von Kapital und Arbeit als Basis unternehmerischer Entscheidungen,

— Gleichbehandlung des ausländischen Kapitals mit dem inländischen,

---

15 SL der SFRJ Nr. 9/1974, deutsch veröffentlicht vom Jugoslawischen Sekretariat für den Informationsdienst der Bundesversammlung, Belgrad 1974.

16 SL der SFRJ Nr. 53/1976, 57/1983, 85/1987 und 40/1989, deutsch in: BfA, Bd. 57. Siehe hierzu auch *Messmann*, Jugoslawien ... a. a. O. S. 252 ff.

17 Vgl. *Barbić*, a. a. O. S. 4 ff.

— Zurückdrängung der Selbstverwaltung sowie Trennung zwischen Selbstverwaltung und Geschäftsführung und

— Vereinfachung von Entscheidungsprozessen im Unternehmen[18].

c) Das neue Unternehmensgesetz ist kein perfektes Gesetzeswerk. So hat es, erst sechs Monate nach Inkrafttreten, schon über 100 Änderungen erfahren! Auch ist es nicht überall sorgfältig ausgearbeitet: Das Gesetz enthält viele Andeutungen statt präziser Formulierungen sowie offensichtliche Rechtslücken. Auch hat es vielerorts die alten, hier nicht mehr passenden Terminologien des Gesetzes über die assoziierte Arbeit übernommen. Hierzu einige Beispiele:

Art. 1 Abs. 1 UG bestimmt z.B., daß Unternehmen als *juristische Personen* im Rechtsverkehr Träger von Rechten und Pflichten sind, die sie *nutzen* und über die sie *verfügen*.

Aus dieser Bestimmung ergeben sich gleich mehrere Probleme.

Es ist erstens nicht klar, ob das Unternehmen eine bürgerliche oder eine *gesellschaftliche* Rechtsperson[19] ist. Ist es nämlich eine gesellschaftliche Rechtsperson, so hat dies zu Folge, daß in ihm *nur* die Arbeiter Entscheidungsbefugnisse haben[20]. Dies aber kann weder bei Unternehmen im privaten noch im gemischten Eigentum zutreffen.

Auch stellt sich die Frage, zweitens, was mit dem Begriff „Nutzungs- und Verfügungsrecht" gemeint ist. Zwar folgt das Gesetz hier der Bestimmung des Am. X Ziff. 4 Abs. 1, doch läßt es die Bestimmungen des Art. 160 UG außer Acht, der ausdrücklich bestimmt, daß sich das Unternehmensvermögen „aus Sachen, Rechten und Geldmitteln" zusammensetzt und damit den Begriff des Eigentums bei Unternehmen eingeführt hat[21].

Des weiteren bestimmt Art. 165 Abs. 1 UG, daß das Unternehmen für seine Verbindlichkeiten „mit allen Mitteln (haftet), über die es verfügt und die es *nutzt*". Hier hat wohl der Gesetzgeber weit über das Ziel geschossen, denn er erfaßt damit auch z.B. einen Leihwagen, den das Unternehmen gerade „nutzt".

---

18 *Idem*, S. 10 ff.
19 Nach Art. 1 des Gesetzes über die eigentumsrechtlichen Grundverhältnisse (SL der SFRJ Nr. 6/1980) sind „*bürgerliche Rechtspersonen*" Bürgervereinigungen, Kirchengemeinschaften und ihre Vereinigungen sowie einige Stiftungen. Dagegen sind Unternehmen, selbstverwaltete Interessengemeinschaften, Ortsgemeinschaften und gesellschaftspolitische Vereinigungen „*gesellschaftliche Rechtspersonen*".
20 Vgl. *Barbić*, a.a.O. S. 23 f.
21 *Idem*, S. 15 f.

2. Unternehmensformen

Das Unternehmensgesetz sieht folgende *Klassifizierung von Unternehmensformen* vor (Art. 2 UG): Es unterscheidet zwischen solchen, die sich

— *im gesellschaftlichen Eigentum*[22] befinden:

  — Gesellschaftliche Unternehmen,
  — Öffentliche Unternehmen,
  — Aktiengesellschaften und
  — Gesellschaften mit begrenzter Haftung,

falls sie mit Mitteln im gesellschaftlichen Eigentum ausgestattet sind,

— *im genossenschaftlichen Eigentum* befinden:

  — Genossenschaftliche Unternehmen,
  — Aktiengesellschaften,
  — Gesellschaften mit begrenzter Haftung und
  — Gesellschaften mit unbegrenzter solidarischer Haftung,

falls in diese Mittel im genossenschaftlichen Eigentum eingebracht werden, und

— *im gemischten Eigentum* befinden:

  — Aktiengesellschaft,
  — Gesellschaft mit begrenzter Haftung,
  — Kommanditgesellschaft,
  — Gesellschaft mit unbegrenzter solidarischer Haftung und
  — Öffentliche Unternehmen,

falls in diese Mittel im gesellschaftlichen und genossenschaftlichen Eigentum eingebracht werden.

Von dieser Klassifizierung ist das *Vertragsunternehmen* nicht erfaßt, obwohl es dann in Art. 133–137 UG so ausführlich behandelt wird wie die AG oder GmbH. Das Vertragsunternehmen ist ein einzelkaufmännisches Unternehmen, in das Dritte ihre Arbeitsleistung und Mittel zur Durchführung gemeinsamer wirtschaftlicher Tätigkeiten einbringen. Aber auch das *Privatunternehmen* wurde vom Gesetzgeber nicht in die Unternehmensklassifizierung aufgenommen, obwohl es in Art. 138 ff. UG geregelt wird.

Die bisherigen Organisationen assoziierter Arbeit, also auch Gemeinschaftsunternehmen, sind verpflichtet, ihre Unternehmensform bis Ende 1989 mit den Bestimmungen des neuen Unternehmensgesetzes in Einklang zu bringen. Anders als in Ungarn ist hierfür jedoch kein Umwandlungsgesetz vorgesehen.

---

22 Für das gesellschaftliche Eigentum vgl. *Messmann*, Die rechtliche Stellung ..., a.a.O. S. 43–50.

Von besonderer wirtschaftlicher Bedeutung für ausländische Direktinvestitionen erscheinen jedoch nur die Gesellschaftlichen Unternehmen sowie die AG, GmbH und KG als Gemischte Unternehmen, und unsere weitere Prüfung wird sich deshalb auf diese beschränken.

V. Gründung von Unternehmen

1. Gesellschaftliche Unternehmen

Gesellschaftliche Unternehmen ersetzen die bisherigen Organisationen assoziierter Arbeit, doch wirtschaften sie, wie jene, (vorwiegend) mit Mitteln im gesellschaftlichen Eigentum. Sie werden von anderen Gesellschaftlichen Unternehmen, selbstverwalteten Interessengemeinschaften[23], Ortsgemeinschaften und anderen gesellschaftlichen Rechtspersonen gegründet (Art. 6 Abs. 1 UG). Ausnahmsweise können sie jedoch auch von natürlichen Personen gegründet werden und sich zu Gemeinsamen Unternehmen (Art. 15 ff. UG) zusammenschließen.

Öffentliche Unternehmen bilden eine besondere Form Gesellschaftlicher Unternehmen (Art. 20 ff. UG) und werden für die Zwecke der Produktion von und des Handelns mit bestimmten Waren und Erbringung von Dienstleistungen gegründet, „die eine unersetzbare Bedingung für das Leben und die Arbeit der Staatsbürger oder der Tätigkeit anderer Unternehmen" darstellen.

Die für die Geschäftstätigkeit Gesellschaftlicher Unternehmen erforderlichen Mittel, deren Höhe das Gesetz nicht vorschreibt, werden von den Gründern bereitgestellt. Diese haften für die Schulden des Gesellschaftlichen Unternehmens bis zur Höhe der für die Gründung bereitgestellten Mittel.

Die *Gründungsurkunde* Gesellschaftlicher Unternehmen hat folgenden Inhalt (Art. 9 UG):

— Bezeichnung der Gründer,

— Firma, Sitz und Geschäftstätigkeit des Unternehmens,

— Höhe und Art der Aufbringung des Unternehmenskapitals,

— Rechte und Pflichten der Gründer hinsichtlich der Geschäftstätigkeit, Geschäftsführung, Gewinnverteilung, Risikotragung sowie Rückführung der eingesetzten Mittel,

---

23 Es handelt sich um Vereinigungen in Bereichen des Bildungs- und Gesundheitswesens, der Wissenschaft und der Kultur u.a., die zum allgemeinen Wohle öffentliche Dienstleistungen erbringen.

- die vorläufigen Geschäftsführer und ihre Befugnisse,
- Rechte und Pflichten des zu gründenden Unternehmens gegenüber den Gründern,
- Frist für die Verabschiedung der Satzung und
- andere gegenseitige Rechte und Pflichten der Gründer und des zu gründenden Unternehmens.

2. Gemischte Unternehmen

a) Das Investitionsgesetz bestimmt in Art. 14, daß der *Vertrag über die Gründung von Gemischten Unternehmen* folgende Bestimmungen zu enthalten hat:

- Vertragsparteien,
- Geschäftstätigkeit,
- Stamm- bzw. Grundkapital und Beteiligungsverhältnis,
- bei der AG: Art der Aktien und die Emissionsbank,
- Organe des Unternehmens und die Vertretung der Gesellschafter darin,
- Dauer des Unternehmens,
- Kapitalübernahme durch den inländischen Gesellschafter sowie
- Beilegung von Streitigkeiten.

Dessen ungeachtet normiert Art. 110 Abs. 2 UG den zwingenden Inhalt des Gründungsvertrages für Kommanditgesellschaften in leichter Abweichung von Art. 14 UG, so daß sich der ausländische Gründer einer KG gezwungen sieht, *beide* Bestimmungen zu berücksichtigen.

b) Für die AG und GmbH sieht das Unternehmensgesetz Satzungen zwingenden Inhalts vor: So hat die *Satzung einer GmbH* folgende Bestimmungen zu enthalten (Art. 106 UG):

- Firma, Sitz und Geschäftstätigkeit,
- Höhe des Stammkapitals, Art und Höhe der einzelner Einlagen, Art und Frist ihrer Einzahlung,
- Gewinn- und Verlustteilung,
- Gesellschaftsorgane, ihre Zusammensetzung und Arbeitsweise,
- Dauer und Regeln für die Auflösung der Gesellschaft sowie
- Verfahren für die Satzungsänderung.

Die *Satzung einer AG* hat *darüber hinaus* noch folgende Bestimmungen zu enthalten (Art. 101 UG):

- Einräumung von Ermächtigungen einzelner Personen, in Vertretung der Gesellschaftsorgane zu handeln,
- innere Organisation des Unternehmens sowie
- Regelung über die Hauptversammlung.

c) Für die *Gründung einer AG* ist die *Mindestzahl der Aktionäre* nicht vorgeschrieben. Das *Grundkapital* hat mindestens Din. 150 Mio. (oder N Din. 15000,-)[23a] zu betragen, doch soll jährlich eine Anpassung dieses Betrages an die Inflationsrate erfolgen (Art. 86 UG). Aktien können entweder *Namens- oder Inhaber- sowie Stamm- oder Vorzugsaktien* sein. Auch *stimmrechtslose Aktien* können ausgegeben werden (Art. 87-89 UG).

Die Gründung kann als Bar- oder Sachgründung erfolgen, doch darf die Einlage nicht aus Arbeits- oder Dienstleistungen bestehen.

d) Auch für die *Gründung einer GmbH* ist die *Mindestzahl der Gesellschafter* nicht gesetzlich geregelt. Der Mindestbetrag des Stammkapitals beträgt Din. 20 Mio. (oder N Din. 2000,-) und wird, wie bei der AG, jährlich an die Inflationsrate angeglichen (Art. 104 UG).

Die Einlagen können in Geld, Sachen oder Rechten bestehen.

Mit der Eintragung des Vertrages über die Gründung des Gemischten Unternehmens bzw. des Beschlusses der konstituierenden Hauptversammlung in das Gerichtsregister erwirbt das Gemischte Unternehmen die Rechts- und Geschäftsfähigkeit (Art. 83 UG).

VI. Unternehmensorgane

1. Gesellschaftliche Unternehmen

Der Gesetzgeber hat für Gesellschaftliche Unternehmen die gleichen Organe vorgesehen, die es schon für Organisationen assoziierter Arbeit gab, nämlich

- das Arbeitskollektiv (Art. 46 UG),
- den Arbeiterrat (Art. 47-52 UG) und
- das geschäftsführende Organ (Art. 53-62 UG).

Die Kompetenzen dieser Organe bleiben im wesentlichen die gleichen wie bisher bei Organisationen assoziierter Arbeit, d. h. die *Entscheidungsgewalt über alle wesentlichen Unternehmensfragen bleibt dem Arbeitskollek-*

23a Nach dem *Gesetz über die Änderung des Dinarwertes* (SL der SFRJ Nr. 83/1989).

tiv bzw. dem Arbeiterrat vorbehalten[24]. Deshalb dürfte auch das Gesellschaftliche Unternehmen für ausländische Investoren von geringem Interesse sein.

2. Gemischte Unternehmen

Die *Organe der AG und der GmbH* sind grundsätzlich:

– die Hauptversammlung (Art. 121–123 UG),
– der Verwaltungsausschuß (Art. 124–127 UG),
– das Direktorium (Art. 132 UG),
– der Arbeiterrat (Art. 131 UG) und
– die Kontrollstelle (Art. 128–130 UG).

Allerdings kommt die GmbH nach dem Gesetz mit nur zwei Organen, nämlich Direktorium und Arbeiterrat, aus. Wegen dieser Flexibilität dürfte deshalb die GmbH die geeignetste Unternehmensform für ausländische Investoren in Jugoslawien sein.

Bei der *KG* obliegt die Geschäftsführung den Komplementären, sofern die Satzung bzw. der Gründungsvertrag nicht vorsieht, daß sie einem oder mehreren Gesellschaftern bzw. einem besonderen Organ oder einem Prokuristen übertragen wird. Organe der KG sind darüber hinaus auch der Arbeiterrat und die Kontrollstelle (Art. 120 Abs. 2 UG).

a) Hauptversammlung

An der Hauptversammlung nehmen stimmberechtigt die Vertreter der Kapitalgeber sowie der Arbeitnehmer teil (Art. 121 UG). Die Vertreter der Arbeitnehmer haben dabei Stimmrechte gemäß der von ihnen „eingebrachten" Arbeit (Art. 122 Abs. 1). Das Unternehmensgesetz enthält allerdings keine Bestimmungen zur Bemessung und Gewichtung des Faktors „Arbeit". Darin liegt einer der Hauptmängel des neuen Unternehmensgesetzes. Die Bestimmung des Faktors „Arbeit" ist im übrigen auch bei der Umwandlung eines jetzt bestehenden Gemeinschaftsunternehmens in ein Gemischtes Unternehmen von entscheidender Bedeutung.

Die Hauptversammlung verabschiedet die Satzung und die Satzungsänderungen sowie nach Maßgabe der Satzung andere allgemeine Rechtsakte, das Arbeitsprogramm und den Entwicklungsplan des Unternehmens sowie den Jahresabschluß, entscheidet über die Ermittlung und Verwendung des Gewinns sowie die Verlustdeckung, setzt die Geschäftspolitik fest, bestellt die Mitglieder des Verwaltungsausschusses (mit Ausnahme jener, deren Be-

---

24 Vgl. *Messmann*, Die rechtliche Stellung ..., a. a. O. S. 150 ff.

stellung nach Art. 125 UG und der Satzung dem Arbeiterrat vorbehalten ist) und der Kontrollstelle und ruft sie ab, entscheidet über die Erhöhung und Herabsetzung des Grund- bzw. Stammkapitals, über die Beendigung der Geschäftstätigkeit sowie über andere Fragen, die in der Satzung der Gesellschaft vorgesehen sind (Art. 123 UG).

Die Bildung dieses Unternehmensorgans ist allerdings bei der KG nicht vorgesehen und bei der GmbH nicht zwingend vorgeschrieben (Art. 106 Abs. 2 Ziff. 4 UG)[25]. In den Fällen, in denen die Bildung einer Hauptversammlung nicht vorgesehen ist, werden ihre Kompetenzen in der Regel vom Verwaltungsausschuß oder Arbeiterrat wahrgenommen.

b) Verwaltungsausschuß

Der Verwaltungsausschuß besteht aus mindestens drei Mitgliedern (Art. 124 Abs. 1), die von der Hauptversammlung bestellt und abberufen werden. Das Mandat der Mitglieder des Verwaltungsausschusses beträgt vier Jahre und kann erneuert werden (Art. 26 Abs. 1 und 125).

Der Verwaltungsausschuß

— bestellt und ruft die Mitglieder des Direktoriums ab;

— beschließt über die Unternehmenspläne, Arbeitsprogramme und allgemeine Rechtsakte, mit Ausnahme jener, deren Verabschiedung nach der Satzung der Hauptversammlung vorbehalten ist;

— unterbreitet Vorschläge an die Hauptversammlung und führt deren Beschlüsse durch;

— erteilt Weisungen an und erläßt Richtlinien für die Geschäftsführung;

— unterbreitet der Kontrollstelle vierteljährlich einen Bericht über die Geschäftstätigkeit des Unternehmens und wohnt auf deren Verlangen ihren Sitzungen ohne Stimmrecht bei und

— überwacht die ordnungsgemäße und rechtzeitige Erstellung von periodischen Berichten an die Kontrollstelle sowie die Aufstellung des Jahresabschlusses durch die Geschäftsführung (Art. 127 UG).

c) Direktorium

Der Gesetzgeber hat zwar das Direktorium in der Aufführung von Gesellschaftsorganen in Art. 120 Abs. 1 UG ausgelassen. Es wird dann allerdings in Art. 132 UG ausführlich behandelt.

Nach dieser Bestimmung organisiert und leitet das Direktorium die Geschäftstätigkeit des Unternehmens, vertritt es Dritten gegenüber und ist für die Einhaltung der Gesetze verantwortlich. Es hat insbesondere die Auf-

---

25 Vgl. auch *Beckmann-Petey*, a. a. O. S. 274.

gabe, den zuständigen Organen Vorschläge über die Grundlage der Geschäftspolitik und des Arbeitsprogrammes zu unterbreiten, Maßnahmen zu deren Durchführung zu ergreifen, Beschlüsse anderer Unternehmensorgane auszuführen, die Einstellung und Entlassung von Arbeitnehmern mit besonderer Aufgabe vorzuschlagen, deren Einsatz zu bestimmen und den Jahresabschluß und sonstige Berichte vorzubereiten. Somit hat es gegenüber dem Arbeiterrat eine stärkere Stellung als bisher.

Nach bisheriger Praxis war der Generaldirektor in jugoslawischen Gemeinschaftsunternehmen — auch ohne entsprechende Gesetzesregelung — immer ein jugoslawischer Staatsbürger. Dies dürfte sich in Zukunft ändern.

d) Arbeiterrat

Charakteristisch für die Rolle des Arbeiterrates in einem Gemischten Unternehmen ist nach dem neuen Unternehmensgesetz die *Einschränkung seiner bisherigen Kompetenzen*. Nach Art. 131 Abs. 3 UG

— wählt er die Delegierten der Arbeitnehmer bzw. seine Vertreter in die Hauptversammlung und in den Verwaltungsausschuß;

— erörtert er die Vorschläge zu allgemeinen Rechtsakten, die die Arbeitszeit, die Arbeitsnormen, die Festlegung der persönlichen Einkommen, den Arbeitsschutz u. ä. regeln;

— überwacht er die Erfüllung des Kollektivvertrages und der allgemeinen Rechtsakte, die sich auf die soziale und wirtschaftliche Lage der Arbeitnehmer beziehen;

— erörtert bzw. macht er Vorschläge zur Personalplanung und -entwicklung;

— erörtert er die Vorschläge zur Änderung der Satzung, zu wesentlichen Änderungen bei technischen, technologischen und organisatorischen Verfahren, zu Großinvestitionen sowie zur Auflösung des Unternehmens;

— entscheidet er über die Aufteilung desjenigen Teils am Gewinn, der den Arbeitnehmern zufällt;

— entscheidet er über die Vergabe von Wohnungen und Wohnungskrediten;

— entscheidet er über die Nutzung der Mittel für den gemeinsamen Aufwand (Sozialfonds) und

— legt er die Standpunkte für die Tätigkeit der Delegierten der Arbeitnehmer bzw. seiner Vertreter in der Hauptversammlung und im Aufsichtsrat fest.

Demzufolge hat der Arbeiterrat in Gemischten Unternehmen nirgends mehr eine Entscheidungskompetenz bei der eigentlichen Führung von Geschäften.

e) Kontrollstelle

Neu ist ebenfalls die Einführung eines Kontrollorgans. Es handelt sich dabei um ein Organ, das in etwa der Kontrollstelle einer schweizerischen AG (Art. 727 ff. OR) entspricht und aus mindestens drei Mitgliedern besteht, die für vier Jahre von der Hauptversammlung gewählt (bzw. nach der Satzung vom Arbeiterrat entsandt) werden. Eine Wiederwahl ist möglich. Sie hat insbesondere die Aufgabe, die Ordnungsmäßigkeit der Verwendung der Mittel, den Jahresabschluß sowie den Vorschlag des Verwaltungsausschusses zur Gewinnverwendung zu prüfen und die Hauptversammlung über ihre Prüfungsergebnisse schriftlich zu informieren (Art. 128–130 UG). Doch anders als die Buchprüfer nach ungarischem Gesellschaftsrecht hat die Kontrollstelle die Bewertung der Sacheinlagen nicht zu überprüfen.

Bei einer GmbH ist die Bildung einer Kontrollstelle fakultativ (Art. 106 Abs. 2 Ziff. 5 UG).

VII. Finanzverfassung

1. Einlagen, ihre Bewertung und Sicherung

Die Einlagen in jugoslawische Gemeinschaftsunternehmen oder in Unternehmen im ausländischen Eigentum können grundsätzlich, wie bisher, von beiden Partnern in *bar, Sachen und Rechten* erbracht werden. Sie können aber darüber hinaus nach dem neuen Gesetz auch vom ausländischen Partner in *Dinar* getätigt werden (Art. 3), wobei dieser die Dinarbeträge nach Art. 4 durch Kauf und *Umwandlung von Auslandsverbindlichkeiten* (Schuldenkonversion) erwerben kann.

Die Bewertung ist, wie bisher, gesetzlich nicht geregelt. Sie bleibt demzufolge Angelegenheit der Vertragspartner bzw. der Gründer.

Das neue Investitionsgesetz schützt die Einlagen wie das bisherige. Nach Art. 6 dürfen die Rechte des ausländischen Partners durch andere Rechtsvorschriften nicht geschmälert werden. Darunter versteht diese Bestimmung nicht nur die materiellen Einlagen, sondern auch die Mitwirkungsrechte des ausländischen Investors in den Gesellschaftsorganen sowie andere Rechte.

Einen weiteren Schutz erhalten deutsche Investoren in Jugoslawien durch das vor kurzem zwischen der Bundesrepublik Deutschland und Jugoslawien abgeschlossene, jedoch noch nicht in Kraft getretene *Kapitalschutzab-kommen*[26].

2. Ermittlung des Gewinns

Das neue Investitionsgesetz regelt, wie schon das alte, die Ermittlung des Jahresergebnisses nicht ausdrücklich. Diese erfolgt auch weiterhin nach dem Gesetz über die Ermittlung und Abrechnung des Gesamtertrages und Einkommens[27].

3. Gewinntransfer

Das Gesetz garantiert grundsätzlich, wie schon das bisherige, den Gewinn- und Kapitalrücktransfer. Im Gegensatz zum bisherigen Recht verweist aber das neue Gesetz nicht ausdrücklich darauf, daß der Gewinn- und Kapitalrücktransfer nach Maßgabe des Devisengesetzes zu erfolgen habe. Auch garantiert Art. 5 des neuen deutsch-jugoslawischen Kapitalschutzabkommens den uneingeschränkten Transfer aller mit einer Kapitalanlage zusammenhängenden Zahlungen, insbesondere auch der in Dinar erwirtschafteten Erträge, ferner die Rückzahlung von beteiligungsähnlichen Darlehen sowie der Erlöse aus Veräußerungen oder Liquidation der Kapitalanlage.

VIII. Steuerrechtliche Behandlung der Gemeinschaftsunternehmen

Bisher wurde steuerrechtlich die Geschäftstätigkeit eines Gemeinschaftsunternehmens in der Regel wie die eines jugoslawischen Unternehmens ohne ausländische Kapitalbeteiligung behandelt. Der an den ausländischen Investor ausgeschüttete Gewinn wurde darüber hinaus einer besonderen Besteuerung unterworfen, die von Teilrepublik zu Teilrepublik verschieden geregelt war[28].

Nachdem die novellierte Bundesverfassung die Steuergesetzgebungskompetenz nun auf den Bund übertragen hatte, ist mit einer umfassenden Steuerreform zu rechnen. Art. 8 Abs. 3 bestimmt jedoch schon jetzt, daß Gemeinschaftsunternehmen bzw. Unternehmen im ausländischen Eigentum in der Aufbauperiode sowie ausländische Investoren bei Reinvestitionen ihrer Gewinne *Steueranreize* erhalten sollen. Wie dies zu erfolgen hat, er-

---

26 Vgl. NfA vom 6.7.1989.
27 SL der SFRJ Nr. 72/1986, 42/1987, 65/1987, 87/1987, 31/1988 und 46/1988.
28 Vgl. *Messmann*, Jugoslawien ..., a.a.O. S. 263–265.

gibt sich aus dem Gesetz nicht. Auch dies wird erst aus noch zu erlassenden Gesetzen ersichtlich.

Im übrigen ist zwischen der Bundesrepublik Deutschland und Jugoslawien seit dem 25.12.1988 ein *Doppelbesteuerungsabkommen* in Kraft[29].

IX. Schlußbemerkungen

Das Gesetz über ausländische Investitionen bringt erhebliche Neuerungen und Verbesserungen im Vergleich zum bisherigen Recht. Dazu gehören neben den neuen Formen von Gemeinschaftsunternehmen bzw. Unternehmen im ausländischen Eigentum auch die erweiterten Mitspracherechte des ausländischen Partners. Eine abschließende Beurteilung der Gesetzgebung über ausländische Investitionen wird freilich erst möglich sein, wenn auch die flankierenden Gesetze erlassen sein werden. Es ist jedoch im wohlverstandenen Interesse des jugoslawischen Gesetzgebers, diese im gleichen liberalen Geiste zu verabschieden wie das Gesetz über ausländische Investitionen. Dies gilt insbesondere für die Devisen- und Zollgesetzgebung. Sie sollten insbesondere sicherstellen, daß die rechtliche Möglichkeit nicht-veröffentlichter administrativer Eingriffe auf diesem Gebiet endlich unterbleibt.

---

29 BGBl. 1988-II, S. 744 und 1179.

Niederlande:

Internationale Joint Ventures nach niederländischem Recht

von

Rechtsanwalt Dr. Paul Gotzen, Düsseldorf

und

Notar Mr. C. Venemans, Arnhem

I. Grundsätzliches

1. Vorbemerkungen

In der folgenden Darstellung werden Joint Ventures behandelt, die nach niederländischem Recht zwischen Gebietsansässigen der Niederlande und des Auslands möglich sind.

Zur Sprache kommen dabei Joint Ventures zwischen Unternehmern, deren betriebswirtschaftliches Handeln auf Gewinnmaximierung gerichtet ist, und zwar entweder direkt durch Gewinnerzielung in einem Gemeinschaftsunternehmen oder indirekt durch Kosteneinsparung oder Streben nach Kontinuität. Dabei sind auch Joint Ventures etwa auf dem Gebiet der Technologieentwicklung möglich, in welche die Partner ihr jeweils sich ergänzendes Wissen einbringen. Beim direkten Gewinnstreben läßt sich an die Errichtung einer Produktionsstätte in einem bestimmten Land mit einem günstigen Investitionsklima und mit preiswerten Produktionsmitteln denken, wobei der Ausländer das Know-how auf dem Gebiet der Produktion einbringt und der ortsansässige Unternehmer die Kenntnis der örtlichen Verhältnisse. Beim indirekten Gewinnstreben läßt sich an den Einkauf von Grundstoffen der Produktionspartner sowie die Montage im ortsansässigen Unternehmen denken, wobei Einsparungen bei den Grenzabgaben im grenzüberschreitenden Verkehr erzielt werden können. Das Streben nach

Kontinuität tritt in einer Zusammenarbeit zwischen einem Fabrikanten und einem Großhändler zutage, wobei beide Parteien einen dauerhaften Absatz bzw. eine dauerhafte Belieferung sicherstellen. Selbstverständlich kommen auch Zwischenformen und Mischformen vor.

Weiterhin werden Joint Ventures behandelt, in denen zwei oder mehr unabhängige Partner in ihrer Zusammenarbeit ihre eigene Identität wahren. Dabei ist im vorliegenden Zusammenhang indes nur die Zusammenarbeit zwischen Unternehmern in verschiedenen Ländern von Interesse.

Schließlich werden nur diejenigen Joint Ventures untersucht, die nach niederländischem Recht möglich sind. Ausgangspunkt ist dabei stets, daß die Joint Ventures im allgemeinen in den Niederlanden ansässig sind.

2. Rechtsformen

Bei den Joint Ventures des niederländischen Rechts ist zu unterscheiden zwischen solchen, die keine eigene Rechtspersönlichkeit besitzen (bloße Zusammenarbeitsvereinbarungen, offene Handelsgesellschaften und Kommanditgesellschaften), und anderen, die Rechtspersönlichkeit haben. Bei letzteren wird unterschieden nach Rechtsformen, die nicht Kapitalgesellschaften sind (die Genossenschaft, der Verein, die Stiftung), und den Kapitalgesellschaften (Aktiengesellschaft, Gesellschaft mit beschränkter Haftung und dem jüngsten Sproß am Stamm seit dem 1. Juli 1989: die Europäische Wirtschaftliche Interessenvereinigung).

3. Freier Wettbewerb

Da Joint Ventures ihre Entstehung dem Streben nach Gewinnmaximierung verdanken, führen sie häufig auch zur Bildung von Kartellen, die den freien Wettbewerb zum Nachteil des Konsumenten beschränken.

In den Niederlanden gilt daher das Gesetz über den Wirtschaftswettbewerb, wonach jeder Vertrag und jeder Beschluß, durch den der Wirtschaftswettbewerb zwischen Inhabern von Unternehmen geregelt wird, beim Wirtschaftsministerium angemeldet werden müssen. Von der Anmeldepflicht ist unter anderem eine Regelung zur Beschränkung des Wettbewerbs im Ausland freigestellt. Die Anmeldung wird nicht veröffentlicht; in den Niederlanden besteht kein öffentliches Kartellregister. Der Minister kann die angemeldete Regelung veröffentlichen, wenn und sofern sie dem allgemeinen Interesse zuwiderläuft. Er kann die Regelung oder Teile davon auch für unverbindlich erklären oder aussetzen. Zu solchen Maßnahmen kommt es jedoch fast nie, weil der Minister den Parteien seine Bedenken zunächst mitteilt und die Parteien alsdann die Regelung derart anpassen, daß der Minister keine Bedenken mehr hat.

Neben diesen niederländischen Wettbewerbsregeln gelten die EG-Vorschriften der Artikel 85 und 86 des EG-Vertrages. Artikel 85 bezieht sich auf alle Vereinbarungen, Beschlüsse und aufeinander abgestimmte tatsächliche Verhaltensweisen, die den Handel zwischen den Mitgliedern der EG ungünstig beeinflussen können und die sich darauf beziehen oder dazu führen, daß der freie Wettbewerb im gemeinsamen Markt verhindert, beschränkt oder verfälscht wird. Alle diese Vereinbarungen, Beschlüsse und Verhaltensweisen werden im allgemeinen von Rechts wegen für ungültig erklärt, und sie können mit Buße belegt werden.

Diese Bußen können durch eine Anmeldung bei der europäischen Kommission mit dem Antrag auf Freistellung vermieden werden. Wird die Freistellung nicht erteilt und wird der Vertragsregelung dennoch zuwidergehandelt, sind die Bußen selbstverständlich fällig. Artikel 86 bezieht sich auf den Mißbrauch einer beherrschenden Position, auch wenn diese durch eine Fusion oder den Beginn einer Zusammenarbeit entsteht.

Neben diesen Bestimmungen, welche die Aufrechterhaltung des freien Wettbewerbs zum Zweck haben, gibt es in den Niederlanden eine Gesetzgebung auf dem Gebiet des Niederlassungsrechts. Diese hat die Überwachung der Qualität von Dienstleistungen (z. B. die Niederlassungsgesetze für den Einzelhandel und Unternehmen sowie das Gesetz über die Versicherungsvermittlung), den Schutz der öffentlichen Ordnung und der Volksgesundheit (z. B. Anwälte, Notare, Ärzte, Beförderungsgesetzgebung und Glücksspiele) sowie den Schutz des Verbrauchers (z. B. Versicherungsunternehmen und das Kreditwesen) zum Zweck.

4. Handelsregister

Jedes in den Niederlanden ansässige Unternehmen muß im Handelsregister eingetragen sein, welches von einer regionalen Industrie- und Handelskammer, von denen in den Niederlanden rund vierzig bestehen, geführt wird. Anders als in der Bundesrepublik Deutschland ist das Handelsregister somit nicht bei einem Gericht (Amtsgericht) angesiedelt. Die Handelskammern überwachen auch die Befolgung der Niederlassungsvorschriften. Die Eintragung umfaßt die Rechtsform des Unternehmens, die Firma, den Zweck, die Anschrift, weiterhin — bei einer offenen Handelsgesellschaft — die Gesellschafter und — bei einer juristischen Person — die Mitglieder des Vorstands und des Aufsichtsrats sowie die Höhe des Kapitals. Schließlich müssen noch ergänzende Informationen erteilt werden, wie z. B. der Gesellschaftsvertrag, die Zahl der Beschäftigten, Angaben über vertretungsberechtigte Prokuristen und dergleichen mehr.

II. Rechtsformen ohne Rechtspersönlichkeit

1. Vertragliche Zusammenarbeit

Nicht alle Joint Ventures finden ihren Niederschlag in der Bildung eines Gemeinschaftsunternehmens. Daher hat die Aufmerksamkeit auch der bloßen Vereinbarung einer Zusammenarbeit zu gelten. Weiterhin ist zu bedenken, daß jedes Joint Venture, bei dem ein gemeinsames Unternehmen errichtet wird, letztlich ebenfalls auf einem Vertrag zur Zusammenarbeit zwischen den Partnern beruht. Die Bildung eines gemeinsamen Unternehmens ist dann nur ein Ausfluß dieser Basisvereinbarung (Shareholders Agreement), und diese Basisübereinkunft hat die gleichen juristischen Konsequenzen wie die bloße Zusammenarbeitsvereinbarung.

In der Vereinbarung regeln die Partner die von ihnen gewünschte Zusammenarbeit, und zwar sowohl die Art ihrer Ausführung als auch die Sanktionen für die Nichtbefolgung der getroffenen Absprachen.

Dabei ist die Wahl der Parteien, welchem nationalen Recht die Vereinbarung und ihre Ausführung unterworfen sind, von Bedeutung. Die Parteien sind in ihrer Wahl frei. Zu empfehlen ist jedoch, Anschluß an das Recht des Landes zu suchen, auf das die Vereinbarung in erster Linie ausgerichtet ist oder mit dem bei der Ausführung die engsten Bindungen bestehen.

Später wird – in Kapitel VII.1 – das Verhältnis zwischen der Basisvereinbarung und der Rechtsform nochmals im einzelnen behandelt.

2. Offene Handelsgesellschaft

Die offene Handelsgesellschaft (vennootschap onder Firma; v. o. f.) kann als ein Vertrag definiert werden, durch den zwei oder mehr Personen sich verpflichten, etwas in eine Gemeinschaft einzubringen, um damit ein Unternehmen unter einer gemeinsamen Firma zu führen.

Erforderlich ist also ein Vertrag, der kraft Gesetzes schriftlich (durch notarielle oder privatschriftliche Urkunde) festgelegt werden muß: der sogenannte Gesellschaftsvertrag. Denkbar sind aber auch offene Handelsgesellschaften ohne einen schriftlich niedergelegten Vertrag; denn im Gesetz ist zugleich bestimmt, daß das Fehlen eines derartigen schriftlichen Vertrages der Gesellschaft nicht entgegengehalten werden kann. Im letztgenannten Fall ist die Eintragung ins Handelsregister zum Nachweis des Bestehens der Gesellschaft ausreichend.

Gesellschafter können natürliche oder juristische Personen sein. Jeder Gesellschafter kann völlig selbständig für die Gesellschaft auftreten, wenn nicht im Gesellschaftsvertrag etwas anderes bestimmt ist und dies ins Handelsregister eingetragen ist.

Die Einlage kann aus Geld oder Gütern, aber auch aus einem goodwill oder der persönlichen Arbeitskraft bestehen. Schließlich betreibt die Gesellschaft ein Unternehmen unter einem gemeinsamen Handelsnamen, der Firma.

Der Gesellschaftsgewinn steht den Gesellschaftern zu gleichen Teilen zu, wenn nicht im Gesellschaftsvertrag eine andere Regelung vereinbart ist. So kann beispielsweise die Gewinnverteilung an den Wert der Einlagen gekoppelt sein.

Die Gesellschaft besitzt keine Rechtspersönlichkeit. Alle Gesellschafter sind persönlich haftbar für diejenigen Verbindlichkeiten, die von der Gesellschaft gegenüber Dritten eingegangen werden, auch wenn diese Verbindlichkeiten durch einen anderen Gesellschafter begründet worden sind.

Im Zusammenhang mit der Eigenständigkeit der Gesellschaft im Rechtsverkehr einerseits und der persönlichen Haftung der Gesellschafter andererseits besitzt die Gesellschaft ein sogenanntes Sondervermögen.

Das Vorhandensein eines Sondervermögens hat auch zur Folge, daß die offene Handelsgesellschaft als solche selbständig in Konkurs fallen kann. Infolge der gesamtschuldnerischen Haftung der Gesellschafter hat der Konkurs der Gesellschaft auch den Konkurs aller Gesellschafter zur Folge.

3. Kommanditgesellschaft

Die Kommanditgesellschaft (commanditaire vennootschap; c. v.) ist eine Gesellschaft mit zwei Arten von Gesellschaftern: den Komplementären und den Kommanditisten.

Die Komplementäre haben die Leitung der Gesellschaft und vertreten diese nach außen. Sie werden als solche auch ins Handelsregister eingetragen.

Die Kommanditisten sind Kapitalgeber, daneben jedoch intern auch Gesellschafter, so daß sie dieser zuletzt genannten Eigenschaft intern Direktionsbefugnisse entlehnen können und auch Anspruch auf einen Anteil am Gewinn haben. Sie dürfen jedoch nicht an der externen Leitung teilnehmen und somit auch nicht für die Gesellschaft nach außen hin auftreten. Sie sind nicht im Handelsregister eingetragen.

Die Kommanditisten sind für die Verbindlichkeiten der Gesellschaft nicht persönlich haftbar, aber das von ihnen verschaffte Kapital ist Gesellschaftskapital, und im Konkurs der c. v. ist dieses Vermögen insgesamt für die Schulden der c. v. haftbar. Die Kommanditisten können im Konkurs der c. v. somit nicht als Gläubiger auftreten.

Die c. v. ist auch in anderen Punkten mit der offenen Handelsgesellschaft vergleichbar: Auch bei ihr besteht das Erfordernis eines Vertrages, jedoch ohne Sanktionen, wenn dieser nicht schriftlich niedergelegt ist. Auch bei ihr können juristische Personen Gesellschafter sein. Auch die c. v. besitzt keine Rechtspersönlichkeit. Die persönliche Haftung gilt nur für die Komplementäre.

Was das Sondervermögen betrifft, muß unterschieden werden zwischen der c. v. mit einem einzigen Komplementär und einer c. v. mit mehreren Komplementären. Sind mehrere Komplementäre vorhanden, so bilden sie zusammen eine offene Handelsgesellschaft in der c. v. Für sie gelten dann die im vorhergehenden Abschnitt besprochenen Regeln.

Gibt es nur einen einzigen Komplementär, so besitzt die c. v. kein Sondervermögen. Das bedeutet, daß der Konkurs der c. v. nicht nur den Konkurs des Komplementärs zur Folge hat, sondern auch — anders als bei der offenen Handelsgesellschaft —, daß der Konkurs des Komplementärs den Konkurs der c. v. auslöst. Der Kommanditist schießt dann zunächst zu dem ihm zuzurechnenden Verlust der Gesellschaft bei und tritt im übrigen als Gläubiger im Konkurs des Komplementärs auf.

Von der Rechtsform der c. v. kann Gebrauch gemacht werden, wenn der Name des Kommanditisten aus Wettbewerbsgründen geheim bleiben muß.

III. Rechtsformen mit Rechtspersönlichkeit, die nicht Kapitalgesellschaften sind

1. Übersicht

Als Rechtsformen für Joint Ventures, die zwar eigene Rechtspersönlichkeit besitzen, aber keine Kapitalgesellschaften sind, stehen in den Niederlanden die Stiftung, der Verein und die Genossenschaft zur Verfügung. Von diesen ist nur die Genossenschaft eine reine Unternehmensform. Die Stiftung und der Verein haben jedoch ebenfalls wichtige Funktionen im Rechts- und Wirtschaftsleben, die dazu führen, daß sie hier nicht unerwähnt bleiben dürfen.

2. Die Stiftung

Die Stiftung ist ein Zweckvermögen, welches eigene Rechtspersönlichkeit besitzt. Sie trachtet danach, einen in ihrer Satzung festgelegten Zweck zu verwirklichen. Sie hat keine Mitglieder.

Die Stiftung entsteht durch eine Rechtshandlung, die der notariellen Beurkundung bedarf. An der Errichtung können mehrere Gründer beteiligt sein; sie kann aber auch durch eine einzige Person beispielsweise durch Testament erfolgen.

Die Stiftung darf nicht den Zweck haben, Ausschüttungen an die Gründer oder sonstige Personen vorzunehmen, es sei denn, dies erfolge zu einem ideellen oder sozialen Zweck.

Das wichtigste Organ der Stiftung ist der Vorstand. Dieser kann ein- oder mehrköpfig sein. Auch juristische Personen und Ausländer können Vorstandsmitglieder sein.

Weitere Organe, wie etwa ein Aufsichtsrat, sind zulässig, aber nicht zwingend vorgeschrieben.

Obwohl die Stiftung keine Unternehmensrechtsform ist, besitzt sie im Wirtschaftsleben doch insofern eine wichtige Funktion, als sie bei der Ausgabe von Anteilszertifikaten und Vorzugsanteilen Trägerin der Stimmrechte sein kann, die sich aus den Anteilen ergeben, welche sie hält. Die Gewinnbezugsrechte bleiben demgegenüber meist voll bei den Anteilseignern. Auf diese Weise lassen sich mitunter geschickt feindliche Übernahmen vermeiden, ohne daß die Anteilseigner in ihren Gewinnbezugsrechten Beeinträchtigungen hinnehmen müssen.

3. Der Verein

In den Niederlanden kennt man ebenso wie in der Bundesrepublik Deutschland den rechtsfähigen Verein. In ihm wirken seine Mitglieder zur Erreichung eines satzungsmäßig umschriebenen Zwecks zusammen. Da der Zweck des Vereins niemals die Verteilung von Gewinn an die Vereinsmitglieder sein darf, ist seine Bedeutung für das Wirtschaftsleben relativ begrenzt. Als rechtliche Formen von Zusammenschlüssen zur Erzielung wirtschaftlichen Gewinns, die eigene Rechtspersönlichkeit besitzen, stehen vielmehr lediglich die Genossenschaften sowie die später noch zu behandelnden Kapitalgesellschaften zur Verfügung. Die zuletzt genannten Unternehmensformen besitzen jedoch zahlreiche Merkmale des rechtsfähigen Vereins. Bestimmte Regeln des Vereinsrechts finden daher auf sie entsprechende Anwendung.

4. Die Genossenschaft

Die Genossenschaft ist der vereinsmäßige Zusammenschluß mehrerer Mitglieder, der den satzungsmäßig festgelegten Zweck hat, bestimmte materielle Bedürfnisse seiner Mitglieder zu befriedigen und der dazu eine unternehmerische Tätigkeit entwickelt. Hierbei darf es sich allerdings nicht um den Abschluß von Versicherungsverträgen mit den einzelnen Mitgliedern handeln, da es sich in diesem Fall um eine Versicherungsgesellschaft auf Gegenseitigkeit handeln würde.

Eine Genossenschaft muß durch notarielle Urkunde errichtet werden. Sie muß in ihrer Firma ihre Rechtsform angeben und außerdem einen Zusatz enthalten, aus dem sich die Haftung ihrer Mitglieder ergibt. Folgende Zusätze kommen in Betracht:

U. A. = satzungsmäßig ausgeschlossene Haftung

B. A. = satzungsmäßig beschränkte Haftung

W. A. = gesetzliche Haftung.

Falls die Haftung der Mitglieder für Verluste nicht durch die Satzung ausgeschlossen oder beschränkt ist, müssen die Mitglieder bei eingetretenen Verlusten entsprechende Nachschüsse leisten.

Die Organe der Genossenschaft sind die Mitgliederversammlung und der Vorstand.

Genossenschaften spielen vor allem im landwirtschaftlichen Bereich eine bedeutende Rolle.

IV. Niederländische Kapitalgesellschaften: Aktiengesellschaft und Gesellschaft mit beschränkter Haftung

1. Rechtsform

Als Kapitalgesellschaften stehen im niederländischen Recht die Aktiengesellschaft (naamloze vennootschap; n. v.) und die Gesellschaft mit beschränkter Haftung (besloten vennootschap met beperkte aansprakelijkheid; b. v.) zur Verfügung.

Ursprünglich existierte in den Niederlanden nur die n. v. Je nach Ausgestaltung der Satzung wurden in dieser Rechtsform kleine Familienunternehmen wie auch große Publikumsgesellschaften mit an der Börse notierten Aktien betrieben. Aufgrund der ersten gesellschaftsrechtlichen Richtlinie der EG wurde im Jahre 1971 die Rechtsform der b. v. neu geschaffen. Der größte Teil der damals existierenden niederländischen Kapitalgesellschaften nahm daraufhin eine Umwandlung in diese neue Rechtsform vor, so daß diese ebenso wie in den anderen europäischen Nachbarstaaten die zahlenmäßig bei weitem dominierende Gesellschaftsform geworden ist.

Ein charakteristischer Unterschied zwischen der n. v. und der b. v. besteht darin, daß die b. v. zur Akzentuierung ihres geschlossenen Charakters nur Namensanteile besitzen darf, während bei der n. v. auch Inhaberaktien zulässig sind. Weiterhin dürfen die Anteile einer b. v. nicht frei übertragbar sein; eine sogenannte Blockierungsregelung als Bestandteil der Satzung ist unabdingbare Voraussetzung zur Erlangung der ministeriellen Unbedenklichkeitserklärung, die zur Gründung einer Kapitalgesellschaft stets erforderlich ist. Die n. v. besitzt demgegenüber im Regelfall frei übertragbare Inhaberaktien. Das Mindestkapital bei der Gründung beträgt für die n. v. zur Zeit hfl. 100000,–, für die b. v. hfl. 40000,–.

2. Gründung

Die Gründung einer Kapitalgesellschaft muß durch notarielle Urkunde erfolgen, die in niederländischer Sprache gehalten sein muß. Vor der Errichtung der Urkunde ist die bereits erwähnte notarielle Unbedenklichkeitserklärung einzuholen. Die Bearbeitung im niederländischen Justizministerium nimmt ungefähr drei Monate in Anspruch. Dabei werden in erster Linie die Vereinbarkeit der im Entwurf vorgelegten Satzung mit den Bestimmungen des niederländischen Rechts sowie die Zuverlässigkeit der Gründer untersucht.

Nach Errichtung der notariellen Gründungsurkunde findet die Eintragung ins Handelsregister statt. Schließlich sind noch bestimmte Angaben über die Gesellschaft im niederländischen Staatsanzeiger zu veröffentlichen.

Für die Dauer der Gründungsphase besteht eine persönliche Haftung der namens der sich in Gründung befindlichen Gesellschaft handelnden Personen. Während dieser Phase kann die Gründungsgesellschaft den Zusatz „in oprichting; i. o." führen.

Wenn die Gesellschaft nach ihrer Entstehung die in ihrem Namen getätigten Handlungen ausdrücklich oder stillschweigend billigt, entfällt die persönliche Gründerhaftung.

3. Firma, Sitz und Zweck

In der Satzung müssen die Firma, der Sitz und der Zweck der Gesellschaft enthalten sein.

Die Firma muß dabei mit der Angabe der Rechtsform (n. v. oder b. v.) beginnen oder enden.

Der satzungsmäßige Sitz der Gesellschaft muß in den Niederlanden liegen.

Der Zweck der Gesellschaft ist von größerer Bedeutung als im deutschen Recht, da Handlungen, die in Überschreitung des satzungsmäßig festgelegten Zwecks stattfinden, die Gesellschaft nicht binden und zu einer persönlichen Haftung des Handelnden führen können.

4. Kapital

Beim Kapital einer n. v. oder b. v. ist in dreierlei Hinsicht zu unterscheiden: nach Gesellschaftskapital (maatschappelijk kapitaal), nach gezeichnetem Kapital (geplaatst kapitaal) und nach eingezahltem Kapital (gestort kapitaal).

Das Gesellschaftskapital ist die Summe der Nennwerte aller Anteile, welche die Gesellschaft ohne Satzungsänderung ausgeben kann.

Das gezeichnete Kapital ist die Summe der Nennwerte derjenigen Anteile, die von den Gesellschaftern gezeichnet sind. Das gezeichnete Kapital ist das eigentliche Haftungskapital der Gesellschaft. Es muß wenigstens 20% des Gesellschaftskapitals ausmachen.

Das eingezahlte Kapital ist die Summe der auf die gezeichneten Anteile geleisteten Einlagen. Es muß wenigstens 25% des gezeichneten Kapitals betragen, und zwar in dem Sinne, daß auf jeden gezeichneten Anteil wenigstens 25% eingezahlt sein müssen.

Nach der Höhe der von jedem Gesellschafter gehaltenen Beteiligung bemißt sich dessen Stimmrecht in der Gesellschafterversammlung. Auch für das Gewinnbezugsrecht ist diese Beteiligung maßgebend. Ausnahmen von diesen Regeln können bestehen, wenn die Gesellschaft Vorzugsanteile mit Bezug auf das Stimm- oder Gewinnbezugsrecht ausgegeben hat.

5. Gesellschaftsorgane

a) Allgemeines

Das niederländische Recht schreibt für die Kapitalgesellschaft im Regelfall nur zwei Organe zwingend vor: die Hauptversammlung der Anteilseigner und den Vorstand. Für Gesellschaften, die bestimmte Größenkriterien überschreiten, ist zudem die Verpflichtung zur Einrichtung eines Aufsichtsrats gegeben. Letzterer kann indes auch bei anderen Gesellschaften stets auf freiwilliger Basis geschaffen werden.

b) Die Hauptversammlung der Anteilseigner

Die Hauptversammlung der Anteilseigner muß wenigstens einmal im Jahr zusammentreten. Die ordentliche Hauptversammlung dient der Feststellung des Jahresabschlusses sowie der Vornahme eventuell erforderlicher Neubestellungen. Außerordentliche Hauptversammlungen können nach Ladung durch das ladungsberechtigte Organ oder auf Antrag von wenigstens einem Zehntel des gezeichneten Kapitals stattfinden.

Der Hauptversammlung stehen alle Rechte zu, die nicht kraft Satzung einem anderen Gesellschaftsorgan zugewiesen sind. Zur Teilnahme an der

Hauptversammlung sind die Anteilseigner, die Zertifikatinhaber sowie die Vorstands- und Aufsichtsratsmitglieder berechtigt. Das Stimmrecht steht im allgemeinen nur den Anteilseignern zu. Die Zahl der jedem Gesellschafter zustehenden Stimmen ergibt sich aus der Anzahl und dem Nennwert seiner Anteile.

Die Beschlüsse der Hauptversammlung werden im allgemeinen mit einfacher Mehrheit gefaßt. Die Satzung kann jedoch für besonders wichtige Entscheidungen eine qualifizierte Mehrheit sowie ein Quorumerfordernis enthalten.

c) Der Vorstand

Dem Vorstand obliegt die Geschäftsführung der Gesellschaft. Er ist außerdem mit ihrer Vertretung beauftragt. Der Vorstand kann ein- oder mehrköpfig sein. In einem mehrköpfigen Vorstand ist jedes Vorstandsmitglied in der Regel einzelvertretungsberechtigt. Hiervon kann aber durch satzungsmäßige Bestimmung abgewichen werden.

Eine Besonderheit des niederländischen Rechts liegt darin, daß auch juristische Personen zu Vorstandsmitgliedern berufen werden können.

Die Ernennung der Vorstandsmitglieder erfolgt im allgemeinen durch die Hauptversammlung; nur bei Großgesellschaften, die zur Bestellung eines Aufsichtsrats verpflichtet sind, ernennt der Aufsichtsrat die Vorstandsmitglieder.

d) Der Aufsichtsrat

Dem Aufsichtsrat obliegt die Kontrolle der Vorstandstätigkeit und des allgemeinen Geschäftsgangs des Unternehmens.

Als Aufsichtsratsmitglieder kommen nur natürliche Personen in Betracht. Für Aufsichtsratmitglieder besteht eine Altersgrenze von 72 Jahren.

Bei der Ernennung von Aufsichtsratsmitgliedern ist zwischen normalen Gesellschaften und sogenannten *Strukturgesellschaften* zu unterscheiden (siehe VI. 4). Bei ersteren werden die Aufsichtsratsmitglieder von der Hauptversammlung bestimmt, wobei ein Drittel ihrer Zahl auch von Dritten (z. B. den Inhabern von Vorzugsanteilen) bestellt werden kann. Bei letzteren vergibt der Aufsichtsrat freiwerdende Sitze im Wege eines sogenannten Kooptationsverfahrens selbst.

6. Gewinnfeststellung und Gewinnverteilung

Innerhalb von sechs Monaten nach Abschluß des Geschäftsjahrs muß der Jahresabschluß der Gesellschaft von der Hauptversammlung festgestellt werden. Der Jahresabschluß besteht aus der Bilanz, der Gewinn- und Verlustrechnung sowie der Erläuterung dazu. Außerdem muß der Vorstand einen Geschäftsbericht vorlegen. Der im Jahresabschluß ausgewiesene Gewinn steht zur Verfügung der Hauptversammlung. Diese kann entweder eine Reservebildung oder eine Ausschüttung beschließen. Die Satzung kann hierfür bereits eine allgemeine Regelung enthalten.

Im allgemeinen erfolgt die Gewinnverteilung im Verhältnis zu den von den einzelnen Anteilseignern gehaltenen Anteilen.

Unter bestimmten Voraussetzungen kann eine Gewinnausschüttung verboten sein (siehe Ziffer 8).

7. Satzungsänderung und Auflösung

a) Satzungsänderung

Zur Änderung der Satzung ist ausschließlich die Hauptversammlung berechtigt. Ein entsprechender Beschluß ist im Regelfall statutarisch an eine qualifizierte Mehrheit sowie an Quorumserfordernisse gebunden.

Für jede Satzungsänderung ist eine notarielle Beurkundung und eine ministerielle Unbedenklichkeitserklärung erforderlich. Wenn eine Satzungsänderung eine Herabsetzung des gezeichneten Kapitals zum Inhalt hat, muß im Interesse des Gläubigerschutzes ein besonderes Verfahren beachtet werden.

b) Auflösung

Die Auflösung der Gesellschaft erfolgt unter den in der Satzung vorgesehenen Voraussetzungen ebenfalls durch Beschluß der Hauptversammlung, für den statutarisch die gleichen Mehrheits- und Quorumserfordernisse gelten wie für die Satzungsänderung. Im Falle des Konkurses und unter besonderen Voraussetzungen kann auch eine richterliche Auflösung erfolgen.

Nach ihrer Auflösung bleibt die Gesellschaft noch so lange bestehen, bis die Liquidation stattgefunden hat. Ein Liquidationssaldo steht den Anteilseignern im Verhältnis zu ihrer Beteiligung an der Gesellschaft zu.

8. Kapitalerhaltung

Es fand bereits Erwähnung, daß die niederländischen Kapitalgesellschaften bestimmten Anforderungen an ein Mindestkapital genügen müssen.

Für die b. v. gilt zur Zeit ein Mindestkapital von hfl. 40 000,–. Das bedeutet nicht nur, daß das Gesellschaftskapital diesen Betrag erreichen muß. Die Mindestgrenze gilt vielmehr auch für das gezeichnete sowie das eingezahlte Kapital.

Für die n. v. gilt die gleiche Regelung, jedoch mit der Maßgabe, daß das Mindestkapital hfl. 100 000,– betragen muß.

Der Einzahlungsverpflichtung kann entweder durch Zahlung in niederländischer oder ausländischer Währung oder durch Sacheinlagen Genüge geleistet werden. Bei Sacheinlagen muß indes die Erklärung eines Wirtschaftsprüfers vorgelegt werden, daß die Bewertung der Sacheinlage nach einer im Wirtschaftsleben anerkannten Methode vorgenommen worden ist.

Weiterhin gelten noch folgende Kapitalschutzregelungen:

Das Kapital der Gesellschaft darf weder direkt noch indirekt angetastet werden. Vor allem ist eine Rückzahlung an die Anteilseigner verboten.

Hat die Gesellschaft in einem Geschäftsjahr einen Verlust erlitten, darf so lange keine Gewinnausschüttung erfolgen, bis der Verlust in den Folgejahren ausgeglichen ist.

Die Neuausgabe von Anteilen darf niemals an die Gesellschaft selbst erfolgen. Ein späterer Erwerb eigener Anteile ist dagegen in begrenztem Umfang zulässig.

9. Publizität

Jede Kapitalgesellschaft muß im Handelsregister eingetragen sein. Das gilt nicht nur für den Zeitpunkt ihrer Neugründung, sondern auch für jede spätere Änderung der gesellschaftsrechtlichen Verhältnisse, wie zum Beispiel für Änderungen der Anschrift, der Kapitalverhältnisse, der Besetzung des Vorstands und des Aufsichtsrats sowie der Vertretungsbefugnis. Solange die Gesellschaft nicht im Handelsregister eingetragen ist, hat dies eine persönliche Haftung der Vorstandsmitglieder zur Folge.

Weiterhin muß jede Eintragung im Handelsregister auch im niederländischen Staatsanzeiger veröffentlicht werden.

Je nach Größe der Gesellschaft besteht später jährlich eine abgestufte Veröffentlichungspflicht im Hinblick auf den jeweiligen Jahresabschluß.

V. Europäische Wirtschaftliche Interessenvereinigung (EWIV)

Seit dem 1. Juli 1989 steht auch in den Niederlanden die Europäische Wirtschaftliche Interessenvereinigung als Rechtsform für einen grenzübergreifenden Zusammenarbeitsverband zur Verfügung. Sie trägt dort die Bezeichnung Europese Economische Samenwerkingsverband (EESV).

Obwohl diese Rechtsform ihre Ausgestaltung aufgrund einer EG-Verordnung erhalten hat, weist sie in den Niederlanden doch gewisse Besonderheiten auf, da die europäische Rechtsetzung die Regelung verschiedener Teilbereiche subsidiär der nationalen Gesetzgebung der Mitgliedstaaten überlassen hat.

Ein wichtiger Unterschied gegenüber der deutschen Gesetzgebung ist beispielsweise, daß die EESV in den Niederlanden eigene Rechtspersönlichkeit besitzt, während dies bei der deutschen EWIV nicht der Fall ist.

Die Gründung der EESV erfolgt durch den Abschluß eines Vertrages zwischen den Mitgliedern und die Eintragung in ein Register. Der Vertrag bedarf nicht der notariellen Beurkundung, wohl aber der Schriftform. Er muß auf jeden Fall folgende Angaben enthalten:

— den Namen einschließlich der Angabe der Rechtsform;

— den Sitz;

— den Namen, die Rechtsform, den Sitz und gegebenenfalls die Angaben über die Registereintragung der Mitglieder;

— die Dauer, falls diese nicht unbestimmt ist.

In den Niederlanden erfolgt die Eintragung der EESV in das für den Sitz zuständige Handelsregister (I. 4).

Für Verbindlichkeiten, die aus Rechtshandlungen vor der Errichtung der EESV entstanden sind, haften die Handelnden persönlich und unbeschränkt.

Der Zweck der EESV kann nur in der Förderung der wirtschaftlichen Zusammenarbeit der Mitglieder liegen; er darf niemals auf eigene Gewinnerzielung der EESV ausgerichtet sein.

Mitglieder einer EESV können juristische Personen sein, die nach dem Recht eines EG-Mitgliedstaats errichtet sind und ihren Sitz und ihre Hauptniederlassung in einem EG-Staat haben; außerdem sind natürliche Personen zugelassen, die innerhalb der EG ein Unternehmen betreiben oder einen freien Beruf ausüben. Eine EESV muß wenigstens zwei Mitglieder haben, welche nicht demselben EG-Staat angehören.

Die Mitglieder sind für Verbindlichkeiten der EESV unbeschränkt persönlich haftbar, dies jedoch erst, nachdem die EESV erfolglos in Anspruch genommen worden ist. Neu zutretende Mitglieder haften auch für Altverbindlichkeiten, es sei denn, sie hätten eine abweichende Vereinbarung getroffen, die im Handelsregister eingetragen worden ist.

Austretende Mitglieder bleiben noch fünf Jahre lang für Verbindlichkeiten, die während der Dauer ihrer Mitgliedschaft entstanden sind, haftbar.

Die EESV hat wenigstens zwei Organe: den Vorstand und die gemeinschaftlich handelnden Mitglieder. Andere Organe können im Gründungsvertrag bestellt werden, so zum Beispiel ein Aufsichtsrat. Die Aufgaben der weiter eingerichteten Organe müssen ebenfalls vertraglich festgelegt werden.

Die gemeinsam handelnden Mitglieder treffen alle zur Erreichung des Zwecks der EESV erforderlichen Beschlüsse. In diesem Sinn ist der Vorstand nur ausführendes Organ. Er unterscheidet sich damit wesentlich vom Vorstand einer Kapitalgesellschaft, der die Aufgabe hat, die Geschäftspolitik der Gesellschaft zu bestimmen.

Jedes Mitglied hat wenigstens eine Stimme. Durch den Gründungsvertrag können bestimmten Mitgliedern mehrere Stimmen zuerkannt werden. Dies darf jedoch niemals dazu führen, daß ein einziges Mitglied die Stimmenmehrheit besitzt.

Für bestimmte Beschlüsse ist Einstimmigkeit erforderlich:

— Änderung des Zwecks;

— Änderung der Stimmenzahl;

— Änderung des Verfahrens bei der Beschlußfassung;

— Verlängerung der Dauer;

— Änderung eines Anteils an der Finanzierung.

Eine gesetzlich vorgeschriebene formelle Versammlung der Mitglieder gibt es nicht.

Vorstandsmitglieder einer EESV können nur natürliche Personen sein; ihre Staatsangehörigkeit und ihr Wohnsitzstaat spielen dabei keine Rolle. Nach subsidiär geltendem niederländischen Recht können zwar auch juristische Personen zu Vorstandsmitgliedern berufen werden; diese müssen dann aber eine natürliche Person als Vertreter bestellen, die der gleichen persönlichen Haftung wie ein Vorstandsmitglied unterliegt.

Beschränkungen der Befugnisse von Vorstandsmitgliedern können, selbst wenn sie im Gründungsvertrag enthalten sind, Dritten nicht entgegengehalten werden. Eine Ausnahme gilt nur, wenn für bestimmte Vorstandsmitglieder eine Gesamtvertretungsberechtigung vereinbart und diese Beschränkung im niederländischen Staatsanzeiger veröffentlicht ist.

Auf die Gewinnfeststellung und Gewinnverteilung findet das niederländische Recht über den Jahresabschluß von Unternehmen grundsätzlich keine Anwendung. Nur einzelne Elemente dieser Rechtsetzung sind zu beachten. Von Bedeutung ist, daß der Jahresabschluß der Prüfung durch einen Wirtschaftsprüfer bedarf.

Die Gewinnverteilung kann bereits im Gründungsvertrag geregelt werden. Mangels einer solchen Regelung steht der Gewinn den Mitgliedern zu gleichen Teilen zu. In gleicher Weise haben die Mitglieder für die Tilgung von Verlusten aufzukommen.

VI. Ergänzende Bestimmungen

Zum Teil ohne Rücksicht auf die gewählte Rechtsform, teils aber auch in Abhängigkeit von ihr, finden bestimmte Vorschriften der niederländischen Gesetzgebung Anwendung. Die wichtigsten werden im folgenden kurz gestreift:

1. Enquêterecht

Das Recht zur Beantragung einer Sonderprüfung (Enquêterecht), welches für die Genossenschaft und die Kapitalgesellschaften gilt, ist auch auf die EESV entsprechend anwendbar. Der Antrag auf Anordnung einer Sonderprüfung kann beim Gerichtshof in Amsterdam gestellt werden, bei dem eine spezielle Unternehmenskammer tätig ist. Diese Kammer kann eine externe Prüfung der Unternehmensführung und des Geschäftsgangs durchführen lassen.

2. Mißbrauchgesetzgebung

Die Mißbrauchgesetzgebung umfaßt drei Gesetze, die den Zweck verfolgen, betrügerische Verhaltensweisen durch Einschaltung juristischer Personen zu verhindern. Die beiden ersten Gesetze dienen der Sicherstellung der Abführung von Steuern und Sozialversicherungsprämien. Dabei richtet sich das erste dieser Gesetze speziell gegen die mißbräuchliche Einschaltung von Subunternehmern; das zweite enthält eine Meldepflicht bei drohenden Rückständen der Zahlung von Steuern und Sozialversicherungsprämien; das dritte Mißbrauchsgesetz gilt für den Fall des Konkurses und gibt dem Konkursverwalter das Recht, Verluste gegen die Vorstandsmitglieder persönlich geltend zu machen, wenn der Konkurs weitgehend durch eine unsachgemäße Geschäftsführung verursacht worden ist.

3. Betriebsräte

Jedes Unternehmen mit mehr als 100 Beschäftigten muß ohne Rücksicht auf seine Rechtsform einen Betriebsrat einrichten. Die Rechte dieses Betriebsrats gliedern sich in drei Gruppen: in Beratungsrechte, Vorschlagsrechte und Zustimmungsrechte.

Für Unternehmen mit einer Belegschaft von 35 bis 100 Beschäftigten ist ein Betriebsrat nicht zwingend vorgeschrieben; dennoch steht dem Personal in derartigen Unternehmen ein Beratungs- und Vorschlagsrecht zu.

In Kleinunternehmen zwischen 10 und 35 Beschäftigten gilt lediglich eine Beratungsverpflichtung gegenüber dem Personal.

4. Strukturgesellschaften

Für Unternehmen in der Rechtsform von Kapitalgesellschaften gilt bei Erreichen bestimmter Größenkriterien die sogenannte Strukturregelung. Wenn eine Kapitalgesellschaft in drei aufeinanderfolgenden Jahren die drei nachfolgend genannten Kriterien erfüllt hat, ist sie zur Einrichtung eines Aufsichtsrats verpflichtet:

a) Sie muß mehr als 100 Arbeitnehmer beschäftigt haben.

b) Sie muß einen Betriebsrat eingerichtet haben.

c) Das gezeichnete Kapital zuzüglich der Reserven muß wenigstens hfl. 22 500 000,– betragen.

Der einzurichtende Aufsichtsrat muß wenigstens drei Mitglieder haben. Die Vergabe freiwerdender Aufsichtsratssitze erfolgt durch den Aufsichtsrat selbst im Wege eines Kooptationsverfahrens, wobei alsdann bestimmte Vorschlags- und Vetorechte für die Hauptversammlung, den Vorstand und den Betriebsrat bestehen.

Bestimmte Rechte müssen einem solchermaßen eingerichteten Aufsichtsrat zwingend zugewiesen werden: Er ernennt und entläßt die Mitglieder des Vorstands. Er stellt den Jahresabschluß fest. Wichtige Vorstandsbeschlüsse sind an die Zustimmung des Aufsichtsrats gebunden.

5. Jahresabschlußrecht

Die gesetzlichen Bestimmungen bezüglich des Jahresabschlusses gelten für die Genossenschaft und die Kapitalgesellschaft.

Der Jahresabschluß besteht aus der Bilanz, der Gewinn- und Verlustrechnung sowie der Erläuterung. Der Jahresabschluß muß nach den Grundsätzen errichtet werden, die dazu im geschäftlichen Verkehr erarbeitet worden sind und allgemeine Anerkennung gefunden haben. Er muß einen solchen Einblick vermitteln, daß der Leser sich ein verantwortliches Urteil über das Vermögen und das Ergebnis sowie die Solvabilität und die Liquidität bilden kann. Je nach der Größe des Unternehmens müssen die einzelnen Posten des Jahresabschlusses mehr oder minder stark aufgeschlüsselt werden. Unterschieden wird hierbei nach kleinen, mittelgroßen und großen Unternehmen. Ebenfalls in Abhängigkeit von der Unternehmensgröße muß der Jahresabschluß mit einem Wirtschaftsprüfervermerk versehen sein; und ebenso abgestuft besteht eine Verpflichtung zur Publikation.

VII. Besonderheiten

1. Verhältnis zwischen Basisvereinbarung und Rechtsform

Es fand bereits Erwähnung (II. 1), daß jede Form der Zusammenarbeit, auch wenn sie zur Schaffung eines gemeinsamen Unternehmens führt, letztlich auf einem Zusammenarbeitsvertrag zwischen den Partnern beruht. Für den Fall der Errichtung eines Gemeinschaftsunternehmens spielt dann auch das Verhältnis zwischen dem Basisvertrag und der Rechtsform des daraus hervorgegangenen Unternehmens eine bedeutende Rolle. Die gewählte Rechtsform läßt mitunter für eine individuelle Ausgestaltung der Rechtsverhältnisse zwischen den einzelnen Partnern keinen Raum mehr, weil zwingendes Gesetzesrecht regelnd eingreift. Die Frage ist dann, ob die Basisvereinbarung Regelungen enthalten darf, die nach der für das Gemeinschaftsunternehmen geltenden Rechtslage nicht zulässig wären, und ob derartige Abmachungen für die Partner bindend sind. Ein Beispiel mag dies verdeutlichen:

Für die Rechtsform der b. v. ist kraft zwingenden Rechts eine Blockierungsregelung vorgeschrieben, welche die freie Übertragung von Anteilen nur an den Ehegatten, enge Familienangehörige, Mitgesellschafter oder die Gesellschaft selbst zuläßt. Für jede andere Übertragung muß die Satzung eine Blockierungsregelung enthalten, welche eine beabsichtigte Übertragung erschwert, aber nicht unmöglich macht.

Wenn nun in einem solchen Fall der Wunsch der Partner dahin geht, die Gesellschaftsanteile frei übertragbar zu halten, könnten sie auf den Gedanken verfallen, dies in der Basisvereinbarung entsprechend zu regeln und dadurch die b. v.-Satzung mit der gesetzlich vorgeschriebenen Blockierungsregelung außer Kraft zu setzen. Dieser Wunsch ist besonders dann gerechtfertigt, wenn die Zusammenarbeit der Partner über eine von jedem von ihnen gegründete Zwischenholding erfolgt und die Anteile frei von jeder Beschränkung an eine andere Konzerngesellschaft übertragbar sein sollen.

Hier kann zwar objektiv ein Widerspruch zum Buchstaben des Gesetzes bestehen. Der Zweck des Gesetzes wird aber durch eine solche Vereinbarung nicht angetastet. Die b. v. behält den vom Gesetz erstrebten geschlossenen Charakter. Die vereinbarte Konzernklausel tastet die grundsätzliche Geschlossenheit der b. v. nicht an. Letzteres wäre lediglich dann der Fall, wenn die Gesellschafter eine völlige Freiheit vereinbaren würden, ihre Anteile ohne jede Beschränkung an einen willkürlichen Dritten übertragen zu dürfen. Nur eine solche Abrede in der Basisvereinbarung wärenichtig.

Im Verhältnis zwischen der Basisvereinbarung und der gewählten Rechtsform spielt somit stets die Interessenlage innerhalb der Joint Ventures die entscheidende Rolle. Wichtig ist daneben allerdings auch, daß die Interessen Dritter gewahrt bleiben.

2. Zertifizierung von Anteilen

Unter bestimmten Voraussetzungen kann es von Nutzen sein, daß die Anteilseigner einer Kapitalgesellschaft ihr Stimmrecht in der Weise konzentrieren, daß stets einstimmige Beschlüsse herbeigeführt werden können. Das gleiche kann für eine EESV gelten.

In derartigen Fällen bietet das niederländische Recht die Zertifizierung von Anteilen als Hilfsmittel an. Zur Verwirklichung dieses Ziels werden zunächst die Anteile an eine andere juristische Person, meist eine Stiftung, übertragen. Die Stiftung gibt alsdann Zertifikate der Anteile aus, die den Zertifikatsinhabern alle Rechte aus den Anteilen mit Ausnahme des Stimmrechts vermitteln. Das Stimmrecht bleibt in der Stiftung konzentriert. Ausgeschüttete Dividenden werden von der Stiftung an die Zertifikatsinhaber weitergeleitet.

Mit diese Konstruktion lassen sich vor allem feindliche Übernahmen leicht abwehren. Auch kann auf diese Weise vermieden werden, daß zusammenarbeitende Partner durch einen Dritten gegeneinander ausgespielt werden.

3. Minderheitenschutz

Zum Schutz von Minderheiten innerhalb einer Joint Venture stellt das niederländische Recht eine große Palette von Möglichkeiten zur Verfügung, die mehr oder weniger von der gewählten Rechtsform eines Gemeinschaftsunternehmens abhängen.

Bei Joint Ventures, die ein Gemeinschaftsunternehmen besitzen, welches keine eigene Rechtspersönlichkeit hat, kann das Bestimmungsrecht der einzelnen Partner nach dem Verhältnis ihrer Beteiligung geregelt werden. Abweichend hiervon kann jedoch einem Partner mit relativ niedriger Beteiligung ein größerer Einfluß zuerkannt werden.

Bei der Genossenschaft, die eigene Rechtspersönlichkeit besitzt, gilt die Regel, daß jedes Mitglied in der Mitgliederversammlung eine Stimme hat. Durch die Satzung dürfen bestimmten Mitgliedern indes auch mehr Stimmen zuerkannt werden.

Besonders vielfältige Gestaltungsmöglichkeiten bietet das Recht der Kapitalgesellschaften.

Hier kann zum Beispiel bei nicht behebbaren Meinungsverschiedenheiten eine Minderheit von Anteilseignern, die wenigstens über 1/3 des gezeichneten Kapitals verfügt, von einem anderen Anteilseigner die Übertragung seiner Beteiligung verlangen, falls dieser den Interessen der Gesellschaft so zuwider handelt, daß die Fortsetzung der Gesellschaft mit ihm billigerweise nicht mehr verlangt werden kann.

Weitere Möglichkeiten, die im Interesse des Minderheitenschutzes eröffnet werden, ergeben sich aus einer besonderen Gestaltung der Satzung. So kann etwa eine Beschränkung des Stimmrechts ebenso erfolgen, wie eine wirksame Beschlußfassung an qualifizierte Mehrheiten oder an Quorumserfordernisse in der jeweiligen Versammlung gebunden sein kann. Auch Schiedsvereinbarungen können in die Satzung aufgenommen werden.

Weitere Möglichkeiten bietet die Ausgabe von Vorzugsanteilen, das Stimmrecht oder das Gewinnbezugsrecht betreffend, die Aufspaltung der Gesellschaftsanteile in bestimmte Serien sowie die Zertifizierung von Anteilen.

4. Muster- und Zeichenschutz

Der Muster- und Zeichenschutz ist für das gesamte Gebiet der Benelux seit dem 1. Januar 1975 einheitlich geregelt. In Den Haag wurde ein gemeinsames Büro errichtet, bei dem Muster und Zeichen zur Erlangung eines besonderen Schutzrechts eingetragen werden können. Der gleiche Schutz kann über eine internationale Registrierung erlangt werden.

5. Schutzmarken

Ebenfalls für den gesamten Beneluxbereich wurde mit Wirkung vom 1. Januar 1971 eine einheitliche Markenschutzgesetzgebung in Kraft gesetzt. Diese gilt ab 1. Januar 1987 auch für Dienstmarken. Auch hier hat die Registrierung bei einem in Den Haag eingerichteten Büro zu erfolgen. Eine internationale Registrierung bleibt daneben möglich.

Für den Warenzeichenschutz gilt grundsätzlich eine Dauer von 10 Jahren, die indes nach Ablauf der Schutzdauer erneuert werden kann.

6. Firmenschutz

Der Firmenschutz ist in den Niederlanden im Handelsnamensgesetz geregelt. Unter dem Handelsnamen ist derjenige Name zu verstehen, unter dem ein Unternehmen betrieben wird.

Die Ausgestaltung der Firma unterliegt in den Niederlanden nicht den starken Beschränkungen, wie sie das deutsche Recht kennt. Die Gestaltungsfreiheit ist hier größer. Wohl gilt im Interesse der Sicherheit des Rechtsverkehrs, daß in einer Firma die Rechtsform, in der das Unternehmen betrieben wird, zweifelsfrei zum Ausdruck kommen muß.

7. Steuerliche Aspekte

Das niederländische Steuersystem ist dem deutschen in mancher Hinsicht vergleichbar; es weist jedoch auch bedeutende Unterschiede gegenüber den hierzulande geltenden Regelungen auf.

Bei einer grenzüberschreitenden Zusammenarbeit interessieren vor allem die Verhältnisse, die bei der Besteuerung des erzielten Unternehmensgewinns herrschen. Wird ein Gemeinschaftsunternehmen in der Rechtsform einer juristischen Person betrieben, unterliegt der erzielte Unternehmensgewinn der Körperschaftsteuer. Diese beträgt seit dem 1. Oktober 1988 für Gewinne bis hfl. 250 000,– 40%; der diesen Betrag übersteigende Gewinn wird mit 35% besteuert. Wichtig ist dabei, daß das niederländische Recht keinen Unterschied in der Besteuerung ausgeschütteter und thesaurierter Gewinne macht.

Gemeinschaftsunternehmen, die keine eigene Rechtspersönlichkeit besitzen, sind demgegenüber kein selbständiges Steuerobjekt. Bei ihnen wird vielmehr die Beteiligung der einzelnen Gesellschafter am Gewinn nach Maßgabe ihrer persönlichen oder gesellschaftsrechtlichen Verhältnisse besteuert.

Eine Gewinnausschüttung unterliegt weiterhin der Kapitalertragsteuer. Diese beträgt grundsätzlich 25%. Bei Ausschüttungen in die BRD reduziert das deutsch-niederländische Doppelbesteuerungsabkommen diesen Satz in Abhängigkeit von der Rechtsform und der Beteiligung des Dividendenberechtigten. Hierbei ist auch das Schachtelprivileg zu beachten.

VIII. Wahl der Rechtsform

Die vorstehenden Ausführungen haben gezeigt, daß das niederländische Recht zahlreiche Möglichkeiten für Joint Ventures bietet. Von welcher dieser Möglichkeiten zweckmäßigerweise Gebrauch gemacht wird, hängt in erster Linie von den Wünschen der beteiligten Partner, den Zielen, die sie verfolgen, sowie den vom Steuerrecht eingeräumten Privilegien ab. Eine große Rolle spielt dabei jeweils, in welchem Maße die Partner der Joint Ventures ihre Zusammenarbeit nach außen hin kundtun wollen. Möglicherweise haben sie gute Gründe für eine weitgehende Geheimhaltung gegenüber der Konkurrenz. In einem solchen Fall steht dann unter Umständen nicht die Zusammenarbeitsform zur Verfügung, die in weitestem Maße steuerliche Vorteile bietet. Ein steuerlicher Nachteil muß dann im Interesse der höher eingeschätzten und mit Vorrang versehenen anderen Aspekte in Kauf genommen werden. Auf eine fachmännische Beratung durch Experten des jeweils mitbetroffenen anderen Rechtskreises sollte jedoch unter gar keinen Umständen verzichtet werden, bevor die Wahl der Zusammenarbeitsform getroffen wird.

Polen:

Gemeinschaftsunternehmen in Polen

von

Hochschulassistent Dr. Klaus-Jürgen Kuss, Berlin

1. Einführung: Entwicklung des polnischen Investitionsrechts

Nachdem Jugoslawien im Jahre 1967 sowie Ungarn und Rumänien im Jahre 1972 Rechtsgrundlagen für westliche Kapitalinvestitionen zwecks Gründung von Gemeinschaftsunternehmen auf ihrem Territorium geschaffen hatten, schloß sich Polen dieser Entwicklung mit dem am 7. 2. 1979 ergangenen „Beschluß Nr. 24 des Ministerrates über Gründung und Tätigkeit von Unternehmen mit Beteiligung ausländischen Kapitals im Lande" an, der indes wegen strikter Einbindung der Gesellschaften in Planbindung, Finanzwirtschaft und Arbeitsordnung der Binnenwirtschaft ohne jede Resonanz blieb. An seine Stelle trat am 1. 7. 1986 das „Gesetz über Gesellschaften mit ausländischer Beteiligung", mit welchem der Gesetzgeber das ursprüngliche Konzept durch ein stärker an jugoslawischen und ungarischen Vorbildern orientiertes Modell ersetzte. Auch dieses Regelungswerk vermochte jedoch die Erwartungen nicht zu erfüllen: So wurden bis Sommer 1988 lediglich 26 Gemeinschaftsunternehmen mit westlicher Beteiligung gegründet, die wegen des geringen Investitionsvolumens keine nennenswerte Bedeutung für die polnische Volkswirtschaft erlangten. Das Scheitern des Gesetzes von 1986 und die Wirtschaftskrise, die sich trotz der 1981 eingeleiteten Wirtschaftsreformen ständig weiter vertiefte, zwangen den Gesetzgeber zu weitergehenden Zugeständnissen an westliche Kapitalgeber. Im Zuge einer Gesetzesdebatte, die sich über das ganze Jahr 1988 erstreckte, verabschiedete das polnische Parlament (Sejm) am 23. 12. 1988 − gewissermaßen als Weihnachtsgabe − das „Gesetz über die Wirtschaftstätigkeit mit Beteiligung ausländischer Wirtschaftssubjekte", welches bis heute die rechtliche Basis für die Gründung von Gemeinschafts- und Tochterunternehmen in Polen liefert.

Das zitierte Investitionsgesetz erscheint im Unterschied zu früheren Regelungen nicht mehr als Fremdkörper in einer sozialistischen Planwirtschaft, sondern als integraler Bestandteil eines übergreifenden wirtschaftspolitischen Reformkonzeptes, das auf eine multisektorale Marktwirtschaft abzielt und staatlichen, genossenschaftlichen, ausländischen und Privatunternehmen polnischer Bürger gleiche Entfaltungsmöglichkeiten zugesteht. So erließ der Sejm am selben Tage das „Gesetz über Wirtschaftstätigkeit", welches in Polen mit Wirkung vom 1. 1. 1989 die Gewerbefreiheit einführte und in der Fachpresse zu Recht als „neue Wirtschaftsverfassung" bezeichnet wird. Ließ das skizzierte Reformkonzept der letzten kommunistischen Regierung Rakowski/Wilczek den Staatssektor noch unangetastet, so verfolgt die gegenwärtige, aus den Reihen der Gewerkschaft „Solidarität" rekrutierte Regierung Mazowiecki/Balcerowicz in ihrem am 9. 10. 1989 verkündeten Wirtschaftsprogramm nach ungarischem Vorbild die Umwandlung der Staatsunternehmen in privatrechtlich organisierte Gesellschaften, so daß sich für Ausländer alsbald − über Gemeinschafts- und Tochterunternehmen hinaus − der Erwerb von Anteilen und Aktien an polnischen Unternehmen als weitere Möglichkeit wirtschaftlicher Betätigung ergeben wird. Dieses Programm basiert in seinen Grundaussagen auf Empfehlungen des Internationalen Währungsfonds und zog am 28. 12. 1989 eine umfassende Neuregelung des polnischen Zoll- und Devisenrechts sowie der devisenrechtlichen Regelungen des Investitionsgesetzes nach sich. Damit machte Polen den Weg frei für umfangreiche Kredite des IWF (710 Mio. Dollar), der Weltbank (360 Mio. Dollar) und der USA (530 Mio. Dollar) sowie für von der Bundesregierung gewährte HERMES-Bürgschaften in Höhe von 2,5 Mrd. DM, Finanzhilfen, die gerade auch Gemeinschaftsunternehmen zugute kommen sollen.

2. Legislatorische Zwecke des Investitionsgesetzes vom 23. 12. 1988 i. d. F. vom 28. 12. 1989

Das Wirtschaftsprogramm der Regierung Mazowiecki/Balcerowicz stellt Maßnahmen in Aussicht, „die den Zufluß ausländischen Kapitals nach Polen erleichtern sowie stabile und günstigere Investitionsbedingungen als bisher sicherstellen" (Abschnitt VI, Ziffer 2). Ob der Investitionskodex in seiner novellierten Fassung diesem Anspruch gerecht wird, soll dieser Beitrag untersuchen, wobei die von Investoren seit Januar 1989 gesammelten praktischen Erfahrungen in die Betrachtung einbezogen werden.

Die legislatorischen Zwecke im engeren Sinne finden sich in der Genehmigungsvorschrift des Art. 5 Abs. 2:

(1) Einführung moderner Technologien und Organisationsmethoden in die Volkswirtschaft,
(2) Lieferung von Waren und Dienstleistungen für den Export,
(3) Verbesserung der Versorgung des Binnenmarktes mit modernen und hochwertigen Waren und Dienstleistungen sowie
(4) Umweltschutz.

Bildet der Technologietransfer in allen osteuropäischen Staaten das zentrale gesetzgeberische Anliegen, so fällt bei Polen im Vergleich zu Ungarn auf, daß die Exportsteigerung Vorrang vor der Förderung binnenwirtschaftlicher Strukturen hat, worin sich die mit ca. 40 Mrd. Dollar besonders hohe Auslandsverschuldung des Landes niederschlägt. Der Investitionszweck des Umweltschutzes kommt auch in Art. 6 Abs. 1 Ziff. 2 zum Ausdruck, wonach die Genehmigung mit Rücksicht auf Erfordernisse des Umweltschutzes verweigert werden kann.

Schließlich verfolgte der Gesetzgeber bei Verabschiedung des Gesetzes vom 23. 12. 1988 das Ziel, eine einheitliche Rechtsgrundlage für alle Arten von Investitionen zu schaffen. Hatte früher das sog. Kleininvestitionsgesetz vom 6. 7. 1982, das innerhalb des osteuropäischen Rechtskreises eine Besonderheit darstellte, insbesondere Emigranten eine spezielle, im Volksmund als „firma polonijna" bezeichnete Investitionsmöglichkeit im Bereich der sog. Kleinproduktion eröffnet, so werden alle nach dem 1. 1. 1989 eingegangenen Investitions- und auch Verlängerungsanträge für genehmigte Kleininvestitionen ausschließlich nach dem neuen Gesetz behandelt. Da indes der in letzterem vorgesehene Mindestinvestitionsbetrag von ca. 50 000 Dollar mit demjenigen des Kleininvestitionsgesetzes i. d. F. von 1985 übereinstimmt, bedeutet die Rechtsvereinheitlichung keine Erschwerung für polnische Staatsbürger, die mit ihrem im Ausland angesparten Kapital in die Heimat zurückzukehren gedenken. Das Gesetz vom 6. .7. 1982, dessen devisenrechtliche Regelungen mit dem Gesetzespaket vom 28. 12. 1989 ebenfalls novelliert worden sind, kommt somit nur noch für die ca. 800 vor 1989 gegründeten Polonia-Firmen zur Anwendung. Deren Inhaber zeigen bislang wenig Bereitschaft, ihre in der Regel einzelkaufmännischen Unternehmen in Kapitalgesellschaften im Sinne des neuen Investitionsgesetzes umzuwandeln oder in solche einzubringen.

3. Partner von Gemeinschaftsunternehmen

Der Kreis der Investoren umfaßt gemäß Art. 3 Abs. 2 folgende Wirtschaftssubjekte: juristische und natürliche Personen mit Sitz bzw. Wohnsitz im Ausland sowie von ihnen gegründete Gesellschaften, die keine Rechtsfähigkeit besitzen. Folglich kommt als „ausländischer" Partner auch ein polnischer Staatsbürger mit Wohnsitz im Ausland in Betracht. Dies kann dann zu einem Mißbrauch des Investitionsrechts, insbesondere der Steuerbefreiung für drei Jahre, führen, wenn ein polnisches Unternehmen vorübergehend einen Strohmann ins Ausland abordert, wogegen Art. 15 — Widerruf bei genehmigungswidriger Tätigkeit — vom Wortlaut her keine ausreichende Handhabe bietet.

In Übereinstimmung mit dem oben erwähnten Gewerbekodex (Art. 1) erkennt das Investitionsgesetz auf polnischer Seite juristischen und natürlichen Personen die Beteiligtenfähigkeit zu. Unter den Begriff der juristischen Person fallen zunächst die bisherigen Staatsunternehmen, die nach dem von der Regierung geplanten „Gesetz über die Privatisierung staatlicher Unternehmen" (Abdruck des Entwurfes in Rzeczpospolita vom 29. 3. 1990, Beilage „Reforma Gospodarcza") in Jahresetappen in Kapitalgesellschaften umgewandelt werden sollen, wobei für den Erwerb eines Aktienanteils von mehr als 10% durch Ausländer oder ausländisch kontrollierte polnische Gesellschaften eine Genehmigung durch den Präsidenten der Investitionsagentur vorgesehen ist (Art. 17). Mit Rücksicht auf die derzeit noch nicht abschließend überschaubaren Verpflichtungen im Innen- (Belegschaft) und Außenverhältnis (RGW) polnischer Unternehmen, in die der Investor im Falle eines Anteilserwerbs eintritt, erscheint die Joint-venture-Investitionsform vorerst vorzugswürdig. Dies dürfte auch gegenüber der — rechtlich möglichen — Gründung von Tochterunternehmen gelten, weil die im Umbruch befindliche polnische Wirtschaftsordnung die Zusammenarbeit mit einem landeskundigen Partner in aller Regel erforderlich macht.

Zu den juristischen Personen zählen des weiteren die Genossenschaften, die in Polen vor allem im Bereich des Wohnungsbaus wirken. Demgegenüber sind die „staatlichen landwirtschaftlichen Güter" (państwowe gospodarstwa rolne), deren partiell ungenutzte Flächen sich für touristische Objekte anbieten, nicht in Genossenschafts-, sondern in Unternehmensform organisiert. Schließlich sollten Investoren bei der Partnersuche an rechtsfähige Universitäts- und sonstige Forschungsinstitute denken, die häufig über Patente und Know-how verfügen, welche im Wege einer Joint-venture-Kooperation auf kostengünstige Weise in die Produktion umgesetzt werden können.

Hervorzuheben ist, daß Art. 3 Abs. 1 Ziff. 2 die Gewerbefreiheit polnischer Bürger ausdrücklich auf die Beteiligung an Gemeinschaftsunternehmen erstreckt. Damit erscheint der früher auf das Kleininvestitionsrecht beschränkte Zugang von Privatpersonen zum Außenhandel als ein fester Bestandteil der Rechtsordnung, in dem sich einmal mehr das „neue Wirtschaftsdenken" manifestiert. Insoweit kommen als Beteiligte sowohl die neuen Privatunternehmer als auch die bereits seit 1982 im Lande tätigen Polonia-Unternehmer in Betracht.

4. Tätigkeitsbereich

Das polnische Investitionsgesetz enthält keinen Negativkatalog, der bestimmte Wirtschaftsbereiche von Investitionen ausschließt. Anhaltspunkte für eine positive Umschreibung des Tätigkeitsfeldes finden sich in Art. 1 Abs. 2, welcher die vom Gesetzgeber ins Auge gefaßte Wirtschaftstätigkeit — im Einklang mit Art. 2 Abs. 1 des Gewerbegesetzes — als „Produktions-, Bau-, Handels- und Dienstleistungstätigkeit zu gewerblichen Zwecken" definiert. Darunter fallen auch Investitionen in den Eisenbahn- und Flugverkehr, das Nachrichten-, Fernmelde-, Versicherungs- und Verlagswesen sowie Vermittlungstätigkeit im Außenhandel. Für letztgenannte Vorhaben wird die Genehmigung allerdings in der Regel wegen „Gefährdung der wirtschaftlichen Interessen des Staates" (Art. 6 Abs. 1 Ziff. 1) verweigert, wofür mit Erstreckung der Umtauschpflicht für Exporterlöse auf Gemeinschaftsunternehmen an sich die sachliche Rechtfertigung entfallen ist. Daß der Rüstungssektor für westliche Kapitalinvestitionen ausscheiden dürfte, läßt sich aus dem in Art. 6 Abs. 1 Ziff. 3 mit „Sicherheit und Verteidigungsfähigkeit des Staates" umschriebenen, in das Ermessen der Erlaubnisbehörde gestellten Ablehnungstatbestand herleiten.

Innerhalb Osteuropas bildet Polen zusammmen mit Jugoslawien diejenige Ländergruppe, die für Investitionen in den Banksektor eine spezialgesetzliche Rechtsgrundlage bereitstellt. So eröffnet Art. 57 i.V.m. Art. 73–79 des Bankgesetzes vom 31. 1. 1989 — mindestens drei — juristischen und — mindestens zehn — natürlichen Personen die Möglichkeit, eine Bank in der Rechtsform einer Aktiengesellschaft zu gründen. Dabei muß das Auslandskapital mindestens sechs Mio. Dollar betragen. Genehmigungsbehörde ist die Polnische Nationalbank, die im Einvernehmen mit dem Finanzminister nach Einholung einer Stellungnahme des Rates der

Banken entscheidet (vgl. weitere Einzelheiten in dem von der Nationalbank ausgearbeiteten Antragsformular, abgedruckt in: Rzeczpospolita vom 20. 11. 1989, S. 4). Ein erstes praktisches Beispiel liefert die Bank Inicjatyw Gospodarczych (Anschrift: Warszawa, Aleje Jerozolimskie 44, Tel. 270914), an der die britische Finanzierungsgesellschaft First Europe Equity and Bond beteiligt ist und welche sowohl Kapitalanteile an polnischen Unternehmen veräußert als auch Kredite an Gemeinschaftsunternehmen vergibt.

Im Sommer 1989 gestaltete sich die Branchenaufteilung der Joint-ventures wie folgt: 142 im Dienstleistungsbereich, 65 in der Lebensmittelverarbeitung, 41 in der Leichtindustrie sowie je 40 im Maschinenbau und in der Autoindustrie (Quelle: Rynki Zagraniczne vom 11. 7. 1989). Somit läßt sich die von den osteuropäischen Regierungen generell beklagte Konzentration der Gemeinschaftsunternehmen am Dienstleistungssektor auch für Polen feststellen. Die in der Einführung erwähnten ausländischen Kreditzusagen haben indes inzwischen zur Aufnahme von Verhandlungen über folgende größere Industrieprojekte geführt: Petrochemie-Komplexe Południe und Płock, Hüttenwerke Nowa Huta, Katowice, Baildon, Jedność, Częstochowa und Łabędy (Quelle: Handelsblatt vom 16.–17. 2. 1990).

5. Rechtsformen der Gesellschaften

Ähnlich wie die DDR, so verfügt auch Polen in Gestalt des am deutschen HGB orientierten Handelsgesetzbuches von 1934 über ein Vorkriegs-Gesellschaftsrecht, das den Bedürfnissen westlicher Investoren im großen und ganzen gerecht wird. Die HGB-Vorschriften kommen für Gemeinschaftsunternehmen nur im Rahmen des − als lex specialis vorrangigen − Investitionsgesetzes zur Anwendung. Gemäß dessen Art. 2 Abs. 1 stehen insoweit die Rechtsformen der GmbH (Art. 158–306 HGB) und der AG (Art. 307–497 HGB) − nicht auch der oHG (Art. 75–142 HGB) − zur Verfügung.

Aufgrund des anachronistischen Charakters der HGB-Bestimmungen über Mindeststammkapital und Mindestanteile bestand die Notwendigkeit, die Einlagepflicht des Westpartners im Investitionsgesetz gesondert zu regeln. Seit dem Inkrafttreten des neuen Devisenrechts (1. 1. 1990) dürfen Geldeinlagen nur noch in polnischer Währung eingebracht werden, die aus dem Verkauf fremder Währungen an eine Devisenbank stammt. Artikel 16 Abs. 4 Satz 1 setzt den Mindestwert der „Einlagen ausländischer Wirtschaftssubjekte zum Stamm- oder Grundkapital der Gesellschaft" auf 25 Mio. Złoty fest. Da die in Polen zu Beginn dieses Jahres eingeführte Binnenkonvertibilität des Złoty nicht mehr auf einem künstlich fixierten, sondern auf einem nach Marktgrundsätzen frei schwankenden Währungskurs beruht, der sich inzwischen bei einem Kursverhältnis von ca. 10 000 Złoty für einen Dollar (ca. 5000 Złoty für eine DM) eingependelt hat, ergäbe dies eine Mindesteinlage von lediglich ca. 5000 DM. Man wird jedoch die sich in Satz 2 der zitierten Vorschrift anschließende Dynamisierungsklausel gerade auch auf die mit der Binnenkonvertibilität eingetretene Kursänderung beziehen müssen, was zur Folge hat, daß der Mindestwert der ausländischen Einlagen nach wie vor ca. 50 000 Dollar (= 500 Mio. Złoty) beträgt.

Der ausländische Partner darf auch eine Sacheinlage einbringen, deren Bewertung dann keine Probleme bereitet, wenn ein Verkaufs- oder Listenpreis zugrunde gelegt werden kann. Für die vertraglich auszuhandelnde Bewertung von Patenten, Lizenzen oder Know-how ist zu beachten, daß die Genehmigungsbehörde berechtigt ist, eine Schätzung durch unabhängige Experten durchführen zu lassen. In einem solchen Falle gehen die Kosten der Schätzung nur dann zu Lasten des Antragstellers, wenn sich der Marktwert der Einlage als niedriger erweist als der im Genehmigungsantrag angegebene Wert (Art. 16 Abs. 6). Bei Gründung einer AG ist diese Prüfung ohnehin obligatorisch.

Häufig — so im Falle der Danziger Werft — scheitert die Gründung des Gemeinschaftsunternehmens an der fehlenden Einigung über die Bewertung der Sacheinlagen des polnischen Partners (Eigentums- und/oder Nutzungsrechte an Grundstücken, Gebäuden, Anlagen etc.). Diese Problematik dürfte indes an Schärfe verlieren, nachdem Polen sich zur Übernahme der International Accounting Standards bereit erklärt und das Tätigwerden westlicher Wirtschaftsprüfungsgesellschaften auf seinem Territorium ermöglicht hat (vgl. hierzu auch unter 9).

Bei Novellierung des Investitionsgesetzes ist der polnische Gesetzgeber insoweit dem jugoslawischen gefolgt, als Investoren nunmehr auch in Polen ihre Einlage durch Umwandlung von Auslandsschulden leisten können (Art. 16 Abs. 3: debt-to-equity-swap). Dies setzt allerdings eine gesonderte Erlaubnis des Finanzministers voraus, mit deren Erteilung erst nach Eintritt einer wirtschaftlichen Stabilisierung — nicht vor Sommer 1990 — zu rechnen ist. Da westliche Banken polnische Schuldverbindlichkeiten gegenwärtig zu ca. 20% des Nennwertes handeln, dürfte diese Form der Einlage künftig an zusätzliche Auflagen — etwa die Übernahme der Verpflichtung zur Einbringung weiterer Geld- oder Sachwerte — geknüpft werden.

Das polnische HGB von 1934 stellt in Art. 158–306 (GmbH) und Art. 307–497 (AG) detaillierte Regelungen für Kapitalgesellschaften bereit. Bei beiden Rechtsformen haften die Gesellschafter (wspólnicy) bzw. Aktionäre (akcjonariusze) nicht für Verbindlichkeiten der Gesellschaft (Art. 149 Abs. 3 und Art. 307 Abs. 3). Um die Gründung einer Einmann-GmbH zu ermöglichen, verabschiedete der Gesetzgeber am 23. 12. 1988 zusammen mit den oben erwähnten Gesetzen eine Novelle zum HGB, welche dem Alleininhaber sämtliche Befugnisse der Gesellschafterversammlung zuweist. Im übrigen sieht das polnische GmbH-Recht folgende Regelungen vor: notarielle Form des Gesellschaftsvertrages (Art. 162 § 1); Entstehung nach Vertragsschluß, Einbringung des gesamten Gründungskapitals, Einsetzung der Organe und Eintragung im Handelsregister (Art. 160 i. V. m. Art. 171 § 1); Vorstand (Art. 195 ff.: zarząd) und Gesellschafterversammlung (Art. 220 ff.: zgromadzenie wspólników) als obligatorische, Aufsichtsrat oder Revisionskommission (Art. 206 § 1: rada nadzorcza lub komisja rewizyjna) als fakultative Gesellschaftsorgane. Nach Plänen des Industrieministers Syryjczyk (abgedruckt in: Rzeczpospolita vom 15. 2. 1990) soll die Verpflichtung zur Errichtung eines Aufsichtsrates erst bei einem Gründungskapital über 250 Mio. Złoty (ca. 25 000 Dollar) bestehen, worin eine deutliche Abkehr von der im Jahre 1981 von der Gewerkschaft „Solidarität" entwickelten Selbstverwaltungskonzeption liegt.

Für die AG-Rechtsform gelten folgende Regelungen: notarielle Form des Statutes (Art. 308); Entstehung mit Eintragung im Handelsregister (Art. 335 § 1); Vorstand (Art. 366 ff.), Aufsichtsrat oder Revisionskommission (Art. 377 § 1) und Vollversammlung (Art. 388 ff.: walne zgromadzenie) als Gesellschaftsorgane. Der Aufsichtsrat soll bei einer AG obligatorisch sein, wenn das Stammkapital 5 Mrd. Złoty (ca. 50 000 Dollar) übersteigt. Bei Gründung einer AG müssen mindestens drei Personen mitwirken, es sei denn, der Fiskus ist beteiligt (Art. 308 Satz 3). In Abweichung vom HGB bestimmt Art. 16 Abs. 7 InvG, daß nur Namensaktien ausgegeben werden dürfen. Darüber hinaus gestattet Art. 8 Abs. 2 InvG in wirtschaftlich begründeten Fällen die Gründung einer AG, deren Stammkapital im Wege der öffentlichen Aktiensubskription aufzubringen ist, wobei die Namensaktien dann zu einem Viertel ihres Nominalwertes ausgegeben werden sollen. Gründer, die vor Eintragung der GmbH oder AG im Namen der Gesellschaft handeln, haften persönlich und solidarisch (Art. 171 § 2 und Art. 335 § 2).

Nach dem gegenwärtigen Diskussionsstand ist noch nicht sicher, ob das Handelsgesetzbuch von 1934 in wenn auch novellierter Fassung Bestand haben wird. Zur Debatte stehen auch die Ausarbeitung eines neuen „Gesetzes über Handelsgesellschaften" (vgl. hierzu die Thesen in Rzeczpospolita vom 24. 3. 1988, Beilage „Reforma Gospodarcza"), das − über oHG, GmbH und AG hinaus − die Kommandit- und stille Gesellschaft restituieren soll, und die Einbeziehung des Gesellschaftsrechts in das zu novellierende Zivilgesetzbuch.

6. Besonderheiten der Vertragsgestaltung

Innerhalb des durch die HGB-Bestimmungen vorgegebenen Rahmens können die Partner ihre gegenseitigen Beziehungen und die internen Rechtsverhältnisse der Gesellschaft, insbesondere Zusammensetzung, Kompetenzen und Beschlußverfahren der Gesellschaftsorgane frei im GmbH-Vertrag bzw. AG-Statut vereinbaren (Art. 9 InvG). Der Vorstandsvorsitzende braucht nicht mehr polnischer Staatsbürger mit ständigem Wohnsitz in Polen zu sein. Die Parteiautonomie erstreckt sich auf die Festlegung der Kapitalanteile, für welche der im Gesetz von 1986 verankerte Grundsatz der polnischen Mehrheitsbeteiligung weggefallen ist. Im Gesellschaftsvertrag kann die Veräußerung von Anteilen an bestimmte Voraussetzungen gebunden werden. Eingeschränkt wird die Dispositionsfreiheit der Partner durch Art. 5 Abs. 3 InvG, wonach folgende Vertragsänderungen der Genehmigung bedürfen:

(1) Übertragung der Anteile oder Aktien unter den Gesellschaftern;
(2) Erwerb von Anteilen oder Aktien durch einen Dritten;
(3) Änderung des Gründungsaktes, welche das Verhältnis der Anteile, die Stimmrechte oder Art oder Umfang der Einlagen betrifft;
(4) Änderung des in der Genehmigung bezeichneten Tätigkeitsbereiches.

Während in der UdSSR das noch fehlende Gesellschaftsrecht und in der DDR der vorläufige Charakter der im Eiltempo erlassenen Regelungen dem Joint-venture-Gründungsvertrag zentrale Bedeutung zuweisen, hat sich in Polen − zumindest bei kleinen und mittleren Projekten − die Praxis herausgebildet, sogleich einen GmbH-Vertrag zu entwerfen und in das Genehmigungsverfahren einzubringen. AG-Statuten spielen bislang keine nennenswerte Rolle, was sich aus dem Fehlen eines funktionstüchtigen Kapitalmarktes erklärt. Für den GmbH-Vertragsentwurf ist folgende Gliederung und inhaltliche Gestaltung zu empfehlen:

I. Rechtsform, Firma, Sitz, Geschäftsgegenstand und Tätigkeitsgebiet der Gesellschaft (u. a. exakte Festlegung der Geschäftsgegenstände, Regelungen über Tätigkeit im RGW-Wirtschaftsgebiet und im westlichen Ausland, Gründung von Filialen sowie Beteiligung an polnischen und/oder ausländischen Gesellschaften)

II. Gesellschaftskapital (u. a. Verteilung der Kosten für Bewertung von Sacheinlagen, künftige Erhöhung des Stammkapitals, Modalitäten der Anteilsübertragung einschließlich des Vorkaufsrechtes, Nießbrauch am Recht auf Gewinnausschüttung für Ehegatten und Kinder der Gesellschafter, Voraussetzungen für Ausschließungsklage bei Einleitung des Vollstreckungsverfahrens gegen einen Gesellschafter, Zuzahlungen i. S. v. Art. 178 HGB nur bei einstimmigem Beschluß der Gesellschafterversammlung)

III. Gesellschaftsorgane (u. a. Beschlußgegenstände, Einberufungs- und Beschlußverfahren der Gesellschafterversammlung, Voraussetzungen für Einberufung einer außerordentlichen Gesellschafterversammlung, Kontroll- und Einsichtsrecht der Gesellschafter, Zusammensetzung des Vorstandes: i. d. R. ein deutscher und ein polnischer Geschäftsführer bei gemeinsamer Zeichnung)

IV. Rechnungswesen und Gewinnverteilung (u. a. Fristen für Ausarbeitung und Vorlage von Jahresbericht, Jahresbilanz sowie Gewinn- und Verlustrechnung durch die Geschäftsführer, Bedienung des Reservefonds, Frist für Gewinnausschüttung nach Bestätigung der Jahresbilanz durch den beauftragten Wirtschaftsprüfer)

V. Dauer und Auflösung der Gesellschaft (u. a. Auflösung nur durch einen notariell zu beurkundenden Beschluß der Gesellschafterversammlung oder ein nach Art. 263 Ziff. 1 HGB zu beantragendes Gerichtsurteil)

VI. Sonstige Bestimmungen (u. a. Regelungen über Erbfolge, Beschaffungspflicht des polnischen Gesellschafters hinsichtlich behördlicher Erlaubnisse, Befugnis des deutschen Partners zur Delegierung einer in seinem Ermessen stehenden Anzahl von Personen in die Gesellschaft, Rechtswahl, Streitbeilegung und Beurkundungskosten)

Gemeinschaftsunternehmen, für deren Geschäftstätigkeit die Bodennutzung eine wesentliche Rolle spielt — so insbesondere im touristischen Sektor —, sollten mit dem polnischen Partner einen gesonderten Grundstücksnutzungsvertrag abschließen. Im Regelfall handelt es sich um im staatlichen Eigentum stehende Grundstücke, für welche das Investitionsgesetz in Art. 26 Abs. 1 den dinglichen sog. „ewigen" Nießbrauch (wieczne użytkowanie) und die schuldrechtliche Pacht (dzierżawa) zur Wahl stellt. Da das Zivilgesetzbuch den Pachtvertrag auf 10 Jahre mit zweimaliger Verlängerung um drei Jahre begrenzt, erscheint für langfristige Vorhaben der Nießbrauch (99 Jahre) unverzichtbar. Die eigentlichen Probleme liegen insoweit nicht bei der Wahl der zivilrechtlichen Rechtsform, sondern in der Sphäre des öffentlichen Rechts, also bei der planungsrechtlichen Umwidmung des Geländes sowie der Grundstücksverkehrs- und Teilungsgenehmigung, hoheitliche Akte, die in Gestalt eines Gesamtpaketes mit den örtlichen und/oder Woiwodschaftsbehörden ausgehandelt werden müssen. Will der Investor ein Grundstück zu Eigentum erwerben, so bedarf es einer Genehmigung des Innenministeriums (Anschrift: Ministerstwo Spraw Wewnętrznych, Departament Społeczno-Administracyjny, Warszawa, ulica Rakowiecka 2).

7. Gründungsverfahren

Die Erteilung der Investitionserlaubnis gehört zum Aufgabenbereich des Präsidenten der Agentur für die Angelegenheiten ausländischer Investitionen (Anschrift: Agencja do Spraw Inwestycji Zagranicznych, Warszawa, Plac Powstańców Warszawy 1, Tel.: 26 34 14), einer im Januar 1989 neu geschaffenen, vom Außenhandelsapparat organisatorisch getrennten Institution, die unmittelbar dem Präsidenten des Ministerrates untersteht. Der Präsident der genannten Agentur braucht die Zustimmung anderer Behörden nur einzuholen, wenn ein in Art. 11 Abs. 1 des Gesetzes über Wirtschaftstätigkeit geregelter Konzessionstatbestand eingreift:

(1) Exploration und Gewinnung von Bodenschätzen;
(2) Verarbeitung von und Verkehr mit Edelmetallen und -steinen, soweit nicht für dentistische Zwecke, Farbenproduktion oder Silberverarbeitung für Schmuck;
(3) Herstellung von und Verkehr mit Sprengstoffen, Waffen und Munition;
(4) Herstellung, Reinigung und Entwässerung von Spiritus sowie Herstellung von Branntwein;
(5) Herstellung von Tabakwaren;
(6) Lufttransport und Ausübung anderer Flugdienste;
(7) Führung von Apotheken;
(8) Außenhandel mit bestimmten Waren und Dienstleistungen;
(9) Verkehr mit Kulturgütern, die vor dem 9. Mai 1945 entstanden sind;
(10) Dienstleistungen des Personen- und Vermögensschutzes, detektivischer Art und in Paßangelegenheiten.

Dem Genehmigungsantrag (vgl. zum Inhalt Art. 10 Abs. 1 InvG sowie das Rundschreiben Nr. 1/89 des Präsidenten der Agentur vom 16. 1. 1989, abgedruckt in: Rzeczpospolita vom 23. 2. 1989, Beilage „Reforma Gospodarcza") sind − in polnischer Sprache oder beglaubigter Übersetzung − folgende Dokumente beizufügen:

(1) Entwurf des Gründungsaktes der Gesellschaft;
(2) Bescheinigungen, welche den rechtlichen Status und die Vermögenslage der Gesellschafter darstellen;
(3) eine Wirtschaftlichkeitsstudie (feasibility study).

Daraus folgt, daß der notarielle Abschluß von GmbH-Vertrag oder AG-Statut erst nach Erlaß der Genehmigung erfolgen kann, was eine Verzögerung der Gründungsprozedur bewirkt. Für die Erstellung der Wirtschaftlichkeitsstudie empfiehlt das zitierte Rundschreiben folgende polnischen Consulting-Unternehmen: *Proinvest, Petex, Investexport, Szkoła Główna Planowania i Statystyki, Proexim, Partner, Dorawex, Unido* und *Amco*. In nächster Zukunft dürften auch ausländische Wirtschaftsprüfungsgesellschaften zugelassen werden.

Die Entscheidung über die Genehmigung ergeht innerhalb von zwei Monaten ab Antragstellung (Art. 10 Abs. 4), wobei sich der Rechtsschutz gegen Ablehnungsakte gemäß Art. 6 Abs. 3 auf die Beschwerde zum Erlaßorgan beschränkt. Negative Bescheide sind bislang lediglich für Vermittlungstätigkeit im Außenhandel und — in zwei Fällen — umweltgefährdende Projekte bekannt geworden, eine im Hinblick auf die Giftmüllimporte außerordentlich geringe Verweigerungsquote. Nach Art. 8 Abs. 1 kann der Präsident der Agentur die Erteilung der Genehmigung davon abhängig machen, daß der Investor gemeinsam mit einem polnischen Partner tätig wird, also die Gründung eines Gemeinschaftsunternehmens durchsetzen, oder daß die Gesellschafter ihre Anteile in einem bestimmten Verhältnis festlegen. Von letztgenannter Auflage wird bei der Gewinnung von Bodenschätzen sowie beim Handel mit Kulturgütern und Betrieb von Spielcasinos Gebrauch gemacht, wobei eine Kapitalstruktur von 75% zu 25% zugunsten der polnischen Seite die Regel ist.

Der Präsident der Agentur übt gleichzeitig die Aufsichtsfunktion aus, die sich in seinen Rechten auf Zutritt zum Sitz der Gesellschaft und ihren Betrieben sowie auf Einsichtnahme der Bücher und Unterlagen niederschlägt (Art. 14). Nach einjähriger Praxis kann davon ausgegangen werden, daß diese Rechte nur bei begründeten Verdachtsmomenten ausgeübt werden. Als Sanktionen gegen eine genehmigungswidrige Tätigkeit regelt Art. 15 die Abmahnung und — im Falle der Nichtbeseitigung — wahlweise Einschränkung oder Rücknahme der Erlaubnis. Die Gründungsprozedur endet mit der Registrierung der Gesellschaft im Handelsregister, das in Polen von den Rayon-Gerichten (sądy rejonowe) geführt wird und gemäß Art. 23 HGB Gutglaubensschutz gewährt.

8. Geschäftstätigkeit und Devisenwirtschaft

Im Zuge des in Polen schon recht weit fortgeschrittenen Übergangs von der Plan- zur Marktwirtschaft zeichnet sich für die Einbettung der Gemeinschaftsunternehmen in das Binnensystem eine im großen und ganzen befriedigende Lösung ab. Diese beruht darauf, daß sie zu denselben ökonomischen Bedingungen am Binnenwirtschaftsverkehr teilnehmen wie einheimische Wirtschaftssubjekte, wobei die für die Vergangenheit charakteristische Reglementierung ihrer Tätigkeit durch das in zahllose Gesetze, Verordnungen und ministerielle Anordnungen zersplitterte Wirtschaftsrecht zunehmend an Bedeutung verliert.

Gemeinschaftsunternehmen entscheiden frei über Art und Umfang der Produktion, setzen die Preise für ihre Waren und Dienstleistungen selbständig fest und wählen ihre Lieferanten und Abnehmer im In- und Ausland. Wollen sie indes auf dem Binnenmarkt Produkte gegen ausländische

Devisen verkaufen, so benötigen sie hierzu nach Art. 23 Abs. 2 eine Devisenerlaubnis, die nach Inkrafttreten des neuen Devisenrechts nur noch in besonders gelagerten Ausnahmesituationen erteilt wird. Der Beschluß des Ministerrates Nr. 224 vom 30. 12. 1988 sieht in seiner aktuellen Fassung (abgedruckt in: Rzeczpospolita vom 8. 1. 1990) für sämtliche Rohstoffe und Erzeugnisse im Grundsatz den „freien Verkauf und Erwerb gemäß den im Zivilgesetzbuch festgelegten Grundsätzen" vor und führt in der im Anhang beigefügten, 77 Positionen umfassenden Liste diejenigen Materialien, Heiz- und Energiestoffe sowie Transportmittel auf, welche nach wie vor der zentralen Zuteilung (bilansowanie centralne) unterliegen. Dazu gehören u. a. Steinkohle, Koks, Erdöl, elektrische Energie, Stahlrohre, Blei, Zinn, Aluminium, Silber, Schwefel, Kautschuk, Zement, Papier, Pappe und Baumwolle sowie Autobusse und Personenkraftwagen, deren Auflistung den zuvor formulierten Grundsatz in einem weniger günstigen Licht erscheinen läßt.

Anders als in der DDR und der Tschechoslowakei, wo die sozialistische Konzeption eines vom Zivilrecht kodifikatorisch getrennten Wirtschaftsrechts sich heute als Hindernis für die in Angriff genommenen Reformen erweist, liefert in Polen das Zivilgesetzbuch von 1964 eine taugliche Rechtsgrundlage für auf dem Binnenmarkt abgeschlossene Verträge. Es ist damit zu rechnen, daß die Novellierung des ZGB die Anzahl der in Gestalt von exekutiven Verordnungen und Anordnungen ergangenen, subsidiär anwendbaren wirtschaftsrechtlichen Normativakte drastisch vermindern wird. Zu den rechtlichen Rahmenbedingungen gehört ferner das – in Polen als erstem osteuropäischem Staat – verabschiedete Kartellgesetz, das dem bundesdeutschen Gesetz gegen Wettbewerbsbeschränkungen nachgebildet ist und Gemeinschaftsunternehmen die Möglichkeit einräumt, gegen monopolistische Praktiken der Konkurrenten vorzugehen. Dieses 1987 ergangene und 1990 in verschärfter Fassung neu verabschiedete Gesetz erfüllt auch eine preisrechtliche Funktion, die sich in der behördlichen Befugnis äußert, gegen überhöhte Preise einzuschreiten und in letzter Konsequenz Preise selbst festzusetzen.

Die Außenhandelsbefugnis stellt einen originären Bestandteil des Unternehmensrechts dar und bedurfte deshalb keiner gesonderten Regelung im Investitionsgesetz. Gemäß Art. 11 Abs. 1 Ziff. 9 des Gesetzes über Wirtschaftstätigkeit beschränkt sich die Genehmigungspflicht auf „die im Verordnungswege bestimmten Waren und Dienstleistungen". Die hierzu ergangene Ausführungsverordnung des Ministers für Wirtschaftliche Zusammenarbeit mit dem Ausland vom 21. 12. 1989 erfaßt nur noch radioaktive Materialien, Waren und Dienstleistungen für militärische oder polizeiliche Zwecke sowie Agentur- oder Vertretungstätigkeit für ausländische Vertragspartner.

Auf der Grundlage des Wirtschaftsprogramms der Regierung sind in Polen am 1. 1. 1990 neue Devisenbestimmungen in Kraft getreten, die polnische,

Gemeinschafts- und ausländische Unternehmen im Bereich der Devisen-
wirtschaft gleichstellen und auf die Binnenkonvertibilität des Złoty abzielen. Diese auf Empfehlungen des IWF beruhenden Maßnahmen scheinen
bereits erste Früchte zu tragen: So hat sich die polnische Währung im Januar bei einem Marktkurs von ca. 10 000 Złoty pro Dollar stabilisiert. Die
Inflation zeigt rückläufige Tendenz und soll nach optimistischen Progno-
sen bis zum Jahresende auf 5% absinken.

Dennoch müssen Investoren das neue Devisengesetz als „bittere Pille"
empfinden, da es Gemeinschaftsunternehmen in Art. 6 Abs. 1 die Pflicht
auferlegt, „in fremden Währungen erzielte Einnahmen unverzüglich den
Devisenbanken zu verkaufen". Dies wird sich auch nach Abkehr vom
künstlich festgesetzten Währungskurs jedenfalls so lange investitionshemmend auswirken, wie der angestrebte Inflationsrückgang faktisch nicht erreicht ist. Eine Sicherung gegen Inflationsverluste bietet allerdings der gesetzliche Zinssatz für Geldverbindlichkeiten in polnischer Währung, der
Ende 1989 bei 120% lag. Mit der Umtauschpflicht der Wirtschaftssubjekte
korrespondiert die Pflicht der Devisenbanken, ersteren zur Erfüllung von
Verbindlichkeiten gegenüber ausländischen Vertragspartnern Devisen zu
verkaufen (Art. 8 i. V. m. Art. 9 Ziff. 1 DevG). Die eigentliche „Gegenlei-
stung" des polnischen Gesetzgebers für das Investoren nunmehr auferlegte
Devisenregime stellen die Erleichterungen beim Gewinntransfer dar, auf
die unter 9. gesondert eingegangen wird.

Das Gemeinschaftsunternehmen deponiert die Geldmittel bei einer oder
mehreren Devisenbanken seiner Wahl, welche die Konten seit dem 1. 1.
1990 nur noch in polnischer Währung führen dürfen (Art. 22 Abs. 2 InvG).
Diese Regelung bedeutet in Verbindung mit der zuvor behandelten Umtauschpflicht, daß Joint-ventures rechtlich jede Möglichkeit abgeschnitten
wird, zur Befriedigung alltäglicher Geschäftsbedürfnisse über Devisen zu
verfügen. Darin liegt ein vom Gesetzgeber nicht hinreichend durchdachtes
faktisches Problem, das durch Annerkennung eines „begrenzten Selbstbe-
haltungsrechtes" gelöst werden dürfte. Bis zum 31. 12. 1989 angesammelte
Devisen sind vorerst von der Umtauschpflicht befreit und können bis zum
31. 12. 1990 für Import- und Gewinntransferzwecke verwendet werden. Die
Eröffnung eines Kontos bei einer ausländischen Bank bedarf nach wie vor
der Devisenerlaubnis (Art. 22 Abs. 3 InvG).

Gemeinschaftsunternehmen erhalten von ihren Banken Złoty-Kredite. In
dem Kontext erlangt ein am 1. 1. 1990 in Kraft getretenes Gesetz Bedeutung
(abgedruckt in: Rzeczpospolita vom 8. 1. 1990, S. 4), das die gesetzliche
Pflicht der Banken aufgehoben hat, bestimmte Kategorien von Wirtschaftssubjekten bei der Vergabe und Verzinsung von Krediten sowie der
Festlegung der Auszahlungsmodalitäten zu privilegieren. Eine Genehmigungspflicht besteht nicht für die Aufnahme von Devisenkrediten bei aus-

ländischen Banken (Art. 22 Abs. 4), eine Regelung, die freilich nach Einführung der umfassenden Umtauschpflicht keine praktische Bedeutung mehr hat.

9. Gewinnermittlung und -transfer

Der vom Gemeinschaftsunternehmen erwirtschaftete Jahresnettogewinn, der zugleich die Besteuerungsgrundlage bildet, wird auf der Grundlage des polnischen Bilanzrechts ermittelt. Im Finanzministerium liegt gegenwärtig der – an marktwirtschaftlichen Vorgaben der Weltbank orientierte – Entwurf einer „Verordnung über die Rechnungsführung juristischer Personen und einiger anderer Wirtschaftssubjekte", der in sieben Teilen und 47 Paragraphen detaillierte Regelungen u. a. zur Festsetzung des Wertes der Aktiva und Passiva sowie des Finanzergebnisses bereitstellt und dem im Anhang Muster einer Bilanz (bilans) und einer Gewinn- und Verlustrechnung (rachunek wyników) beigefügt sind (abgedruckt in: Rzeczpospolita vom 1. 3. 1990, Beilage „Reforma Gospodarcza"). Gemäß § 31 Abs. 4 wird der Anfangswert der Anlagemittel entsprechend den in besonderen Vorschriften festgelegten und in den Büchern gesondert auszuweisenden Abschreibungssätzen herabgesetzt. Letztere finden sich in einer am 19. 12. 1989 ergangenen Verordnung des Ministerrates (abgedruckt in: Rzeczpospolita vom 21. 12. 1989, Beilage „Reforma Gospodarcza"), welche in § 10 die jährliche Neubewertung der Anlagemittel und damit die laufende Anpassung der Buchwerte an die Inflation ermöglicht. Der vom Unternehmen im Rechnungsjahr erzielte Nettogewinn wird in der Weise ermittelt, daß den in der zuerst zitierten Verordnung geregelten Aufwendungen die in der letztgenannten Verordnung festgelegten Amortisationsbeträge hinzugerechnet werden. Die Überprüfung der Jahresbilanz erfolgt auf Kosten des Unternehmens innerhalb von drei Monaten ab Vorlage durch die zuständige Finanzbehörde oder eine vom Finanzminister ermächtigte Wirtschaftsprüfungsgesellschaft (Art. 18 Abs. 2 InvG). Zur Gewinnverteilung unter den Gesellschaftern entsprechend ihren Anteilen – abweichender Verteilungsmodus nur bei Genehmigung (Art. 17 Abs. 5) – kommt es erst dann, wenn nach Zahlung der Einkommensteuer (vgl. hierzu unter 10) und Abführung von 8% in den Reservefonds, sofern dieser nicht 4% der in der Jahresbilanz ausgewiesenen Tätigkeitskosten erreicht (Art. 17 Abs. 4), ein Gewinn zur Verteilung steht.

Das Haupthindernis für Investitionen in Osteuropa liegt von jeher in der Tatsache begründet, daß die Deviseneinnahmen aus Exportgeschäften die einzige Quelle für den Gewinntransfer bilden, weil die auf dem Binnenmarkt erzielten Gewinne mangels Konvertibilität der Währungen nicht transferabel sind. Nach Einführung der devisenrechtlichen Umtauschpflicht wäre die Gründung von Gemeinschaftsunternehmen vollends sinnlos, hätte nicht der Gesetzgeber in der Transferfrage Konzessionen gemacht, die Polen unter diesem Aspekt auf den in Ungarn und Jugoslawien erfolgversprechend eingeschlagenen Weg bringen. So garantiert zunächst Art. 19 Abs. 1 dem ausländischen Gesellschafter den Umtausch des an ihn ausgezahlten Gewinns, sofern die Bilanz für das Rechnungsjahr einen Überschuß der Exporteinnahmen über die Importausgaben ausweist, der gleichzeitig die Obergrenze für den auszahlbaren Devisenbetrag markiert. Dabei wird der bezeichnete Überschuß durch Devisenbeträge gemindert, welche die Bank zur Entlohnung von ausländischen Beschäftigten ausgezahlt hat. Bedeutsamer als die dargelegte, nicht eben unkomplizierte Regelung erscheint die dem Gesellschafter in Abs. 2 derselben Vorschrift gewährte Befugnis, ab dem 1. 1. 1991 unabhängig von dem bzw. zusätzlich zu dem genannten Überschuß 15% des an ihn ausgezahlten Gewinnes umzutauschen. Für bundesdeutsche Investoren kommt darüber hinaus künftig das von Polen bereits ratifizierte Investitionsschutzabkommen zur Anwendung, das in Ziffer 4 des Protokolls für den Transfer von in polnischer Währung erzielten und in der geprüften Bilanz ausgewiesenen Gewinnanteilen und Dividenden folgenden Stufenplan vorsieht:

— ab 1. 1. 1993 in Höhe von   15% für das Jahr 1992
— ab 1. 1. 1994 in Höhe von   25% für das Jahr 1993
— ab 1. 1. 1995 in Höhe von   35% für das Jahr 1994
— ab 1. 1. 1996 in Höhe von   50% für das Jahr 1995
— ab 1. 1. 1997 in Höhe von   75% für das Jahr 1996
— ab 1. 1. 1998 in Höhe von 100% für das Jahr 1997.

Bundesdeutsche Investoren können danach ab 1998 mit vollem Umtausch und Transfer der auf dem polnischen Binnenmarkt erzielten Gewinne rechnen. Der auf bilateraler völkerrechtlicher Grundlage fixierte Stufenplan liefert gleichzeitig einen zeitlichen Rahmen für den Übergang von der Plan- zur Marktwirtschaft und die damit einhergehende Herstellung der Außenkonvertibilität des Złoty. Er erscheint realistischer als die von Bulgarien und der Sowjetunion in den entsprechenden Abkommen gegebenen, auf sofortigen Gewinnumtausch und -transfer abzielenden Zusagen, die entweder bisher nicht eingehalten worden sind (Bulgarien) oder deren umgehende Erfüllung bei Ratifikation erheblichen Zweifeln begegnet (UdSSR).

Artikel 29 InvG unterwirft das Einkommen ausländischer Gesellschafter und damit den oben behandelten Gewinn einer als „Einkommensteuer" bezeichneten Quellensteuer in Höhe von 30%. Diese Bestimmung verliert für bundesdeutsche Partner insofern an Schärfe, als Art. 10 Abs. 2 des deutsch-polnischen Doppelbesteuerungsabkommens die Steuer auf 15% bzw., wenn die empfangende Gesellschaft mindestens 25% des Joint-venture-Stammkapitals hält, auf 5% begrenzt. In dem Zusammenhang sei darauf hingewiesen, daß die von Polen abgeschlossenen DBA keine Klausel enthalten, welche das sog. Treaty-Shopping ausschließen. Daraus ergeben sich für internationale Konzerne besondere Gestaltungsmöglichkeiten, etwa durch Einschaltung eines Tochterunternehmens in Malaysia, dessen DBA mit Polen keine Quellenbesteuerung von Dividenden vorsieht.

10. Besteuerung und Zölle

In konsequenter Verfolgung der rechtspolitischen Vorgabe, einheitliche Rechtsgrundlagen für alle in Polen tätigen Unternehmen bereitzustellen, unterstellt Art. 27 InvG Gemeinschaftsunternehmen den für polnische juristische Personen geltenden Steuergesetzen. An erster Stelle ist insoweit das Gesetz über die Einkommensteuer juristischer Personen vom 31. 1. 1989 i. d. F. vom 28. 12. 1989 zu nennen, das einen Steuersatz in Höhe von 40% der Besteuerungsgrundlage vorsieht (Art. 17 Abs. 1). Die Ende Dezember 1989 ergangene Novelle regelt nunmehr in Art. 16 ausführlich, welche Aufwendungen abzugsfähig sind: Ausgaben für Umweltschutzzwecke (100%), für Ankauf und Montage von Maschinen und Einrichtungen für Zwecke der Lebensmittelverarbeitung (50%), zur Herstellung von Materialien und Erzeugnissen für Zwecke des Wohnungsbaus gemäß einer vom Industrieminister zu erlassenden Liste (50%), zur Umsetzung wissenschaftlicher und technischer Forschungsergebnisse gemäß einer Verordnung des zuständigen Komitees (50%) sowie Schenkungen für gesellschaftlich nützliche Zwecke bis zu 10% des Einkommens. Artikel 17 Abs. 3 ermächtigt den Ministerrat, für bestimmte Arten von Wirtschaftstätigkeit im Verordnungswege Steuerpräferenzen festzulegen. Diese Ausführungsverordnung erging am 30. 12. 1989, also bereits zwei Tage nach der Novelle, und führt u. a. folgende Steuerschuldner und Ermäßigungssätze auf:

(1) Hersteller bestimmter medizintechnischer Geräte (5%);
(2) Ankäufer von Sekundär-Rohstoffen mit Ausnahme von Edelmetallen (5%);
(3) Verkäufer von Schulbüchern sowie wissenschaftlicher und technischer Literatur (5%);
(4) Verkäufer von Büchern in ländlichen Gebieten (5%);
(5) Hersteller von Materialien und Erzeugnissen für Zwecke des Wohnungsbaus (unter bestimmten Voraussetzungen bis zu 100%);
(6) Herstellung von Einrichtungen und Erbringung von Dienstleistungen für Zwecke des Umweltschutzes (2%);
(7) Herstellung von Erzeugnissen und Materialien auf der Basis von Regierungsaufträgen (2%).

(Text der Verordnung abgedruckt in: Rzeczpospolita vom 25. 1. 1990, Beilage „Reforma Gospodarcza").

Nach sowjetischem Vorbild hat man darüber hinaus auch in Polen beschlossen, Gemeinschafts- und Tochterunternehmen für die Dauer von drei Jahren ab Tätigkeitsaufnahme – Ausstellung der ersten Rechnung – von der Einkommensteuer zu befreien (Art. 28 Abs. 1 InvG), um eine schnelle Ankurbelung der Produktion zu gewährleisten. Dieser investitionsrechtliche Sondertatbestand blieb ebenso unangetastet wie die in Absatz 2 eröffnete Möglichkeit, in folgenden Branchen einen zusätzlichen, vom Präsidenten der Agentur in der Genehmigung festzulegenden Befreiungszeitraum von maximal drei Jahren zu erlangen:

(1) Landwirtschaftstechnik und Lebensmittelverarbeitung;
(2) pharmazeutische Industrie und medizinische Apparaturen;
(3) Herstellung bestimmter chemischer Grundstoffe und von Papier;
(4) Produktion für Bedürfnisse des Wohnungsbaus;
(5) Umweltschutz;
(6) moderne Technologien, Telekommunikation, Elektronik und Elektrotechnik;
(7) Kontroll- und Meßgeräte für Wissenschaft und Forschung;
(8) Druck- und Bürotechnik;
(9) Haushaltsgeräte;
(10) Verpackungsmaterial;
(11) Transport- und Ladetechnik;
(12) Tourismus
(Beschluß Nr. 17 des Ministerrates vom 16. 2. 1989, in deutscher Übersetzung abgedruckt in: Ostwirtschaftsreport 1989, S. 186–187).

Weitere Abgaben, bei denen die Gemeinschafts- einheimischen Unternehmen gleichgestellt sind, bilden die – demnächst der Mehrwertsteuer weichende (vgl. hierzu die im Finanzministerium ausgearbeitete Konzeption, veröffentlicht in Rzeczpospolita vom 29. 3. 1990, Beilage „Reforma Gospodarcza") – Umsatzsteuer, die Landwirtschaftssteuer, lokale Steuern und Gebühren, die allgemeine staatliche Stempelgebühr sowie Abführungen an den Gemeinde- oder städtischen Fonds. Es bleibt zu hoffen, daß die aktuelle, auf kommunale Regelungshoheit ausgerichtete Selbstverwaltungskonzeption nicht zu einem Ausufern der örtlichen Steuern und Fondsabgaben führt, ein Phänomen, das sich in Jugoslawien investitionshemmend ausgewirkt hat.

Gegenstände, welche die Nichtgeldeinlage des westlichen Partners in das Gründungskapital bilden oder ihm bei Auflösung der Gesellschaft zustehen, unterliegen keinem Einfuhr- und Ausfuhrzoll, eine in Art. 30 Abs. 1 Ziff. 1 und Abs. 3 InvG geregelte Selbstverständlichkeit. Ein weiterer Befreiungstatbestand erfaßt Maschinen, Einrichtungen, Ausrüstung und

Transportmittel, die von der Gesellschaft innerhalb von drei Jahren nach Gründung erworben werden. Soweit Produkte in den Export gelangen, erfolgt eine Rückerstattung des Importzolls gemäß den für einheimische Unternehmen geltenden Grundsätzen (Art. 30 Abs. 3), die auch im übrigen — soweit die aufgeführten Befreiungstatbestände nicht eingreifen — für Import- und Exportgeschäfte der Gemeinschaftsunternehmen zur Anwendung kommen. Rechtsgrundlagen sind insoweit das Zollgesetz vom 28. 12. 1989 und der bereits am 1. 1. 1989 in Kraft getretene Ein- und Ausfuhrzolltarif für den Handelsverkehr, die sich an den GATT-Regeln orientieren und in diesem Bereich den Anschluß Polens an internationale Standards sicherstellen. Im Kontext mit dem Zollrecht ist auf die zollfreien Gebiete hinzuweisen, welche nach der Verordnung des Ministerrates vom 2. 6. 1989 u. a. in Gdańsk (Danzig), Szczecin (Stettin), Swinoujście (Swinemünde), Kołobrzeg (Kolberg), Wrocław (Breslau) und Gliwice (Gleiwitz) bestehen. Wareneinfuhr, -ausfuhr und -durchfuhr laufen hier genehmigungs- und zollfrei ab, soweit die Waren nicht zum Verbrauch in den genannten Gebieten bestimmt sind.

11. Personalfragen

Die Arbeits- und Sozialversicherungsbeziehungen des Gemeinschaftsunternehmens mit einheimischen Beschäftigten sowie die Tätigkeit der Gewerkschaften unterliegen gemäß Art. 31 Abs. 1 InvG im vollem Umfang der polnischen Rechtsordnung. Hingegen beurteilt sich die Rechtsstellung ausländischer Mitarbeiter primär nach ihrem Arbeitsvertrag mit dem Partnerunternehmen, ein Grundsatz, der sich in der Praxis herausgebildet hat und in Absatz 3 der zitierten Vorschrift ausdrücklich niedergelegt ist. Danach darf der ausländische Partner ohne behördliche Zustimmung im Einverständnis mit der Gesellschaft Personen seines Vertrauens in Wirtschaftsbetriebe delegieren. Indem der Gesetzgeber für sie ein Arbeitsverhältnis mit der Gesellschaft explizit verneint, entzieht er sie dem Anwendungsbereich des polnischen Arbeits- und Sozialversicherungsrechts. Ausländer, die mit Zustimmung der örtlich zuständigen Woiwodschaftsbehörde (Art. 31 Abs. 2) ohne Delegation eingestellt werden, sind in Złoty zu entlohnen und haben nach Art. 32 Abs. 3 das Recht, den ihnen nach Steuerabzug verbleibenden Lohnbetrag in Devisen umzutauschen und in ihre Heimat zu transferieren. Die Besteuerung erfolgt auf der Grundlage des Gesetzes über die Einkommensteuer natürlicher Personen vom 31. 1. 1989, das in Art. 19 progressive Steuersätze zwischen 5% und 75% — bezogen auf den den jeweiligen Grundbetrag übersteigenden Überschuß — regelt. Ein im Finanzministerium ausgearbeiteter Gesetzentwurf (abgedruckt in: Rzeczpospolita vom 16. 3. 1990, Beilage „Reforma Gospodarcza") stellt nunmehr einen Basissteuersatz von 20% und eine Überschußbesteuerung zwischen 30% und 50% in Aussicht. Gemäß Art. 3 Abs. 2 Satz 2 dieses Entwurfes trifft die Steuerpflicht nicht Personen, die „für einen vorübergehenden Aufenthalt" zum Zwecke der Aufnahme der Tätigkeit in einem Gemeinschaftsunternehmen nach Polen eingereist sind, was der geltenden Rechtslage entspricht. Insoweit geht aus dem Kontext zu Satz 1 nunmehr hervor, daß der Aufenthalt 183 Tage des Steuerjahres überschreiten darf, wobei indes nach wie vor offen bleibt, bis zu welcher Dauer er noch als „vorübergehend" klassifiziert wird. Bundesbürgern hilft hier jedenfalls das Doppelbesteuerungsabkommen nicht, weil letzteres in Art. 14 dem Prinzip der Besteuerung im Staat der Arbeitsausübung folgt. Mit Rücksicht auf die Beschneidung des Gewinntransfers sowie auch die typischen Einsatzfelder ausländischer Spezialisten in Ost-West-Gemeinschaftsunternehmen — kaufmännischer Vorstand, Ein- und Verkauf, Konstruktion, Fertigungsvorbereitung und -steuerung sowie Qualitätssicherung — dürfte die Delegation die Regel und die Beschäftigung die Ausnahme bilden.

Die Rechtsbeziehungen des Gemeinschaftsunternehmens mit einheimischen Beschäftigten gestalten sich auf der Grundlage des Arbeitsgesetzbuches vom 2. 6. 1974, das am 7. 4. 1989 im Wege einer umfangreichen Novelle an die wirtschaftspolitischen Erfordernisse angepaßt wurde. Daneben bestehen zahlreiche arbeitsrechtliche Normativakte, von denen folgende für Investoren besondere Bedeutung erlangen: Gemäß einer am 17. 1. 1990 ergangenen Anordnung des Ministers für Arbeit und Sozialpolitik beträgt der monatliche Mindestlohn in Polen seit Jahresbeginn 120 000 Złoty. Im Gesetzgebungsverfahren befindet sich gegenwärtig ein besonderes Kündigungsgesetz (vgl. den Entwurf in Rzeczpospolita vom 26. 1. 1990, S. 4), das sog. Gruppenkündigungen (zwolnienia grupowe) ermöglichen soll. Auf seiner Grundlage können aufgrund von organisatorischen, technologischen und sonstigen Produktionserfordernissen Teile der Belegschaft — mindestens 10% in Betrieben mit bis zu 1000 Beschäftigten und mindestens 100 Beschäftige in größeren Betrieben — entlassen werden. Dabei manifestiert sich der Übergang Polens vom sozialistischen Versorgungs- zum kapitalistischen Sozialstaat im Beschäftigungsgesetz vom 29. 12. 1989, welches Arbeitslosen nach bundesdeutschem Vorbild Rechtsansprüche auf Sozialleistungen und Umschulungsmaßnahmen gewährt.

12. Verkauf der Anteile und Aktien

Die Übertragung von GmbH-Anteilen oder Aktien, die nach Art. 5 Abs. 3 Ziffern 1 und 2 InvG eine Erlaubnis des Präsidenten der Agentur voraussetzt, beurteilt sich nach den im HGB geregelten Grundsätzen: Sowohl bei der GmbH als auch bei der AG kann die Veräußerung im Gesellschaftsvertrag bzw. Statut von der Zustimmung der Gesellschaft abhängig gemacht „oder auf andere Weise beschränkt" werden (Art. 181 § 1 und Art. 348 § 2). Im Falle einer entsprechenden Vereinbarung muß der Vorstand der Veräußerung zustimmen. Lehnt er dies ab, so steht dem verkaufswilligen GmbH-Gesellschafter bei Vorliegen „wichtiger Gründe" (ważne powody) der Rechtsweg zum Rayon-Gericht offen, während der Aktionär die Benennung eines anderen Bewerbers verlangen kann. Soll der Verkauf der Anteile oder Aktien im Wege der Zwangsvollstreckung erfolgen, verdrängt Art. 33 InvG die HGB-Bestimmungen. Artikel 5 Ziffer d) des deutsch-polnischen Investitionsschutzabkommens garantiert Umtausch und Transfer des aus dem Verkauf der Anteile und Aktien erzielten Erlöses. Damit verliert Art. 21 Abs. 3 InvG an Bedeutung, wonach bei Złoty-Erlösen eine Überweisung ins Ausland erfolgen darf, wenn seit Eintragung der Gesellschaft zehn Jahre verstrichen sind.

13. Auflösung der Gesellschaft

Das Investitionsgesetz verzichtet auf die Regelung von Auflösungsgründen, so daß über die Verweisungsnorm des Art. 2 Abs. 2 auch insoweit die HGB-Grundsätze zur Anwendung kommen: Die Auflösungsfolge ist bei beiden Gesellschaftsformen an den Eintritt der im Vertrag bzw. Statut vereinbarten Umstände gebunden. Darüber hinaus erlischt die GmbH durch einen notariell beurkundeten Beschluß der Gesellschafter über Auflösung oder Sitzverlegung der Gesellschaft ins Ausland oder durch ein gerichtliches Auflösungsurteil. Letzteres kann auf Klage eines Gesellschafters oder Vorstandsmitgliedes ergehen, wenn die Erreichung des Gesellschaftszweckes nicht mehr möglich ist oder „andere wichtige, durch die Gesellschaftsbeziehungen hervorgerufene Gründe" eingetreten sind (Art. 262 und 263 HGB). Demgegenüber liefert bei der AG gemäß Art. 444 ein Beschluß der Vollversammlung über die Auslösung oder Sitzverlegung der Gesellschaft oder ihres Hauptbetriebes in das Ausland einen Erlöschungsgrund.

Stellt das Gemeinschaftsunternehmen die Zahlungen ein, so können die Gläubiger die Einleitung des Konkursverfahrens beantragen, sofern die Zahlungseinstellung nicht auf vorübergehenden Schwierigkeiten beruht. Die rechtliche Basis hierfür bildet nach wie vor das Konkursgesetz vom 24. 10. 1934, mit dessen baldiger Novellierung zu rechnen ist (vgl. das Konzept von Minister Syryjczyk in Rzeczpospolita vom 25. 2. 1990). Mit Konkurserklärung durch das Rayon-Gericht erlöschen sowohl GmbH als auch AG (Art. 262 und 444 HGB).

Im Investitionsgesetz finden sich zwei spezielle Regelungen zur Auflösung: Artikel 34 gewährt den polnischen Gesellschaftern ein Vorkaufsrecht an den Sachen und Rechten, das allerdings im Gründungsakt ausgeschlossen werden kann. Tritt die Auflösung während oder innerhalb von drei Jahren nach Ablauf des Steuerbefreiungszeitraumes ein, so muß die Gesellschaft die Einkommensteuer nachzahlen (Art. 35). Für Umtausch und Transfer des Liquidationserlöses kann auf die Ausführungen unter 12. verwiesen werden.

14. Schiedsgerichtsbarkeit

Mangels gesetzlicher Vorgaben unterliegt die Frage, auf welche Weise zwischen den Gesellschaftern etwa auftretende Rechtsstreitigkeiten beigelegt werden sollen, der freien Vereinbarung in den Gründungsdokumenten. Insoweit bietet sich eine Schiedsklausel an, welche die Streitschlichtung dem Schiedsrichterkollegium bei der Polnischen Kammer für Außenhandel überträgt (Anschrift: Kolegium Arbitrów przy Polskiej Izbie Handlu Zagranicznego, Trębacka 4, 00-074 Warszawa). Diese Schiedsinstitution hat nämlich bereits im Jahre 1985 in einer speziell auf Ost-West-Streitverfahren zugeschnittenen Schiedsordnung westlichen Streitparteien durch Gewährleistung der freien Schiedsrichterwahl ausreichenden Einfluß auf die Zusammensetzung des Schiedsausschusses eingeräumt. Entsprechende Schiedsklauseln können auch in Exportkontrakte mit ausländischen Abnehmern und Verträge mit polnischen Außenhandelsunternehmen aufgenommen werden.

Ist Partner des Investors eine noch nicht umgewandelte „Einheit der vergesellschafteten Wirtschaft" oder wird mit letzterer ein Vertrag auf dem Binnenmarkt abgeschlossen, so scheitert die Schiedsabrede formell an Art. 697 ZPO, der staatlichen Wirtschaftssubjekten die Befugnis zum Abschluß von Schiedsverträgen nach wie vor vorenthält. Der in der Einführung beschriebene Umgestaltungsprozeß läßt indes die baldige Beseitigung dieses Hindernisses in Gestalt einer ZPO-Novelle erwarten.

15. Enteignungsschutz

Das deutsch-polnische Investitionsschutzabkommen gewährleistet in Art. 4 den Schutz bundesdeutscher Kapitalanlagen entsprechend den internationalen Grundsätzen, die sich im bilateralen Völkervertragsrecht herausgebildet haben. Danach dürfen Anlagen nur zum allgemeinen Wohl und gegen Entschädigung enteignet, verstaatlicht oder anderen Maßnahmen unterworfen werden, die in ihren Auswirkungen einer Enteignung oder Verstaatlichung gleichkommen. Die Entschädigung muß dem Wert der enteigneten Kapitalanlage unmittelbar vor dem Zeitpunkt entsprechen, in dem die Enteignung oder Verstaatlichung öffentlich bekannt gemacht worden ist. Sie ist unverzüglich, spätestens innerhalb von zwei Monaten, zu leisten, wird ab dem dritten Monat bis zum Zahlungszeitpunkt mit dem üblichen Banksatz verzinst und muß tatsächlich verwertbar sowie frei transferierbar sein. Zur Überprüfung der Rechtmäßigkeit der Enteignung, Verstaatlichung oder einer vergleichbaren Maßnahme steht ein ordentliches Rechtsverfahren offen. Auf der Ebene des polnischen Rechts kann der Investor nach Art. 22 Abs. 6 InvG beim Finanzminister eine Garantieerklärung bezüglich einer in den genannten Fällen zu leistenden, bis zur Höhe des Gesellschaftsanteiles reichenden Entschädigung beantragen.

16. Zusammenfassende Bewertung

Auf der Basis der rechtlichen Regelungen lassen sich einige verallgemeinernde Schlußfolgerungen ziehen: Das Investitionsrecht bildet in Polen heute einen Baustein im Gefüge einer schon weitgehend marktwirtschaftlich verfaßten Wirtschaftsordnung, die in zahlreichen bereits erlassenen oder für die nächste Zukunft zu erwartenden Gesetzen allmählich ihre endgültige rechtliche Gestalt annimmt. Grundlegende Bedeutung kommt dabei dem am 23. 12. 1988 zusammen mit dem Investitionsgesetz verabschiedeten „Gesetz über Wirtschaftstätigkeit" (Gewerbegesetz) zu, dessen Regelungen auf dem Prinzip der Gewerbefreiheit beruhen. Bereits zum gegenwärtigen Zeitpunkt zeichnet sich mehr oder weniger deutlich ab, daß Investitionen nicht auf die Rechtsform des Gemeinschaftsunternehmens beschränkt bleiben, sondern auch durch Gründung von Tochterunternehmen oder Erwerb von Anteilen oder Aktien an polnischen Kapitalgesellschaften erfolgen werden. Das am deutschen HGB orientierte polnische Handelsgesetzbuch von 1934 liefert eine ausreichende gesellschaftsrechtliche Grundlage und hat sich in der Praxis bewährt. Demgegenüber entspricht die seit Januar 1989 unverändert aufrechterhaltene Genehmigungsprozedur nicht mehr dem postulierten „neuen Wirtschaftsdenken" und sollte nach ungarischem Vorbild einer bloßen behördlichen Registrierung weichen. Das neue Devisenrecht, welches Gemeinschaftsunternehmen zum Umtausch sämtlicher Devisenerlöse verpflichtet, erscheint als notwendiger Schritt auf dem Wege von der Binnen- zur Außenkonvertibilität des Złoty und damit als währungspolitisches Instrument zur Stabilisierung der Marktwirtschaft. Seine negativen Effekte werden durch den im deutschpolnischen Investitionsschutzabkommen fixierten Stufenplan kompensiert, der Investoren im Zeitraum zwischen 1991 und 1998 einen von Jahr zu Jahr ansteigenden Umtausch der Złoty-Gewinne garantiert.

Schweiz:

Praktiken und Vertragstechniken internationaler Gemeinschaftsunternehmen

von

Assessor jur. Hans-Joachim Culemann, Handelskammer
Deutschland–Schweiz, Leiter der Rechtsabteilung Deutschland

I.

II.

III.

I.

1. Investitionsstandort Schweiz

Georges Pompidou hat einmal gesagt, daß die Gemeinschaft keine Maske sein dürfe, unter der der eine lächelt und der andere weint.

Diese Sentenz könnte als Leitmotiv für alle jene dienen, die im Rahmen eines Gemeinschaftsunternehmens neue Konzepte verwirklichen wollen und sich bewußt sind, daß die Vielschichtigkeit der rechtlichen Struktur eines derartigen Unternehmens nicht unproblematisch ist.

Investitionen in der Schweiz stoßen nicht auf unüberwindbare Schwierig- keiten, wenn man sich mit den Gegebenheiten in diesem Lande vertraut macht, die in Relation zu anderen europäischen Ländern, wie etwa der Bundesrepublik Deutschland, einige Besonderheiten aufweisen. In einer der Fachschriften der Handelskammer Deutschland-Schweiz[1] wird darauf aufmerksam gemacht, daß es den „Investitionsstandort *Schweiz*" nicht

---

1 „Unternehmensgründung in der Schweiz", Fachschrift der Handelskammer Deutsch-land-Schweiz, 11. Auflage, 1987.

gibt. Diese Feststellung hat insofern Berechtigung, als die Schweiz mit ihrer Zersplitterung in 26 Kantone und Halbkantone eine ganzheitliche Betrachtungsweise nicht zuläßt. Es ist darüber hinaus berechtigt zu sagen, daß sich neben die kantonalen Besonderheiten auch Besonderheiten bestimmter Regionen und Gemeinden hinzugesellen. Die Frage, wo in der Schweiz investiert werden soll, gewinnt unter diesen Bedingungen ein nicht zu unterschätzendes Gewicht und ist daher grundsätzlich nur in Zusammenarbeit mit Kennern vor Ort, dies sind insbesondere die regionalen Wirtschaftsförderungsgesellschaften, zu lösen. Verschiedene Kantone und an der Ansiedlung ausländischer Investoren interessierte Gemeinden gewähren Finanzierungshilfen bei der Durchführung geplanter Investitionen. Das Sortiment der Finanzierungshilfen und die Bedingungen, zu welchen sie erhältlich sind, kann von Standort zu Standort unterschiedlich sein. Einzelheiten sind bei den genannten regionalen Wirtschaftsförderungsgesellschaften zu erfahren. An dieser Stelle sollen nicht Vor- und Nachteile einer Investition in der Schweiz abgewogen werden[2]; dies würde den Rahmen der vorliegenden Bestandsaufnahme sprengen.

2. Das rechtliche Umfeld in der Schweiz

Gestaltet sich die Situation unter standort-relevanten Gesichtspunkten komplex, so kann aber andererseits festgehalten werden, daß sich der deutsche Jurist, der sich in der Schweiz „zurechtfinden" muß, ein rechtliches Instrumentarium vorfindet, das ihm in den Grundzügen auch aus seiner Beschäftigung mit dem deutschen Recht vertraut sein dürfte.

a) So kennt die schweizerische Rechtsordnung (das Schweizerische Obligationenrecht − OR) im wesentlichen die gleichen Unternehmensformen, wie sie im deutschen Recht niedergelegt sind. Die *Personengesellschaften* sind im schweizerischen Zivilrecht im 23.–25. Titel des Schweizerischen Obligationenrechts geregelt. Dort finden sich die:

einfache Gesellschaft (Art. 530–551 OR), die ihre Entsprechung im deutschen Recht in der BGB-Gesellschaft hat (§§ 705 ff. BGB). Die einfache Gesellschaft hat keine Rechtspersönlichkeit, sie kann nicht für das Betreiben eines nach kaufmännischer Art geführten Gewerbes verwendet werden.

Die *Kollektivgesellschaft* wird im Schweizerischen Obligationenrecht in den Art. 552–593 geregelt und entspricht der deutschen offenen Handelsgesellschaft (§§ 105 ff. HGB). Die Kollektivgesellschaft ist keine juristische Person, kann aber unter ihrer Firma klagen und verklagt werden sowie eigene Rechte erwerben und Verbindlichkeiten eingehen.

---

2 Siehe hierzu im einzelnen: a. a. O. S. 1 ff.

Die *Kommanditgesellschaft* bezeichnet sowohl in der Schweiz als auch in der Bundesrepublik Deutschland eine Personengesellschaft, in der ein oder mehrere Gesellschafter nur bis zum Betrage einer bestimmten Kommanditsumme haften. Die KG ist im Obligationenrecht in Art. 594–619 und im HGB in §§ 161 ff. geregelt. Als bemerkenswerter Unterschied zwischen der schweizerischen Kommanditgesellschaft und ihrer deutschen Entsprechung ist hervorzuheben, daß nach Art. 594 Abs. 2 OR nur natürliche Personen unbeschränkt haftende Gesellschafter sein können. Nach deutschem Recht können dies auch juristische Personen sein (z. B. GmbH & Co. KG).

b) Als *Kapitalgesellschaften* sind in der Schweiz bekannt unter anderem:

Gesellschaft mit beschränkter Haftung (als Mischform zwischen Kapitalgesellschaft und Personengesellschaft). Die GmbH ist in Art. 772–827 OR geregelt und ist in ihrer rechtlichen Konstruktion vergleichbar mit der deutschen GmbH nach dem GmbH-Gesetz.

c) Die schweizerische *Aktiengesellschaft*, geregelt in Art. 620–763 OR, kommt annähernd der deutschen Aktiengesellschaft nach dem deutschen Aktiengesetz gleich.

d) Die Gesellschaftsform, die in der Schweiz die *größte Verbreitung* hat, ist eindeutig die Aktiengesellschaft. In einer Untersuchung der Handelskammer Deutschland-Schweiz[3] wurde festgehalten, daß Ende 1984 in der Schweiz rund 125 000 Unternehmen als Aktiengesellschaft registriert waren, wobei diese Zahl ansteigende Tendenz aufwies. Im Vergleich dazu waren, mit entsprechend rückläufiger Tendenz, nur ca. 2800 GmbH's tätig. Im selben Jahr waren darüber hinaus noch rund 11 600 Kollektivgesellschaften und rund 3400 Kommanditgesellschaften im Handelsregister eingetragen. Diese Zahlen mögen verdeutlichen, welche Stellung die Aktiengesellschaft in der Schweiz hat. Man kann, betrachtet man parallel dazu die deutschen Verhältnisse, davon ausgehen, daß die Aktiengesellschaft als Unternehmensform in der Schweiz das gleiche Standing aufweist wie die GmbH in der Bundesrepublik Deutschland.

Es ist müßig, darüber zu spekulieren, wieso es zu der starken Überbetonung der Aktiengesellschaft als Unternehmensform gekommen ist und diese nicht nur für große, sondern auch für kleine und mittlere Betriebe von Bedeutung ist. In diesem Zusammenhang sei nur darauf hingewiesen, daß die Aktiengesellschaft in der Schweiz gegenüber der Aktiengesellschaft in der Bundesrepublik Deutschland einige Vorteile aufweist. Insbesondere ist hier zu erwähnen, daß eine weitgehende Anonymität der Kapitalgeber und ihrer finanziellen Transaktionen besteht, das Mindestkapital zur Gründung einer Aktiengesellschaft geringer ist und die Statuten relativ

---

3 „Die deutsch-beherrschte Personengesellschaft in der Schweiz", Dr. *D. Hangarter,* Sonderdruck aus CH-D-Wirtschaft, 10/86.

flexibel gestaltet werden können. Daneben sind nach dem Obligationenrecht die Publizitätsvorschriften wesentlich weniger streng als in der Bundesrepublik Deutschland.

Die Motivation, als Unternehmensform eine Kapitalgesellschaft zu wählen und nicht auf die Konstruktion einer Personengesellschaft zurückzugreifen, ist in der Schweiz nicht anders gelagert als in der Bundesrepublik Deutschland. Im Vordergrund steht dabei deutlich das Motiv der Haftungsbeschränkung, die in der Form bei Personengesellschaften nicht durchführbar ist. Ein anderes Motiv bei der Bevorzugung der Aktiengesellschaft als Unternehmensform in der Schweiz gegenüber anderen Gesellschaftsformen, etwa der der GmbH, liegt im Goodwill, den die Aktiengesellschaft in der Schweiz genießt. Die GmbH, die erst seit 1936 in der Schweiz als Rechtsform anerkannt ist, genießt nach wie vor einen schlechten Ruf und wird in der Schweiz weniger schnell akzeptiert als eine Aktiengesellschaft. Als nachteilig wird zusätzlich angesehen die fehlende Anonymität der Gesellschafter, die erschwerte Übertragbarkeit der Gesellschaftsanteile sowie die geringe Flexibilität der Unternehmensstruktur.

e) Grenzüberschreitendes unternehmerisches Engagement in der Schweiz, sei es in der Form des Unternehmenskaufes, in der Form des Beteiligungserwerbs oder in der Form der Unternehmensgründung bietet keine grundsätzlichen Schwierigkeiten und bedarf, bis auf wenige Ausnahmen, keiner Genehmigung. In diesem Zusammenhang muß auf das Bundesgesetz über die Schweizerische Nationalbank vom 15. 12. 1978 verwiesen werden. Nach Art. 16i Abs. 1 Ziffer 3 dieses Gesetzes kann der Erwerb schweizerischer Wertpapiere durch Ausländer oder ausländische Gesellschaften eingeschränkt oder gar ganz verboten werden, wenn die ausgeglichene konjunkturelle Entwicklung der Schweiz durch einen übermäßigen Zufluß von Geldern aus dem Ausland gestört oder bedroht wird[4]. Daß dieses Gesetz nicht nur theoretisch die angeführte Beschränkungsmöglichkeit bietet, hat eine entsprechende Verordnung aus dem Jahre 1978 bewiesen, wonach für Personen und Gesellschaften das Verbot ausgesprochen wurde, Geschäfte zu vermitteln und abzuschließen, die den Erwerb schweizerischer Wertpapiere durch Ausländer bezweckten. Die genannte Verordnung ist inzwischen wieder aufgehoben worden. Es ist aber zu erwarten, daß der schweizerische Bundesgesetzgeber sich nicht davor scheut, bei einer unausgeglichenen konjunkturellen Entwicklung der Schweiz durch einen übermäßigen Zufluß von Geldern aus dem Ausland vergleichbare Maßnahmen in die Wege zu leiten.

Wenn ausländische Unternehmen in der Schweiz eine unternehmerische Verflechtung anstreben, sind *Nationalitäts-* und *Wohnsitzvorschriften* in bezug auf die Gesellschaftsorgane bzw. die Leitung der Unternehmen zu

---

4 Siehe auch: „Unternehmensgründung in der Schweiz", S. 19 f.

beachten, deren Ignorierung Folgen haben kann. Wegen der bereits oben erwähnten großen Bedeutung der Aktiengesellschaft als Unternehmensform dürfte jenen Vorschriften erhöhte Aufmerksamkeit beizumessen sein, die die Verwaltung einer AG regeln. Bei ausländischer Beteiligung muß der Verwaltungsrat mehrheitlich mit Personen besetzt sein, die in der Schweiz wohnen und auch das Schweizer Bürgerrecht innehaben. Der Erwerb von Aktien durch ausländische Staatsangehörige ist durch keine direkten oder latenten Restriktionen behindert. Ergänzungshalber sei allerdings in diesem Zusammenhang erwähnt, daß in der Schweiz die Vinkulierung von Namensaktien erlaubt ist; es ist also daher möglich, statutengemäß Ausländer daran zu hindern, Namensaktien zu erwerben.

Bei der Gründung einer Gesellschaft mit beschränkter Haftung ist zu beachten, daß zumindest einer der Geschäftsführer in der Schweiz seinen Wohnsitz haben muß, allerdings ist dieses Erfordernis losgelöst von Nationalitätsvorschriften. Der in der Schweiz wohnhafte Geschäftsführer kann durchaus anderer als schweizerischer Nationalität sein. Zwar gilt der Grundsatz, daß jeder Ausländer für den Aufenthalt und die Erwerbstätigkeit in der Schweiz einer Aufenthaltsbewilligung bedarf, jedoch gelten für deutsche Staatsangehörige im Verhältnis zur Schweiz Besonderheiten im Bezug auf leitendes Personal, das unter die sogenannte „Wohlwollensklausel" fallen kann, die seit 1958 beiderseits berücksichtigt wird. Diese „Wohlwollensklausel" bewirkt eine gewisse Vereinfachung und Erleichterung bei der Erteilung einer entsprechenden Aufenthaltsbewilligung.

Die Darstellung der in der Schweiz bestehenden Restriktionen im Zusammenhang mit der Gründung eines Unternehmens in der Schweiz wäre nicht vollständig, würde man darauf verzichten darzustellen, welche Restriktionen im Zusammenhang mit dem Erwerb schweizerischer Grundstücke durch ausländische natürliche oder juristische Personen bestehen. Verankert sind die Beschränkungen in dem Bundesgesetz vom 16. 12. 1983 über den Erwerb von Grundstücken durch Personen im Ausland (BewG) und in der Verordnung vom 1. 10. 1984 über den Erwerb von Grundstücken durch Personen im Ausland (BewV). Gemäß Art. 2 BewG bedürfen Personen im Ausland für den Erwerb von Grundstücken einer Bewilligung der zuständigen kantonalen Behörde. Der Bewilligungspflicht unterliegen auch Beteiligungen an einer vermögensfähigen Gesellschaft ohne juristische Persönlichkeit (einfache Gesellschaft), zu deren Aktiven ein Grundstück in der Schweiz gehört oder deren tatsächlicher Zweck der Erwerb von Grundstücken ist. Ferner ist bewilligungspflichtig der Erwerb des Eigentums oder der Nutznießung an einem Anteil an einem Immobilienanlagefond, dessen Anteilscheine auf dem Markt nicht regelmäßig gehandelt werden, oder an einem ähnlichen Vermögen. In diesem Zusammenhang werden Geschäfte einer Bewilligungspflicht unterworfen, die in Verbindung stehen mit einem Erwerb des Eigentums oder der Nutznießung an einem Anteil an einer juristischen Person, deren Aktiven nach ihrem tatsächlichen Wert zu mehr als einem Drittel aus Grundstücken in der Schweiz bestehen, sofern Personen, die der Bewilligungspflicht unterliegen, dadurch eine beherrschende Stellung erhalten oder verstärken. Wenn der Erwerb des Eigentums oder der Nutznießung (Nießbrauch nach deutschem Recht) an einem Anteil an einer juristischen Person (AG, GmbH, Genossenschaft, Stiftung), deren tatsächlicher Zweck der Erwerb von Grundstücken ist, bewirkt, ist dieses Geschäft gleichermaßen der Bewilligungspflicht unterworfen. Wird die Verlegung des statutarischen oder tatsächlichen Sitzes einer juristischen Person oder vermögensfähigen Gesellschaft ohne juristische Persönlichkeit ins Ausland bewirkt, ist dieses Geschäft bewilligungspflichtig, wenn die Gesellschaft die Rechte an einem schweizerischen Grundstück behält (vgl. Art. 4 Abs. 2 BewG). Wird die Beteiligung an der Gründung und an der Kapitalerhöhung von Gesellschaften, die vermögensbestimmte oder zwecksbestimmte Immobiliengesellschaften sind, betrieben, bedarf dieses ebenfalls einer Bewilligung. Die Übernahme eines Grundstückes zusammen mit einem Vermögen oder Geschäft im Sinne von Art. 181 OR (hierbei handelt es sich um die Übernahme von Vermögen oder Geschäften mit Aktiven und Passiven), so ist dieses gleichfalls bewilligungspflichtig. Der Bewilligungspflicht unterstellt ist der Erwerb von Anteilen an einer Gesellschaft, der eine Wohnung gehört, die dem Erwerber der Anteile als Haupt, Zweig- und Ferienwohnung dient (Art. 1 Abs. 1 c BewV). Als Auffangtatbestand für die Frage einer Bewilligungspflicht gilt der Grundsatz, daß alle Geschäfte, mit denen Rechte erworben werden, die dem Erwerber eine ähnliche Stellung wie einem Eigentümer eines Grundstückes verschaffen, als bewilligungspflichtig erklärt werden[5].

II.

1. Die Aktiengesellschaft nach Obligationenrecht

a) Geht man davon aus, daß der Begriff *Joint Venture* eine spezielle Form der zwischenbetrieblichen Operation zur Durchführung eines einmaligen Vorhabens oder einer unbestimmten Zahl von Projekten bezeichnet, so geht dieses einher mit der Feststellung, daß diese Form einer gemeinschaftlichen Unternehmung nicht mit einer klar definierbaren juristischen Konstruktion faßbar ist, vielmehr für die Kooperationspartner wegen der auch in der Schweiz bestehenden Vertragsfreiheit unterschiedliche gestalterische Möglichkeiten bietet. Aus diesem Grunde erschiene es auch wenig sinnvoll zu sagen, daß diese oder jene Unternehmensform die klassische Grundlage für ein Gemeinschaftsunternehmen bildet.

---

5 Siehe im einzelnen: „Grundstückserwerb in der Schweiz", Fachschrift der Handelskammer Deutschland-Schweiz, 1985, S. 3 ff.

Wie bereits oben erwähnt, ist die Aktiengesellschaft gemäß Art. 620–763 OR die verbreitetste Gesellschaftsform in der Schweiz, die sich als praktikabel erwiesen hat, unabhängig von der angestrebten Unternehmensgröße bzw. unabhängig von der Größe der im Rahmen eines Gemeinschaftsunternehmens beteiligten Unternehmen. Wegen der angedeuteten Vorteile, die eine AG in der Schweiz besitzt, liegt es auf der Hand, daß im Zusammenhang mit einem in einer Kooperation zu gründenden Gemeinschaftsunternehmen die Unternehmensform der Aktiengesellschaft gewählt wird. Die Kooperationspartner finden sich in aller Regel in der Form einer einfachen Gesellschaft gemäß Art. 530–551 OR zusammen, deren Grundlage ein *Konsortialvertrag* darstellt, der nicht nur den gemeinsamen Zweck, nämlich den der Kooperation, festlegt, sondern darüber hinaus Regeln enthält, die die Pflichten der Kooperationspartner festhalten.

Die schweizerische Aktiengesellschaft bildet also den Gegenstand unseres Interesses.

Die schweizerische Aktiengesellschaft läßt sich vergleichen mit der Aktiengesellschaft deutschen Typs gemäß § 1 Aktiengesetz (AktG).

b) Die Befugnisse der *Generalversammlung* sind in Art. 698 OR geregelt: Diese Vorschrift legt vor allem die Befugnisse der Generalversammlung fest, die nicht auf andere Organe übertragen werden können. Die Generalversammlung ist verantwortlich für die Festsetzung und die Änderung der Statuten; die Wahl der Verwaltung und der Kontrollstelle, die Abnahme der Jahresrechnung, der Bilanz und des Geschäftsberichtes; Beschlußfassung über die Verwendung des Reingewinns, insbesondere die Festsetzung der Dividende und des Gewinnanteils der Verwaltung; die Entlastung der Verwaltung; die Beschlußfassung über die Gegenstände, die ihr durch Gesetz oder Statuten vorbehalten sind. Die Generalversammlung ist reines Innenorgan.

c) Die *Verwaltung* der schweizerischen AG ist in Art. 707 ff. OR geregelt. Sie wird als Verwaltungsrat bezeichnet und kann mit einer oder mehreren Personen besetzt werden, die notwendigerweise Aktionärstatus innehaben müssen, wobei dieses Erfordernis ein rein formales ist und bereits erfüllt ist, wenn dem Verwaltungsratsmitglied Aktien bloß fiduziarisch übertragen worden sind. Wie bereits oben angerissen, muß die Mehrheit des Verwaltungsrates von Schweizern gestellt werden, die ihren Wohnsitz in der Schweiz haben. Eine ausländische Beteiligung am Verwaltungsrat kann gemäß des Obligationenrechtes numerisch nie paritätisch sein.

d) Der Aufgabenbereich der Verwaltung wird vom Gesetz allerdings nicht klar definiert; es ist daher möglich, statutarisch Geschäftsführungsbefugnisse auf eine *Geschäftsführungsebene* zu verlagern. Da leitende Angestellte keinen Nationalitäts- oder Wohnsitzvorschriften unterworfen sind, ist es auf diese Art und Weise möglich, der schweizerischen AG eine ausländische Geschäftsführung zu oktroyieren. Werden auf diese Weise Geschäftsführungskompetenzen einem verantwortlichen Personenkreis delegiert, so wird der Gesamtverwaltungsrat im Umfange der delegierten Pflichten nicht nur von den Ausführungspflichten dieser Geschäftsführung entlastet, sondern auch von der Ausführungsverantwortung entbunden[6]. Hierbei ist Art. 717 Abs. 1 OR zu beachten, wonach mindestens ein Mitglied des Verwaltungsrates zur Vertretung der Gesellschaft befugt bleiben muß. Das schweizerische Aktienrecht ist geprägt von einer weitgehenden *Verantwortlichkeit* der Verwaltung. Gemäß Art. 754 Abs. 1 OR gilt, daß alle mit der Verwaltung, Geschäftsführung oder Kontrolle einer AG betrauten Personen sowohl der Gesellschaft als auch den einzelnen Aktionären und Gesellschaftsgläubigern für den Schaden verantwortlich sind, den sie durch absichtliche oder fahrlässige Verletzung der ihnen obliegenden Pflichten verursachen. In diesem Zusammenhang ist eine *Durchgriffshaftung* und damit ein direkter Rückgriff auf den Verantwortlichen möglich.

e) Die *Kontrollstelle* wird, wie der Verwaltungsrat, von der Generalversammlung gewählt (Art. 727 Abs. 1 OR). Den in die Kontrollstelle zu wählenden Revisoren kommt gemäß Art. 728 OR eine Prüfpflicht zu, die sich auf die Rechnungslegung der Gesellschaft bezieht. Hinzu kommt eine Berichterstattungspflicht gegenüber den Aktionären. Die Kontrollstelle ist nicht notwendigerweise mit natürlichen Personen zu besetzen, sie kann auch von juristischen Personen wahrgenommen werden. Hier kommen insbesondere Steuerberatungsfirmen, Treuhandgesellschaften und Revisionsverbände in Betracht. Da für die Besetzung der Kontrollstelle keine Nationalitäts- oder Wohnsitzvorschriften bestehen, kann für die Besetzung der Kontrollstelle einer schweizerischen AG eine deutsche Revisionsgesellschaft eingesetzt werden.

Die Aufgaben einer Kontrollstelle können über den im Gesetz geforderten Umfang hinausgehen, was entweder in den Statuten oder in einem Generalversammlungsbeschluß festgelegt werden kann.

Wie für die Mitglieder der Verwaltung und der Geschäftsführung so besteht auch für die Mitglieder der Kontrollstelle eine Haftung bei allen schuldhaft begangenen Pflichtverletzungen[7] mit der Möglichkeit der Durchgriffshaftung.

f) Die *Vertretung* der Aktiengesellschaft obliegt denjenigen Personen, die von der Verwaltung zu dieser Aufgabe berufen worden sind (Art. 717 OR). Der Umfang der Vertretungsmacht wird in Art. 718 OR geregelt. Die Ver-

---

6 *Horber, Felix,* „Die Kompetenzdelegation beim Verwaltungsrat der AG und ihre Auswirkungen auf die aktienrechtliche Verantwortlichkeit", S. 12.

7 *Forstmoser, Peter,* „Die aktienrechtliche Verantwortlichkeit", 2. Auflage, 1987, Randnummer 249 ff.

tretungsmacht deckt danach nur solche Rechtshandlungen, „die der Zweck der Gesellschaft mit sich bringen kann". Die Selbstkontrahierung, d. h. der Abschluß von Rechtsgeschäften durch den Stellvertreter mit sich selbst, ist grundsätzlich nicht verboten, allerdings hat das Schweizerische Bundesgericht die Selbstkontrahierung dann für unzulässig erklärt, wenn Interessenskonflikte bestehen.

g) Die *aktienrechtliche Verantwortlichkeit* ist, wie bereits oben erwähnt, eine umfassende. Gemäß Art. 754 OR werden alle mit der Verwaltung und Geschäftsführung oder Kontrolle betrauten Personen der aktienrechtlichen Verantwortlichkeit unterstellt, wenn diese durch absichtliche oder fahrlässige Verletzung der ihnen obliegenden Pflichten einen Schaden verursachen. Im einzelnen fallen in den Kreis der Haftenden zunächst alle Mitglieder des Verwaltungsrates, unabhängig davon, ob ein vollwertiges Verwaltungsratsmandat vorliegt oder ob der Verwaltungsrat nur treuhänderisch tätig ist. Haftbar ist auch − ohne formell eine Organposition innezuhaben − der maßgebend an der Willensbildung der Gesellschaft Teilnehmende und selbständig korporative Aufgaben Ausübende[8].

Für eine vorsätzliche oder fahrlässige Verletzung der ihr übertragenen Pflichten haftet auch die Kontrollstelle, es sei denn, ihr werden außerhalb ihrer spezifisch aktienrechtlichen Funktionen Aufgaben übertragen. Für diesen Fall hat das Schweizerische Bundesgericht eine Haftung abgelehnt[9]. Innerhalb ihrer Funktion untersteht allerdings die Kontrolle vollumfänglich der Haftung nach Art. 754 OR. Ist als Kontrollstelle eine juristische Person bestellt, ist für den Fall der Haftung die juristische Person maßgebend und nicht die im Auftrage der juristischen Person handelnde Hilfsperson. Eine generelle Haftung des Hauptaktionärs ist im schweizerischen Recht nicht verankert.

h) Eine für die *Beschlußfähigkeit* vorgeschriebene *Mitgliederzahl* gibt es in den das Aktienrecht regelnden Artikeln des Schweizerischen Obligationenrechtes Art. 649 Abs. 1 OR, Art. 655 OR und Art. 658 OR. Die genannten Vorschriften schreiben die qualifizierte Anwesenheit in bestimmten Bereichen vor. Da diese Regelungen nicht obligatorisch, sondern von der Gestaltung der Statuten abhängig sind, kommt ihnen unter normalen Bedingungen keine besonders große Bedeutung zu. Die statutarische Festlegung von Quorumsvorschriften erhält jedoch dann ein anderes Gewicht, wenn damit ein *Minderheitenschutz* erzielt werden soll. Es können bestimmte *Generalversammlungsbeschlüsse* von der Beteiligung eines bestimmten Teils des Aktienkapitals abhängig gemacht werden; auch kann die Beschlußfähigkeit der Generalversammlung von der Anwesenheit eines bestimmten Teils des Aktienkapitals abhängig gemacht werden. Gleichermaßen sind Rege-

---

8 A. a. O., Randnummer 703.
9 BGE 112 II, S. 258 ff.

lungen in den Statuten zulässig, wonach die Beschlußfähigkeit *des Verwaltungsrates* abhängen soll von der Anwesenheit einer bestimmten Anzahl der Verwaltungsratsmitglieder. Im Ergebnis ist die Gestaltung der Statuten ein nicht zu unterschätzendes Mittel, eine Ausgewogenheit im Willensbildungsprozeß der relevanten Gesellschaftsorgane zu erzielen.

Neben der Fixierung eines gewissen Minderheitenschutzes in den Statuten ist ein *Konsortialvertrag* zwischen den beiden Partnern des Gemeinschaftsunternehmens ein geeignetes Vehikel, die Partner dazu anzuhalten, daß ihre jeweiligen Vertreter in den Organen des Gemeinschaftsunternehmens im Rahmen der festgelegten Grundsätze agieren. Verwaltungsratsmitglieder können darüber hinaus durch *besondere Verträge* verpflichtet werden, nach den Anweisungen ihres Entsenders zu handeln, sogenannte *Treuhand-* oder *Mandatsverträge*.

Die aufgeführten aktienrechtlichen Möglichkeiten des Minderheitenschutzes werden ergänzt durch allgemeine Rechtsgrundsätze wie das Rechtsmißbrauchsverbot, das Gebot der Gleichbehandlung und das Gebot der schonenden Rechtsausübung.

i) Als konkrete Schutzrechte des Aktionärs stehen im Schweizerischen Obligationenrecht verankerte Vorschriften zur Verfügung. Zu nennen sind hier die Kontrollrechte gemäß Art. 695 und 697 OR. Art. 708 Abs. 4 OR räumt für Gruppen von Aktionären mit verschiedenen Rechtsstellungen einen zwingenden statutarisch festzusetzenden Anspruch auf Vertretung in der Verwaltung ein und sichert damit einen bestimmten *Verwaltungsratsproporz*. Gemäß Art. 699 Abs. 3 OR können Aktionäre, die zusammen mindestens ein Zehntel des Grundkapitals vertreten, die Einberufung einer Generalversammlung veranlassen. Gemäß Art. 706 OR kann jeder Aktionär die Beschlüsse der Generalversammlung, die gegen das Gesetz oder die Statuten verstoßen, einer richterlichen Kontrolle durch eine Anfechtungs- und Verantwortlichkeitsklage zuführen. Aktionäre, die zusammen mindestens ein Fünftel des Grundkapitals vertreten, können gemäß Art. 736 Nr. 4 aus wichtigem Grund die Auflösung der Gesellschaft verlangen und damit eine Liquidation der Gesellschaft erwirken. Gesetz und Praxis stellen allerdings an dieses Schutzrecht strenge Anforderungen, u. a. müssen zur Behebung des Mißstandes zunächst weniger einschneidende Mittel ergriffen werden.

j) Die *Gründung*[10] einer schweizerischen AG kann entweder in der Form einer Simultangründung oder in der Form einer Sukzessivgründung vonstatten gehen. Die Simultangründung zeichnet sich dadurch aus, daß die Gründer gleichzeitig als Aktienzeichner auftreten. Geregelt ist die Simultangründung in Art. 638 OR. Die Art. 629–637 OR haben die Sukzessivgründung zum Gegenstand, bei der kennzeichnend ist, daß die Gründer

---

10 Siehe ausführlich: „Unternehmensgründung in der Schweiz", S. 22.

nicht notwendigerweise auch die Aktien zeichnen, sondern sich an Dritte wenden, die die angebotenen Aktien zeichnen und damit Anteile an der zu gründenden AG erwerben.

Allgemein erfordert die Gründung einer AG in der Schweiz notwendigerweise mindestens drei Gründer. Davon muß mindestens einer Schweizer mit Wohnsitz in der Schweiz sein, wobei das Gründungsgremium nicht nur aus natürlichen Personen, sondern auch aus juristischen Personen bestehen kann. Die Freiheit in der Zusammensetzung des Gründungsgremiums geht sogar so weit, daß, sollten die Kapitalgeber selbst nicht in Erscheinung treten wollen, Dritte als treuhänderische Zeichner auftreten können.

Der von den Aktionären mindestens aufzubringende Kapital-Sollbetrag beträgt SFr. 50000. Bei der Gründung müssen davon mindestens SFr. 20000 in bar eingezahlt sein. Die Einzahlung erfolgt bei einer Kantonalen Depositenstelle. Der Betrag von SFr. 20000 kann auch durch Sacheinlage gedeckt sein, für diesen Fall muß allerdings gewährleistet sein, daß keine Überbewertung der Sacheinlage erfolgt.

Das Gründungsverfahren geht in den meisten Fällen als Simultangründung vonstatten, bei kleineren Gesellschaften mit wenigen Beteiligten versteht sich dieses ohne weiteres. Sollen außerhalb des Gründungsgremiums auch Dritte an der Gesellschaft beteiligt werden, wird gewöhnlich auch der Weg der Simultangründung beschritten. Als Gründer treten dann Muttergesellschaften oder Banken auf, die sämtliche Aktien zeichnen und liberieren mit der Maßgabe, sich nach der Gründung an die Öffentlichkeit zu wenden.

Bei der Simultangründung sind zunächst die Statuten festzusetzen und die Gesellschaftsorgane zu bestimmen. Anschließend ist das Grundkapital zur freien Verfügung der Gesellschaft einzuzahlen; für den Fall von Sacheinlagen oder Sachübernahmen sind diese in den Statuten genau zu bezeichnen. Da die Gründungserklärung öffentlich zu beurkunden ist, ist beim Errichtungsakt die Anwesenheit eines *Notars* notwendig. Die Eintragung der AG hat an dem *Handelsregister* zu erfolgen, in dessen Bezirk der statutarisch festgelegte Sitz des Unternehmens liegt.

2. Schiedsgerichtsvereinbarungen

sind sinnvollerweise im bereits oben erwähnten Konsortialvertrag zu treffen. Erfahrungsgemäß entstehen Streitigkeiten unter den Partnern des Gemeinschaftsunternehmens bei der Interpretation der im Konsortialvertrag für beide Seiten niedergelegten Pflichten. Um die Arbeit des Gemeinschaftsunternehmens nicht zu gefährden, ist die Ausräumung von Streitigkeiten innerhalb kürzester Zeit angesagt. Dies kann erzielt werden durch die Einschaltung eines Schiedsgerichtes, das im Konfliktfall anzurufen wäre und das die Streitigkeit beilegt. Man sollte aber nicht verkennen, daß das Schiedsgerichtsverfahren zwar der schnellere Weg zu einer Entscheidung sein kann, der kostengünstigere Weg ist es nicht notwendigerweise. Bei der Einschaltung eines Schiedsgerichtes fallen in etwa die gleichen Kosten an wie bei der Begehung des ordentlichen Rechtsweges.

3. Die Vollstreckung deutscher Urteile

in der Schweiz ist dank eines deutsch/schweizerischen Vollstreckungsabkommens ohne Probleme möglich.

4. Der Kapitaltransfer

ist unproblematisch. Die Kapitaleinbringung und der Rücktransfer von Erträgen sind nach schweizerischem Recht frei.

5. Das schweizerische Steuersystem[11]

ist maßgeblich gekennzeichnet durch die föderative Struktur der Schweiz, die zur Folge hat, daß die Steuerhoheit verteilt ist auf den Bund, auf die 26 Kantone und Halbkantone und auf die Gemeinden. Als Erschwernis kommt hinzu, daß nicht nur die Steuersätze, sondern auch die Grundlagen für die Besteuerung in den einzelnen Kantonen teilweise stark voneinander abweichen. Das komplizierte Steuersystem macht eine pauschale Aussage über die Steuerbelastung in der Schweiz nahezu unmöglich. Trotz dieser Feststellung ist es zulässig zu sagen, daß im Einzelfall für Privatpersonen und für Unternehmungen die Steuerbelastung noch immer zum Teil deutlich unter der bundesdeutschen Steuerbelastung liegt[12]. In bezug auf eine Aktiengesellschaft läßt sich feststellen, daß die Steuerbelastung in den Kantonen Jura, Zürich, Bern, Graubünden, Solothurn und Tessin am höchsten, in den Kantonen Zug und Nidwalden am niedrigsten ist.

III.

Zusammenfassend kann gesagt werden, daß die Verwirklichung von Gemeinschaftsunternehmen in der Schweiz relativ unproblematisch ist. Die Form der Durchführung eines Gemeinschaftsunternehmens ist nicht vorgegeben und kann aufgrund der in der Schweiz bestehenden Vertragsfreiheit

---

11 Siehe ausführlich: a.a.O., S. 62ff.
12 Siehe umfassende Darstellung in „Steuerbelastungsvergleich Deutschland/Schweiz", Fachschrift der Handelskammer Deutschland-Schweiz.

im gesetzlich vorgegebenen Rahmen frei gestaltet werden. Als Unternehmensform wird man erfahrungsgemäß auf die schweizerische Aktiengesellschaft zurückgreifen, die diverse Vorteile hat. Regelmäßig wird bei der Verwirklichung eines Gemeinschaftsunternehmens, an dem zwei unterschiedliche Partner partizipieren, ein Konsortialvertrag geschlossen, der als Grundlage für die Formierung einer einfachen Gesellschaft nach schweizerischem Recht dient. Unproblematisch, aber in jedem Fall zu beachten, sind Nationalitäts- und Wohnsitzvorschriften, die relevant werden bei der Beteiligung eines ausländischen Unternehmens. Der Grundstückserwerb in der Schweiz unterliegt gleichermaßen einschränkenden Vorschriften.

Sowjetunion:

Gemeinschaftsunternehmen in der Sowjetunion

von

Regierungsdirektor Dr. Hans-Jürgen Moecke, Köln

1. Die Rechtsstellung der Gemeinschaftsunternehmen

Als letztes der osteuropäischen Länder hat sich die Sowjetunion im Jahre 1987 eine eigene Gesetzgebung über die Gründung von Gemeinschaftsunternehmen mit ausländischen Partnern gegeben. Die Zulassung von Gemeinschaftsunternehmen ist ein wesentlicher Teil der sowjetischen Wirtschaftsreform, die nach sowjetischer Auffassung durch die Gründung solcher Unternehmen mit ausländischen Partnern befruchtet werden soll. Ziel der Gesetzgebung ist wie in den übrigen osteuropäischen Ländern nicht nur die Aufnahme ausländischen Investitionskapitals, sondern vor allem auch die Teilhabe an ausländischem Know-how sowohl in technischer als auch in kaufmännischer Hinsicht. Entsprechend der besonderen verfassungsrechtlichen Lage im Zeitpunkt ihres Erlasses ist die Gesetzgebung nicht in formellen Gesetzen, sondern in Dekreten des Obersten Sowjets und des Ministerrats enthalten, die in ihrer praktischen Wirksamkeit einem Gesetz gleichstehen.

Die sowjetische Gesetzgebung kennt nach wie vor nicht die Möglichkeit einer freien gewerblichen Tätigkeit für Ausländer in der Sowjetunion. Zugelassen ist nur die Gründung von Gemeinschaftsunternehmen mit ausländischem und inländischem Kapital. Bei den Joint-Venture-Verträgen im Sinne der Ministerratsverordnung vom 13. 1. 1987, abgeändert und ergänzt durch die Verordnungen vom 17. 3. und 2. 12. 1988 sowie vom 7. 3. 1989, handelt es sich um rechtsfähige Gesellschaften des sowjetischen Rechts mit Sitz in der Sowjetunion, bei denen sowjetische Partnerunternehmen und sonstige Wirtschaftsorganisationen mit ausländischen Unternehmen zusammengeschlossen werden.

Die Verordnung hebt ausdrücklich hervor, daß auf beiden Seiten juristische Personen beteiligt sein müssen und daß die juristische Persönlichkeit der neu gegründeten Organisation mit der Registrierung ihrer Dokumente im Finanzministerium entsteht. Aus der Aufzählung von Companies und Corporations sowie sonstigen Organisationen in der englischen Übersetzung kann man schließen, daß auf seiten des ausländischen Partners auch Gesellschaften beteiligt sein können, die nach Landesrecht nicht die Qualität einer juristischen Persönlichkeit haben, insbesondere die Kommanditgesellschaften und OHGs des deutschen Rechts, deren rechtliche Organisationsformen in anderen Ländern mit juristischer Persönlichkeit ausgestattet wäre. Einzelkaufmännische Unternehmen müssen demgegenüber nach dem Wortlaut der sowjetischen Gesetzgebung (Art. 4) als nicht zugelassen betrachtet werden, obwohl anzunehmen ist, daß dies nicht den Zielsetzungen des sowjetischen Gesetzgebers entspricht.

Die Verordnung erwähnt ferner, daß die Gemeinschaftsunternehmen in ihrem Namen Verträge abschließen, Vermögens-und Nicht-Vermögensrechte erwerben, Verpflichtungen eingehen und vor Gerichten und Schiedsgerichten parteifähig sein können. Außerdem ist klargestellt, daß die Gemeinschaftsunternehmen nicht für sowjetische Staatsschulden haften, daß aber andererseits auch der sowjetische Staat nicht für die Verpflichtungen der Joint-Venture-Unternehmen haftet (Art. 18 Abs. 2). Aus der Anordnung, daß die Unternehmen mit ihrem gesamten Vermögen haften (Art. 18), ist wohl zu schließen, daß eine persönliche, darüber hinausgehende Haftung der Gesellschafter nicht besteht. Eine Nachschußpflicht ist im Gesetz nicht erwähnt; sie wird in den Statuten demnach ausgeschlossen werden können.

2. Die Gründung der Gemeinschaftsunternehmen

Die Gemeinschaftsunternehmen werden als Gesellschaften sowjetischen Rechts gegründet, obwohl ein besonderes sowjetisches Gesellschaftsrecht erst noch geschaffen werden soll. Das frühere sowjetische Gesellschaftsrecht aus den 20er Jahren soll nach den klaren Äußerungen sowjetischer Experten nicht mehr angewandt werden. Es enthielt eine Regelung für die Aktiengesellschaft, Kommanditgesellschaft und Genossenschaft, deren rechtliche Weitergeltung in neueren sowjetischen Angaben aber nicht mehr bestätigt worden ist. Das in Vorbereitung befindliche neue Gesellschaftsrecht soll dem Vernehmen nach u. a. eine Regelung für die GmbH und die Aktiengesellschaft enthalten.

Bei der Gründung von Gemeinschaftsunternehmen wird nach dem bisher üblichen Verfahren in Anlehnung an englische Rechtsvorstellungen zwischen Gründungsvertrag und Statut unterschieden. Im Gründungsvertrag werden alle Grundfragen der Zusammenarbeit geregelt, während in dem Statutenentwurf mehr die innere Organisation des Gemeinschaftsunternehmens und seiner Organe geregelt wird. Nach deutschen Rechtsvorstellungen erscheint es notwendig, die sowjetischen Muster für den Gründungsvertrag noch zu ergänzen, um z. B. die Fragen der internen Kapitalverteilung, Organbesetzung, Stimmrechtsbindung und den Minderheitenschutz, aber auch die externen Lieferbeziehungen, den Technologietransfer, Anlagenlieferung etc. zu regeln. Darüber hinaus werden im Gründungsvertrag auch rechtliche Absicherungen vorgesehen werden müssen, wie z. B. zur Geheimhaltung, Höheren Gewalt, den Schadensersatz, die Schiedsgerichtsbarkeit und die Auseinandersetzung. Obwohl die sowjetische Gesetzgebung hierzu keine oder nur wenige Regelungen enthält, sind in den gängigen Vertragsmustern der sowjetischen Seite dazu regelmäßig Vereinbarungen enthalten.

Zur Absicherung der Gründungsvorgänge wird häufig nach Abschluß der ersten Verhandlungsrunden ein Vorvertrag abgeschlossen, in dem die Parteien die bisher erreichte Einigung festhalten und die weiteren Verhandlungen durch Geheimhaltungs- und Schadensersatzpflichten absichern (letter of intent).

Im Anschluß an das Gründungsverfahren erfolgt die Registrierung der neuen Gesellschaft beim sowjetischen Finanzministerium (Art. 9 des Dekretes vom 13. 1. 1987). Es kann davon ausgegangen werden, daß dabei die vorgelegten Verträge auf ihre Übereinstimmung mit dem sowjetischen Recht überprüft werden. Nach Art. 7 des Dekretes vom 13. 1. 1987 darf ein Statut keine Bestimmungen enthalten, die dem sowjetischen Recht widersprechen. Mit der Registrierung erhält das Unternehmen die Rechte einer juristischen Person (Art. 9). Anschließend wird eine Mitteilung über die Gründung des Gemeinschaftsunternehmens veröffentlicht. Die registrierten Gründungsdokumente bleiben unveröffentlicht. Die Registrierungsanträge werden von dem sowjetischen Partner gestellt.

Eine Erleichterung enthält die Ministerratsverordnung vom 2. 12. 1988. Über die Gründung von Gemeinschaftsunternehmen sollen künftig die

Unternehmen selbst mit Zustimmung des Ministerrates der Unionsrepubliken oder der Verwaltung der Stadtregionen entscheiden, bzw. die zuständigen Fachministerien, von denen die Unternehmen gegründet worden sind. Eine Reihe von Regionalverwaltungen, z. B. im Baltikum, sind bei der Förderung ausländischer Investoren besonders aktiv geworden.

3. Zugelassene Tätigkeiten

Die Verordnung enthält keine Angaben über die zugelassenen Tätigkeiten eines Gemeinschaftsunternehmens. Grundsätzlich muß deshalb davon ausgegangen werden, daß der gesamte Bereich der Produktions- und Handelstätigkeit für ein Joint-Venture in Betracht kommt. Aus der Zielsetzung der Genehmigungsbehörden ist jedoch zu entnehmen (vgl. Art. 3), daß in erster Linie Produktionstätigkeiten in Betracht kommen, für die das Gemeinschaftsunternehmen fortschrittliche Technologien und Mangagementerfahrung beschaffen soll. Inwieweit auch Banktätigkeiten und andere Dienstleistungen zugelassen werden können, ist aus dem Wortlaut des Dekrets nicht zu entnehmen. Die bisherige Genehmigungspraxis zeigt nach den Erklärungen der sowjetischen Experten sogar eine Kopflastigkeit zugunsten der Dienstleistungen, weil diese in der Regel leichter zu realisieren sind, wenn man sich die Beschaffungsschwierigkeiten auf dem sowjetischen Markt vor Augen hält. Bemerkenswert ist, daß in dem Dekret vom 13. 1. 1987 Exportsteigerung und Importverringerung als gleichgestellte Ziele genannt werden (Art. 3). Doch ist aus offiziellen Äußerungen zu entnehmen, daß eine Importverringerung nur im Ausnahmefalle als Genehmigungsvoraussetzung anerkannt werden kann.

Eine Einschränkung des Tätigkeitsbereichs der Gemeinschaftsunternehmen ergibt sich aus den Durchführungsbestimmungen vom 7. 3. 1989. Dort heißt es, daß ein Gemeinschaftsunternehmen nur selbst hergestellte Produkte exportieren kann, nicht aber Erzeugnisse anderer Hersteller, und daß die Joint Ventures auch nur für ihren eigenen Bedarf importieren dürfen. Reine Handelstätigkeiten bedürfen demnach der besonderen Genehmigung des Außenhandelsministeriums (Art. 8). Das wird insbesondere für die devisenträchtigen Rohstoffexporte gelten, auf deren Basis demnach nur mit Sondergenehmigung Gemeinschaftsproduktionen für den Inlandsvertrieb errichtet werden können. Selbst die gewerbsmäßige Betätigung in Vermittlungsgeschäften fällt unter den Genehmigungsvorbehalt.

4. Kapitalanteile und Einlagen

a) Eine der wesentlichen Verbesserungen, die nachträglich in die sowjetische Joint-Venture-Gesetzgebung eingefügt worden ist, betrifft die ausländische Höchstbeteiligung. Während ursprünglich die Anteile des ausländischen Partners 49 % nicht überschreiten durften (Art. 5 des Dekrets vom 13. 1. 1987), ist nunmehr in der Änderungsverordnung vom 2. 12. 1988 nur noch vorgesehen, daß die Parteien sich frei über ihre Anteile einigen können. Damit ist die frühere Obergrenze aufgehoben. Die in Ungarn und Polen zugelassene Einmann-Gesellschaft ist allerdings — vielleicht auch mit Rücksicht auf das fehlende Gesellschaftsrecht — noch nicht eingeführt, so daß letztlich ein sowjetischer Partner mit einem Mindestanteil von wenigstens 1 % vorhanden sein muß.

Allerdings wird man wohl sagen müssen, daß auf dem schwierigen sowjetischen Markt ohnehin eine Geschäftätigkeit ohne einheimischen Partner kaum denkbar erscheint. Inwieweit es zweckmäßig ist, eine ausländische Mehrheitsbeteiligung zu vereinbaren, wird weitgehend von den Umständen des Einzelfalles abhängen, insbesondere davon, welche Vorteile sich der ausländische Partner von einer verstärkten internen Position verspricht, z. B. in bezug auf Personalentscheidungen und geschäftliche Anpassungsvorgänge.

b) Vereinbarungen zum Schutze eines Minderheitenpartners sind ohne gesetzliche Beschränkungen zulässig, insbesondere qualifizierte Mehrheitsentscheidungen in bestimmten, für den Minderheitspartner wichtigen Entscheidungen oder die Vereinbarung einer paritätischen Besetzung der Organe bzw. der Einstimmigkeit in den Organen. Zum Schutze des etwaigen sowjetischen Minderheitspartners ist in der Änderungsverordnung vom 8. 12. 1988 nunmehr vorgesehen, daß in allen grundsätzlichen Fragen Einstimmigkeit erforderlich ist (Art. 31), so daß die in westlichen Satzungen übliche, enumerative Aufzählung der grundlegenden Entscheidungen nicht mehr erforderlich erscheint.

c) Der ausländische Partner kann sowohl Bar- als auch Sacheinlagen einbringen (Art. 11 des Dekrets vom 13. 1. 1987). Zulässig sind sowohl Devisen als auch Rubeleinlagen (Art. 11 sieht vor, daß Einlagen in den Währungen der am Gemeinschaftsunternehmen beteiligten Länder zulässig sind), was bei der Reinvestition von Gewinnen von Bedeutung sein kann. Als Sacheinlagen können alle Arten von Ausrüstungsgütern, Materialien, Grundstücken und gewerblichen Schutzrechten in die Gesellschaft eingebracht werden. Nach Art. 4 des sowjetischen Betriebsgesetzes vom 30. 6. 1987 haben die sowjetischen Betriebe Eigentum an ihren Produktionsmitteln (Grundmittel und Umlaufmittel). Der Rechtsstatus der in das Gemeinschaftsunternehmen eingebrachten Sachwerte soll allerdings in einem besonderen Gesetz über das Eigentum in Gemeinschaftsunternehmen noch geklärt werden. Es ist anzunehmen, daß eine Gleichstellung des Produktivvermögens mit dem Privateigentum im Sinne des westlichen Rechts vermieden wird. Entscheidend ist aber, daß die sowjetischen Betriebe wie auch die Gemeinschaftsunternehmen volle Verfügungsfreiheit über ihr Anlage- und Umlaufvermögen besitzen.

In bezug auf die Bewertung der Sacheinlagen ist gegenüber der ursprünglichen Formulierung in Art. 12 des Dekrets vom 13. 1. 1987 eine gewisse Liberalisierung eingetreten. Hieß es ursprünglich, daß die Bewertung grundsätzlich auf der Basis der Weltmarktpreise vorgenommen werden soll, so ist nunmehr nur noch von einer Vereinbarung durch die Parteien die Rede, und zwar ohne Rücksicht auf etwa bestehende Weltmarktpreise.

d) Praktisch wichtig ist die Vorschrift des Art. 13, wonach alle „Ausrüstungen, Werkstoffe und andere Vermögenswerte", die als Einlage eingeführt werden, vom Einfuhrzoll befreit sind. Nicht ganz klar ist, ob dies auch für Ausrüstungsgüter gilt, die aufgrund von Bareinlagen durch das Gemeinschaftsunternehmen eingeführt werden. In der internationalen Unternehmenspraxis wird mit Rücksicht auf die häufigen Bewertungsprobleme mitunter die Einfuhr durch das Gemeinschaftsunternehmen aufgrund einer Bareinlage des ausländischen Partners vorgezogen. Der Ministerratsbeschluß vom 2. 12. 1988 erweitert in Ziffer 31 Abs. 5 die Zollvergünstigungen auf Güter, die vom Gemeinschaftsunternehmen für die „Bedürfnisse der Entwicklung der Produktion" eingeführt werden, also auch unabhängig von der Gründungsphase. Diese können mit einem minimalen Zoll belegt oder ganz vom Zoll befreit werden. Erst recht muß deshalb für Ausrüstungsgüter, die im Rahmen der Gründung aus den beiderseitigen Bareinlagen eingeführt werden, eine Zollbefreiung in Anspruch genommen werden können. Trotz der Zollbefreiung besteht allerdings eine Pflicht zur „Zollfrachtdeklaration" (vgl. Art. 4–6 der VO vom 7. 3. 1989).

e) Ausdrücklich erwähnt werden die Rechte des gewerblichen Eigentums, die von dem Joint Venture erworben werden können. Bewertungsgrundsätze für gewerbliche Schutzrechte und als Einlage eingebrachte Lizenzen sind im Gesetz nicht enthalten; die Parteien sind also auch insofern in ihren Vereinbarungen frei. Doch ist zu bemerken, daß in dem in Vorbereitung befindlichen neuen sowjetischen Patentgesetz die bisherige Unterscheidung zwischen Urheberschein und Patent nicht mehr vorgesehen ist, auch sowjetische Erfinder demnach ein Patent mit Alleinverwertungsrechten erhalten werden.

5. Organe des Unternehmens

a) Das Dekret vom 13. 1. 1987 sieht zwei Organe vor: Oberstes Organ des Gemeinschaftsunternehmens ist der Vorstand (Art. 21), dem auch die Funktionen zukommen, die in anderen Gesellschaftsrechten der Gesellschafterversammlung zukommen. Durch die Verordnung vom 2. 12. 1988 ist nun neuerdings ausdrücklich bestimmt, daß Vorstandsvorsitzender oder Generaldirektor eines Gemeinsamen Unternehmens auch ein Ausländer sein kann (Art. 31 Abs. 3). Art. 21 Abs. 3 der VO vom 13. 1. 1987 (Sowjetische Staatsangehörigkeit des Vorsitzenden) ist damit gegenstandslos.

Die innere Organisation der Organe, insbesondere die Befugnisse der Direktoren, die Erteilung von gemeinsamen Zeichnungsrechten, Aufteilung der Zuständigkeiten, die Geschäftsordnung im Vorstand, Einberufung des Vorstands, Entscheidungsfähigkeit in Abwesenheit der Vertreter eines Partners, aber auch die Bestellung und Abberufung der Direktoren und Vorstandsmitglieder ist weitgehend in die Vereinbarung der Parteien gestellt. Das Dekret vom 13. 1. 1987 beschränkt sich auf einige Grunderfordernisse der Satzung (Art. 7), ohne den Inhalt der Regelungen festzulegen.

In der VO vom 2. 12. 1988 ist festgelegt, daß alle Grundsatzfragen von allen Vorstandsmitgliedern einstimmig zu entscheiden sind (Art. 31 Abs. 4). Bewährt hat es sich – nicht zuletzt auch in anderen osteuropäischen Ländern –, die Aufteilung der Befugnisse auf die Parteien nach den besonderen Fähigkeiten der beiden Partner vorzunehmen, z. B. dem westlichen Partner die kaufmännische Geschäftsführung und die Finanzgebarung zu übertragen und ihm einen ausreichenden Einfluß auf die Technik einzuräumen.

b) Praktisch bedeutsam dürfte die Frage sein, welche Managementverfahren überhaupt in den Gemeinschaftsunternehmen angewendet werden können. Die Frage ist eng verwoben mit der Rechnungsführung und mit der Geschäftsführung in den sowjetischen Unternehmen. Es ist klar, daß die umliegenden sowjetischen Unternehmen bisher nach den Prinzipien einer Planwirtschaft geführt worden sind und daß die Reformansätze der übrigen osteuropäischen Länder in den sowjetischen Betrieben erst langsam Eingang finden. Die Manager der sowjetischen Unternehmen sind gewohnt, in den Kategorien von Plansatz und Realisierungspflicht, Kostennachweis gegenüber den übergeordneten Ministerien, Ablieferungspflicht aller Einnahmen, Finanzforderungen bei Investitionsbedarf und Zuteilung der erforderlichen Ressourcen durch die übergeordneten Instanzen zu denken. Es ist interessant, daß auch in den übrigen osteuropäischen Ländern die Reformbestrebungen zunächst bei der Gewinnorientierung der Investitionsentscheidungen ansetzten und daß die höchst entwickelte Reform in Ungarn vor allem die Gewinnorientierung der Produktion und Verteilung zum Ziele hat. Die Sowjetunion hat sich dementsprechend das

Ziel gesetzt, daß die Gemeinschaftsunternehmen über eine selbständige Bilanz verfügen und auf der Grundlage der vollständigen wirtschaftlichen Rechnungsführung, Eigenwirtschaftlichkeit und Eigenfinanzierung arbeiten sollen (Art. 6). In den Begriffen „full cost accounting, self-support and self-financing", die auch im neuen Betriebsgesetz vorgesehen sind (Art. 2 Abs. 2), liegt der Schlüssel zum Verständnis für die gewünschte Arbeitsweise der Gemeinschaftsunternehmen. Es handelt sich jedoch um Begriffe, deren Inhalt in der Praxis erst zu erarbeiten ist. Praktisch bedeutet es für die damit befaßten westlichen und östlichen Manager, daß sie ihr Gemeinschaftsunternehmen innerhalb eines weiterhin planwirtschaftlichen Wirtschaftssystems nach marktwirtschaftlichen Gesichtspunkten zu führen haben, in einem System, das erst allmählich zu neueren Unternehmensführungsformen weiterentwickelt werden muß.

6. Geschäftstätigkeit und Deviseneinnahmen des Unternehmens

a) Die Unternehmen entscheiden selbständig über ihre Geschäftsoperationen. Die Unternehmen sind nach Art. 23 des Dekrets vom 13. 1. 1987 ausdrücklich von der Wirtschaftsplanung ausgenommen, soweit eine solche noch besteht. Sie erhalten im Gegenzuge aber auch keine Absatzgarantie.

Anders als in anderen osteuropäischen Ländern brauchen sie die Export-Importrechte nicht besonders zu beantragen. Lt. Art. 24 Abs. 2 haben alle zugelassenen Gemeinschaftsunternehmen das Recht zum selbständigen Import und Export, soweit es für ihre Tätigkeit erforderlich ist. Sie können sich der bestehenden Außenhandelsorganisationen bedienen, brauchen dies aber nicht zu tun. Ihr Status entspricht also in etwa dem der sowjetischen Unternehmen, die nach der Wirtschaftsreform zum Außenhandel zugelassen sind.

Durch die Verordnung vom 7. 3. 1989 sind sogar die Gemeinschaftsunternehmen von der für alle übrigen sowjetischen Unternehmen vorgesehenen Ermächtigung zum Erlaß von Export-Importbeschränkungen in besonderen Fällen ausdrücklich ausgenommen (Mißbrauchskontrolle bei fortgesetzten Qualitätsmängeln etc., vgl. Art. 10).

b) Durch den Beschluß des Zentralkomitees und des Ministerrates vom 17. 9. 1987 wurden des weiteren die Regelungen über den Absatz von Erzeugnissen auf dem sowjetischen Markt, wie auch über den Einkauf von Zulieferungen aus sowjetischer Quelle überarbeitet. Der Absatz der Produktion auf dem sowjetischen Markt und die Belieferung des gemeinsamen Unternehmens aus diesem Markt, sowie die Währung der Rechnung für die abgesetzte Produktion und die gekauften Güter werden nun vom gemeinsamen Unternehmen auf Grund einer Vereinbarung mit den sowjetischen Unternehmen und Organisationen festgelegt. Damit wurde eine von allen westlichen Gesprächspartnern erhobene Forderung eingelöst: Die Gemeinschaftsunternehmen sind auch bei ihren An- und Verkäufen auf dem sowjetischen Markt nicht mehr auf „Rubelpreise auf der Basis der Weltmarktpreise" angewiesen (vgl. die alte Fassung des Art. 26 des Dekrets vom 13. 1. 1987). Sie können vielmehr auch auf dem innersowjetischen Markt Lieferungen und Leistungen sowohl in Rubel als auch in frei konvertibler Valuta fakturieren, sofern der UdSSR-Partner dazu bereit und in der Lage ist, ohne in ihren Vereinbarungen auch an Weltmarktpreise gebunden zu sein.

c) Gravierend ist nach wie vor die Anordnung des Art. 25, wonach die Gemeinschaftsunternehmen alle Devisenausgaben einschließlich ihrer Gewinnüberweisungen und Gehaltszahlungen an das ausländische Personal, nur aus den erwirtschafteten Devisenerlösen bezahlen dürfen. Eine Produktion für den sowjetischen Binnenmarkt ist deshalb nur insoweit möglich, als Rubelerlöse für die Produktion in der Sowjetunion benötigt werden.

Devisenerlöse der Gemeinschaftsunternehmen sind aus folgenden Quellen denkbar:

1. Exporteinnahmen durch Direktexporte oder Exporte über die ausländische Muttergesellschaft,

2. Deviseneinnahmen aus Verkäufen auf dem Ausländermarkt in der Sowjetunion, vor allem in Moskau und Leningrad, z. B. bei Lebensmitteln und Verbrauchsgütern,

3. Deviseneinnahmen aus dem Devisenverkauf an sowjetischen Unternehmen, die nach der Wirtschaftsreform einen Teil der verdienten Devisen für eigene Zwecke zurückbehalten dürfen. Die sogenannte Retentionsquote beträgt mitunter nach sowjetischen Angaben bis zu 50% der verdienten Devisen.

4. Devisenzuteilungen aus anerkannten Importsubstitutionen. Nach Firmenberichten werden mitunter von den sowjetischen Ministerien und Außenhandelsorganisationen teilweise Devisenverkäufe anerkannt, wenn in wichtigen Bereichen erhebliche Importeinsparungen erzielt werden. Doch kann es sich hierbei nur um Ausnahmefälle handeln, für die eine Rechtsgrundlage nicht besteht.

7. Gewinnermittlung und Gewinntransfer

a) Die Deviseneinnahmen müssen außer für den Import von Rohstoffen und Halbmaterial sowie für Devisenausgaben für das ausländische Personal auch für den Gewinntransfer ausreichen. Hier soll allerdings Art. 5 des deutsch-sowjetischen Investitionsschutzabkommens eine erhebliche Verbesserung bringen. Nach diesem bei dem Gorbatschow-Besuch im Juni 1989 unterzeichneten Abkommen ist der Transfer aller Kapitalerträge aus dem Gemeinschaftsunternehmen von beiden Vertragsstaaten garantiert. Damit ist klargestellt, daß die am Ende einer Geschäftsperiode angefallenen Gewinne, seien es nun Rubel- oder Devisengewinne, in konvertierbare Währung umgetauscht und ins Ausland überwiesen werden können. Nach international einheitlicher Auslegung, die auch in den deutsch-sowjetischen Verhandlungen von beiden Partnern bestätigt worden sind, ist unter „freiem Transfer" sowohl die Umwechslung in Devisen als auch deren Überweisung zu verstehen. Das Abkommen verzichtet ausdrücklich auf jede Einschränkung dieser Begriffe im Protokoll oder dem anschließenden Briefwechsel, wie dies nach der internationalen Terminologie notwendig wäre, bzw. auf die Bezugnahme auf die nationale Devisengesetzgebung. Die entgegenstehenden Vorschriften des nationalen sowjetischen Rechts sind demgemäß im Falle der Ratifizierung des Abkommens durch das übergreifende internationale Recht ausgeschlossen, soweit es sich um Staatsangehörige und Unternehmen der beiden Vertragsstaaten handelt.

Allerdings muß man die engen Grenzen dieser Transfergarantie klar sehen: Es werden nicht sämtliche Devisenbedürfnisse der Gemeinschaftsunternehmen garantiert, sondern nur die ausgeschütteten Gewinne am Ende einer jeden Vertragsperiode. Nach sowjetischem Recht sind die Rubel und Devisenerlöse auf getrennten Konten zu halten und am Jahresende getrennt an die Vertragspartner anteilig auszuschütten. Nur wenn es am Ende der jeweiligen Geschäftsperiode zu einem Devisen- oder Rubelgewinn kommt, ist dieser von der Garantie umfaßt, nicht dagegen die im Verlaufe der Geschäftstätigkeit benötigten Devisen zur Einfuhr von Material oder Ausrüstungsgütern.

b) Für die Berechnung der Gewinnanteile heißt es in Art. 31, daß die Betriebserlöse nach Bezahlung der Verpflichtungen gegenüber dem Staatshaushalt (Steuern und Abgaben) sowie nach Bedienung der betriebsinternen Fonds im Verhältnis der Kapitalanteile zu teilen sind. Das Gesetz schweigt, auf welche Weise das Kapitalkonto zu führen ist, insbesondere, ob nicht-ausgeschüttete Gewinne dem Kapitalkonto hinzuzurechnen sind oder ob ein festes Kapitalkonto mit getrennten Konten für nicht-ausgeschüttete Gewinne zu führen ist etc. Bis zu einer gegenteiligen Anordnung kann davon ausgegangen werden, daß die Vertragsparteien frei sind, entsprechende Regelungen in der Satzung zu treffen, die dann freilich der Anerkennung im Genehmigungsverfahren bedürfen. Auch ist durch die Änderungsverordnung von September 1987 klargestellt, daß die Anteile der beiden Partner an den statutengebundenen Fonds sowohl in sowjetischer als auch in ausländischer Währung geführt werden können.

c) Nicht geklärt ist auch, wieviele innerbetriebliche Fonds zu bedienen sind. Erwähnt wird der Reservefonds, der bis zu 25% des Statutenfonds (authorised fund) aufzufüllen ist (Art. 30 Abs. 2). Außerdem werden weitere Fonds erwähnt, die zur Ausübung der Geschäftstätigkeit und für soziale Zwecke erforderlich sind (Art. 30). Es ist klargestellt, daß das Gemeinschaftsunternehmen zumindest auf weitere Fonds in der Satzung Einfluß nehmen kann (Art. 30 Abs. 3).

d) Auch in bezug auf die Abschreibungen verweist die Ministerratsverordnung auf die für sowjetische Unternehmen geltenden Vorschriften (Art. 33), soweit keine abweichenden Vereinbarungen in der Satzung getroffen werden. Entscheidend ist, daß die Abschreibungsbeträge im Unternehmen verbleiben, wie dies auch bei den Einlagen in die Fonds der Fall ist. In Verbindung mit der Vorschrift, daß die Gemeinschaftsunternehmen über ihr Vermögen frei entscheiden können (Art. 15), dürfte demnach in diesen Vorschriften kein besonderer Zündstoff liegen.

e) Die Verordnung befaßt sich eingehend mit der Errichtung von getrennten Rubel- und Devisenkonten (Art. 29), auf die auch Zinsen gutgeschrieben werden. Es wird auch angeordnet, daß etwaige Kursunterschiede auf den Devisenkonten den Gewinn- und Verlustkonten zugerechnet werden (Art. 29 Abs. 2). Auch wird gesagt, daß die Gemeinschaftsunternehmen Rubelkredite bei den sowjetischen Banken aufnehmen können und daß sie für die Aufnahme von Devisenkrediten bei ausländischen Banken und Firmen der Einwilligung der Außenhandelsbank der UdSSR bedürfen.

8. Besteuerung

a) Die Steuerbelastung der Gemeinschaftsunternehmen beträgt 30% (Art. 36). Wie in anderen osteuropäischen Ländern mußten für die Gemeinschaftsunternehmen besondere Steuervorschriften erlassen werden, weil es für inländische Unternehmen keine vergleichbare Besteuerung gibt. Die gewählte Steuerhöhe von 30% erscheint vergleichsweise erträglich. In bezug auf die Ermittlung des steuerpflichtigen Betrages beschränkt sich die Verordnung auf den Hinweis, daß die Steuer von dem nach Abzug der Zahlungen in die Fonds verbleibenden Gewinn zu entrichten ist. Zur Anerkennung der Kosten bestehen noch keine Vorschriften.

In den ersten beiden Jahren sind die Gemeinschaftsunternehmen von der Gewinnsteuer befreit (Art. 36 Abs. 2), und zwar „vom Zeitpunkt der Erzielung eines ausgewiesenen Gewinns an", so die Neufassung vom 17. 3. 1988. Auch kann allgemein eine Steuersenkung gewährt werden (Art. 36 Abs. 3). Einzelne Steuerzahler können auch völlig von der Steuer befreit werden.

b) Gewinnüberweisungen ins Ausland unterliegen einem 20%igen Steuerabzug (Art. 41). Die Novelle vom 2. 12. 1988 räumt dem Ministerium für Finanzen das Recht ein, für eine bestimmte Zeit den Gewinnanteil des ausländischen Partners im Falle der Überweisung ins Ausland von der Steuer zu befreien oder diese Steuer zu ermäßigen, sofern durch ein Abkommen zwischen der UdSSR und dem betreffenden Staat nicht etwas anderes vorgesehen ist.

c) Für die Fernostgebiete (Wladiwostok, Chabarovsk, Amursk, Magadan, Sachalin und Kamtschatka sowie den Autonomen Kreis der Tschuktschen) bestehen in bezug auf Zeitraum und Höhe der Besteuerung folgende Vergünstigungen: Gemischte Gesellschaften sind für einen Zeitraum von drei anstatt wie sonst zwei Jahren, vom Zeitpunkt der erstmaligen Deklarierung eines Bilanzgewinns an gerechnet, von der Gewinnsteuer befreit. Die Gewinnsteuer beträgt 10% und nicht 30% wie sonst. Gewinnüberweisungen können vorrangig von der Steuer befreit werden.

d) Die Richtigkeit der vom Unternehmen eingereichten Steuererklärungen (Art. 36 Abs. 3) kann von den Finanzbehörden nachgeprüft werden (Art. 38), doch sind sogar Rechtsmittel gegen den Steuerbescheid vorgesehen (Art. 40).

e) Für die Besteuerung der ausländischen natürlichen und juristischen Personen, also insbes. in bezug auf die ausländischen Mitarbeiter der Gemeinschaftsunternehmen, gelten im übrigen die Vorschriften der Verordnung vom 12. 5. 1978 mit den Durchführungsbestimmungen vom 5. 10. 1978 (Gesetzbl. d. UdSSR 1978, Nr. 20, Pos. 313, S. 277 ff.)[1] sowie des Doppelbesteuerungsabkommens vom 24. 11. 1981 (BGBl. 1983 II S. 2 und 427).

f) Interessant ist, daß die Gemeinschaftsunternehmen in bezug auf die „operative, buchhalterische und statistische Erfassung" der Rechnungsvorgänge dem für sowjetische Betriebe geltenden Verfahren unterworfen werden (Art. 45). Hierzu wird eine Verordnung des Finanzministeriums angekündigt (Art. 45 Abs. 1 Satz 2).

g) Die interne Rechnungsprüfung der Gemeinschaftsunternehmen kann über eine betriebsinterne Rechnungsprüfungskommission durchgeführt werden (Art. 44 Abs. 2). Doch kann gegen Entgelt auch eine sowjetische

---

1 Abgedruckt in Rechtsinformation der BfAI Nr. 115/1979; vgl. ferner *Janus,* Steuerrecht und internationales Steuerrecht der Sowjetunion, Studien zum Finanz- und Steuerrecht, Bd. 11, Frankfurt/M. 1987.

Rechnungsprüfungsorganisation beauftragt werden (Art. 46). Der ausländische Partner wird Wert auf die Forderung legen, daß auch ausländische Rechnungsprüfungsorganisationen eingeschaltet werden können, was bisher nicht vorgesehen ist.

9. Personalfragen

a) Während bisher in bezug auf das Arbeitsentgelt und die arbeits- und sozialversicherungsrechtlichen Regelungen für die sowjetischen Mitarbeiter ausschließlich sowjetische Rechtsvorschriften angewandt wurden, kann das Gemeinschaftsunternehmen künftig über Fragen des Arbeitsentgelts, der Einstellung und Entlassung von Beschäftigten selbst entscheiden. Insbesondere können nun auch Leistungsprämien gezahlt werden. Die Art. 47, 48 wurden insoweit durch die Ministerratsverordnung vom 2. 12. 1988 abgeändert (Art. 31 Abs. IV). Sozialrechtliche Vorschriften blieben in bezug auf die sowjetischen Mitarbeiter unberührt.

b) Des weiteren stellt die Novelle vom 2. 12. 1988 klar, daß die Bezahlung des den ausländischen Beschäftigten von deren Gemeinschaftsunternehmen zur Verfügung gestellten Wohnraums u. a. Dienstleistungen in sowjetischen Rubeln erfolgt, mit Ausnahme von Fällen, die aufgrund von Entscheidungen des Ministerrats der UdSSR vorgesehen sind (Art. 31 Abs. 6). Die Abführung der Rentenbeiträge für die ausländischen Mitarbeiter an die jeweiligen Sozialversicherungsträger der Heimatländer und deren Entrichtung aus den Einnahmen des Joint-Venture-Unternehmens ist zugesichert (Art. 49 Satz 2). Die Einkommensteuer der ausländischen Mitarbeiter wird in dem bereits erwähnten Erlaß des Präsidiums des Obersten Sowjets vom 12. 5. 1978 geregelt (abgedruckt in der Rechtsinformation der BfAI Nr. 115/1979). Auch hierzu ist eine Novelle angekündigt.

10. Anteilsübertragung, Auflösung, Liquidation und Kapitalrücktransfer

a) Eine Übertragung der Anteile ist nur im beiderseitigen Einvernehmen zulässig. Die Neuordnung bestimmt, daß die Übertragung in jedem Einzelfall der Erlaubnis des Ministeriums oder der Behörde der UdSSR oder des Ministerrats der Unionsrepublik, welche die Entscheidung über die Gründung des gemeinsamen Unternehmens getroffen haben, bedarf. Eine Genehmigung der Außenwirtschaftskommission beim Ministerrat ist nicht mehr erforderlich. Die sowjetischen Partner besitzen nach Art. 16 Abs. 1, Satz 3 ein Vorzugsrecht. Der Text gibt aber keinen Aufschluß darüber, zu welchen Bedingungen die sowjetischen Partner in den Vertrag eintreten können.

In der Satzung wird deshalb zu vereinbaren sein, daß der sowjetische Partner sein „Vorzugsrecht" nur geltend machen kann, wenn er die gleichen Bedingungen anbietet, die dem westlichen Partner von einem Drittübernehmer angeboten werden, d. h. insbesondere auch Zahlung in Devisen.

b) Bei der Auflösung eines Gemeinschaftsunternehmens durch Zeitablauf, Kündigung oder beiderseitigen Aufhebungsvertrag sind die Auflösungsgründe und das Auflösungsverfahren in der Satzung zu vereinbaren. Gesetzliche Kündigungsgründe wie z. B. längerdauernde Überschuldung oder Unmöglichkeit der Zweckerfüllung gibt es nicht. Vorgeschrieben ist lediglich die Registrierung der Auflösung nach Abschluß des Liquidationsverfahrens (Art. 53). Die Parteien sind also frei in der vertraglichen Regelung der Auflösungsfragen.

Nach Art. 51 kann jedoch das Joint Venture auch auf Beschluß des Ministerrats aufgelöst werden, wenn seine Tätigkeit „nicht den Zielen und Aufgaben entspricht, die in den konstituierenden Dokumenten vorgesehen sind". Es handelt sich hier um einen gesetzlichen Auflösungsgrund, gegen den es keinerlei Rechtsmittel, Fristen oder Entschädigungsansprüche gibt. Es erhebt sich allerdings die Frage, ob nicht derartige Maßnahmen als Enteignung im Sinne des Investitionsschutzabkommens anzusehen sind, sobald das Abkommen ratifiziert sein wird.

c) Der ausländische Partner erhält in beiden Auflösungsfällen, der vertraglichen als auch der gesetzlichen Auflösung, einen Anspruch auf seinen Liquidationsanteil. Der Anspruch geht auf Rückerstattung der Einlage „zum Restwert im Zeitpunkt der Auflösung des Unternehmens nach Begleichung der Verbindlichkeit gegenüber den sonstigen Teilhabern und Dritten" (Art. 52). Im Liquidationsverfahren sind demnach zunächst, wie üblich, die Forderungen einzutreiben und die Verbindlichkeiten zu begleichen und der Restwert anteilsmäßig auszuzahlen. Wesentlich ist, daß nicht die ursprüngliche Einlage, sondern nur der dann (noch) vorhandene Wert aufzuteilen ist.

Die Bewertung unterliegt der freien Vereinbarung der Beteiligten. In der Satzung werden deshalb Bewertungsrichtlinien, unter Berücksichtigung der im internationalen Geschäft üblichen Grundsätze für die Aufstellung der Auseinandersetzungsbilanz zu vereinbaren sein.

Im Kündigungsfalle, einem Sonderfall der vertraglichen Auflösung, wird demgegenüber normalerweise das Unternehmen von dem anderen Partner fortgeführt, so daß der Anspruch des ausländischen Partners auf Wertersatz im Zeitpunkt der Auflösung des Vertrages geht.

d) Der Anspruch auf Rücktransfer der Kapitaleinlage und der mit ihr im Zusammenhang stehenden Surrogate (z. B. Auflösungsguthaben, Surrogationsanteile usw.) ergibt sich aus dem deutsch-sowjetischen Investitions-schutzabkommen, das insofern als völkerrechtlicher Vertrag der sowjetischen Joint-Venture-Gesetzgebung vorgeht. In Art. 5 Abs. 1 lit. d wird der Rücktransfer der Kapitalanlage und ihrer Surrogate in konvertierbarer Währung garantiert, u. a. auch wenn ein Erlös aus der Kapitalanlage nur in nicht-konvertierbarer Währung anfällt, z. B. bei Veräußerung an ein sowjetisches Unternehmen.

11. Schiedsgerichtsbarkeit und Enteignungsschutz

a) Art. 20 des Dekrets vom 13. 1. 1987 enthält die allgemeine Anordnung, daß Streitigkeiten im Zusammenhang mit Gemeinschaftsunternehmen, sei es mit dritten Unternehmen in der Sowjetunion oder Streitigkeiten der Vertragspartner untereinander, von den sowjetischen Gerichten oder von einem Schiedsgericht entschieden werden können. Diese Rechtsweggarantie ist für den ausländischen Partner ohne Rücksicht auf jede Vereinbarung im Joint-Venture-Vertrag wirksam, also auch ergänzend für den Fall, daß in diesem Vertrag nur eine Schiedsgerichtsbarkeit vereinbart ist.

Art. 20 läßt offen, ob es sich bei den einzuschaltenden Schiedsgerichten auch um ausländische oder internationale Schiedsgerichte handeln darf. Nach dem allgemeinen Sinn dieser Anordnung und den von sowjetischer Seite aufgestellten Vertragsmustern ist klargestellt, daß auch ein ausländisches oder internationales Schiedsgericht angerufen oder vereinbart werden kann.

b) Ein erster Schritt in Richtung auf eine Kapitalschutzgarantie ist die Erklärung des Dekrets vom 13. 1. 1987, daß das Gemeinschaftsunternehmen nicht Gegenstand einer Enteignung im Verwaltungswege sein wird (Art. 15 Abs. 1 Satz 2).

Eine weit darüber hinausgehende und lange geforderte Verbesserung bietet Art. 4 des am 13. Juni 1989 unterzeichneten Investitions-Schutzabkommens, das freilich noch der Ratifikation in beiden Ländern bedarf.

Nach Art. 4 Abs. 1 des Abkommens dürfen Kapitalanlagen Maßnahmen zur Enteignung oder Verstaatlichung oder anderer in ihren Auswirkungen gleichartigen Maßnahmen nur unterworfen werden, wenn diese Enteignungsmaßnahmen im öffentlichen Interesse unter Einhaltung des nach den Gesetzen festgelegten Verfahrens und gegen Entschädigung erfolgen. Derartige Maßnahmen dürfen nicht diskriminierend wirken.

Nach Art. 4 Abs. 2 muß die Entschädigung dem tatsächlichen Wert der enteigneten Kapitalanlage unmittelbar vor dem Zeitpunkt entsprechen, in dem die tatsächliche oder drohende Enteignung bekannt wurde. Die Entschädigung muß ohne unbegründete Verzögerung geleistet werden und ist bis zum Zeitpunkt der Zahlung mit dem im Gebiet der jeweiligen Seite geltenden Zinssatz zu verzinsen; sie muß tatsächlich verwertbar und frei transferierbar sein.

Art. 4 Abs. 3 enthält eine Rechtsweggarantie. Der Investor, dessen Kapitalanlage enteignet worden ist, hat das Recht, durch die Gerichte der Vertragspartei, die die Enteignungsmaßnahme getroffen hat, alle mit der Enteignung seiner Kapitalanlage zusammenhängenden Fragen einschließlich Verfahren und Umfang der Entschädigung gemäß ihrer Gesetzgebung, also vor den nationalen Gerichten, überprüfen zu lassen (so auch die erwähnte Rechtsweggarantie des Art. 20 des Dekrets vom 13. 1. 1987).

Wird das Abkommen von beiden Seiten ratifiziert, so sind damit die Voraussetzungen für die Gewährung von Bundesgarantien für Kapitalanlagen im Ausland durch die Treuarbeit AG, 2000 Hamburg 60, New York-Ring 13 (Tel. 040/63780) gegeben. Die Treuarbeit gewährt im Auftrage des Bundes Garantien für das nicht-kommerzielle Risiko (Schäden durch Enteignung, Krieg, Bürgerkrieg und Transfereingriffe), sofern der Antragsteller einen entsprechenden Antrag stellt (Gebühr 0,5% des versicherten Kapitals im Jahr).

c) Unabhängig von dem Abschluß eines Garantievertrages bei der Treuarbeit wirken die Schiedsgerichtsklauseln des Abkommens. Wir unterscheiden zwischen der Staatenschiedsgerichtsbarkeit und der Investorschiedsgerichtsbarkeit. Nach Art. 9 des Abkommens kann jede der beiden Vertragsstaaten (auf Bitten des Investors) etwaige Streitigkeiten über die Auslegung oder Anwendung des Abkommens einem ad-hoc-Schiedsgericht unterbreiten. Dabei werden die Schiedsrichter jeweils von den Vertragsparteien und deren Obmann von den gewählten Schiedsrichtern ernannt. Kommt es nicht zu einer fristgerechten Bestellung des Schiedsgerichts, so kann jede der beiden Vertragsstaaten den Präsidenten des Internationalen Gerichtshofes um die entsprechende Ernennung bitten.

Das gleiche Verfahren ist auch bei Streitigkeiten zwischen dem Investor und dem Anlagestaat anzuwenden, allerdings mit der Maßgabe, daß bei Nichternennung der Schiedsrichter das Schiedsgericht der internationalen Handelskammer in Stockholm angerufen werden kann (Art. 10 Abs. 4). Als Investorstreitigkeiten sind in deutsch-sowjetischen Abkommen aber nur Meinungsverschiedenheiten über die Enteignungsentschädigung und über den Transfer zugelassen, während in allen übrigen Fällen nur die Staatenschiedsgerichtsbarkeit in Anspruch genommen werden kann.

Die Schiedssprüche werden anerkannt und vollstreckt nach Maßgabe des Übereinkommens über die Anerkennung und Vollstreckung ausländischer Schiedssprüche vom 10. 6. 1958, dem beide Länder angehören (BGBl. 1962 II S. 102).

12. Zusammenfassung

Zusammenfassend läßt sich sagen, daß im dritten Jahr nach dem Erlaß der sowjetischen Joint-Venture-Gesetzgebung noch immer wenig praktische Erfahrungen bei der Realisierung von Gemeinschaftsunternehmen in der Sowjetunion bestehen, obwohl die Anzahl der abgeschlossenen Verträge nach der Reform von Ende 1988 steil angestiegen ist und einige erste Verträge inzwischen so erfolgreich produzieren, daß erhebliche Produktionserweiterungen vereinbart werden konnten (Salamander). Entscheidend ist, daß die sowjetische Wirtschaftsreform in den letzten beiden Jahren noch immer nicht wesentlich weitergekommen ist, weil die sowjetischen Betriebe es im Betriebsgesetz freigestellt bekommen haben, z.B. die Rechnungsführung nach dem alten System weiterzuführen.

Die Probleme liegen durchweg nicht in den juristischen Vertragsfragen, sondern in den praktischen Schwierigkeiten einer Realisierung solcher Gemeinschaftsunternehmen in einer Mangelwirtschaft. Dem Vorteil, daß in einer Mangelwirtschaft praktisch keine Vertriebskosten entstehen, weil dem Unternehmer die Erzeugnisse aus der Hand gerissen werden, stehen die Schwierigkeiten bei der Beschaffung der Zulieferungen in Landeswährung gegenüber. Die Gemeinschaftsunternehmen sind gezwungen, ihren Devisenbedarf durch langfristige Abnahme- und Zulieferverträge im voraus sicherzustellen, sie bleiben aber abhängig von allen Qualitätsschwankungen und Lieferengpässen ihrer sowjetischen Zulieferanten, die letztlich stets zu Devisenengpässen führen, weil der westliche Partner den Ausgleich nur durch Deviseneinkäufe im Wesen beschaffen muß.

Weitere Probleme bereitet oft auch die fehlende oder mangelhafte Infrastruktur. Allein die Suche nach geeigneten Produktionsstätten, Wohnungen für Mitarbeiter usw. erwies sich in nicht wenigen Fällen als unerwartet schwierig. Verzögerungen des termingerechten Betrieb und/oder Produktionsbeginns waren die Folgen.

Auch auf der Managementebene zeigen sich Schwierigkeiten. So stellen sich bei der Betriebsorganisation und der Personalführung oft die gleichen Probleme, die man von den sowjetischen Unternehmen gewohnt ist. Erfolge werden bei der Anwendung eines ergebnisabhängigen Prämiensystems berichtet, bei dem die sowjetischen Mitarbeiter z.B. im Gaststättenbereich nach Maßgabe der Umsätze oder der vierteljährlichen Bilanzergebnisse Zusatzprämien erhalten, die bis zu einer Verdoppelung der Tariflöhne reichen. Noch größerer Anreiz entsteht, wenn dem sowjetischen Personal Einkaufsmöglichkeiten in Westwaren angeboten werden kann.

Die Verhältnisse in der Sowjetunion sind in vieler Hinsicht mit den Gegebenheiten in den übrigen osteuropäischen Ländern nicht zu vergleichen. Der ausländische Investor wird deshalb bei der Auswahl der Projekte vor allem auf den Reformstand seines Partnerunternehmens und auf die Lage des Betriebes achten müssen. Die verstärkte Errichtung von Sonderwirtschaftszonen in der Randlage zur Sowjetunion und die damit verbundene Verbesserung der Infrastrukturen wird deshalb eine erhebliche Förderung dieser Vorhaben bedeuten.

Ausweitungsfähig sind die Produktionen auf der Grundlage der den sowjetischen Betrieben verbleibenden Deviseneinnahmen (Retentionsquote), weil die Einführung dieser Selbstbehaltungsrechte für sowjetische Betriebe noch neu ist und zahlreiche sowjetische Unternehmen mit dem eigenen Außenhandel noch Erfahrungen sammeln müssen. In anderen Ländern (Jugoslawien) war die Retentionsquote jahrzehntelang Grundlage für aufblühende und konstante Kooperationsbeziehungen. Auch ist klar, daß es einer gewissen Anlaufzeit bedarf, bis sich die neu zugelassenen Joint-Venture-Verträge in statistisch meßbaren Ergebnissen niederschlagen.

Anmerkung:

Die zitierten sowjetischen Vorschriften sind in deutscher Übersetzung wiedergegeben in der Schriftenreihe der Bundesstelle für Außenhandelsinformation „Ausländisches Wirtschafts- und Steuerrecht, Nr. A 13/1989, Köln 1989.

Spanien:

Unternehmensbeteiligung in Spanien

von

Manfred von Schiller, Abogado, Madrid

I. Einleitung

Bis zur neuen Verfassung von 1978 und den Übergangsmaßnahmen nach dem Tod Francos gab es in Spanien keine Marktwirtschaft im üblichen westlichen Sinne. Die interventionistischen Komponenten der spanischen Wirtschaft wurden jedoch in den vergangenen Jahren soweit abgebaut, daß Spanien sich von der wirtschaftlichen Struktur her 1986 voll in die EG (Europäische Gemeinschaft) integrieren konnte.

Das durch die Strukturreformen freigesetzte Potential traf zusammen mit dem natürlichen Nachholbedarf, der aufgrund des Gefälles gegenüber den bisherigen Mitgliedstaaten der Europäischen Gemeinschaft bestand. Spanien wurde als Konsumland mit nahezu 40 Millionen Einwohnern Mitte der 80er Jahre zunehmend von kleinen und mittleren Firmen entdeckt. Darüber hinaus gab es einen noch akzentuierteren regionalen Nachholbedarf in gewissen Gebieten, wie den durch die Verfassungsreform von 1978 ebenfalls geschaffenen sogenannten Autonomen Gemeinschaften[1]. Eine relativ qualifizierte Arbeitnehmerschaft war vorhanden. Dies erklärt u. a. den enormen Zuwachs der ausländischen Investitionen in den vergangenen Jahren, wobei die Bundesrepublik Deutschland eine führende Position einnimmt.

Der spanische Gesetzgeber hat dieser Entwicklung mit zunehmenden Liberalisierungsmaßnahmen, vor allem mit Verordnungen in den Jahren 1982 und 1983 sowie mit der Neuregelung des Gesetzes[2] und der Verordnung[3] über ausländische Investitionen von 1986 Rechnung getragen. Die Reform von 1986 geht in einigen Punkten über die durch den EG-Beitritt erforderlichen Liberalisierungsmaßnahmen hinaus. Reformiert wurde ebenfalls das System der Währungskontrolle, in welchem immer weiter von dem Erfordernis vorheriger Genehmigungen abgerückt wurde[4]. Es kann von einer

---

1 Comunidades Autónomas.
2 Ley 1265/86 v. 27. Juni de Inversiones Extranjeras en España (L. I. E.), Boletín Oficial del Estado (B. O. E.) v. 28.6.1986.
3 Reglamento 2077/1986 v. 25. September de Inversiones Extranjeras en España (R. I. E.), B. O. E. v. 7.10.1986.
4 Insbesondere Ley 40/1979 v. 10. Dezember de Régimen Jurídico de Control de Cambios und Ley Orgánica 10/1983 v. 18. August mit zahlreichen Ausführungsverordnungen.

überdurchschnittlichen Agilität und Flexibilität der zuständigen Behörden[5] sowohl bei der Gesetzgebung als auch in der Verwaltungspraxis gesprochen werden.

Im Zusammenhang mit der allgemeinen Reformierung der spanischen Wirtschaftstrukturen und mit dem EG-Beitritt sind auch die bisher erfolgten rechtlichen Reformen zu sehen. Dies gilt insbesondere für die Reformen des Handels- und Gesellschaftsrechts und die Einführung des allgemeinen Erfordernisses der Prüfung der Jahresabschlüsse bestimmter Aktiengesellschaften[6]. Neu bzw. erstmals geregelt wurden die Bestimmungen über eine Reihe weiterer Rechtsgebiete, die für eine wirtschaftliche Tätigkeit in Spanien von Bedeutung sind[7]. Erwartet werden eine Reform des GmbH-Gesetzes und des Konkurs- und Vergleichsrechts. Im Bereich des Wettbewerbsrechts ist ein neues Gesetz betreffend Wettbewerbsbeschränkungen bereits erlassen worden, dessen Ausführungsbestimmungen noch anstehen[8].

II. Wirtschaftliches Engagement von Ausländern in Spanien

1. Kontrolle

Ausländische Investitionen jeglicher Art sind weitgehend liberalisiert. Unterschieden wird zwischen Direktinvestitionen, Portfeuilleinvestitionen, Investionen in Immobilien und sonstigen Investitionen. Liberalisiert, d.h. von einer vorherigen Verwaltungsgenehmigung befreit sind solche Investitionen, die durch Einbringung von Devisen (hierunter fallen auch sogenannte konvertible Peseten) oder in Anlagen, Technologietransfer, Paten-

---

5 Dirección General de Transacciones Exteriores (DGTE) und Banco de España.
6 Ley 19/1989 v. 25. Juli de Reforma Parcial y Adaptación de la Legislación Mercantil a las Directivas de la Comunidad Económica Europea (CEE) en materia de Sociedades, die hauptsächlich Bestimmungen des Aktiengesetzes (L. S. A.) enthält, sowie Texto Refundido de la Ley de Sociedades (Real Decreto 1.564/1989 v. 22. Dezember – B. O. E. 27. 12. 1989; Corrección de Errores del R. D. L. 1.564/1989 – B. O. E. 1. 2. 1990) und Reglamento Registro Mercantil (R. R. M.) (Real Decreto 1.597/1989 vom 29. Dezember). – Soweit nicht anders erwähnt, ist diese Reform bereits in die Ausführungen eingearbeitet.
7 So das Wechsel- und Scheckrecht (Ley 19/1985 v. 16. Juli Cambiaria y del Cheque), das Verbraucherschutzrecht (Ley 26/1984 v. 19. Juli General para la Defensa de los Consumidores y Usuarios), das Patentrecht (Ley 11/1986 v. 20. März de Patentes), das Markenrecht (Ley 32/1988 v. 10. November de Marcas), das Urheberschutzrecht (Ley 22/1987 v. 11. November de Propiedad Intelectual), das Werberecht (Ley 34/1988 v. 11. November General de Publicidad), das Schiedsgerichtswesen (Ley 36/1988 v. 5. Dezember del Régimen jurídico del Arbitraje) und das Börsenrecht (Ley 24/1988 v. 28. Juli del Mercado de Valores).
8 Ley 16/1989 de Defensa de la Competencia v. 17. Juli 1989; im Parlament liegt ein Entwurf zum unlauteren Wettbewerb vor.

ten oder Lizenzen aus dem Ausland erfolgen. Andere Formen der Einlage bedürfen der vorherigen Verwaltungsgenehmigung.

Bei gewissen, wenn auch liberalisierten Investitionen ist ein sogenanntes Anmeldeverfahren[9] durchzuführen. Der zuständigen Behörde ist die Investition auf einem besonderen Formular (T. E. 13-L) mitzuteilen. Erfolgt keine negative Beantwortung innerhalb von 30 Tagen, gilt die Investition automatisch als genehmigt. Im Normalfall erfolgt eine positive Beantwortung sehr viel rascher.

Ausgenommen sind von der Liberalisierung der ausländischen Investitionen lediglich einige Branchen, z. B. im Bereich des Glücksspiels, bei mit der militärischen Verteidigung verbundenen Aktivitäten, Fernsehen, Radio und Lufttransport[10]. Sie bedürfen einer Sondergenehmigung, wobei die Höhe des Auslandsanteils an Investitionen normalerweise auf 25% beschränkt ist.

Auch im Bereich der Banken und Versicherungswirtschaft bestehen noch Übergangsregelungen bis zum endgültigen Vollzug des EG-Beitritts.

2. Registrierung

Die Erfassung der Investitionen durch Ausländer erfolgt in einem Register, das von der Dirección General de Transacciones Exteriores als zuständige Behörde geführt wird. Die Mitteilung erfolgt durch den Notar und die Bank, über die die Investition getätigt wurde. Die Registrierung ist Voraussetzung für den Transfer von Gewinnen und den Rücktransfer von Veräußerungserlösen.

Zusätzliche Bedeutung haben die Banken, da sie neben ihrer typischen Funktion bei Devisengeschäften auch hoheitliche Aufgaben als „Delegierte Anstalten"[11] wahrnehmen. So wird ein großer Teil der nicht voll liberalisierten Devisengeschäfte von den Banken selbst geprüft und ist nach Vornahme der Transaktion der Devisenbehörde lediglich noch zu melden.

Falls für die Kapitalanteile Wertpapiere ausgegeben werden, ist es auch Aufgabe der Banken, diese zu deponieren bzw. zu exportieren.

3. Beurkundung

Weiterhin besteht nach Art. 17 des Reglamento de Inversiones Extranjeras die Vorschrift, daß ausländische Investitionen vor spanischen Urkundspersonen vorzunehmen sind. Als Urkundspersonen gelten neben den Notaren

---

9 Verificación positiva.
10 Art. 26 R. I. E.
11 Entidades delegadas.

und Handelsmaklern[12] in den meisten Fällen auch die spanischen Botschaften und Konsulate im Ausland.

4. Finanzierungen aus dem Ausland

4.1 Kredite, die aus dem Ausland gewährt werden, gelten nur dann als ausländische Investition, wenn sie über mehr als 5 Jahre bei gleichmäßiger oder progressiver Tilgung laufen und von einem Mehrheitsgesellschafter gewährt werden. Solche Kredite sind nicht genehmigungsbedürftig, sondern im Wege des Anmeldeverfahrens bei der DGTE zu melden. Für alle sonstigen Kredite ist die Bank von Spanien[13] als Genehmigungsbehörde zuständig. Weitgehend liberalisiert sind Kredite mit mehr als einem Jahr Laufzeit.

4.2 Avale und Bürgschaften aus dem Ausland sind, wenn das Grundgeschäft bereits genehmigt oder liberalisiert ist, nur genehmigungsbedürftig, wenn ihr Betrag 100 Mio. Peseten übersteigt.

4.3 Für die Finanzierung von Unternehmen mit ausländischer Mehrheitsbeteiligung im Inland gelten im allgemeinen keine besonderen Beschränkungen.

4.4 Hinzuweisen ist auf die Möglichkeit der Regierung, konjunkturelle Maßnahmen zum Schutz der Währung zu ergreifen. Dies geschah durch die Einführung einer Depotpflicht[14]. Hiernach sind derzeit 30% eines Auslandskredits während dessen Laufzeit zinslos bei der Bank von Spanien zu deponieren.

III. Gesellschaftsrecht

1. Neugründungen

1.1 Gesellschaftsformen

Die wichtigste Gesellschaftsform ist in Spanien sowohl nach der Anzahl der Gesellschaften als auch nach ihrer wirtschaftlichen Bedeutung die Aktiengesellschaft[15]. Dies ist darauf zurückzuführen, daß es bis zur Veröffentlichung der Gesellschaftsrechtsreform 1989[16] kein Mindestkapitalerfordernis gab.

---

12 Corredores de Comercio.
13 Banco de España.
14 Circular número 1/1989 v. 31. Januar der Banco de España.
15 Sociedad Anónima (S. A.).
16 Veröffentlichungsdatum im Staatsanzeiger (B. O. E.) war der 27. Juli 1989.

Daneben gibt es die Gesellschaft mit beschränkter Haftung[17], die einige Züge der Personengesellschaft aufweist, sowie die Komanditgesellschaft[18] und die offene Handelsgesellschaft[19]. Letztere besitzen nur sehr geringe Bedeutung.

Die meisten Komanditgesellschaften in Spanien sind mit deutscher Beteiligung entstanden. Grund hierfür ist die besondere Regelung des Artikels 23 des deutsch-spanischen Doppelbesteuerungsabkommens[20], nach dem, vom Progressionsvorbehalt abgesehen, die Ausschüttung von Gewinnen einer spanischen KG an eine deutsche KG keiner weiteren Besteuerung in Deutschland unterliegt.

Mit der Gesellschaftsrechtsreform zum 1.1.1990 wurde auch die Komanditgesellschaft auf Aktien[21] geregelt. Ein Sonderform der Aktiengesellschaft ist die Arbeitnehmeraktiengesellschaft[22], an der mehrheitlich im Unternehmen arbeitende Arbeitnehmer beteiligt sein müssen. Neben der sonstigen Rechtsform der Genossenschaft[23] sind noch die Arbeitsgemeinschaft[24] und der Unternehmenszusammenschluß[25] zu erwähnen. Der AG & Co. KG oder GmbH & Co. KG entsprechende gemischte Gesellschaftsformen sind rechtlich möglich.

Bei der Wahl der Gesellschaftsform sind u.a. folgende Punkte zu bedenken:

— Die Aktiengesellschaft ist die rechtlich am ausführlichsten und klarsten durchorganisierte Gesellschaftsform. Alle Beteiligten können mit der größtmöglichen Rechtssicherheit und der umfangreichsten Erfahrung im Umgang mit dieser Gesellschaftsform rechnen. Bei Partnerschaften mit Mehrheit und Minderheit wirkt sich Vorstehendes besonders positiv aus.

— Die GmbH hat mit 500000,– Peseten ein sehr viel geringeres Mindestkapital als die Aktiengesellschaft (10000000,– Peseten). Die Zahl der Gesellschafter ist noch auf 50 beschränkt.

— Die GmbH-Anteile sind voll einzubezahlen, Aktien jedoch nur zu mindestens 25%.

— Die Übertragung von GmbH-Anteilen ist immer notariell zu beurkunden und im Handelsregister einzutragen; dies gilt nicht für die Übertragung von Aktien.

---

17 Sociedad de Responsabilidad Limitada (S. L.).
18 Sociedad en Comandita (S. en C.).
19 Sociedad Regular Colectiva (S. R. C.).
20 Betreffend Steuern von Einkommen und Vermögen vom 5. Dezember 1966.
21 Sociedad en Comandita por Acciones.
22 Sociedad Anónima Laboral (S. A. L.).
23 Cooperativa.
24 Unión Temporal de Empresas.
25 Agrupación de Empresas.

– Das GmbH-Gesetz enthält sehr viel weniger durchorganisierte und rechtlich erprobte Regelungen als das Aktiengesetz.

– Die GmbH läßt personenbezogene Regelungen zu (z. B. Wettbewerbsregelungen, Nachfolgeregelungen u. ä.).

1.2 Vertretung und Niederlassung

Zugelassen und investitionsrechtlich ebenfalls liberalisiert sind Vertretungen[26] und Niederlassungen[27]. Unter Vertretungen versteht man vor allem solche Einrichtungen, die nicht Betriebsstätten im Sinne des spanischen Steuerrechts bzw. des jeweils anwendbaren Doppelbesteuerungsabkommens sind, wie z. B. Repräsentanzen und ähnliche Geschäftseinrichtungen, die selbst weder Verkaufsgeschäfte durchführen noch sonstige Dienstleistungen erbringen und damit auch keine Berechnungen von Leistungen vorsehen. Diese werden nicht ins Handelsregister eingetragen. Eingetragen im Handelsregister werden jedoch selbständige Niederlassungen, d. h. Betriebsstätten, die die volle Abwicklung und Durchführung von Handelsgeschäften zum Gegenstand haben. Beide Formen werden oft aus steuerlichen oder Kostengründen als Vorläufer für eine zu gründende Kapitalgesellschaft benutzt.

1.3 Gründung von Kapitalgesellschaften

Die Gründung von Aktiengesellschaften kann durch Einheitsgründung[28] oder Stufengründung[29] erfolgen. Bei der Gründung und auch bei Kapitalerhöhungen sind immer alle Aktien zu zeichnen und jeweils zu 25 % einzubezahlen. Mindestanzahl der Gründer ist drei, wobei sowohl natürliche als auch juristische Personen sich an der Gründung beteiligen können. Devisenausländer haben bei der Gründung die Einlage in ausländischer Währung nachzuweisen. Bei Sacheinlagen hat eine Überprüfung der Werte durch einen oder mehrere Sachverständige zu erfolgen. Dieser wird vom Handelsregistervorsteher benannt. Vor Gründung ist durch ein beim Justizministerium geführtes Zentralregister zu bestätigen, daß in Spanien keine Gesellschaft registriert ist, deren Name mit demjenigen der zu gründenden Gesellschaft verwechselt werden kann. Diese Unbedenklichkeitsbescheinigung hat drei Monate Gültigkeit und muß dem Notar bei Gründung zwingend vorgelegt werden.

Der Gründungsvorgang ist zwingend unter Genehmigung der Satzung zu beurkunden. Die Beurkundungspflicht gilt auch für alle späteren gesell-

---

26 Oficinas de Representación.
27 Sucursales.
28 Fundación simultánea.
29 Funación sucesiva.

schaftsrechtlichen Vorgänge, für welche die Eintragung ins Handelsregister vorgeschrieben ist.

Die neu gegründete AG ist im Handelsregister einzutragen[30], was auch Voraussetzung für die Erlangung der Rechtspersönlichkeit ist. Vor Eintragung im Handelsregister hat die Versteuerung der Gründung und die Einholung einer Steuernummer zu erfolgen. Vor der Einstellung von Personal ist die Gesellschaft ebenfalls in einem besonderen Register der Unternehmen bei der Sozialversicherung zu registrieren.

Für die Gründung einer GmbH ist die Beteiligung von mindestens zwei Gründern erforderlich. Die Gründung erfolgt ebenfalls vor einem Notar und ist im Handelsregister eintragungsbedürftig. Mit dieser Eintragung erlangt die Gesellschaft Rechtspersönlichkeit[31].

1.4 Sitz

Gesellschaften mit Sitz in Spanien gelten als spanische Gesellschaft und unterliegen dem spanischen Recht[32]. Innerhalb von Spanien ist der Sitz frei wählbar. Als Gesellschaftssitz ist jedoch der Ort zu wählen, an dem die Gesellschaft ihren Hauptbetrieb hat. Als Gesellschaften mit Sitz in Spanien und damit als dem spanischen Recht unterliegende Gesellschaften gelten solche, deren Haupteinrichtung oder Hauptbetrieb auf spanischem Territorium liegen. Sollte der gewählte Gesellschaftssitz nicht mit diesen Kriterien übereinstimmen, kann auch der faktische Sitz als rechtlich erheblicher herangezogen werden. Die Verlegung von ausländischen Gesellschaften nach Spanien und spanischen Gesellschaften ins Ausland ist gesellschaftsrechtlich möglich[33]. Die Steuerbehörden können die Zwangsverlegung des Gesellschaftssitzes und des steuerlichen Sitzes der Gesellschaft betreiben, wenn der deklarierte Gesellschaftssitz nicht mit dem Ort des Hauptbetriebs oder der Unternehmensleitung übereinstimmt.

1.5 Gegenstand

Der Gesellschaftsgegenstand ist in ausreichender Form präzise zu beschreiben. Die Festlegung des Gegenstands ist bedeutend für die Grenzen der Handlungsmöglichkeiten der Gesellschaftsorgane, wenn er auch keine Beschränkung der Geschäftsfähigkeit der Gesellschaft selbst bildet.

---

30 Art. 7 L. S. A., Art. 114ff. R. R. M.
31 Art. 5 Ley de 17 de julio de 1953 sobre Régimen jurídico de las Sociedades de Responsabilidad Limitada (L. S. L.) − GmbH-Gesetz.
32 Art. 5ff. L. S. A., Art. 4 L. S. L.
33 Art. 149.2 L. S. A.

von Schiller

1.6 Kapitalausstattung

Die Kapitalausstattung hat das Mindestkapitalerfordernis von 10 000 000,– Peseten bei Aktiengesellschaften und 500 000,– Peseten bei GmbH's zu erfüllen. Das Kapital ist in Peseten zu beziffern. Ein Mindestbetrag pro Aktie bzw. GmbH-Anteil ist nicht vorgesehen. Aktien gleicher Serie sowie GmbH-Anteile müssen jedoch den gleichen Nennwert haben. Aktien können als Namens- und als Inhaberaktien ausgegeben werden. Notwendigerweise sind Namensaktien u. a. auszugeben, wenn die Übertragbarkeit der Aktien satzungsmäßig eingeschränkt werden soll, bzw. solange sie nicht voll einbezahlt werden. Die unterschiedlichen Mindestvoraussetzungen für die Beschlußfähigkeit von Hauptversammlungen bei Namens- bzw. Inhaberaktien sind durch die Aktienrechtsreform weggefallen. Aktionäre verschiedener Serien können verschiedene wirtschaftliche Rechte haben. Stimmrechtslose Aktien dürfen höchstens in Höhe der Hälfte des einbezahlten Gesellschaftskapitals ausgegeben werden. Sie geben Anspruch auf eine Vorabdividende von mindestens 5% und bevorzugte Auszahlung des Gesellschaftsanteils im Fall der Liquidation der AG.

Die Ausgabe von Aktien mit Agio[34] ist bei Kapitalerhöhungen möglich.

1.7 Organe

1.7.1 Die Organe der AG sind die Hauptversammlung[35] und der Verwaltungsrat[36]. Der Verwaltungsrat kann durch Einzelgeschäftsführung[37] bzw. durch zwei Geschäftsführer ersetzt werden. Diese Geschäftsführer müssen einzeln oder gemeinschaftlich handlungsbevollmächtigt sein.

Voraussetzung für die Beschlußfähigkeit bei Hauptversammlungen ist, daß mindestens 25% des Gesellschaftskapitals mit Stimmrecht vertreten ist. In zweiter Einberufung ist keine Anwesenheitsvoraussetzung gegeben. Für Beschlüsse über Ausgabe von Schuldverschreibungen, Kapitalerhöhung bzw. -herabsetzung, Umwandlung, Verschmelzung oder Aufspaltung bzw. Auflösung der Gesellschaft und sonstige Satzungsänderungen ist die Anwesenheit von mindestens 50% des stimmberechtigten Kapitals in erster Einberufung und von 25% in zweiter Einberufung erforderlich. Solche Beschlüsse sind zudem mit zwei Drittel des vertretenen Kapitals zu fassen, wenn weniger als die Hälfte des Kapitals anwesend ist. In der Satzung können diese Anwesenheitsvoraussetzungen und Abstimmungsmehrheiten erhöht werden[38].

---

34 Prima de Emisión.
35 Junta General.
36 Consejo de Administración.
37 Administrador único.
38 Art. 123–144 L. S. A.

In einigen Fällen, u. a. bei Veränderung des Gesellschaftszwecks, bei Sitz-verlegungen ins Ausland und bei Umwandlungen[39] besteht ein Recht der Aktionäre, die dem Beschluß nicht zugestimmt haben, auf Ausscheiden aus der Gesellschaft.

Sonstiger Schutz der Minderheiten ist das Recht auf Durchführung einer Hauptversammlung, wenn dies mindestens 5% des Gesellschaftskapitals, und auf Anwesenheit eines Notars, wenn dies mindestens 1% des Gesell-schaftskapitals verlangen[40]. Minderheitsschutz besteht auch im Bereich der Prüfung des Jahresabschlusses.

Der Verwaltungsrat ist Vertretungs- und Leitungsorgan der Gesellschaft. Etwaige Geschäftsführer oder sogenannte delegierte Verwaltungsräte[41] so-wie Prokuristen leiten ihre Kompetenzen direkt vom Verwaltungsrat ab, der daher Funktionen des Aufsichtsrats und des Vorstands gleichzeitig wahr-nimmt. Außerhalb dieses Grundsatzes kann die Gesellschaft die Zustän-digkeiten und Form der Geschäftsführung in weitem Umfang frei fest-legen.

1.7.2   Organe der GmbH sind ein oder mehrere Verwalter[42] und, wenn die Zahl der Gesellschafter 15 übersteigt oder der Gesellschaftsvertrag[43] dies vorsieht, die Hauptversammlung[44]. Ist eine Hauptversammlung nicht vorgesehen, können die Gesellschafter alle Beschlüsse mit einfacher Mehr-heit fassen, ohne zusammenzutreten. Für Änderungen des Gesellschafts-vertrags ist eine Mehrheit von zwei Dritteln der Anteile notwendig, wobei bei der ersten Abstimmung auch die Mehrheit der Gesellschafter zustim-men muß. Die Mehrheitserfordernisse können im Gesellschaftsvertrag ver-schärft werden. Auch kann bestimmt werden, daß der Verwalter den Stich-entscheid hat. Die Beschlußfähigkeit ist nicht an die Teilnahme eines be-stimmten Teils des Gesellschaftskapitals gebunden.

1.8 Rechnungslegung

Bemerkenswert im Zusammenhang mit der Aktienrechtsreform zum 1. 1. 1990 sind Änderungen betreffend die Rechnungslegung und den Jah-resabschluß sowie dessen Prüfung. Einschlägige Vorschriften des Handels-gesetzbuches wurden in diesem Zusammenhang ebenfalls geändert.

Die Handelsregistervorsteher erhielten neue Kompetenzen im Zusammen-hang mit der Aufbewahrung von Jahresabschlüssen und Testaten, der Er-nennung von Sachverständigen bei Sacheinlagen und der Umwandlung

---

39 Art. 149.2 S. A. y 147 L. S. A.
40 Art. 143 L. S. A., Art. 114 L. S. A.
41 Consejero Delegado.
42 Administradores.
43 Escritura.
44 Junta General.

von Forderungen in Kapital. Neu wird ein Zentralanzeiger des Handelsregisters geschaffen, durch welchen die bisherigen Veröffentlichungen im Staatsanzeiger ersetzt und erweitert werden. In diesem Zentralanzeiger werden alle wichtigen handelsregisterrechtlichen Vorgänge veröffentlicht. In diesem Zusammenhang ist auch eine neue Handelsregisterordnung erlassen worden[45]. Ebenfalls erlassen werden soll der neue allgemeine Kontenplan[46], der die Grundlage für die Buchhaltung darstellen wird.

1.9 Staatliche Förderung

Bei Neugründung von Firmen sind auch Förderungsmöglichkeiten zu berücksichtigen. Derzeit sind hierbei vor allem zu erwähnen die Regionalförderungsprogramme zur Verbesserung der Wirtschaft strukturschwacher Gebiete[47] sowie die Förderungen bei der Schaffung von Arbeitsplätzen. Für Neugründungen sind Kombinationen der Förderung durch die regionalen Förderungsgesellschaften mit anderen Förderungsmöglichkeiten, z. B. durch das Nationale Industrieinstitut[48], bis zu bestimmten Höchstförderungssätzen möglich.

1.10 Sondervereinbarungen unter Gesellschaftern (Joint-Venture-Vertrag)

Private Vereinbarungen zwischen den Gesellschaftern sind allgemein anerkannt. Dies gilt sowohl für Stimmrechtsbindungsverträge als auch für alle sonstigen Gesellschaftervereinbarungen, in denen Gesellschafter freiwillig auf privatrechtlicher Ebene ihre Rechte einschränken oder präzisieren. Leider liegt hierzu wenig einschlägige gerichtliche Erfahrung vor. Im Außenverhältnis ist der Vorverzicht auf gewisse Rechte, wie z. B. vorzugsweises Zeichnungsrecht oder satzungsrechtliche Vorkaufsrechte, nicht möglich. Dies bedeutet, daß gegenüber der Gesellschaft auf solche Rechte nicht vorab verzichtet werden kann. Gesellschaftervereinbarungen können auch die Zuständigkeit von inländischen oder ausländischen Schiedsgerichten sowie den Gerichtsstand vereinbaren. Durch die Satzung können auch Streitigkeiten zwischen der Gesellschaft und den Gesellschaftern sowie zwischen den Gesellschaftern selbst hinsichtlich der Gesellschaft einem Schiedsverfahren unterworfen werden.

---

45 Real Decreto 1.597/1989 v. 29. 12. – B. O. E. Nr. 313 v. 30. 12. 1989.
46 Plan General de Contabilidad.
47 Ley 56/1985 v. 13. Dezember de Incentivos Regionales.
48 Instituto Nacional de Industria (INI).

2. Sonderfragen beim Erwerb von Unternehmen bzw. Unternehmensbeteiligungen

2.1 Formalien

Sowohl beim Erwerb von Aktien oder sonstigen Gesellschaftsanteilen durch Ausländer als auch bei Kapitalerhöhungen ist die Einschaltung einer Urkundsperson, ggfs. eines Notars, erforderlich. Bei einer Direktinvestition von über 50% Beteiligung ist das Anmeldeverfahren bei der DGTE durchzuführen. Diese kontrolliert den Preis und wird Einwände erheben, wenn der Erwerbspreis der Aktien nicht mindestens dem Wert entspricht, welcher sich aus der letzten Steuerbilanz statusmäßig ergibt. Eine abweichende Bewertung kann gegebenenfalls mit dem Bericht eines Wirtschaftsprüfers unterlegt werden.

Für den Erwerb von Beteiligungen im Rahmen von Kapitalerhöhungen gilt das gleiche.

Kapitalherabsetzungen zur Wiederherstellung eines ausgewogenen Verhältnisses zwischen Vermögen und Aktienkapital nach dem Entstehen von Verlusten sind zulässig und üblich. Die Aktien haben jedoch mindestens den Wert von einer Pesete zu behalten, können also in ihrem Nennwert nicht auf Null vermindert werden.

2.2 Altschulden

Bei Direktinvestitionen ist die Einholung von Garantien zur Abdeckung von bestehenden, aus der Bilanz nicht ersichtlichen Verpflichtungen und für einen möglichen Übergangszeitraum, auch gegen Depot eines Teils des Kaufpreises bei einer Bank, relativ üblich. Zu einer Prüfung in bezug auf solche Altschulden ist unbedingt zu raten, vor allem unter steuer-, arbeits- und sozialrechtlichen Gesichtspunkten, da in diesen Bereichen der Erwerber in verschiedenen Fällen dem Anspruchsinhaber gegenüber haftet. Dies gilt auch beim Erwerb eines Unternehmensteils oder eines Betriebs[49].

Eine allgemeine Vorschrift ähnlich §§ 419 BGB und 25 HGB ist im spanischen Recht jedoch unbekannt.

2.3 Kaufpreiszahlung

Die Zahlung des Kaufpreises bzw. der Kapitalerhöhung durch Devisenausländer hat ebenfalls in Devisen zu erfolgen. Die Zahlung eines Kaufpreises in Raten ist möglich.

---

49 Unternehmensnachfolge gemäß Art. 44 Estatuto de los Trabajadores (Arbeitnehmerstatut); dieser geht in seinen Auswirkungen noch weiter als § 613 a) BGB.

von Schiller

Vor Abschluß einer Kapitalerhöhung können für eine Übergangsphase von 6 Monaten à-Konto-Zahlungen auf die Beteiligung erfolgen[50]. Ebenfalls sind Agiozahlungen möglich.

Das Auslandsinvestitionsrecht ermöglicht ausdrücklich den Erwerb von stillen Beteiligungen[51] im liberalisierten Verfahren.

2.4 Satzungsänderungen

Wichtige Bedingungen werden bei Beteiligungen oder beim Erwerb von Unternehmen auch an vorherige Satzungsänderungen gestellt. Für Namensänderungen ist wiederum die vorherige Registrierung beim Zentralregister des Justizministeriums erforderlich. Bei Veränderungen des Gesellschaftszwecks und bei Veränderung von Sonderrechten (Mindestdividenden, Vorkaufsrecht bei Übertragungen u. ä.) ist auch auf die Rechte des Ausscheidens bzw. auf die erschwerte Durchsetzung gegenüber Altgesellschaftern hinzuweisen[52].

2.5 Börsennotierte Unternehmungen

Beim Erwerb von wesentlichen Beteiligungen an börsennotierten Unternehmen ist in gewissen Fällen ein öffentliches Angebot zu unterbreiten. Sonst können Stimmrechte verloren bzw. die Möglichkeit von Satzungsänderungen verwehrt sein[53].

2.6 Verschmelzung und Aufspaltung

Die Unternehmensverschmelzung und -aufspaltung sind bei allen gesellschaftsrechtlichen Formen durch die Reform zum 1. 1. 1990 zum Teil neu geregelt worden. Insbesondere ist nun gesellschafts- und handelsrechtlich zum ersten Mal in Spanien die Unternehmensaufspaltung einer Regelung unterworfen worden[54]. Sie war bisher nur in einem Gesetz für steuerliche Vergünstigungen von Fusionen und Aufspaltungen erwähnt worden[55].

Das genannte Gesetz sieht die steuerliche Förderung von Verschmelzungen und Aufspaltungen vor, soweit solche im Interesse der nationalen Wirtschaft Spaniens liegen. Die steuerlichen Vergünstigungen erstrecken sich sowohl auf Steuerbefreiung bis 99% aller Aufwertungen (Auflösung stiller Reserven) und auf die Vermögensübertragungssteuer[56].

---

50 Anticipos a cuenta de participaciones sociales.
51 Cuentas en participación − Art. 239 ff. des Código de Comercio.
52 Art. 85 ff. L. S. A.
53 Art. 60 Ley de Mercado de Valores; nähere Verordnung steht noch aus.
54 Art. 252 ff. L. S. A.
55 Ley 76/1980 v. 26. Dezember u. Real Decreto 2.182/1981 v. 24. Juli 1981 (Reglamento).
56 Impuesto sobre Transmisiones Patrimoniales.

Zu erwähnen ist noch die im neuen Gesetz über Wettbewerb (siehe oben) vorgesehene Fusionskontrolle, zu der der Erlaß einer Durchführungsverordnung ansteht.

2.7 Verlegung des Sitzes

Die Verlegung des Sitzes von Unternehmen ist bereits oben (Punkt III.1.4) angesprochen worden. Neben der steuerlichen Zwangsverlegung in den Fällen, in denen der Ort der Leitung des Unternehmens nicht mit dem registrierten Sitz übereinstimmt, sind vor allem die arbeitsrechtlichen Probleme einer Verlegung zu erwähnen. Die Verlegung des Betriebs von Unternehmen in eine andere Gemeinde hat möglicherweise das Recht der Arbeitnehmer zur Folge, das Arbeitsverhältnis aus wichtigem Grund gegen eine Entschädigung in Höhe von 45 Gehaltstagen pro Zugehörigkeitsjahr zum Unternehmen aufzulösen. Deshalb ist vor Verlegung eines Betriebes des Unternehmens ein entsprechendes Abkommen mit den Vertretern der Arbeitnehmer bzw. dem Betriebsrat zu suchen.

Wichtige Veränderungen bei Unternehmen sind dem Betriebsrat mitzuteilen. Eine Mitbestimmung besteht jedoch in diesem Bereich nicht.

IV. Grundzüge des Steuerrechts

1. Kapitalverkehrsteuer

Gründungen, Kapitalerhöhungen, Kapitalherabsetzungen, Auflösung und Umwandlung, Fusionen und Aufspaltungen von Unternehmen unterliegen der Vermögensübertragungsteuer. Der Steuersatz beträgt im Regelfall 1%.

2. Die Körperschaftsteuer[57]

Körperschaftsteuerpflichtig sind in Spanien ansässige Unternehmen bzw. solche, die in Spanien eine Betriebstätte unterhalten und mit dieser ein Handelsgeschäft ganz oder teilweise betreiben. Eine Konsolidierung von Unternehmensgruppen ist steuerlich dann möglich, wenn über mindestens zwei Jahre Vorlaufzeit die Tochtergesellschaften zu mindestens 90% von der Muttergesellschaft, der Gruppe oder der Holdinggesellschaft beherrscht werden. Es ist diesbezüglich nach der Vorlaufzeit von zwei Jahren ein Antrag zu stellen. Genehmigt wird die Gruppenkonsolidierung zunächst für drei Jahre mit Verlängerungsmöglichkeit.

---

57 Impuesto sobra la Renta de Sociedades.

Steuerbemessungsgrundlage sind die Einnahmen und der Vermögenszuwachs des Unternehmens, abzüglich der steuerlich anerkannten Ausgaben. Der Steuersatz beträgt 35%. Es bestehen die Möglichkeit des Vorsteuerabzugs, von Steuervergünstigungen für die Schaffung von Arbeitsplätzen und sonstige jährlich festzulegende Abzugsmöglichkeiten von der Steuerschuld.

Verluste können während der folgenden fünf Jahre mit steuerlichen Gewinnen verrechnet werden. Ein Verlustrücktrag ist nicht vorgesehen.

Niederlassungen ausländischer Gesellschaften werden in gleicher Höhe wie spanische Gesellschaften besteuert. Die Ausschüttung von Gewinnen der Niederlassungen unterliegt jedoch keiner Quellensteuer in Spanien.

3. Sonstige Steuerhinweise

In Spanien besteht das System der Quellenbesteuerung[58]. Sowohl die auf die Einkommensteuer einbehaltene Lohnsteuer als auch Einbehalte auf Kapitalerträge werden nach Feststellung der tatsächlichen Steuerschuld mit dieser verrechnet.

Erträgnisse von Ausländern sind vor Überweisung ins Ausland zu versteuern. Die Versteuerung erfolgt beim zuständigen Finanzamt, im Regelfall über das Steuerblatt 210 unter Berücksichtigung gegebenenfalls anwendbarer Doppelbesteuerungsabkommen.

Besonderheit besteht für die Beteiligung von deutschen Personengesellschaften an spanischen Komanditgesellschaften gemäß Art. 23 (s.o. III.1.1.) des deutsch-spanischen Doppelbesteuerungsabkommens. Nach Erhebung der Quellenbesteuerung von 10 bzw. 15% in Spanien ist außer dem Progressionsvorbehalt in Deutschland keine weitere Besteuerung möglich.

In Spanien unterliegen alle Gesellschaften, d.h. auch Personengesellschaften oder Gesellschaften des bürgerlichen Rechts, der Körperschaftsteuer. Sie gelten alle als juristische Personen im rechtlichen Sinne.

Zu erwähnen ist noch das spanische System der Selbstveranlagung. Gleichzeitig mit der Abgabe der Steuererklärungen hat die Entrichtung des entsprechenden selbstberechneten Steuerbetrags zu erfolgen.

---

58 Retenciones a cuenta.

V. Sonstiges

1. Lizenzverträge

Lizenzverträge, sowohl zum Technologietransfer als auch zur Überlassung von gewerblichen Schutzrechten, sind in Spanien ebenfalls liberalisiert[59]. Es besteht ein den Investitionen entsprechendes Anmeldeverfahren mit Formular T. E.-30.

2. Arbeitsrecht

Arbeits- und Aufenthaltsgenehmigungen sind bis 1992 auch für neu zuziehende EG-Bürger erforderlich.

Zwischen Deutschland und Spanien gelten außerdem noch ein Niederlassungsabkommen[60] und ein Sozialversicherungsabkommen[61].

3. Unternehmensgruppen

Die Grundsätze über Buchführung und Abschlußprüfung der Handelsgesellschaften sind durch die Reform zum 1.1.1990 insbesondere auch insofern neu gestaltet worden, als handelsrechtliche Vorschriften erlassen wurden über die Hinterlegung von Jahresabschlüssen beim Handelsregister auch für Unternehmensgruppen[62]. Prüfungspflicht besteht nun, wenn jeweils zwei der folgenden Bedingungen erfüllt sind:

a) Die Gesamtheit der Aktiva in der Bilanz übersteigt 230 Mio. Peseten.

b) Der Umsatz übersteigt 480 Mio. Peseten.

c) Die Gesamtzahl der Arbeitnehmer übersteigt 50.

Die Prüfungspflicht besteht für Jahresabschlüsse, die nach dem 30.6.1990 genehmigungspflichtig werden.

Unternehmensgruppen haben eine konsolidierte Handelsbilanz zu erstellen, wenn jeweils zwei der folgenden Bedingungen erfüllt sind:

a) Die Gesamtheit der Aktiva in der Bilanz übersteigt 920 Mio. Peseten.

b) Der Umsatz übersteigt 1920 Mio. Pesten.

c) Die Gesamtzahl der Arbeitnehmer übersteigt 250.

---

59 Real Decreto 1750/1987 v. 18. Dezember Liberalización de la Transferencia de Tecnología Extranjera a Empresas Espanõlas.
60 Vom 23.4.1970.
61 Vom 29.10.1959.
62 Art. 42ff. des Código de Comercio.

4. Devisenkontrolle

Nicht unerwähnt bleiben soll das Weitergelten des Devisenkontrollgesetzes[63]. Eine Mißachtung der Devisenkontrollgesetze kann eine Verwaltungsstrafe oder, bei Beträgen über 5 Mio. Peseten, eine Freiheitsstrafe zur Folge haben.

---

63 Ley de Control de Cambios vom 12.12.1979.

von Schiller   455

Türkei:

Praktiken und Vertragstechniken internationaler Gemeinschaftsunternehmen aus der Sicht des türkischen Rechts

von

Professor Dr. Bülent Davran und Dr. Cahit Davran,
Mitglieder der Anwaltskammer Istanbul

I. Einleitung

Seit 1980 ist die wirtschaftliche Tätigkeit ausländischer Unternehmen in der Türkei weitgehend liberalisiert worden. Aufgrund einer Genehmigung des Fremdkapitalamtes (FKA) der Staatlichen Planungsorganisation (SPO) dürfen ausländische Unternehmen Investitionen zu Produktionszwecken durchführen, Handel betreiben, hierzu Gesellschaften gründen oder sich an bestehenden Gesellschaften beteiligen, Zweigniederlassungen, Verbindungsbüros oder Vertretungen einrichten. Seit Beginn der Liberalisierungsmaßnahmen hat die Niederlassung ausländischer Unternehmen in der Türkei stark zugenommen. Die einschlägigen Vorschriften werden weiter unten erläutert.

II. Kapitalgesellschaften

Soweit ausländische Investitionen in der Türkei im Interesse einer Haftungsbegrenzung in Form von Kapitalgesellschaften durchgeführt werden, stehen vornehmlich die Aktiengesellschaft türkischen Rechts und die Gesellschaft mit beschränkter Haftung zur Verfügung.

Die meisten deutschen Investoren haben innerhalb der Kapitalgesellschaften die AG bevorzugt; die GmbH findet sich demgegenüber in der Minderzahl.

Demzufolge soll nachstehend zunächst das Recht der Aktiengesellschaften, dann das Recht der GmbH türkischen Rechts und anschließend das für beide Gesellschaftsformen gültige Gründungs- und Genehmigungsverfahren erläutert werden.

A. Die Aktiengesellschaft türkischen Rechts

a) Gegenstand der Gesellschaft

HGB 137 besagt, daß die Handelsgesellschaften, die alle die Rechtspersönlichkeit haben, nur im Rahmen des in der Satzung bestimmten Gegenstandes des Unternehmens Rechte erwerben und Verbindlichkeiten eingehen können. Aus diesem Grunde wird der Gegenstand der Gesellschaft in der Satzung breit gehalten.

Allerdings ergeben sich Einschränkungen des Gegenstandes aus der Genehmigungsurkunde des FKA, wie weiter unten zu erläutern ist.

b) Gründung

Die Aktiengesellschaft kann nur mit Genehmigung des Industrie- und Handelsministeriums gegründet werden (HGB Art. 273, 280). Das gilt auch für die Änderung der Satzung (HGB Art. 386). Die Unterschriften der Gründer in der Satzung müssen vom Notar beglaubigt sein (HGB Art. 279, Abs. 1). Das Verfahren vor dem FKA wird unten noch weiter erläutert.

Bei der AG müssen mindestens fünf Gründer vorhanden sein (HGB Art. 277). Sinkt die Zahl der Aktionäre bei der AG unter fünf, so ist sie aufgelöst (HGB Art. 434 Ziff. 4).

c) Kapital

Das Mindestkapital beträgt bei der AG TL 500 000 (HGB Art. 272). Dieser Kapitalbetrag ist bei der Revision 1956/1957 in das Gesetzbuch aufgenommen worden. Angesichts der fortlaufenden Inflation ist er überholt. Weiter unten wird dargelegt, welches Mindestkapital bei Gründung mit ausländischer Beteiligung gemäß den Bedingungen des FKA vorgeschrieben ist.

Die Aktien der AG lauten auf den Namen oder den Inhaber (HGB Art. 409). Bei AGen, an denen ausländische Unternehmen aufgrund des Gesetzes Nr. 6224 über die Förderung des Fremdkapitals oder nach Maßgabe des Fremdkapital-Rahmenbeschlusses beteiligt sind, dürfen die Aktien des ausländischen Aktionärs allerdings nur auf den Namen lauten. Die Aktien (oder auch Zwischenscheine) können gemäß Art. 5 des Gesetzes Nr. 6224 mit dem Transfergarantie-Vermerk des Finanzministeriums versehen werden; das soll dem Zweck dienen, die Zirkulation der Aktien im Ausland zu erleichtern.

d) Organe

Bei der AG sind folgende Organe zu unterscheiden: Generalversammlung (GV), Verwaltungsrat (VR), Rechnungsprüfer und Direktion.

da) Die Generalversammlung

Die Befugnisse der Generalversammlung

Die nicht übertragbaren Kompetenzen der GV sind: Änderung der Satzung, Wahl, Entlastung und Absetzung der Mitglieder des VR und der Rechnungsprüfer, Bestätigung der Bilanz und der Gewinn- und Verlustrechnung, Entscheidung über die Gewinnausschüttung, Absetzung der Liquidatoren, Verkauf der Aktiva im ganzen bei der Abwicklung, Ausgabe von Schuldverschreibungen, Auflösung der Gesellschaft, Beschlußfassung bei der Nachgründung, Festsetzung der Bezüge der Mitglieder des VR und der Rechnungsprüfer.

Die GV tagt als ordentliche oder außerordentliche. Die ordentliche GV findet innerhalb von drei Monaten nach dem Ende jeder Rechnungsperiode und mindestens einmal im Jahr statt (HGB Art. 364 Abs. 1). Die Tagesordnung ist in Art. 369 festgelegt: Verlesung der vom VR und den Rechnungsprüfern erstatteten Berichte, Beschlußfassung über Bilanz, Gewinn- und Verlustrechnung, Gewinnverteilung, Festsetzung der Vergütungen und Tagegelder für die Mitglieder des VR und die Rechnungsprüfer, Wahl von Mitgliedern des VR und/oder Rechnungsprüfern, wenn deren Amtszeit abgelaufen ist. Im Bedarfsfalle ist die außerordentliche GV einzuberufen (HGB Art. 364 Abs. 3).

Einladung: die ordentliche GV wird durch den VR eingeladen. Die außerordentliche GV kann auch durch die Rechnungsprüfer eingeladen werden (HGB Art. 365, 355).

Auf den begründeten Antrag von Aktionären, die Inhaber von Aktien im Betrage von mindestens einem Zehntel des Grundkapitals sind, hat der VR die GV einzuladen (HGB Art. 366). Wenn diesem Antrag nicht entsprochen wird, können die Minderheitsaktionäre das Gericht ersuchen, sie zur Einladung der GV zu ermächtigen (HGB Art. 367).

Die Einladung zur Tagung der GV der AG hat in der satzungsmäßig festgelegten Form und jedenfalls gemäß HGB Art. 37 im Handelsregisterblatt der Türkei zu erfolgen (HGB Art. 368). Die Einladungsvorschriften brauchen nicht eingehalten zu werden, wenn die Gesamtheit der Aktionäre oder ihrer Vertreter in der GV anwesend ist (Universalversammlung: HGB Art. 370).

Die Beschlüsse der GV sind ungültig, wenn bei der Tagung der Kommissar des Handelsministeriums nicht zugegen war (HGB Art. 297).

Vertretung: die Aktionäre können sich in der GV durch Dritte vertreten lassen (HGB Art. 360).

Verhandlungs- und Beschlußquorum: Die GV wird im Normalfall beschlußfähig, wenn Aktionäre anwesend sind, die mindestens ein Viertel des Grundkapitals vertreten. Wird dieses Quorum nicht erreicht, sind die an der zweiten Tagung teilnehmenden Aktionäre ohne Rücksicht auf die Höhe des vertretenen Grundkapitals zur Beratung und Beschlußfassung befugt.

Die Beschlüsse werden mit der Mehrheit der vorhandenen Stimmen gefaßt (HGB Art. 378 Abs. 1).

Verhandlungs- und Beschlußquorum in besonderen Fällen: Qualifizierte Mehrheiten sind vorgeschrieben für die Satzungsänderung, wobei zu beachten ist, daß auch die Kapitalerhöhung und -herabsetzung eine Satzungsänderung bedeutet (HGB Art. 388):

Verhandlungsquorum bei der ersten Tagung: Anwesenheit von Aktionären, die mindestens die Hälfte des Grundkapitals vertreten.

Beschlußquorum bei der ersten Tagung: die Mehrheit der vorhandenen Stimmen (Stimmenthaltung gilt als Ablehnung).

Verhandlungsquorum bei der zweiten Tagung: ein Drittel der vorhandenen Stimmen.

Beschlußquorum bei der zweiten Tagung: einfache Mehrheit der vorhandenen Stimmen.

Diese Mehrheiten können verschärft, aber nicht herabgesetzt werden.

Stimmrecht: Jede Aktie gewährt mindestens eine Stimme. Das ist zwingend vorgeschrieben. Jedoch ist die Gewährung des Mehrstimmrechts gestattet (HGB Art. 373). Bei Satzungsänderungen gewährt jede Aktie nur eine Stimme (HGB Art. 373). Ein in der Satzung verbrieftes Mehrstimmrecht hat hier keine Geltung.

Wenn der Beschluß der GV über die Erhöhung des Grundkapitals keine gegenteiligen Bestimmungen enthält, hat jeder Aktionär das Recht auf eine Anzahl neuer Aktien, die seinem Anteil am Grundkapital entspricht (HGB Art. 394).

Recht auf Auskunft und Einsichtnahme

Die Gewinn- und Verlustrechnung, die Bilanz, der Jahresbericht und die Vorschläge über die Verteilung des Reingewinns sind mitsamt dem von den Rechnungsprüfern erstellten Bericht spätestens 15 Tage vor der ordentlichen GV in der Hauptniederlassung und in den Zweigniederlassungen der Gesellschaft zur Einsichtnahme bereitzustellen und für die Dauer eines Jahres den Aktionären zur Verfügung zu halten. Auf Kosten der Gesellschaft können sie Ausfertigungen der Gewinn- und Verlustrechnung und der Bilanz verlangen (HGB Art. 362). Mit Recht wird in der Literatur herausgestellt, daß die Marginalie „Auskunftsrecht" mehr besagt, als im Text zum Ausdruck kommt.

Die Einsichtnahme des Aktionärs in die Bücher und den Schriftverkehr ist nur mit ausdrücklicher Erlaubnis der GV oder auf Beschluß des VR möglich. Der Aktionär ist verpflichtet, auf diesem Wege in Erfahrung gebrachte Geschäftsgeheimnisse zu bewahren, und zwar auch dann, wenn er seine Stellung als Aktionär verloren hat. Auch ist er nicht befugt, außerhalb der ihm gestatteten Einsichtnahme Geschäftsgeheimnisse der Gesellschaft in Erfahrung zu bringen (HGB Art. 363).

Auch das Recht auf Auskunft und Einsichtnahme der Mitglieder des VR ist beschränkt: Sie haben das Recht, in den Sitzungen des VR über den Gang der Geschäfte und über bestimmte Angelegenheiten Auskunft von denjenigen zu verlangen, die mit der Vertretung und Geschäftsführung beauftragt sind. Der VR kann auch beschließen, daß die Geschäftsbücher und -akten vorgelegt werden (HGB Art. 331). Jedenfalls ist das einzelne Mitglied des VR nicht befugt, von sich aus die Geschäftsbücher und -akten einzusehen.

Minderheitsrechte

Klage im Namen der Gesellschaft (HGB Art. 341): Wenn die Einleitung einer Ersatzklage gegen die Mitglieder des VR in der GV abgelehnt wird, jedoch Aktionäre, die ein Zehntel des Grundkapitals vertreten, für die Anhebung der Klage stimmen, hat die Gesellschaft innerhalb eines Monats die Klage einzureichen.

Vertagung der Verhandlungen (HGB Art. 377): Eine Minderheit, die ein Zehntel des Grundkapitals vertritt, kann die Vertagung der Verhandlung über die Bestätigung der Bilanz durchsetzen. Eine nochmalige Vertagung ist nur dann erlaubt, wenn keine ausreichende Aufklärung über die strittigen Bilanzpunkte erfolgt ist.

Recht der Beschwerde an die Rechnungsprüfer (HGB Art. 356): Die Rechnungsprüfer sind verpflichtet, einer Beschwerde der Minderheit — oder auch des einzelnen Aktionärs — über die Mitglieder des VR nachzugehen. Bei Feststellung der Berechtigung dieser Beschwerde ist der Sachverhalt im Jahresbericht der Rechnungsprüfer aufzuzeigen. Sind die Beschwerdeführer Aktionäre mit einem Aktienbesitz, der einem Zehntel des Grundkapitals gleichkommt, so sind die Rechnungsprüfer verpflichtet, ihre Ansicht zu der Beschwerde in ihrem Bericht zu äußern und, falls notwendig, die GV zu einer außerordentlichen Tagung einzuberufen.

Antrag auf Bestellung besonderer Rechnungsprüfer (HGB Art. 348): Inhaber von mindestens einem Zehntel des Grundkapitals können mit der Behauptung, daß bei der Gründung oder bei den Verwaltungsgeschäften Unregelmäßigkeiten vorgekommen sind, oder daß den Bestimmungen des Gesetzes oder der Satzung in erheblichem Maße zuwider gehandelt worden ist, von der GV die Bestellung besonderer Rechnungsprüfer zur Untersuchung dieser Behauptung oder der Richtigkeit der Bilanz verlangen. Bei Ablehnung dieses Verlangens hat die Minderheit das Recht, sich an das Gericht zu wenden.

In der Regel wird ein solches Verlangen nicht abgelehnt, weil die Mehrheit ihr genehme, besondere Rechnungsprüfer wählen kann.

Recht auf Einberufung der GV oder Ergänzung der Tagesordnung (HGB Art. 366): Auf den schriftlichen, begründeten Antrag von Aktionären, die mindestens ein Zehntel des Grundkapitals vertreten, ist die GV zur außerordentlichen Tagung einzuladen oder, wenn die Tagesordnung schon feststeht, sind die Angelegenheiten, deren Behandlung verlangt wird, auf die Tagesordnung zu setzen. Der Betrag der Aktien, der zur Geltendmachung dieses Verlangens erforderlich ist, kann in der Satzung auf eine niedrigere Höhe herabgesetzt werden.

db) Der Verwaltungsrat

Die Leitung und Vertretung der AG obliegt dem VR (HGB Art. 317). Er ist zuständig für alle Angelegenheiten, die nicht in die ausschließliche Kompetenz der GV fallen.

Es ist aber zulässig, in der Satzung vorzusehen, daß für außerordentliche Geschäfte und Maßnahmen im voraus ein Beschluß der GV eingeholt wird.

Das gilt etwa für den Erwerb oder die Veräußerung von Grundeigentum, die Aufnahme eines hohen Kredits, die hypothekarische Belastung von Grundstücken der Gesellschaft.

Der *Verwaltungsrat* besteht aus mindestens drei Mitgliedern, die durch die Satzung bestellt oder von der GV gewählt worden sind, eine Höchstgrenze ist nicht festgesetzt (HGB Art. 312). Der VR setzt sich aus den Aktionären zusammen. Wenn Personen gewählt werden, die nicht Aktionäre sind, so dürfen sie ihr Amt erst dann antreten, wenn sie die Aktionärseigenschaft erworben haben (Hinterlegung von Aktien bei der AG als Sicherheit für die Amtsausübung). Eine juristische Person kann nicht Mitglied des VR sein. Jedoch kann eine natürliche Person als Vertreter einer juristischen Person, die Aktionär ist, in den VR gewählt werden (HGB Art. 312). Dieser Vertreter braucht nicht selbst Aktionär zu sein.

Vorrecht auf Mitgliedschaft: In der Satzung können Aktionärsgruppen Sitze im VR zugesprochen werden. In diesem Falle würde in der Satzung zum Ausdruck kommen, daß die Aktionäre in die Gruppen A, B, C aufgeteilt sind und beispielsweise je zwei des etwa sechsköpfigen VR aus der Reihe der Kandidaten zu wählen sind, die von diesen Gruppen benannt werden.

Verhandlungs- und Beschlußquorum: Gemäß HGB Art. 330 ist das Verhandlungsquorum mindestens die Hälfte aller Mitglieder zuzüglich einem Mitglied. Bei sechs Mitgliedern ist es vier und bei drei Mitgliedern drei. Das ergibt sich aus dem Wortlaut der Bestimmung: „zuzüglich einem Mitglied". Es handelt sich aber nicht um eine zwingende Vorschrift.

Als Beschlußquorum gilt die Mehrheit der erschienenen Mitglieder.

Die Mitgliedschaft im VR ist höchstpersönlicher Natur. Daher können sich die Mitglieder nicht wechselseitig bei der Stimmabgabe vertreten.

Beschlußfassung im Korrespondenzwege ist nur in dem Sinne gestattet, daß dem schriftlichen Vorschlag eines Mitglieds alle anderen Mitglieder schriftlich zustimmen (HGB Art. 330 Abs. 2).

Die Amtszeit des VR bzw. der einzelnen Mitglieder ist höchstens drei Jahre (HGB Art. 315 Abs. 1). Wiederwahl ist statthaft.

Die Funktionen von „Vorstand" und „Aufsichtsrat" nach deutschem Recht sind gemäß der Regelung des HGB im VR vereint. Er kann Beschluß- und Ausführungsorgan sein. Die Einrichtung einer Geschäftsführung (Direktion) ist nicht zwingend vorgeschrieben (HGB Art. 342).

Falls in der Satzung vorgesehen, kann der VR die Vertretungsmacht oder die Verwaltungsangelegenheiten ganz oder teilweise einem oder mehreren Delegierten übertragen (HGB Art. 319 Abs. 2).

In Absatz 1 des genannten Artikels ist auch eine Aufteilung der Aufgaben des VR unter den Mitgliedern vorgesehen.

Haftung der Mitglieder des VR: Für Verträge und Geschäfte, die sie im Namen der Gesellschaft abgeschlossen haben, trifft die Mitglieder des VR keine Verantwortung. In bestimmten Fällen haften sie jedoch gegenüber der Gesellschaft, den einzelnen Aktionären und den Gesellschaftsgläubigern als Gesamtschuldner:

1. wenn die von den Aktionären auf die Aktienbeträge geleisteten Zahlungen nicht ordnungsgemäß geleistet wurden;

2. wenn die verteilten und ausgezahlten Gewinnanteile nicht echt sind;

3. wenn die gesetzlich vorgeschriebenen Bücher nicht vorhanden oder nicht in Ordnung sind;

4. wenn die Beschlüsse der GV ohne Grund nicht ausgeführt sind;

5. wenn sie die ihnen durch Gesetz und Satzung auferlegten anderen Pflichten vorsätzlich oder fahrlässig nicht erfüllen.

Diese Haftung fällt weg, soweit die unter Ziff. 5 erwähnten Pflichten auf ein Mitglied des VR übertragen worden sind; alsdann haftet nur dieses Mitglied (HGB Art. 336).

Das Mitglied des VR trifft dann keine Haftung, wenn es einen Entlastungsbeweis erbringt (HGB Art. 338).

dc) Die Rechnungsprüfer (auch Kontrolleure oder Kontrollrat genannt)

Die GV wählt 1–5 Rechnungsprüfer, die nicht Aktionäre zu sein brauchen. Bei einem Rechnungsprüfer muß dieser, bei mehreren Rechnungsprüfern muß mehr als die Hälfte türkischer Staatsangehörigkeit sein. Die Wahl erfolgt für höchstens drei Jahre. Wiederwahl ist erlaubt (HGB Art. 347).

Nach HGB Art. 352 kommen den Rechnungsprüfern wichtige Aufgaben zu. In der Praxis beschränkt sich aber die Funktion der Rechnungsprüfer darauf, daß sie vor der jährlichen GV in einem kurzen Bericht erklären, den Jahresbericht des VR, die Bilanz und die Gewinn- und Verlustrechnung ordnungsgemäß geprüft und die Übereinstimmung mit den Büchern und Belegen festgestellt zu haben; daher sei die Annahme dieser Urkunden der GV zu empfehlen. Demgegenüber kommt den Rechnungsprüfern im Falle eines Streits zwischen den Aktionären eine große Bedeutung zu.

Die in HGB Art. 353 angeführten Kontrollbefugnisse der Rechnungsprüfer dürfen weder satzungsmäßig noch durch Beschlüsse der GV eingeschränkt werden. Eine Erweiterung dieser Befugnisse durch Satzungsbestimmung ist im Rahmen des 1. Satzes von Artikel 353 statthaft.

Bei Unternehmen mit Fremdkapitalbeteiligung ist es üblich, daß eine international anerkannte Wirtschaftsprüfungsgesellschaft zusätzlich beauftragt wird, einen Prüfungsbericht auszuarbeiten.

Schweigegebot: Die Rechnungsprüfer dürfen Umstände, die sie bei der Ausübung ihrer Pflichten erfahren haben, weder einzelnen Aktionären noch dritten Personen zur Kenntnis bringen (HGB Art. 358). Die Aufnahme dieser Umstände in ihren Bericht an die GV bedeutet keine Verletzung dieses Gebots.

Haftung: Die Rechnungsprüfer sind, soweit sie nicht nachweisen, daß sie kein Verschulden trifft, für den Schaden verantwortlich, der durch die Nichterfüllung oder Schlechterfüllung ihrer Pflichten entsteht (HGB Art. 359).

B. Die GmbH

Wie bereits erwähnt, ist innerhalb der Kapitalgesellschaften die GmbH die weniger übliche Gesellschaftsform. Sie kommt aber dennoch vor und soll daher nachstehend ebenfalls erläutert werden:

a) Gründung

Auch die GmbH kann nur mit Genehmigung des Industrie- und Handelsministeriums gegründet werden (HGB Art. 509). Das gleiche gilt für die Satzungsänderung (HGB Art. 514). Die Unterschriften der Gründer müssen notariell beglaubigt sein (HGB Art. 505). Daneben sind die unten noch erläuterten Bestimmungen des Gründungsverfahrens vor dem FKA bei ausländischer Beteiligung zu beachten.

Die Zahl der Gründer beträgt 2–50 (HGB Art. 504 Abs. 1). Fällt die Zahl der Gründer unter zwei, so beschließt das Gericht auf Antrag eines Gesellschafters oder Gesellschaftsgläubigers die Liquidation, sofern nicht in angemessener Frist der Mangel behoben wird (HGB Art. 504 Abs. 2). Die Einmanngesellschaft ist gesetzlich nicht zulässig.

b) Kapital und Gesellschafterversammlung

Das Mindestkapital beträgt (vorbehaltlich der unten noch erläuterten Bestimmungen des FKA bei Gründung mit ausl. Beteiligung) T£ 10000,–.

In der Satzung wird das Stammkapital der GmbH in Anteile aufgeteilt; jeder Anteil gewährt eine Stimme. Die Beschlüsse der Gesellschafterversammlung werden mit der Mehrheit der Gesellschafter gefaßt, die mindestens die Hälfte des Stammkapitals vertreten (HGB Art. 536 Abs. 3). In HGB Art. 537 Abs. 1 kommt allerdings die Einschränkung zum Ausdruck, daß keinem der Gesellschafter mehr als ein Drittel aller Stimmen zustehen darf. Diese Bestimmung kann aber nur dann Geltung haben, wenn die Zahl der Gesellschafter über zwei liegt. Sind zwei Gesellschafter vorhanden, wird der Gesellschafter, der die Stimmenmehrheit hat, die Entscheidung treffen können. Hiergegen könnte der andere Gesellschafter höchstens auf Grund des allgemeinen Verweises auf die Bestimmungen über die Aufhebung von Beschlüssen der GV bei der AG (HGB Art. 536 Abs. 4) die Klage auf Aufhebung der gegen Treu und Glauben verstoßenden Entscheidung des Mehrheitsgesellschafters einleiten (HGB Art. 381 Abs. 1).

Die GmbH darf keine Aktien ausgeben (HGB Art. 503 Abs. 2); der Kapitalanteilschein ist kein Wertpapier, sondern nur Beweismittel (HGB Art. 518 Abs. 3 und 4).

Bei der GmbH erfolgt die Einladung zur Gesellschafterversammlung in der Regel mittels eingeschriebenem Brief (HGB Art. 538 Abs. 4).

In der GmbH ist gestattet, daß die Beschlüsse der Gesellschafterversammlung auf dem Korrespondenzwege gefaßt werden, wenn die Zahl der Gesellschafter unter 20 liegt (HGB Art. 536 Abs. 2).

Die Durchgriffshaftung auf die Gesellschafter kennt das türkische Recht nicht. Eine Ausnahme ist in Artikel 35 des Gesetzes Nr. 6183 über das Verfahren bei Einziehung öffentlicher Abgaben anerkannt worden: Für öffentliche Abgaben der GmbH, deren Einziehung sich als unmöglich erwiesen hat, haften die Gesellschafter in Höhe des Kapitalbetrages, den sie eingebracht oder zu dessen Einbringung sie sich verpflichtet haben, unmittelbar; sie werden nach Maßgabe der Bestimmungen dieses Gesetzes der Beitreibung unterworfen.

c) Geschäftsführung

Die Geschäftsführung obliegt den Geschäftsführern.

Im Hinblick auf die Vertretungsbefugnis des Geschäftsführes verweist HGB Art. 542 auf die Bestimmungen über die Vertretung der AG (HGB Art. 321). Demzufolge ist der Geschäftsführer ermächtigt, im Rahmen des Zwecks und Gegenstands der Gesellschaft jegliche Angelegenheiten und Rechtsgeschäfte im Namen der Gesellschaft zu tätigen und die Gesellschaftsfirma zu verwenden. Eine Beschränkung dieser Vertretungsmacht ist nur in dem Sinne möglich, daß sie mehreren gemeinsam erteilt oder auf die Angelegenheiten der Hauptniederlassung oder einer Zweigniederlassung begrenzt wird.

d) Kontrollstelle

Ein Kontrollorgan ist dann vorgeschrieben, wenn die Zahl der Gesellschafter 20 überschreitet (HGB Art. 548).

Es besteht aber kein Hindernis zur Einsetzung eines Rechnungsprüfers und/oder eines Beirats.

C. Vergleich AG – GmbH

Das zwingende Gebot der Anwesenheit des Kommissars des Handelsministeriums bei den GVen, die höhere Zahl von Organen und damit verbunden das möglicherweise erschwerte Zusammenspiel dieser Organe, die genau zu beachtenden Formalien bei Einladungen zu den Gremien, ferner die notwendige Beteiligung von mindestens fünf natürlichen oder juristischen Personen mag dazu führen, daß der Typ der GmbH gegenüber der AG vorgezogen wird.

Demgegenüber sind aber folgende Punkte zu beachten: Die Aufgabe des Kommissars besteht im wesentlichen darin, die Einhaltung der zwingenden gesetzlichen Bestimmungen, insbesondere das Vorhandensein des erforderlichen Verhandlungsquorums, die ordnungsgemäße Beschlußfassung und die Anfertigung einer Niederschrift zu prüfen. In anderen Ländern wird diese Aufgabe von Notaren besorgt.

Das Zusammenspiel der Organc ist nicht crschwert, wenn ein dreiköpfiger VR zugleich Beschluß- und Ausführungsorgan ist oder VR als Beschlußorgan fungiert und ein Delegierter des VR mit der Geschäftsführung betraut wird.

Die Einsetzung *eines* Rechnungsprüfers kann eine reine Formalie sein, wie es in der Türkei die Regel darstellt. Doch könnte dem Rechnungsprüfer durchaus eine für das Unternehmen nützliche Funktion zugewiesen werden.

Die Abhaltung von GVen ist auch ohne formgerechte Einladung und Verkündung möglich, wenn alle Aktionäre anwesend bzw. vertreten sind.

Steuerrechtlich sind die AG und GmbH als Kapitalgesellschaften gleichgestellt. Sie unterliegen der Körperschaftsteuer.

III. Gründungsverfahren

Die Gründung einer AG oder GmbH mit ausländischer Beteiligung läuft in drei Phasen: Einholung der Genehmigung des FKA, Bestätigung der Satzung durch das Industrie- und Handelsministerium (IHM), Eintragung der Gesellschaft im zuständigen Handelsregister.

A. Einholung der Genehmigung des FKA

Die Rechtsgrundlagen

- Gesetz zum Schutze des Wertes der türkischen Währung Nr. 1567 vom 20. 2. 1930;

- Gesetz Nr. 6624 vom 18. 1. 1954 betreffend Förderung des ausländischen Kapitals;

- Fremd-Kapital-Rahmenbeschluß des Ministerrats Nr. 86/10353 vom 12. 2. 1986 und der dazugehörige Erlaß Nr. 1 (Amtsblatt vom 25. 5. 1986);

- Beschluß Nr. 32 zum Schutze des Wertes der türkischen Währung Nr. 89-32/1 (Amtsblatt vom 13. 8. 1989) (hiermit ist der Beschluß Nr. 30 vom 21. 6. 1984 aufgehoben worden).

Das Gesetz Nr. 1567 ist ein kurzes Rahmengesetz, das den Ministerrat zum Erlaß von Beschlüssen für die Devisenbewirtschaftung ermächtigt.

Bei größeren ausländischen Investitionen für Produktionszwecke gelangt das Gesetz Nr. 6224 zur Anwendung. Mittlere und kleine Projekte unterliegen den Vorschriften des Rahmenbeschlusses.

An das Präsidium des FKA der SPO ist ein Antrag zu stellen, dem die vorgeschriebenen Belege anzufügen sind. Die Feasibility-Studie gemäß dem Formular des FKA ist die wichtigste Anlage.

Die Mindestbeteiligung des ausländischen Unternehmens beträgt US$ 50000. Beteiligen sich mehrere ausländische Gesellschafter, so muß die gesamte ausländische Mindestbeteiligung dem Betrag entsprechen, der der Multiplikation der Anzahl der ausländischen Gesellschafter mit dem Betrag von US$ 50000 entspricht. Als Beispiel sei angeführt: Bei der Beteiligung von drei ausländischen Unternehmen ist zwar der Gesamtbetrag ihrer Einlagen $ 150000; doch ist erlaubt, daß A $ 50000, B $ 80000 und C $ 20000 einbringt. Die drei Unternehmen können ihre Beteiligungen frei vereinbaren.

Wenn das gesamte ausländische Kapital den Betrag von US$ 50 Mio. nicht übersteigt, wird die Genehmigung durch das FKA erteilt. Bei größeren Investitionen wird der Prüfungsbericht des FKA dem Ministerrat zur Entscheidung vorgelegt.

Der Rahmenbeschluß setzt in Art. 4 die Grundvoraussetzungen für die Erteilung der Genehmigung fest: Die Tätigkeit des ausländischen Unternehmens soll von Nutzen sein für die wirtschaftliche Entwicklung des Landes, in einem Bereich erfolgen, der den türkischen Privatunternehmen offensteht, weder ein Monopol noch eine Sonderkonzession bedeuten.

Die Genehmigungen aufgrund des Gesetzes Nr. 6224 und nach Maßgabe des Rahmenbeschlusses weichen in bezug auf die Rechte und Vergünstigungen, die dem ausländischen Investor zustehen, nicht voneinander ab:

— Gleichbehandlung des ausländischen und inländischen Kapitals,

— Anspruch des ausländischen Investors auf Transfer seiner Gewinnanteile, seines Anteils am Abwicklungserlös und, im Falle der Veräußerung der Beteiligung an einen Inländer, auf den Transfer des Verkaufspreises,

— Anstellung von ausländischen Geschäftsführern mit Genehmigung des FKA.

Gemäß Art. 8 des Rahmenbeschlusses und Art. 4 des Gesetzes Nr. 6224 werden die Gewinnanteile des ausländischen Aktionärs bzw. Gesellschafters behördlich geprüft.

Es ist hervorzuheben, daß dem ausländischen Investor ohne weiteres eine Mehrheitsbeteiligung zustehen darf. Darüber hinaus kann das gesamte Gesellschaftskapital in den Händen von ausländischen Unternehmern liegen.

Die Genehmigungsurkunde bestimmt den Rahmen der Tätigkeit der zu gründenden Gesellschaft mit ausländischer Beteiligung. Die Formulierung des Gegenstandes in der Satzung und die zu entfaltende Tätigkeit müssen diesem Rahmen entsprechen.

Förderungsmaßnahmen: in der Regel wird der Antrag auf Gewährung von Förderungsmaßnahmen schon im Antrag auf Genehmigung der Investition gestellt.

Die wichtigsten Förderungsmaßnahmen sind: Zollbefreiung für alle Maschinen und Anlagen des Investitionsprojekts sowie für Importwaren, die für die Herstellung der Exportprodukte erforderlich sind, Zuschuß für den Ankauf türkischer Investitionsgüter, Befreiung von Steuern und Gebühren bei mittel- und langfristigen Krediten und bei Exporten, Inanspruchnahme eines Teils der beim Export eingehenden Devisen für den eigenen Bedarf.

Die Befreiungssätze sind zum großen Teil abhängig vom Standort — höher für Entwicklungsgebiete — und dem Eigenkapitalanteil.

Außerdem sind für die Gewährung von Förderungsmaßnahmen bezüglich der Höhe des Anlagevermögens Mindestwerte vorgeschrieben.

B. Bestätigung der Satzung durch das Industrie- und Handelsministerium (IHM)

Die Gründung der AG und der GmbH bedarf der Genehmigung des IHM (HGB Art. 273, 280, 509 Abs. 1).

Die Satzung ist von den Gründern bzw. ihren Vertretern vor dem Notar zu unterzeichnen, alsdann in sechsfacher Ausfertigung dem IHM vorzulegen. Die Beteiligungsbeträge müssen bei einer Bank gesperrt werden. Die Bank hat gegenüber dem IHM Sperrbriefe auszustellen. In diesem Zeitpunkt sind die vom ausländischen Unternehmen überwiesenen Devisen in türkische Währung umzuwandeln.

Aus HGB Art. 280 Abs. 2 ergibt sich, daß für die Gestaltung der Satzung der Grundsatz der Vertragsfreiheit gilt:

„Das Industrie- und Handelsministerium darf die Genehmigung nicht mit der Begründung verweigern, daß die Satzung von den nachgiebigen Bestimmungen des Gesetzes abweicht".

Trotzdem werden häufig Satzungsbestimmungen durch das IHM beanstandet, obwohl sie nicht gegen zwingende Gesetzesvorschriften verstoßen. Dagegen müßte beim Verwaltungsgericht Klage erhoben werden. Bis die Entscheidung gefällt wird, vergehen zwei Jahre. Die Gründer nehmen das nicht in Kauf und sehen sich genötigt, den Auflagen des IHM zu entsprechen.

C. Eintragung im Handelsregister

Bei der AG muß die Satzung dem Handelsgericht zur Prüfung übergeben werden.

Vor der Eintragung ist bei der Stadtverwaltung die Ausstellung einer Bescheinigung über die Existenz einer Betriebsstätte zu erwirken. Hinzu kommt die Anmeldung beim örtlichen Finanzamt.

Die Eintragung im Handelsregister ist konstitutiv für die Erlangung der Rechtspersönlichkeit. Danach ist das Verfahren zur Freigabe des gesperrten Kapitals einzuleiten.

D. Joint Venture-Vertrag

Weder bei der Aktiengesellschaft noch bei der GmbH türkischen Rechts bestehen Bedenken gegen die Rechtswirksamkeit von Gesellschaftervereinbarungen („Joint Venture"-Verträge); Diese sind bei ausländischen Direktinvestitionen in Gemeinschaftsunternehmen in der Türkei eine typische und rechtlich zulässige Gestaltungsform in Ergänzung der Gesellschaftsverträge/Statuten.

IV. Konsortialgeschäfte: JV ohne eigene Rechtspersönlichkeit

Das türkische Recht kennt auch den Zusammenschluß in einer „einfachen Gesellschaft" (in Deutschland = BGB-Gesellschaft); sie hat keine Rechtspersönlichkeit (türkisches Obligationengesetz – OG – 521–541, schweizerisches OR 530–551).

Die Bestimmungen in den Artikeln 1 E und 6bis des Körperschaftsteuergesetzes Nr. 5422 vom 3. 6. 1949, in der Fassung des Gesetzes Nr. 3239 vom 4. 12. 1985 erwähnen diese Form des Zusammenschlusses ausdrücklich:

„Gegenstand:

Artikel 1 – Die Gewinne der nachstehend angeführten Körperschaften unterliegen der Körperschaftsteuer:

A – Kapitalgesellschaften;
B – Genossenschaften;
C – öffentliche Wirtschaftsunternehmen;
D – wirtschaftliche Betriebe von Vereinen und Stiftungen;
E – Gemeinschaftsunternehmen (is ortakliklari).

Bei der Anwendung dieses Gesetzes gelten die Genossenschaften als Vereine, die religiösen Gemeinschaften als Stiftungen.

Der Körperschaftsgewinn setzt sich zusammen aus den Einkommenselementen, die der Einkommensteuer unterliegen.

Artikel 6bis – Das Gemeinschaftsunternehmen ist eine Gesellschaft, die Körperschaften, die in Artikel 1 A, B, C und D angeführt sind, unter sich oder mit Personengesellschaften oder natürlichen Personen zu dem Zwecke gründen, sich zur gemeinsamen Durchführung einer bestimmten Unternehmung zu verpflichten und den Gewinn aufzuteilen.

Es berührt nicht ihre Verpflichtungen, wenn sie keine Rechtspersönlichkeit haben."

Aus dem Gesetzestext ist ersichtlich, daß dieses Gemeinschaftsunternehmen eine besondere Art des JV bildet: Es muß sich um eine bestimmte Unternehmung handeln; mit der Realisierung der Unternehmung geht das Gemeinschaftsunternehmen zu Ende, es kann nicht für ein anderes Projekt fortgesetzt werden. Diese Rechtsform eignet sich nur für große Bauvorhaben wie Talsperren, Brücken u. a. m.

Jedenfalls gelangen diese Bestimmungen nicht zur Anwendung, wenn ein JV zu dem Zwecke gegründet wird, eine kontinuierliche Tätigkeit, die nicht auf ein Projekt beschränkt ist, auf unbestimmte Zeit oder lange Dauer auszuüben.

Hierbei ist zu beachten, daß der „Beschluß Nr. 32 zum Schutze des Wertes der türkischen Währung", in Kraft gesetzt durch den Ministerrats-Beschluß (MRB) Nr. 89/14391 vom 7. 8. 1989 (Amtsblatt vom 11. 8. 1989) in

Art. 12 Abs. 3 vorschreibt, die Gründung von „einfachen Gesellschaften" durch im Ausland ansässige Personen (die einfachen Gesellschaften für internationale Ausschreibungen ausgenommen) der Genehmigung durch das Ministerium, dem das Staatssekretariat für das Schatzwesen und der Außenhandel angegliedert ist, bedürfe. Anschließend wird erwähnt, daß das Ministerium hierfür die Einzelheiten verkünden werde.

Demnach ist für die Gründung eines JV nach Maßgabe der Bestimmungen über die einfache Gesellschaft die Genehmigung des genannten Staatssekretariats einzuholen. Andererseits ist das FKA zuständig, wenn das JV in der Form einer AG oder einer GmbH gegründet werden soll.

Es ist zu beachten, daß JV-Verträge sowohl bei der AG als auch bei der GmbH zulässig sind.

V. Sonstige relevante Fragen

A. Lizenz-, Know-how-Verträge sind zur Genehmigung dem FKA zu unterbreiten. Erlaß Nr. 1 zum Fremdkapital-Rahmenbeschluß legt in Art. 6 die Bedingungen und das Verfahren dieser Genehmigung fest:

Artikel 6: Die staatlichen und privaten Unternehmen müssen folgende Dokumente dem FKA vorlegen, um ihre Lizenz-, Know-how-, technische Zusammenarbeit- und Management-Verträge mit im Ausland ansässigen privaten und juristischen Personen genehmigen zu lassen.

1. Vertragsentwurf

2. Unterlagen zum Nachweis der Produktionsanlagen, in denen die von der Vereinbarung betroffene Produktion und Dienstleistungen dargestellt werden.

3. Feasibility-Studie bezogen auf die Produktion.

4. Jährliche Forschungs- und Entwicklungskosten sowie jährlicher Umsatz des Lizenz- und Know-how-Gebers (bezogen auf das entsprechende Produkt).

5. Wenn das betreffende Produkt patentiert ist, die Prüfbelege.

Die Bewertung der Verträge erfolgt nach folgenden Kriterien:

Keine Beschränkungen bei den Verkaufspreisen der unter Lizenz zu produzierenden Waren; keine Exportbeschränkungen, Berechnung der Royalty auf Produktionsbasis und über Nettoverkaufspreis; die Festlegung der Lösung von Streitigkeiten.

Die nach der Überprüfung durch das FKA als geeignet erachteten Verträge werden nach Vorlage der vierfachen beglaubigten Ausfertigungen der Originale und der vierfachen vom Notar beglaubigten türkischen Ausfertigungen sowie der Quittung über die Stempelsteuer bestätigt. Devisenzahlungen bezüglich der Verträge werden aufgrund der von der Abteilung für Auslandskapital genehmigten Verträge von den Banken transferiert.

B. Vollstreckung ausländischer Gerichtsurteile

Das Gesetz Nr. 2675 vom 22.5.1982, in Kraft getreten am 22.11.1982, über das internationale Privat- und Zivilverfahrensgesetz (IPR-Gesetz) erkennt in den Artikeln 34 ff. die Vollstreckung rechtskräftiger, ausländischer Gerichtsurteile auf Grund der Vollstreckbarkeitserklärung des zuständigen türkischen Gerichts an, wenn die Gegenseitigkeit durch ein Abkommen, aufgrund einer gesetzlichen Bestimmung oder infolge tatsächlicher Übung verbürgt ist. Zwischen der Republik Türkei und der Bundesrepublik Deutschland besteht diese Gegenseitigkeit.

In den Artikeln 34–43 ist die Vollstreckbarkeit ausländischer Schiedssprüche im Rahmen der gleichen Voraussetzungen geregelt.

Dennoch ist es verschiedentlich zu Zweifeln an der Zulässigkeit freier Wahl des Gerichtsstandes gekommen:

Der türkische Kassationshof hat in einer Entscheidung seiner Vereinigten Zivilsenate (Geschäftszeichen HG4 E 11-246/K. 476) vom 15.6.1988 entschieden, die Abwahl des türkischen Gerichtsstandes bedeute ein Mißtrauen gegenüber der türkischen Gerichtsbarkeit und hat einen Verstoß gegen den türkischen „ordre public" bejaht. Verklagen daher ausländische Kläger einen türkischen Kaufmann in der Türkei, so wird das türkische Recht voraussichtlich die Klage mangels Zuständigkeit infolge einer Gerichtsstandklausel *nicht* abweisen.

Umgekehrt ist zu erwarten, daß Klagen türkischer Kläger gegen ausländische Kaufleute in der Türkei immer dann zugelassen werden, wenn diese in der Türkei eine Niederlassung haben.

Im Jahre 1976 hat der türkische Kassationshof als Revisionsinstanz die Vollstreckbarkeit eines Schiedsspruchs, der bei einem Rechtsstreit bezüglich des Bauvorhabens Staudamm Keban gemäß den Regeln der Internationalen Handelskammer (IHK) ergangen war, mit der Begründung abgewiesen, daß Art. 21 der Schiedsregeln der IHK, wonach die Schiedsrichter ihren Spruch zwecks Prüfung der IHK unterbreiten müssen, gegen den ordre public verstoße, weil er mit der Unabhängigkeit der Schiedsrichter nicht vereinbar sei.

C. Vertragssprache

In einer Gesellschaft des türkischen Rechts ist die türkische Sprache maßgebend. Die Satzung muß in türkischer Sprache abgefaßt sein. Das gilt auch für alle Geschäftsunterlagen. Wenn ein Rechnungsprüfer des Finanzministeriums zur Kontrolle kommt, müssen ihm die Unterlagen in türkischer Sprache vorliegen. Die Beschlüsse des VR sind in ein beglaubigtes

Beschlußbuch in türkischer Sprache einzutragen oder einzukleben. Die Mitglieder des VR, die die türkische Sprache nicht beherrschen, lassen sich durch Übersetzer den Inhalt von Beschlüssen schriftlich bestätigen. Die Übersetzungen werden in einem Ordner aufbewahrt.

Dieses Vorgehen ist in besonderem Maße bei den Tagungen der GV einzuhalten. Die Verhandlungssprache ist Türkisch, der Kommissar des IHM ist hierauf angewiesen.

Ungarn:

Ausländische Direktinvestitionen in Ungarn

von

Dr. Stefan Messmann, Wolfsburg

I. Einleitung

Ungarn befindet sich seit mehr als einem Jahr in einem *dynamischen Prozeß*, der sowohl das politische als auch das wirtschaftliche und juristische Umfeld erfaßt hat. Der eingeschlagene wirtschaftliche Kurs besteht im Strukturwandel in der Wirtschaft, in der Entwicklung von Marktmechanismen sowie Stärkung der internationalen Wettbewerbsfähigkeit. Diese Entwicklung wird durch *umfassende Gesetzgebungstätigkeit* flankiert. So verabschiedete das Parlament in Budapest bereits 1988 das *Gesetz über Wirtschaftsgesellschaften*[1] und das *Gesetz über ausländische Investitionen*[2]. Anfang 1989 folgte darauf ein Vereinigungs- und Versammlungsgesetz[3]. Danach wurde eine neue Verfassung verabschiedet[4]. Auch sollen in der nächsten Zukunft die Eigentumsverhältnisse neu geregelt werden[5].

Die in Ungarn eingeschlagenen wirtschaftlichen und gesetzlichen Maßnahmen wirkten sich auf ausländische Investitionen schon kurzfristig relativ günstig aus. Während seit 1972, als die ungarische Gesetzgebung die Gründung von Gemeinschaftsunternehmen zugelassen hatte[6], bis Ende 1988 nur rund 300 gemeinsame Unternehmen gegründet worden waren, wurden allein seit Anfang Januar bis Mitte Juni 1989 etwa 350 Unternehmen mit ausländischer Beteiligung gegründet. Allerdings fällt das in diesem Zeitraum eingebrachte ausländische Kapital mit US$ 63 Mio. mehr als beschei-

---

1 Gesetz Nr. VI/1988 über Wirtschaftsgesellschaften (deutsch in: BfA/AWSt Nr. A-8/89), im weiteren „WGG" abgekürzt. Vgl. dazu *Kun* (Hrsg.), A társasági törvény (Das Gesetz über Wirtschaftsgesellschaften), Budapest 1988 sowie A gazdasági társaságokról szóló törvény és indoklása (Das Gesetz über Wirtschaftsgesellschaften und seine Begründung), Sonderausgabe des Magyar Közlöny (Ungarisches Amtsblatt), Budapest o. J.
2 Gesetz Nr. XXIV/1988 über Investitionen von Ausländern in Ungarn (deutsche Übersetzung in BfA wie in FN 1), im weiteren lediglich mit Angabe der Artikel zitiert.
3 Gesetz Nr. II/1988 über Vereinigungen und Versammlungen.
4 Magyar Közlöny Nr. 74/1989.
5 Vgl. F.A.Z. vom 3. 8. 1989. − Zu den Überlegungen über eine Reform des Eigentumsrechts vgl. *Bársony*, A tulajdonreform lehetséges menete (Ein möglicher Weg der Eigentumsreform), in: Figyelö (Beobachter), Nr. 33/1989.
6 Vgl. NfA vom 21. 7. 1989.

den aus. Doch beträgt der gesamte ausländische Anteil aller 650 Joint Ventures immerhin US$ 420 Mio. [6].

II. Einlagen ausländischen Kapitals

Das vorliegende ungarische Gesetz über ausländische Investitionen hat gegenüber dem bisherigen [7] *entscheidende Änderungen* erfahren.

1. Gebiete der ausländischen Direktinvestitionen

Im Gegensatz zu anderen osteuropäischen Ländern, etwa Jugoslawien, hat das ungarische Investitionsrecht von Anfang an vermieden, bestimmte Wirtschaftstätigkeiten ausländischen Investoren vorzuenthalten. Die VO 28/1972 wurde allerdings dahingehend ausgelegt, daß Gemeinschaftsunternehmen nur auf dem Gebiet der Forschung und Entwicklung, des Handels sowie im Dienstleistungsbereich zugelassen sind. Im Bereich der Produktion war dagegen die Gründung von Gemeinschaftsunternehmen ausgeschlossen [8]. Aber schon die VO 7/1977 stellte klar, daß die Gründung von Gemeinschaftsunternehmen auch im Bereich der Produktion zulässig sei.

Das positive Investitionsrecht verzichtet auf eine Aufzählung sowohl solcher Gebiete, in denen ausländische Investitionen zulässig, als auch solcher, in denen sie nicht erwünscht sind. § 9 Abs. 1 bestimmt, daß eine Wirtschaftsgesellschaft mit ausländischer Beteiligung zur Ausübung *jeglicher Wirtschaftstätigkeit* gegründet werden kann, es sei denn, eine wirtschaftliche Tätigkeit wird durch ein Gesetz ausdrücklich verboten oder eingeschränkt. Damit dürfte auch die bisherige ungarische Praxis entfallen, wonach die Genehmigung von Investitionen bei reinen Außenhandels- oder Vertretungsgeschäften im allgemeinen nicht erteilt wurden.

Demgegenüber enthält das Investitionsgesetz eine Aufzählung der für die ungarische Volkswirtschaft besonders wichtigen Branchen, für die es steuerrechtliche Vergünstigungen vorsieht. Diese sind:

---

7 Die erste ungarische Gesetzesbestimmung über ausländische Investitionen nach dem II. Weltkrieg war die VO des Finanzministers Nr. 28/1972 über wirtschaftliche Vereinigungen mit ausländischer Beteiligung. Diese wurde durch VO des Finanzministers Nr. 7/1977 und Nr. 63/1982 novelliert. Vgl. dazu auch die Weisung Nr. 5/1979 des Finanzministers vom 23. 7. 1979 zur Durchführung der VO Nr. 28/1972 i. d. F. der Änderungsverordnung Nr. 110/1985. – Vgl. hierzu statt vieler: BfA – Ungarische Handelskammer (Hrsg.), Investitionsführer Ungarn, Köln 1986.

8 Vgl. hierzu *Messmann*, Die rechtliche Stellung ausländischer Direktinvestitionen in Jugoslawien im Vergleich zu Rumänien und Ungarn, Zürich 1978, S. 102 f.

- Elektronik,

- Herstellung von Fahrzeugteilen,

- Werkzeugmaschinenbau,

- Maschinenbau,

- Verpackungstechnik,

- Herstellung von Medikamenten, Pflanzenschutzmitteln und Zwischenprodukten,

- Herstellung von Produkten zur Erhöhung des Exports oder zur Importsubstitution in der Landwirtschaft und Lebensmittelindustrie,

- Entwicklung der Eiweißbasis,

- Produktion von Propagations- und Zuchtmaterialien,

- technologische Entwicklungen zur Material- und Energieeinsparung,

- Fernmeldewesen,

- Fremdenverkehr sowie

- Herstellung von Erzeugnissen, die aufgrund der biotechnischen und biotechnologischen Verfahren entwickelt worden sind.

2. Gesellschafter

Da das neue Gesetz über Wirtschaftsgesellschaften die Rechtsform ungarischer Wirtschaftssubjekte neu bestimmt hatte, erscheint es folgerichtig, daß die ungarischen Gesellschafter von Gemeinschaftsunternehmen im Verhältnis zum bisherigen Gesetz ebenfalls neu definiert worden sind. So sieht § 8 vor, daß inländische Gesellschafter der *Staat, alle Formen von Rechtspersonen, Wirtschaftsgesellschaften ohne Rechtspersönlichkeit sowie auch natürliche Personen* sein können.

Demgegenüber können sich Ausländer an der Gründung an einer bzw. als Gesellschafter einer Wirtschaftsgesellschaft nach § 7 dann beteiligen, wenn sie nach ihrem Heimatrecht über ein Unternehmen verfügen oder sie im Unternehmens- (oder einem anderen Wirtschafts-)Register nach den Bestimmungen ihres Heimatrechts eingetragen sind. Aktionär kann dagegen jede beliebige ausländische natürliche oder juristische Person sein.

Untersucht man je nach Gesellschaftsform die Bestimmungen, wer als Gründer einer Wirtschaftsgesellschaft in Frage kommt, so kommt man zu dem Ergebnis, daß

- oHG, KG, GmbH und AG sowohl von juristischen als auch natürlichen Personen,

– Vereinigungen[9] und Gemeinsame Unternehmen[10] dagegen nur von juristischen Personen

gegründet werden können.

3. Registrierung von Investitionsverträgen

Das Genehmigungsverfahren für ausländische Investitionen ist im Vergleich zum bisherigen Recht entscheidend liberalisiert worden. So geht das neue Investitionsgesetz von dem Grundsatz aus, daß *nur* noch ausländische *Mehrheitsbeteiligungen* einer Genehmigung bedürfen (§ 9 Abs. 2), während ausländische Minderheitsbeteiligungen lediglich in das Firmenregister beim örtlich zuständigen Gericht eingetragen werden müssen (§ 5 und 9 Abs. 3).

Der *Antrag* zur Genehmigung einer ausländischen Mehrheitsinvestition ist an den *Finanzminister* zu richten.

Der Antrag ist

– bei der Gründung einer neuen Gesellschaft vom ungarischen Gründer,

– bei der Gründung einer Gesellschaft durch eine ausländische Person allein von dieser und

– beim Erwerb eines ausländischen Anteils an einer Gesellschaft von der Gesellschaft

in ungarischer Sprache in fünf Anfertigungen einzureichen (§ 10 Abs. 2).

Der Antrag muß folgenden *Inhalt* haben:

– Name bzw. Firma der Gesellschafter, ggf. ihre Gesellschaftsform sowie Wohnsitz bzw. Sitz;

– Registrierungsort und Geschäftstätigkeit;

– bei bestehenden Gesellschaften: Höhe des Grund- bzw. Stammkapitals zum Zeitpunkt der Antragstellung; bei Gründung einer Gesellschaft: die diesbezüglich geplanten Daten;

– Art und Weise der Aufteilung des besteuerten Gewinns sowie

– Darstellung der geschäftspolitischen Ziele der Gesellschaft mit der Anführung der zu deren Bewertung geeigneten Daten (§ 10 Abs. 3 WGG).

Obwohl der Antrag auf *Genehmigung* an den *Finanzminister* zu stellen ist, der auch die Genehmigung erteilt (§ 11 Abs. 1), hat dieser dazu die *Zustimmung des Handelsministers* einzuholen (§ 9 Abs. 2). Ein etwaiger Abwei-

---

9 § 103 Abs. (1) WGG.
10 § 127 Abs. (1) WGG.

sungsbeschluß ist zu begründen. Gegen einen Abweisungsbeschluß besteht kein Rechtsbehelf.

Der mit einem Form- oder Inhaltsfehler behaftete Antrag kann durch ergänzende Eingaben innerhalb von 30 Tagen nach der ursprünglichen Antragstellung geheilt werden. In diesem Falle ist der so ergänzte Antrag innerhalb von 60 Tagen nach Beseitigung des Mangels in der Sache zu entscheiden (§ 11 Abs. 2).

Wird der Antrag innerhalb von 90 Tagen nach dessen Einreichen *nicht abgelehnt*, gilt die Genehmigung als *erteilt* (§ 9 Abs. 2).

III. Rechtsformen von Unternehmungen

1. Allgemeine Betrachtungen

Das Gesetz über Wirtschaftsgesellschaften ist das *bedeutendste ungarische Gesetzeswerk seit der Verabschiedung des ZGB in 1959.* Es erfaßt natürliche und juristische Personen und erstreckt sich sowohl auf Inländer als auch auf Ausländer[11]. Der Gesetzgeber verfolgt mit dem WGG mehrfache Ziele: Er wollte in erster Linie gesetzestechnisch das vor allem in Verordnungen (mit oder ohne Gesetzeskraft) geregelte Unternehmensrecht in *einem Gesetz zusammenfassen*, wobei auch die ausländischen Erfahrungen berücksichtigt worden sind. Ordnungspolitisch wollte der Gesetzgeber vor allem die *Einmischung des Staates* in die Wirtschaft *eindämmen*, indem nun auch Wirtschaftsgesellschaften im staatlichen Eigentum durch ihre eigenen Organe geführt und kontrolliert werden sollen. Dabei wurden gleichzeitig Ansätze für *neue Eigentumsformen* geschaffen sowie administrative Hemmnisse bei Privatinitiativen abgebaut. Und wirtschaftlich, schließlich, sollen durch die Gründung von Wirtschaftsgesellschaften die *Ersparnisse Privater kanalisiert* und ein *Kapitalmarkt* geschaffen werden.

Doch strebt das WGG keine Exklusivität an: Staatsunternehmen und Genossenschaften werden auch weiterhin durch Sondergesetze geregelt.

---

11 Das Gesellschaftsrecht hat in Ungarn eine lange Tradition. Schon im Jahre 1875 wurde – ähnlich wie heute im Hinblick auf ausländische Investitionen – das erste umfassende HGB (Gesetz Nr. XXXVII/1875) erlassen. Es regelte das gesamte Handelsrecht und von den Gesellschaften die oHG, KG, AG sowie die Genossenschaften und prägte, zusammen mit dem 1930 erlassenen GmbH-Gesetz (Nr. V/1930) bis heute das ungarische Handels- und Gesellschaftsrecht. Doch bleiben auch nach Erlaß des WGG Teile dieses HGB weiterhin in Kraft, so die §§ 291–298 über Handelsanweisungsscheine und die §§ 434–452 über Lagergeschäfte. Auch wurden beide Gesetze, obwohl teilweise lange nicht angewandt, „sogar in der neueren Zeit authentisch interpretiert" (vgl. die Mitteilung des Finanz- und Justizministeriums Nr. 301/1968, Amtsblatt des Justizministeriums Nr. 2/1968).

2. Gesellschaftsformen

Das Investitionsgesetz bestimmt, daß eine Gesellschaft mit ausländischer Beteiligung in der im Gesetz über Wirtschaftsgesellschaften vorgesehenen Rechtsform gegründet werden kann (§ 3 IG). Es sind dies die

— *offene Handelsgesellschaft* (§§ 55 bis 93 WGG),

— *Kommanditgesellschaften* (§§ 94–102 WGG),

— *Vereinigungen* (§§ 103 bis 126 WGG),

— *Gemeinsame Unternehmen* (§§ 127 bis 154 WGG),

— *Gesellschaften mit beschränkter Haftung* (§§ 155 bis 233 WGG) und

— *Aktiengesellschaften* (§§ 232 bis 330 WGG).

Die bestehenden Gesellschaften, auch Gemeinschaftsunternehmen, sind mit Ausnahme der Außenhandelsgesellschaften verpflichtet, sich bis Ende 1989 dem neuen Unternehmensgesetz anzupassen. Die Umwandlung regelt ein Sondergesetz[12].

3. oHG, KG, Vereinigung und Gemeinsame Unternehmen

a) Die o*HG* und die *KG* ungarischen Rechts weisen keine Besonderheiten gegenüber den gleichen Gesellschaftsformen des westlichen Auslands auf. Auch bei der oHG ungarischen Rechts sieht das Gesetz eine unbeschränkte und gesamtschuldnerische Haftung der Gesellschafter vor (§ 55 Abs. 1 WGG), während bei der KG mindestens ein Gesellschafter (Komplementär) unbeschränkt (und zusammen mit den übrigen Komplementären gesamtschuldnerisch) für die Verbindlichkeiten der Gesellschaft haftet und die Haftung mindestens eines anderen Gesellschafters (Kommanditisten) auf dessen Vermögenseinlage beschränkt ist (§ 94 Abs. 1 WGG)[13].

---

12 Vgl. Átalakulási törvény (Umwandlungsgesetz) vom 1. 7. 1989, Magyar Közlöny Nr. 38 vom 13. 6. 1989; deutsch in: BlAI-Dokument Nr. R 100/89. Nicht gerade konsequenterweise erhielt das rein *technische* Umwandlungsgesetz scharfe Kritik. Es wird ihm vor allem vorgeworfen, daß es das staatliche Eigentum auf die Wirtschaftsgesellschaften übertrage und somit den Einfluß des Staates in diesen zurückdränge. Darin zeige sich der „reaktionäre Charakter" dieses Gesetzes. Interessanterweise wurden solche Vorwürfe gegen das Gesetz über Wirtschaftsgesellschaften *nicht* erhoben, obwohl gerade dieses die materielle Basis der Umwandlung von staatlichen Unternehmen in Wirtschaftsgesellschaften liefert. Vgl. hierzu: *Sárközy*, Egy törvény védelmében (Zur Verteidigung eines Gesetzes), in: Figyelö (Beobachter), Nr. 34 und 35/1989; *idem*, A tulajdonreformról a társasági törvény után (Über die Eigentumsreform nach dem Umwandlungsgesetz), Budapest 1989.

13 Allerdings sieht eine VO des Ministerrates aus dem Jahre 1978 (Nr. 2008/1978) vor, daß der Finanzminister nur solche KG genehmigen darf, deren Gründungsvertrag eine Nachschußpflicht der Gesellschafter beinhaltet. Da § 331 WGG die Außerkraftsetzung dieser VO *nicht* vorsieht, wo doch durch diese Bestimmung 11 andere VO ihre Gültigkeit verloren haben, ist davon auszugehen, daß die oben erwähnte VO weiterhin in Kraft bleibt.

Messmann

b) Besondere Eigenheiten des ungarischen Gesellschaftsrechts bestehen für die *Vereinigung* und das *Gemeinsame Unternehmen*.

Bei der *Vereinigung* handelt es sich um eine rechtsfähige Gesellschaft, die zur Durchführung und Förderung gemeinsamer Ziele mehrerer Gesellschaften mit unbeschränkter Solidarhaftung der einzelnen Mitglieder gegründet wird und keinen eigenen Gewinn anstrebt (§ 103 WGG). Sie kann demzufolge mit einer nicht rechtsfähigen BGB-Gesellschaft deutschen Rechts [14] oder der Europäischen Wirtschaftlichen Interessenvereinigung [15] verglichen werden.

Das *Gemeinsame Unternehmen* ist eine rechtsfähige Wirtschaftsgesellschaft, die mit dem von seinen Mitgliedern zur Verfügung gestellten Grundkapital und mit ihrem sonstigen Vermögen für ihre Verbindlichkeiten haftet. Werden die Schulden durch Unternehmensvermögen nicht abgedeckt, so haften die Mitglieder − im Verhältnis ihres Vermögensbeitrages − als Gesamtbürgen für die Schulden des Unternehmens (§ 127 Abs. 1 WGG). Das *Leitungsorgan* bei der Vereinigung (§ 108 WGG) und dem Gemeinsamen Unternehmen (§ 133 WGG) ist der *Direktionsrat*, in den jedes Mitglied einen Vertreter zu entsenden berechtigt ist. Der Direktionsrat bestellt jeweils den *Direktor* (§§ 117 und 142 WGG) sowie den *Aufsichtsrat* (§§ 118 und 143 WGG), wobei die Bildung eines Aufsichtsrates in der Regel freiwillig und nur bei den Gemeinsamen Unternehmen dann zwingend vorgeschrieben ist, wenn sie mehr als 200 Mitarbeiter beschäftigen.

Insbesondere wegen der Haftungsregelungen bei oHG, KG, Vereinigungen und Gemeinsamen Unternehmen dürfte für ausländische Investoren in aller Regel nur die GmbH und die AG als Gesellschaftsformen in Frage kommen. Deshalb werden wir uns nachstehend auf die Behandlung dieser beiden Unternehmensformen beschränken.

IV. Gesellschaft mit beschränkter Haftung

1. Gründung einer GmbH

Das Gesetz definiert die GmbH als eine Wirtschaftsgesellschaft (§ 155 Abs. 1 WGG), die mit einem *Stammkapital* von mindestens *Ft 1 Mio.* (§ 158 Abs. 1 WGG) gegründet wird, wobei die *Höhe der einzelnen Stamm-*

---

14 §§ 705 ff. BGB.
15 Vgl. die Verordnung (EWG) des Rates vom 25.7.1985 über die Schaffung einer Europäischen Wirtschaftlichen Interessenvereinigung (EWIV), in: ABlEG L 199 vom 31.7.1985, S. 1 ff.; Sonderdruck als Beilage 3/87 zum Bulletin der EWG. Vgl. hierzu auch *Müller-Gugenberger*, EWIV − Die neue europäische Gesellschaftsform, in: NJW 1989, 1449−1463.

einlagen nicht weniger als Ft. 100 000,– betragen darf (§ 159 Abs. 1 WGG). Die Haftung der Gesellschafter gegenüber der Gesellschaft beschränkt sich auf die Einbringungspflicht der Stammeinlagen sowie auf den im Gesellschaftsvertrag eventuell festgelegten sonstigen Vermögensbeitrag.

Wirtschaftsgesellschaften werden durch *Gesellschaftsverträge* gegründet. Das Gesetz schreibt für den Gesellschaftsvertrag generell folgenden Inhalt zwingend vor (§ 21 Abs. 1 WGG):

a) Firma und Sitz der Gesellschaft;

b) die Gesellschafter unter Anführung ihrer Namen (Firmen) und Wohnsitze (Sitze);

c) Gegenstand der Gesellschaft sowie

d) Höhe des Gesellschaftsvermögens sowie Art und Weise und Zeitpunkt der Einbringung.

Darüber hinaus ist in dem Gesellschaftsvertrag über die Gründung einer GmbH noch folgendes zu vereinbaren (§ 157 Abs. 1 WGG):

a) die Höhe des Stammkapitals und der Stammeinlagen der einzelnen Gesellschafter;

b) die Art und Weise und die Frist der Einzahlung der nicht voll eingezahlten Bareinlagen;

c) Umfang der Stimmrechte und Vorgehensweise bei Stimmengleichheit;

d) den ersten Geschäftsführer, bei mehreren Geschäftsführern die Art und Weise der Geschäftsführung, der Vertretung sowie der Firmenzeichnung;

e) bei verbindlicher Errichtung des Aufsichtsrates die Mitglieder des ersten Aufsichtsrates und

bei verbindlicher Wahl des Buchprüfers die Person des ersten Buchprüfers.

Der Gesellschaftsvertrag ist von den Gründern zu unterschreiben. Dabei reicht es aus, wenn die Unterschriften unter verschiedene Texte gleichen Inhalts geleistet werden. Allerdings sind Gesellschaftsverträge (wie im übrigen auch die Satzung einer AG) nach § 19 Abs. 2 WGG von einem Rechtsanwalt oder Rechtsberater [16] gegenzuzeichnen.

Die Mindestzahl der Gesellschafter ist gesetzlich nicht vorgeschrieben. § 156 Abs. 1 WGG bestimmt — im Gegenteil — ausdrücklich, daß eine GmbH auch durch bloß einen Gesellschafter gegründet werden kann (*Ein-Mann-Gesellschaft*).

---

16 Die Stellung der Rechtsberater ist durch die VOGKraft Nr. 3/1983 geregelt. Es handelt sich dabei um Personen, die eine vorgeschriebene Befähigung zur Rechtsberatung erlangt haben und in ein bei Gerichten geführtes Sonderregister eingetragen sind. Im Unterschied zu den Rechtsanwälten sind sie zur Prozeßvertretung nicht berechtigt.

2. Das Rechtsverhältnis zwischen der Gesellschaft und den Gesellschaftern

Die Gesellschafter sind verpflichtet, ihre Geldeinlagen sowie Sacheinbringungen fristgerecht einzuzahlen bzw. der Gesellschaft zur Verfügung zu stellen. Bei Verzug haben sie der Gesellschaft Zinsen in Höhe von 20% p. a. auf den nicht geleisteten Anteil ihrer Stammeinlage zu bezahlen. Bei Nichtbeachtung einer zwingend vorgeschriebenen Nachfrist werden die säumigen Gesellschafter aus der Gesellschaft ausgeschlossen (§ 164 WGG).

Bei Übertragung von Geschäftsanteilen wie bei gerichtlicher Zwangsvollstreckung steht den übrigen Gesellschaftern ein *Vorkaufsrecht* zu (§§ 171 und 173 WGG). Beim Tod oder dem Erlöschen des Gesellschafters geht der Anteil auf seinen Rechtsnachfolger über (§ 175 WGG).

Die Gesellschaft kann bis zu einem Drittel der Geschäftsanteile zurückkaufen, wenn die Gesellschafterversammlung mit einer 3/4-Mehrheit der Stimmen dem zustimmt (§ 179 Abs. 1 WGG). Bei der Ein-Mann-Gesellschaft ist der Rückkauf der Gesellschaftsanteile allerdings verboten (§ 181 WGG).

3. Organe der Gesellschaft

a) Gesellschafterversammlung

Die Gesellschafterversammlung ist das oberste Organ der Gesellschaft, das auch in Fragen, die in den Geschäftsbereich anderer Organe gehören, entscheiden kann. Sie ist mindestens einmal jährlich einzuberufen.

Die Gesellschafterversammlung hat insbesondere folgende *Kompetenzen:*

— Feststellung der Bilanz und Gewinnaufteilung;

— Ausschluß von Gesellschaftern;

— Bestellung und Abberufung der Aufsichtsratsmitglieder;

— Bestellung, Abberufung und Festsetzung der Bezüge der Geschäftsführer;

— Ausübung von Arbeitgeberrechten gegenüber den Geschäftsführern;

— Bestätigung von Verträgen, deren Wert mindestens über ein Viertel des Stammkapitals liegt bzw. die von der Gesellschaft mit den eigenen Gesellschaftern, Geschäftsführern oder deren nahen Angehörigen abgeschlossen werden und nicht zum normalen Geschäftsgang der Gesellschaft gehören;

— Bestätigung der vor der Firmenregistrierung im Namen der Gesellschaft geschlossenen Verträge;

— Geltendmachung von Schadensersatzansprüchen gegenüber den Gründern, Geschäftsführern und Aufsichtsratsmitgliedern sowie Maßnahmen zur Vertretung der Gesellschaft in Verfahren gegen die Geschäftsführer;

— Entscheidung über die Auflösung, Umwandlung, Fusion und Trennung der Gesellschaft sowie

— Änderung des Gesellschaftsvertrages (§ 183 WGG).

Bei der Ein-Mann-Gesellschaft ist die Gesellschafterversammlung als Organ nicht vorgesehen; ihre Kompetenzen werden dort von dem Gründer ausgeübt.

Die Gesellschafterversammlung wird von den Geschäftsführern einberufen. Sie ist unverzüglich einzuberufen, wenn dies von mindestens zwei Gesellschaftern verlangt wird, wenn aus der Bilanz der Gesellschaft hervorgeht, daß sich das Stammkapital infolge von Verlusten auf mindestens die Hälfte vermindert hat oder wenn das Interesse der Gesellschaft es ansonsten erfordert (§ 189 WGG).

Die Gesellschafterversammlung faßt ihre *Beschlüsse* grundsätzlich mit einfacher Stimmenmehrheit der anwesenden Gesellschafter. Für folgende Beschlüsse ist allerdings eine *3/4-Mehrheit* erforderlich:

— Ausschluß von Gesellschaftern,

— Abberufung von Geschäftsführern,

— Änderung des Gesellschaftsvertrages und

— Auflösung der Gesellschaft.

Die Gesellschafterversammlung ist *beschlußfähig*, wenn an dieser mindestens die Hälfte des Stammkapitals vertreten ist. Je Ft. 10 000,– der eingezahlten Stammeinlagen berechtigen zu einer Stimme. Jedem Gesellschafter stehen jedoch mindestens 10 Stimmen zu.

Die Gesellschafter können auch ohne Abhaltung einer Gesellschafterversammlung Beschlüsse im *Umlaufverfahren* fassen. Der außerhalb einer Sitzung vorgeschlagene Beschlußentwurf ist mit einer Frist von 15 Tagen den Gesellschaftern in schriftlicher Form mitzuteilen, die ihre Stimmen mit Unterschrift abgeben. Der Geschäftsführer unterrichtet die Gesellschafter über das Ergebnis der Abstimmung und den Beschluß sowie den Zeitpunkt, ab dem er rechtsgültig geworden ist, innerhalb von acht Tagen nach dem Eintreffen der letzten Stimme (§ 192 GG).

Die Beschlüsse der Gesellschafterversammlung sind in das Beschlußregister der Gesellschaft einzutragen.

b) Aufsichtsrat

Ein Aufsichtsrat ist bei einer GmbH nur vorgeschrieben, wenn das Stammkapital Ft 20 Mio. überschreitet oder die Gesellschaft mehr als 25 Gesellschafter zählt oder im Jahresdurchschnitt mehr als 200 Mitarbeiter beschäftigt (§ 208 WGG). Bei der Ein-Mann-Gesellschaft ist ein Aufsichtsrat dann zwingend vorgeschrieben, wenn sie im Jahresdurchschnitt mehr als 200 Mitarbeiter hat.

Die Mitglieder des Aufsichtsrates werden von der Gesellschafterversammlung bestellt. Sie können von dieser mit einer 3/4-Mehrheit auch abberufen werden. Mitarbeiter der Gesellschaft können *nicht* zum Mitglied des Aufsichtsrates bestellt werden.

Die *Dauer der Mandate* der Aufsichtsratsmitglieder sowohl bei der GmbH als auch bei der AG beträgt höchstens fünf Jahre. Aufsichtsräte können unbeschränkt wiedergewählt werden (Art. 30 WGG). Eine Person darf jedoch höchstens fünf Aufsichtsratsposten bekleiden.

Über die *Kompetenzen* des Aufsichtsrates schweigt das Gesetz. In der Praxis empfiehlt es sich aber, diesem Organ folgende Rechte zu übertragen:

— Erteilung und Widerruf von Handlungsvollmachten,

— Verabschiedung von Personal-, Entwicklungs- und Investitionsplänen sowie von Vorschlägen für die Abschlußrechnung,

— Genehmigung von Investitionen, die nicht im Investitionsplan vorgesehen sind, wenn sie im Einzelfall X% des Investitionsplanes übersteigen,

— Aufstellung von Maßstäben zur Festlegung und Verteilung von Gewinnen und Gehältern,

— Festlegung der Grundsätze für die Preispolitik,

— Aufnahme und Gewährung von Krediten und Bürgschaften außerhalb des normalen Geschäftsganges,

— Errichtung und Schließung von Tochtergesellschaften, Zweigniederlassungen und Vertretungen,

— Erwerb und Veräußerung von Grundstücken und Gebäuden,

— Erwerb, Veräußerung und Belastung von gewerblichen Schutzrechten,

— Änderungen der Geschäftstätigkeit,

— Einführung von dauerhaften Sozialmaßnahmen,

— Aufstellung von Sanierungsplänen,

— Liquidation der Gesellschaft,

— Aufnahme neuer Gesellschafter und

— sonstige Geschäfte oder Maßnahmen von besonderer wirtschaftlicher Bedeutung für die Gesellschaft, die nicht der Gesellschafterversammlung vorbehalten sind.

c) Geschäftsführer

Die Geschäftsführung kann aus einer oder mehreren Personen bestehen, die von der Gesellschafterversammlung bestellt und abberufen werden. Die Geschäftsführer können, genauso wie die Mitglieder des Vorstandes einer AG, für höchstens fünf Jahre bestellt werden. Sie können unbeschränkt wiedergewählt werden (Art. 30 WGG). Jedoch dürfen Geschäftsführer wie Vorstände gleichzeitig nur bei höchstens zwei Gesellschaften diese Funktion bekleiden.

Die Geschäftsführer

— führen die laufenden Geschäfte der Gesellschaft,

— beraten über allgemeine Fragen der Geschäftstätigkeit und unterbreiten dem Aufsichtsrat Entscheidungsvorschläge,

— erstellen das Budget für das jeweils kommende Jahr,

— erstellen die Jahresbilanz und den Geschäftsbericht,

— bereiten die Sitzungen des Aufsichtsrates vor und führen dessen Beschlüsse aus und

— geben im Rahmen der Geschäftstätigkeit Berichte und Beurteilungen über Fragen, die vom Aufsichtsrat gestellt werden.

d) Buchprüfer

Die Bestellung eines Buchprüfers ist bei der GmbH nur bei Ein-Mann-Gesellschaften zwingend vorgeschrieben (§ 215 WGG).

Buchführer können bei einer GmbH wie bei einer AG für höchstens fünf Jahre bestellt werden, sie sind jedoch unbegrenzt wiederbestellbar (Art. 30 WGG).

Der Buchprüfer ist nach ungarischem Gesellschaftsrecht nicht mit einem Wirtschaftsprüfer deutschen Rechts zu vergleichen, sondern bildet — ähnlich wie nach dem neuen jugoslawischen Unternehmensrecht — ein *Organ*, das der Kontrollstelle einer schweizerischen AG (Art. 727 ff. OR) entspricht. Er hat insbesondere die Aufgabe, die Ordnungsmäßigkeit der Buchführung und der Verwendung der Mittel sowie den Jahresabschluß zu prüfen (§§ 41 ff. WGG). Dabei hat er das Recht, an den Sitzungen des Aufsichtsrates und die Pflicht, an den Hauptversammlungen teilzunehmen.

V. Aktiengesellschaft

Nach dem Gesetz ist die Aktiengesellschaft eine Wirtschaftsgesellschaft, die mit einem *Grundkapital von mindestens Ft. 10 Mio.* gegründet wird, wobei sich die Haftung der Aktionäre gegenüber der Gesellschaft auf die Leistung des Nennwertes oder des Emissionswertes der von ihnen gezeichneten Aktien erstreckt. Der *Nennwert der Aktie* hat *mindestens Ft 10 000,–* zu betragen. Emissionen unter Nennwert sind nichtig (§ 235 WGG).

Das Gesetz unterscheidet zwischen *Inhaber- und Namensaktien* (§ 240 WGG), wobei *Ausländer lediglich Namensaktien* erwerben können. Zulässig ist auch die Ausgabe von *Vorzugsaktien mit beschränktem Stimmrecht* (§ 242 WGG), *Mitarbeiteraktien* (§ 243 WGG) sowie *Wandelobligationen* (§ 246 WGG). Der Erwerb eigener Aktien durch die Gesellschaft ist nur insoweit zulässig, als ihr Vermögen das Grundkapital übersteigt, doch darf nicht mehr als 1/3 des Grundkapitals im Besitz der Gesellschaft sein.

1. Gründung einer AG

Das Gründungsverfahren besteht aus Aktienzeichnung (§ 252 WGG), konstituierender Hauptversammlung (§ 257 WGG) und der Anmeldung der Satzung bei dem Firmengericht (§ 262 WGG).

a) Konstituierende Hauptversammlung

Die Gründer sind verpflichtet, innerhalb von 60 Tagen nach dem letzten Tag der erfolgten Aktienzeichnung die konstituierende Hauptversammlung einzuberufen.

Die konstituierende Hauptversammlung

- stellt fest, ob das Grundkapital gezeichnet worden ist und davon mindestens 30% eingezahlt worden sind,

- entscheidet über Annahme oder Ablehnung der Überzeichnung,

- entscheidet über die Gründung der Aktiengesellschaft,

- legt die Satzung fest,

- entscheidet über die Gründervorteile und genehmigt etwaige Sondervereinbarungen,

- bestätigt die bis zu der konstituierenden Hauptversammlung geschlossenen Verträge,

- beschließt über den Wert des nicht in Geld geleisteten Beitrages sowie über den Zeitpunkt seiner Leistung und

– bestellt für das erste Geschäftsjahr den Vorstand, den Aufsichtsrat und den Buchprüfer der Gesellschaft.

b) Satzung

Die Satzung muß einen bestimmten Mindesinhalt haben (§ 261 WGG), nämlich Angaben über Firma, Dauer, Gegenstand des Unternehmens, Höhe des Grundkapitals, Nennbeträge der einzelnen Aktien und die Zahl der Aktien jeden Nennbetrages sowie bei Vorhandensein mehrerer Gattungen die Gattung der einzelnen Aktien, Form der Bekanntmachungen, Sondervereinbarungen, Herausgabe junger Aktien sowie Kapitalerhöhung.

2. Organe der Gesellschaft

a) Hauptversammlung

Das oberste Organ der Aktiengesellschaft ist die Hauptversammlung, die aus der Gesamtheit der Aktionäre besteht. Zu den *ausschließlichen Kompetenzen* der Hauptversammlung gehören neben den bereits bei der GmbH aufgeführten insbesondere:

– die Erhöhung und Herabsetzung des Grundkapitals sowie

– die Änderung der mit den einzelnen Aktienarten verbundenen Rechte (§ 278 WGG).

Die Hauptversammlung ist mit einer in der Satzung festgelegten Häufigkeit, mindestens jedoch einmal jährlich, einzuberufen. Sie ist beschlußfähig, wenn mehr als die Hälfte der stimmberechtigten Aktien anwesend oder vertreten sind, wobei die Satzung auch einen höheren Anteil vorschreiben kann.

b) Aufsichtsrat

Der Aufsichtsrat besteht aus *mindestens drei Mitgliedern*, die von der Hauptversammlung bestellt und abberufen werden. In Gesellschaften mit mehr als 200 Mitarbeitern im Jahresdurchschnitt wird 1/3 der Aufsichtsratsmitglieder von der Belegschaft bestellt. Belegschaftsmitglieder selbst können allerdings – so wie auch bei einer GmbH – nicht zum Aufsichtsrat bestellt werden.

Das Gesetz regelt auch die Kompetenzen des Aufsichtsrates nicht. Die weiter oben aufgeführten Befugnisse des Aufsichtsrates einer GmbH sollten auch bei der AG vereinbart werden.

c) Vorstand

Der Vorstand ist das *geschäftsführende Organ* der Aktiengesellschaft, das aus *mindestens drei und höchstens elf Mitgliedern* besteht und die Gesellschaft gegenüber Dritten vertritt. Er wählt seinen Vorsitzenden aus den eigenen Reihen (§ 285 WGG).

Soweit die Satzung nichts anderes vorsieht, sind alle Vorstandsmitglieder *gemeinsam zur Geschäftsführung* berechtigt. Dabei ist jedes Vorstandsmitglied befugt, die Gesellschaft nach außen zu vertreten. Die Satzung kann allerdings auch vorsehen, daß die Gesellschaft von zwei Vorstandsmitgliedern gemeinsam oder von einem Vorstandsmitglied und einer dazu ermächtigten Person gemeinschaftlich vertreten wird.

d) Buchprüfer

Jede Aktiengesellschaft ist verpflichtet, mindestens einen Buchprüfer zu bestellen. Seine Rechte und Pflichten entsprechen denen bei einer GmbH.

VI. Finanzverfassung

1. Einlagen und ihre Bewertung

Das Investitionsrecht sieht für den ausländischen Partner Einlagemöglichkeiten sowohl in bar als auch in Sachen vor. Dabei bestimmt § 12, daß die Bareinlagen ausländischer Partner *in frei konvertierbarer Währung* einzuzahlen sind. Der nicht in Geld geleistete Beitrag kann eine handelsübliche Sache, Geistesschöpfung mit einem Vermögenswert oder ein Vermögensrecht sein.

Das Gesetz überläßt es zwar den Partnern, die Sacheinlagen selbst zu bewerten. Doch ist der Wert der Sacheinlagen vom Buchprüfer (soweit bestellt) nachträglich festzustellen (§§ 162 und 252 Abs. 3 f. WGG). Auch ist ihre Höhe im Verhältnis zum gesamten Stamm- bzw. Grundkapital gesetzlich eingeschränkt:

— Bei einer GmbH darf die Summe der Bareinlagen nicht kleiner als 30% des Stammkapitals und Ft 500 000,– (§ 160 WGG) und

— bei der AG darf die Bareinlage nicht kleiner als 30% des Grundkapitals und Ft 5 Mio. sein (§ 251 Abs. 2 WGG).

2. Rechnungswesen

Das Investitionsgesetz sieht in § 30 vor, daß die *Gewinn- und Verlustrechnung sowie die Bilanz in Forint* auszudrücken sind. Allerdings können die in frei konvertierbarer Währung eingebrachten Geldeinlagen auf einem Devisenkonto behalten und von der Gesellschaft frei verwendet werden (§ 31 Abs. 3). Auch können damit die im Ausland beschafften Produktionsmittel *zollfrei* importiert werden, soweit sie für eine „dauerhafte Nutzung" in der Gesellschaft erforderlich sind.

Bei allen Transfervorgängen wird der jeweilige offizielle Kurs der Ungarischen Nationalbank angewandt (§ 31 Abs. 2).

3. Gewinn- und Kapitalrücktransfer

Das Investitionsgesetz bestimmt ausdrücklich, daß sowohl der Gewinntransfer als auch der etwaige Kapitalrücktransfer bei der Auflösung der Gesellschaft bzw. Veräußerung der Gesellschaftsanteile in frei konvertierbaren Währungen zulässig sind (§ 32). Die Voraussetzung hierfür ist allerdings, daß die Gesellschaft über die hierfür erforderlichen Geldmittel *in Forint* verfügt. Für den Gewinn- und Kapitalrücktransfer ist es dagegen nicht erforderlich, daß die Gesellschaft selbst über dafür erforderliche Devisen verfügt. Auch dürfen nach Art. 5 des deutsch-ungarischen Investitionsförderungsvertrages[17] keine inner-ungarischen devisenrechtlichen Beschränkungen bestehen, die einen solchen Transfer etwaiger Forintbeträge in frei konvertierbaren Devisen behindern.

VII. Besteuerung der Gesellschaften

1. Bemessungsgrundlage

Das Investitionsgesetz unterwirft Gesellschaften mit ausländischer Beteiligung einer *besonderen Unternehmensgewinnsteuer. Die Bemessungsgrundlage ist der Jahresgewinn* der Gesellschaft (§ 14). Dabei stellt das Gesetz ausdrücklich klar, daß die Unternehmen außer dieser Unternehmensgewinnsteuer *keiner* weiteren Besteuerung auf den Gewinn unterliegen. Hiervon ausgenommen sind freilich die indirekten Steuern und Abgaben, insbesondere die Mehrwertsteuer[18].

Für die Unternehmensgewinnsteuer gilt folgende Staffelung:

- Bis zu einer Höhe von Ft 3 Mio.: 40% und
- für den darüber liegenden Teil: 50%.

2. Steuervergünstigungen

Das Investitionsgesetz stellt klar, daß Gesellschaften mit ausländischer Beteiligung grundsätzlich die gleichen Steuervergünstigungen erhalten, die Wirtschaftsgesellschaften ohne ausländische Beteiligung zukommen. Dar-

---

17 BGBl. 1987 II, S. 438.
18 Vgl. BfA/AWSt Nr. A-2/88.

über hinaus werden Gesellschaften mit ausländischer Beteiligung folgende Steuervergünstigungen gewährt (§ 15):

a) Bei einer Beteiligung von mindestens 20% oder mindestens Ft 5 Mio.: 20%,

b) wenn über die Hälfte der Erlöse des Unternehmens aus der Warenproduktion oder aus dem Betrieb eines selbstgebauten Hotels erwirtschaftet wird, das Grundkapital mindestens Ft 25 Mio. beträgt und die ausländische Beteiligung davon mindestens 30% erreicht, beläuft sich die Steuervergünstigung in den ersten fünf Jahren auf 60%, danach auf 40%.

c) Unternehmen, die nach dem Investitionsgesetz als besonders wichtig geltende Tätigkeiten ausüben und auch sonst die unter b) aufgeführten Bedingungen erfüllen, zahlen auf den Gewinn aus diesen Tätigkeiten in den ersten fünf Jahren keine Steuer, danach steht ihnen eine Steuerermäßigung von 60% zu.

d) Reinvestierte Gewinn werden zusätzlich steuerlich begünstigt.

e) Von erheblicher praktischer Bedeutung ist auch die Bestimmung des § 18, wonach Produktionsmittel, die als Sacheinlage eingebracht oder mit der Bareinlage des ausländischen Partners im Ausland erworben werden, zollfrei nach Ungarn eingeführt werden können.

Zwischen der Bundesrepublik Deutschland und Ungarn besteht seit 1979 ein *Doppelbesteuerungsabkommen* [19].

VIII. Schlußbemerkungen

Mit dem neuen Investitionsgesetz hat Ungarn die Zulassung ausländischer Investitionen in einer liberalen, marktwirtschaftlich orientierten Weise geregelt. Auch ist das Gesetz über Wirtschaftsgesellschaften die umfassendste, modernste Regelung dieser Materie in einem sozialistischen Land, das sich auch weitestgehend Erfahrungen des westlichen Auslandes zu eigen gemacht hat. Doch diese Tatsache und die weiter oben aufgeführten Zahlen über ausländische Direktinvestitionen in Ungarn seit Anfang 1989 können nicht darüber hinwegtäuschen, daß in der gleichen Periode auslän-

---

[19] BGBl. 1989 II, S. 626 und S. 1031. Vgl. hierzu *Klöpper*, Neue ausländerfreundliche, gesellschaftsrechtliche und steuerrechtliche Gesetzesregelungen in Ungarn ab. 1.1.1988, in: RIW 1989, S. 864–869. Im übrigen hat Ungarn noch mit folgenden Ländern Doppelbesteuerungsabkommen abgeschlossen: Belgien, Dänemark, Finnland, Frankreich, Griechenland, Groß-Britannien, Indien, Italien, Japan, Jugoslawien, Nord-Irland, Norwegen, Österreich, Polen, USA und Zypern. (Vgl. mit Nachweisen die Sonderausgabe der Hétvégi Világgazdaság (Weltwirtschaft am Wochenende) vom Dezember 1989.)

dische Investoren z.B. in Italien US$ 20 Mrd., Spanien US$ 7,6 Mrd., Griechenland US$ 1,5 Mrd. und Portugal US$ 700 Mio. eingebracht haben[20].

Die Gründe für dieses relative Desinteresse ausländischer Investoren gegenüber Ungarn liegt neben dem engen ungarischen Markt auch darin, daß es in diesem Lande an *Investitionsinfrastruktur fehlt*. So ist z.B. die Buchführung[21] schwerfällig und hinkt den Erfordernissen des modernen Wirtschaftlebens weit hinterher. Auch gibt es zur Zeit wenig ausgebildete Wirtschaftsprüfer, die in der Lage wären, eine Wirtschaftsprüfung nach westlichen Maßstäben und Erfordernissen durchzuführen und als kompetente Buchprüfer in Frage kämen. Es ist weiter zu erwarten, daß mit steigender Anzahl von Gesellschaftsgründungen, auch von Gemeinschaftsunternehmen, es zu mehr Streitigkeiten in Wirtschaftssachen kommen wird. Hierzu fehlt es aber nicht nur an qualifizierten Richtern, sondern auch an im modernen Wirtschaftsrecht bewanderten Juristen[22]. Dieses Hindernis dürfte allerdings wegen der traditionell guten juristischen Ausbildung in Ungarn in kurzer Zeit überwunden werden.

---

20 Vgl. Ötlet (Gedanke) vom 3.8.1989.
21 Vgl. Gesetz Nr. 2/1989 über die Buchführung sowie VO Nr. 52/1988 des Finanzministers über den Kontenplan. Vgl. auch *Toldy-Ösz*, Einführung in das ungarische Bilanzschema, in: BfA – Ungarische Handelskammer (Hrsg.), a.a.O., S. 82–99.
22 Vgl. Hétvégi Világgazdaság (Weltwirtschaft am Wochenende) vom 15.10.1988.

EWIV:

Die Europäische Wirtschaftliche Interessenvereinigung

Vom französischen zum europäischen Kooperationsmodell

von

Rechtsanwalt Manfred Strauch, Köln/Paris und Gero Walter, D.E.S.S. Droit des affaires internationales, Nizza/Köln

Ab 1. Juli 1989 steht nahezu allen Unternehmen und Personen der europäischen Gemeinschaft eine neue, in den Grundzügen rein europäische Rechtsform für grenzüberschreitende Kooperationen zur Verfügung, die Europäische Wirtschaftliche Interessenvereinigung (EWIV)[1], die als Organisationsform für Joint Ventures schnell Bedeutung gewonnen hat.

Schon die ungewohnte, etwas schwerfällige Bezeichnung für eine Rechtsform des Gesellschaftsrechts signalisiert deutschen Juristen Unbekanntes. So hat der deutsche Gesetzgeber in seinem Gesetz zur Ausführung der zitierten EWG-Verordnung, das am 1. Januar 1989 in Kraft getreten ist, insgesamt eher zurückhaltend von den ihm eingeräumten Gestaltungsmöglichkeiten Gebrauch gemacht[2]. Auch das zur Zeit wohl umfassendste deutsche Lehrbuch zum Gesellschaftsrecht von über 1400 Seiten widmet

---

[1] EWG-Verordnung Nr. 2137/85 – Amtsblatt der Europäischen Gemeinschaften EGNr. L 199 vom 31. Juli 1985, S. 1ff; siehe auch die Literatur auf Seite 510ff. dazu.

[2] Gesetz zur Ausführung der EWG-Verordnung über die Europäische Wirtschaftliche Interessenvereinigung (EWVI-Ausführungsgesetz) vom 14. April 1988, BGBl. I, S. 514ff.

ihr nicht mehr als die letzten acht, stellt sie aber im Vergleich zu anderen einschlägigen Lehrbüchern zumindest kursorisch vor[3].

In der Tat geht die neue Kooperationsform auf den Initiativgeist französischer Juristen zurück[4]. Insoweit hat Frankreich bereits 1967 auf nationaler Ebene das groupement d'intérêt économique (G. I. E.) eingeführt[5]. In den ersten 10 Jahren soll es dort jährlich zu etwa 1000 Kooperationszusammenschlüssen unter dieser Rechtsform gekommen sein, so daß man heute von über 20000 groupements ausgeht[6]. Selbst im europäischen Rahmen hat das G. I. E. beachtliche Erfolge verzeichnen können: man denke nur an Airbus Industries in Toulouse oder auch an Ariane Espace.

Folgerichtig sind die bewährten Charakteristika des G. I. E. in das neue G. E. I. E. übernommen worden: Beschränkung des Vereinigungszwecks auf eine Hilfstätigkeit im Verhältnis zur Haupttätigkeit der Mitglieder mit der Präzisierung, daß Gewinne nicht für die Vereinigung − wohl aber für ihre Mitglieder − erstrebt werden dürfen, nichtsdestoweniger maximale Dispositivität im Innenverhältnis einschließlich möglicher Fremdorganschaft sowie Transparenz im Außenverhältnis und in der steuerrechtlichen Behandlung des Ergebnisses, d. h. gesamtschuldnerische und unbeschränkte Haftung sowie Besteuerung von Gewinn oder Verlust nur auf der Ebene der Mitglieder. Entsprechend soll auch die EWIV Kooperationspartnern erlauben, mit Hilfe einer gefestigten Kooperationsstruktur über bloße Kooperationsverträge hinauszugehen, ohne ihre Unabhängigkeit weder in juristischer noch in wirtschaftlicher Hinsicht aufgeben zu müssen.

Damit indes nach dem erklärten Willen von Kommission und Rat der Europäischen Gemeinschaften das neue gesellschaftsrechtliche Instrument innergemeinschaftliche Kooperationen gerade auch kleinerer und mittlerer Unternehmen fördert[7], wird es nötig sein, daß nicht nur die Spezialisten des Gesellschaftsrechts, sondern auch die Rechtsberater dieser Unternehmen es insbesondere als Gestaltungsmöglichkeit für grenzüberschreitende Joint Ventures in der EG in ihr Repertoire aufnehmen. Angesichts des wirtschaftlichen status quo innerhalb der Europäischen Gemeinschaft bedarf es keiner prophetischen Gabe, um zu erkennen, daß Erfolg oder Mißerfolg der neuen Kooperationstechnik in starkem Maße davon abhängen werden, ob auch der deutsche Jurist, insbesondere der angesprochene Rechtsberater, sie in praxi wird akzeptieren und empfehlen wollen oder nicht.

---

3 *Karsten Schmidt,* Gesellschaftsrecht, S. 1422–1429.
4 In deren Sprache sie und insbesondere ihre Abkürzung übrigens ebenfalls wahre Zungenbrecher auslösen: G. E. I. E. resp. groupement européen d'intérêt économique.
5 Ordonnance n° 67–821 du 23 septembre 1967, J. C. P. 1967, III, 33452.
6 *Guyenot/Galimard,* Journal des Notaires 1985, p. 1402 note 3.
7 Vgl. nur *Gleichmann,* ZHR 149 (1985), S. 633; *Israël,* Revue du Marché commun, n° 292 Décembre 1985, p. 645.

Die folgende Darstellung soll einen Beitrag leisten, die aufgeworfene Frage in Zukunft positiv beantworten zu können. Dabei kann es nun nicht mehr darum gehen, nochmals alle Details der EWIV darzustellen, wie das bereits während der ersten Veröffentlichungswelle zum Thema noch 1985 und 1986 ausführlich geschehen ist [8]. Vielmehr soll das in den letzten beiden Jahren deutlich abgeflaute Interesse im Hinblick auf den Stichtag 1. Juli 1989 durch gezieltes Eingehen gerade auch auf einige praxisrelevante Fragen wiederbelebt werden. Bedenkt man den europäischen Charakter der Kooperationsform, den angedeuteten historischen Hintergrund und die Bedeutung deutsch-französischer Kooperationen innerhalb der Gemeinschaft, erscheint es für das eigene Verständnis lohnenswert, die französische Sicht an einigen Stellen in die Darstellung mit einzubeziehen.

I. Zur Gründung

Ausgangspunkt sei die Überlegung, daß zwei europäisch orientierte Kooperationspartner in spe, Gesellschaften oder natürliche Personen, von der neuen Kooperationstechnik gehört haben und wissen wollen, ob und bejahendenfalls unter welchen Bedingungen sie sich dafür entscheiden können.

Trotz der abschreckenden sprachlichen Fassung des Art. 4 Abs. 1 [9] hinsichtlich der Frage, wer Mitglied einer EWIV werden kann, lautet die Antwort zunächst einfach: grundsätzlich jeder. Insbesondere spielen die Fragen der Rechtspersönlichkeit, der Zugehörigkeit zum privaten Recht, zum öffentlichen Recht oder im Falle natürlicher Personen zu den freien Berufen ebenso keine Rolle wie die Art der wirtschaftlichen Betätigung [10], soweit nur überhaupt eine wirtschaftliche Tätigkeit im weitesten Sinne [11] ausgeübt wird [12]. Während die nicht notwendige Rechtspersönlichkeit dem deutschen, gem. § 1 AusführungsG subsidiär anwendbaren Recht der OHG, dem englischen (partnership) und dem italienischen (consorzio) Personengesellschaftsrecht entgegenkommt, geht die Einbeziehung öffentlich-rechtlicher Organisationsformen auf positive Erfahrungen auf dem Gebiet der Forschung und technologischen Entwicklung in Frankreich zurück. Das hat dort 1982 sogar den Gesetzgeber bewogen, eigens sogenannte „groupements d'intérêt public" zuzulassen [13]. Die ausdrückliche Berücksichtigung von Angehörigen freier Berufe soll dagegen die rasche Er-

---

8 Vgl. Fußnote 1.
9 Artikel ohne besondere Kennzeichnung sind solche der EWG-Verordnung über die EWIV.
10 *Woodland,* J. C. P. 1986, I, 3247, n° 11; *Pételaud,* Revue des Sociétés 1986, p. 195 et ss.
11 Vgl. Erwägungsgrund 5 a. E.
12 Art. 3 Abs. 1, Erwägungsgrund 6.
13 Loi n° 82–610 du 15 juillet 1982, J. C. P. 1982, III, 82610.

richtung des Gemeinsamen Marktes auch im tertiären Sektor der Dienstleistungen voranbringen[14].

Einschränkend wird allerdings in Art. 4 Abs. 2 der grenzüberschreitende innergemeinschaftliche Charakter des Kooperationsinstruments deutlich. Danach müssen die Interessenten ihre Hauptverwaltung oder ihre Haupttätigkeit in verschiedenen Mitgliedstaaten der Gemeinschaft haben bzw. ausüben. Wichtig ist, daß auf die aktuelle Situation abgestellt wird. Für Gesellschaften oder sonstige juristische Einheiten, die außerdem nach dem Recht eines Mitgliedstaates gegründet worden sein sowie in der Gemeinschaft ihren satzungsmäßigen Sitz und ihre Hauptverwaltung haben müssen, kommt es also zur „europäischen Beurteilung" auf letztere an, während für natürliche Personen der Ort ihrer Haupttätigkeit ausschlaggebend ist. Das bedeutet, daß eine EWIV durchaus von zwei oder gar mehreren natürlichen Personen gleicher Staatsangehörigkeit gegründet werden kann, sofern auch nur eine ihre hauptsächliche berufliche Aktivität in einem anderen Mitgliedstaat entfaltet[15]. Es ist dies die konsequente Fortsetzung der auch sonst im internationalen Privatrecht zu beobachtenden Abkehr vom Staatsangehörigkeitsprinzip hin zum Aufenthaltsprinzip, das weniger zur Anwendung fremden Rechts zwingt. In bezug auf die Rechts- und Geschäftsfähigkeit der Mitglieder bleibt es jedoch gem. Art. 2 Abs. 1 bei der Anwendung der jeweils einschlägigen internationalen Privatrechte und damit in aller Regel bei der traditionellen Beurteilung nach nationalem Recht[16].

Die Einhaltung dieses europäischen oder − aufgrund der möglichen, soeben skizzierten Abschwächung nationaler Elemente − besser grenzüberschreitenden Charakters[17] stellt eine der drei fundamentalen Regeln im Sinne des Art. 32 Abs. 1 dar, deren fortgesetzte Nichtbeachtung zwingend zur Auflösung der Vereinigung führt. Haben die potentiellen Kooperationspartner somit die erste Grundbedingung, ob sie überhaupt als Mitglieder einer EWIV in Betracht kommen, erfüllt, können sie sich der zweiten fundamentalen Frage zuwenden, inwieweit ihre angestrebte Zusammenarbeit Gegenstand einer EWIV sein kann.

Als Gegenstand möglicher Joint Ventures sind vielfältigste Erscheinungsformen denkbar, so etwa im Bereich der Produktion Verträge über gemeinsame Produktion, Rationalisierungs- und Spezialisierungsverträge[18], Lizenzverträge[19], Lieferantenverträge bis hin zu Industrieanlageverträgen, oder im Bereich der Distribution Verträge über gemeinsames Marketing,

---

14 *Woodland,* o. Fußn. 10, ebenda; eingehend dazu *Gleichmann,* o. Fußn. 7, S. 638f.
15 Insoweit ungenau *Meyer-Landrut,* o. Fußn. 1, S. 109, der meint, „daß die Mitglieder einer EWIV mindestens aus zwei verschiedenen Mitgliedstaaten stammen" müßten.
16 Vgl. z. B. Art. 7 EGBGB, Art. 3 Code civil français.
17 In diesem Sinne auch *Ganske,* o. Fußn. 1, S. 4.
18 Vgl. hierzu §§ 5, 5a, 5b GWB.
19 Vgl. hierzu § 20 GWB.

Verträge über die unterschiedlichsten Formen der Repräsentation bis hin zu den anspruchsvollsten, heute aber interessantesten Vertragsverhältnissen der integrierten Distribution, d. h. des Vertragshandels und vor allem des Franchising. Hinzu kommen der besonders durch Zwang zur Kosteneinsparung geprägte Bereich der Forschung und technologischen Entwicklung sowie der gesamte, durch hohes Wachstum gekennzeichnete Dienstleistungssektor, für den gar nicht erst der Versuch unternommen werden soll, Beispiele zu zitieren.

Die folglich nur angedeutete unerschöpfliche Palette möglicher Kooperationsgegenstände wird nun durch Art. 3 dahingehend eingeengt, daß der Zweck einer EWIV auf die Unterstützung und Förderung der wirtschaftlichen Tätigkeit ihrer Mitglieder beschränkt bleiben, also eine Hilfstätigkeit im Hinblick auf deren Haupttätigkeit darstellen muß. Insoweit ist die Kernvorschrift des Art. 3 in den entscheidenden Passagen deckungsgleich mit Art. 1 der Ordonnance über das G. I. E. Diesem Hilfscharakter der Kooperationstätigkeit kommt grundlegende Bedeutung zu[20]. Seine Mißachtung zieht ebenfalls die zwangsweise Auflösung der EWIV gem. Art. 32 Abs. 1 nach sich.

Es liegt daher auf der Hand, daß die Praxis klare Abgrenzungskriterien zwischen Hilfs- und Haupttätigkeit benötigen wird. Denn natürlich ist die Versuchung groß, daß sich ein irgendwie gearteter Zusammenhang mit der wirtschaftlichen Tätigkeit der Kooperationspartner immer finden oder konstruieren lassen wird. Beispielsweise tut Diversifikation heutzutage überall Not, auch wenn dieses Phänomen in erster Linie ein Problem der Konzentration ist. Doch Wachstum wird mit allen Mitteln angestrebt, um nicht nur im europäischen, sondern gerade auch im weltweiten Wettbewerb konkurrenzfähig bleiben zu können, wie das aktuelle nationale (Übernahme-)Beispiel eines Automobilherstellers im Hinblick auf die Luft-, Raumfahrt- und Wehrtechniksektoren zeigt; von der Hysterie öffentlicher Übernahmeangebote jenseits des Rheins („offres publiques d'achat"), die hierzulande noch weitgehend an der vergleichsweise guten Eigenkapitalstruktur deutscher Unternehmen scheitern, ganz zu schweigen. So könnte es Interessenten reizen, auch im Wege des Kooperationsinstruments „EWIV" keineswegs nur kostensparende Rationalisierung zu betreiben, sondern einen ersten Einstieg in einen eigentlich branchenfremden Markt zu wagen, indem etwa das wirtschaftliche Risiko eines angeschlagenen branchenfremden Unternehmens (zunächst) gemeinsam getragen wird. Auch dies kann gem. Art. 3 Abs. 1 helfen, langfristig „die wirtschaftliche Tätigkeit ihrer Mitglieder zu erleichtern oder zu *entwickeln*[21] sowie die Ergebnisse dieser Tätigkeit zu verbessern oder zu steigern."

---

20 Eingehend *Gleichmann,* o. Fußnote 7, S. 635 ff.; *Meyer-Landrut,* o. Fußnote 1, S. 108 f.
21 Hervorhebung durch die Verfasser.

Ist dennoch eine weite Auslegung des Begriffs „Hilfstätigkeit" schon deshalb geboten, um drohenden Kooperationsverboten möglichst jeden Anschein von Willkür zu nehmen, kann zur Lösung des Abgrenzungsproblems beim diesbezüglichen Erwägungsgrund 5 angesetzt werden[22]. Er gibt einen ersten allgemeinen Hinweis auf möglicherweise allein akzeptable negative Abgrenzungsmerkmale danach, was jedenfalls nicht geschehen darf: Die Tätigkeit der EWIV darf nicht an die Stelle der wirtschaftlichen Tätigkeit ihrer Mitglieder treten. Es handelt sich mithin um ein allgemeines Substitutionsverbot. Fortgesetzt wird dieses negative Abgrenzungsverfahren exemplarisch im Erwägungsgrund 5 durch die Präzisierung, daß die Vereinigung selbst keinen freien Beruf gegenüber Dritten ausüben kann, und sodann in Art. 3 Abs. 2 lit.a)–e) durch weitere spezielle Verbote: Konzernleitungsverbot, Holdingverbot, Verbot der Beschäftigung von mehr als 500 Arbeitnehmern, Verbot mißbräuchlicher Gesellschafterdarlehen, Verbot der Beteiligung an anderen EWIV.

Lehnt man hingegen die alleinige Akzeptanz des Prinzips „Erlaubt ist, was nicht verboten ist" ab, wird auf internationaler, wenn auch „nur" innergemeinschaftlicher Ebene allenfalls die wörtliche Auslegung der Begriffe „Tätigkeit" im allgemeinen und „Hilfstätigkeit" sowie „wirtschaftliche Tätigkeit ihrer Mitglieder" im besonderen Platz greifen dürfen. So könnte, um im Beispiel zu bleiben, zu weitgehendem, eindeutig branchenfremdem Diversifikationsstreben dadurch Einhalt geboten werden, daß derartige Absichten keinen Zusammenhang mit der wirtschaftlichen Tätigkeit der Kooperationspartner, die begrifflich allein auf aktuelles Wirken abstellt, aufweisen. Oder aber man verlagert die Lösung des speziell angesprochenen Diversifikationsproblems, das nach der gegenwärtigen Tendenz noch an Bedeutung zunehmen wird, auf die Ebene des Wettbewerbsrechts der Art. 85 ff. EWG-Vertrag einschließlich der dazugehörigen Verordnungen, insbesondere der Gruppenfreistellungsverordnungen[23].

Was die Konzernleitungs- und Holdingverbote des Art. 3 Abs. 2 lit.a) und b) betrifft, so sollen davon zu unterscheidende, zur Erreichung des Zwecks notwendige und gegebenenfalls sehr weitgehende Koordinierungsmaßnahmen der EWIV gegenüber ihren Mitgliedern zulässig sein[24]. Problematisch kann das dann werden, wenn im Verhältnis zu den Mitgliedern, aber auch zu Dritten, die wirtschaftliche Bedeutung zugunsten der Vereinigung umschlagen sollte. Zumal der Hilfscharakter der EWIV keineswegs im Sinne von nebensächlichen Tätigkeiten zu verstehen sein soll, diese vielmehr eine so zentrale Bedeutung haben können, daß ohne sie die Mitglieder

---

22 Im Grundsatz ebenso *Ganske,* o. Fußn. 1, S. 3 und *Gleichmann,* o. Fußn. 7, S. 636.
23 Vgl. Erwägungsgrund 15, 2. Anstrich.
24 *Gleichmann,* o. Fußn. 7, S. 637.

allein nicht tätig werden können und Hilfstätigkeit daher als helfende Tätigkeit auszulegen sei[25].

Vielleicht wird sich das dritte in Art. 3 Abs. 2 expressis verbis genannte Verbot, das der unzulässigen Beschäftigung von mehr als 500 Arbeitnehmern insoweit ungewollt als Problemlösungsfaktor erweisen, als sich damit die Entwicklung wirtschaftlich bedeutender Interessenvereinigungen, die wie das G. I. E. Airbus Industries in aller Regel weit mehr als 500 Arbeitnehmer benötigen dürften[26], tatsächlich zumindest hemmen lassen wird. So gesehen könnten Befürchtungen aus deutscher Sicht, wonach ohne diese Regelung zwingende deutsche Mitbestimmungsregeln zur Disposition stünden[27], durchaus ihre Berechtigung haben. Denn würde sich der Zweck einer EWIV wirklich stets nur auf eine dienende, untergeordnete Hilfstätigkeit richten, wäre eine Mitbestimmung für die Arbeitnehmer gar nicht auf dieser Ebene, sondern allein auf der der Mitglieder von Interesse, worauf zu Recht aus französischer Sicht hingewiesen wird[28].

Abschließend zu der Problematik des Art. 3 ist noch zu bemerken, daß ebenfalls aus französischer, eventuell aber auch aus deutsch-französischer Sicht, eine interessante Fragestellung die werden könnte, ob ein G. I. E. französischen Rechts, aber europäischen Charakters wie z.B. Airbus Industries, Mitglied einer EWIV werden kann oder dies gegen Art. 3 Abs. 2 lit. e) verstoßen würde.

Sind somit Zulässigkeit des Gegenstands der Vereinigung und vor allem des Vereinigungszwecks geklärt, können sich die Kooperationsinteressenten dem dritten fundamentalen, in Art. 32 Abs. 1 sanktionierten Faktor widmen, der Bestimmung des Sitzes ihrer Vereinigung.

Eines der Motive für die Schaffung der EWiV ist es, gerade auch kleineren und mittleren Unternehmen durch die unmittelbare Anwendung eines einheitlichen innergemeinschaftlichen Rechts etwaige psychologische Hemmungen vor transnationalen Kooperationen dergestalt zu nehmen, daß sie sich nicht einer fremden Rechtsordnung „unterwerfen" müssen[29]. Dennoch wird sich in vielerlei Hinsicht die subsidiäre Anwendung nationalen Rechts nicht vermeiden lassen. Welches nationale Recht aber zum Beispiel in bezug auf die wichtigen Fragen des Gründungsvertrags und der inneren Verfassung der EWIV subsidiär zur Anwendung gelangt, richtet sich gem. Art. 2 Abs. 1 nach dem Sitz der Vereinigung.

---

25 *Gleichmann,* ebenda, S. 635f.; *Israël,* o. Fußn. 7, p.646.
26 *Woodland,* o. Fußn. 10, n° 10 note 35.
27 Vgl. nur *Ganske,* o. Fußn. 1, S. 3.
28 *Israël,* o. Fußn. 7, p.647.
29 Erwägungsgrund 2; *Israël,* o. Fußn. 7, S. 645; *Gleichmann,* o. Fußn. 7, S. 633; *Abmeier,* o. Fußn. 1, S. 2988.

Hierzu bestimmt Art. 12, daß der im Gründungsvertrag anzugebende Sitz zwar einerseits innerhalb der Gemeinschaft grundsätzlich frei gewählt werden kann, doch andererseits gewisse tatsächliche Bezugspunkte zur Tätigkeit der EWIV aufweisen muß. So können sich die Partner des Joint Venture entweder für den Ort entscheiden, an dem die EWIV selbst ihre Hauptverwaltung hat, oder aber für den Ort, an dem einer von ihnen seine Hauptverwaltung hat bzw. seine Haupttätigkeit ausübt, und zwar im letzteren Fall unter der zusätzlichen Bedingung, daß auch die Vereinigung dort selbst eine Tätigkeit tatsächlich ausübt. Immerhin verspricht die letztgenannte Möglichkeit, den Sitz bei einem Mitglied zu belassen, Kostenvorteile beispielsweise insofern, als man auf weitere Geschäftsräume verzichten kann[30].

Die Frage ist nur, was unter dem Zusatz einer − zumindest einer, was aber ausreicht − tatsächlichen Tätigkeit der EWIV an der Wirkungsstätte eines Mitglieds zu verstehen ist, ob damit nicht einer „de-facto-Renaissance" der Gründungstheorie das Wort geredet wird[31]. Denn ähnlich wie bei der Frage nach dem Zusammenhang zwischen Hilfs- und Haupttätigkeit im Rahmen des Vereinigungszwecks ist auch hier zu überlegen, ob irgendeine Tätigkeit, irgendein tatsächlicher Bezugspunkt ausreicht. Die bloße Existenz einer sogenannten Briefkastenfirma wird man allerdings nicht akzeptieren wollen. Vorzuschlagen ist deshalb, als Sitz einer EWIV nur den Ort zuzulassen, wo sie tatsächlich *autonome Entscheidungsgewalt* ausübt[32]. Dieses Abgrenzungskriterium würde übrigens im wesentlichen mit dem des Betriebsstättenbegriffs im internationalen Steuerrecht korrespondieren. Auch auf dem Gebiet der Doppelbesteuerungsabkommen erlaubt es, einheitlich über die Einordnung als Betriebsstätte zu entscheiden, unabhängig davon, ob die Einordnung eines Verbindungsbüros, einer Zweigniederlassung, einer Tochtergesellschaft, eines Repräsentanten oder sonst einer Person mit oder ohne Rechtspersönlichkeit zur Diskussion steht[33].

Über die ursprüngliche Wahl des Sitzes hinaus haben die Mitglieder der EWIV die Möglichkeit, den Sitz innerhalb der Gemeinschaft zu verlegen (Art. 13, 14). Bringt die Sitzverlegung eine Änderung des subsidiär anwendbaren Rechts mit sich, sieht Art. 14 die Beachtung einer Reihe von drittschützenden Verfahrens- und Publizitätsvorschriften vor. Inwieweit es

---

30 *Woodland,* o. Fußn. 10, n° 12.
31 Vgl. dazu *Meyer-Landrut,* o. Fußn. 1 (Schriftenreihe DB) S. 33 f., der allerdings nicht näher darauf eingeht, wann konkret verifizierbar von einer tatsächlichen Tätigkeit gesprochen werden kann, sondern sich mit der Feststellung begnügt, es dürfe sich jedenfalls nicht um eine Nebentätigkeit völlig untergeordneter Bedeutung handeln.
32 So auch *Ganske,* o. Fußn. 1 und in diesem Sinne *Kegel,* Internationales Privatrecht, 5. Auflage, S. 339.
33 Zur steuerrechtlichen Behandlung der EWIV und ihrer Mitglieder auch unter dem Betriebsstättenaspekt vgl. näher die Beiträge von *Sass* und *Krabbe,* o. Fußn. 1, vgl. weiter *Wenner,* Geschäftserfolg in Frankreich, S. 217 ff.

daher tatsächlich zu Sitzungsverlegungen kommen wird, muß und wird die Praxis zeigen.

Neben diesen elementaren materiellrechtlichen Erfordernissen müssen die nunmehr zur Gründung einer EWIV entschlossenen Kooperationspartner noch einigen Formvorschriften genügen. Dazu gehören nach Art. 1 Abs. 1, 5 ff. der Abschluß eines Gründungsvertrages und die konstitutive Eintragung in ein Register des Mitgliedstaates, in dem sich der im Gründungsvertrag bestimmte Sitz befindet, während die anschließende Bekanntmachung lediglich deklaratorischen Charakter hat.

Da Art. 2 Abs. 1 für die nicht in Art. 5 geregelten Voraussetzungen des Vertragsschlusses unmittelbar auf das innerstaatliche sachliche Recht des Sitzstaates verweist, bedeutet das für einen Vertragsschluß in der Bundesrepublik, daß einfache Schriftform genügt[34]. Insoweit sieht das deutsche Ausführungsgesetz[35] keine weiteren Erschwernisse, insbesondere keine notarielle Beurkundung vor. Folglich ist seine Abfassung nicht unbedingt in deutscher Sprache erforderlich[36]. Selbstverständlich empfiehlt es sich dann aber, im Falle einer Anmeldung zur Eintragung in ein deutsches Handelsregister eine beglaubigte Abschrift in deutscher Sprache beizufügen. Die Erfordernisse einer Anmeldung zur Handelsregistereintragung ergeben sich im einzelnen aus Art. 6 und 7 sowie §§ 2 und 3 des deutschen Ausführungsgesetzes.

Mit der Registereintragung erlangt die EWIV volle Geschäfts-, Partei- und Prozeßfähigkeit, ohne auf die nach Art. 1 Abs. 3 mögliche eigene Rechtspersönlichkeit angewiesen zu sein. Infolgedessen hat der deutsche Gesetzgeber in seinem Regelungsbereich auf die Einordnung als juristische Person verzichtet, um unnötige Komplikationen mit der dann unumgänglichen Körperschaftsteuerpflicht, die der steuerrechtlichen Transparenz gem. Art. 40 widersprechen würde, zu vermeiden. Mit der Bekanntmachung im Bundesanzeiger kann schließlich die Existenz der EWIV Dritten entgegengehalten werden (Art. 8 und 9 Abs. 1, § 4 AusführungsG). Sie wird durch die Bekanntmachung im Amtsblatt der Europäischen Gemeinschaften komplettiert, ohne daß dies eine weitere Rechtswirkung nach sich ziehen würde[37].

Leider geht aus Art. 1 nicht der Rechtsstatus der EWIV zwischen Abschluß des Gründungsvertrags und Registereintragung hervor, was Anlaß zu der Befürchtung gegeben hat, die Problematik der Vorgesellschaft könne sich im Rahmen des Personengesellschaftsrechts wiederholen[38]. In der Tat läßt

---

34 *Gleichmann,* o. Fußn. 7, S. 641.

35 S. o. Fußn. 2.

36 Vgl. § 5 Abs. 1 BeurkG; in diesem Sinne auch *Woodland,* o. Fußn. 10, n° 7.

37 *Israël,* o. Fußn. 7, S. 649; *Woodland,* o. Fußn. 10 n° 9.

38 *K. Schmidt,* o. Fußn. 3, S. 1425.

sich vertreten, daß auch dieser Vorvereinigung Geschäfts-, Partei- und Prozeßfähigkeit zuerkannt werden sollte. Denn trotz konstitutiver Registereintragung ist nicht zu leugnen, daß die Vereinigung schon durch den Gründungsvertrag ins Leben gerufen wird und folglich nach außen hin tätig werden kann[39]. Zumal Dritte gem. Art. 9 Abs. 2 auch vor Eintragung durch
die gesamtschuldnerische und unbeschränkte Haftung der bereits im Namen der Vereinigung Handelnden geschützt werden, so daß lediglich der
Zwischenschritt des Art. 24 Abs. 2, sich zwecks Zahlung zunächst an die
Vereinigung wenden zu müssen, entfällt.

II. Zum Innenrecht

Angesichts der überaus vielfältigen Verwendungsmöglichkeiten der EWIV
wird verständlich, daß ihren Mitgliedern das im Personengesellschaftsrecht
traditionell hohe Maß an Vertragsfreiheit für die Regelung ihrer Rechtsverhältnisse untereinander zukommen muß. Hervorgehoben wird die Bedeutung des Grundsatzes des Vertragsfreiheit bereits im Erwägungsgrund 4,
dem ersten speziell auf die EWIV bezogenen Erwägungsgrund der Verordnung.

Ganz ohne zwingende Bestimmungen geht es allerdings nicht. Um ein Mi-
nimum an ordnungsgemäßer Funktionsfähigkeit sicherzustellen, schreibt
zunächst Art. 16 zwei Organe zwingend vor: als oberstes Organ das Kolle-
gium („collège"), das jede Entscheidung selbst treffen kann — wobei der
Begriff „Mitgliederversammlung" („assemblée") vermieden werden sollte,
um zur Anwendung unterschiedlicher nationaler Rechtsvorstellungen in
dieser Hinsicht gar nicht erst anzuregen[40] — sowie die Geschäftsführung
(„gérance"), bestehend aus einem oder mehreren Geschäftsführern. Darüber hinaus bleibt es den Kooperationspartnern unbenommen, weitere Organe einzusetzen, etwa einen Aufsichtsrat oder einen Beirat, der insofern
eine beweglichere und damit praxisgerechte Institution abgibt, als in ihm
Experten unterschiedlichster Couleur je nach Bedarf zur Beratung zusam-
mengezogen werden können („Synergieeffekt")

Der Firmenbeirat, dessen Stellung auch im deutschen Recht nicht ausdrücklich geregelt ist, der aber in der Bundesrepublik von erheblicher praktischer Bedeutung ist, hat in anderen europäischen Ländern keine direkte
Entsprechung.

In seiner modernen Form als Mittel zum Transfer von außerhalb des Unternehmens bestehenden Wissens und Verbindungen in das Unternehmen
selbst wird der Beirat in der EWIV eine bedeutende Rolle spielen können.

---

39 *K. Schmidt,* ebenda; in diesem Sinne auch *Ganske,* o. Fußn. 1, S. 12, ebenso *Meyer-
Landrut,* o. Fußn. 1, (Schriftenreihe DB) S. 158 ff.
40 *Israël,* o. Fußn. 7, S. 650; *Gleichmann,* o. Fußn. 7, S. 642 f.

Je enger die Volkswirtschaften in Europa zusammenrücken und sich gegenseitig beeinflussen und durchdringen, je mehr die technischen Hindernisse für Warenaustausch und Erschließung von Marktanteilen an Bedeutung verlieren, in diesem Maße gewinnt die Problematik in der Praxis (meist negative) Bedeutung, die man mit den Begriffen „Mentalitätsunterschiede", „intercultural differences" oder „différences d'approche" umschreibt.

Die Praktiker der grenzüberschreitenden Zusammenarbeit in Europa werden auch im EWIV nach Lösungsmöglichkeiten suchen. Der Beirat, in den Persönlichkeiten aus dem Bereich der beteiligten Unternehmen oder auch von außerhalb ihre Fähigkeiten einbringen, in voller Kenntnis der kulturbedingten Unterschiede den Dialog zwischen allen Beteiligten zu organisieren, wäre eine ausgezeichnete Clearingstelle. Sie würde zwar, auch das zeigt die Praxis, nicht immer die verschiedenen Partner dazu bringen, Probleme in identischer Weise zu definieren, dennoch aber erheblich dazu beitragen können, gemeinsame Lösungen zu erreichen und gemeinsame Zielsetzungen zu verwirklichen.

Hinsichtlich des Kollegiums versteht sich von selbst, daß im europäischen Rahmen eine zwingende physische Zusammenkunft der Mitglieder zu jeder Beschlußfassung wenig praktikabel wäre. Folglich hat die Verordnung auf eine entsprechende Vorschrift verzichtet. Es steht den Mitgliedern also frei, jedwede Form moderner Kommunikationsmittel zu nutzen. Als Ausgleich für die weitgehende vertragliche Gestaltungsfreiheit wird den Mitgliedern jedoch ein gewisser Minimalschutz gem. Art. 17 und 18 garantiert: So darf etwa ein einziges Mitglied nicht die Stimmenmehrheit erhalten, während umgekehrt jedes Mitglied ein Auskunfts- und Einsichtsrecht hat. Letzteres ist um so berechtigter, als die Mitglieder einer weitreichenden Haftung unterliegen und im prinzipiellen Unterschied zur OHG in der Regel nicht alle Geschäftsführer werden können[41].

Angeführt wird der Mitgliederschutz indes analog dem personenbezogenen Charakter der Vereinigung („intuitu(s) personae") an mehreren, die wichtigsten Beschlüsse betreffenden Stellen durch ein unabdingbares Einstimmigkeitserfordernis. Für einige weitere Fälle gilt dieses Einstimmigkeitsprinzip subsidiär auch dann, wenn der Gründungsvertrag nichts anderes vorsieht. Wieder andere Fälle des Mitgliederschutzes betreffen das Recht zur Kündigung aus wichtigem Grund (Art. 27 Abs. 1 Satz 2)[42] sowie seinen Anspruch auf das Auseinandersetzungsguthaben (Art. 33)[43]. Probleme könnten sich diesbezüglich in der Praxis ergeben, weil in der Verordnung nicht geklärt wird, wer im Streitfall über das Vorliegen eines wich-

41 Vgl. § 114 OHG; *Woodland,* o. Fußn. 10. n° 16.
42 Ausdrücklich hervorgehoben von *Pételaud,* o. Fußn. 10, S. 194, 206f.
43 *Ganske,* o. Fußn. 1, S. 6.

tigen Kündigungsgrundes zu entscheiden hat und vor allem wann die Kündigung wirksam werden soll[44]. Hier besteht die Gefahr, daß erst die Entscheidung eines Gerichts abgewartet werden muß, wenn die Mitglieder sich nicht einigen können[45].

Was die Geschäftsführung anbelangt, so wird der deutsche Jurist zunächst mit der nach Art. 19 möglichen Bestellung fremder Geschäftsführer in eine Personengesellschaft konfrontiert, die in ihrem Modus §§ 6, 46 Nr. 5 GmbHG ähnelt. Die Mitglieder müssen also in jedem Fall die Geschäftsführer entweder schon im Gründungsvertrag oder später durch Beschluß in ihre Funktion bestellen und dabei einstimmig deren Befugnisse festlegen. Daß die in Art. 19 Abs. 2 enthaltene Möglichkeit, wonach ein Mitgliedstaat bezüglich der auf seinem Territorium immatrikulierten Vereinigungen auch juristische Personen als Geschäftsführer zulassen kann, sofern nur diese wiederum durch persönlich haftende natürliche Personen vertreten werden, eher zu bedauern ist, wurde bereits in den ersten Stellungnahmen deutlich gemacht[46]. Zumal diese Eventualität nicht gerade dem Gebot der Transparenz, wie es in Art. 3 Abs. 2 seinen Ausdruck findet, entgegenkommt. Vermutlich wird auch nur Großbritannien im Hinblick auf seine „management companies", die ihrerseits andere Gesellschaften verwalten können, davon Gebrauch machen.

Die mögliche Fremdorganschaft mag mitverantwortlich dafür gewesen sein, daß der deutsche Gesetzgeber in seinem Ausführungsgesetz darauf verzichtet hat, auf einzelne versprengte Bestimmungen des GmbH-Rechts, etwa die der §§ 41–43 und 82–85 GmbHG, zu verweisen, sondern sich statt dessen selbst einer gesonderten, freilich analogen Regelung angenommen hat. So hat er in §§ 5 und 14 ausdrücklich in strafbewehrter Weise an die Sorgfaltspflicht, Geheimhaltungspflicht und Verantwortlichkeit der Geschäftsführer appelliert. Des weiteren sind sie gem. § 6 zur ordnungsgemäßen Buchführung der Vereinigung und Aufstellung des Jahresabschlusses verpflichtet. Diese Verpflichtung geht allerdings nicht so weit wie Art. 10 der Ordonnance über das G. I. E., wonach der Gründungsvertrag grundsätzlich die Bedingungen einer externen Wirtschaftsprüfung regeln muß.

Analog den fast unbegrenzten Verwendungsmöglichkeiten einer EWIV stehen ihren Mitgliedern fast unbegrenzte Finanzierungsmöglichkeiten zur Verfügung; lediglich an den Kapitalmarkt dürfen sie sich gem. Art. 23 nicht öffentlich wenden, d.h. sie dürfen keine Schuldverschreibungen oder ähnliche Papiere emittieren. Davon abgesehen können sie jede erdenkliche Art von Einlagen oder Beiträgen, beispielsweise die Einbringung von Dienstleistungen wie etwa geschützte Patente, ungeschütztes Know-how

---

44 *Woodland,* o. Fußn. 10, no 15.
45 *Woodland,* ebenda.
46 Vgl. nur *Ganske,* o. Fußn. 1, S. 8; *Gleichmann,* o. Fußn. 7, S. 644.

oder Geschäftsbeziehungen vorsehen, aber auch auf jegliches Kapital oder sonstige Vermögenswerte der Vereinigung verzichten. Diese Finanzierungsflexibilität kann insbesondere kleineren und mittleren Unternehmen zugute kommen, so daß nicht gegebenenfalls beträchtliches Kapital während einer längeren Zeit ungenutzt gebunden bleiben muß[47]. Allerdings müssen die Mitglieder gem. Art. 21 Abs. 2 dafür Sorge tragen, daß Verluste ausgeglichen werden. Dies kommt einer gesetzlichen Nachschußpflicht während der Existenz einer Personengesellschaft gleich, die insoweit §§ 105 Abs. 2 HGB, 707 BGB zuwiderläuft. Immerhin werden aber die Mitglieder aufgefordert, diese für die Praxis bedeutsame Frage im Hinblick auf die Belastung eines jeden einzelnen bereits im Gründungsvertrag zu regeln.

Art. 3 Abs. 1 Satz 1 2. Halbsatz stellt fest, daß der Vereinigungszweck nicht darauf gerichtet sein darf, Gewinne für die EWIV zu erzielen. Art. 21 Abs. 1 und 40 stellen indirekt klar, wie diese Bestimmung richtig zu lesen bzw. zu ergänzen ist: „sie (scil.: die Vereinigung) hat nicht den Zweck, Gewinne für sich selbst zu erzielen", wohl aber für ihre Mitglieder. Wer will schon wirtschaftlich kooperieren, ohne zumindest langfristig Gewinn in irgendeiner Form daraus zu ziehen?

In diesem Zusammenhang macht sich auch die steuerrechtliche Transparenz positiv bemerkbar, die es den Kooperationspartnern gerade wegen der erwähnten Pflicht zum Verlustausgleich erlaubt, Verluste beispielsweise der Anlaufphase der ersten fünf Jahre auf ihre eigene Steuerlast gewinnmindernd in Anrechnung zu bringen, wozu übrigens der dritte Abschnitt der Erwägungsgründe zur Ordonnance über das G. I. E. sogar regelrecht auffordert.

III. Zum Außenrecht

Das soeben umrissene Maximum an Flexibilität bzw. Vertragsfreiheit im Innenverhältnis, allem voran der Verzicht auf ein obligatorisches Mindestkapital, erfordern neben dem Minimalschutz der Mitglieder den besonderen Schutz Dritter im Außenverhältnis. Folglich bestimmt Art. 24 Abs. 1 Satz 1 zwingend die unbeschränkte und gesamtschuldnerische Haftung der Mitglieder für jegliche Verbindlichkeit der Vereinigung.

Doch fangen damit die Schwierigkeiten erst an. Denn Art. 24 Abs. 1 Satz 2 verweist für die Folgen dieser Haftung global auf nationales Recht. Das führt damit zuerst einmal zu schwierigen Abgrenzungsfragen auf der Ebene der angesprochenen internationalen Privatrechte. Die sich daraus ergebenden Probleme können hier nur angerissen werden und bedürfen noch

---

[47] *Israël*, o. Fußn. 7, S. 651.

genauerer Untersuchung. So wird zu klären sein, ob im Verhältnis zu Dritten nur die Anwendung des Rechts am Sitz der Vereinigung in Frage kommt oder auch die des Rechts des Schuldnerwohnsitzes bzw. -aufenthalts oder wieder anders die des Rechts, dem die Verbindlichkeit selbst unterliegt[48]. Im Verhältnis der Gesamtschuldner zum Ausgleich untereinander wird man allenfalls die Anwendung eines einzigen Rechts, vermutlich das des Sitzstaates, zulassen dürfen, um unzumutbare Ungereimtheiten auszuschließen[49].

Gelangt man beispielsweise zur Anwendung deutschen oder französischen Rechts, ist der Inhalt der persönlichen gesamtschuldnerischen und unbeschränkten Haftung von Bedeutung, ob mithin der Terminus „Verbindlichkeiten jeder Art" im Sinne des persönlichen Einstehens für jede Form der Erfüllung oder nur als Haftung in Geldwerten zu verstehen ist. Unter Hinweis auf die Verwendung des Begriffs „Zahlung" in Art. 24 Abs. 2 wird jedoch jenseits und diesseits des Rheins davon ausgegangen, daß die Mitglieder nur die Haftung trifft[50]. Dieselbe Bestimmung schreibt vor, daß die Gläubiger während der Existenz der EWIV sich betreffs der Zahlung zunächst an die Vereinigung zu halten haben, bevor sie nach Ablauf einer angemessenen Frist ein Mitglied in Anspruch nehmen können. Allerdings ist kaum ersichtlich, wie diese Anordnung große praktische Relevanz entfalten soll: Ähnlich der Problematik zu §§ 110, 105 Abs. 2 HGB, 707 BGB treten die Probleme ja erst dann auf, wenn – salopp gesagt – bei der Vereinigung oder bei anderen Partnern eben nichts mehr zu holen ist, zumal ein eigenes Mindestkapital der EWIV im Sinne von Haftungskapital, wie oben beschrieben, nicht existiert.

Die gesamtschuldnerische und unbeschränkte Haftung trifft ebenso ausscheidende Mitglieder bis maximal fünf Jahre nach Bekanntmachung ihres Ausscheidens (Art. 34, 37 Abs. 1), wobei kürzere Verjährungsfristen selbstverständlich unberührt bleiben, wie neueintretende Mitglieder (Art. 26 Abs. 2 Satz 1). Letztere können aber die Haftung für vor ihrem Beitritt begründete Verbindlichkeiten durch Vereinbarung mit den übrigen Kooperationspartnern ausschließen, was Dritten nach entsprechender Publikation entgegengehalten werden kann. Auch ansonsten steht es den Mitgliedern frei, erstens ihren Haftungsausgleich im Innenverhältnis und zweitens ihre Haftung im Außenverhältnis mit einem bestimmten Gläubiger in bezug auf eine bestimmte Verbindlichkeit individuell zu regeln. Diese im Erwägungsgrund 10 festgehaltene Ergänzung kann ebenfalls dazu beitragen, kleineren und mittleren Unternehmen die Kooperation insbesondere mit finanzstärkeren Partnern zu erleichtern[51] und sollte aufgrund des Vorrangs

---

48 *Woodland,* o. Fußn. 10, n° 19.
49 *Woodland,* ebenda.
50 *Israël,* o. Fußn. 7, S. 652; *Ganske,* o. Fußn. 8, S. 8 f.
51 *Israël,* o. Fußn. 7, S. 652; *Gleichmann,* o. Fußn. 7, S. 646.

des Gemeinschaftsrechts unabhängig davon gelten, ob nationale Rechte eine solche individuelle Haftungsbeschränkung zulassen oder nicht[52].

Neben dem Gesichtspunkt der persönlichen Haftung aller Mitglieder ist unter außenrechtlichen Aspekten auf den der Vertretung durch den oder die Geschäftsführer einzugehen. Entsprechend gesellschaftsrechtlicher Grundsätze ist die Vertretungsmacht Dritten gegenüber unbeschränkt und unbeschränkbar[53]. Art. 20 Abs. 1 sieht ausdrücklich vor, daß grundsätzlich jeder einzelne Geschäftsführer die EWIV auch über den Gegenstand der Vereinigung hinaus verpflichten kann[54], wobei Gutgläubigkeit kontrahierender Dritter vermutet wird und nicht allein durch Hinweis auf dessen Bekanntmachung zu widerlegen ist. Nur wenn die Kooperationspartner Gesamtvertretung durch zwei oder mehrere gemeinschaftlich handelnde Geschäftsführer vereinbaren, können sie die entsprechende Bekanntmachung gem. Art. 20 Abs. 2 Dritten gegenüber geltend machen.

Gerade im Außenverhältnis erweist sich demzufolge die mögliche Fremdorganschaft in einer Personengesellschaft als nicht unproblematisch, wenn man bedenkt, daß somit gesellschaftsfremde Geschäftsführer die persönliche unbeschränkte Haftung eines jeden Mitglieds auslösen können. Denn eigenes Haftungskapital der Vereinigung ist nicht vorhanden, und sogar eine externe Wirtschaftprüfung ist, wie oben erwähnt, nicht vorgeschrieben. Als einzigen zwingenden Schutz zugunsten sowohl der Mitglieder als auch der Gläubiger sieht insoweit das deutsche Ausführungsgesetz in §§ 11 und 15 vor, daß die Geschäftsführung erst reagieren muß, wenn es eigentlich schon zu spät ist: Erst bei Zahlungsunfähigkeit oder Überschuldung der Vereinigung ist sie unter Strafandrohung zur Beantragung des Konkurs- bzw. Vergleichsverfahrens verpflichtet.

IV. Zur Beendigung

Trotz des personenbezogenen Charakters der EWIV („intuitu(s) personae") geht die Verordnung gem. Art. 30 zunächst einmal davon aus, daß die Vereinigung mangels gegensätzlicher Abrede auch nach dem Ausscheiden eines Mitglieds unter den übrigen Kooperationspartnern fortgeführt wird, wirtschaftliche Werte also nach Möglichkeit erhalten und nicht zerschlagen werden sollen. Überhaupt wird eine automatische Beendigung möglichst vermieden: Auflösung wie Nichtigkeit verlangen einen Auflösungsbeschluß oder eine gerichtliche Auflösungs- bzw. Nichtigkeitsent-

---

52 In diesem Sinne *Israël* und *Gleichmann,* ebenda; *Woodland,* o. Fußn. 10, n° 20 et note 90; a. A. *Ganske,* o. Fußn. 8, S. 9.
53 Vgl. §§ 126 Abs. 2 HGB, 37 Abs. 2 GmbHG.
54 Im Unterschied aber zu Art. 9 Abs. 2 der Ordonnance über das G. I. E.!

scheidung (Art. 15, 31 und 32), wozu es allerdings in einigen, zum Teil weiter oben beschriebenen Fällen, vor allem beim Wegfall fundamentaler Charakteristika einer EWIV, kommen muß. Infolgedessen werden die wesentlichen Auflösungsgründe in Art. 31 und 32 aufgeführt. Dennoch sind diese Auflösungsgründe nicht als abschließende Regelung zu verstehen[55]. Nationales Recht kann im Falle der Überschuldung oder Zahlungsunfähigkeit weitere Auflösungsgründe bestimmen, wie Erwägungsgrund 13 klarstellt. Auflösung oder Nichtigkeit haben die Abwicklung nach nationalem Recht zur Konsequenz (Art. 35), wobei der Vereinigung bis zum Schluß der Liquidation Geschäfts-, Partei- und Prozeßfähigkeit erhalten bleiben.

Außerdem ist die EWIV konkursfähig. Die Durchführung des Konkurses über ihr Vermögen richtet sich gem. Art. 36 ebenfalls nach nationalem Recht, löst aber nicht automatisch ein Konkursverfahren gegen die Mitglieder aus. Wird umgekehrt das Konkursverfahren gegen ein Mitglied einer in der Bundesrepublik registrierten EWIV eröffnet, scheidet es gem. § 8 AusführungsG aus der Vereinigung aus. Vielleicht wird die unbefriedigende Divergenz der nationalen Konkursrechte durch ein europäisches Konkursübereinkommen überwunden werden können[56]. Weiterhin ist zu hoffen, daß sich dann die Tendenz moderner Konkursrechte, angeschlagene Unternehmen nach Möglichkeit zu sanieren und nicht zu liquidieren, endgültig durchsetzen wird. So hat Frankreich sein neues Insolvenzgesetz am 25. Januar 1985 erlassen[57], dessen oberstes Ziel ebenfalls in der Sanierung und Fortführung angeschlagener Unternehmen besteht. Erreicht wird dies unter anderem durch Bestätigung des erst 1980 eingeführten Aussonderungsrechts der Lieferanten bzw. Eigentumsvorbehaltsverkäufer sowie durch Privilegierung der Neugläubiger — abgesehen von der „Superprivilegierung" der Arbeitnehmer —, was allerdings den Verfall klassischer Sicherungsrechte wie Hypothek, Pfandrecht, usw. bedingt.

V. Zur Rechtsanwendung

Befragen kann man gesetztes Recht immer dann, wenn die Vertragspartner etwas nicht geregelt haben[58]. Aus der Sicht der vertragsgestaltenden Praxis interessanter ist dagegen die Frage, was machbar ist, wenn die Partner etwas regeln wollen, ohne daß ohne weiteres klar wäre, ob sie nicht bestimmten gesetzlichen Regelungen unterliegen.

---

55 A. A. *Ganske,* o. Fußn. 1, S. 9.
56 *Ganske,* o. Fußn. 8, S. 10, Fußn. 189; *Gleichmann,* o. Fußn. 7, S. 646; *Woodland,* o. Fußn. 10, n° 23.
57 Loi n° 85–98 du 25 janvier 1985, J. C. P. 1985, III, 56711.
58 Eingehend zur EWIV: *Abmeier,* o. Fußn. 8, S. 2988 ff.; *Ganske,* o. Fußn. 8, S. 11 f.; *Gleichmann,* o. Fußn. 7, S. 648 ff.; *Meyer-Landrut,* o. Fußn. 8, S. 108; *Israël,* o. Fußn. 7, S. 653 f.

Dementsprechend ist von dem Grundsatz auszugehen, daß die Kooperationspartner einer EWIV Vertragsfreiheit genießen[59]. Eindeutig ist, daß sie ausnahmsweise erstens die zwingenden Vorschriften der Verordnung über die EWIV selbst und zweitens das zwingende übrige Gemeinschaftsrecht, beispielsweise das Wettbewerbsrecht der Art. 85 ff. EWG-Vertrag[60], beachten müssen. Eindeutig ist weiterhin, daß sie drittens zwingende nationale Bestimmungen insoweit einhalten müssen, als die Verordnung direkt durch Sachnorm-Verweisung oder indirekt im Wege der Globalverweisung subsidiär darauf verweist oder aber zu der betreffenden, national zwingend geregelten Frage ganz schweigt. Letzteres gilt insbesondere für Fragen der wirtschaftlichen Betätigung der Vereinigung sowie der Besteuerung ihrer Mitglieder[61].

Nicht eindeutig ist dagegen, ob sich die Kooperationspartner über eigentlich zwingendes nationales Recht dort hinwegsetzen dürfen, wo ihnen die Verordnung lediglich, doch immerhin dispositives Recht empfiehlt[62]. Bezüglich der in der Bundesrepublik registrierten Vereinigungen könnten zum Beispiel Störungen auf dem Gebiet der Rechte und Pflichten von Fremdgeschäftsführern im Rahmen des subsidiär anwendbaren Rechts der OHG eintreten. Für die Vertragsfreiheit spricht indes der Umstand, daß der europäische Verordnungsgeber diese Bereiche aufgrund des explizit vorgesehenen dispositiven Rechts den nationalen Regelungen hat entziehen wollen. Auch wenn insoweit zwingendes Recht nicht für unabdingbar erachtet worden ist, kommt doch immerhin zum Ausdruck, daß die zur Disposition stehenden Bereiche jedenfalls nicht nationalem Recht unterliegen sollen[63]. Wäre ein Mitgliedstaat damit nicht einverstanden gewesen, hätte er selbst diesen dispositiven Regelungen widersprechen müssen.

---

59 Vgl. auch oben S. 502 ff. zum Innenrecht.
60 Vgl. Erwägungsgrund 15, 2. Anstrich.
61 Vgl. Erwägungsgründe 14, 15 und 16.
62 Eine solche Problemstellung spricht *Ganske,* o. Fußn. 8, S. 9 mit Fußn. 159 an, der die Frage verneint; vgl. dazu auch o. S. 505 ff. zum Außenrecht.
63 In diesem Sinne auch *Meyer-Landrut,* o. Fußn. 8 (Schriftenreihe DB), S. 29 ff., soweit das Innenverhältnis berührt wird.

VI. Literaturverzeichnis

Aalders, C. A. V. — Europese Echonomische Samenwerkingsverbanden (EESV); Tijdschrift voor vennootschappen verenigingen en stichtingen, S. 29–35.

Abmeier, Klaus — Die Europäische Wirtschaftliche Interessenvereinigung und nationales Recht; NJV 1986, S. 2987–2991.

Autenrieth, Karlheinz H. — Die inländische Europäische Wirtschaftliche Interessenvereinigung (EWIV) als Gestaltungsmittel; Betriebs-Berater Heft 5, 1989, S. 305–310.

Bernitsas, N. M. — The European Economic Interest Grouping (EEIG); Bulletin d'information de l'association des banques helléniques n° 8, 4e trimestre 1985, S. 1–14, Summary in English; Le Groupement d'Intérêt Economique Européen, *ibidem*, S. 14–16.

Blomeyer, Wolfgang — Neue Impulse für den Genossenschaftsgedanken: die Europäische Wirtschaftliche Interessenvereinigung; Zeitschrift für das gesamte Genossenschaftswesen 1987, S. 144–166.

Boukris, Armand — Le Groupement Européen d'Intérêt Economique: ses composantes juridiques; Les Petites Affiches, n° 93, 94, 95 et 96.

Cristina Castelli/ Guido Napoletano — Il Gruppo europeo d'interesse economico (GEIE); Diritto comunitario e digli scambi internazionali Anno XXV — NN. 2/3–1986, S. 461–500.

Ganske, Joachim — Die Europäische Wirtschaftliche Interessenvereinigung (EWIV) — eine neue „superale" Unternehmensform als Kooperationsinstrument in der Europäischen Gemeinschaft; DB Beilage Nr. 20/85, S. 2–12.

ders. — Das Recht der Europäischen Wirtschaftlichen Interessen-Vereinigung (EWIV), Systematische Darstellung mit Texten und Materialien; Bundesanzeiger n° 200 a.

Gerven, Dirk Van — Le Groupement Européen d'Intérêt Economique — GEIE; Revue Pratique des Sociétés N° 6399 (1986), S. 181–208.

Giogio, Angela — Prime osservazione sui gruppi europei di interesse economico; Ressegna Economica, n° 2, Anno L, S. 431–445.

Gleichmann, Karl — Europäische Wirtschaftliche Interessenvereinigung; Zeitschrift für das gesamte Handelsrecht und Wirtschaftsrecht, Bd. 149 (1985), S. 633–650.

Goedert, Henri — Un nouvel instrument juridique: le Groupement Européen d'Intérêt Economique (GEIE); Diagonales à travers le droit luxembourgeois (livre jubilaire de la Conférence Saint-Yves: 1946–1986), S. 203–226.

Guyénot, J. Le Groupement d'intérêt économique, nouvelle institution européenne ouverte aux activités des professions libérales: le règlement CEE du 25.7.1985; Fiscalité européenne, Revue n° 1986-1, S. 49-54.

Guyénot, Jean/ Le Groupement Européen d'Intérêt Economique; Jour-
Galimard, Michel nal des Notaires et des Avocats et Journal du Notariat, Doctrine et pratique notariale, Art. 58416, S. 1401 ff.

Hamacher, Rolf Josef Zur ertragssteuerlichen Behandlung einer Europäischen Wirtschaftlichen Interessenvereinigung (EWIV) − Keine Gewerbeertragssteuer; Finanzrundschau 1986, S. 557 bis 560.

Haug-Adrion, Eberhard Zur ertragssteuerlichen Behandlung der Europäischen Wirtschaftlichen Interessenvereinigung; GmbHR 1985, S. 336-338.

ders. L'imposition du Groupement Européen d'Intérêt Economique; Fiscalité européenne − Revue 1988-2 (Numéro spécial consacré au GEIE), S. 19-26.

Hunnings, Company cooperation: a new framework; European
March Neville Trends, n° 2, 1986, S. 44-48.

Israël, Séverine Une avancée du droit communaire: Le Groupement Européen d'Intérêt Economique (GEIE); Revue du Marché Commun, n° 292, S. 645-655.

dies. The European Economic Interest Grouping − the first legal entitiy to be based on Community Law; Commerce in Belgium 1986, S. 7-9.

dies. The EEIG − A major step forward for Community Law; The Company Lawyer, volume 9/1988, n° 1, S. 14-22.

dies. Modes de rapprochement structurel des entreprises; Travaux du XXXVIIIe séminaire organisé par la Commission Droit et Vie des Affaires de la Faculté de droit de Liège, les 19-20 novembre 1986, Spa-Balmoral, Bruxelles, S. 41-62; Le Groupement Européen d'Intérêt Economique: une formule d'avenir.

dies. Les caractéristiques juridiques du GEIE et son avenir économique; Fiscalité européenne − Revue 1988-2 (Numéro spécial consacré au GEIE), S. 2-12.

dies. The EEIC − A major step forward for Community Law; The Company Lawyer 1988, S. 14-22.

Keutgen, Guy Le Groupement Européen d'Intérêt Economique; Cahier de Droit Européen, n° 4-5, S. 492-511.

Krabbe, Helmut	Steuerliche Behandlung der Europäischen Wirtschaftlichen Interessenvereinigung aus deutscher Sicht; DB 1985, S. 2585–2587.
Lunshof, J. H.	Europees Economisch Samenwerkingsverband minder eenvoudig dan het lijkt; De Coöperatie 1986, S. 105–107.
Madrup, Kirsten/ Koergaard Hansen, Lene	Europaeiske økonomiste firmagrupper; Ugeskrift vor Retsvaesen, S. 57–63.
Martinet, Frédéric	La ‚Société Européenne', concept encore prospectif – Les systèmes intermédiaires: les accords de coopération; Droit et Affaires 1989, S. 5–11.
Masaguer, José	La Agrupacion Europea de Interes Economico / AEIE, Notal en torno al Reglamento (CEE) Numero 2.137/85; Noticias/CEE nums. 42–43, Agosto-Septiembre de 1988, ano IV.
Meyer-Landrut, Andreas	Europäische Wirtschaftliche Interessenvereinigung (EWIV) – Eine neue Gesellschaftsform europäischen Rechts; Recht der Internationalen Wirtschaft 1986, Heft 2, S. 107–111.
ders.	Die Europäische Wirtschaftliche Interessenvereinigung, Gründungsvertrag und innere Verfassung einer EWIV mit Sitz in der Bundesrepublik Deutschland; Schriftenreihe Der Betrieb.
Müller-Gugenberger, Christian	EWIV – Die neue europäische Gesellschaftsform; NJW, 1989, S. 1449 1458.
Pau Pedron, Antonio	La agrupación europea de interes económico: Naturaleza, Función y regimen; Revista Crítica de Derecho Inmobiliario, Año LXIV – Julio-Agosto 1988, Num. 587, S. 1181–1245.
Pételaud, Annick	La constitution de la Communauté Européenne et le Groupement Européen d'Intérêt Economique (GEIE); Revue des Sociétés, 1986, S. 191–199.
Petriccione, Raffele Mauro	New legal forms of organised economic activity at Community level: Council Regulation on a European Economic Interest Grouping (EEIG); Legal Issues of European Integration, 1986, S. 17–44.
Proto, Vincenzo	Il Gruppo europeo di interesse economico; Giurisprudenza commerciale N° 13-2, S. 294–298, Quaderni della Giustizia, 1986 (55), S. 26–29.
ders.	Il Gruppo europeo di interesse economico: uno strumento di cooperiozione comunitaria; Il foro italiano (maggio 1987, parte IV estratto, S. 173–178.
Ranucci, Giuseppe	Il GEIE. Un nouvo strumento associative a servizio dell'Economia Cumunitaria; Nouvo Diritto Agrario, n° 4/1985 – Anno XII, S. 591–596.

Represa, Marcos Sacristan	La agrupación europea de interés económico (Antecedente caracterización); in: A. Alonso-Urebeja, J. M. Chico Ortiz, F. Lucas Fernandez, La reforma del derecho español de sociedades de capital, S. 811–846.
Romagnoli, Stefano	Il Gruppo europeo di interesse economico (GEIE); Impresa n° 9/1986, S. 119–1128.
Roos, Peter	Het Europees economisch samenwerkingsverband; ARS AEQUI Juridisch studentenblad, Jaargang 28-2/Februari 1989, S. 132–142.
Sanders, P.	Het Europese Economische Samenwerdingsverband; Tot Vermaak Van Slagter 1988, S. 235–252.
Sass, Gert	Zu den steuerlichen Aspekten der „Europäischen Wirtschaftlichen Interessenvereinigung"; DB 1985, S. 2266–2268.
ders.	Tax Aspects of the „European Economic Interest Grouping; Tax Planning International Review, Volume 13 n° 1, S. 3–5.
ders.	Les aspects fiscaux du Gruopement Européen d'Intérêt Economique (GEIE); Fiscalité européenne, Revue n° 1986-4, S. 43–51.
Schmidt, Karsten	Die Europäische Wirtschaftliche Interessenvereinigung; Gesellschaftsrecht Heymann 1986, S. 1422–1429.
Taudin, Louis	Un prototype, le GEIE; Les Petites Affiches, n° 150, 151 et 152.
Woodland, P.	Le Groupement Européen d'Intérêt Economique: Le regain du modèle français offre aux entreprises de la CEE un futur instrument de coopération; La Semaine Juridique Ed. Entreprises – Etudes et Commentaires n° 14698, S. 281–289, La semaine Juridique Ed. Générale Doctrine n° 3247.
Zschocke, Christian Oscar	Europäische Gemeinschaften – Die neue Europäische Wirtschaftliche Interessenvereinigung (EWIV); Ausländisches Wirtschafts- und Steuerrecht, Reihe A: Gesetzestexte und Erläuterungen, Bundesstelle für Außenhandelsinformation.

Ägypten:

Joint Ventures in Ägypten

von

Rechtsanwalt Klaus Langefeld-Wirth, Köln

Nach Ablösung des sozialistischen Wirtschaftssystems Gamal Abdel Nassers 1971 durch die „open-door-policy" Anwar El Sadads bildete das Gesetz 43/1974 mit den Ausführungsbestimmungen Gesetz 32/1977 für die vergangenen 15 Jahre die Basis für ausländische Investitionen in Ägypten. Am 20. Juli 1989 wurden diese Gesetze abgelöst durch ein neues Investitionsgesetz Nr. 230, welches in Kürze ebenfalls durch Ausführungsbestimmungen ergänzt werden wird.

Das neue Gesetz stärkt die Befugnisse der ägyptischen Investitionsbehörde GAFI (General Authority for Foreign Investments) zum alleinigen Ansprechpartner ausländischer Investoren, wohingegen die GAFI in der Vergangenheit durch die Vielzahl einzuholender Genehmigungen anderer Ministerien und ihre eigene Organisationsstruktur in ihrer Arbeit stark beeinträchtigt war, so daß erhebliche Verzögerungen bei der Erteilung von Projektgenehmigungen (in Einzelfällen sogar bis zu 2 Jahren) zu beobachten waren.

Das neue Investitionsgesetz zielt auf Investitionen in den Sektoren Industrie, Tourismus, Urbarmachung und Städtebau ab, sofern die Investition in Einklang steht mit der Wirtschaftspolitik des Landes und den Schwerpunkten des National Plan for Economic and Social Development. Andere Wirtschaftssektoren können durch Ministerratsbeschluß eröffnet werden, insbes. wenn sie mit Exportförderung, Importsubstitionen, Technologiezufluß oder Arbeitsplatzbeschaffung verbunden sind. Demgegenüber sind (im Vergleich zum alten Investitionsgesetz 43/1974) folgende Sektoren ausdrücklich gestrichen worden: Banken, Investment-Gesellschaften, Rückversicherer, Bauunternehmen, Transportsektor und technische Beratungsleistungen. Aus dem Gesetz ist ferner die klare Intention abzulesen, Investitionen in den „neuen Städten" wie Tenth of Ramadan zu bevorzugen.

Das neue Investitionsgesetz setzt seinem Wortlaut nach keine ägyptische Beteiligung voraus: 100% ausländische Töchter erscheinen möglich. Das Gesetz gestattet der GAFI, eine ägyptische Beteiligung zu verlangen, wenn dies im öffentlichen Interesse ist. Die Genehmigungspraxis bleibt hier noch abzuwarten.

Das Gesetz zielt ferner eindeutig auf die Stärkung und Förderung des Privatsektors ab: Joint Ventures mit ägyptischen staatseigenen Unternehmen des öffentlichen Sektors, wie sie aus der Nasser-Zeit noch in vielen Bereichen existieren, sind unerwünscht.

Das investierte Auslandskapital kann neben Devisen auch aus Sacheinlagen wie z. B. Maschinen und Anlagegütern (die im Gegensatz zum alten Investitionsrecht nicht mehr neu zu sein brauchen) und Immaterialgütern (Trade Marks, Patente ...), aber auch aus sog. Debt-Equity-Swaps bestehen, die im Gesetz ausdrücklich als eine der möglichen Investitionsformen genannt sind.

Das Gesetz unterscheidet — wie auch das alte Investitionsgesetz — zwischen Inlandsprojekten und den am Ende dieses Beitrages erläuterten Freizonenprojekten.

Steuerbefreiungen werden wie folgt gewährt:

— Körperschaftssteuerbefreiung für 5 Jahre nach Produktionsaufnahme, die um weitere 3 Jahre verlängert werden kann, falls dies im öffentlichen Interesse ist.

   Die Steuerbefreiung ist auf 10 Jahre verlängert bei Projekten in neuen Industriezonen und den sog. „neuen Städten" (z. B. Tenth of Ramadan) und unterentwickelten Gegenden (z. B. Sinai oder Rotmeer-Küste), bei Projekten der Landurbarmachung, des Wiederaufbaus und der Stadtentwicklung. Auch dieser 10-Jahreszeitraum kann durch Ministerratsentscheidung um bis zu weiteren 5 Jahren verlängert werden.

— 15 Jahre bei Wohnungsbauvorhaben, wenn Wohnraum zu mittleren oder geringen Mieten geschaffen wird.

— Eine Verlängerung der Steuerfreiperiode um 2 Jahre findet statt, wenn der lokal beschaffte Anteil in Maschinen und Ausrüstungsgegenständen 60% überschreitet.

— Eine Befreiung von Stempelsteuern, insbesondere für die Gründungsdokumente der projekttragenden Kapitalgesellschaften und sonstige „projektdienlichen" Verträge, wie z. B. insbesondere bei Landerwerb und Besicherungsdokumenten (Hypotheken) zur Aufstellung der Fremdfinanzierung.

— Eine Befreiung von Quellensteuer auf ausgeschüttete Dividenden für denselben Zeitraum wie die Körperschaftssteuerbefreiung und eine Quellensteuerreduktion nach Ablauf dieser Periode, vorausgesetzt, daß im Heimatland des Investors keine Nachbesteuerung stattfindet.

— Einkommensteuerbefreiung auf die Gehälter ausländischen Personals (mit Ausnahme der „Salary Tax").

Der Importbedarf an Maschinen und Ausrüstungsgegenständen und Rohmaterialien wird ebenfalls von der GAFI genehmigt und unterliegt dann nicht mehr dem Import-Lizenz-System des Landes. Eine Zollbefreiung sieht das Gesetz nicht vor.

Wie auch nach dem alten Investitionsgesetz sieht das neue Investitionsgesetz keine Verpflichtung der Staaten vor, Devisen für den Importbedarf bereitzustellen. Die Projekte dürfen aber Devisen im Bankensektor (sofern vorhanden) oder im nachstehend noch erwähnten „freien Markt" beschaffen. Die Ausführungsbestimmungen werden hier weitere Präzisierungen beinhalten.

Das ägyptische Devisensystem ist sehr komplex und unübersichtlich. Für diverse Transaktionen existieren offizielle Kurse. Im Bankensektor wird der „official free market rate"-Kurs angewandt. Daneben existiert traditionell der sogenannte „freie Markt" und „freie Marktkurs", der − außerhalb des Bankensektors − durch Abtretung von Devisenkontenguthaben durch Unternehmen oder Privatleute betrieben wurde und wird. Dieser freie Markt ist in der Vergangenheit die Hauptquelle zum Devisenankauf durch Joint Ventures gewesen und wird es wohl auch bleiben. Joint Ventures, welche eine ordnungsgemäße Investitionslizenz haben, dürfen Devisenkonten im Lande halten, diese Konten aus Exporten, Devisenverkäufen in Ägypten oder Tauschgeschäften mit Banken oder am freien Markt speisen und die Bankguthaben für eigene Zwecke (Importbedarf, Dividendenzahlungen etc.) verwenden.

Ausländische Beschäftigte dürfen bis zu 50% ihres Gehaltes ins Ausland transferieren.

Das ägyptische Gesellschaftsrecht beruht auf Gesetz 159, welches grundsätzlich neben dem Investitionsgesetz zur Anwendung kommt.

Das Investitionsgesetz befreit Joint Ventures allerdings von einigen Bestimmungen des Gesellschaftsrechts, wie z. B. der Verpflichtung, eine ägyptische Mehrheit in Kapital und Verwaltungsrat und diverse Arbeitnehmerrechte zu akzeptieren.

Obwohl es gesetzlich nicht verboten ist, daß sich Ausländer an Gesellschaften ohne Genehmigung der GAFI beteiligen (d. h. nur aufgrund des Gesetzes 159), wird meist doch das Genehmigungsverfahren bei der GAFI durchlaufen. Der Hintergrund liegt in den gesetzlichen Garantien, insbesondere der gesetzlich festgehaltenen Freiheit, Devisen im ägyptischen Markt zu erwerben und Gewinne aus Devisenkonten ins Ausland zu transferieren. Zwar haben faktisch auch die nicht gem. Gesetz 159 gegründeten Unternehmen diese Freiheit, aber diese ist für die Zukunft gesetzlich nicht abgesichert.

Die typische Gestaltungsform einer Investition in Ägypten ist die Aktiengesellschaft. Rechtsgrundlage für die Gestaltung der Aktiengesellschaft sind das Gesetz 159/81 über Gesellschaften sowie dessen Ausführungsbestimmungen. Genehmigte Joint Ventures mit ausländischer Beteiligung sind durch das Investitionsrecht von diversen Bestimmungen des Gesellschaftsrechts befreit, insbesondere hinsichtlich der Rechte ägyptischer Arbeitnehmer[1], hinsichtlich ägyptischer Mehrheit im Verwaltungsrat, ägyptischer Mehrheit im Kapital etc.

Die Gründung einer ägyptischen Aktiengesellschaft nach Gesetz 230 beginnt mit dem Erhalt einer Genehmigung („Lizenz") der GAFI, die sich auf das zu realisierende Unternehmen insgesamt, also auch die Finanzierung, Investitionsvolumen, Mangagement etc. bezieht und nicht nur in einer gesellschaftsrechtlichen Überprüfung besteht. Nach dem Erhalt der Lizenz ist die Satzung, bestehend aus Memorandum und Articles of Association, zu notarisieren, das Kapital einzuzahlen (auf ein Hinterlegungskonto bei einer Bank) und die Veröffentlichung in der Official Gazette zu beantragen.

Es existiert eine Mustersatzung, von der nur mit Zustimmung der GAFI abgewichen werden kann.

Das Kapital der AG ist von den ägyptischen Aktionären in Landeswährung, von den ausländischen Investoren in Devisen einzubringen; das Aktienkapital bildet daher immer zwei Kategorien von Aktien, nämlich einheimische und ausländische Aktien, die bzgl. Einzahlung, Veräußerlichkeit und Kapitalretransfer unterschiedlich behandelt werden.

Das Kapital muß bei Gründung nur zu 1/4 eingezahlt werden, der Rest innerhalb von zwei Jahren. Möglich ist die Schaffung eines „ausgegebenen Kapitals", welches bei Gründung voll gezeichnet und zu 1/4 eingezahlt sein muß, und eines „genehmigten Kapitals", welches später ausgegeben wird.

Die Aktiengesellschaft ägyptischen Rechts hat zwei Organe:

— Hauptversammlung

— Verwaltungsrat.

Der Verwaltungsrat ist — ähnlich in französischem Recht — umfassend für das Management zuständig. Ihm steht ein Präsident vor, dem — wenn nichts anderes vereinbart ist — das Management untersteht. Möglich ist aber auch, das Management einem anderen Verwaltungsratsmitglied zu unterstellen (der Präsident kann in diesem Fall auf den Vorsitz im Verwaltungsrat beschränkt werden). Daneben kann ein General Manager etabliert werden, der aber entweder dem Präsidenten oder einem anderen für das Management zuständigen Verwaltungsratsmitglied untersteht.

---

1 Siehe hierzu: Exemptions from the Egyptian Companies Law contained in Law 43, Middle East Executive Reports, April 1983, S. 9 ff.

Die ordentliche Hauptversammlung entscheidet mit einfacher Mehrheit (Anwesenheitsquorum: 1/4 der ausgegebenen Aktien müssen in der ersten Sitzung anwesend sein; danach kein Quorum mehr in der nachfolgenden Sitzung — Art. 67 Gesetz 159/81).

Die außerordentliche Hauptversammlung, die hauptsächlich über Satzungsänderungen sowie Kapitalherauf- und herabsetzung entscheidet, fällt ihre Beschlüsse mit 2/3-Mehrheit (Art. 68 Gesetz 159/81).

Ist die Hälfte des gezeichneten Kapitals durch Verluste aufgezehrt, muß eine außerordentliche Hauptversammlung durch 2/3-Mehrheit über die Auflösung oder Sanierung des Unternehmens abstimmen.

In Ägypten bestehen keine Bedenken, durch Gesellschaftervereinbarung („Shareholders' Agreement") Grundsatzfragen der Geschäftstätigkeit des Gemeinschaftsunternehmens zu regeln.

China (VR):

Gesellschaftsrechtliche Organisationsformen für ausländische Investitionen in der Volksrepublik China

von

Rechtsanwalt Hans-Ulrich Klassen, Köln

I. Allgemeines zu den Rechtsgrundlagen

Im Rahmen der sich seit 1979 mit großer Dynamik entwickelnden wirtschaftlichen Kooperation zwischen den marktwirtschaftlich orientierten Industriestaaten und der VR China kommt der Zulassung und Integration ausländischer direkter Kapitalinvestitionen in der VR China eine erhebliche Bedeutung zu. Für die Chinesen stellen diese Investitionen anerkanntermaßen ein wichtiges Mittel dar, die von ihnen im Rahmen der Reform- und Öffnungspolitik angestrebten Ziele zu verwirklichen, nämlich

— devisengünstiger Import von modernem technischen Wissen

— erhöhte Devisenerwirtschaftung durch Stärkung der Exportkraft

— Import modernen Managementwissens und Marketing-Know-hows.

Diese Ziele haben für die Chinesen einen derart hohen Stellenwert, daß daneben die Frage der Vereinbarkeit ausländischer Kapitalinvestitionen mit dem Gemeineigentum an Produktionsmitteln, das immerhin ein grundlegendes Prinzip der sozialistischen Wirtschaftsordnung darstellt, in den Hintergrund tritt.

Für ausländische Investoren steht in den meisten Fällen die von ihnen als geradezu unerschöpflich erachtete Aufnahmekapazität des chinesischen Binnenmarktes im Vordergrund, zu dem man sich durch eine eigene Investition einen besseren Zugang und langfristig eine bessere Erschließung erhofft. Der hierin liegende Zielkonflikt, von dem nur solche Investitionen ausgenommen sind, die die VR China wegen der vergleichsweise niedrigen Lohnkosten als Produktionsstandort wählen (insbesondere die Sonderwirtschaftszonen) oder solche, für die die Schaffung oder Sicherung einer Rohstoffbasis im Vordergrund steht, soll im Rahmen dieses Beitrages nicht vertieft werden.

Bei dieser Ausgangslage stand die VR China vor der Aufgabe, einen normativen Rahmen zu schaffen, der dem ausländischen Investor Stabilität, Kontinuität und Rechtssicherheit verspricht. Aufgrund der wechselvollen geschichtlichen Entwicklung Chinas waren in diesem Bereich kaum Grundlagen vorhanden, auf die man hätte zurückgreifen können. In dieser Situation sind seit 1979 und verstärkt seit 1984 in einer schon beinah unübersehbaren Fülle neue Rechtsquellen geschaffen worden. Hierbei ist es nicht zu umfassenden, in sich geschlossenen, systematischen Kodifikationen gekommen, sondern die Normen wurden mehr von Fall zu Fall, jeweils nach dem unmittelbar vorliegenden Regelungsbedarf, geschaffen. Der ausländische Investor sieht sich hierbei einer verwirrenden Vielfalt von Vorschriften gegenüber, deren Einordnung nach

— Normenqualität (Gesetz, Verordnung, Richtlinie, usw.)

— Zugehörigkeit zu einem bestimmten Rechtsgebiet (Privatrecht, öffentliches Recht)

- Adressaten (chinesisches Rechtssubjekt, Sino-ausländisches Rechtssubjekt, ausländisches Rechtssubjekt)

- geographischem Geltungsbereich, national, regional, Sondergebiete (Special Economic Zones/SEZ, 14 Offene Küstenstädte/Economic Development Zones, Offene Küstengebiete/Flußdeltas)

- zeitlichem Geltungsbereich (provisorisch-interimistische Regelung, endgültige Regelung)

jeweils genau zu untersuchen ist. Daneben tritt die Schwierigkeit, daß Entscheidungen der chinesischen Bürokratie zum Teil auch auf Normen gestützt werden, die nicht veröffentlicht bzw. dem ausländischen Investor nicht ohne weiteres zugänglich sind.

Bei Anwendung dieser Normen sind häufig Überschneidungen oder auch Lücken festzustellen; häufig enthalten sie Generalklauseln und unbestimmte Rechtsbegriffe, deren Anwendung wegen ihrer Dehnbarkeit, Vieldeutigkeit und teilweise auch Widersprüchlichkeit im Einzelfall Schwierigkeiten macht; häufig ist nicht klar, ob eine Norm zwingendes Recht ist oder durch Parteivereinbarung abbedungen werden kann. Die Klärung daraus folgender Fragen stößt auf Schwierigkeiten, da in einem Staat, der nicht auf dem Prinzip der Gewaltenteilung fußt, im Zweifel Interpretationen im Sinne der Exekutive vorgenommen werden.

Trotz dieser Bedenken haben die geschaffenen Rechtsgrundlagen die Rechtssicherheit für den ausländischen Investor insgesamt erhöht und Rechtssicherheit ist eine wichtige — wenn auch nicht die einzige — Voraussetzung für die Investition ausländischen Kapitals in der VR China.

II. Einzelfragen zum Gesellschaftsrecht

Im folgenden soll eine Darstellung davon gegeben werden, in welcher gesellschaftsrechtlichen Struktur Direktinvestitionen ausländischer privater Investoren in der VR China durchgeführt werden können. Daraus folgt, daß das Gesellschaftsrecht, das auf rein chinesische Unternehmen Anwendung findet, außer Betracht bleibt, wenngleich auch dieses für einen ausländischen Investor von Interesse sein kann, u. a. bei Beurteilung der Frage, wer denn eigentlich sein chinesischer Partner in einem Gemeinschaftsunternehmen oder bei Liefer- oder Verkaufsgeschäften ist.

1. Allgemeines

Ausländische private Direktinvestitionen in der VR China können im wesentlichen in drei Formen verwirklicht werden:

- als Equity Joint Venture (EJV-)Gemeinschaftsunternehmen, d.h. als eigenständiges Unternehmen, dessen Kapital von chinesischen und ausländischen Gesellschaftern gehalten wird;

- als Contractual Joint Venture (CJV-)Kooperationsunternehmen (oder in chinesischer Terminologie: Cooperative Joint Venture), d.h. als eine Kooperation, in dem chinesische und ausländische Gesellschafter in weitestem Sinne zusammenarbeiten, wobei diese Zusammenarbeit nicht notwendigerweise in Form eines neu gegründeten eigenständigen Unternehmens erfolgen muß;

- als Wholly Foreign Owned Enterprise (WFOE), d.h. als 100%ige Tochtergesellschaft eines ausländischen Unternehmens.

Die nachfolgenden Zahlen mögen einen Begriff von der praktischen Bedeutung dieser unterschiedlichen Formen für die ausländische Investitionstätigkeit in der VR China geben:

| | Wert in Mio US$ | | | |
	EJV	CJV	WFOE	Gesamt
Gesamt Ende 1987				
Anzahl	4630	5194	184	10008
kontrahiert	6750	12207	1044	20001
ausgenutzt	3299	3223	152	6674
1988				
Anzahl	ca. 3000	ca. 1000	ca. 150	ca. 4150
kontrahiert	–	–	–	ca. 4000
ausgenutzt	–	–	–	ca. 1300
Gesamt Ende 1988				
Anzahl	ca. 7630	ca. 6194	ca. 330	ca. 14000
kontrahiert	–	–	–	ca. 24000
ausgenutzt	–	–	–	ca. 8000

Deutsche Firmen haben bis Anfang 1989 ihre Beteiligung an ca. 35 EJV-Gemeinschaftsunternehmen zugesagt.

Die gesetzlichen Grundlagen für diese Investitionsformen sind eher als komplexe Investitionsgesetze ausgestaltet. Sie enthalten neben rein gesellschaftsrechtlichen Vorschriften im wesentlichen auch Vorschriften

- zum Genehmigungs- und Gründungsverfahren,

- zur Eingliederung des Unternehmens in das chinesische Wirtschaftssystem (Einkauf, Verkauf, Preisgestaltung)

- zum Technologieimport

- zur Buchhaltung

- zum Arbeitsrecht/Recht der gewerkschaftlichen Betätigung
- zum Steuerrecht
- zum Devisenrecht/Transfer
- zum Investitionsschutz
- zum Versicherungsrecht
- zur Schiedsgerichtsbarkeit.

Bevor auf die Einzelheiten zu den verschiedenen Organisationsformen eingegangen wird, sollen kurz die Bereiche Genehmigungs- und Gründungsverfahren, Eingliederung in das chinesische Wirtschaftssystem und Devisenbilanz/Transferfragen/Investitionsschutz angerissen werden, da sie im Grunde gleichermaßen für alle Formen einer Direktinvestition bedeutsam sind.

a) Genehmigungs- und Gründungsverfahren

Als einem Land mit Zentraler Verwaltungswirtschaft muß in der VR China jedes Joint-Venture-Projekt in den Wirtschaftsplan der jeweiligen Planungseinheit eingestellt werden. Die Initiative hierzu kann vom chinesischen Partner oder von Regierungsstellen ausgehen. Zuständige Planungsbehörde ist je nach dem Umfang des vorgesehenen Gesamtinvestitionsvolumens die State Planning Commission auf der Ebene der Zentralregierung oder die (Local)Planning Commission auf der Ebene der Provinzen oder Städte. Bei größeren Projekten bedarf die jeweilige Planning Commission als Entscheidungsgrundlage einer Preliminary Feasibility Study, die in der Regel von dem chinesischen Partner vorbereitet wird.

Nachdem diese durch ein pre-approval genehmigt worden ist, haben die Parteien eine Joint Feasibility Study zu erstellen, die alle Aspekte des Vorhabens abdecken soll. Zu diesem Zweck haben die Parteien selbständig alle in Frage kommenden Behörden, die für die Umfeldbedingungen des Vorhabens wesentlich sind – u.a. Steuer-, Zoll-, Arbeits-, Preiskontroll-, Devisenkontroll-, Land-, Wasser- und Energiebehörden – mit dem Projekt vertraut zu machen, sich deren Mitwirkung zu versichern und deren Angaben in die Feasibility Study einzugeben. Beachtenswert ist also, daß nicht die Genehmigungsbehörde im Rahmen eines one-stop-service die Mitwirkung der beteiligten Behörden koordiniert oder deren Zusagen etc. beschafft. Seit kurzem werden allerdings in wichtigen chinesischen Städten/Zentren Investitionsbehörden aufgebaut, die als alleinige Ansprechpartner für ausländische Investoren fungieren und ihrerseits mit den Einzelbehörden sprechen. Hiervon kann man sich für die Zukunft Erleichterungen versprechen.

Die Feasibility Study ist zusammen mit der gesamten Vertragsdokumentation – Joint Venture Contract nebst allen Anlagen, Articles of Association, Technische Verträge, Liste der Board Member, Einzelheiten zu den Gesellschaftern – bei der Genehmigungsbehörde einzureichen. Am Genehmigungsprozeß beteiligt sind die fachlich vorgesetzte Behörde des chinesischen Partners, die Wirtschafts- und Planungskommission sowie die zuständige Behörde für Foreign Economic Relations and Trade, welche letztlich die Genehmigungsurkunde ausstellt.

Die jeweils zuständigen Behörden sind entweder auf der Ebene der Zentralregierung oder auf Provinz- oder Stadtebene angesiedelt. Ihre jeweilige Zuständigkeit richtet sich nach dem Gesamtinvestitionsvolumen eines Projektes, wobei die Wertgrenzen je nach Region unterschiedlich sein können (z. B. Stadt Shanghai bis zu US$ 30 Mio, Küstenprovinzen bis zu US$ 10 Mio, Provinzen im Binnenland bis zu US$ 5 Mio). Die Genehmigungsbehörden sind gehalten, die Genehmigungen innerhalb bestimmter Fristen (45, 60 oder 90 Tage) zu erteilen.

Von einigem juristischen Interesse ist die Tatsache, daß die Genehmigungsbehörde auch eine materielle Prüfung der Vertragsdokumentation im Hinblick auf deren Vereinbarkeit mit chinesischem Recht vornimmt und ihre Genehmigung insoweit auch die rechtliche Unbedenklichkeit der Vertragsdokumentation bestätigt.

Dabei ist allerdings zu beachten, daß eine von einer unteren Genehmigungsbehörde erteilte Genehmigung vom Ministry of Foreign Economic Relations and Trade (MOFERT) in Beijing im Falle eines evidenten Gesetzesverstoßes wieder aufgehoben werden kann. In Zweifelsfällen haben die Parteien aber die Möglichkeit, schon vorher ein Gutachten der Rechtsabteilung von MOFERT einzuholen, das auf derartige Fälle eingerichtet ist.

Aus rein praktischen Erwägungen mag es empfehlenswert sein, sich bei der Formulierung eines Joint Venture Contract an den Gesetzestext bzw. an das MOFERT-Vertragsmuster anzulehnen, wenn immer es die jeweilige Interessenlage erlaubt.

Innerhalb eines Monats nach Erteilung des Approval Certificate der Genehmigungsbehörde muß sich ein Joint-Venture-Unternehmen bei der zuständigen State Administration for Industry and Commerce registrieren lassen und eine Business Licence beantragen. Mit deren Erteilung ist ein Joint-Venture-Unternehmen wirksam gegründet.

b) Integration in Planwirtschaft

Die Tatsache, daß ein Gemeinschaftsunternehmen im Verhältnis zu rein chinesischen Wirtschaftseinheiten relativ autonom ist, wird dadurch relativiert, daß es in ein zentralverwaltungswirtschaftlich gefaßtes Umfeld integriert werden muß. Seine Investitions-, Beschaffungs- und Produktionspläne werden Bestandteile der chinesischen Wirtschaftsverwaltung. Auswirkungen daraus strahlen auf alle Bereiche eines solchen Unternehmens aus, wie z. B. die Zulieferungen, den Import, den Absatz auf dem Binnenmarkt und den Export.

c) Transferfragen

Für den Transfer von Kapital- und Kapitalerträgen sind die Bestimmungen in den Einzelgesetzen sowie im deutsch-chinesischen Investitionsförderungsvertrag (IFV) vom 7. 10. 1983 von maßgeblicher Bedeutung. In Konsequenz des von der VR China verfolgten Zieles, durch Unternehmen mit ausländischer Beteiligung u. a. Devisen zu verdienen und zumindest nicht zusätzlichen Devisenbedarf zu schaffen, hat jedes Unternehmen selbst für eine ausgeglichene Devisenbilanz zu sorgen, in dem es die von ihm benötigten Devisen selbst zu erwirtschaften hat, und zwar in der Regel durch exportorientierte Tätigkeit. Dementsprechend sichert die chinesische Regierung in Artikel 5 des deutsch-chinesischen IFV den freien Transfer der im Zusammenhang mit einer Kapitalanlage stehenden Zahlungen zu, allerdings mit der Maßgabe der Ziffer 5 des Protokolls vom 7. 10. 1983 zum IFV, daß diese Zahlungen vom individuellen Devisenkonto des Unternehmens zu transferieren sind. Sollten dem Unternehmen nicht in ausreichendem Maße Devisen zugeflossen sein, so stellt die Regierung die fehlenden Devisen aus eigenen Mitteln für den Transfer von Kapital und Liquidationserlösen ohne weitere Bedingung zur Verfügung, für den Transfer von Kapitalerträgen allerdings nur dann, wenn das Unternehmen mit Genehmigung einer zuständigen staatlichen Stelle seine Produktion auch gegen nicht konvertible Währung absetzt.

In welcher Weise die chinesische Regierung diese Verpflichtung zur Devisenbereitstellung im Bedarfsfalle erfüllen wird, läßt sich nicht generell beantworten. Man kann aber wohl davon ausgehen, daß eine direkte Devisenzufuhr aus der Staatskasse an der letzten Stelle der Möglichkeiten steht und zuvor von dem Unternehmen erwartet wird, alle nur denkbaren anderen Möglichkeiten auszuschöpfen, sich Devisen zu beschaffen.

2. EJV-Gemeinschaftsunternehmen

a) Kapital und Haftung

EJV-Unternehmen müssen gemäß den gesetzlichen Grundlagen als Kapitalgesellschaft mit beschränkter Haftung verfaßt sein. Während die Formulierung des Artikel 4 EJVL (= Law of the People's Republic of China on Joint Ventures Using Chinese and Foreign Investment vom 1./8. 7. 1979) „the profits, risks and losses of a joint venture shall be shared by the parties to the venture in proportion to their contribution to the registered capital" mit der Unsicherheit behaftet war, ob dies wirklich eine Haftungsbeschränkung der Gesellschafter auf ihre Beteiligung bedeutete, oder nicht vielmehr nur eine Vorschrift zur Aufteilung des Verlustes auf die Gesellschafter, stellt Artikel 19 IR EJVL (= Regulations for the Implementation of the Law of the People's Republic of China on Joint Ventures Using Chinese and Foreign Investment vom 20.9.1983) klar, daß „the liability of joint venture parties to a venture is limited to the amounts of capital contribution subscribed by each". Man darf wohl mit guten Gründen davon ausgehen, daß die gemäß EJVL gegründeten Gemeinschaftsunternehmen selbständige, rechtlich von ihren Gesellschaftern getrennte juristische Personen im Sinne des Artikel 36 der GPCL (= General Principles of the Civil Law of the People's Republic of China vom 12.4.1986) darstellen, mit der Folge, daß nur das Unternehmen mit seinen Aktiva für seine Verbindlichkeiten haftet (Artikel 48 GPCL).

Der ausländische Anteil am Grundkapital eines EJV-Unternehmens soll im Regelfall 25% nicht unterschreiten (Artikel 4 EJVL). Demgegenüber gibt es keine Bestimmungen über die Höchstgrenze des ausländischen Kapitalanteils.

Das Grundkapital kann auch in ausländischer Währung ausgedrückt werden (Artikel 21 Abs. 2 IR EJVL). Es darf während der Vertragszeit von den Gesellschaftern nicht reduziert werden (Artikel 22 IR EJVL).

Die Einbringung von Investitionsgütern, Nutzungsrechten an Grundstücken, Immaterialgüterrechten und rechtlich geschütztem Know-how als Sacheinlage ist unter bestimmten Voraussetzungen möglich (Artikel 25 ff. IR EJVL i. V. m. Provisions on the Contributions of Capital by Parties to Joint Ventures Using Chinese and Foreign Investment vom 1.1.1988). In der Praxis sollte genau untersucht werden, ob und inwieweit die Parteien rechtlich und tatsächlich in der Lage sind, die von ihnen zu erbringenden Sacheinlagen zu leisten. Die von den Parteien vorgenommene Bewertung unterliegt der Überprüfung durch die Genehmigungsbehörden.

Erbringen die Gesellschafter die ihnen obliegenden Einlagen nicht innerhalb der (in den Provisions on the Contribution of Capital by Parties of Joint Ventures Using Chinese and Foreign Investment vom 1.1.1988) festgelegten Fristen, so kann je nach Lage des Einzelfalls

— das EJV-Unternehmen als freiwillig aufgelöst gelten bei gleichzeitigem Verfall der Genehmigung (Artikel 5);

— die Genehmigung des EJV-Unternehmens nach Abmahnung widerrufen werden mit der Folge, daß die Auflösung einzuleiten ist (Artikel 6);

— ein Gesellschafter als freiwillig ausgeschieden gelten, bei gleichzeitigem Verfall seiner Rechte am Unternehmen und Haftung für Schäden; das Unternehmen kann entweder aufgelöst oder mit einem neuen Gesellschafter fortgeführt werden (Artikel 7).

Um der Tendenz entgegenzuwirken, EJV-Unternehmen aus steuerlichen Gründen zu unterkapitalisieren, wurde (in den Provisional Regulations Concerning the Ratio between the Registered Capital and the Total Amount of Investment of Joint Ventures Using Chinese and Foreign Investment" vom 1. 3. 1987) festgelegt, in welchem Mindestverhältnis das Grundkapital eines EJV-Unternehmens zum Gesamtinvestitionsvolumen stehen muß. Dabei gilt der Grundsatz, daß das Eigenkapital um so höher sein muß, je geringer das Gesamtinvestitionsvolumen ist.

Gesamtinvestition	*Eigenkapital*
bis US$ 3 Mio	mindestens 70%
zwischen US$ 3 Mio und US$ 10 Mio	mindestens 50%
(bis US$ 4,2 Mio	mindestens 2,1 Mio)
zwischen US$ 10 Mio und US$ 30 Mio	mindestens 40%
(bis US$ 12,5 Mio	mindestens 5 Mio)
über US$ 30 Mio	mindestens 33%
(bis US$ 36 Mio	mindestens 12 Mio)

Diese Ratios gelten auch bei einer Erhöhung des Investitionsvolumens für den Erhöhungsbetrag.

b) Leitung

Die Führung eines EJV-Unternehmens liegt zum einen beim Board of Directors (BoD), zum anderen beim General Manager. Der BoD ist zugleich Führungs- und Aufsichtsorgan und stellt außerdem auch die Versammlung der Gesellschafter dar. Eine eigenständige Gesellschafterversammlung ist daneben vom Gesetz nicht vorgesehen. Der BoD soll mindestens 3 Mitglieder haben und das Verhältnis der Kapitalanteile der Gesellschafter reflektieren. Chairman des BoD muß ein Chinese sein, Vice Chairman kann ein Ausländer sein. Der Chairman ist der gesetzliche Vertreter des Unternehmens. Seine daraus folgenden Befugnisse im Außenverhältnis sollten im Innenverhältnis an Entscheidungen des BoD gebunden werden. Der BoD wird für vier Jahre gewählt und muß mindestens einmal pro Jahr zusammentreten. Beschlußfähigkeit ist bei Anwesenheit von 2/3 seiner Mitglieder gegeben, Vertretung ist möglich. Abstimmungen erfolgen mit einfacher Mehrheit. Eine einstimmige Entscheidung ist nur in folgenden Angelegenheiten vorgesehen (Artikel 36 IR EJVL):

— Änderung der Articles of Association

— Beendigung und Auflösung des EJV-Unternehmens

— Kapitalerhöhung und -übertragung

— Zusammenschluß mit einer anderen Wirtschaftseinheit.

Es ist zulässig, die Entscheidung weiterer Angelegenheiten an qualifizierte Mehrheiten zu binden. Dem Schutz der Interessen von Minderheitsgesellschaftern kann somit Rechnung getragen werden.

Der General Manager führt zusammen mit einem oder mehreren Vice General Manager die Tagesgeschäfte im Rahmen der Entscheidungen des BoD. General Manager und Vice General Manager werden vom BoD ernannt.

Für die Mitglieder des BoD und den General Manager besteht ein Wettbewerbsverbot (Artikel 40 IR EJVL).

c) Gewinnausschüttung

Gewinne dürfen erst ausgeschüttet werden, nachdem Verluste aus den Vorjahren ausgeglichen worden sind (Artikel 88 IR EJVL). Ihre Verteilung erfolgt entsprechend den Kapitalanteilen auf die Gesellschafter (Artikel 87), nachdem die vorgeschriebenen oder vereinbarten Zuteilungen an den Reservefonds, den Prämien- und Sozialfonds für die Belegschaft sowie den Erweiterungsfonds des Unternehmens vorgenommen worden sind (Artikel 87 Abs. 1).

d) Dauer

Die Dauer eines EJV-Unternehmens wird in erster Linie durch den Joint-Venture-Vertrag bestimmt (Artikel 12 EJVL), unter Berücksichtigung der Besonderheiten des Unternehmens. Generell gehen die IR EJVL von einer Laufzeit von 10 bis 30 Jahren aus, wobei jeweils Vertragsverlängerung möglich ist (Artikel 100 IR EJVL).

Projekte mit einem großen Investitionsvolumen, einer langen Aufbauphase und niedrigen Erträgen können auf 50 Jahre und mit Sondergenehmigung des State Council auch darüber hinaus abgeschlossen werden (Regulation von Anfang 1986). Entsprechendes gilt für Projekte, an denen die VR China unter Technologie- und/oder Exportgesichtspunkten vorrangiges Interesse hat.

Eine vorzeitige Beendigung des Unternehmens ist möglich bei Unmöglichkeit der Betriebsfortführung infolge schwerer Verluste, gravierenden Vertragsverletzungen eines Gesellschafters, Fällen von höherer Gewalt oder in anderen im Joint-Venture-Vertrag vereinbarten Fällen (Artikel 102 IR EJVL).

Gemäß den gesetzlichen Vorschriften wird das EJV-Unternehmen bei vertragsgemäßer oder auch vorzeitiger Beendigung durch einen Liquidationsausschuß aufgelöst, der einen Liquidationsplan aufzustellen, die Bewertungsmethode festzulegen und die Bewertung der Unternehmensaktiva vorzunehmen hat (Artikel 103 bis 106 IR EJVL). Die Liquidationserlöse sollen nach Ausgleich der Verbindlichkeiten des EJV-Unternehmens im Verhältnis der Kapitalanteile an die Gesellschafter ausgeschüttet werden.

Diese Vorschriften können unmittelbar angewendet werden, wenn das EJV-Unternehmen tatsächlich aufgelöst wird, erscheinen aber fragwürdig, wenn das EJV-Unternehmen, das ja im Zeitpunkt der Beendigung profitabel gearbeitet haben mag, ohne ausländische Partner fortgeführt werden soll. In einem solchen Fall stellen sich die genannten Liquidationsvorschriften als eine Fiktion dar, da das laufende Unternehmen bei weitem mehr wert sein dürfte als nur die Summe seines Anlagevermögens.

Dieser Problematik sollte im Joint Venture Contract durch die Aufnahme von Bestimmungen Aufmerksamkeit geschenkt werden, durch die bei der Bewertung der ausländischen Beteiligung Elemente Eingang finden, die auf die Ermittlung des „wahren Wertes" oder des „Marktwertes" abzielen.

Falls man sich vertraglich nicht über eine konkrete Wertermittlungsformel einigen kann, sollte man zumindest versuchen zu vereinbaren, wer den Wert bestimmt.

3. CJV-Kooperationsunternehmen

Contractual Joint Venture (CJV-)Kooperationsunternehmen haben sich, ohne daß es dafür zunächst eine gesetzliche Grundlage gab, allein aus den Anforderungen und den Bedingungen der wirtschaftlichen Praxis der VR China nach Beginn der Öffnungs- und Reformpolitik entwickelt. Ihren Ausgangspunkt hatten sie in der Zusammenarbeit zwischen Volkschinesen und Auslandschinesen, insbesondere aus Hongkong und Singapur, und zwar vor allem im Dienstleistungs- und Tourismusbereich sowie in der Baubranche. Sie hatten zunächst, jedenfalls von der Anzahl her, in der ersten Hälfte der 80er Jahre eine erheblich größere Bedeutung als die EJV-Gemeinschaftsunternehmen. Ende 1985 standen 3828 CJV-Kooperationsunternehmen nur 2324 EJV-Unternehmen gegenüber.

a) Kapital und Haftung

In einem CJV-Kooperationsunternehmen verbinden sich chinesischer und ausländischer Gesellschafter zur Zusammenarbeit für ein gemeinsames auf Gewinnerzielung gerichtetes Vorhaben; dabei ist die Gestaltung durch ein hohes Maß an Flexibilität gekennzeichnet. Ein solcher Vertrag regelt typischerweise detailliert die Bedingungen und Dauer der Zusammenarbeit, Art und Umfang der von den Gesellschaftern zu erbringenden Leistungen, die Organisation und Führung des Betriebes, die Verteilung der Risiken, Gewinne und Verluste unter den Gesellschafter, sowie Bestimmungen über die Eigentumsverhältnisse am Gesellschaftsvermögen bei Beendigung der Kooperation. Die Zusammenarbeit kann – muß aber nicht – in Form eines neuen, rechtlich selbständigen Unternehmens mit eigenem Haftkapital erfolgen.

Daraus ergibt sich, daß zum einen eine Ausgestaltung mehr als Personengesellschaft (ähnlich einer BGB-Gesellschaft, einer OHG oder einer „partnership") denkbar ist. In diesem Fall wird keine neue selbständige juristische Person geschaffen, mit der Rechtsfolge, daß im Außenverhältnis Dritten gegenüber nicht die Gesellschaft, sondern die Gesellschafter als Gesamtschuldner haften (Artikel 52 GPCL). Ihre Haftung im Innenverhältnis richtet sich nach den im Vertrag hinsichtlich der Haftungsverteilung und des Ausgleichs getroffenen Vereinbarungen.

Gemäß Artikel 2 Abs. 2 CJVL (= Law of the People's Republic of China on Sino-Foreign Contractual Cooperative Enterprises vom 13.4.1988) kann das CJV-Kooperationsunternehmen aber auch den Status einer juristischen Person des chinesischen Rechts im Sinne von Artikel 36 GPCL erlangen, wenn die Voraussetzungen der Artikel 37, 41 Abs. 2 GPCL erfüllt sind. Hierin wird der Status einer juristischen Person abhängig gemacht vom Vorhandensein

– eines selbständigen Vermögens

– einer eigenen Unternehmensbezeichnung/Firma und Unternehmensorganisation sowie eines eigenen Unternehmenssitzes

– der Fähigkeit, zivile Haftung zu übernehmen

– einer behördlichen Genehmigung und Registrierung.

Bei beiden Alternativen ist es eine wesentliche Pflicht der Gesellschafter, ihren Beitrag in das CJV-Kooperationsunternehmen einzubringen. Diese Beiträge können regelmäßig in Sachleistungen erbracht werden, wobei es sich in der Praxis häufig anbietet, daß der chinesische Gesellschafter Landnutzungsrechte, Gebäude, Arbeitskraft, im Lande erhältliche Ausrüstungsgüter und Rohstoffe einbringt, während der ausländische Gesellschafter moderne Technologie und Anlagen, Management- und Marketing-Knowhow, Immaterialgüterrechte, Ausbildungsleistungen und ggf. auch Barkapital beisteuert. Bei der Ausgestaltung eines CJV-Kooperationsunternehmens als Personengesellschaft müssen diese Beiträge nicht ziffernmäßig ausgedrückt werden, so daß auch kein prozentuales Verhältnis zwischen chinesischer und ausländischer Beteiligung gebildet werden muß.

Bei dem als Kapitalgesellschaft ausgestalteten CJV-Kooperationsunternehmen ist es jedoch erforderlich, ein beziffertes Gesellschaftskapital anzugeben. Dieses Erfordernis ergibt sich aus Art. 37 GPCL, der als ein Kriterium für eine juristische Person auf das Erfordernis von Vermögen abstellt. Aus Gründen des Gläubigerschutzes muß bei Wahl dieser Konstruktion auch die beschränkte Haftung Dritten gegenüber erkennbar gemacht werden.

Beiden Ausgestaltungen ist gemeinsam, daß anders als beim EJV-Unternehmen eine Mindestbeteiligung für den ausländischen Gesellschafter nicht vorgeschrieben ist; in beiden Fällen sind aber auch die Vorschriften über das Verhältnis von Eigen- und Fremdkapital und über die Form und den Zeitrahmen für die Einbringung von Einlagen anwendbar.

b) Leitung

Die Leitung eines CJV-Kooperationsunternehmens erfolgt durch den Board of Directors oder ein Joint Management Committee (Art. 12 CJVL), wobei diese Vorschrift wohl in der Weise zu interpretieren ist, daß der BoD für den Fall der Gestaltung als Kapitalgesellschaft und das Committee für den Fall der Gestaltung als Personengesellschaft vorgesehen sind. Eine bemerkenswerte Abweichung vom EJV-Unternehmen besteht darin, daß sowohl der Chairman des BoD wie auch der Vorsitzende des Joint Management Committees ein Ausländer sein kann. Als Stellvertreter ist jeweils zwingend ein Vertreter des anderen Gesellschafters vorgeschrieben.

c) Gewinnausschüttung

Das von der chinesischen Regierung durch die Ermöglichung von CJV-Kooperationsunternehmen angestrebte Ziel einer flexibleren Rechtsform für ausländische Investitionen zeigt sich besonders deutlich in den Vorschriften über die Gewinnverteilung in Art. 22 CJVL. Anders als beim EJV-Unternehmen muß die Verteilung des Gewinnes nicht im Verhältnis der eingebrachten Beiträge erfolgen, sondern dem ausländischen Gesellschafter wird eine vorzeitige Amortisation seiner Investition ermöglicht. Die Vorschrift des Art. 22 CJVL sieht dafür vor, daß

- die Gesellschafter vertraglich vereinbaren können, daß der ausländische Gesellschafter durch überproportionale oder ausschließliche Gewinnausschüttung an ihn seine Investition schon während der Kooperationszeit zurückführt;

- mit Einwilligung der Finanzbehörden der ausländische Gesellschafter seine Investition durch die Möglichkeit erhöhter Abschreibung vorzeitig zurückführen kann.

Als Gegenwert für diese Vergünstigung muß allerdings auch vereinbart werden, daß bei Beendigung des CJV-Kooperationsunternehmens die Beiträge des ausländischen Gesellschafters in das Vermögen des chinesischen Gesellschafters übergehen.

Aufmerksamkeit verdient in diesem Zusammenhang die Bestimmung des Art. 22 Abs. 3 CJVL, wonach in den Fällen vorzeitiger Rückführung des ausländischen Investitionsbeitrages die Gesellschafter für die Verbindlichkeiten des CJV-Kooperationsunternehmens zu haften haben. Für die Ausgestaltung als Personengesellschaft ist diese Bestimmung nicht überraschend, für die Fälle der Ausgestaltung als Kapitalgesellschaft knüpft sich daran die Frage, ob diese Vorschrift zum Verlust der beschränkten Haftung der Gesellschaft führt. Obwohl die Gesetzesformulierung nicht eindeutig ist, bedeutet sie wohl nicht, daß durch die vorzeitige Rückführung des ausländischen Investitionsanteils an der Haftungsbegrenzung des ausländischen Gesellschafters auf seinen ursprünglichen Anteil etwas geändert werden soll. Die Vorschrift soll dagegen gewährleisten, daß die bei Beendigung des CJV-Kooperationsunternehmens eventuell vorhandenen Verbindlichkeiten nicht allein vom chinesischen Gesellschafter getragen werden sollen.

d) Dauer

Das CJVL enthält keine Vorschriften über die Höchstdauer der Kooperation; die Laufzeit unterliegt daher der Parteivereinbarung, das gleiche gilt auch für die Festlegung und die Folgen vorzeitiger Beendigung.

4. Vollständig ausländisch kapitalisierte Unternehmen

Nachdem seit 1980 bereits in einigen Sonderwirtschaftszonen mehr als 100 ausschließlich von ausländischen Investoren kapitalisierte Unternehmen gegründet worden waren, wurde auch diese Form ausländischer Investitionstätigkeit durch das WFOEL (= Law of the People's Republic of China on Wholly Foreign Owned Enterprises vom 12. 4. 1986) auf eine für die VR China allgemein geltende gesetzliche Grundlage gestellt. Das Gesetz richtet sich an solche ausländischen Investoren, für die eine Zusammenarbeit mit chinesischen Gesellschaftern in Gemeinschafts- oder Kooperativunternehmen aus geschäftspolitischen Gründen nicht in Frage kommt.

100%ig ausländische Unternehmen werden nur genehmigt, wenn sie für die Entwicklung der chinesischen Volkswirtschaft nützlich sind, indem sie fortgeschrittene Technik und Ausrüstungen benutzen oder ihre Produkte ganz oder zum großen Teil exportieren (Art. 3 WFOEL).

Hierin kommt das Interesse der Chinesen zum Ausdruck, daß ihr durch die fehlende Beteiligung an Führung und Gewinn des Unternehmens geringerer Vorteil durch die Einbringung besonders hochentwickelter Technik in die VR China und durch verstärkte Devisenerwirtschaftung ausgeglichen werden soll.

a) Haftung

Derartige Unternehmen sind regelmäßig, aber nicht zwangsläufig, juristische Personen chinesischen Rechts (Art. 8 WFOEL). Investitionsbeiträge können als Bar- oder Sacheinlage erbracht werden, allerdings innerhalb den von der Prüfungs- und Genehmigungsbehörde vorgeschriebenen Fristen.

b) Autonomie

In die Organisation und Geschäftätigkeit eines solchen Unternehmens darf von Behördenseite nicht eingegriffen werden, wenn sie im genehmigten Rahmen erfolgt.

c) Transfer

Gewinn- und Kapitaltransfer werden zugesichert (Art. 19 WFOEL).

d) Dauer

Die ursprünglich genehmigte Laufzeit kann auf Antrag verlängert werden.

5. Ausblick

Als Ausblick sei abschließend auf die Regulations on Companies with Foreign Investment of the Special Economic Zones of Guangdong Province vom 28. 9. 1986 hingewiesen, die für EJV-Gemeinschaftsunternehmen, CJV-Kooperativunternehmen und 100%ig ausländische Unternehmen gelten. Obwohl diese Vorschriften nur für die drei SEZ der Provinz Guangdong gelten, wird ihnen der Charakter eines ersten umfassenden Gesellschaftsrechts der VR China zuerkannt. Es wird erwartet, daß die Zentralregierung in absehbarer Zukunft ein entsprechendes nationales Gesetz in Kraft setzen wird, daß sich eng an dieses Regionalgesetz anlehnen wird.

Von besonderem juristischen Interesse ist dabei, daß diese Vorschriften auch die Gründung und den Betrieb von Chinese-Foreign Companies Limited by Shares (= CLS), also Aktiengesellschaften chinesischen Rechts ermöglichen.

Diese CLS-Unternehmen sind im wesentlichen durch folgende Besonderheiten gekennzeichnet:

— ein CLS-Unternehmen benötigt zur Gründung fünf oder mehr Gesellschafter, von denen mindestens die Hälfte in der Special Economic Zone ansässig sein muß;

— die Gründer müssen mindestens 25% des Gesellschaftskapitals übernehmen, wobei die Gründer für ungezeichnetes Aktienkapital zu haften haben; die Gründer müssen ihre Aktien mindestens ein Jahr lang behalten;

- das höchste Gesellschaftsorgan eines CLS-Unternehmens ist (im Gegensatz zu einem EJV-Unternehmen) die Gesellschafterversammlung;
- es gilt das Prinzip von one share one vote; ein CLS-Unternehmen kann unter bestimmten Voraussetzungen Schuldverschreibungen auflegen;
- die Vorschriften regeln im einzelnen die Verpflichtung des BoD, die Gesellschafterversammlung in allen Fragen des Rechnungs- und Finanzwesens zu informieren.

Es gibt die weitverbreitete Meinung, daß diese Bestimmungen als „Pilotgesetz" für ein allgemeines nationales Gesellschaftsrecht dienen sollen.

III. Literaturverzeichnis

Baker & McKenzie	Guangdong SEZ Company Law, China Law Quarterly, March 1987.
Bates, Lawrence W./ Wang Jianping	The New Cooperative Joint Venture Law, East Asian Executive Reports, May 1988.
Bloomfield, Harry J. F.	Legal Aspects of Joint Ventures in China, International Business Lawyer, October 1986.
Bundesstelle für Außenhandelsinformation	Das Investitionsgesetz vom 1.7.1979, Berichte und Dokumente zum ausländischen Wirtschafts- und Steuerrecht, Nr. 114, Juli 1979.
	Durchführungsvorschriften vom 20.9.1983 zum Gesetz über Gemeinschaftsunternehmen, Berichte und Dokumente zum ausländischen Wirtschafts- und Steuerrecht, Nr. 181, Juni 1984.
	China regelt Kapitaleinlage in Joint Ventures, NfA vom 18.2.1988.
	Gesetz über Vertrags-Joint-Venture erlassen, NfA vom 9.8.1988.
	VR China, Gesetz über Vertrags-Joint-Ventures, Ausländisches Wirtschafts- und Steuerrecht Reihe A: Gesetzestexte und Erläuterungen, November 1988.
	Rechtsänderungen in Kooperationsfirmen, NfA vom 5.1.1989.
Chiang, Jeanne	What Works and What Doesn't, The China Business Review, September/October 1983.
Cohen, Jerome A./ Horsley, Jamie P.	The New JV Regulations, The China Business Review, November/Dezember 1983.
Cohen, Jerome A.	China Adopts Civil Law Principles, The China Business Review, September/October 1986.

The Long-Awaited Cooperative Venture Law, The China Business Review, July/August 1988.

Harnischfeger-Ksoll, Magdalena　Contractual Joint Venture, China Handbuch für die Wirtschaft, Hrsg. von Magdalena Harnischfeger-Ksoll und Wu Jikun, München/Beijing 1986.

Investitionen in der VR China, Der Betrieb Nr. 35 vom 29.8.1980.

Heuser, Robert　Das Joint-Venture-Gesetz der VR China vom Juli 1979, Recht der Internationalen Wirtschaft Nr. 12, Dezember 1979.

Heuser, Robert　Das Recht ausländisch kapitalisierter Unternehmen in der VR China, Recht der Internationalen Wirtschaft Juni 1986, Nr. 6.

Grundlinien zum Recht chinesisch-ausländischer Kooperationsunternehmen, Recht der Internationalen Wirtschaft 1988, Nr. 6.

Hohloch, Gerhard　Neue Joint-Venture-Gesetzgebung in China, Internationale Wirtschaftsbriefe Nr. 18 vom 26.9.1988, S. 651 ff.

Hug, Sabine　Das Gesetz spiegelt eine Grundsatzerklärung wider, Blick durch die Wirtschaft vom 25.4.1986.

Jaschek, Stephan　Die Kooperations- und Investitionsbedingungen in der VR China, Institut für Wirtschaft und Recht der VR China, August 1984.

Lee, Sue-Jean/ Ness, Andrew　Investment Approval, The China Business Review, May/June 1986.

Moecke, Hans-Jürgen　Die Joint-Venture-Gesetzgebung der VR China im Hinblick auf die Vertragserfahrungen mit Osteuropa, Internationale Wirtschaftsbriefe Nr. 16 vom 25.8.1984.

Parry, B. L.　New Chinese Joint-Venture-Law, Business Law Review Nr. 1, 1980.

Wolff, Arthur　Gesetz der VR China über Unternehmen mit ausschließlich ausländischem Kapital, Internationale Wirtschaftsbriefe Nr. 6 vom 25.3.1987.

Zheng, Henry R.　China's Civil and Commercial Law, Butterworths 1988.

Japan:

Das Joint Venture in Japan

Praktiken und Vertragstechniken internationaler
Gemeinschaftsunternehmen.

von

Rechtsanwalt Dr. Matthias K. Scheer LL.M. (Harvard), Hamburg

I. Einführung

Der Erfolg und Aufstieg Japans zu einer führenden Wirtschaftsmacht hat in der Welt viel Beachtung gefunden. Zugleich stellt er eine Herausforderung dar, die schon über 500 deutsche Unternehmen ebenso erfolgreich angenommen haben. Schließlich bietet Japan 120 Millionen Konsumenten mit einem der höchsten Pro-Kopf-Einkommen und einen der größten Investitionsgütermärkte der Welt. Doch ist der Zutritt auf den japanischen Markt nicht einfach. Lange Zeit wurden Joint Ventures als die ideale Kooperationsform angesehen, um auf dem japanischen Markt Fuß zu fassen. Unternehmen wie Hoechst, Bayer oder Wella seien nur beispielsweise genannt. Zugleich zeigt u. a. das Beispiel BMW, daß auch die Gründung einer unabhängigen Tochtergesellschaft empfehlenswert sein kann.

Die strategische Entscheidung

Vor der Gestaltung des rechtlichen Rahmens eines Joint Venture Unternehmens steht die unternehmerische Entscheidung, den Schritt nach Japan zu wagen. Zunächst sollen daher unter Berücksichtigung der Charakteristika des japanischen Marktes verschiedene Alternativen des Marktzutritts dargestellt werden. Erst wenn die Möglichkeiten, Risiken und Nachteile eines Joint Venture in Japan klar vor Augen liegen, läßt sich bestimmen, worauf bei der vertraglichen Gestaltung eines Joint Venture zu achten ist.

A. Charakteristika des japanischen Marktes

a) Gruppendenken

Die japanische Wirtschaft wird wie auch die japanische Gesellschaft von einem ausgeprägten Gruppenbewußtsein getragen. Leben und Gesellschaft der Japaner spielten sich stets in Gruppen ab. Ob Familie, Schule, Universität, Unternehmen oder Unternehmensverband, der Japaner lebt stets in und für die Gruppe. Traditionell ist auch die Wirtschaftswelt durch starke Gruppenbildung gekennzeichnet. Waren es früher *zaibatsu*, mächtige Konzerne, so sind es heute Industriegruppen, *keiretsu*. Das bedeutet für Joint Venture, daß auch der japanische Partner durch Zugehörigkeit zu einer solchen Gruppe, beispielsweise an eine bestimmte Bank, Versicherung oder ein Handelshaus, gebunden sein kann. Ebenso wird auch das Joint Venture-Unternehmen in eine solche Gruppe eingebunden sein.

Leitende Angestellte wiederum sollten Absolventen renommierter Universitäten sein, da ihre Stellung auch die des Joint Venture in der Wirtschaftswelt bestimmen wird. Ein weiterer Grund dafür ist, daß in der japanischen Wirtschaft und Gesellschaft stets hierarchisch gedacht wird. Es kommt daher entscheidend darauf an, was für eine Stellung ein potentieller Joint Venture-Partner in japanischen Wirtschaftskreisen genießt. Darüber entscheidet nicht allein die aus der Bilanz erkennbare Leistung. Das Alter des Unternehmens, die Einordnung in eine renommierte Gruppe sowie die gesellschaftliche Stellung leitender Mitarbeiter spielen ebenfalls eine Rolle.

b) Das japanische Distributionssystem

Das japanische Distributionssystem bedeutet für viele ausländische Unternehmen eine schwer zu überwindende Markteintrittsbarriere. Die Vertriebswege sind äußerst komplex und branchendifferenziert. Sie sind durch eine starke Stellung des Handels innerhalb der Gesamtwirtschaft, die Dominanz kleinbetrieblicher Handelsformen und die Schlüsselstellung des mehrstufig organisierten Einzelhandels gekennzeichnet. Wer auf den japanischen Markt will, muß entweder bereit sein, sich durch das Dickicht dieser Vertriebssysteme zu schlagen oder hier seinen Joint Venture-Partner zu suchen. Erfolgreiche deutsche Unternehmen haben überwiegend eigene Vertriebsnetze aufgebaut. Der Aufbau eines eigenen Vertriebsnetzes erfordert jedoch viel Ausdauer und einen hohen Kostenaufwand[1].

c) Beschäftigungsmarkt

Gruppendenken prägt auch den japanischen Arbeitsmarkt. Ein gutes japanisches Unternehmen bietet seinen Mitarbeitern lebenslange Beschäftigung und erwartet dafür unbedingte Loyalität. Viele ausländische Unternehmen können das nicht bieten und haben es demzufolge schwer, Absolventen der Elite-Universitäten oder qualifizierte Arbeitskräfte zu finden. Ein Joint Venture bietet die Chance, daß der japanische Partner geeignete Mitarbeiter stellt und sie in das Joint Venture entsendet, *shukkô*. Aber auch in japanischen Unternehmen gibt es weniger geeignete Mitarbeiter, und die Versuchung liegt nahe, sie in das Joint Venture abzuschieben. Es kann auch geschehen, daß Mitarbeiter nach ihrer offiziellen Pensionierung nur aus loyaler Verpflichtung im Joint Venture weiterbeschäftigt werden. Mitunter dient ein Joint Venture als internationaler „training ground" für junge Mitarbeiter. Gute Mitarbeiter hingegen kehren nach wenigen Jahren wieder zur japanischen Mutter zurück. Dem kann nur dadurch begegnet werden, daß sich das Joint Venture langfristig um eine eigenständige Personalpolitik bemüht. Nur auf Zeit entsandten Mitarbeitern sollte die Chance geboten werden, sich für eine endgültige Beschäftigung beim Joint Venture zu entscheiden.

Beim erfolgreichsten deutschen Automobilhersteller in Japan werden fähige junge Mitarbeiter während ihrer Ausbildung für ein, zwei Jahre nach Deutschland entsandt. Das besagte Unternehmen hat übrigens keine Probleme, jährlich über 25 qualifizierte Hochschulabsolventen zu rekrutieren.

d) Unternehmenspolitik

Japanische Unternehmen verfolgen langfristig die Strategie, ihren Marktanteil zu erhöhen, nicht aber Erträge zu maximieren. Die Dividendenausschüttungen in Japan sind wesentlich geringer als in den USA oder der Bundesrepublik Deutschland. Liegt das Verhältnis der Dividendenausschüttung zu den Gewinnen in Deutschland bei 50,3%, so werden in Japan nur 29,2% erreicht[2]. Für den japanischen Partner wird das Joint Venture immer eine *kogaisha*, wörtlich „Tochterfirma", bleiben, die der Mutter zu loyaler Unterstützung verpflichtet ist. Der japanische Partner wird das

---

1 *Vaubel, Dirk*, Methoden des Markteintritts in Japan, in *Simon, Hermann* (Hrsg.), Markterfolg in Japan, Wiesbaden, 1986, S. 75–98 (76).
2 „Geringe Dividendenausschüttung japanischer Unternehmen kritisiert", in Mitteilungen der Deutschen Industrie- und Handelskammer in Japan, 11/1988, S. 9.

Joint Venture daher weniger als ein Profit Center verstehen. Betriebswirtschaftlich sollte also weniger die Strategie verfolgt werden, das Joint Venture als ein solches Profit Center zu errichten, vielmehr ist eine gewisse Anpassung an die japanische Unternehmensphilosophie, wie langfristige Planung und Wachstumsstreben, angebracht. Statt einer hohen Gewinnausschüttung sollte versucht werden, für Beiträge, wie Lizenzen für Patente, Know-how oder Warenzeichen sowie Management-, Service und Beratungsdienstleistungen möglichst hohe Erträge zu erzielen.

B. Methoden des Markteintritts

a) Importeur

Der einfachste Weg, auf den japanischen Markt zu gelangen, besteht darin, sich eines Importeurs zu bedienen. Gewinnpotential wie auch Risiko sind bei dieser Form des Marktzutritts vergleichsweise am geringsten. Als Importeur bietet sich ein japanisches Universalhandelshaus *sôgô shôsha* oder ein Spezialimporteur an.

b) Lizenzvergabe

Die Vergabe von Lizenzen stellt eine einfach zu praktizierende Möglichkeit dar, ohne Einsatz eines finanziellen Risikos auf dem japanischen Markt einen Gewinn zu erzielen. Dennoch birgt diese Alternative eine Gefahr, die es sorgfältig abzuwägen gilt. Der Lizenznehmer kann nämlich innerhalb weniger Jahre selbst in der Lage sein, ein ähnliches Produkt herzustellen. Letztlich könnte man sich den Zugang zum japanischen Markt verbauen und einen potentiellen Konkurrenten aufgebaut haben. Der Trend geht daher ganz eindeutig davon weg, durch Lizenzvergabe in Japan tätig zu werden. Vielmehr nutzen ehemalige Lizenzgeber nunmehr die Chance, mit ihren ehemaligen Lizenznehmern ein Joint Venture zu vereinbaren, soweit die Nutzungsverträge das zulassen. Im Gegensatz zur bequemen Lizenzvergabe bieten Joint Venture-Verträge mit potentiellen Konkurrenten die Möglichkeit, den Wettbewerbsdruck zu vermindern. Einem Lizenznehmer hingegen können nach japanischem Kartellrecht Exportverbote und das Verbot der Weiterproduktion nach Ablauf des Vertrages nicht auferlegt werden.

c) Joint Venture

Die nächsthöheren Gewinnchancen, aber auch höheres Risiko, birgt der Weg der Errichtung eines Joint Venture gemeinsam mit einem japanischen Partner. Ein Joint Venture trägt dazu bei, die Hürden der fremden Kultur, Sprache und Mentalität sowie die Schranken der nicht einfach zu verstehenden Geschäftspraktiken und gesetzlichen Bestimmungen zu überwinden.

Bislang ist es zur Gründung von etwa 100 deutsch-japanischen Joint Venture-Unternehmen in Japan gekommen[3]. Schwerpunkte liegen der Exportstruktur der deutschen Wirtschaft gemäß in der chemischen Industrie und im Maschinenbau. Stark zunehmend sind Joint Ventures in den Zweigen Elektro- und Fahrzeugbau. Wie bei der Entwicklung der ausländischen Direktinvestitionen in Japan überhaupt[4], die sich verdoppelt haben, ist auch ein ständiger Zuwachs an deutsch-japanischen Joint Venture-Abschlüssen zu verzeichnen. In der ersten Jahreshälfte 1989 wurden schon über zehn Vereinbarungen bekannt. Mit dem gewaltigen Engagement japanischer Unternehmen in Deutschland und Europa lassen sich die deutschen Aktivitäten in Japan allerdings nicht vergleichen[5].

d) Gründung einer Tochtergesellschaft

Seit 1980 ist es auch möglich, an einer japanischen Gesellschaft 100% des Kapitals zu erwerben[6]. Dies ist bestimmt der konsequenteste Weg, auf den japanischen Markt zu gelangen. Aber er ist mit hohen Anlaufkosten verbunden, die oft erst nach einer Rücklaufzeit von mehr als fünf Jahren amortisiert werden können[7]. Aber nicht nur das Risiko, sondern auch die Gewinnchancen dieser Form der Niederlassung sind im Vergleich zu den anderen Alternativen am höchsten. Wer diesen Weg wählt, erspart sich Auseinandersetzungen, die auf Joint Venture-Partner wegen der Unterschiedlichkeit ihrer Interessen, Bedürfnisse und Unternehmensziele zukommen. Ungefähr ein Drittel aller deutschen Unternehmensgründungen in Japan sind hundertprozentige Tochtergesellschaften[8]. Gerade unter den ganz großen Unternehmen in der Chemiebranche ist zu beobachten, daß solche hundertprozentigen Tochtergesellschaften wiederum Joint Venture-Unternehmen gründen, um einzelne Projekte zu verwirklichen.

---

3 „Deutsche Unternehmen erfolgreich in Japan", in Mitteilungen der Deutschen Industrie- und Handelskammer in Japan, 1/1985, S. 1–17, „Ergänzung: Erfolgreiche deutsche Unternehmen in Japan", in Mitteilungen der Deutschen Industrie- und Handelskammer in Japan, 2/1985, S. 11–13, unter Einbeziehung aller Joint Ventures, die seitdem in den Mitteilungen der Deutschen Industrie- und Handelskammer in Japan und der deutschen Presse bekanntgegeben wurden.

4 „Jüngste Entwicklung bei ausländischen Direktinvestitionen in Japan", in JETRO-Informationen, hrsg. von der JETRO Hamburg, April/Mai 1989, S. 8.

5 „Starke Zunahme der ausländischen Investitionen", in Mitteilungen der Deutschen Industrie- und Handelskammer in Japan, 2/1989, S. 22.

6 Art. 26 Foreign Exchange and Foreign Trade Control Law von 1949 und 1980.

7 *Simon, Hermann*, Eintrittsbarrieren und Eintrittsstrategien im japanischen Markt, in *Simon*, a.a.O., S. 67.

8 „Gemeinschaftsunternehmen in Japan", in Markt Deutschland-Japan, Zeitschrift der Deutschen Industrie- und Handelskammer in Japan, März 1983, S. 29.

e) Unternehmenskauf

1988 sind in Japan in gerade fünf Fällen japanische Unternehmen von Ausländern erworben worden. 1989 ist es zum erstenmal einem deutschen Unternehmen[9] gelungen, ein japanisches Unternehmen zu erwerben. Beim Unternehmenskauf in Japan handelt es sich zumeist um Beteiligte, die schon zuvor enge geschäftliche Beziehungen unterhalten haben, beispielsweise im Rahmen eines Joint Venture. Die Zahlen beweisen, wie schwer Unternehmenskäufe in Japan sind. Ein Unternehmen wird in Japan nicht nur als eine Ansammlung von Vermögenswerten, sondern von Menschen und dem engen Gefüge ihrer Beziehungen und Verpflichtungen angesehen. Unternehmensleitung und Arbeitnehmerschaft werden als eine Einheit betrachtet, so daß ein Unternehmen quasi unverkäuflich ist, der Verkauf buchstäblich einen Verrat bedeuten würde[10]. In den seltenen Fällen, in denen die Geschäftsführung auch die Firmeninhaberschaft innehat, wird es nur dann zu einem Verkauf des Unternehmens kommen, wenn die Geschäftslage hoffnungslos ist und der Verkauf des Unternehmens die letzte Rettung darstellt.

II. Vorbereitung

A. Informationsbeschaffung

Vor dem Schritt nach Japan ist es notwendig, umfangreiche Informationen über die Geschäftsbedingungen in Japan, insbesondere der Branche, in der eine Tätigkeit angestrebt wird, zu sammeln. Der Suche nach einem geeigneten Joint Venture Partner sollte in Japan außerordentliche Aufmerksamkeit gewidmet werden. An Informationsmaterial über Japan, die japanische Wirtschaft und Branchenberichte im Detail mangelt es nicht. Als Informationsquellen kommen in Betracht:

a) Die Zeitungslektüre

Bei Lektüre von nur jeweils einer guten Tages- und Wochenzeitung bzw. Zeitschrift stößt man jährlich auf tausende von Artikeln mit detaillierten Informationen über die japanische Wirtschaft, einzelne Branchen und unzählige Nachrichten über japanische Unternehmen, die als potentielle Joint Venture-Partner in Betracht kommen können.

---

9 „Boehringer Mannheim/Fusion mit dem Pharmahersteller Toho", in Handelsblatt vom 26.6.1989.

10 „Frage 18: Welche Verfahren müssen ausgeführt werden, um ein japanisches Unternehmen zu erwerben?" in Geschäftsgründung in Japan, JETRo (Hrsg.), S. 28 Tokyo, 1987.

b) Nichtgewerbliche Informationen

Folgende nichtgewerbliche Institutionen bieten umfangreiche Informationen:

— die Japan External Trade Organisation mit allein vier Niederlassungen in Deutschland (Hamburg, Düsseldorf, Frankfurt, München)

— die Deutsche Industrie- und Handelskammer in Japan (Tokyo)

— die Wirtschaftsförderungsgesellschaften der Bundesländer

— die Industrieverbände

— Office for the Promotion of Foreign Investment in Japan

— Konsulate

— Bundesstelle für Außenhandelsinformationen (BfAI)

c) Gewerbliche Informationen

Folgende gewerbliche Institutionen bieten umfangreiche Informationen:

— Unternehmensberater

— Geschäftsbanken mit Niederlassung in Tokio

— Wirtschaftsprüfer, Steuerberater und Rechtsanwälte

Viele Adressen der hier genannten Institutionen sind in der Investitionsfibel der Deutschen Industrie- und Handelskammer in Japan zu finden[11].

B. Vorgespräche

a) Shôkai

Besondere Aufmerksamkeit muß der japanischen Umgangsformen entsprechenden Vertragsanbahnung gewidmet werden. Wie bei der traditionellen Anbahnung einer Ehe in Japan bedarf es der Einführung durch eine angesehene Person oder Institution. Vor dem Vergleich des Anbahnens einer Ehe braucht nicht zurückgeschreckt zu werden. Es handelt sich dabei um eine japanische Tradition, wonach bislang unbekannte Personen immer nur durch Vermittlung vorgestellt *(shôkai)* werden. Als Vermittler kommen Hausbanken, gemeinsame Großkunden oder Lieferanten, große Handelshäuser, die bereits erwähnte japanische Handelszentrale JETRO sowie Konsulate und Handelskammern in Betracht. Ohne eine Empfehlung dieser Organisationen wird es kaum zu einer Geschäftsanbahnung kommen.

---

11 Investitionsfibel, Deutsche Industrie- und Handelskammer in Japan (Hrsg.), 2. Aufl., Tokyo, 1987.

Anläßlich solcher Gelegenheiten ist es empfehlenswert, Visitenkarten in ausreichender Zahl mitzuführen. Es ist erstaunlich zu hören, daß viele deutsche Geschäftsleute diesen ganz banalen Hinweis oft außer acht lassen.

b) Das Verhalten vor den eigentlichen Vertragshandlungen

Japaner sind zurückhaltende Menschen, die niemals zu Beginn einer Konversation ihre Fähigkeiten und Leistungen zum besten geben. Statt von sich selbst zu sprechen, wird der Japaner immer versuchen, den Gegenstand der Unterhaltung auf seinen Gesprächspartner zu lenken.

Der geschickte ausländische Verhandlungspartner beweist hier nun Manieren und spricht nicht von seinen Gewinnen, seinen Umsätzen oder der Anzahl seiner Beschäftigten. Er wird den Beginn der Verhandlungen ausschließlich der Sympathiewerbung und vertrauensbildenden Maßnahmen widmen. Er ißt mit Vergnügen Fisch, auch rohen, singt gerne und ist bereit, seine erwartungsvollen japanischen Freunde zu vorgerückter Stunde mit einem deutschen Volkslied zu erfreuen. Gegebenenfalls kommt man auch nicht umhin, die gemeinsame Vergangenheit zu beschwören. Doch mit Trinksprüchen auf die ehemalige Achse soll letztlich nur die Völkerfreundschaft bekräftigt werden und sonst nichts.

Auch wenn diese Ratschläge eher heiter anmuten, sind sie überaus ernst zu nehmen. Nichts ist für eine Geschäftsanbahnung schädlicher, als Japanern gegenüber als nur an der Sache interessiert, kalt oder gar überlegen aufzutreten. Persönliche und menschliche Beziehungen der Partner zueinander stellen das Fundament für eine erfolgreiche Zusammenarbeit dar [12].

III. Das japanische Vertragsverständnis

Nach japanischer Auffassung ist ein Vertrag Ausdruck des Vertrauensverhältnisses der beiden Parteien. *Entire agreement*-Klauseln nach amerikanischem Vorbild oder deutsche Schriftform-Klauseln sind der japanischen Rechtsauffassung fremd. Die Rechte und Verpflichtungen der Parteien entstehen für Japaner nicht erst mit der Unterzeichnung des Vertrages. Daß es sich bei dieser Überlegung ganz und gar nicht um eine akademische Frage handelt, offenbart sich spätestens, wenn die Parteien in unerwartete Schwierigkeiten geraten. Der japanische Partner wird jetzt nicht etwa den schriftlichen Vertrag heraussuchen und seinen Rechtsanwalt um Rat fragen. Da sich für ihn der Vertrag nicht auf das schriftlich Fixierte beschränkt, sondern auf dem Vertrauensverhältnis der beiden Parteien beruht, wird er sich an seinen Vertragspartner wenden. Umgekehrt erwartet er, daß sein Vertragspartner im Falle von Schwierigkeiten nicht mit dem

---

12 *Scheer, Matthias*, Die rechtliche Seite des Japan-Engagements, in Japans Gesellschaft und Kultur, Japanisches Kulturinstitut (Hrsg.), Vortragsreihe 2, Köln, 1985.

Vertrag in der Hand aufmarschiert, sondern daß die Parteien verständnisvoll gemeinsam eine Lösung suchen. Verhandlungsbereitschaft und Verhandlungsfähigkeit beider Parteien sind dazu erforderlich.

Einen Zwang zur Einigung diktiert das japanische Recht allerdings nicht. Stehen die Parteien vor unerwarteten und unvorhersehbaren Veränderungen der Verhältnisse, auf denen der Vertrag einst aufbaute, so sieht das japanische Recht, wie auch das deutsche[13], eine Vertragsanpassung wegen des Eintritts veränderter Umstände vor. Der japanische Oberste Gerichtshof verlangt für eine Vertragsanpassung sowohl einen erheblichen als auch unvorherzusehenden Eintritt veränderter Umstände durch Kräfte, für die keine der Parteien verantwortlich ist. Die Fortsetzung des Vertrages müßte unter diesen Umständen gegen das Gebot von Treu und Glauben verstoßen. Allerdings findet hier eine sehr strenge Prüfung statt, die nicht zuletzt in der Neigung des japanischen Rechtssystems, vor allem der Justiz, die Zahl der Rechtsstreitigkeiten gering zu halten, begründet ist[14].

IV. Das Vertragswerk des Joint Venture

Der Aufbau des Vertragswerks eines Joint Venture in Japan entspricht dem dreistufigen Aufbau eines Gemeinschaftsunternehmens in Deutschland:

A. Der Gesellschaftsvertrag

B. Einzelne Leistungs- und Lieferverträge

C. Übergreifender Vertrag zwischen den Joint-Venture-Partnern zur Regelung aller nicht durch die beiden vorgenannten Verträge entschiedenen Fragen[15].

A. Der Gesellschaftsvertrag

a) Die Rechtsform der Joint-Venture-Gesellschaft

Als Rechtsform für die Joint-Venture-Gesellschaft bieten sich in Japan die GmbH *yugenkaisha* oder die Aktiengesellschaft *kabushiki kaisha (KK)* an. Die beiden Gesellschaftsformen sind im Zuge der Rezeption deutschen Rechts in Japan, einschließlich bedeutender Gesetzesnovellen[16], in das japanische Handelsrecht gelangt.

---

13 § 242 BGB, Lehre vom Wegfall der Geschäftsgrundlage.

14 *Einsel, Reinhard*, Besonderheiten des japanischen Patentrechts, in Recht in Japan, Heft 4, Frankfurt, 1981, S. 7–27 (8).

15 *Langefeld-Wirth, Klaus*, Rechtsfragen des internationalen Gemeinschaftsunternehmens, VI. (S. 8).

16 *Raidl, Elisabeth*, und *Takataj, Shoji*, Handelsrecht, in *Eubel, Paul* (Hrsg.), Das japanische Rechtssystem, Frankfurt, 1979, S. 141–158 (142).

Trotzdem kommt die GmbH als Rechtsform für ein Joint Venture nicht in Betracht. Aus einem sehr einfachen Grund muß man sich für den umständlicheren Weg, eine Aktiengesellschaft zu gründen, entscheiden: Die Rechtsform der GmbH genießt in Japan kein hohes Ansehen, mit ihr ist das Image einer kleinen, wenig bedeutenden Firma verbunden [17]. Da in der japanischen Wirtschaftswelt Rang und Namen von äußerster Bedeutung sind, darf es vor allem dem japanischen Partner nicht zugemutet werden, einen Gesichtsverlust durch die vielleicht günstigere Rechtsform der GmbH erleiden zu müssen. Auch in Japan ist die Aktiengesellschaft eine auf viele Aktionäre zugeschnittene Publikumsgesellschaft. Die Errichtung eines Joint Venture stößt aus diesem Grund auf einige Schwierigkeiten. Daß die Parteien dennoch in das strenge Korsett zwingender Vorschriften des Aktienrechts gebunden werden, muß hingenommen werden. Schließlich wird mit der Aktiengesellschaft in Japan im allgemeinen das Image eines wirtschaftlich gesunden Unternehmens verbunden [18].

b) Gründung einer Aktiengesellschaft

Zur Gründung einer Aktiengesellschaft sind mindestens sieben Gründer erforderlich [19], der Mindestnennbetrag für eine Aktie beträgt 50 000 Yen [20], das Mindestgrundkapital damit umgerechnet 5000,– DM.

Im Gegensatz zur deutschen und anglo-amerikanischen Praxis sind Satzungen japanischer Aktiengesellschaften im allgemeinen sehr kurz gehalten und beschränken sich auf gesetzliche Mindestanforderungen. Die Gründung vollzieht sich vergleichbar der deutschen Regelung in sechs Schritten:

1. Die Satzung

Die Gründer haben die Satzung, die die folgenden Einzelheiten zu enthalten hat, festzustellen und zu unterschreiben:

aa) Gegenstand des Unternehmens

Der Gegenstand des Unternehmens muß den Unternehmenszweck erschöpfend bezeichnen. Gemäß Artikel 43 des japHGB wird einer juristischen Person Rechtsfähigkeit nur beschränkt auf den in der Satzung bestimmten Unternehmenszweck verliehen. Die Praxis legt diese Anforderungen dennoch sehr großzügig aus. Was nur irgendwie im Zusammenhang zum Unternehmenszweck erforderlich ist, genügt [21].

---

17 *Neumann, Reinhard*, Formen geschäftlicher Präsenz in Japan, in Investitionsfibel Deutsche Industrie- und Handelskammer in Japan (Hrsg.), S. 13–47 (30).

18 *Neumann*, a. a. O. S. 28.

19 Artikel 165 japHGB.

20 Artikel 166 Absatz 2 japHGB.

21 K. K. Eijô Bank v. van Pelsteint, Great Court of Judicature, 18 Minroku 1078, Dec. 25, 1912, zitiert nach *Matsueda, Michio*, Company Law, in *Kitagawa, Zentaro*, (Hrsg.), Doing Business in Japan, 1987, New York, Volume 4, Part VII, § 1.06 (1), Seite VII 1–13.

bb) Firma

Der Firmenname ist in japanischer Silbenschrift, *Katakana*, anzugeben. *Katakana* ist aber nicht für die Wiedergabe fremder, sondern japanischer Laute aus den als Lautzeichen verwandten chinesischen Zeichen, *Manyogana*, entwickelt worden. Die 46 z. Z. benutzten *Katakana*zeichen sind ein Prokrustesbett für europäische Laute. Daher lassen sich westliche Firmennamen manchmal nur schwer als solche wiedererkennen, z. B. Hekisuto (gesprochen Hekisto) für Hoechst. Zu deklaratorischen Zwecken darf der Firmenname auch in deutscher oder einer anderen Fremdsprache angegeben werden. Will der ausländische Partner seinen Firmennamen geschützt wissen, sollte er noch vor der Gründung die Frage der Anmeldung eines Warenzeichens bzw. dessen Lizenzierung erörtert und geklärt haben.

Es empfiehlt sich, ein Verbot der Weiterverwendung des deutschen Firmennamens im Falle einer späteren Anteilsveräußerung in den Joint Venture-Vertrag aufzunehmen[22].

cc) Gesamtzahl der auszugebenden Aktien und ihr Nennwert

Die Gesamtzahl der auszugebenden Aktien braucht nicht mit dem genehmigten Kapital, d. h. dem Kapital, das später noch auf Vorschlag des Vorstandes herausgegeben werden kann, übereinstimmen. Gemäß Artikel 161 Absatz 3 japHGB muß das bei der Gründung tatsächlich ausgegebene Kapital mindestens ein Viertel des genehmigten Kapitals betragen. Üblich ist es, von dieser Möglichkeit Gebrauch zu machen, um die Bereitschaft des Unternehmens auszudrücken, in Zukunft noch zu wachsen. Haftkapital bleibt einzig und allein das tatsächlich bei Gründung ausgegebene, nicht das höhere genehmigte Kapital[23].

dd) Sitz der Gesellschaft, Form der Bekanntmachungen

ee) Familien- und Vorname sowie Wohnsitz der Gründer

ff) Rang und Titel der Mitglieder der Direktoriumsmitglieder

Es ist zu empfehlen, sich dabei an die üblichen Bezeichnungen in der japanischen Firmenhierarchie zu halten.

Das japanische Aktienrecht kennt nur den Titel eines Direktors, *torishimariyaku*. Darüber hinaus werden üblicherweise folgende Bezeichnungen geführt, die wegen ihrer Anlehnung an den anglo-amerikanischen Sprachgebrauch auch in Englisch dargestellt werden sollen:

---

22 S. u. IV.B.2.
23 *Rodatz, Peter,* Rechtsprobleme beim Markteintritt in Japan, in *Simon,* a. a. O., S. 29.

kaichô	chairman	Ehrenvorsitzender
(torishimariyaku) shachô	president	Vorstandsvorsitzender
(torishimariyaku) fuku shachô	vice president	stellvertretender Vorstandsvorsitzender
senmu torishimariyaku	senior executive director	leitender Direktor
jômu torishimariyaku	junior executive (managing) director	geschäftsführender Direktor

Die Amtszeit eines Direktors kann nicht auf über zwei Jahre bestimmt werden. Die Amtszeit der ersten Direktoren nach der Gründung sollte auf ein Jahr begrenzt werden[24].

Grundsätzlich haben Direktoren Einzelgeschäftsführungsbefugnis. Die Satzung kann bestimmen, daß die Direktoren die Gesellschaft nur gemeinschaftlich vertreten können[25]. Eine solche Bestimmung muß aber beim zuständigen Bezirksbüro, das dem japanischen Justizministerium untersteht, zur Registrierung angemeldet werden[26].

Folgende Bestimmungen sind nur wirksam, wenn sie ausdrücklich in die Satzung aufgenommen werden[27]:

— Gewährung von Vorteilen für Gründer oder Familienangehörige eines Gründers. Gründer müssen in einem solchen Fall namentlich benannt werden.

— Namentlich zu nennen sind auch die Gründer, die Sacheinlagen erbringen. Dabei ist der Gegenstand der Sache und ihr Wert darzulegen.

— Gegenstände, die nach der Gründung in die Gesellschaft eingebracht werden, sowie der Name des Einbringenden.

— Einschränkung der freien Verfügbarkeit über Aktien. Die Einschränkung der Verfügbarkeit über Aktien ist in einem Joint Venture von besonderer Bedeutung. Sie entscheidet darüber, unter welchen Umständen ein Partner aus dem Joint Venture aussteigen kann[28].

— Ort und Zeit der Hauptversammlung.
Es ist üblich, die Hauptversammlung in den ersten drei Monaten des Geschäftsjahres abzuhalten.

---

24 *Matsueda, Michio*, a.a.O. § 1.06 (20), Seite VII 1–45.
25 Artikel 261 Absatz 2, Artikel 39 Absatz 2 japHGB.
26 *Matsueda, Michio*, a.a.O. § 1.06 (20) Seite VII 1–46.
27 Artikel 168 japHGB.
28 Im einzelnen dazu s.u. IV.A.4.

2. Die Übernahme der Aktien

Sämtliche Gründer haben ihre Aktien schriftlich zu übernehmen[29] und den Ausgabebetrag vollständig zu entrichten.

3. Bestellung des Vorstandes, der Gründungsprüfer und Gründungsbericht

Der Gründungsbericht ist von einem eigens zu bestellenden Gründungsprüfer zu verfassen. Werden die Aktien ausschließlich an die Gründer ausgegeben, muß ein unabhängiger Gründungsprüfer bestellt werden. Wird aber nur eine Aktie von einem Dritten gezeichnet, der nicht Gründer ist, darf auch ein Vorstandsmitglied die Funktion eines Gründungsprüfers wahrnehmen.

Bei Gründung des Unternehmens wird daher immer ein Mitarbeiter des beauftragten Rechtsanwalts oder des japanischen Partners formell eine Aktie übernehmen, die dann unmittelbar nach der Gründung wieder zurückveräußert wird.

Bei der Bestellung der Vorstandsmitglieder ist darauf zu achten, daß mindestens ein Vorstandsmitglied seinen Wohnsitz in Japan hat[30].

Bei einer Sachgründung ist allerdings die Bestellung eines unabhängigen Gründungsprüfers[31] unumgänglich. Dabei bringt der ausländische Partner oftmals technisches Wissen als Sacheinlage ein, was auf Schwierigkeiten bei der Gründungsprüfung stößt. Der Wert von Know-how läßt sich mitunter nur schwer schätzen, so zum Beispiel wenn es noch keinen Marktwert für das in Frage stehende Know-how gibt. Wird Know-how in das Joint Venture eingebracht, kann die Gründungsprüfung daher aufwendig und teuer werden. Zudem mußten dabei noch vor der Gründung möglicherweise streng vertrauliche Informationen offengelegt werden. Um eine umständliche Sachgründung zu vermeiden, bieten sich folgende Möglichkeiten an:

Statt anläßlich einer Gründung kann Know-how auch als Sacheinlage bei der Ausgabe neuer Aktien eingebracht werden. Übersteigt die Sacheinlage dabei nicht ein Zwanzigstel der Gesamtwertes der ausgegebenen Aktien, so ist eine Prüfung durch einen Sonderprüfer[32] nicht notwendig.

Die Gesellschaft kann das Know-how auch käuflich erwerben. Innerhalb der ersten zwei Jahre nach Gründung ist dies[33] jedoch auch nur zu Bedingungen wie bei der Ausgabe neuer Aktien möglich.

---

29 Artikel 169 japHGB.
30 Artikel 479 Absatz 1 japHGB.
31 Artikel 173 Absatz 1, Artikel 280–8 Absatz 1 japHGB.
32 Artikel 280–8 Absatz 1 japHGB.
33 Artikel 246 japHGB.

Schließlich folgt die Eintragung der Gründung beim zuständigen Bezirks-büro für Rechtsangelegenheiten.

4. Das Gründungsverfahren in der Praxis

Persönliche Anwesenheit am formalen Gründungsverfahren ist nicht erfor-derlich.

Es ist üblich, Rechtsanwälte oder Steuerberater mit dem routinemäßigen Gründungsverfahren zu beauftragen. Auch in Japan können Dritte unpro-blematisch als Vertreter Aktien zeichnen oder sonstwie als Bevollmächtig-ter auftreten. Folgende Dokumente sind anläßlich des Gründungsvorgan-ges zu zeichnen:

— Beschlußfassung und Beurkundung der Satzung durch die Gründer

— Protokoll der Gründungsversammlung, das dem Handelsgericht aber nicht vorzulegen ist und deshalb oft nicht angelegt wird

— Protokoll der konstitutiven Hauptversammlung, das von den neu ge-wählten Vorstandsmitgliedern zu zeichnen ist

— Gründungsbericht, den die Vorstandsmitglieder und Prüfer zeichnen

— Protokoll der Vorstandssitzung zur Entscheidung der Frage, welches Vorstandsmitglied allgemeines Vertretungsrecht haben soll.

c) Die Organe einer japanischen Aktiengesellschaft

1. Die Hauptversammlung (*kabunushi sôkai*)

aa) Die Kompetenz der Hauptversammlung

In der Hand der Hauptversammlung liegen alle grundlegenden Entschei-dungen der Gesellschaft. Ihr steht die Satzungskompetenz zu, sie genehmigt die vom Vorstand vorgelegte Bilanz, Gewinn- und Verlustrechnung, den Ge-schäftsbericht und den Vorschlag zur Gewinnverwendung[34]. Den größten Einfluß übt die Hauptversammlung durch die Bestellung und Abberufung der Vorstandsmitglieder sowie der gesellschafts-internen Prüfer aus[35].

Die Hauptversammlung ist mindestens einmal im Jahr einzuberufen[36]. Au-ßerordentliche Hauptversammlungen können jedoch jederzeit einberufen werden. Der Ort der Hauptversammlung liegt, wenn er nicht in der Satzung bestimmt wurde, am Sitz der Gesellschaft. Die Ortsangabe beschränkt sich auf eine Stadt oder einen Stadtteil; umstritten ist, ob auch Orte außerhalb Japans zur Hauptversammlung bestimmt werden können.[37]

---

34 Artikel 283 Absatz 1, Artikel 281 Absatz 1 japHGB.
35 Artikel 254 Absatz 1, Artikel 257 und 280 japHGB.
36 Artikel 234 Absatz 1 japHGB.
37 *Matsueda, Michio*, a. a. O., § 1.06 (19), Seite VII–37.

bb) Die Beschlußfassung in der Hauptversammlung

Grundsätzlich bedürfen Beschlüsse der Hauptversammlung einer einfachen Mehrheit der abgegebenen Stimmen, wobei Aktionäre anwesend sein müssen, die mindestens über die Hälfte der ausgegebenen Aktien verfügen. Das gesetzliche Quorum von 50% kann auch erhöht werden. Um die Beschlußfähigkeit zu gewährleisten, kann andererseits auch vereinbart werden, daß eine Entscheidung nur von den anwesenden Mitgliedern getroffen wird. Artikel 256-2 und 280 japHGB verbieten aber die Wahl von Vorstandsmitgliedern oder gesellschaftsinternen Prüfern mit weniger als einem Drittel der ausgegebenen Aktien.

Auf einer Zweidrittel-Mehrheit sämtlicher Aktien müssen folgende Entscheidungen beruhen:

– Satzungsänderungen [38]

– Verkauf des Geschäfts oder wesentlicher Teile davon [39]

– Verträge, die den Erwerb von Anlagen vorsehen, deren Wert ein Zwanzigstel des Grundkapitals übersteigt. Dabei handelt es sich um eine Nachgründung, wie sie auch das deutsche Aktienrecht [40] kennt.

– Abberufung eines Vorstandsmitglieds oder eines gesellschaftsinternen Prüfers [41]

– Auflösung der Gesellschaft [42].

Der wesentliche Inhalt des Verlaufs der Hauptversammlung und seine Beschlußfassung sind durch Niederschrift zu beurkunden. Die Protokolle sind in japanischer Sprache beim Bezirksbüro einzureichen [43].

2. Das Direktorium

Das Direktorium einer japanischen Aktiengesellschaft läßt sich nur schwer mit dem Vorstand einer deutschen Aktiengesellschaft vergleichen. Nach einer Reform im Jahre 1950 haben sich Funktion und Aufbau des Vorstandes in der japanischen Aktiengesellschaft deutlich dem anglo-amerikanischen Board-System genähert. Neben den einzelnen Direktoren steht selbständig ein Direktorium (Board of Directors), das sich aus den Direktoren rekrutiert, aber Aufgaben des Aufsichtsrats nach deutschem Vorbild wahrnimmt [44].

---

38 Artikel 343 japHGB.

39 Artikel 245 Absatz 1 Nr. 1 japHGB.

40 § 52 AktG.

41 Artikel 257 Absatz 2, Artikel 280 japHGB.

42 Artikel 405 japHGB.

43 *Neumann*, a. a. O., S. 29.

44 *Kawamoto, Ichiro*, Können Großunternehmen kontrolliert werden?, in Recht in Japan, Heft 1 Frankfurt, 1975, S. 22–30 (22).

aa) Die Direktoren *(torishimariyaku)*

Die Hauptversammlung hat mindestens drei Direktoren zu bestellen[45]. Die Amtszeit der Direktoren beträgt maximal zwei Jahre[46], sie können jederzeit mit qualifizierter Mehrheit von der Hauptversammlung abberufen werden.

Direktoren brauchen nicht die japanische Staatsbürgerschaft zu besitzen, ein Direktor aber muß seinen Wohnsitz in Japan haben[47].

Die Gesellschaft kann nicht bestimmen, daß ein Direktor Aktionär sein muß, damit gilt auch in Japan das Prinzip der Drittorganschaft.

Das japanische Recht unterscheidet nicht so streng zwischen der arbeitsrechtlichen und der gesellschaftsrechtlichen Beziehung von Direktor und Gesellschaft. Das Verhältnis bestimmt sich nach den zivilrechtlichen Vorschriften über den Auftrag. Ausdrückliche Arbeitsverträge sind nicht üblich. Da kein Anspruch auf Wiederwahl besteht, hat ein Direktor keinen Kündigungsschutz. Wird eine Entlassung während der Amtszeit ausgesprochen, muß eine Entschädigung bezahlt werden, wenn nicht besondere Gründe für die Entlassung vorliegen[48].

bb) Die Haftung der Direktoren

Das japanische Aktienrecht statuiert eine Schadensersatzpflicht für Direktoren, die unzulässig Gewinne ausschütten, einem Dritten Vermögensvorteile gewähren sowie Gesetze oder die Satzung verletzen und dabei der Gesellschaft Schaden zufügen[49].

cc) Das Direktorium als Board *(torishimariyaku kai)*

Das Direktorium setzt sich aus Direktoren zusammen und entscheidet als Kollegialorgan über die Geschäftsführung der Gesellschaft. Es ist mit dem board of directors nach dem amerikanischen Vorbild vergleichbar. Es kontrolliert die in den Händen einzelner Direktoren liegende Ausführung der von ihm beschlossenen Geschäfte[50].

Das Direktorium faßt seine Beschlüsse mit der Mehrzahl der Anwesenden Direktoren. Dabei muß mindestens die Hälfte aller Direktoren anwesend sein. Die Satzung kann nur eine strengere Bestimmung treffen[51]; eine Herabsetzung des Quorums kommt nicht in Betracht. Per Telefon, Telefax oder Videokonferenzschaltung können abwesende Direktoren nicht wirk-

---

45 Artikel 255 japHGB.
46 Artikel 256 Absatz 1 japHGB.
47 Artikel 479 Absatz 1 japHGB.
48 *Rodatz,* a.a.O., S. 306.
49 Artikel 266 japHGB.
50 Artikel 260 Absatz 1 japHGB.
51 Artikel 260-2 Absatz 1 Satz 2 japHGB.

sam an der Beschlußfassung des Direktoriums teilnehmen. Zu einer wirksamen Beschlußfassung muß im Notfall also ein Direktor aus dem Ausland nach Japan einreisen. Dabei handelt es sich um Formvorschriften, die in der Realität kaum beachtet werden.

An den Direktoriumssitzungen können auch gesellschaftsinterne Prüfer ohne Stimmrecht teilnehmen.

Das Direktorium überträgt einzelnen Direktoren die Ausführung der Geschäfte der Gesellschaft. Er verleiht ihnen die Befugnis, die Gesellschaft zu vertreten[52], und kann bestimmen, daß nur mehrere Direktoren gemeinsam die Gesellschaft vertreten können[53]. Die Direktoren haben dem Direktorium die Bilanz, die Gewinn- und Verlustrechnung, den Geschäftsbericht und den Vorschlag zur Gewinnverwendung vorzulegen.

dd) Praxis

Statt 2100 Aktiengesellschaften wie in der Bundesrepublik Deutschland gibt es in Japan ca. 950000 Aktiengesellschaften[54].

Viele der strengen Vorschriften zur Beschlußfassung, Anwesenheit und Kompetenzbeschränkung werden in der Realität nicht beachtet. Japanische Aktiengesellschaften stehen auch nicht so unter der Kontrolle von Wirtschaftsprüfern, Aktionären, Banken und der Öffentlichkeit wie in Deutschland. In der Praxis sind viele japanische Aktiengesellschaften weder fähig noch willens, den Vorschriften des japanischen Aktiengesetzes in allen Einzelheiten Folge zu leisten. Die meisten japanischen Aktiengesellschaften sehen davon ab, ihre Bilanzen zu veröffentlichen. Beschlüsse werden in sogenannten „Paper Meetings", durch Unterzeichnung der Protokolle von Direktoriumssitzungen im Umlaufverfahren gefaßt[55].

Die große Masse der japanischen Aktiengesellschaften bewegt sich daher außerhalb der aktienrechtlichen Legalität[56]. Vorteile, die eigentlich die japanische GmbH bietet, werden von Aktiengesellschaften genauso in Anspruch genommen. Für den Fall, daß die Einhaltung der im Prinzip strengen Formvorschriften in der Zukunft strenger gehandhabt werden sollte, ließen sich Aktiengesellschaften in einem relativ einfachen Verfahren in Gesellschaften mit beschränkter Haftung umwandeln.

3. Gesellschaftsinterne Prüfer *(kansayaku)*

Dieses Organ der japanischen Aktiengesellschaft, auch Revisor oder Auditor genannt, scheint aus deutscher Sicht fremd anzumuten. Tatsächlich be-

---

52 Artikel 261 Absatz 1 japHGB.
53 Artikel 261 Absatz 2 japHGB.
54 Mitteilung der National Tax Agency, Stand 30.6.1988.
55 *Rodatz*, a.a.O., S. 292.
56 *Iwahara, Shinsaku*, Das japanische GmbH-Gesetz — eine Einführung, in *Iwahara, Shinsaku*, und *Roth, Günter H.*, Das japanische GmbH-Gesetz, Innsbruck, 1986, S. 9–15 (13).

inhaltet es das, was nach der Einführung des Board-Systems von dem ursprünglichen Aufsichtsrat noch übrig geblieben ist.

Gesellschaftsinterne Prüfer überwachen die Amtsführung der Direktoren[57]. Sie erstellen einen Prüfungsbericht über die von den Direktoren vorzulegende Bilanz, Gewinn- und Verlustrechnung, Geschäftsbericht und den Vorschlag zur Gewinnverwendung. Direktoren, Prokuristen und andere Arbeitnehmer können jederzeit von den gesellschaftsinternen Prüfern aufgefordert werden, über Geschäfte zu berichten und Untersuchungen einzuleiten[58]. Zu allen Anträgen und Dokumenten, die die Direktoren der Hauptversammlung vorlegen, geben die gesellschaftsinternen Prüfer eine Stellungnahme ab. Sie können Direktoren, die unerlaubte Handlungen zum Nachteil der Gesellschaft begehen, auffordern, diese Handlungen zu unterlassen.

Der gesellschaftsinterne Prüfer wird von der Hauptversammlung berufen und darf weder Direktor noch Arbeitnehmer der Gesellschaft sein. Hat die Gesellschaft ein Grundkapital von mehr als 500 Millionen Yen oder Verbindlichkeiten von mehr als 200 Millionen Yen, so sind zwei gesellschaftsinterne Prüfer zu bestimmen[59].

Es empfiehlt sich, ein Mitglied einer in Japan ansässigen und international tätigen Wirtschaftsprüfungsgesellschaft als gesellschaftsinternen Prüfer zu benennen. Als Rechnungsprüfer sind zum Jahresabschluß ohnehin Wirtschaftsprüfer zu bestellen.

4. Die Übertragung von Kompetenzen

Die Kompetenz der Hauptversammlung wird durch die dispositive gesetzliche Regelung auf die bereits beschriebenen Aufgaben beschränkt. Die Führung der Tagesgeschäfte soll danach den Direktoren und dem Direktorium vorbehalten bleiben. Von der gesetzlichen Regelung kann die Satzung abweichen und der Hauptversammlung beispielsweise größere Kompetenzen zuweisen[60]. Davon sollte jedoch abgesehen werden, da die Hauptversammlung angesichts der weiten Entfernungen nach Japan ein sehr schwerfälliges Organ ist. Es empfiehlt sich vielmehr, Kompetenzen von einzelnen Direktoren auf das Direktorium zu übertragen. Schließlich sitzen im Direktorium die Vertreter beider Seiten, die dafür sorgen, daß der gemeinsame Wille der Partner beachtet wird. Die Satzung kann beispielsweise festlegen, daß wichtige Geschäfte wie folgt nicht von einzelnen Direktoren, sondern nur vom Direktorium beschlossen werden können:

---

57 Artikel 274 Absatz 1 japHGB.
58 Artikel 274 Absatz 2 japHGB.
59 Artikel 18, Gesetz über die Ausnahmen von den Vorschriften des Handelsgesetzbuches über die Rechnungsprüfung der Aktiengesellschaft, Gesetz Nr. 22 vom 2.4.1974.
60 *Yanagida, Yukio*, Joint Venture, in *Kitagawa*, a.a.O., § 3.03 (6), Seite VII 3–28.

— Die Festlegung der grundsätzlichen Unternehmens- und Geschäftspolitik des Joint Venture

— Die Geschäftsverteilung unter den Geschäftsführern

— Die Festlegung oder Veränderung gesellschaftsinterner Regeln

— Wichtige Personal-, Tarif oder Vergütungsentscheidungen, wie die Einstellung und Entlassung leitender Angestellter oder die Preispolitik des Joint Venture

— Kreditaufnahme über einem bestimmten Limit

— Wichtige Investitionsentscheidungen, wie den Aufbau neuer Produktionseinrichtungen

5. Einschränkung der Verfügungsbefugnis über Gesellschaftsanteile

Die freie Übertragbarkeit von Gesellschaftsanteilen stellt ein Wesensmerkmal der Publikumsgesellschaft dar. Das japanische Aktienrecht hält sich jedoch seit 1966 nicht mehr so streng an diesen Grundsatz. Es läßt nunmehr Satzungsbestimmungen zu, die eine Übertragung der Aktien von der Zustimmung des Direktoriums abhängig machen. Für den Fall, daß der Vorstand die Veräußerung ablehnt, hat der Veräußerer einen anderen Erwerber zu benennen. Läßt sich über die Festsetzung des Kaufpreises keine Einigung finden, so können die Parteien eine gerichtliche Festlegung herbeiführen. Damit lassen sich in einem Joint Venture-Vertrag nach japanischem Recht Verfügungsbeschränkungen über Gesellschaftsanteile durchsetzen. Nicht zulässig ist es jedoch, die Verfügung über Geschäftsanteile von der Zustimmung eines Gesellschafters abhängig zu machen[61].

Es ist empfehlenswert, für diese Fälle gegenseitig ein Vorkaufsrecht in der Satzung einzuräumen. Mit einem Vorkaufsrecht läßt sich von vornherein die Verfügung über Gesellschaftsanteile kontrollieren. Ebenso könnte für die abredewidrige Veräußerung von Gesellschaftsanteilen eine Vertragsstrafe vereinbart werden.

Anders als Joint Ventures, die nach deutschem Recht als eine GmbH eingerichtet werden und für die die Übertragung von Gesellschaftsanteilen durch Vinkulierung völlig ausgeschlossen werden kann[62], sind Einschränkungen in der Verfügungsbefugnis über Geschäftsanteile an einem japanischen Joint Venture damit nur bedingt möglich.

---

61 *Yanagida, Yukio*, a. a. O., § 3.03 (5) (c), Seite VII 3–27.
62 *Hueck, Goetz*, in *Baumbach, Adolf*, und *Hueck, Alfred*, Kommentar zum GmbH-Gesetz, 15. Auflage, München, 1988, § 15 RdNr. 37.

B. Leistungs- und Lieferungsverträge

Neben dem Gesellschaftsvertrag stehen weitere Verträge, die einzelne Leistungs- und Lieferungspflichten der Joint Venture-Partner festlegen. In Japan handelt es sich dabei traditionell um Lizenzverträge über Patente, Know-how und Warenzeichen. Wegen des anspruchsvollen japanischen Distributionssystems kommen dazu noch verschiedene Formen von Vertriebsverträgen. So kann die Hauptleistung des japanischen Partners darin liegen, sein bereits etabliertes Vertriebsnetz dem Joint Venture zur Verfügung zu stellen.

1. Lizenzverträge über Patente

Patentschutz ist in Japan nach internationalem Standard gewährleistet. Noch im letzten Jahrhundert erließ Japan sein erstes Patentgesetz und trat der Pariser Verbandsübereinkunft bei[63].

Werden Patente in ein Joint Venture eingebracht, sind folgende Gesichtspunkte von Bedeutung:

Die Schutzdauer für ein Patent beträgt 15 Jahre[64].

Ein ausländisches Patent entfaltet in Japan keine Schutzwirkung, daher ist es unbedingt erforderlich, Patente sofort in Japan zur Anmeldung zu bringen. Im Grundsatz darf davon ausgegangen werden, daß Anmeldungen, die in Deutschland zum Erfolg geführt haben, auch in Japan zur Eintragung gelangen. Es sind aber auch Fälle bekannt geworden, in denen die Frage, ob eine Erfindung zum Zeitpunkt der Anmeldung abgeschlossen war, in Japan anders beurteilt wurde als in Deutschland[65].

Das japanische Recht kennt drei Formen, Rechte an einem Patent als Lizenz in das Joint Venture einzubringen.

Die einfache Lizenz beruht nur auf einem schuldrechtlichen Vertrag, der das Recht, das Patent zu nutzen, einräumt[66]. Es kann nicht verhindert werden, daß Dritten eine Lizenz erteilt wird.

Die exklusive Lizenz gewährt kraft Eintragung in die Patentrolle beim japanischen Patentamt absoluten Schutz. Sie gibt das Recht, jeden anderen von der Nutzung an dem Patent auszuschließen, selbst denjenigen, der bereits eine einfache Lizenz an dem Patent erworben hat[67].

Darüber hinaus kennt das japanische Patentrecht die monopolistisch einfache Lizenz, die den Inhaber einer einfachen Lizenz davor bewahrt, daß

---

63 *Rahn, Guntram*, Gewerblicher Rechtsschutz, in *Eubel*, a.a.O., S. 417–444 (419).
64 Artikel 67 Absatz 1 japHGB.
65 *Einsel*, a.a.O., S. 20.
66 § 78 japPatG.
67 § 77 japPatG.

Dritten zu einem späteren Zeitpunkt einfache oder ausschließliche Lizenzen erteilt werden. Wie die exklusive Lizenz wird sie ebenfalls nur kraft Eintragung in die Patentrolle wirksam. Im Gegensatz zur exklusiven Lizenz schließt sie nur Dritte, nicht aber den Patentinhaber, von der Nutzung an dem Patent aus.

Die Partei, die das Patent als Sacheinlage in das Joint Venture einbringt, wird nur an einer einfachen Lizenz interessiert sein. Dem Patent wird sie nicht einen stärkeren Schutz einräumen wollen als dem Joint Venture, das auch nur vertraglichen Schutz genießt.

> Sollten sich die Parteien in dieser Frage nicht einig werden, so empfiehlt es sich, eine monopolistisch einfache Lizenz zu vereinbaren. Sie schließt den Lizenzgeber einerseits nicht von der späteren Nutzung des eigenen Patents aus und gewährt dem Partner andererseits Schutz dagegen, daß Dritten vertragswidrig Rechte an dem Patent eingeräumt werden.

Wie die Kapitaleinfuhr unterliegt auch noch die Einfuhr technischen Wissens einer formellen staatlichen Kontrolle, Lizenzverträge beispielsweise sind zu ihrer Wirksamkeit beim Finanz- und Wirtschaftsministerium (MoF und MITI)[68] anzumelden.

2. Lizenzverträge über Warenzeichen

Auch das japanische Warenzeichengesetz schützt Marken und kennt ein ähnliches Registrierungssystem wie das deutsche Warenzeichengesetz. Zu beachten ist, daß in Japan das Prioritätsprinzip gilt, wonach nur die erste Anmeldung berücksichtigt wird. Es kommt daher vor, daß bekannte Warenzeichen schon längst von einem anderen zur Anmeldung gebracht wurde. Dann muß das eigene Warenzeichen erst einmal zurückgekauft werden. Das gleiche Problem entsteht, wenn das japanische Patentamt nach der Transskription in die japanische Lautschrift eine Ähnlichkeit zu bereits eingetragenen Warenzeichen erkennt. Nach der japanischen Lautaussprache besteht beispielsweise zwischen den Zeichen *Vinyla* und *Binilus* eine so starke Ähnlichkeit, daß die Eintragung des letzteren Zeichens verweigert würde[69].

Oftmals wird der Inhaber eines solchen nach japanischer Lautauffassung zum Verwechseln ähnlichen Zeichens aber gar nicht bereit sein, sein Zeichen zu übertragen. Da das japanische Patentamt objektiv feststellt, ob zwischen zwei Zeichen Verwechslungsgefahr besteht, genügt auch nicht die bloße Zustimmung des Zeicheninhabers dazu, daß ein anderer ein ähnliches Zeichen führt.

---

68 Artikel 29 Foreign Exchange and Foreign Control Law.
69 Richtlinien des japanischen Patentamtes, zitiert nach *Matsuo, Katsuo*, Trademarks, in *Kitagawa*, a. a. O., § 3.03 (1), Seite VI 3-2.

Um dennoch ein ähnliches Warenzeichen führen zu können, empfiehlt sich folgende Vorgehensweise: Mit dem Inhaber des eingetragenen Warenzeichens wird ein Vertrag geschlossen, wonach dieser zusätzlich das ähnliche Warenzeichen als sogenanntes *verbundenes Warenzeichen*[70] anmeldet. Ein verbundenes Warenzeichen darf dem Ursprungszeichen durchaus ähnlich sein. Zugleich wird vereinbart, daß der Inhaber des so zur Anmeldung gebrachten verbundenen Zeichens eine exklusive Lizenz zur Führung des neuangemeldeten Verbundzeichens gewährt. Eine isolierte Übertragung des verbundenen Warenzeichens wäre unzulässig, nicht aber die Gewährung einer Lizenz[71]. Der sonst schutzlose Inhaber eines ähnlichen Warenzeichens kann über diesen Umweg als in der Warenzeichenrolle eingetragener Lizenznehmer sein Zeichen auch in Japan führen.

Für den Fall der Beendigung des Joint Venture sollte ein Verbot, das Warenzeichen des Partners zu benutzen, vereinbart werden.

3. Lizenzverträge über Know-how

Der rechtliche Schutz von Know-how stellt einen wunden Punkt im gewerblichen Rechtsschutz Japans dar. Es gibt keine Möglichkeit, Know-how wie Patente oder Warenzeichen absolut, wie durch die Eintragung in die Patent- oder Warenzeichenrolle, zu schützen. Es ist daher unbedingt angebracht, strenge Geheimhaltungsabkommen über Know-how zu vereinbaren und das Know-how so spät wie möglich zu offenbaren. Als einziger wirksamer Schutz bietet sich die Vereinbarung einer hohen Vertragsstrafe an. Eine pauschal bestimmte Vertragsstrafe kann nach japanischem Zivilprozeßrecht[72] auch nicht einfach von einem Gericht abgeändert werden. Nur eine unverhältnismäßig hohe Strafe würde als Vorstoß gegen Treu und Glauben nicht anerkannt[73].

4. Vereinbarungen über die Produktionsaufnahme

Schon bei Gründung des Joint Venture kann die zukünftige Errichtung von Produktionsstätten vereinbart werden. Kapitalerhöhungen, die nach japanischem Gesellschaftsrecht ebenso zulässig sind, oder Vorverträge können Gegenstand solcher Vereinbarung sein. Es empfiehlt sich, den Grunderwerb zunächst in die Hände des japanischen Partners zu legen, da Grund und Boden in Japan sehr knapp sind und gerade Ausländern gegenüber nur sehr zurückhaltend veräußert werden.

5. Der Fortbestand von Leistungs- und Lieferungsverträgen bei Beendigung des Joint Venture

Wenn das Joint Venture aufgelöst wird, stellt sich die Frage, was mit Liefer- und Leistungsverträgen geschehen soll. Zunächst stehen nämlich alle Ver-

---

70 Artikel 7 japWZG.
71 Artikel 24 Abs. 2 japWZG.
72 *Henderson, Dan Fenno,* Foreign Enterprise in Japan, Chapel Hill, 1973, S. 302.
73 *Henderson,* a. a. O.

träge unabhängig nebeneinander, es sei denn, daß ausdrücklich vereinbart wurde, den rechtlichen Bestand aller Verträge einheitlich zu behandeln. Das kann durch eine sogenannte *Incorporation Clause*, Angliederungsklausel, die den rechtlichen Zusammenhang aller Verträge ausdrücklich bestimmt, festgelegt werden.

C. Der Joint Venture-Vertrag (Joint Venture Agreement)

Der Joint Venture-Vertrag soll als übergreifender Vertrag zusätzliche Pflichten der Joint Venture-Partner festlegen, die nicht durch den Gesellschaftsvertrag oder die Leistungs- und Lieferungspflichten erfaßt sind. Den Gesellschaftern einer japanischen Aktiengesellschaft lassen sich keine Pflichten auferlegen, die über die Einzahlung ihres Kapitalanteils hinausgehen. Soweit es sich um abtrennbare Leistungen handelt, wie die Erbringung von Lizenzen, können selbständige Verträge geschlossen werden. Joint Venture-Verträge nach amerikanischem Vorbild können die Gesellschafter konkret zu Beschlüssen verpflichten, um ein bestimmtes, vorher festgelegtes Ziel zu verwirklichen. Derartige Verpflichtungen wären nach japanischem Recht weder einklagbar, noch würde der Verstoß gegen sie die Geltendmachung von Schadensersatzansprüchen erlauben. Damit sind auch Stimmrechtsbindungsvereinbarungen anders als im deutschen Recht[74] in Japan unwirksam.

Voting trust agreements, nach denen Aktionäre ihre Stimmrechte befristet einem Treuhänder übertragen und nur das Recht auf Dividende und Anteile am Liquidationserlös behalten, sind in Japan unüblich. Ihre Zulässigkeit ist nicht gesichert[75]. Artikel 239 Absatz 4 japHGB würde ihre Wirksamkeit ohnehin nur auf ein Jahr beschränken, da nach dieser Bestimmung die Vertretung bei der Stimmrechtsabgabe nur zulässig ist, wenn sich der Beauftragte für jede Hauptversammlung eine neue Vollmachtsurkunde erteilen läßt.

V. Konfliktlösung

A. Streitbeilegung

Streitigkeiten werden in Japan nach Möglichkeit außergerichtlich beigelegt. Es wird angestrebt, ernsthaft zu verhandeln, um so zu einer Lösung zu kommen.

---

74 BGH, Entscheidung vom 27.10.1986, NJW 1987, 1890.
75 *Yanagida, Yukio*, a.a.O., § 3.03 (5) (b), Seite VII 3–27.

Der Wille zur gütlichen Einigung und damit die Bereitschaft, die Geschäftsbeziehung dauerhaft fortzusetzen, kann durch folgende Klausel ausgedrückt werden:

> „Bei jeder maßgeblichen Veränderung der Situation oder bei Meinungsverschiedenheiten über die Auslegung und/oder Anwendung dieses Vertrages werden die Parteien sich um die Anpassung bzw. Auslegung bemühen, die der vorherigen relativen Position beider Seiten am ehesten entspricht. Beide Parteien werden sich um die Beilegung von Meinungsverschiedenheiten durch freundliche Gespräche bemühen und eine für beide Seiten akzeptable Lösung anstreben"[76].

Wird ein schlichtender Dritter benötigt, so können sich die Parteien an die Rechtsabteilung der Deutschen Industrie- und Handelskammer in Japan, Tokyo, wenden, die einen Vermittlerdienst betreibt. Dabei wird dem japanischen Geschäftspartner der Sachverhalt in Japanisch aus der Sicht des deutschen Unternehmens dargestellt, gleichzeitig wird um eine Stellungnahme gebeten. Sollte es noch nicht zur Einigung gekommen sein, kann ein erneutes Gespräch vor der Kammer stattfinden[77]. Zusätzlich sollte der Vertrag eine Schiedsgerichtsvereinbarung enthalten. Das japanische Schiedsverfahren ist als Schlichtungsverfahren ohne staatliche Richter in der japanischen ZPO geregelt und dem deutschen Schiedsverfahren ähnlich. Der Schiedsspruch wird wie ein Gerichtsurteil anerkannt und vollstreckt. Da Japan die UN-Konvention zur Anerkennung ausländischer Schiedsgerichtssprüche unterzeichnet hat, gilt dies auch für ausländische Schiedssprüche, die jedoch nur vollstreckt werden können, wenn ein Vollstreckungsurteil durch ein ordentliches Gericht im Vollstreckungsland ergangen ist[78].

Das Schiedsgerichtsverfahren in Handelssachen wird von der Japan Commercial Arbitration Association (ICAA), mit Sitz in Tokyo, Yokohama, Nagoya, Osaka und Kobe durchgeführt. Voraussetzung für die Zulassung vor dem Schiedsgericht ist eine vertragliche Schiedsgerichtsklausel, die wie folgt lauten könnte:

> „Alle Streitigkeiten und Meinungsverschiedenheiten, die zwischen den Vertragsparteien innerhalb oder in Zusammenhang mit dem Vertrag auftreten, sollen gemäß dem deutsch-japanischen Handelsschiedsgerichtsabkommen vom 1.4. 1959, an das jeder Vertragspartner gebunden ist, endgültig vom Schiedsgericht Tokyo geregelt werden."

Unabhängig davon, ob es zu einer gerichtlichen Verhandlung kommt, muß der Vertrag auch eine Klausel enthalten, die das anwendbare Recht bestimmt. Sollte ein deutsches Gericht angerufen werden, so ist die Vollstreckbarkeit eines deutschen Urteils in Japan gewährleistet[79].

---

76 *Scheer,* a.a.O., S. 98.
77 *Neumann,* Rechtsverfolgung in Japan, in Deutsche Industrie- und Handelskammer in Japan, a.a.O., S. 159–186 (169).
78 *Neumann,* a.a.O., S. 167.
79 LG Nagoya GRUR Int. 1988, 860ff.

B. Die Strategie japanischer Streitentscheidung

Die Strategie japanischer Entscheidungsfindung und Konfliktlösung ist bei der Entscheidung folgender Fragen zu berücksichtigen:

1. Die Höhe der Beteiligungsquote am Joint Venture

Das japanische Devisenrecht erlaubt seit 1980 selbst eine Beteiligung zu 100% an japanischen Unternehmen[80]. Wo bei einem Joint Venture aber der Einsatz eines japanischen Partners bzw. die Freistellung seiner Mitarbeiter für das Joint Venture erwünscht ist, ist davon abzuraten, eine Beteiligung von über 50% zu erwerben. Anderenfalls hat der ausländische Partner zwar die Mehrheit, jedoch die an einer schlecht geführten Gesellschaft[81]. Eine Beteiligung zu 50% stellt das für den Geschäftsverkehr mit Japanern so wichtige Vertrauen der Partner zueinander unter Beweis.

2. Der Minderheitsschutz

a) Ab einer Beteiligung von 3% besteht das Recht, die Einberufung einer außerordentlichen Hauptversammlung zu verlangen[82].

b) Eine Beteiligung von 10% gewährt das Recht, die Rechnungsbücher der Gesellschaft einzusehen und zu prüfen[83]. Damit kann die Einhaltung der zwischen den Parteien getroffenen Vereinbarungen überprüft werden.

c) Die entscheidende Beteiligungsstufe liegt bei 33,3%[84]. Satzungsänderungen und weitere bedeutende Entschlüsse können nur mit einer 2/3-Mehrheit gefaßt werden[85], die Sperrminorität beträgt damit 33,3%.

3. Die Besetzung der Organe der Joint Venture-Gesellschaft

Die Organe der Joint Venture-Gesellschaft sollten der Funktion und Leistungsfähigkeit der Parteien entsprechend besetzt werden. Es bietet sich zum Beispiel an, den Ehrenvorsitzenden, *kaichô* (chairman), vom ausländischen Partner und den Vorsitzenden des Direktoriums, *torishimariyaku shachô* (President), mit einem Japaner zu besetzen. Zum gesellschaftsinternen Prüfer sollte, wie bereits dargestellt, eine ausländische Wirtschaftsprüfungsgesellschaft ernannt werden.

---

80 S. o. I. B. d.
81 *Rodatz*, a. a. O., S. 298.
82 Artikel 237 Absatz 1 japHGB.
83 Artikel 293-6 Absatz 1 japHGB.
84 Artikel 343 japHGB.
85 S. o. IV. A. 3. d. cc.

Saudi-Arabien:

Joint Ventures in Saudi-Arabien

von

Rechtsanwalt Klaus Langefeld-Wirth, Köln

Saudi-Arabien kennt (neben anderen auf dem Koran beruhenden islamischen Gesellschaftsformen, die für den Wirtschaftsverkehr bedeutungslos sind) nach dem Gesellschaftsrechtsdekret M[1] 6 vom 22.3.1985 A. H. acht verschiedene Gesellschaftsformen:

1. General Partnership (entsprechend oHG)
2. Limited Partnership (entsprechend Kommanditgesellschaft)
3. Joint Ventures (entsprechend stille Beteiligung)
4. Joint Stock Company (entsprechend Aktiengesellschaft)
5. Share Commandite Companies (entsprechend Kommanditgesellschaft auf Aktien)
6. Variable Capital Companies
7. Cooperative Companies (entsprechend Genossenschaften)

Der Begriff „Joint Venture" bezeichnet hier gemäß Artikel 40 ff. des vorgenannten Dekrets M 6 eine stille Beteiligung an dem Handelsgewerbe eines saudischen Gewerbetreibenden. Diese Form der stillen Beteiligung hat in Saudi-Arabien eine gewisse wirtschaftliche Bedeutung erlangt, da sich unter dieser Rechtsform Strohmanngewerbe (sog. „Cover-up") versteckt haben, unter denen Ausländer im Namen eines saudischen Staatsangehörigen Gewerbe betrieben. Solche Strohmann-Geschäfte wurden aufgebaut, da saudisches Recht Handelsaktivitäten Ausländern überhaupt nicht gestattet und auch in anderen Bereichen (insbesondere der öffentlichen Auftragsvergabe) saudische Staatsangehörige oder Gesellschaften eindeutig bevorzugt werden. Da diese Cover-up-Gewerbe aber nach dem saudischen Investitionsrecht nicht ordnungsgemäß genehmigt sind (s. u.), handelt es sich um illegale Gewerbe[2]; im Hinblick auf diesen Rechtsmangel, aber auch im Hinblick auf den geringen Rechtsschutz, der für Ausländer in dieser Gestaltungsform einer stillen Beteiligung besteht, ist vor der Errichtung eines „Joint Venture" diesen Typs dringend zu warnen.

Neben der stillen Beteiligung ist auch in Saudi-Arabien der Begriff „Joint Venture" für Gemeinschaftsunternehmen gängig. Wer in Saudi-Arabien

---

1 Das „M" steht für Malikij = königlich und kennzeichnet die königlichen Dekrete.
2 Siehe Commercial Fraud Regulations, Middle East Executive Reports, Aug. 1989, S. 23.

über ein Gemeinschaftsunternehmen verhandelt, wird daher — um Mißverständnissen vorzubeugen — im Zweifel darauf hinweisen müssen, daß die Rechtsform einer Kapitalgesellschaft mit Genehmigung des nachstehend noch erwähnten Foreign Capital Investment Committee (FCIC) gewollt ist.

Der Betrieb eines Gewerbes bzw. die Durchführung einer Investition in Saudi-Arabien mit ausländischer Beteiligung bedarf gemäß Foreign Capital Investment Code (Dekret 714/1399) der Genehmigung des Foreign Capital Investment Committee (FCIC), welches beim Ministerium für Industrie und Elektrizität errichtet worden ist. Das FCIC läßt in der Praxis nur die GmbH saudischen Rechts für ausländische Investitionen zu (mit Ausnahme von Banken und Versicherungen), so daß nachstehend die übrigen Gesellschaftsformen unberücksichtigt bleiben können.

Nach den Bedingungen des FCIC sind ausländische Investitionen im Handelsbereich völlig ausgeschlossen; hier können Ausländer nur durch saudische Handelsvertretungen in Saudi-Arabien tätig werden. In den übrigen Wirtschaftssektoren sind ausländische Investitionen grundsätzlich erwünscht, soweit die saudische Industrie selbst nicht zur Entwicklung dieses Bereiches in der Lage ist: Das FCIC entscheidet je nach Produkt und Technologie über die Zulassung eines Projekts. Den Grundsatz der Gewerbefreiheit gibt es für Ausländer in Saudi-Arabien nicht (gewisse Sonderregelungen gelten für Staatsangehörige aus den anderen Ländern des Golf Cooperation Counsel: Bahrain, Kuwait, Qatar, Oman, VAE). Eine saudische Kapitalbeteiligung ist zur Erlangung einer Genehmigung („Lizenz") des FCIC immer gefordert. Je nach den Interessen des Landes entscheidet das FCIC auch über die Frage der Zulassung von Kapitalmehrheiten. Ausländische Mehrheiten sind theoretisch nicht ausgeschlossen, praktisch aber grundsätzlich nicht im Interesse des Landes.

Die Verfahrensdauer zur Erlangung einer solchen Lizenz durch das FCIC beträgt in der Regel 6 Monate; bei größeren Projekten kann die Verfahrensdauer auch länger sein. Ein Vorgespräch mit dem Generaldirektor des FCIC ist in jedem Falle vor Einreichung eines Genehmigungsantrages empfehlenswert.

Die im Lande lizenzierten Unternehmen werden durch den Staat großzügig gefördert und geschützt:

— Steuerbefreiung: 10 Jahre bei Produktions- und Landwirtschaftsprojekten, ansonsten 5 Jahre (Voraussetzung: saudische Beteiligung im Kapital der Gesellschaft beträgt mindestens 25%)

— Zollbefreiung zur Einfuhr von Maschinen und Ausrüstungsgegenständen und Rohmaterialien

- Zurverfügungstellung von erschlossenem Land in Industriezonen zu sehr günstigen Konditionen

- Finanzierungshilfen durch den Saudi Industrial Development Fund (SIDF) bzw. Saudi Arab Agricultural Bank (SAAB) zu soft-loan-Konditionen

- Bevorzugung bei der öffentlichen Auftragsvergabe

- Marktschutz oder Marktbegünstigung gemäß National Industries Protection and Encouragement Regulations bis hin zum Zollschutz, durch das nachstehend noch erwähnte Dekret 124/1403 sowie durch diverse andere Mechanismen (wie z. B. Saudi-Auflagen in SIDF-Darlehensverträgen).

Hinzu kommt eine im Lande generell geltende „Buy Saudi-Mentalität". Im Lande angesiedelte Produktions- oder Montageprojekte haben realistische Chancen, durch diese Mechanismen die ausländische Konkurrenz vom Markt zu drängen. Da in Saudi-Arabien Industriegenehmigungen nur so lange ausgegeben werden, wie ein Bedarf besteht, gilt der Grundsatz: „Wer zuerst kommt, mahlt zuerst". Der nachträgliche Aufbau von Konkurrenzproduktionsstätten ist unmöglich bzw. stark erschwert. Saudi-Arabien ist Mitglied des Gulf Cooperation Council (Saudi-Arabien, Kuwait, Bahrain, Qatar, VAE, Oman), der sich um Aufbau einer gemeinsamen Wirtschaftszone mit gemeinsamem Außenzoll und Bewegungsfreiheit für Kapital und Arbeitskräfte (aber wohl nur der Staatsangehörigen dieser Länder, nicht für ausländische Angestellte) bemüht.

Im Bereich der öffentlichen Auftragsvergabe gilt gemäß den Tender Regulations M 14/1397 in Saudi-Arabien (ähnliches gilt in den anderen Ländern des Golf Cooperation Counsel) eine Präferenzregelung, welche folgende Prioritäten vorsieht:

- Zunächst werden saudische Unternehmen oder Unternehmen aus den Staaten des Golf Cooperation Counsel bevorzugt, auch wenn sie preislich teurer sind (bis zu 10%).

- Danach kommen Gemeinschaftsunternehmen mit mindestens 50%iger Beteiligung von Staatsangehörigen aus Saudi-Arabien oder des Golf Cooperation Counsel zum Zuge.

- Danach erst werden ausländische Anbieter und Joint Venture mit geringerer lokaler Beteiligung berücksichtigt.

Dieses Präferenzsystem hat u. a. dazu geführt, daß ausländische Kontraktoren Gemeinschaftsunternehmen mit saudischen Staatsangehörigen oder saudischen Gesellschaften (wie auch das oben bereits erwähnte illegale Cover-up) gegründet haben, um in den Genuß der Bevorzugung zu gelangen. Zusätzlich spielen die Business Relations der saudischen Partner bei Auftragserlangung eine große Rolle. Offensichtlich zur Bekämpfung von Konstellationen, in denen saudische Unternehmen, begünstigt durch dieses Präferenzsysteme, Ausschreibungen gewinnen, diese aber dann ganz oder im wesentlichen ausländischen Unternehmen als Sub-Contract weiterreichen, hat das Handelsministerium erst jüngst verlautbaren lassen, daß in diesen Fällen den ausländischen Sub-Contractors keine Temporary Licence mehr ausgestellt werden soll[3]. Ergänzend ist auf das saudische Dekret 124/1403 hinzuweisen, nach dem ausländische Kontraktoren und saudische Gesellschaften, die nicht in saudischer Mehrheit stehen und einen Regierungsauftrag erhalten haben, 30% des Kontraktvolumens an saudische Unternehmen als Subcontract vergeben müssen. Als Subcontractor sind demgegenüber nur 100%ige saudische Firmen akzeptiert. Diese Entwicklungen zeigen die Tendenz, ausländische Kontraktoren zugunsten lokaler Unternehmen zurückzudrängen und der saudischen Business-Community mit zunehmender technologischer Entwicklung des Landes weitere Geschäftsfelder zu reservieren bzw. sie bei Wirtschaftsaktivitäten zu begünstigen.

Im öffentlichen Auftragswesen können ausländische Anbieter nur durch sog. „Sponsoren" („Service Agent" gemäß Dekret M 2/1398, nicht zu verwechseln mit den Handelsvertretern, Commercial Agents, gemäß Dekret Nr. 11/1382) ihr Angebot unterbreiten und ihren Auftrag durchführen. Eine „Temporary Licence" zur Errichtung einer lokalen unselbständigen Betriebsstätte zwecks Durchführung eines Einzelauftrages ist nur mit Sponsor erhältlich. Der Sponsor erhält für seine Dienstleistung (Betreuung des ausländischen Contractors bei Kontraktanbahnung, Angebotsunterbreitung, Visa-Erhalt, Erhalt der Temporary Licence etc. bis hin zur Betreuung bei Streitbeilegung und Zahlungserhalt) eine Gebühr von gesetzlich maximal 5% (oft aber faktisch mehr).

Gemeinschaftsunternehmen, die in Saudi-Arabien tätig sind, bedürfen demgegenüber keines Sponsors; sie können direkt an Ausschreibungen teilnehmen, Visa beantragen etc.

Von den insgesamt im saudischen Gesellschaftsrecht vorhandenen Gesellschaftsformen kommt praktisch nur die GmbH (mit Ausnahme Versicherungen und Banken) in Frage.

Die Gründung einer GmbH saudischen Rechts (Art. 157 ff. Dekret M 6) beginnt mit der Beantragung einer „Lizenz" beim FCIC. Hierbei ist detailliert das geplante Projekt (bei größeren Projekten durch Vorlage einer Feasibility Study) und die teilnehmenden Partner zu erläutern (insbesondere im Hinblick auf vorhandene Technologie, Referenzanlagen und finanzielles Standing). Für ausländische natürliche Personen wird praktisch die Teilnahme an einem Gemeinschaftsunternehmen ausgeschlossen.

---

3 Middle East Executive Reports, Okt. 1989, S. 9, 14 ff.

Die vom FCIC ausgestellte Lizenz definiert nicht nur das in Saudi-Arabien zu errichtende Gewerbe, sondern bezieht sich auch auf die Partnerunternehmen und ist insofern persönlich; d. h. Anteile an solchen Gesellschaften können (zwar nicht gesellschaftsrechtlich, aber investitionsrechtlich) nur übertragen werden, wenn gleichzeitig auch eine Umschreibung der Lizenz erfolgt. Eine Anteilsübertragung setzt daher immer voraus, daß zuvor ein Beschluß der Hauptversammlung des Gemeinschaftsunternehmens über die Genehmigung der Anteilsübertragung vorgelegt wird und eine Umschreibung der Lizenz auf die neuerwerbenden Partner erfolgt. Anteile an saudischen GmbHs sind daher nur eingeschränkt fungibel. Daneben steht gesellschaftsrechtlich das in Artikel 165 des Gesellschaftsrechtsdekrets stipulierte Vorkaufsrecht der übrigen Gesellschafter (Art. 165 Dekret M 6).

Nach Erlangung einer Lizenz ist der Gesellschaftsvertrag der zu gründenden GmbH in arabischer Sprache dem Handelsministerium zur Überprüfung im Hinblick auf Übereinstimmung mit den rechtlichen Vorschriften und im Hinblick auf den Israel-Boykott vorzulegen. Nach Genehmigung durch das Handelsministerium ist der Gesellschaftsvertrag notariell zu beglaubigen. Der Notar ist reine Beurkundungsstelle; er nimmt (anders als in Deutschland) keine Beratungsfunktion wahr. Innerhalb von 30 Tagen nach Notarisierung ist das Gesamtkapital voll einzuzahlen. Anschließend ist die Veröffentlichung im Staatsanzeiger (Umm Al Qura) zu beantragen. Mit dem Nachweis der vollständigen Kapitaleinzahlung (durch Bankzertifikat) und der Bestätigung der Beantragung der Veröffentlichung in Umm Al Qura kann eine Handelsregistereintragung beantragt werden. Erst nach Handelsregistereintragung ist die GmbH rechtlich entstanden.

Das Mindestkapital einer saudischen GmbH beträgt gemäß Gesetz 500 000 SR (Art. 158 Dekret M 6); in der Genehmigungspraxis des FCIC wird jedoch in der Regel ein Mindestkapital von SR 1 000 000 verlangt, kann aber in Funktion des Finanzierungsbedarfs des Projekts vom FCIC auch höher festgesetzt werden. Das Stammkapital der GmbH ist bei der Gründung sofort voll einzuzahlen (Art. 162 Dekret M 6). In der Praxis konnten Gesellschaften jedoch auch bereits gegründet werden, wenn der Bank, auf die die Kapitaleinzahlung geleistet werden mußten, Bankgarantien in entsprechender Höhe hinterlegt wurden.

Der Gesellschaftszweck einer durch das FCIC genehmigten Investition kann Handelsaktivitäten nicht umfassen: Dies kann insbesondere dann ein Problem darstellen, wenn eine Produktionsunternehmung gleichzeitig Handel mit Ersatzteilen betreiben will. Dieser Handel ist auszugliedern und einem saudischen Handelsvertreter zu übertragen (oft gleichzeitig der Partner im Stammkapital der GmbH). Die Abgrenzung zwischen Handel und Produktion kann im Einzelfalle ebenfalls problematisch sein, wenn Montageprojekte mit geringer Wertschöpfung im Lande errichtet werden sollen.

Gesellschafterrechtlich ist die Haftungsbeschränkung auf das gezeichnete Kapital anerkannt. Faktisch jedoch ist zu beobachten, daß Fremdfinanzierungen in Saudi-Arabien nur gegen Gesellschaftergarantien erhältlich sind (dies gilt auch für den bereits erwähnten SIDF), so daß faktisch hierdurch ein Zwang zu weitergehender Haftung entsteht. Außerdem hat die Regierung eine Zeitlang von den Gesellschaftern Haftungserklärungen verlangt, für arbeitsrechtliche Ansprüche, insb. bei Liquidation, unbeschränkt zu haften; dies ist jedoch inzwischen wieder aufgehoben worden[4].

Die GmbH saudischen Rechts hat immer eine bestimmte Dauer festzulegen (z. B. 25 Jahre); eine Klausel zur automatischen Verlängerung der Gesellschaft ist möglich, falls nicht vorher eine Kündigung ausgesprochen worden ist.

Das Gesellschaftskapital ist in gleiche Anteile zu zerlegen und bei der Gründung voll einzuzahlen. Sacheinlagen bedürfen einer Gründungsprüfung, die in der Praxis vom Saudi Consulting Haus vorgenommen wird.

Die GmbH hat mindestens zwei Gesellschafter; fallen alle Anteile zusammen, so wird die GmbH dadurch automatisch aufgelöst.

Die Organe einer GmbH bestehen aus

— der Hauptversammlung der Gesellschafter

— der Geschäftsführung

— fakultativ einem Aufsichtsrat (obligatorisch, wenn mehr als 20 Gesellschafter beteiligt sind).

Der Geschäftsführer braucht kein Gesellschafter zu sein. Die Ernennung des ersten Geschäftsführers kann in der Satzung erfolgen, aber auch durch Hauptversammlungsbeschluß. Erfolgt die Benennung in der Satzung, so stellt die Abberufung des ersten Geschäftsführers eine Satzungsänderung dar, welche nur mit satzungsändernder Mehrheit beschlossen werden kann. Aus diesem Grunde erscheint die Benennung eines Geschäftsführers in der Satzung selbst als untunlich.

Möglich ist auch die Schaffung eines Geschäftsführungsgremiums (Art. 167 Dekret M 6), oft „Board of Directors" genannt. Verwirrend ist die Rechtslage, wenn neben einem Geschäftsführungsgremium ein angestellter General Manager etabliert wird, der weder im Handelsregister noch bei der Handelskammer als offizieller Geschäftsführer registriert ist und sich die offiziell registrierte Geschäftsführung (Board of Directors genannt) auf Grundsatzfragen beschränkt. Mit einer solchen Konstruktion wird eine Organisationsstruktur geschaffen, die der Aufgabenverteilung zwischen Vorstand und Aufsichtsrat deutscher Praxis angenähert ist. Diese

---

4 Middle East Executive Reports, Sept. 1989, S. 9; Oct. 1989, S. 16.

Gestaltung ist aber nicht in vollem Einklang mit dem saudischen Gesetz, welches zwar die Möglichkeit einer Delegation von Aufgaben durch die Geschäftsführung auf Dritte zuläßt, aber davon ausgeht, daß die in Handelsregister und Handelskammer registrierten Geschäftsführer die volle und uneingeschränkte Verantwortung für das gesamte Geschäft innehaben und sich nicht auf Überwachungsfunktionen reduzieren. Zulässig (wenn auch selten) und richtiger wäre in diesem Falle die offizielle Schaffung eines Aufsichtsrates (Art. 170, i. V. m. Art. 153 ff. Dekret M 6), so wie er obligatorisch bei Vorhandensein von mehr als 20 Gesellschaftern ist, und der Zuweisung der Kompetenzen für das Tagesgeschäft auf die offizielle Geschäftsführung.

Mit Innenwirkungen sind Beschränkungen der Geschäftsführer zum Beispiel auf bestimmte Arten von Geschäftsvorfälle möglich. Dritten kann eine solche Beschränkung nicht entgegengehalten werden.

Die Abberufung der Geschäftsführer erfolgt normalerweise durch Hauptversammlungsbeschluß, es sei denn, der Geschäftsführer ist in der Satzung bereits festgelegt worden (in diesem Fall liegt eine Satzungsänderung vor) oder die Kompetenz zur Benennung und Abberufung des Geschäftsführers ist durch entsprechende Satzungsbestimmung dem Aufsichtsrat („Supervisory Board") zugewiesen. Die Abberufung der Geschäftsführung ist aus „lawful reasons" zulässig, welches weit auszulegen ist.

Die Gesellschafterversammlung entscheidet grundsätzlich mit einfacher Mehrheit; die Beschlußfähigkeit tritt in der ersten Versammlung ein, wenn mehr als 50% des Kapitals vertreten ist; kommt diese Beschlußfähigkeit in der ersten Versammlung nicht zustande, so kann die zweite Versammlung mit einfacher Mehrheit der anwesenden Stimmen entscheiden (Art. 172 Dekret M 6).

Bei Satzungsänderungen ist grundsätzlich die Zustimmung von 3/4 des Kapitals gefordert; gleiches gilt für den bei Verlust von 3/4 des Kapitals erforderlich werdenden Beschluß der Hauptversammlung über die Fortführung oder Liquidation der Gesellschaft (Art. 180 Dekret M 6). Eine Einstimmigkeit ist verlangt bei der Änderung der Nationalität der Gesellschaft (Art. 173 Dekret M 6).

Die Gestaltung (Erhöhung) der Beschlußmehrheiten in der Gesellschaftssatzung ist möglich.

Satzungsänderungen bedürfen unabhängig von den vorgenannten gesellschaftsrechtlichen Bestimmungen der Genehmigung des Handelsministeriums und in gewissen Fällen auch des Foreign Capital Investment Committee.

Es ist zulässig und gängige Usance in Saudi-Arabien, neben dem offiziellen Gesellschaftsvertrag einen Joint-Venture-Vertrag unter Gesellschaftern abzuschließen, der in Ergänzung des Gesellschaftsvertrages die wirtschaftlichen Parameter und die wirtschaftlichen Daten der Kooperation unter den Gesellschaftern regelt.

Die Aufnahme von Fremdfinanzierungen im saudischen Markt ist – wie bereits erwähnt – meist nur gegen Gesellschafter-Garantien möglich. Dies ist auf den Hintergrund einer mangelnden Ausbildung des Besicherungswesens in Saudi-Arabien zu sehen, das den Banken keine ausreichende Möglichkeit der Besicherung im Anlagevermögen eines saudischen Unternehmens ermöglicht. Es wird daher nach Möglichkeiten gesucht, über Leasingverträge Finanzierungsformen zu schaffen, die den Banken bessere Besicherungen im Anlagevermögen gestatten[5]. Für ausländische Banken sind solche Möglichkeiten limitiert, da Ausländer kein Eigentum an Grund und Boden erwerben können.

Banken sehen sich in Saudi-Arabien überhaupt stets unter dem Damokles-Schwert des islamischen Zinsverbotes: durch Vereinbarung von „Management Fees" anstelle von Zinsen wird eine Umgehung dieses Risiko versucht.

Kapitalgesellschaften saudischen Rechts werden mit einem dualistischen Besteuerungssystems besteuert:

Der den Ausländern zustehende Anteil am Gewinn wird mit der Einkommensteuer besteuert, welche einen gestaffelten Steuersatz zwischen 25% (bei Gewinnanteilen unter SR 100 000) bis 45% (über 1 000 000 Gewinnanteil p. a.) vorsieht. Der den saudischen Staatsangehörigen zufallende Gewinnanteil wird demgegenüber nur mit der islamischen Zakat von 2,5% besteuert.

Wichtig ist hervorzuheben, daß die gemäß Investitionsrecht für die Gemeinschaftsunternehmen vorgesehene Steuerbefreiung von 5 bzw. 10 Jahren sich nur auf den Dividendenzufluß beschränkt: Zulieferungen von einzelnen Partnern an das Joint Venture sind von der Steuerbefreiung nicht umfaßt. Dies kann insbesondere dann von Bedeutung sein, wenn seitens einzelner Partner in Saudi-Arabien steuerbare Lieferungen an das Joint Venture erfolgen. Nach einem Brief Nr. 4/3524 des Ministeriums für Finanzen und Nationale Ökonomie[6] sind die Supply-Only-Contracts frei saudischen Bestimmungsortes (d. h. ohne Montageleistungen auf saudischem Boden) frei von der saudischen Besteuerung. Wird darüber hinaus jedoch eine sonstige Tätigkeit auf saudischem Boden geschuldet (z. B. Montageleistungen), so sind diese Zulieferungen in Saudi-Arabien steuerpflichtig.

---

5 Middle East Executive Reports, Aug. 1989, S. 9.
6 Middle East Executive Reports, März 1989, S. 27.

Die saudischen Bestimmungen über Buchführung und Rechnungswesen sind noch rudimentär (Bookkeeping Regulations Dekret M 61/1409).

Der Hauptversammlungsbeschluß zur Beschlußfassung über den Jahresabschluß muß innerhalb von 6 Monaten nach Ablauf des Geschäftsjahres gefaßt werden (Art. 174 Dekret M 6), die Bilanz ist durch die Geschäftsführung bereits innerhalb von 2 Monaten vorzulegen und auch den Finanzbehörden einzureichen. Das Geschäftsjahr ist gemäß Hijra-Kalender festgelegt, nicht gemäß gregorianischem Kalender. Vom ausschüttungsfähigen Gewinn ist jährlich eine 10%ige Rücklage zu bilden. Diese Rücklagebildung kann beendet werden, wenn die Rücklage 50% des Gesellschaftskapitals erreicht hat.

Über die die Gesellschaft selbst treffende Einkommensteuer hinaus unterliegen die Dividenden keiner Quellenbesteuerung in Saudi-Arabien. Ein Doppelbesteuerungsabkommen mit der Bundesrepublik Deutschland existiert nicht.

Saudi-Arabien ist völlig devisenfrei; eine Kontrolle der Devisenab- und -zuflüsse findet nicht statt.

Ein Investitionsschutzabkommen mit der Bundesrepublik Deutschland ist ebenfalls nicht unterzeichnet worden; es gibt lediglich eine Schiedsgerichtsvereinbarung im Falle von Investitionsstreitigkeiten bei garantierten Kapitalanlagen, welche am 15.3.1980 in Kraft getreten ist, welche aber nicht mit einem Investitionsschutzabkommen üblichen Umfanges verglichen werden kann.

Ausländische Gerichtsurteile (inklusive Schiedsgerichtsurteile unter den Regelungen der Internationalen Handelskammer Paris) sind in Saudi-Arabien nicht vollstreckbar.

Weiterführende Literatur

Taxes and Investments in the Middle East	Int. Bureau of Fiscal Documentation, Amsterdam, Loseblattsammlung
Nicola H. Karam	Loseblattsammlung der Gesetzestexte: Business Laws of Saudi Arabia, Graham & Trotman, London
Langefeld-Wirth	Investieren in Saudi-Arabien, RIW 1982, S. 717ff.
ders.	Steuerrecht in Saudi-Arabien, DB 1983, S. 1067ff., in dem der erwähnte Brief des Ministry of Finance Nr. 4/3524 noch nicht berücksichtigt werden konnte.
ders.	Auslandsaktivitäten in Saudi-Arabien, IWB Fach 6, Gruppe 3, S. 11ff. (1983).
ders.	GesellschaftsR Saudi-Arabien, RIW 1983, S. 94ff.
ders.	Das saudische Dekret 124, RIW 1985, S. 2 u. 9.

Tunesien:

Joint Ventures in Tunesien

von

Rechtsanwalt Klaus Langefeld-Wirth, Köln

Am 2. August 1987 (Gesetz 87 – 51) hat Tunesien ein neues Investitionsrecht veröffentlicht, welches die ohnehin schon recht liberale Gesetzeslage weiter vereinfacht hat. Die Vorgänger hatten bereits Tunesien zu einem geeigneten Standort für Zulieferbetriebe gemacht: Eine große Anzahl von deutschen Unternehmen insbesondere der Textilindustrie hatte Fertigungsstätten für den Export in Tunesien errichtet, meist als sogenannte Freizonenprojekte, die nach tunesischem Recht als „Export-orientierte" Betriebe außerhalb des tunesischen Zoll- und Devisenverkehrs operierten. Auch das neue Gesetz will insbesondere diese Art von Projekten fördern und entbindet sie von der zuvor bestehenden Genehmigungspflicht durch die Agence de Promotion Industrielle (API).

Es muß unterschieden werden zwischen

— produzierenden Unternehmen, die ausschließlich für den Export produzieren. Obwohl das Gesetz terminologisch von „ausschließlich" spricht, reicht es aus, wenn 80% des Umsatzes exportiert werden. Mit anderen Worten: 20% des Umsatzes dürfen dennoch ohne Rechtsnachteil in den tunesischen Inlandsmarkt eingeführt werden (Art. 20 Gesetz 87-51).

   Innerhalb dieser Kategorie ist wiederum zwischen residenten und non-residenten Gesellschaften unterschieden. Der *Non-Resident*-Status wird erreicht, wenn mindestens 66% des Kapitals von Ausländern in konvertiblen Devisen eingezahlt werden.

— Produzierende Unternehmen, die nicht ausschließlich für den Export produzieren, d. h. die mehr als 20% ihres Umsatzes im Inland absetzen, wiederum mit der Unterscheidung zwischen residenten und non-residenten Unternehmen.

— Sonstige Produktionsunternehmen ohne Exportanteil.

— Handelsunternehmen, die vom Industrie-Investitionsgesetz nicht erfaßt werden, für die es aber — sofern sie Import und Export betreiben — eine Sondergesetzgebung 88 – 110 gibt, wiederum mit der Differenzierung zwischen residenten und non-residenten Firmen.

Tunesien hat sich als Standort für ausländische Zulieferbetriebe und Exportbetriebe bewährt: Für die Betriebe ist der Status der non-residenten, ausschließlich für den Export arbeitenden Unternehmens besonders interessant:

Reine Exportbetriebe mit Status „*non-resident*" genießen größtmögliche Freiheiten und Vergünstigungen:

— Sie können 100% in ausländischer Hand sein; eine tunesische Beteiligung bedarf der Zustimmung der Zentralbank.

— Sie bedürfen keiner Genehmigung, sondern sind lediglich anmeldepflichtig. Durch Dekret werden die Industriebetriebe präzisiert, für die diese Regelungen anwendbar sind.

— Sie sind auf Dauer von der tunesischen Besteuerung befreit, mit einigen Ausnahmen wie der Zollbelastung auf PKW, der Steuer für Unterhaltung und Sanierung und der Sozialversicherungspflicht für tunesisches Personal. Körperschafts- und Quellensteuer entfallen ganz.

— Sie werden devisenrechtlich als Ausländer betrachtet, d. h. die Exporterlöse brauchen weder nach Tunesien transferiert noch dort in Dinar umgetauscht zu werden, dafür müssen sie auf der anderen Seite ihre Ankäufe aus Tunesien in Devisen tätigen. Kreditaufnahmen bei tunesischen Banken sind ebenfalls genehmigungspflichtig.

— Der Kapitaltransfer (incl. Dividenden) ist für Ausländer völlig frei. Bezüglich tunesischer Beteiligung an solchen Unternehmen gilt allerdings die Genehmigungspflicht der Zentralbank.

— Vier ausländische Angestellte können frei und ohne Genehmigungspflicht angestellt werden. Darüber hinaus bedarf es der Zustimmung des Sozialministeriums.

— Ausländische Angestellte werden pauschal mit 20% versteuert und unterliegen auch nicht der tunesischen Sozialversicherungspflicht.

— Bis zu 20% des Umsatzes kann in den tunesischen Markt verkauft werden und gilt insofern als Import nach Tunesien (Zoll- und Importverfahren, sofern solche auch für ausländische Einfuhren zu beachten wären).

Weitere Vergünstigungen (Übernahme von Infrastrukturkosten durch den tunesischen Staat, Übernahme von Sozialversicherungsabgaben des tunesischen Personals durch den Staat) sind u. U. erhältlich, wenn das Projekt in einer unterentwickelten Zone errichtet wird.

Produzierende Unternehmen, die nicht ausschließlich für den Export tätig sind, werden ebenfalls, allerdings nicht in dem vorbezeichneten vollen Umfang, gefördert.

Ein Handelsgewerbe auf dem tunesischen Markt ist Ausländern nicht gestattet. Durch Dekret 88–110 wurde aber die Möglichkeit zur Errichtung von off-shore-Handelsgeschäften mit bis zu 100%iger ausländischer Beteiligung eröffnet. Diese Gesellschaften müssen, wenn sie in den tunesischen Inlandsmarkt liefern wollen, tunesische Handelsvertreter einschalten. Die Belieferung tunesischer ausschließlicher Exportunternehmen mit *Non-Resident-Status* (die ja demgegenüber auch als Devisen- und Zollausländer gelten), ist diesen off-shore-Handelsgesellschaften möglich. Ansonsten eignen sich diese Gesellschaften insbesondere zur Durchführung von Export-Handelsgeschäften.

Zur Unternehmensgründung in Tunesien stehen zwei Kapitalgesellschaften zur Verfügung: die AG und die GmbH tunesischen Rechts.

Unabhängig von dem investitions-, devisen- und steuerrechtlichen Status als „resident" oder „non-resident" unterliegen alle Kapitalgesellschaften, die in Tunesien ihren Sitz haben und dort im Handelsregister eingetragen sind, dem tunesischen Recht: Die gesellschaftliche Qualifizierung als Gesellschaft tunesischen Rechts ist völlig unabhängig vom investitions- und devisenrechtlichen Status als „resident" oder „non-resident".

Deutsche Investoren bevorzugen meist die GmbH tunesischen Rechts. In Tunesien selbst ist aber die Aktiengesellschaft sicher ebenso verbreitet und gängig wie die GmbH. Die GmbH hat gegenüber der Aktiengesellschaft den Vorteil größerer Flexibilität in der Vertragsgestaltung. Aus diesem Grunde wird sich die nachstehende Darstellung auch auf die GmbH beschränken.

Zu einer Gründung der GmbH sind 2 Gesellschafter ausreichend (eine Ein-Mann-Gesellschaft ist nicht gestattet). Der Gesellschaftsvertrag kann privatschriftlich abgeschlossen werden; eine notarielle Form ist nur bei Sacheinlagen nötig.

Da der Gesellschaftsvertrag bei bestimmten Anlässen im Original vorgelegt werden muß, empfiehlt es sich, mehrere Originale zu erstellen.

Das Kapital muß mindestens 1000 Dinar betragen und ist in Geschäftsanteile von mindestens 5 Dinar aufzuteilen. Anders als in Deutschland kann jeder Gründer beliebig viele Geschäftsanteile halten. Das Kapital ist bei der Gründung vollständig zu zeichnen und einzuzahlen.

Bei den oben beschriebenen „reinen exportorientierten" Unternehmen mit „non-resident"-Status kann das Kapital 100%ig in ausländischer Hand gehalten werden.

Die Gesellschaft beginnt mit der Unterzeichnung des Gesellschaftsvertrages. Ferner ist eine Registrierung beim Receveur de l'Enregistrement, Veröffentlichung im Journal Officiel (JORT) und Handelsregistereintragung erforderlich.

Die GmbH hat folgende Organe:

— Hauptversammlung

— Geschäftsführung

— Aufsichtsrat (fakultativ; obligatorisch erst bei 20 Gesellschaftern)

Die Geschäftsführung kann aus einem oder mehreren Geschäftsführern bestehen. Die Geschäftsführer (immer natürliche Personen) können im Gesellschaftsvertrag oder durch Beschluß der Hauptversammlung ernannt werden. Sind die Geschäftsführer in der Satzung benannt, so bedeutet eine Abberufung gleichzeitig eine Satzungsänderung, die nur mit erhöhten Abstimmungsmehrheiten und unter Einhaltung der Formalien einer Satzungsänderung möglich ist. Man sollte daher grundsätzlich von einer Benennung in der Satzung selbst Abstand nehmen.

Im Innenverhältnis kann die Geschäftsführung bestimmten Beschränkungen (z. B. Zustimmungserfordernisse der Hauptversammlung) unterworfen werden; nach außen haben diese Beschränkungen keine Wirkung.

Die Geschäftsführer haften für die ordnungsgemäße Führung der Geschäfte: „fautes de gestion" lösen eine Haftung — unter Umständen auch gegenüber Dritten — aus. Tunesien kennt wie das französische Gesellschaftsrecht die Rechtsfigur des „gérant de fait": Gesellschafter oder Dritte, die eingreifen, können im Konkursfalle zur Haftung herangezogen werden (action en comblément d'actif), es sei denn, sie könnten sich dahingehend entlasten, daß ihre Eingriffe die Geschäftsführern obliegende Sorgfaltspflicht nicht verletzt haben.

Geschäftsführer können (wenn die Satzung nichts anderes vorsieht) nur aus „legitimen Grund" (causes légitimes — Art. 159 Code de Commerce) abberufen werden. Der Begriff „legitimer Grund" ist gesetzlich nicht definiert; darunter wird man vornehmlich Fehlverhalten bei der Geschäftsführung verstehen. Nach der Rechtsprechung sollen auch schwerwiegende Zerwürfnisse mit den Gesellschaftern, die lebenswichtige Interessen der GmbH berühren, ausreichend sein.

Die Gesellschaftsversammlung entscheidet grundsätzlich mit einfacher Mehrheit des Kapitals (Art. 162). Satzungsändernde Beschlüsse bedürfen (vorbehaltlich anders lautender Satzungsbestimmungen) einer Mehrheit von 3/4 des Kapitals (Art. 166 Code de Commerce).

Sind nicht mehr als 20 Gesellschafter vorhanden, so ist die physische Abhaltung einer Hauptversammlung nicht unbedingt erforderlich — es genügt dann auch schriftliche Abstimmung.

Bei mehr als 20 Gesellschaftern ist die Einrichtung eines Aufsichtsrates obligatorisch (Art. 167 Code de Commerce).

Gesellschaftsanteile können an Nicht-Gesellschafter nur mit Zustimmung der Hauptversammlung übertragen werden, die hierüber mit 3/4-Mehrheit entscheidet. Notarielle Form ist nicht gefordert. Diese Bestimmungen können im Gesellschaftsvertrag (Satzung) *nicht* abbedungen werden. Die Übertragung unter Gesellschaftern bedarf dieser Zustimmung nicht (Art. 170 ff. Code de Commerce). Die Abtretung ist zu veröffentlichen und im Handelsregister einzutragen.

Bei Verlust von 3/4 des Gesellschaftskapitals hat die Geschäftsführung eine Hauptversammlung einzuberufen, die über die Auflösung der Fortführung (Sanierung) der Firma entscheidet. Dieser Beschluß ist ebenfalls zu veröffentlichen (Art. 176 Code de Commerce).

Der Tod oder Konkurs eines Gesellschafters löst die GmbH nicht auf, es sei denn, die Satzung enthielte eine dahingehende Bestimmung (Art. 176 Code de Commerce).

USA:

Joint Ventures in den USA

von

Dr. Siegfried H. Elsing, LL.M., Rechtsanwalt (Düsseldorf)
und Attorney-at-Law (New York)*

* Der Autor dankt Frau *Shook-Wiercimok* für ihre wertvolle Unterstützung bei der Fertigstellung dieses Beitrages.

I. Einleitung

Über einen langen Zeitraum hinweg wurden die USA als das weltweit bedeutendste Ursprungsland von Direktinvestitionen im Ausland angesehen[1]. Dieser Trend hat sich jedoch in den letzten 15 Jahren umgekehrt: Die USA sind zunehmend zum Gastland für ausländische, vor allem auch deutsche, Direktinvestitionen geworden[2].

Die Gründe hierfür sind vielfältig; sie sind sowohl von lang- als auch von mittelfristigen Entwicklungen und Überlegungen beeinflußt. In die Kategorie der langfristigen Entwicklungen, die für den Anstieg der ausländischen Direktinvestitionen in den USA verantwortlich sind, gehört sicher die wachsende Zahl und Größe multinationaler Unternehmungen außerhalb der USA, vor allem in Europa und Japan. Weiter zu nennen sind im Bereich mittelfristiger Überlegungen die Veränderungen der relativen Kosten der lokalen Produktion in den USA im Vergleich zu Produktionskosten im Herkunftsland des Investors, vor allem beeinflußt durch eine Veränderung der Währungsrelationen und/oder des Lohnniveaus. Schließlich spielen sicherlich auch hin und wieder Tendenzen zu einem gewissen US-Protektionismus[3] bei dem Entschluß eines ausländischen Unternehmens eine Rolle, den allgemein als wichtig und interessant angesehenen US-amerikanischen Markt durch eine lokale Fertigung, Service- und/oder Vertriebsorganisation zu versorgen.

---

1 Noch im Jahre 1981 wurde angenommen, daß mehr als 50% des weltweiten Volumens für Direktinvestitionen im Ausland ihren Ursprung in den USA hatten; *Buckley*, The Entry Strategy of Recent European Direct Investors in the USA; The Journal of Comparative Corporate Law and Securities Regulations 3 (1981), S. 169.

2 Vgl. zur historischen Entwicklung und den Zukunftsaussichten: *Itter-Eggert*, Die deutsch-amerikanischen Wirtschaftsbeziehungen in: *Eggert/Gornall*, Handbuch USA-Geschäft, 1989, S. 102 ff.

3 Zum Beispiel „local contents"-Vorschriften für in den USA zugelassene Automobile; zu der Motivationslage deutscher Investoren im allgemeinen: *Itter-Eggert*, a. a. O., S. 106 ff.

Für ein ausländisches Unternehmen, das in den USA eine Direktinvestition beabsichtigt (also über die rein vertraglichen Formen der Lizenzvergabe oder des Abschlusses von Vertriebsverträgen hinausgehen will), bietet sich üblicherweise einer der folgenden Wege an:

(1) Neugründung;

(2) Erwerb der Anteile oder der Wirtschaftsgüter eines existierenden US Unternehmens oder

(3) Gründung eines Gemeinschaftsunternehmens oder „Joint Venture" mit einem ausländischen oder (in der Praxis häufiger) US-amerikanischen Partner.

Die zuletzt genannte Form der Direktinvestition in den USA soll Gegenstand des folgenden Überblicks sein.

Die potentiellen Vorteile eines Joint Venture gegenüber der Neugründung und dem Vollerwerb liegen auf der Hand: zum Beispiel Verteilung des Risikos auf mehrere Partner, Nutzung von personellen und sachlichen Ressourcen und Know-how gemeinsam mit dem Partner, gemeinsame Forschung und Entwicklung und, vor allem durch Hinzunahme eines lokalen Partners, die Nutzung von dessen Kenntnissen der Markt- und/oder Produktionsbedingungen sowie insgesamt des fremden geschäftlichen Umfeldes.

Allerdings darf bei der Betrachtung der Vorteile keinesfalls der hierfür bei einem Joint Venture zu zahlende Preis übersehen werden: Der Investor kann die Geschicke des gemeinschaftlichen Unternehmens nicht allein bestimmen, er muß sich mit dem Partner arrangieren. Die von den Partnern verfolgten Zwecke und Interessen sind zudem meistens nicht deckungsgleich; nicht selten sind auch die jeweils bei der Gründung und/oder später erbrachten Beiträge der Partner unterschiedlich. Dies macht eine außerordentliche Sorgfalt bei der Wahl der Rechtsform des Joint Venture und seiner rechtlichen, vor allem vertraglichen Ausgestaltung erforderlich. Hierbei ist in der Praxis besonders der Vertragsjurist angesprochen.

II. Begriff des „Joint Venture" in den USA

Der englischsprachige Ursprung des Begriffs legt zunächst die Vermutung nahe, daß es sich hier um eine „amerikanische Erfindung" handelt, woran sich dann die Erwartung knüpfen könnte, daß jedenfalls die begriffliche Abgrenzung eines Joint Venture im rechtlichen Sprachgebrauch der USA unproblematisch ist. Dies ist jedoch nicht der Fall.

1. Keine eindeutige juristische Abgrenzung

Auf der Suche nach einer allgemein anerkannten Definition stößt man vor allem auf allgemeine Formulierungen wie zum Beispiel:

"A joint venture is defined in general terms to be a special combination of two or more persons devoted to a specific enterprise in which profit is jointly sought without actual partnership or corporate designation."[4]

Eine gesetzliche Begriffsbestimmung fehlt. Das Joint Venture ist in den USA, historisch betrachtet, ein Geschöpf der US-amerikanischen Rechtsprechung, die sich vor die Aufgabe gestellt sah, für die sich in der Praxis *außerhalb der „gesetzlich" geregelten Rechtsformen der Personengesellschaft (Partnership) oder Kapitalgesellschaft (Corporation)* entwickelnden Formen der geschäftlichen Zusammenarbeit von zwei oder mehr Partnern zum Zwecke der Gewinnerzielung durch gemeinsamen Einsatz von personellen, sachlichen oder finanziellen Mitteln und Kenntnissen Rechtsregeln zu entwickeln[5].

Die aus kontinental-europäischer Sicht nicht unbedingt überraschende Lösung der amerikanischen Gerichte ist durchweg die analoge Anwendung der Regeln für Partnerships, also des Personengesellschaftsrechts[6]. Lediglich vereinzelt wurden Unterschiede zum Recht der Partnerships hervorgehoben, etwa bei der Feststellung, daß der Partner eines Joint Venture den anderen Partner nur im Rahmen der engen Grenzen des speziellen Zwecks des Joint Venture vertreten kann, während dies bei einer Partnership im Rahmen eines (weitergehenden) Gesellschaftszwecks möglich wäre[7]. Dementsprechend wird auch hervorgehoben, daß (rein rechtstatsächlich) der Zweck eines Joint Venture häufig (aber nicht notwendig) enger begrenzt und nur auf ein Projekt bezogen, während der Zweck einer Partnership auf eine gewisse Dauer angelegt ist[8]. Auch ist anerkannt, daß juristische Personen selbst dann Partner eines Joint Venture sein können, wenn sie nach

---

4 Opco, Inc. v. Scott, 321 F.2d 471, 473 (10th Circ., 1963); ähnlich: 46 Am. Jur. 2nd, joint ventures, § 1 m. w. Nachw.; vgl. auch *Hand*, The Joint Venture — what is it and how to recognize its features, The Journal of the Kansas Bar Association, 1983, S. 227 ff.

5 46 Am. Jur. 2nd, a. a. O., § 2 m. w. Nachw.; *Spires*, Doing Business in the United States, § 7.05.

6 46 Am. Jur. 2nd, a. a. O., § 4 m. w. Nachw.; *Spires*, a. a. O.; zu beachten ist hier, daß im US-amerikanischen Recht eine Unterscheidung zwischen einer „einfachen" Personengesellschaft (bei uns BGB-Gesellschaft) und einer Handelsgesellschaft (oHG oder KG) nicht vorgenommen wird.

7 The only difference between a joint venture and a partnership is that one joint venturer may act for the others only in matters relating to the object for which the joint venture is formed; Bushman Constr. Co. v. Connor, 307 F 2nd 888.

8 „Single or ad hoc nature of a joint venture", 46 Am. Jur. 2nd § 4; kritischer, weil auch ein (vertragliches) Joint Venture auf lange Zeit angelegt sein kann: *Spires*, a. a. O.

dem Recht des jeweiligen Bundesstaates[9] nicht Partner einer Partnership
werden könnten[10].

2. Analoge Anwendung des Partnership-Rechts auf Contractual Joint Ventures

Auch wenn im juristischen Schrifttum teilweise immer noch hervorgehoben wird, daß ein Joint Venture ein Rechtsgebilde „eigener Art" sei, das
nicht mit einer Partnership einerseits oder einer Corporation andererseits
zu verwechseln sei[11], so kann doch für die meisten praktischen Fragen davon ausgegangen werden, daß für ein Joint Venture der einleitend beschriebenen Art (Zusammenschluß zu einem geschäftlichen, auf Gewinnerzielung gerichteten Zweck ohne körperschaftliche Form oder Vorliegen eines
förmlichen, als solchem bezeichneten Partnership Agreement) das US-
amerikanische Recht der Personengesellschaft jedenfalls analog gilt[12].

Abweichungen hiervon werden nur ausnahmsweise dann angenommen,
wenn festgestellt werden kann, daß aufgrund des eindeutig festgestellten
Parteiwillens die entsprechenden Regeln für die Partnership nicht passen
oder nicht gewollt waren. Deshalb ist es auch gerechtfertigt, bei dem Joint
Venture von einer „Informal Partnership"[13] zu sprechen.

3. Das Corporate Joint Venture

Im Gegensatz zum gesellschaftsrechtlichen Schrifttum hat sich dagegen im
allgemeinen wirtschaftlichen Sprachgebrauch, aber auch etwa in Zusammenhang mit der Diskussion der kartellrechtlichen Schranken für Gemeinschaftsunternehmen in den USA, ein weiterer Begriff des Joint Venture

---

9 Auf eine zum Verständnis des gesamten amerikanischen (Gesellschafts-)Rechts wichtige
  Besonderheit muß hier hingewiesen werden: Es gibt kein einheitliches, für alle Bundesstaaten gleiches Gesellschaftsrecht, da das allgemeine Zivilrecht, einschließlich des Gesellschaftsrechts, in den 50 Bundesstaaten unterschiedlich geregelt ist. Das „Grundmu-
  ster" der einzelnen Gesellschaftsrechte ist ähnlich (vgl. zum Beispiel The Revised Model
  Business Corporation Act („RMBCA"), aber die Unterschiede zwischen den einzelnen
  Bundesstaaten können in Einzelfragen (z. B. Minderheitenschutz) erheblich sein. Zusätzlich sind allerdings bestimmte Teile des Gesellschaftsrechts durch bundeseinheitliche Regelungen überlagert, etwa im Bereich des Kapitalgesellschaftsrechts beim Kapitalanleger-
  schutzrecht (Securities Laws) oder etwa bei der Regelung von öffentlichen Übernahme-
  angeboten („Take-Over Bids").
10 Albina Engine and Machine Works, Inc. v. Abel, 305 F 2nd 77.
11 46 Am. Jur. 2nd § 4.
12 *Cavitch*, Business Organizations, § 41.01; *Spires*, a.a.O.
13 Lesser v. Smith, 160 A 302; *Tiessen*, Die Rechtsform des amerikanischen Geschäftsbetriebes, in *Eggert/Gornall*, a.a.O., S. 370; vgl. auch *Elsing*, US-amerikanisches Handels-
  und Wirtschaftsrecht, 1985, S. 151.

durchgesetzt. Dieser schließt sowohl die ausschließlich vertragliche Form der Zusammenarbeit (für welche grundsätzlich das Partnership Law analog gilt) als auch die Form der Zusammenarbeit durch Gründung einer gemeinsamen Kapitalgesellschaft mit ein[14]. Zur Unterscheidung wird die erste Form dann als „(Mere) Contractual Joint Venture" und die zweite Form, bei der eine gemeinsame Kapitalgesellschaft gegründet wird, als „Equity Joint Venture" oder „Corporate Joint Venture" bezeichnet[15].

Für einen europäischen Investor ist der vorstehende Versuch einer Begriffserklärung vor allem deshalb von Interesse, weil sie ihm erlaubt, gleich zu Beginn von Vertragsverhandlungen abzuklären, wovon der amerikanische Partner eigentlich redet[16]. In der Sache ist für einen europäischen Unternehmer, der eine Direktinvestition erwägt, die bloß vertragliche Form eines Joint Venture in der Regel schon deshalb wenig zweckmäßig, weil sie keine Abgrenzung des amerikanischen Risikos durch Haftungsbegrenzung auf das amerikanische Joint Venture erlaubt.

Die Muttergesellschaft bleibt bei einem rein vertraglichen Joint Venture also unbegrenzt haftbar[17]. Von Sonderfällen (die zumeist auch von steuerlichen Überlegungen beeinflußt sein dürften[18]) abgesehen, wird bei einem europäischen Unternehmen deshalb der Weg der Gründung eines Gemeinschaftsunternehmens als separater juristischer Person, also die Gründung eines „Corporate Joint Venture", in erster Linie in Betracht kommen.

Die nachfolgende Darstellung wird sich deshalb im wesentlichen auf diese, in der Praxis hauptsächlich relevante Form des Gemeinschaftsunternehmens in den USA beschränken.

---

14 Zum Beispiel die Definition in den „Antitrust Guidelines for International Operations", Federal Register, vol. 53, no. 110, S. 21590: „A joint venture is essentially a collaborative effort, short of a merger, among firms with respect to production, R&D, distribution and/or marketing of products or services".

15 *Forry/Theurer*, Geschäftstätigkeit und Investitionen in den USA, 1983, S. 394, 398: „Joint Venture ohne Rechtspersönlichkeit" einerseits und „Eingetragenes Joint Venture" andererseits; vgl. auch *Becker/Fink/Jacob*, Unternehmerische Tätigkeit in den Vereinigten Staaten von Amerika, 1988, RdNr. 211–213 (S. 86 f.).

16 Eine solche Abklärung kann viel unnütz aufgewandte Zeit ersparen; vgl. auch *Butler/Mielert/Rosendahl*, Investitionen und Unternehmungsrecht in den Vereinigten Staaten von Amerika, 1983, S. 29.

17 Allerdings auch bei der Gründung von Kapitalgesellschaften kann eine sogenannte Durchgriffshaftung auf die jeweiligen Muttergesellschaften nicht immer ausgeschlossen werden. Vgl. hierzu unten V.1.

18 Vgl. die Aufzählung bei *Gruson/Meister*, Gründung und Erwerb von Wirtschaftsunternehmen in den USA, in: *v. Boehmer*, Deutsche Unternehmen auf dem amerikanischen Markt, 1988, S. 19: Anlagenbau, Baubetreuung, Beratungsdienstleistungen oder Unternehmungen im Bereich der rohstoffgewinnenden Industrie; vgl. auch *Tiessen*, a. a. O.

III. Gründung und innere Verfassung eines Joint Venture

Die Gründung eines Corporate Joint Venture in den USA ist eine sehr einfache Formalität, die innerhalb weniger Tage und ohne große Kosten entweder durch juristische Berater oder durch auf Gründung von Gesellschaften spezialisierte Dienstleistungsunternehmen durchgeführt werden kann.

1. Filing der Gründungsurkunde

Die Gründung erfolgt durch Unterzeichnung einer kurzen Gründungsurkunde (je nach Bundesstaat Certificate of Incorporation oder Articles of Incorporation genannt) und durch deren Einreichung bei dem Secretary of State, der Registerbehörde, des Gründungsstaates[19]. Die Unterzeichnung erfolgt in der Regel durch einen oder mehrere treuhänderisch tätige Gründer (Incorporator); häufig sind dies die beratenden Anwälte.

Die Gründungsurkunde umfaßt in der Regel nur wenige Seiten und enthält Angaben über den Namen der Gesellschaft, ihren Gegenstand und Sitz sowie die Kapitalverhältnisse (Zahl der genehmigten Aktien, Angaben hinsichtlich verschiedener Klassen von Aktien und Rechte oder Beschränkungen von Aktionären)[20]. Ein Mindestkapital wird nur von einigen Bundesstaaten vorgeschrieben[21].

Mit dem Abschluß des Einreichungsverfahrens (Filing) erlangt das Joint Venture Rechtspersönlichkeit als Corporation.

2. Wahl des Gründungsstaates

Das amerikanische Gesellschaftsrecht ist nicht bundeseinheitlich, sondern je nach Bundesstaat unterschiedlich geregelt[22]. Deshalb ist die Wahl des Gründungsstaates maßgeblich dafür, welches Recht auf die internen Verhältnisse der Gesellschaft anwendbar ist.

Der Gründungsstaat kann frei gewählt werden; eine dem deutschen Sitzprinzip (z. B. § 7 (1) GmbH-Gesetz) vergleichbare Regelung gibt es nicht. Das Joint Venture muß weder seinen Verwaltungssitz noch seinen geschäftlichen Schwerpunkt innerhalb des Gründungsstaates haben. Unterschiede zwischen den einzelnen Bundesstaaten bestehen unter anderem im Hin-

---

19 Vgl. z. B. Delaware Corporation Law Annotated („Del. Corp. Law Ann."), § 101; vgl. *Tiessen*, a. a. O., S. 354; vgl. auch *Elsing*, a. a. O.
20 Vgl. z. B. Del. Corp. Law Ann., § 102; vgl. *Gruson/Meister*, a. a. O., S. 7.
21 Vgl. z. B. Washington, D. C. – $ 1000; Georgia – $ 500; Arkansas – $ 300; Texas – $ 1000.
22 Vgl. Fn. 9.

blick auf die Gründungsformalitäten, die Möglichkeit, verschiedene Klassen von Anteilen mit unterschiedlichen Rechten zu schaffen, die Rechte und Pflichten der Gesellschafter und Organe und, besonders wichtig für Joint Ventures, die Wirksamkeitsvoraussetzungen von Vereinbarungen zwischen den Gesellschaftern (Shareholder Agreements)[23].

Besonders häufig erfolgt die Gründung von Corporations im allgemeinen und Joint Ventures im besonderen im Bundesstaat Delaware, weil das dortige Gesellschaftsrecht den Gesellschaftern besonders große Gestaltungsmöglichkeiten bietet und die dortigen Gerichte als außerordentlich sachkundig gelten und für vernünftige und sachgerechte Lösungen bekannt sind[24].

3. Gründungsversammlung

Nach dem Filing der Gründungsurkunde hält der Gründer eine Gründungsversammlung ab (meistens im schriftlichen Verfahren), in welcher die Mitglieder des ersten Verwaltungsrates (Board of Directors) bestellt werden. Entweder der Gründer oder die Mitglieder des Verwaltungsrates beschließen dann die Statuten/Geschäftsordnung (By-Laws) der Gesellschaft, genehmigen die Ausgabe von Geschäftsanteilen und berufen die Mitglieder der Geschäftsführung (Officers).

4. By-Laws

Die By-Laws regeln die Fragen, die bei einer deutschen Kapitalgesellschaft entweder durch Satzung oder Gesellschaftsvertrag geregelt sind, vor allem also die Rechte und Pflichten der Gesellschafter und der Organe der Gesellschaft. Die By-Laws müssen nirgendwo hinterlegt werden. Sie enthalten häufig langatmige Wiederholungen gesetzlicher Vorschriften. Rechtlich werden sie als Vertrag der Gesellschafter untereinander qualifiziert[25]. Allerdings kann eine Änderung der By-Laws aufgrund entsprechender Ermächtigungen in der Gründungsurkunde oder den By-Laws selbst auch durch den Verwaltungsrat vorgenommen werden[26].

---

23 Vgl. z.B. Del. Corp. Law Ann., § 202 (b); *Vagts*, Basic Corporation Law, 1973, S. 70.
24 Vgl. *Gruson/Meister*, a.a.O., S. 4.
25 Vgl. z.B. Del. Corp. Law Ann., § 109(b).
26 Vgl. z.B. Del. Corp. Law Ann., § 109(a).

5. Geschäftsführung und Vertretung

Die Geschäfte des Corporate Joint Venture werden von dem Verwaltungsrat (Board of Directors), der von den Gesellschaftern gewählt wird, geführt und überwacht[27]. Die Ausführung der geschäftsleitenden Beschlüsse und Anordnungen des Board of Directors obliegt der Geschäftsführung (Officers)[28].

Die Funktion des Board of Directors einerseits und der Officers andererseits darf nicht mit dem Zweistufensystem der Trennung von Überwachungsfunktionen (Aufsichtsrat) und Geschäftsführungsfunktionen (Vorstand) bei der deutschen Aktiengesellschaft verwechselt werden. Der Board einer amerikanischen Corporation ist sowohl Geschäftsführungsorgan (im Hinblick auf die grundlegenden geschäftsleitenden Beschlüsse und Anordnungen) als auch Aufsichtsorgan (im Hinblick auf die Officers, welche für das Tagesgeschäft zuständig sind).

Die Officers (nicht der Board oder einzelne seiner Mitglieder) sind die gesetzlichen Vertreter der Gesellschaft[29]. Officers können allerdings auch Mitglieder des Board sein (was auch in der Praxis oft der Fall ist). In diesen Fällen besteht der Verwaltungsrat aus zwei Gruppen von Mitgliedern: denjenigen, welche gleichzeitig Officers sind, und sogenannten Outside Directors.

Officers brauchen jedoch nicht Mitglieder des Verwaltungsrates zu sein.

Im allgemeinen sehen die Gesellschaftsrechte der Bundesstaaten die Bestellung von mindestens drei Officers vor: President, Secretary und Treasurer[30]. Häufig ist auch, je nach Bundesstaat, eine Ämterhäufung zulässig[31].

Die Vertretungsmacht der Officers richtet sich nach den By-Laws. Der President hat aber immer umfassende Vertretungsbefugnisse[32]. Bei Überschreitung der internen Bindungen der Officers kann eine Vertretung nach Anscheinsvollmachtsgrundsätzen in Betracht kommen[33].

Sowohl Verwaltungsratsmitglieder als auch Officers haben Sorgfalts- und Treuepflichten gegenüber der Gesellschaft und den Aktionären (Duty of

---

27 Vgl. z.B. Del. Corp. Law Ann., § 141.
28 Vgl. z.B. Del. Corp. Law Ann., § 142.
29 Vgl. z.B. Del. Corp. Law Ann., § 142(a); 103(a)(2).
30 Vgl. *Gruson/Meister*, a.a.O.
31 Vgl. z.B. Del. Corp. Law Ann., § 142(a).
32 Vgl. z.B. Del. Corp. Law Ann., § 142 comment 1 („Powers"); comment 6 („As Agents"). Joseph Greenspon's Sons Iron & Steel Co. v. Pecos Valley Gas Co., 156 A. 350 (Del. 1931).
33 Vgl. z.B. Del. Corp. Law Ann., § 142 comment 7 („Estoppel to deny Authority").

Loyalty)[34]. Sie dürfen außerdem geschäftliche Möglichkeiten, die sich der Gesellschaft bieten, nicht zum eigenen Vorteil ausnutzen (Corporate Opportunity Doctrine)[35].

6. Kapitalausstattung

In der Mehrzahl der Bundesstaaten ist ein Mindestkapital nicht vorgeschrieben[36]. Üblicherweise wird in der Gründungsurkunde das genehmigte Kapital (Authorized Shares) festgelegt. Der Board of Directors kann dann je nach Kapitalbedarf von dem genehmigten Kapital Gebrauch machen. Es bestehen vielfältige Gestaltungsmöglichkeiten im Hinblick auf die Einführung verschiedener Klassen von Aktien mit unterschiedlichen Stimm-, Gewinnbezugs und sonstigen Vorrechten. Hiervon kann vor allem bei einem Joint Venture zwischen Partnern mit unterschiedlich gewichteten Rollen oder mit unterschiedlichen Beiträgen zum Gesellschaftszweck Gebrauch gemacht werden.

7. Minderheitsrechte

Die gesetzlichen Rechte von Minderheitsgesellschaftern sind in der Regel nicht sehr weitreichend, weshalb sich bei einem Joint Venture aus der Sicht eines Minderheitsgesellschafters dringend entsprechende Vereinbarungen entweder in der Gründungsurkunde und/oder den By-Laws oder aber im Rahmen eines Shareholder Agreement empfehlen[37].

Gesetzliche Minderheitsrechte sind im allgemeinen beschränkt auf Bucheinsichtsrechte[38], das Recht auf Gleichbehandlung bei der Dividendenausschüttung (soweit keine ausdrückliche anderweitige Regelung des Gewinnbezugsrechts vorliegt)[39] sowie qualifizierte Mehrheitserfordernisse und/oder Abfindungsrechte bei Fusionen oder beim Verkauf des Unternehmens im ganzen[40].

---

34 Vgl. z. B. Del. Corp. Law Ann., § 142 comment 9 („Representing two corporations; dealing with own corporation").

35 Vgl. z. B. New York Business Corporation Law („N. Y. Bus. Corp. Law") § 713; Del. Corp. Law Ann. § 144.

36 A. a. O., Fn. 21.

37 Vgl. *Tiessen*, a. a. O., S. 370–371.

38 Vgl. RMBCA (vgl. Fn. 9) §§ 16.02, 16.04.

39 Vgl. z. B. Sinclair Oil Co. v. Livien, 280 A. 2d 717 (Del. 1971); Speed v. Transamerica, 235 F. 2d 369 (3rd Cir. 1956); Zahn v. Transamerica, 162 F. 2d 36 (3rd Cir. 1947); vgl. auch RMBCA § 8.33.

40 Vgl. Jones v. H. F. Ahmanson & Co., 460 P. 2d 464 (Cal. 1961); Perlman v. Feldmann, 219 F. 2d 173 (2d Cir. 1955).

Die Gerichte haben außerdem eine Treuepflicht des Mehrheitsaktionärs gegenüber dem Minderheitsaktionär zum Schutz vor unangemessener Majorisierung angenommen[41].

Schließlich sind in der Mehrzahl der Bundesstaaten Regeln in der Gründungsurkunde erlaubt, wonach das Recht zur Wahl einzelner Mitglieder des Verwaltungsrates ausschließlich bestimmten Klassen von Aktionären zusteht[42]. Hierdurch wird eine unangemessene Majorisierung von Minderheiten bei der Wahl des Verwaltungsrates verhindert und gleichzeitig sichergestellt, daß die betroffenen „Klassen" im Verwaltungsrat vertreten sind. Ein ähnliches Ergebnis kann dadurch erreicht werden, daß eine Kumulierung der Stimmrechtsausübung (Cumulative Voting) dann für zulässig erklärt wird, wenn mehrere Mitglieder des Verwaltungsrates zu wählen sind. In diesen Fällen kann dann der Minderheitsaktionär alle ihm zur Verfügung stehenden Stimmen auf einen Kandidaten kumulieren und hierdurch eher dessen Wahl durchsetzen. Cumulative Voting kann aufgrund entsprechender Bestimmungen in der Gründungsurkunde in vielen Staaten vorgesehen werden[43].

8. Exkurs: Gründung eines Contractual Joint Venture

Die Gründung eines bloß vertraglichen Joint Venture bedarf nicht der für eine Corporation vorgeschriebenen Formalitäten. Grundsätzlich würde sogar eine lediglich mündliche Vereinbarung ausreichen[44]. In der Praxis ist jedoch ein ausführlicher schriftlicher Vertrag (Joint Venture Agreement/Partnership Agreement) zu empfehlen. Eine Registrierung oder Eintragungspflicht besteht für die Gründung derartiger Joint Ventures nicht. Lediglich in einzelnen Bundesstaaten (z. B. im Staate New York) muß ein von allen Partnern des Joint Venture unterschriebenes Business Certificate bei dem County Clerk jedes Bezirks (County), in dem die Gesellschaft geschäftliche Tätigkeit entfalten will, hinterlegt werden[45].

Das schriftliche Joint Venture Agreement enthält typischerweise diejenigen Regelungen, die beim Corporate Joint Venture im Hinblick auf die Kapitalausstattung, innere Struktur und Minderheitsrecht in der Gründungsurkunde, den By-Laws oder dem Shareholder Agreement zu finden sind.

---

41 Vgl. Del. Corp. Law Ann., § 151.
42 Vgl. Del. Corp. Law Ann., § 212.
43 Vgl. Del. Corp. Law Ann., § 214; RMBCA § 7.28; vgl. auch *Vagts*, a.a.O. (Fn. 23), S. 363.
44 Vgl. *Tiessen*, a.a.O.
45 N. Y. Bus. Corp. Law, §§ 1301, 1305.

IV. Shareholder Agreement

1. Bedeutung

Die Gesellschafter eines Corporate Joint Venture regeln ihre gegenseitigen Rechte und Pflichten im Hinblick auf das Gemeinschaftsunternehmen üblicherweise in einem gesonderten Gesellschaftervertrag oder Shareholder Agreement. Regelungsinhalt derartiger Vereinbarungen ist vor allem der Einfluß der Gesellschafter auf das Gemeinschaftsunternehmen, der Umfang der Beiträge der einzelnen Gesellschafter zusätzlich zum Gesellschaftskapital und Abmachungen für den Fall der Verfügung über die Anteile am Gemeinschaftsunternehmen.

Die in einem solchen Vertrag getroffenen Regelungen sind aufgrund ihres Inhalts von der Geschäftsordnung/By-Laws der Joint-Venture-Gesellschaft insoweit abzugrenzen, als die By-Laws die inneren Angelegenheiten der Gesellschaft und die Rechte und Pflichten ihrer Organe betreffen, während ein Shareholder Agreement die Rechte und Pflichten der Gesellschafter untereinander zum Gegenstand hat. Soweit mehr als zwei Gesellschafter vorhanden sind, können Shareholder Agreements auch lediglich zwischen einzelnen Gesellschaftergruppen abgeschlossen werden. Es ist nicht aus Rechtsgründen notwendig, wenngleich in der Praxis der Regelfall, daß alle Gesellschafter einem Shareholder Agreement beitreten.

Zusätzlich zum Shareholder Agreement bestehen häufig einzelvertragliche Regelungen zwischen dem Gemeinschaftsunternehmen und den einzelnen Gesellschaftern über Liefer- und Abnahmepflichten, Gewährung von Lizenzen, technische Unterstützung oder Darlehen, Managementunterstützung etc. [46]

Der übliche Aufbau eines Vertragswerkes zur Gründung eines Joint Venture ist damit auch in den USA dreigegliedert:

Es sind zu unterscheiden

(1) die Articles of Incorporation und By-Laws des Gemeinschaftsunternehmens,

(2) das Shareholder Agreement und

(3) einzelvertragliche Regelungen zwischen Gemeinschaftsunternehmen und Gesellschafter über spezifische Liefer- und sonstige Leistungspflichten.

---

46 *Gruson/Meister*, a.a.O., S. 19.

2. Zulässigkeit und Durchsetzbarkeit von Shareholder Agreements

Die besondere rechtliche Problematik von Shareholder Agreements zur Sicherung des Einflusses der Gesellschafter auf die Leitung des Joint Venture ergibt sich daraus, daß nach dem gesetzlichen Leitbild die Verantwortung für die Geschäftsführung einer Corporation in den USA bei den Mitgliedern des Board of Directors und nicht bei den Gesellschaftern liegt[47]. Ausnahmsweise ist lediglich in den Bundesstaaten eine unmittelbare Geschäftsführung durch Gesellschafter zugelassen, in denen für Kapitalgesellschaften mit wenigen Gesellschaftern (Close Corporations) gesetzliche Sonderregelungen (Close Corporation Statutes) bestehen[48].

Der Einfluß einzelner Gesellschafter auf die Geschäftsführung kann zunächst dadurch verstärkt werden, daß einzelnen Gesellschaftern Benennungsrechte für die Besetzung von Positionen im Board of Directors zugestanden werden. Soweit nicht die Gesellschafter schon bei der Einteilung der Aktien einzelne Klassen unterschieden haben und mit der Inhaberschaft von Aktien einer Klasse das ausschließliche Wahlrecht für bestimmte Positionen des Verwaltungsrates verbunden ist, können die Gesellschafter in einem Shareholder Agreement vereinbaren, daß die jeweiligen Stimmrechte bei der Beschlußfassung in der Gesellschafterversammlung zur Besetzung von Verwaltungsratssitzen nur entsprechend dem Vorschlag eines Gesellschafters ausgeübt werden können. Eine solche Vereinbarung beinhaltet eine (teilweise) Stimmrechtsbindung (Voting-Pool).

Derartige Regelungen werden generell als zulässig angesehen[49] und sind sogar teilweise kraft gesetzlicher Regelungen, allerdings häufig nur für Closed Corporations, ausdrücklich erlaubt[50].

Problematisch ist es dagegen, wenn über Abmachungen zum Benennungsrecht von Verwaltungsratsmitgliedern hinaus Vereinbarungen getroffen werden, die die Verwaltungsratsmitglieder in der inhaltlichen Wahrnehmung ihrer Aufgaben und Pflichten sowie in ihrem geschäftsleitenden Entscheidungsspielraum erheblich beeinträchtigen. Weisungsrechte der Gesellschafter an den Verwaltungsrat sollten sich auf grundlegende Fragen beschränken. Eine Abweichung von dem gesetzlichen Leitbild der Aufgaben des Verwaltungsrates, etwa durch Schaffung eines „sterilen" Verwaltungsrates, der keine Möglichkeit zur unabhängigen Entscheidungsbildung hat, ist zu vermeiden. Zu diesem Leitbild gehört das Recht zur Geschäftsführung in den laufenden Angelegenheiten der Gesellschaft sowie das Recht

---

47 Vgl. z.B. Del. Corp. Law Ann., § 141; vgl. RMBCA § 8.01(6).
48 *Spires*, a.a.O., § 83.06 (3) m.w. Nachw.; vgl. Del. Corp. Law Ann., § 351 („Management by Stockholders").
49 Vgl. RMBCA, § 7.31; N.Y. Bus. Corp. Law §§ 609(e), 620.
50 *Spires*, a.a.O., § 83.06 (3).

zur Ernennung von leitenden Angestellten (Officers)[51]. Allerdings sind in einigen Bundesstaaten auch Shareholder Agreements als zulässig angesehen worden, in denen den Gesellschaftern, und nicht den Verwaltungsratsmitgliedern, das Recht zur Ernennung von leitenden Angestellten (Officers) zugestanden wurde.

Problematisch können auch Regelungen sein, welche die nach dem Leitbild den Verwaltungsratsmitgliedern zustehende Befugnis zur Ausschüttung von Dividenden beschneidet. Bei der rechtlichen Bewertung derartiger Klauseln steht die Frage nach einer möglichen unbilligen Benachteiligung eines Aktionärs im Vordergrund. Generell wird aber zum Beispiel eine Vereinbarung, wonach keine Ausschüttungen vorgenommen werden dürfen, bis bestimmte Gesellschafterdarlehen zurückgezahlt sind, für zulässig angesehen[52]. Allerdings ist umgekehrt eine Vereinbarung, mit welcher eine Pflicht der Verwaltungsratsmitglieder zur Ausschüttung von Dividenden unter bestimmten Umständen begründet wird, als gegen den Ordre Public verstoßend für unzulässig gehalten worden[53].

Da Shareholder Agreements lediglich die Gesellschafter untereinander verpflichten, bedarf die Durchsetzung ihrer Regelungsinhalte häufig der Beschlußfassung der Gesellschafter. Eine Verletzung der Verpflichtung eines Gesellschafters aus dem Shareholder Agreement macht ihn gegenüber seinen Mitgesellschaftern schadensersatzpflichtig. Soweit jedoch zum Beispiel die Wahl eines Directors unter Verstoß gegen Regelungen im Shareholder Agreement zustandegekommen ist, bleibt diese Wahl grundsätzlich gültig[54]. Abweichend von dem allgemeinen Grundsatz des amerikanischen Rechts, wonach im Regelfall bei Vertragsverletzung nur Schadensersatz verlangt werden kann[55], haben aber amerikanische Gerichte zur Durchsetzung von Ansprüchen aus einem Gesellschaftervertrag auch Erfüllungsansprüche (Specific Performance) anerkannt. So kann etwa im Einzelfall die Zustimmung eines Gesellschafters zur Wahl eines Verwaltungsratsmitgliedes durch gerichtliche Entscheidung ersetzt werden. Den Gerichten steht allerdings ein Entscheidungsspielraum nach Ermessensregeln (Equity) zu[56].

---

51 Allerdings betrafen diese Fälle Situationen, in denen alle Gesellschafter am Shareholder Agreement beteiligt waren; vgl. *Spires*, a.a.O., § 83.06 (3) und die dortigen Nachweise. Vgl. RMBCA § 8.01(6); vgl. auch Zion v. Kurtz, 405 N. E. 2d 681 (N. Y. 1980); Clark v. Dodge, 199 N. E. 641 (N. Y. 1936); McQuade v. Stoneham, 189 N. E. 234 (N. Y. 1934).

52 *Spires*, a.a.O., § 83.06(3).

53 Total usurpation of directorial discretion over the financial affairs of the corporation, *Spires*, § 83.06(4).

54 *Gruson/Meister*, a.a.O., S. 20.

55 Vgl. *Elsing*, a.a.O., S. 65.

56 *Spires*, a.a.O., § 83.06; vgl. N. Y. Bus. Corp. Law §§ 609(e), 620.

3. Typische Regelungsinhalte

Selbstverständlich muß jedes Shareholder Agreement der spezifischen Situation der betroffenen Gesellschafter beziehungsweise des Gemeinschaftsunternehmens Rechnung tragen. Eine verallgemeinernde Betrachtung verbietet sich deshalb. Nachfolgend können deshalb nur einige Regelungsinhalte kurz erwähnt werden, die besonders häufig vorkommen und deshalb zum „Standardinhalt" eines Shareholder Agreement für ein US-amerikanisches Joint Venture gezählt werden können.

a) Sicherung des Einflusses der Gesellschafter

Wie schon in Zusammenhang mit der Erörterung von Wirksamkeitsschranken von Shareholder Agreements erwähnt[57], findet sich in derartigen Vereinbarungen besonders häufig eine Regelung, die eine Verpflichtung zur gemeinschaftlichen Stimmrechtsabgabe bei Gesellschafterversammlungen entsprechend dem Vorschlag eines Gesellschafters (Voting-Pool) vorsieht. Eine solche Abmachung kann sich sowohl auf die Wahl zum Verwaltungsrat als auch auf andere Beschlußgegenstände beziehen. Regelungen mit diesem Inhalt sind im allgemeinen zulässig[58], allerdings sind in einigen Bundesstaaten im Hinblick auf die zulässige vertragliche Laufzeit solcher Vereinbarungen Beschränkungen zu beachten[59].

Ebenfalls, wie bereits erwähnt, wurden Regelungen, durch welche den Gesellschaftern eine mehr oder weniger starke Einflußnahme auf die Geschäftsführung des Verwaltungsrates gewährt wird (Weisungsrecht, Katalog zustimmungsbedürftiger wichtiger Geschäfte etc.) für grundsätzlich zulässig gehalten. Auf die hier bestehenden Grenzen der Regelungsbefugnis der Gesellschafter, vor allem, wenn Weisungsrechte über grundsätzliche Fragen hinausgehen, wird nochmals hingewiesen[60].

b) Schutz von Minderheitsgesellschaftern

Der Schutz von Minderheitsgesellschaftern gegen unangemessene Majorisierung ist durch Gesetz oder durch Fallrecht nur lückenhaft geregelt[61]. Deswegen empfehlen sich weitergehende vertragliche Absprachen im Shareholder Agreement. Zu denken ist in diesem Zusammenhang an die Vereinbarung von Vetorechten in bezug auf bestimmte Beschlußgegenstände, die Vereinbarung von qualifizierten Mehrheiten oder gar eine Vereinbarung, wonach alle (oder nur bestimmte) Beschlüsse nur einstimmig gefaßt

---

57 Oben IV 2.
58 Vgl. Fn. 49.
59 *Spires*, a.a.O., § 83.06(4).
60 Vgl. Del. Corp. Law Ann., § 350, 351.
61 Vgl. oben III 7.

werden können[62]. Außerdem kann ein bestimmtes Quorum für Gesellschafterversammlungen vorgesehen werden[63].

Entsprechende Regelungen empfehlen sich im übrigen auch für die Beschlußfassung des Verwaltungsrates, da der Minderheitsgesellschafter dort regelmäßig auch nur in einer Minderheit vertreten sein wird. Vetorecht, qualifizierte Mehrheitserfordernisse sowie Vereinbarungen im Hinblick auf ein Quorum bei Verwaltungsratssitzungen sind in den By-Laws vorzusehen.

c) Berichtspflichten

Berichtspflichten betreffen im Regelfall die Verpflichtung des Verwaltungsrates zur Information der Gesellschafter. Darüber hinaus kann aber auch zur Regelung von Berichtspflichten der Gesellschafter untereinander Anlaß bestehen, wenn etwa ein Gesellschafter die Geschäftsführung des Joint Venture in den USA aufgrund eines Management Agreement allein übernommen hat. In diesem Fall besteht ein besonderes Interesse der nicht mit der Übernahme der Geschäftsführung befaßten Gesellschaft an zeitnaher Unterrichtung. Der richtige Ort für eine diesbezügliche Regelung ist dann das Shareholder Agreement.

d) Finanzierung

Im Shareholder Agreement werden auch häufig Absprachen über die Gewährung von Gesellschafterdarlehen, wie auch über zur Verfügungstellung von Sicherheiten für Darlehen des Joint Venture oder zur Zeichnung weiteren Kapitals bei Vorliegen bestimmter Voraussetzungen getroffen.

e) Verfügungsbeschränkung

Zum Schutz gegen Überfremdung empfehlen sich Vereinbarungen, wonach eine Veräußerung von Anteilen an dem Gemeinschaftsunternehmen nur an Erwerber, die von dem Veräußerer kontrolliert werden, möglich ist und ansonsten nur mit Zustimmung des anderen Gesellschafters beziehungsweise der anderen Gesellschafter[64].

---

62 Z. B. „The Parties covenant with each other that none of the following matters shall be undertaken by the Company without the unanimous consent of the Parties ...“

63 Z. B. „The quorum necessary for the transaction of business at General Meetings of the Company shall be two shareholders present in person (by their duly appointed corporate representatives) or by proxy.“

64 Allerdings ist dieses Recht eingeschränkt. „A restraint on the free transferability of stock which gives the corporation the right to pass on a shareholder's right to transfer it to another is permissible provided it bears some reasonable necessary relation to the best interests of the corporation.“ (Del. Corp. Law Ann., § 202, comment 1). Z. B. in Delaware, „A restriction on the transfer of securities of a corporation is permitted by this section if it: (1) Obligates the holder of the restricted securities to offer to the corporation or

Regelungen im Hinblick auf Vorkaufsrechte bei Veräußerungen (Preemtpive Rights) bedürfen hingegen regelmäßig einer entsprechenden Bestimmung im Certificate of Incorporation. Eine Regelung im Shareholder Agreement allein ist deshalb häufig unwirksam[65].

f) Auflösung von Patt-Situationen (Deadlock)

Bei Gemeinschaftsunternehmen mit paritätischer Beteiligung und gleichberechtigtem Einfluß auf und/oder Vertretung in dem Verwaltungsrat als Leitungsorgan besteht immer die Gefahr von Patt-Situationen.

Ob überhaupt zur Auflösung dieser Patt-Situationen eine Regelung vorgesehen werden soll, ist bei Vertragsverhandlungen häufig eine schwer zu beantwortende Frage, da es eine vollständig überzeugende Lösung zur Auflösung dieser sogenannten „Deadlock"-Situation nicht gibt und die Parteien durchaus der Auffassung sein können, daß im Falle einer Meinungsverschiedenheit der dann bestehende Einigungszwang schon dazu führen werde, daß eine vernünftige Lösung gefunden wird.

In der Mehrzahl der Fälle dürfte jedoch eine Regelung zur Auflösung einer Patt-Situation bei einem grundsätzlichen Interessenkonflikt durch Vereinbarung eines entsprechenden Streitbeilegungsmechanismus zu empfehlen sein. In Betracht kommt in diesem Zusammenhang etwa die Vereinbarung, daß bei Stimmengleichheit die Stimme eines Gesellschafters den Ausschlag gibt (Swing Vote) oder aber die Meinungsverschiedenheit durch einen außenstehenden Dritten (Delegation of Authority)[66] oder im Wege der Streitbeilegung durch einen Schiedsrichter (Conciliation and Arbitration) entschieden wird; im letzteren Falle wird die Einleitung des entsprechenden Schlichtungsverfahrens häufig von der Einhaltung bestimmter „Abkühlfristen" (Cool Down Periods) abhängig gemacht.

In anderen Fällen wird eine wechselseitige Kauf- oder Verkaufsoption für den Fall von Patt-Situationen vereinbart. Bei dieser Gestaltung kann ein Gesellschafter dem anderen anbieten, seine Anteile zu einem bestimmten Preis zu erwerben. Der andere kann sich dann innerhalb einer bestimmten

---

to any other holders of securities of the corporation ... a prior opportunity ... to acquire the restricted securities ... (3) Requires ... the consent to any proposed transfer ... or (4) Prohibits the transfer of the restricted securities to designated persons or classes of persons, and such designation is not manifestly unreasonable." (Del. Corp. Law Ann. § 202); vgl. auch RMBCA § 6.27.

65 Mehr Regelungsspielraum besteht dagegen in Delaware „... (b) A restriction on the transfer or registration of transfer of securities of a corporation may be imposed either by the certificate of incorporation or by the by-laws of by an agreement among any member of security holders or among such holders and the corporation ... (Del. Corp. Law Ann. § 202(b)).

66 Z.B. „Appointment of Custodian or receiver of corporation on deadlock or for other cause", Del. Corp Law Ann. §§ 226, 352, 353.

Frist entscheiden, ob er von dem Verkaufsangebot zu dem angebotenen Preis Gebrauch machen will. Tut er dies nicht, so ist er verpflichtet, seinerseits die Anteile des Mitgesellschafters zu dem genannten Preis zu erwerben. Dieser Mechanismus wird als „Buy-Sell Option" bezeichnet; wegen des für den Anbieter ungewissen Ausgangs hat sich auch die Bezeichnung „Russian Roulette" eingebürgert[67].

g) Vertragsdauer/Kündigung

Bei Joint Ventures mit zeitlich begrenzter Dauer finden sich im Shareholder Agreement Regelungen über die Abwicklung des Joint Venture nach Beendigung.

Soweit eine Kündigungsmöglichkeit gewährt wird, kann dies entweder in der Form einer fristgebundenen Kündigung mit anschließender Liquidation geschehen oder durch Vereinbarung der im vorstehenden Abschnitt beschriebenen Buy-Sell Option. Andienungs- oder Ankaufsrechte (Put oder Call Options) werden gleichfalls häufig vereinbart, ebenso wie ein Vorkaufsrecht (Right of First Refusal), soweit eine freihändige Veräußerung an einen Dritten nicht ohnehin ausgeschlossen ist[68].

Gegenüber den insoweit auch bei Gemeinschaftsunternehmungen in anderen Ländern bestehenden Regelungsmöglichkeiten und deren Zulässigkeit bestehen in den USA keine erheblichen Unterschiede.

h) Geheimhaltungspflichten

Besondere Sorgfalt sollte auf die Formulierung der Geheimhaltungspflichten der Parteien verwandt werden, insbesondere wenn durch einen oder bei-

---

67 Vgl. *Gruson/Meister*, a. a. O., S. 21.
68 Vgl. z. B. „ ... A. The party to whom the notice provided in Article ... was given may give written notice to the originating party within thirty (30) days after the date set forth in Article ..., electing to buy at the stated price all of the shares of capital stock of the Corporation held by the originating party, or to sell all of its shares to the originating party at the stated price. Such election, if made within the period herein provided, shall be binding upon both parties. The transfer of the shares shall be accomplished through escrow at the Corporation's bank within thirty (30) days after the notice last mentioned, into which escrow the purchasing party and the selling party shall deposit, respectively, the purchase price in cash and the stock certificates, endorsed in blank, and both parties shall deposit appropriate instructions for transfer. − B. In the event that the party to whom the notice provided in Article ... is given does not make the election to either purchase the originating party's shares or to sell its shares to the originating party within the period specified in Article ... for such election, then the originating party shall within ten (10) days after the passing of the time specified, make its election by written notice to the other as to whether the originating party will buy, at the stated price, all of the shares of capital stock of the Corporation held by the other party, or sell all of its shares to the other party at the price specified. The other party shall be bound by such election and agrees to either sell all of its shares to the originating party or, as the case may be, purchase all of the shares of the originating party at the price specified."

de Partner dem Joint Venture Know-how zur Verfügung gestellt wird. Bei solchen Regelungen ist es in den USA besonders wichtig, ausdrücklich vorzusehen, daß die Geheimhaltungspflichten auch nach Beendigung des Shareholder Agreements fortgelten (Survival Clauses)[69].

i) No Agency Clause

Zwar findet auf die Rechtsbeziehungen der Partner eines Joint Venture untereinander das Recht der Partnership entsprechende Anwendung[70], jedoch wollen die Beteiligten im Regelfall die mit einer Partnership verbundene unbeschränkte Haftung auch für Handlungen des anderen Partners ausschließen. Zu diesem Zweck empfiehlt es sich, eine ausdrückliche Regelung dergestalt vorzusehen, daß kein Partner den jeweils anderen oder das Gemeinschaftsunternehmen vertreten kann und daß alle Ansprüche, die sich aus dem Geschäftsbetrieb des Gemeinschaftsunternehmens ergeben, ausschließlich gegen das Gemeinschaftsunternehmen gerichtet sein sollen[71].

j) Vertragssprache

Als Vertragssprache hat sich bei Joint Ventures mit US-amerikanischen Partnern die englische Sprache durchgesetzt. Die Abfassung des Shareholder Agreement in englischer Sprache empfiehlt sich auch deshalb, weil die Gründungsurkunde (Articles of Association) und die Geschäftsordnung (By-Laws) der Joint Venture Gesellschaft sowie häufig auch die Nebenvereinbarungen zur Regelung von Liefer- und sonstigen Leistungspflichten üblicherweise aus gesellschaftsrechtlichen Gründen oder (bei den Nebenvereinbarungen), um Gespräche mit den US Steuerbehörden einfacher führen zu können, auf englisch abgefaßt sind.

Sollte, was aber in der Praxis der Ausnahmefall sein dürfte, einmal der Weg eines zweisprachigen Vertragswerkes gegangen werden (Abfassung sowohl

---

69 Vgl. z.B. „Each of the parties hereto agrees that it will, and will cause its employees, agents, officers and directors, to hold in strict confidence all confidential or secret technical, commercial and other proprietary information, or information respecting the business or operations of the other party, which it has received during the negotiations preceding the execution of this agreement and the formation of the joint venture, or during the operation of the business of the joint venture. Further, each joint venturer agrees not to divulge such information to any other person, firm, corporation, or governmental authority or agency without the prior written consent of the joint venturer affected thereby. The foregoing non-disclosure obligations shall survive liquidation or dissolution of the joint venture for any reason."

70 Vgl. Fn. 12.

71 Vgl. z.B. „Neither joint venturer shall be deemed a partner of or an agent for, or have the power to bind, the other joint venturer or the joint venture, and neither joint venturer shall represent to any third party that it has any right or authority to act as agent or otherwise to represent the other joint venturer or the joint venture, and all claims arising out of its business operations, shall be the sole obligation of the joint venture and shall not be direct or contingent obligations of either joint venturer."

in englischer als auch in deutscher Sprache), so muß unbedingt darauf geachtet werden, daß eine ausdrückliche und klare Regelung darüber getroffen wird, welche der beiden Fassungen des Vertrages im Konfliktfalle maßgeblich sein soll[72].

Die Dominanz der englischen Sprache bei der Abfassung internationaler Joint-Venture-Verträge hat dazu geführt, daß sich auch die anglo-amerikanische Vertragstechnik, die sich zum Beispiel durch den Gebrauch umfangreicher Definitionen und teilweise langatmiger Vorbemerkungen (Recitals) auszeichnet, durchgesetzt hat. Gefahren für einen in der englischen Rechts- und Vertragssprache unerfahrenen Vertragspartner können sich dann ergeben, wenn er sich über die Tragweite bestimmter Formulierungen und Wendungen, deren rechtliche Bedeutung von der rein wörtlichen Übersetzung abweichen kann, nicht im klaren ist. Hier sollte besonders auf sachkundige Beratung Wert gelegt werden.

Selbstverständlich beeinflußt die gewählte Vertragssprache auch die spätere Auslegung des Vertrages. Ein Gericht oder Schiedsgericht wird sich im späteren Konfliktfall bei seinen Überlegungen nicht nur sprachlich, sondern auch rechtlich in der juristischen Begriffswelt der gewählten Vertragssprache bewegen.

k) Rechtswahl/Schiedsklausel

Soweit sich zwei Partner aus einer nicht-amerikanischen Rechtsordnung zu einem Joint Venture in den USA zusammenschließen, wird die Wahl des für das Shareholder Agreement maßgeblichen Rechts regelmäßig keine Probleme machen: Die Parteien können für ihre Beziehungen untereinander die Geltung ihres Heimatrechtes (z. B. deutsches Recht) vereinbaren, soweit nicht zwingende Bestimmungen etwa des US-amerikanischen Gesellschaftsrechts entgegenstehen. Allerdings finden sich auch bei Joint Ventures mit ausschließlich ausländischen Partnern Shareholder Agreements, in denen aus Gründen der Einheitlichkeit des anwendbaren Rechts im Hinblick auf bestimmte nicht abdingbare Vorschriften des amerikanischen Gesellschaftsrechts auch für die vertraglichen Beziehungen der Gesellschafter untereinander die Geltung amerikanischen Rechts, d. h. das Recht eines bestimmten Bundesstaates, vereinbart wird.

Auch bei Gemeinschaftsunternehmungen unter Beteiligung eines amerikanischen und eines ausländischen Partners wird dem Gesichtspunkt der Einheitlichkeit des anwendbaren Rechts häufig der Vorrang vor dem Interesse des ausländischen Partners an einer Vereinbarung zur Anwendbarkeit eines Heimatrechtes eingeräumt. Letztendlich ist die Frage der Rechtswahl Ver-

---

72 Z. B. „This Agreement has been executed in German as well as English. In the event of a dispute concerning this Agreement, the German (English) version shall be authoritative for interpretation."

handlungssache; wie auch in anderen Punkten wird sich der jeweils stärkere Partner durchsetzen. In jedem Falle dürfte es sich aber empfehlen, die Rechtswahl ausdrücklich zu regeln und es somit nicht auf eine Bestimmung des anwendbaren Rechts aufgrund der allgemeinen Regeln des internationalen Privatrechts des für eine spätere Streitbeilegung zuständigen (Schieds-)Gerichts ankommen zu lassen.

Generell werden Rechtswahlklauseln in den USA anerkannt, soweit das gewählte Recht eine Beziehung zum Vertragsinhalt hat und wichtige Erwägungen des Ordre Public nicht entgegenstehen[73].

Rechtswahlklauseln müssen immer im Zusammenhang mit den Vereinbarungen über das im Falle eines Streits zur Entscheidung berufenen Gerichts oder Schiedsgerichts gesehen werden. Gerichtsstandsklauseln, die eine Regelung über ein zuständiges staatliches Gericht enthalten, sind von amerikanischen Gerichten anerkannt worden, und zwar auch dann, wenn ein neutrales ausländisches Gericht vereinbart war[74].

Wegen der für Europäer ungewohnten Besonderheiten des US-amerikanischen Prozeßrechts, insbesondere in bezug auf die Vorbereitung der mündlichen Verhandlung (Pre-Trial Discovery), sowie wegen der in USA teilweise exorbitant hohen Prozeßkosten, dürfte die Vereinbarung eines amerikanischen staatlichen Gerichtes für einen deutschen Joint-Venture-Partner keine akzeptable Lösung sein. Andererseits wird sich ein amerikanischer Partner sicherlich auch dagegen wehren, daß die Zuständigkeit eines deutschen Gerichts in Zusammenhang mit Streitigkeiten über ein US-amerikanisches Joint Venture vereinbart wird. Die Lösung ist häufig entweder die Vereinbarung eines „neutralen" staatlichen Gerichts (wobei in diesem Fall das Problem auftaucht, daß die „neutralen" staatlichen Richter mit den Rechtsverhältnissen im Belegenheitsstaat des Joint Venture nicht unbedingt vertraut sind) oder aber die Vereinbarung einer Schiedsklausel.

Schiedsklauseln in Zusammenhang mit Joint Venture Agreements werden von den US-amerikanischen Gerichten anerkannt[75]. Auch die Vollstreckung von Schiedssprüchen internationaler Schiedsgerichte ist in den

---

73 Vgl. Uniform Commercial Code § 1–105: „... when a transaction bears a reasonable relation to this state and also to another state or nation, the parties may agree that the law either of this state or of such other state or nation shall govern their rights and duties ...“; vgl. auch „Protecting the Entrepreneur; Special Drafting Concerns for International Joint Venture Agreements, vol. 14 Universitiy of California, Davis Law Review (1981), 1001, 1009.

74 M/S Bremen v. Zapata Offshore Co., 407 U. S. 1, 92 S. Ct. 1907 (1972).

75 Scherk v. Alberto-Culver Co., 417 U. S. 506, 94 S. Ct. 2449 (1974).

76 Die Vereinigten Staaten sind Unterzeichnerstaaten der „Convention on the Recognition and Enforcement of Foreign Arbitral Awards“, New York, June 10, 1958, in force for U. S.: Dec. 29, 1970; vgl. auch *Pieter Sanders*, „A Twenty Years' Review of the Convention on the Recognition and Enforcement of Foreign Arbitral Awards" in The International Lawyer, Spring 1979, vol. 13, no. 2, S. 269 ff.

USA grundsätzlich gesichert[76]. Häufig wird, zur Vereinfachung des Verfahrens bei der Zusammensetzung des Schiedsgerichts und auch bei der Durchführung des Schiedsverfahrens, auf die Schiedsregeln internationaler Schiedsgerichtsinstitutionen Bezug genommen. Sehr verbreitet ist die Vereinbarung der Schiedsregeln der Internationalen Handelskammer (ICC)[77], des International Center for Settlement of Investment Disputes (ICSID)[78] sowie des London International Court of Arbitration.

V. Haftungsfragen

1. Durchgriffshaftung auf Gesellschafter

Einer der ausschlaggebenden Erwägungen der Gesellschafter für die Wahl der Rechtsform eines Corporate Joint Venture ist die damit verbundene Haftungsbeschränkung. Anders als beim Contractual Joint Venture soll eine Haftung der Gesellschafter für Verbindlichkeiten des Joint Venture ausgeschlossen sein. Im Regelfall wird die Haftungsbeschränkung auf das Gesellschaftsvermögen der Joint-Venture-Gesellschaft von den amerikanischen Gerichten respektiert. Es gibt jedoch eine Reihe von Ausnahmesituationen, in denen ein Haftungsdurchgriff auf die Gesellschaft (Disregard of Corporate Entity) in Betracht kommen kann[79]. Es liegt auf der Hand, daß es im Interesse der Partner eines Joint Venture liegt, solche Situationen zu vermeiden. Amerikanische Gerichte haben einen Haftungsdurchgriff angenommen, wenn zwei Voraussetzungen erfüllt sind (Two-Prong Test)[80]:

(1) Das wirtschaftliche Interesse und die organisatorische Struktur von Mutter- und Tochtergesellschaft müssen derartig einheitlich sein, daß eine Trennung in zwei Rechtssubjekte nicht länger möglich ist und

(2) es würde zu einem unangemessenen Ergebnis (Inequitable Result) führen, falls die Geschäfte der Tochtergesellschaft als diejenigen eines selbständigen Rechtssubjekts behandelt würden.

Dieser „Test" für die Annahme einer Durchgriffshaftung enthält somit ein formales Element (Nichtbeachtung gesellschaftsrechtlicher Formalitäten)

---

77 ICC Rules of Conciliation and Arbitration, January 1, 1988.
78 Vgl. *McLaughlin*, ICSID Arbitration in „Arbitration in Developing Countries" in The International Lawyer, Spring 1979, vol. 13, no. 2, S. 222.
79 Vgl. *Kronstein/Hawkins*, Die Haftung der Organverwalter und Gesellschafter von Tochtergesellschaften in den USA, RIW 1983, 249; *Veltins*, Durchgriffshaftung im amerikanischen Recht, RIW 1983, 713; *Toepke*, Jurisdiction over Foreign (non-US) Corporations in the United States on Parent-Subsidiary Relationships (Durchgriffshaftung), in Festschrift Ernst C. Stiefel, München, 1987, 785.
80 Vgl. *Elsing/Townsend*, Gesellschaftliche Haftungsrisiken im Zusammenhang mit Beteiligungen in den USA in *von Boehmer*, a.a.O., S. 95ff.; *Spires*, a.a.O., § 83.11(5).

und ein Fairnesselement (die Gewährung des Haftungsprivilegs wäre unangemessen)[81].

Anwendungsfälle der Durchgriffshaftung in der US-amerikanischen Rechtsprechung betrafen bisher überwiegend Mehrheitsbeteiligungen oder hundertprozentige Töchter[82]. Es kann deshalb davon ausgegangen werden, daß die Gefahr eines Haftungsdurchgriffs bei einem paritätischen Joint Venture weniger groß ist. Außerdem betrafen die entschiedenen Fälle häufig Situationen, in denen der alleinige Gesellschafter oder der Mehrheitsgesellschafter die juristische Person zu betrügerischen Zwecken mißbraucht hatte[83]. Gleichwohl sollten auch bei einem paritätischen Joint Venture oder bei einem Joint Venture mit Minderheitsbeteiligung möglichst die Konstellationen vermieden werden, die amerikanische Gerichte veranlaßt haben, eine Durchgriffshaftung anzunehmen. Aus Haftungsgründen sollten deshalb folgende Situationen vermieden werden, wobei die Gefahr einer Durchgriffshaftung um so größer wird, je mehr der nachfolgend aufgezählten Kriterien erfüllt sind:

– Unterkapitalisierung des Joint Venture,

– Management des Joint Venture ausschließlich nach Anweisungen der Gesellschafter,

– das Joint Venture steht ausschließlich mit den Gesellschaftern in Geschäftsverbindung,

– Gesellschafter und Joint Venture treten in der Öffentlichkeit als wirtschaftliche Einheit auf,

– Anlage und Umlaufvermögen von Muttergesellschaften und Joint-Venture-Gesellschaften werden vermischt,

– weitgehende Identität von Directors und Officers bei Mutter- und Tochtergesellschaft,

– Nichtbeachtung gesellschaftsrechtlicher Formalia sowie Verfolgung illegitimer Zwecke seitens der Muttergesellschaften[84].

---

81 *Elsing/Townsend*, a. a. O., S. 102 ff.
82 *Spires*, a. a. O., § 83.11(5).
83 Berkowitz v. Allied Stores of Penn-Ohio, Inc., 541 F. Supp. 1209, 1214 (1982); E. A. Schtech v. Equitable Builders Inc., 535 P. 2d 86, 88 (1975); American Trading & Product Corp. v. Fishbach & Moore Inc., 311 F. Supp. 412, 416 (1970); vgl. z. B. Atwater and Co. v. Fall River Pocahontas Collieries, 195 S. E. 99 (1938).
84 *Elsing/Townsend*, a. a. O., S. 102 ff.

Elsing

2. Haftung von Directors und Officers

Die Verwaltungsratsmitglieder sowie die leitenden Angestellten haben Sorgfalts- und Treuepflichten (Fiduciary Duties) gegenüber der Gesellschaft und den Aktionären. Kaufmännische Entscheidungen liegen allerdings im Ermessen der Verwaltungsratsmitglieder und werden von den Gerichten grundsätzlich nicht in Frage gestellt und überprüft (Business Judgment Rule). Bei besonders risikoreichen Entscheidungen ist es üblich, daß die Verwaltungsratsmitglieder vorher den Rat unabhängiger Dritter (Anwälte oder Wirtschaftsprüfer) in Anspruch nehmen, um sich später, im Falle eines Fahrlässigkeitsvorwurfes seitens der Gesellschafter, durch Hinweise auf den Rat des unabhängigen Beraters exkulpieren zu können.

Verwaltungsratsmitglieder dürfen bei Entscheidungen über Angelegenheiten, an denen sie ein eigenes wirtschaftliches Interesse haben, grundsätzlich nicht mitwirken. Weiterhin dürfen Directors und Officers geschäftliche Möglichkeiten, die sich der Gesellschaft bieten, nicht zu ihrem eigenen Vorteil[85] ausnutzen (Corporate Opportunity Doctrine). Bei Verstößen müssen Gewinne an die Gesellschafter herausgegeben werden.

Ansprüche gegen Directors und Officers aus der Verletzung der vorstehend skizzierten Pflicht kann sowohl die Gesellschaft als aber auch, bei Vorliegen weiterer Voraussetzungen, ein einzelner Aktionär im Wege der Aktionärsklage (Derivative Suit)[86] geltend machen. Das Haftungsrisiko von Verwaltungsratsmitgliedern und leitenden Angestellten ist deshalb in Amerika höher als anderswo.

Um dieses Risiko zu begrenzen, lassen es nahezu alle Bundesstaaten zu, daß die By-Laws der Gesellschaft Freistellungserklärungen (Indemnification Clauses) für den Fall der persönlichen Inanspruchnahme von Directors und Officers enthalten können. Die Freistellung ist allerdings häufig auf Fälle begrenzt, in denen die betreffende Person in gutem Glauben gehandelt und auch Grund zu der Annahme hatte, daß ihr Verhalten rechtmäßig war[87]. Die Gesellschaft kann außerdem das sich aus einer solchen Freistellungserklärung ergebende Risiko durch Abschluß entsprechender Versicherungen (D&O Insurance) abdecken[88].

---

85 Vgl. Fn. 34 und 35.
86 Vgl. RMBCA § 7.40; Del. Corp. Law Ann. § 327.
87 Vgl. RMBCA § 8.51; Del. Corp. Law Ann. § 145.
88 Vgl. RMBCA § 8.57; Del. Corp. Law Ann. § 145.

VI. Antitrust-Vorschriften und Meldepflichten

Bei der Gründung eines amerikanischen Corporate Joint Venture sind sowohl die Antitrust-Vorschriften des Bundes- und der Einzelstaaten als auch bestimmte Meldepflichten zu beachten.

1. Kartellrechtliche Anzeigepflichten

Corporate Joint Ventures unterliegen den Anzeigepflichten nach dem Hart-Scott-Rodino-Antitrust Improvement Act of 1976[89], falls bestimmte Schwellenwerte für die Größe des Joint Venture und/oder der beteiligten Partner überschritten werden[90].

Die Anzeige muß sowohl gegenüber der Federal Trade Commission (FTC) als auch gegenüber der Antitrust Division des Department of Justice (DOJ) erfolgen. Falls ein beabsichtigtes Joint Venture in den Anwendungsbereich der Anzeigepflicht fällt, muß zwischen der Abgabe der Anzeige und dem Vollzug eine Wartefrist von mindestens 30 Tagen eingehalten werden[91].

2. Materielles Kartellrecht

Die zentrale Vorschrift des amerikanischen Rechts der Fusionskontrolle, § 7 Clayton Act, untersagt Zusammenschlüsse, die einen erheblichen wettbewerbsmindernden Effekt haben oder zur Schaffung einer marktbeherrschenden Stellung führen können[92].

Da die Gründung von Joint Ventures ähnlich wettbewerbswidrige Konsequenzen haben kann wie Unternehmenszusammenschlüsse, finden die zu

---

89 15 U. S. C. 18a(a).

90 § 7A(2)(A)–(C) Clayton Act: „any voting securities or assets of a person engaged in or not engaged in manufacturing which has annual net sales or total assets of $ 10,000,000.00 or more are being acquired by any person which has total assets or annual net sales of $ 100,000,000.00 or any voting securities or assets of a person with annual net sales or total sales of $ 100,000,000.00 or more are being acquired by any person with total assets or annual net sales of $ 10,000,000 or more and, as a result of the acquisition, the acquiring person would hold either 15% of the voting securities or assets of the acquired person, or an aggregate total amount of the voting securities and assets of the acquired person in excess of $ 15,000,000".

91 Antitrust Guidelines for International Operations (,,Antitrust Guidelines"), Department of Justice, Reprinted in Antitrust & Trade Reg. Rep. (BNA), Special Supplement (17 November 1988) and Trade Reg. Rep. (CCH) (10 November 1988); vgl. auch *Griffin/Calabrese*, US Antitrust Policies on Transnational Joint Ventures, International Business Lawyer, July/August 1989.

92 15 U. S. C. A. §§ 12–27.

§ 7 Clayton Act entwickelten Regeln, deren Darstellung im einzelnen den Rahmen dieses Beitrages sprengen würde, auch auf Joint Ventures Anwendung[93]. Dies wurde auch in den neuen Antitrust Enforcement Guidelines for International Operations, die im November 1988 veröffentlicht wurden, bestätigt[94]. Es ist jedoch sowohl in der Rechtsprechung der amerikanischen Gerichte als auch in der Praxis der Kartellbehörden anerkannt, daß Joint Ventures, anders als Unternehmenszusammenschlüsse, in der Regel durch Schaffung eines neuen Wettbewerbers einen wettbewerbsfördernden Effekt haben[95].

Im Rahmen der Abwägung von wettbewerbsfördernden und wettbewerbsmindernden Auswirkungen eines Joint Venture gehen die amerikanischen Kartellbehörden nach den Guidelines 1988 in der Weise vor, daß zunächst die wahrscheinlichen wettbewerbshindernden Auswirkungen in den relevanten Märkten ermittelt werden, in denen das Joint Venture tätig werden will. Sodann werden mögliche wettbewerbshindernde Auswirkungen in anderen Märkten untersucht, in denen die Gesellschafter des Joint Venture tätig sind (Spill-Over Effect). Schließlich werden sonstige mögliche wettbewerbshindernde Auswirkungen (z. B. vertikaler Art) untersucht, die durch das Joint Venture verursacht werden können[96]. Wenn nach Prüfung dieser drei Punkte keine nachhaltigen wettbewerbsbeschränkenden Auswirkungen feststellbar sind, ist das Joint Venture kartellrechtlich unproblematisch. Lediglich wenn der Test negativ ausfällt, wägen die Kartellbehörden wettbewerbsfördernde Auswirkungen des Joint Venture (Pro-Competitive Efficiencies) gegen die nachteiligen Auswirkungen ab (Hinweis auf Research and Development Joint Ventures[97]).

3. Sonstige Meldepflichten

Bei der Gründung von Joint Ventures in den USA sind umfangreiche Meldevorschriften für ausländische Investitionen in den Vereinigten Staaten zu beachten. Eine ausführliche Behandlung dieser Vorschriften ist im Rahmen dieses Beitrags nicht möglich. Meldevorschriften können bestehen für ausländische Direktinvestitionen in neu gegründeten Kapitalgesellschaften oder in die Beteiligung an solchen Gesellschaften, außerdem für Investitionen in Grundvermögen und Rohstoffvorkommen in den Vereinigten Staaten sowie bei ausländischen Portfolio-Investitionen[98]. Spezielle Melde-

---

93 United States v. Penn-Olin Chem Co, 378 U. S. 158 (1964).
94 Vgl. Fn. 84.
95 Antitrust Guidelines, a. a. O., Item B.3.
96 Antitrust Guidelines, a. a. O., Item B.3.
97 Antitrust Guidelines, a. a. O., Item B.3.
98 *Spires*, a. a. O., Part 5.

und Genehmigungserfordernisse müssen außerdem beachtet werden bei Investitionen in besonderen Wirtschaftssektoren, wie z. B. im Banken-, Versicherungs- und Finanzierungssektor[99].

---

99 *Spires*, a. a. O., vol. 6, part 7; aufgrund des neuen Entwurfes des Handelsgesetzes vom 23. August 1988 (Omnibus Trade and Competitiveness Act of 1988), „Exon-Florio" Amendment (§ 5021) hat der Präsident der Vereinigten Staaten das Recht, bestimmte Zusammenschlüsse und Erwerbsvorgänge mit Auslandsbeteiligungen aus Gründen der nationalen Sicherheit der USA zu kontrollieren bzw. zu verbieten.

Joint Ventures in den Vereinigten Arabischen Emiraten

von

Rechtsanwalt Klaus Langefeld-Wirth, Köln

In den Vereinigten Arabischen Emiraten ist immer zu unterscheiden zwischen Gesetzen bzw. Rechtsnormen, die von der Föderation erlassen worden sind, und Dekreten oder Regelungen, die nur in einzelnen Emiraten gelten. Die Vereinigten Arabischen Emirate (VAE) stellen bei weitem keinen einheitlichen Rechtsraum dar.

1984 hatte die Föderation das Federal Law Nr. 8/1984 erlassen, welches für die Föderation ein einheitliches Gesellschaftsrecht schaffen sollte[1]. Insbesondere Auseinandersetzungen über die mit dem vorgenannten Gesetz u. a. verbundene Kompetenzverschiebung von den Einzelemiraten auf die Föderation bei der Zulassung und Registrierung von Gesellschaften führten zur Verschiebung der Anwendung dieses Gesetzes bis Januar 1989[2]. Durch Federal Law Nr. 13/1988 sind dann auch die Kompetenzen von der Föderation wieder zugunsten der einzelnen Emirate abgeschwächt worden.

Nunmehr steht den nach altem Recht existierenden Gesellschaften eine Übergangsfrist bis 8. Januar 1991 zu, sich den gesetzlichen Neuregelungen anzupassen; das gilt sowohl für Unternehmen mit ausländischer Beteiligung als auch für Unternehmen, die im 100%igen Besitz von Bürgern der VAE stehen. Mit der Neufassung des Gesellschaftsrechts geht gleichzeitig eine Überarbeitung der Regelungen zur Registrierung sog. Branches, unselbständiger Betriebsstätten, einher, die bis zum 31. Januar 1990 die neuen Bestimmungen anzuwenden haben.

In der Vergangenheit waren Gesellschaftsformen mit Haftungsbeschränkung nur durch Sondererlaß eines Herrschers eines Emirats zu erhalten. Der Erhalt solcher Sonderregelungen wurde zunehmend schwieriger; die meisten Joint Ventures in den VAE waren daher als oHG („Partnership") gestaltet, eine Gesellschaftsform, die nach den neuen Regelungen Ausländern nicht mehr zulässig sein soll.

---

1 Siehe *Langefeld-Wirth,* RIW 1984 S. 951 ff.
2 Middle East Executive Reports, Februar 1989, S. 9.

Das neue Gesellschaftsrecht sieht 7 Gesellschaftsformen vor:
- oHG (partnership)
- KG (limited partnership)
- Konsortium („consortium company" oder auch „joint venture" genannt)
- Aktiengesellschaft (public joint stock company)
- Aktiengesellschaft ohne öffentliche Plazierung (private joint stock company)
- GmbH (limited liability company)
- KGaA (partnership limited by shares).

Bei allen in den VAE registrierten Gesellschaften ist eine 51%ige Mehrheit in lokaler Hand gefordert (Ausnahme: Jebel-Ali-Freizone).

Die oHG ist, wie bereits ausgeführt, nur noch den Staatsbürgern der VAE zugänglich.

Das Konsortium ist eine reine Innengesellschaft ohne Handelsregistereintragung: Es ist dringend davor zu warnen, diese Gestaltung zur Errichtung von Strohmanngewerben zu nutzen.

Die normale Aktiengesellschaft geht von der Vorstellung aus, daß mindestens 55% der Anteile öffentlich plaziert werden und dürfte daher für Joint Ventures kaum in Frage kommen. Die Regelungen der Aktiengesellschaft ohne öffentliche Plazierung unterscheiden sich nur durch die mangelnde Ausnutzung der öffentlichen Aktienplazierung von der normalen Aktiengesellschaft. Beide Gesellschaftsformen sind durch eine Vielzahl zwingender Vorschriften festgelegt.

Demgegenüber bietet die GmbH großen Gestaltungsspielraum und wird daher voraussichtlich zur bevorzugten Gesellschaftsform der Joint Ventures werden.

Alle Gesellschaften nach dem neuen Gesellschaftsrecht müssen im Handelsregister eines Emirats eingetragen werden (mit Ausnahme des Konsortiums). Die Registrierungsvoraussetzungen bzw. das einzuhaltende Verfahren richten sich nach den Bestimmungen des jeweiligen Emirats, so daß Differenzen zwischen den verschiedenen Emiraten — wie auch bisher — bestehen bleiben. Typisch ist die Voraussetzung des Erhalts einer Business Licence seitens der jeweiligen Municipality, die Mitgliedschaft in der lokalen Handelskammer und die Genehmigung des Federal Ministry of Economy and Trade[3]. Die Direktoren einer Gesellschaft sind für die Eintragung verantwortlich mit der Sanktion der persönlichen Haftung bei Nichtbeachtung und sogar der Bestrafung.

---

[3] Resolution No. 69/1989, Middle East Executive Reports, December 1989 S. 25 ff.

Eine GmbH kann mit 2 bis 50 Gesellschaftern gegründet werden. Das Gesetz bestätigt die Haftungsbeschränkung der Gesellschafter auf ihr gezeichnetes Kapital in Artikel 217. Artikel 226 legt das Mindestkapital auf 150 000 Dirham fest.

Ähnlich wie in Saudi Arabien kennt das Gesellschaftsrecht der VAE einen Direktor oder einen Board of Directors, dem die volle Verantwortung für das Management umfassend zusteht. Die Benennung dieser „Directors" oder des „Director" kann — wie in Saudi Arabien — sowohl durch Hauptversammlungsbeschluß wie auch durch eine Satzungsbestimmung erfolgen. Im letzteren Fall hätte dies allerdings die Konsequenz, daß eine Abberufung nur durch Satzungsänderung möglich ist. Es ist dringend erforderlich, daß die Satzung der GmbH den Modus der Bestellung und Abberufung der Directors regelt; ansonsten gälte gemäß Artikel 235 das Erfordernis eines einstimmigen Beschlusses durch Gesellschafterversammlung.

Ein Aufsichtsrat kann fakultativ geschaffen werden und mit Kompetenzen ausgestaltet werden; bei mehr als 7 Gesellschaftern ist ein solcher sogar obligatorisch (Artikel 239). Die Gesellschafterversammlung entscheidet grundsätzlich mit einfacher Mehrheit: bei Satzungsänderung, Kapitalherauf- und herabsetzung ist eine qualifizierte Mehrheit von 75% gefordert.

Gesellschaften, die in den VAE inkorporiert sind, genießen Marktbevorzugung nach Mechanismen, die denen in Saudi Arabien ähnlich sind: So gewährt z. B. Artikel 8 der Federal Tender Regulations den heimischen Unternehmen und danach den Unternehmen mit 51%iger heimischer Beteiligung Priorität bei der Auftragsvergabe der öffentlichen Hand. In der ganzen Golf-Region gilt überall — so auch in den VAE — die Mentalität der Bevorzugung heimischer Unternehmen. Wie auch in Saudi Arabien können Ausländer grundsätzlich nur durch lokale „Sponsors" an Ausschreibungen teilnehmen; in den VAE registrierte Kapitalgesellschaften benötigen demgegenüber keinen Sponsor mehr!

Die Jebel-Ali-Freihandelszone (Emirat Dubai) ermöglicht ausländischen Unternehmen eine Unternehmenstätigkeit unter Vermeidung wesentlicher Nachteile der lokalen Rahmenbedingungen:

— in der Freihandelszone angesiedelte Unternehmen können zu 100% in ausländischer Hand stehen

— die Free Zone Authority „sponsort" selbst ausländische Angestellte (d. h. hilft bei der Beschaffung der Visa)

— Steuerfreiheit für 15 Jahre; es werden allerdings ohnehin keine Steuern erhoben.

Sowohl in den Emiraten selbst wie in der Freihandelszone herrscht völlige Freiheit des Devisenverkehrs ohne jegliche Kontrolle.

Sachregister

Schriftenreihe
Recht der Internationalen Wirtschaft

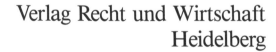

Verlag Recht und Wirtschaft
Heidelberg